DIXON · HAYES · BELISLE

ACT para ANALISTAS de CONDUCTA

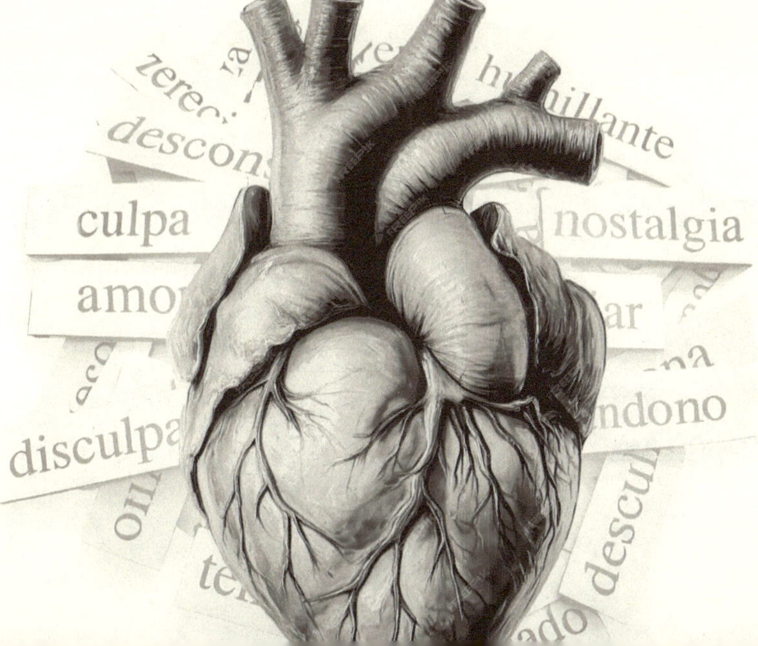

ACT para Analistas de Conducta: Una Güía Clínica de la Teoría a la Práctica es la traducción al español de *Acceptance and commitment therapy for behavior analysts: A practice guide from theory to treatment*, ISBN 9781003250371 © Association for Behavior Analysis International. ABA España ha suscrito contrato de cesión de derechos editoriales de la versión en español con el propietario del copyright.

Traducción: Luis María Novillo Linares, Javier Virués Ortega
Maquetación: Bogdan Matei
Diseño de cubierta: Javier Virués Ortega

Citar esta obra

Dixon, M. R., Hayes, S. C., y Belisle, J. (2023). *ACT para Analistas de Conducta: Una Güía Clínica de la Teoría a la Práctica*. ABA España. https://doi.org/10.26741/9788409790012

ABA España es una organización dedicada a la difusión, enseñanza e investigación del análisis aplicado de conducta en el mundo de habla hispana con iniciativas educativas, editoriales, tecnológicas y científicas, visítanos en aba-elearning.com

ABA España
Publicaciones

ISBN-13 978-84-09-79001-2 (Edición en rústica)
https://doi.org/10.26741/9788409790012
Colección: Guías Clínicas
Año de publicación: 2025

DIXON · HAYES · BELISLE

ACT

para ANALISTAS de CONDUCTA

una GUÍA CLÍNICA desde la TEORÍA al TRATAMIENTO

edición en español

JAVIER VIRUÉS ORTEGA
LUIS M. NOVILLO LINARES

ABA España
Publicaciones

CONTENIDOS

Sección 1

FUNDAMENTOS HISTÓRICOS Y TEÓRICOS DE ACT

1

EL ANÁLISIS DE CONDUCTA Y EL ABORDAJE FUNCIONAL DE LA INTERVENCIÓN

El análisis de conducta se encuentra en un punto de inflexión que él mismo ha creado. Nuestros propios datos dejan claro que, una vez que las personas comienzan a hablar, escuchar y razonar de forma sofisticada, las contingencias de reforzamiento dejan de ser las únicas causas ontogenéticas de nuestro comportamiento.

Detente a pensar en tu propio pensamiento y en lo dominante que puede ser. Si se acerca una reunión importante, estás pensando en cómo manejarla. Si te sientes ansioso, solo o triste, o si estás reflexionando sobre por qué te sientes así, ¿qué vas a hacer al respecto? Si tus compañeros de trabajo no te aprecian o tus amigos te decepcionan, los pensamientos sobre quién eres o las rumias sobre heridas y traiciones del pasado pueden llegar a dominar estos momentos de tal manera que ahogan la atención al ambiente presente y a lo que realmente está sucediendo, aquí y ahora.

Ese es el tipo de criaturas que somos.

La mayoría de los enfoques psicológicos comienzan aquí y, a medida que intentan afianzarse en el análisis científico del funcionamiento humano, pronto sucumben a una fuerte tendencia a perseguir conceptos del lenguaje coloquial y sus aparentes extensiones a asuntos aplicados utilizando las herramientas y métodos de la ciencia nomotética y de los métodos normativos, que van de lo general a lo particular (o de manera descendente). Estos enfoques normativos tienen como característica distintiva la jerarquización en categorías de conceptos del lenguaje coloquial como tipos de personalidad, estilos cognitivos, etapas del desarrollo, trastornos mentales, síndromes, causas mentales y sobre todo causas normativas de todo tipo. El análisis de conducta comenzó en un lugar muy diferente: en el estudio de animales individuales no humanos, como una especie de preparación para encontrar principios de alta precisión y amplio alcance que permitieran abordar el funcionamiento humano y promover el bienestar humano. El análisis de conducta no se diseñó para detenerse ante la complejidad, ni para preocuparse por «el comportamiento de la rata por sí mismo» (Skinner, 1938, p. 441). El objetivo era desarrollar principios funcionales tan poderosos que, por ejemplo, se pudiera imaginar un *Walden II* (Skinner, 1948) y luego procurarlo, paso a paso.

Estos principios se desarrollarían y examinarían utilizando métodos idiográficos que se mantuvieran fieles a un nivel de análisis psicológico: el organismo completo interactuando en y con un contexto más amplio descrito histórica y situacionalmente. El enfoque sería ascendente, no descendente: inductivo, empírico y experimental. Los conceptos serían funcionales, no topográficos. Se generalizarían gradualmente al nivel nomotético, según lo justificaran los datos, mediante las replicaciones sistemáticas y las aplicaciones.

Todos los que desarrollaban este campo de esta manera (y Skinner en particular) sabían que era una apuesta estratégica y que podía haber tipos de acciones situadas que requirieran explicaciones que fueran más allá de lo que se podía observar en el comportamiento de los animales no humanos debido a factores más allá de la complejidad obvia. El propio Skinner dijo que «las diferencias que espero ver entre el comportamiento de una rata y el del hombre (aparte de las enormes diferencias de complejidad) se encuentran en el campo de la conducta verbal» (1938, p. 442). En el enfoque ascendente, eso solo se revelaría si ocurriera. Mientras tanto, el campo siguió avanzando, refinando sus conceptos y buscando pruebas de diferencias funcionales claras.

Podría decirse que ningún animal ha sido realmente enseñado a realizar una conducta completamente nueva en estos primeros experimentos artificiales. Las palomas picotean. Las ratas buscan comida y empujan objetos en su ambiente. Ese es el tipo de criaturas que son. Los científicos de la conducta lograron someter estas conductas al control de estímulo. La respuesta de picotear se sometió al control de un disco y de patrones espaciales. Las respuestas de empujar y buscar comida se hicieron producir con una palanca mecánica y en respuesta a luces y otros artilugios. Sin embargo, en alguna forma, la respuesta es algo que estos animales ya hacen para sobrevivir. Entonces, ¿Qué es lo que es único en la conducta humana?

En 1957, Skinner describió un enfoque teórico de la conducta verbal que *no* forzaba el análisis de conducta a ese punto de elección al que se enfrenta ahora el campo. Aunque se decía que la conducta verbal estaba mediada por el reforzamiento social, que requería un entrenamiento especial del público, las implicaciones de ese ajuste no alteraban la estrategia existente de la investigación analítico conductual. De hecho, según esa definición, las interacciones entre un experimentador y un animal de laboratorio constituían «una pequeña pero genuina comunidad verbal» (Skinner, 1957, p. 108, nota al pie 11), por lo que nada había cambiado fundamentalmente en el enfoque analítico.

Unos años más tarde, Skinner (1966) introdujo la distinción entre conducta moldeada por contingencias y conducta gobernada por reglas, pero esto tampoco alteró fundamentalmente la trayectoria de la explicación analítico conductual. Algunos argumentaron que podía alterar esta trayectoria si se explicaba con detalle qué significaba «especificación» en la definición de reglas como «estímulo que especifica una contingencia» (Hayes y Hayes, 1989), pero eso nunca sucedió.

En la última parte del siglo pasado, eran múltiples las señales que advirtieron que un cambio se avecinaba, pero los cambios profesionales en el análisis aplicado de conducta atenuaron su impacto. Las investigaciones sobre la conducta gobernada por reglas revelaron hallazgos que eran difíciles de explicar utilizando únicamente contingencias directas (Hayes, 1989). La equivalencia de estímulos demostró que las relaciones de estímulo derivadas podían alterar la conducta humana de manera profunda y temprana sin la necesidad de reforzadores directos (Sidman, 1994). Y el estudio de las relaciones de estímulo múltiple y los marcos relacionales mostraron que el concepto de relaciones derivadas podía aplicarse ampliamente (Hayes, Barnes-Holmes y Roche, 2001).

Ninguno de estos desarrollos caló de forma significativa en el análisis aplicado de conducta convencional, ya que durante esa misma época estaba cobrando protagonismo la profesionalización del análisis aplicado de conducta, cuyo impacto fue aún mayor. Quedaba mucho por hacer para especificar cómo trabajar con poblaciones específicas desde el ámbito de los analistas de conducta certificados (BCBA) y, con diferencia, la población más relevante para estas normas profesionales era la de las personas con trastornos del desarrollo. Proliferaron los programas de formación de máster, la profesión se expandió de forma espectacular y el campo redujo de forma evidente su foco de interés a estas poblaciones (Axelrod, McElrath y Wine, 2012). Las investigaciones que podrían haber ampliado el alcance del campo, especialmente en el área de la conducta verbal, se centraron de forma predominante en personas con trastornos del espectro autista u otros trastornos del desarrollo, muchas de las cuales no muestran equivalencia de estímulo (Dixon, Small y Rosales, 2007). El énfasis se puso sobre todo en la enseñanza para adquirir habilidades operantes verbales básicas como el aprender a tactar y la emisión de mandos, extendiendo considerablemente las explicaciones basadas en esas operantes, incluso si esas explicaciones eran exclusivamente conceptuales.

Lo que ha cambiado en la última década es que, a medida que este proceso de profesionalización se ha consolidado, los jóvenes BCBA que se sienten menos conectados con las antiguas guerras teóricas buscan ayuda, plenamente conscientes de que se necesita más para hacer frente a los retos a los que ellos y sus clientes se enfrentan. La presencia incluso de las relaciones de estímulo derivadas más simples reduce enormemente la claridad de las respuestas proporcionadas por el análisis funcional tradicional (Belisle, Stanley y Dixon, 2017). Todos los profesionales BCBA son muy conscientes de este hecho, pero no saben qué hacer al respecto. Del mismo modo, los BCBA saben que tanto los padres como el personal necesitan apoyo adicional para lidiar con sus propios eventos psicológicos a fin de aplicar los programas conductuales tradicionales. Limitarse a insistir en que sigan los programas conductuales no es una respuesta adecuada.

Entonces , ¿cuál es la alternativa?

Incluso dentro del estrecho ámbito de la práctica actual de los BCBA, se están acumulando datos que indican que la teoríade los marcos relacionales (TMR; Hayes et al., 2001) y la terapia de aceptación y compromiso (ACT, dicha como una sola palabra, no como siglas; Hayes, Strosahl y Wilson, 1999; 2012) pueden ser útiles para los analistas de conducta aplicados. De hecho, ofrecen una alternativa. Esto es cierto en áreas como la gestión del personal (Bethay, Wilson, Schnetzer, Nassar y Bordieri, 2013; Little, Tarbox y Alzaabi, 2020) o la formación (orientación a ?) de padres (Hahs, Dixon y Paliliunas, 2019). Quizás aún más revelador es que estos métodos mejoran significativamente los efectos en las áreas de desarrollo verbal (p.ej., Dixon et al., 2017) y gestión del comportamiento (p.ej., Eilers y Hayes, 2015), que siguen siendo el núcleo de este campo.

En lo que podría considerarse, en retrospectiva, como un hito que marca un cambio en la dirección de este campo, en 2018 se dedicó un día completo adicional en la conferencia anual de la Association for Behavior Analysis International (ABAI) a ACT y TMR, anunciando así que el análisis de conducta había llegado al punto de inflexión al que nos referíamos al comienzo de este libro. Si realmente es cierto que, una vez que las personas comienzan a hablar, escuchar y razonar de manera sofisticada, las contingencias directas de reforzamiento ya no son las únicas causas ontogenéticas de nuestro comportamiento, y creemos que es así, entonces el análisis de conducta debe cambiar de manera muy importante para servir a la humanidad. Por difícil que sea para nosotros, es necesario avanzar en un análisis que aborde y trate los eventos privados que modulan el control de las contingencias. Necesitamos ampliar lo que tradicionalmente hemos definido dentro del análisis de conducta como análisis funcional. Y, al mismo tiempo, en aras de la coherencia de nuestro campo y la progresividad de estos avances, necesitamos realizar estos cambios de una manera que se ajusten a la característica más fundamental de nuestra disciplina, abrazando y reforzando su acercamiento funcional, su enfoque idiográfico, su coherencia evolutiva y su explicación empírica.

En estos cuatro primeros capítulos pretendemos situar a ACT en su contexto. Queremos describir con más detalle qué significa el funcionalismo y cómo prepararnos para la difícil tarea de abordar los eventos privados sin sucumbir a la tentación del mentalismo. Nuestra intención en esta primera sección del libro es sentar con solidez las bases de ACT y explorar los procesos de cambio que la conforman. En la segunda sección, mostraremos cómo ACT aborda dimensiones del comportamiento como el afecto, la cognición, la atención, el sentido del yo, la motivación y los hábitos manifiestos de la acción basada en valores. Basándonos en los principios conductuales ampliados por la TMR y la ciencia evolutiva, argumentamos que estos procesos pueden abordarse sin abandonar nunca el campo del análisis de conducta, ni lo mejor de sus tradiciones filosóficas, teóricas, metodológicas y empíricas. Por último, en la última sección del libro, nos centraremos en los pasos prácticos que deben darse para poner en práctica ACT en el análisis de conducta.

En este capítulo comenzamos este viaje con el tema del funcionalismo y por qué es la característica definitoria de nuestro campo.

EL FUNCIONALISMO Y EL CIENTÍFICO-PROFESIONAL

El funcionalismo es el núcleo del análisis de conducta. Es una de las características más distintivas entre ABA y otros campos de los servicios humanos.

La distinción entre funcionalismo y estructuralismo existe en diversas disciplinas científicas, como la antropología, la sociología, la fisiología y la anatomía, así como en campos de la psicología y la biología conductual. Por un lado, el estructuralismo busca identificar la causalidad únicamente en términos de estructuras subyacentes o disposiciones mecanicistas que se supone que están presentes y que proporcionan la explicación de las acciones de los sistemas. Por ejemplo, ¿qué «es» un reloj? Desde una perspectiva estructuralista, un reloj es un dispositivo con dos manecillas, números y engranajes que, cuando se le suministra energía a través de una pila u otro medio, mueve las manecillas a una velocidad y distancia determinadas. Todo esto es cierto y probablemente proporciona alguna información necesaria para arreglar un reloj roto, si así se desea. El interés por la estructura es fundamental en todas las ciencias. Pero cuando se convierte en un «ismo» para describir la conducta, es difícil ir más allá de estas características topográficas y mecanicistas y abordar cuestiones como la historia, el contexto, el propósito y el impacto, tanto para los científicos de la conducta como para los organismos que estudian. Parte del problema es que el estructuralismo puede llevar a una disminución de la necesidad de examinar la historia, el desarrollo y la función, ya que las explicaciones estructurales apelan al realismo elemental del sentido común que reside en el lenguaje coloquial: metafóricamente, los estudios estructuralistas pretenden responder a lo que «es *en* realidad» un reloj, o cualquier otra cosa que se pueda nombrar ("*realmente esto es...*"). Ese interés puede llevar fácilmente a la falsa sensación de que no hay mucho más que saber. En las ciencias del comportamiento, en particular, esa idea ha sido a veces tóxica, porque "comportarse" es un verbo cuyo sujeto puede escabullirse cuando la historia, el desarrollo y la función no están en primer plano.

El funcionalismo, por otro lado, busca identificar las relaciones entre las variables que interactúan a lo largo del tiempo y que han llevado al desarrollo y la selección de características conductuales. Es decir, las explicaciones funcionales se preguntan qué han producido históricamente las diversas formas de conducta, cómo ese impacto puede haber alterado el desarrollo, cómo funcionan actualmente y por qué eso podría ser importante. Cuando un acercamiento funcional de este tipo se extiende en el tiempo, se funde con las historias de variación y retención selectiva vinculadas al contexto que son características definitorias de una explicación evolutiva que puede aplicarse al desarrollo genético, epigenético o cultural. Cuando se limita a la vida del individuo, el mismo acercamiento se convierte en una característica definitoria de un acercamiento psicológico funcional y contextual.

Si volvemos al ejemplo del reloj, desde un punto de vista funcional, un reloj es un dispositivo que usan las personas para saber la hora. Cuando la manecilla del reloj marca una hora concreta, como las «6», esto puede dar lugar a patrones de conducta predecibles asociados al tiempo, como preparar la cena o dar un paseo. Un reloj puede ser analógico, como el descrito anteriormente, digital o de sol. A menudo, muchas formas diferentes pueden cumplir una misma función. Al mismo tiempo, cualquier estructura dada podría servir para diferentes fines. Por ejemplo, si una persona decidiera utilizar un reloj de pared como plato para cenar, la estructura física del reloj seguiría siendo la misma, pero su función sería ahora completamente diferente. Si esa función llegara a predominar con el tiempo, la estructura podría modificarse para adaptarse mejor a la nueva función; en este ejemplo, se podría evitar una lente en forma de cúpula y optar por una cóncava que permitiera contener mejor la comida.

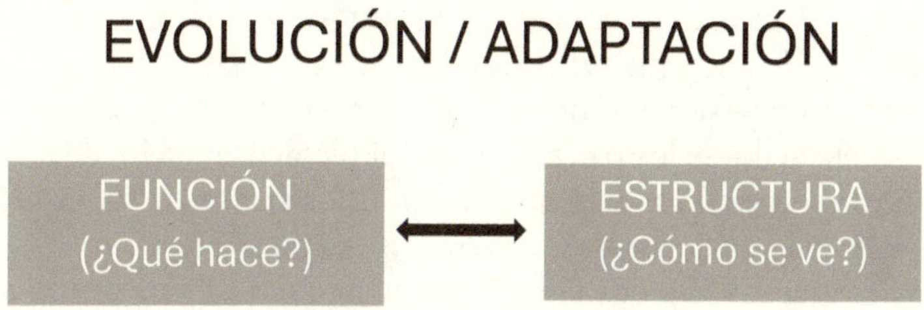

Esa «flecha bidireccional ayuda a explicar una de las razones por las que nos interesa más una perspectiva analítica funcional que una estructural. La estructura puede ser importante, pero la propia evolución sugiere que, a largo plazo, la estructura suele estar determinada por la función, y las explicaciones funcionales nos dicen más sobre cómo cambian las condiciones actuales que pueden influir en la estructura (es decir, cómo se manifiesta la conducta). En la práctica, estas ventajas son la razón por la que los analistas de conducta están más interesados en lo que algo hace que en cómo se ve. Para cambiar cómo se ve, tenemos que cambiar lo que hace o cómo funciona dentro de un ambiente. Para entender por qué surge como una adaptación emergente dentro del ambiente y cambiar el ambiente en consecuencia.

Dado que el lenguaje y la cognición son el núcleo de lo que buscamos predecir e influir a través de los enfoques basados en ACT, vale la pena recordar cómo estos dos enfoques diferentes podrían aplicarse al lenguaje y la cognición. Consideremos el enfoque estructural clásico de la psicolingüística. Se cree que las palabras pronunciadas reflejan estructuras subyacentes que a menudo se consideran universales, como las estructuras gramaticales profundas. Según las ideas tempranas y clásicas de Noam Chomsky (un notable lingüista, famoso en el análisis de conducta por estar en desacuerdo con la explicación del lenguaje de Skinner), la gramática universal debe ser debida (responder) a estructuras subyacentes que existen en la «mente/cerebro» de la persona (1972). El resultado es un «dispositivo» hipotético llamado Dispositivo de Adquisición del Lenguaje, que se cree que es la estructura oculta o latente que produce el lenguaje, al igual que la idea de "círculo" en el sistema de Platón produce círculos. Que tal dispositivo exista como tal es irrelevante: es una forma de describir la probabilidad de que existan estructuras neurológicas profundamente arraigadas y con múltiples interacciones que participan en el desarrollo de patrones gramaticales generalmente uniformes, tal y como existen en los seres humanos, y no en otros animales. Es una forma mucho más sofisticada de decir «las palomas picotean». Los seres humanos «lenguaje». El reto se convierte en una cuestión de causalidad. ¿Estas estructuras subyacentes inferidas causan el desarrollo de la gramática y la sintaxis, del mismo modo que el pico, el cerebro y los músculos del cuello de los pájaros causan el picoteo? La falta de claridad en este aspecto es la razón por la que es tan difícil convertir las explicaciones estructurales en programas de intervención exitosos.

Para Skinner (1953), este enfoque *formista* o *mecanicista* puede conducir a la proliferación de ficciones explicativas, en las que atribuimos la causa a formas y estructuras hipotéticas dentro de la persona, sin considerar adecuadamente el contexto que dio lugar a esas estructuras y a las conductas resultantes en primer lugar. En 1957, Skinner proporcionó el primer análisis funcional completo del lenguaje humano como conducta verbal, o teoría conductual. Propuso que, en lugar de centrarse únicamente en las características estructurales del lenguaje, un acercamiento funcional debe tener en cuenta el contexto en el que emerge la conducta. Dado el trabajo de Skinner sobre el condicionamiento operante, no es de extrañar que su acercamiento hiciera hincapié en los patrones de refuerzo que apoyan el desarrollo.

del lenguaje. Por ejemplo, un mando puede adoptar muchas formas gramaticales o incluir sustantivos, verbos y adjetivos. Lo importante es que un mando se produce en el contexto de operaciones de establecimiento coherentes y da lugar a la adquisición de un reforzamiento específico por parte del oyente. El mismo conjunto de sonidos puede tener diferentes funciones en diferentes contextos. Por ejemplo, la palabra «gato» puede servir como mando (es decir, si se está pidiendo un gato) o como tacto (es decir, si se está identificando un gato) dependiendo del contexto. Su explicación se extiende a eventos privados como la resolución de problemas, el pensamiento y el razonamiento, que se explican con mayor frecuencia en los modelos cognitivos estructuralistas.

Los detalles de la crítica de Chomsky (1959) al enfoque de Skinner no nos interesan especialmente más de medio siglo después, pero su crítica puede entenderse en gran medida como la diferencia entre los enfoques estructurales y el enfoque funcional en la investigación científica. En retrospectiva, algunas de las críticas de Chomsky señalaban efectivamente lagunas en el análisis funcional del lenguaje y la cognición humanos. Por ejemplo, es difícil utilizar la explicación de Skinner para abordar plenamente la aparente autoorganización y complejidad evidentes en la estructura del lenguaje humano y la cognición. Los avances más recientes que tratamos en este libro hacen que una explicación funcional sea más plausible que las primeras explicaciones de Skinner. Además, Chomsky parecía reconocer correctamente la falta de análisis de Skinner sobre el oyente, ya que la comprensión del lenguaje es quizás incluso más importante que el habla. Por el contrario, la estrategia de Chomsky dejó sin respuesta cómo estructuras tan complejas llegan de forma tan única a cada persona del planeta. Igualmente único es el ambiente, pasado y presente, que rodea a cada persona a lo largo de su vida. Y es mediante la comprensión del ambiente como podemos empezar a comprender la conducta compleja.

Un acercamiento funcional de las relaciones entre conductas. El análisis de conducta ha avanzado considerablemente desde los primeros trabajos de Skinner. En el siguiente capítulo abordaremos el tema de la equivalencia de estímulos y mostraremos cómo condujo a la explicación de la TMR sobre las relaciones múltiples derivadas de estímulo y a extensiones más recientes. Vamos a evitar esos detalles ahora porque queremos centrarnos en lo que es un acercamiento funcional y en cómo se diferencia de las explicaciones más tradicionales, y por qué ACT y la TMR requieren una comprensión clara de cómo una acción puede relacionarse con otra.

Tomemos como ejemplo a un niño con un desarrollo neurotípico que, por lo general, responde a los elogios y las críticas sociales como reforzamiento social y castigo social, respectivamente. Si ese niño aprende que «mal» es lo contrario de «bien» y que «bien» es lo mismo que «good», es probable que ahora puedas entrenar conductas utilizando la palabra «mal» como consecuencia negativa. Supongamos por ahora que lo que se acaba de decir es lo que ocurrió. La TMR explicará en última instancia cómo y por qué, pero por ahora no es necesario explicarlo; podemos quedarnos con una descripción más sensata a efectos del ejemplo.

Ahora imagina que dos analistas que no conocen la historia del niño, uno cognitivista estructuralista y otro analista de conducta, se preguntan por qué el niño muestra una conducta de evitación al repetir acciones que van seguidas del sonido «mal». El cognitivista puede afirmar que se debe a que la palabra «mal» forma parte de una red semántica que le da un significado aversivo. Los analistas de conducta sugieren que se trata de un castigo condicionado probablemente por las asociaciones con la palabra «mal».

De hecho, no puede ser un castigo condicionado porque nunca se ha asociado con castigos primarios o condicionados, ni siquiera se ha oído o visto en el mismo contexto que es algo malo. Tampoco comparte propiedades formales con los castigos existentes, por lo que no puede tratarse de una generalización de estímulo. A consecuencia de ello, si este análisis de «castigo condicionado» se aplicara a otros niños, pronto estaríamos aplicando condiciones muy alejadas de las que realmente llevaron a ese comportamiento.

El cognitivista se enfrenta a un problema muy diferente. El concepto de «red semántica» no dice al analista qué debe intentar hacer en primer lugar para establecer la acción. Las «redes semánticas» describen un resultado, pero no cómo producirlo.

La promesa de una explicación funcional es que *sí* te dice qué hacer para establecer o mantener el comportamiento de interés...pero solo puede hacerlo si la explicación funcional es adecuada. Para comprender las relaciones funcionales que llevaron a la conducta de este niño, sería necesario saber cómo se relaciona un comportamiento con otro.

En este caso, necesitaríamos comprender cómo «mal» llegó a relacionarse con «bien» de una manera particular y cómo y por qué el uso de la palabra «mal» actuó como consecuencia de otra conducta. Estamos describiendo una relación «conducta-conducta». Si tu objetivo con los conceptos conductuales es utilizarlos para predecir e influir en el comportamiento, cuando se trata de relaciones conducta-conducta es importante comprender los contextos en los que se producen cada una de las dos acciones relacionadas, y el contexto en el que se produce la interrelación entre esas acciones. Los conceptos deben ser tanto funcionales *como* contextuales (Hayes y Brownstein, 1986), de modo que cada uno influya en el otro.

Para aplicar una comprensión contextual funcional en este caso, necesitaríamos conocer la historia y las circunstancias (el «contexto») que dieron lugar a cada evento conductual *y su interrelación*. Hemos puesto en cursiva este último punto porque se suele ignorar con frecuencia. Comprender estas tres características contextuales es precisamente lo que la TMR y ACT proponen hacer de forma idiográfica, pero antes incluso de llegar a ese punto, cabe señalar que cuando los analistas de conducta se preguntan por qué ciertos eventos tienen la función que tienen, en algunas circunstancias es necesario comprender las relaciones entre conductas antes de poder dar una respuesta que sea útil en la práctica y científicamente adecuada.

El motivo por el que ese tipo de conocimiento es clave es que los analistas de conducta utilizan métodos científicos de forma funcional, para aislar las interacciones funcionales idiográficamente sensibles entre las variables ambientales y el comportamiento. Las interacciones funcionales se descubren mediante un proceso denominado análisis funcional, que significa literalmente observar o analizar las interacciones entre el comportamiento y el ambiente a nivel del organismo que se comporta. A continuación, se diseñan intervenciones para influir en las variables ambientales con el fin de provocar un cambio de conducta.

La mayoría de los conceptos de otras tradiciones psicológicas aplicadas se verifican mediante consistencias normativas entre personas. La psicometría es un ejemplo clásico. El análisis psicométrico no se aplica a la realidad contextual funcional de las personas (la historia y las circunstancias de los individuos), sino a las consistencias estructurales en el uso del lenguaje *entre* personas. El problema es que la variabilidad entre personas y la variabilidad dentro de las personas no son lo mismo. La física estadística sabe desde hace más de un siglo que no es posible pasar de forma fiable de la conducta de un conjunto de cosas a predecir la conducta de una cosa individual que se encuentra dentro de ese conjunto, salvo en unas pocas circunstancias muy extraordinarias descritas por el teorema ergódico (Birkhoff, 1931; von Neumann, 1932). Ninguna de esas circunstancias (naming, la estacionariedad y que todos los elementos muestren las mismas propiedades dinámicas) se aplica a las personas. Por ahora, podemos decirlo de una manera más sencilla: es es científicamente necesario que el análisis funcional se realice de forma idiográfica y luego se generalice gradualmente a enunciados nomotéticos. Más adelante en el libro profundizaremos en el porqué.

La relación incierta entre la variabilidad entre personas y la variabilidad dentro de una misma persona es parte del motivo por el que el enfoque normativo es tan difícil de convertir en intervenciones fiables. Es fácil, por ejemplo, utilizar la psicometría para evaluar las emociones, los pensamientos y las conductas manifiestas, sin siquiera indagar en la historia de estos acontecimientos ni en los contextos en los que se producen para el individuo. Esa situación significa que podemos quedarnos con constructos latentes que «explican» la acción sin decirnos qué hacer para cambiarla. Eso es un problema importante.

Si surge una nueva estrategia analítica funcional, el alcance de nuestro campo puede ampliarse drásticamente y la profundidad de nuestras intervenciones puede mejorar notablemente. Ya hemos visto que esto es cierto con el ejemplo de la técnica de análisis aplicado de conducta comúnmente utilizada denominada «análisis funcional experimental» (EFA, por sus siglas en inglés; Iwata et al., 1989/1994). El análisis funcional demostró ser un punto de inflexión evolutivo en nuestro campo (como una inflexión conductual, pero experimentado por todos los miembros de la comunidad a través de un cambio colectivo en el comportamiento). Antes del análisis funcional, se asumía en gran medida que el comportamiento estaba bajo la influencia del reforzamiento y el castigo, un modelo relativamente simple para informar el desarrollo de la intervención conductual. Si el analista quiere que el comportamiento se produzca con más frecuencia, debe reforzar el comportamiento. Los reforzadores de alta calidad que se administran de forma inmediata y contingentemente son los que producen los mayores aumentos. La mayoría de las veces, los clientes no son derivados a analistas de conducta ni buscan servicios para aumentar una conducta. Más bien, muchos clientes acuden en busca de servicios para disminuir una conducta, como la estereotipia vocal o la conducta autolesiva, que se consideran perturbadoras o perjudiciales. Una vez más, la solución es bastante simple: los castigos de alta magnitud que se administran de forma inmediata y contingentemente son los que producen las mayores disminuciones.

Dado lo que sabemos ahora, este sencillo modelo puede ser perjudicial. El uso excesivo del castigo puede tener efectos negativos a largo plazo en el ámbito social, emocional y conductual de los clientes. Es poco probable que los refuerzos no funcionales mantengan un comportamiento positivo una vez que se retiran. Los analistas de conducta siguen tratando de salir de esta era de la ciencia del comportamiento y muchas de estas prácticas siguen utilizándose hoy en día por algunos con alumnos autistas y se les dan descripciones más aceptables (p.ej., «área de reflexión» que funciona como tiempo de descanso/zona de exclusión social, retirada de refuerzos incorrectamente etiquetada como «extinción»).

El EFA proporcionó un método analítico funcional para superar un modelo muy limitado del cambio de conducta. La conducta tiene una función. Para cambiar la conducta, debemos empezar por determinar la función que cumple *para el individuo* y debemos hacerlo de forma longitudinal y empírica, no solo conceptual. El trabajo inicial que utilizó el EFA se centró en la conducta autolesiva que mostraban los niños autistas. Considera que la conducta autolesiva es una descripción de la estructura (es decir, cómo se manifiesta el comportamiento), no de la función. En el análisis funcional, se manipulan las condiciones funcionales y se determina su influencia en las tasas relativas de comportamiento. Por ejemplo, si la autolesión se produce con mayor facilidad en condiciones en las que se produce una huida contingente de una demanda tras el comportamiento, podemos suponer que la función del comportamiento es escape. Por lo tanto, una intervención funcional para reducir las autolesiones requiere que se establezca un nuevo comportamiento, como una respuesta de comunicación funcional, que cumpla la misma función y sea más eficaz. No es necesario castigar, y el comportamiento que promovemos se mantiene mediante reforzadores funcionales.

El análisis funcional también ofrece un ejemplo ilustrativo de la importancia de ampliar nuestros modelos científicos de cambio de conducta. Un modelo que asuma exclusivamente el refuerzo y el castigo como funciones dará lugar necesariamente a estrategias analíticas para determinar las tasas relativas de refuerzo y castigo. Además, las intervenciones intentarán influir en el comportamiento utilizando exclusivamente estos procesos. La incorporación de operaciónes de establecimiento a nuestro modelo científico (p.ej., demandas, privación de atención) abrió la puerta a un acercamiento funcional de la intervención que buscaba establecer nuevos comportamientos que abordaran estas funciones OE/OA. También es cierto que este acercamiento ahora «tradicional» de la EFA se topó con una barrera con las relaciones derivadas de estímulo, pero debemos celebrarlo como un gran avance. Ahora es el momento de dar el siguiente paso, descubrir nuestra próxima cúspide evolutiva, que permitirá abordar las relaciones derivadas mediante el desarrollo adicional de métodos analíticos funcionales que se vinculen directamente con esos retos que son exclusivamente humanos.

Creemos que ACT y la TMR representan una nueva estrategia funcional que ha surgido en el campo del análisis de conducta y que cambiará para siempre los tipos de problemas aplicados que somos capaces de resolver y las poblaciones clínicas a las que podemos atender. También cambiará considerablemente la forma en que atendemos a quienes tradicionalmente se han beneficiado de la intervención conductual. Para ver cómo podría hacerlo, debemos dar un paso adelante y pasar de estudiar y cambiar las relaciones entre conductas a, una ciencia de los eventos privados.

Un acercamiento funcional de los eventos privados. Los analistas de conducta están acostumbrados a centrarse en el comportamiento manifiesto, pero su uso del término «conducta» es bastante amplio. Al principio de su carrera, Skinner definió el comportamiento de dos maneras diferentes. Definió el comportamiento topográficamente como «el movimiento de un organismo o de sus partes en un marco de referencia proporcionado por el propio organismo o por diversos objetos externos o campos de fuerza» (Skinner, 1938, p. 6). Esta aún no es una definición funcional: levantar la mano para llamar la atención y levantar la mano para estirar un músculo es el mismo comportamiento según esta definición. Solo unas frases más adelante, Skinner definió la conducta como «el funcionamiento de un organismo que actúa sobre el mundo exterior o interactúa con él» (1938, p. 6). Desde esta perspectiva, la conducta y las circunstancias que la influyen son dos aspectos de un mismo evento y todo lo que implica un comercio con el mundo, forma parte del análisis de conducta. Skinner nunca volvió a revisar la definición, pero a medida que su carrera evolucionaba, ese segundo sentido se fue imponiendo cada vez más. Hablaba del pensamiento como conducta, del recuerdo como conducta, de los sentimientos como conducta, etc. Todas y cada una de las formas en que interactuamos con el mundo, ya sea de manera pública o privada, eran «conducta».

Lo «radical» del conductismo de Skinner es que aplicó el pensamiento contingente al comportamiento de los propios científicos (1945). Al hacerlo, dio un giro radical al conductismo metodológico tradicional y llevó el pensamiento conductista en una nueva dirección.

En el caso del análisis de conducta, el mismo modelo contextual funcional del comportamiento utilizado para producir el cambio deseado en el comportamiento se aplica también al científico. Desde una perspectiva estrictamente analítica y contextual, «ciencia» es solo un término que representa el comportamiento de los científicos en su contexto: como una empresa social que tiene como función deseada el desarrollo de enunciados cada vez más organizados de las relaciones entre los acontecimientos, a fin de permitir que los fines analíticos se alcancen con precisión, alcance y profundidad. Dicho de otra manera, desarrollar y utilizar modelos de cambio de conducta es simplemente un patrón de conducta verbal compartida por científicos de la conducta y profesionales que puede ser eficaz para resolver retos conductuales socialmente importantes (Belisle, 2020). En el caso particular del análisis de conducta, el científico y el profesional son inseparables en lo que se denomina modelo científico-profesional (Belisle, Stanley y Dixon, 2021) y, a su vez, se les aborda de la misma manera que a los clientes que analizamos.

Este enfoque desvincula fundamentalmente la distinción «público-privado» de la «objetivo-subjetivo». Sí, el comportamiento debe observarse directamente, argumentó Skinner (1945), pero eso también puede ocurrir con acciones privadas como pensar y sentir. Lo que hace que una observación sea científicamente válida, argumentaba, no es que sea pública, sino que las contingencias que controlan la observación por parte del científico garantizan un control estricto del estímulo por parte de lo observado. Según este punto de vista, el mero número de observadores potenciales no debería ser el factor principal que determine lo que consideramos conducta y, por lo tanto, accesible al análisis de conducta.

Tomemos como ejemplo un discurso que se ensaya en privado. Una persona puede hablar y escuchar sin mostrar signos externos de hacerlo; puede darse cuenta incluso cuando las palabras no le salen con facilidad y, por lo tanto, debe practicar más, o «oír» las pausas para crear efecto, o cómo decir determinadas palabras para darles énfasis. Este habla privada es una conducta, o al menos así lo argumentaba Skinner. Se observa directamente.

Si las contingencias que controlan una observación son laxas, se producirán errores independientemente de que la observación sea de un evento público o de un evento privado. Por ejemplo, un niño puede decir que le duele el estómago para evitar un examen de matemáticas. Este mismo proceso también se produce fácilmente en público.

Supongamos que en una clase de grado se muestra una diapositiva durante solo 1/3 de segundo en la que se lee: «París en primavera».

París
en primavera

Si luego se pide a toda la clase que escriba lo que ha visto, todos dirán que han visto las palabras «París en primavera». El acuerdo entre los observadores será muy alto. Ahora pon la misma diapositiva durante un minuto y se oirá una risa generalizada en la clase cuando se den cuenta de que una observación más prolongada demuestra que esta «observación» se debe a la historia de la clase, con una frase familiar y la ubicación de los saltos de línea, y no solo a las palabras reales y a la estimulación que proporcionan en ese momento. Por eso Skinner afirmaba que la «verdad por acuerdo» no es una guía fiable para la objetividad científica.

Los analistas de conducta aplicados quieren, con razón, que se preste atención al comportamiento manifiesto, y eso no debe cambiar, pero es muy propio de la tradición conductual funcional y contextual querer abordar las diversas características de la acción humana, incluso la conducta privada, si hay razones conceptuales o aplicadas para hacerlo. En resumen, el análisis de conducta «no insiste en la verdad por acuerdo y, por lo tanto, puede considerar los acontecimientos que tienen lugar en el mundo privado dentro de la piel» (Skinner, 1974, p. 16). La mejor manera de dividir las acciones privadas en unidades es un reto, pero no es algo único, ya que «cualquier unidad de conducta operante es, en cierta medida, artificial. La conducta es la actiividad coherente y continua de un organismo integral, aunque pueda analizarse en partes con fines teóricos o prácticos» (1953, p. 116).

Se trata de ideas *dramáticamente* funcionales. El análisis funcional del científico abre la puerta a los eventos privados. Podemos dividir el flujo de acciones de una persona si eso nos ayuda a comprender qué hacer para servirla. Las distinciones se consideran meras herramientas útiles y no afirmaciones ontológicas. Cada vez que se le pregunta a una persona «¿qué piensas?» o «¿qué sientes?», ese flujo de conducta se divide en cierta medida y la única cuestión es cómo analizar mejor la conducta humana compleja de forma funcional.

Para ver cómo esta forma de pensar nos lleva de vuelta a las relaciones entre conductas, consideremos la pregunta « ¿por qué hiciste eso?». Cuando una persona responde formulando una regla, ese «contexto que da una razón» social es un ejemplo exacto de cómo pueden alterarse las relaciones entre conductas. Una persona con «una buena razón» para, por ejemplo, faltar a una reunión, es más probable que falte a esa reunión no solo por la situación externa, sino también porque sabe que una conducta (poder explicar el incumplimiento de una promesa) altera el contexto de otra conducta (si se falta a la reunión, es menos probable que haya consecuencias negativas una vez que se da la «razón»).

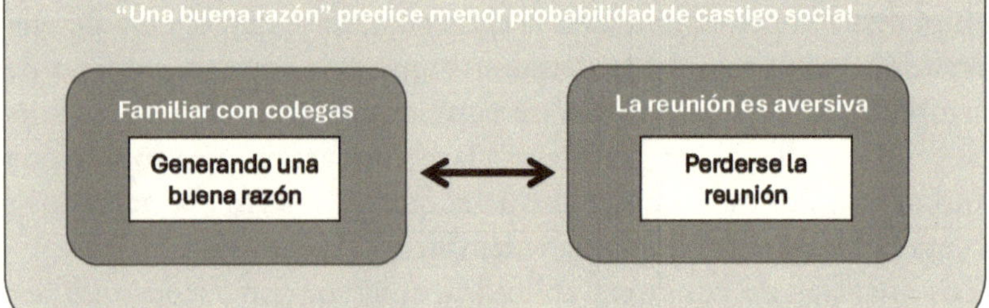

En este caso, un contexto social/verbal en el que se da una razón es una clave histórica y situacional en la que una red verbal concreta puede servir como estímulo discriminativo (S(D)) para otro comportamiento. Pero hay que tener en cuenta que la persona que falta a la reunión tendrá que generar la regla (la «excusa» o «razón») y detectar por sí misma su verosimilitud. Un niño pequeño podría decir «porque sí» cuando se le pregunta «¿por qué hiciste eso?», pero un adulto con capacidad verbal no lo haría. Ser capaz de detectar por sí mismo buenas razones es una habilidad muy desarrollada. «Porque el perro se comió mi programa de trabajo» no parece topográficamente más débil que «porque se me averió el coche», pero es mucho menos probable que altere de forma fiable las consecuencias sociales. En algunos ambientes (p.ej., en un campamento militar), no se da crédito a NINGUNA excusa, independientemente de su plausibilidad o incluso de su base factual. Sin embargo, se considera de mala educación intentar establecer tales contextos. La próxima vez que alguien te diga que ha faltado a una reunión contigo porque se le ha olvidado, intenta responder «¿por qué se te ha olvidado?», y sentirás que estás entrando en un territorio social nuevo y peligroso.

Este tipo de relaciones son las que dificultan tanto el análisis funcional de los seres humanos verbales, aunque también ayudan a describir cómo funciona la ACT. ACT altera los contextos sociales y verbales que cohesionan el comportamiento, incluidos los comportamientos públicos y privados, socavando esos contextos cuando conducen a relaciones de conducta autodestructivas y aumentando la motivación cuando eso ayuda a la persona a renunciar a reforzadores menores e inmediatos en favor de otros mayores y posteriores (augmenting).

Entre paréntesis, este enfoque evita el error funcional del mentalismo, que consiste en atribuir propiedades causales a unas acciones sobre otras sin tener en cuenta los contextos que dan lugar a las relaciones funcionales entre los comportamientos. El «mentalismo» se da con mayor facilidad cuando se dice que una conducta privada causa una conducta pública (de ahí su nombre común), pero el error proviene del análisis, no de la privacidad. Mientras que el contexto puede manipularse directamente, las conductas son intrínsecamente «variables dependientes», es decir, dependen del contexto. Tratar las relaciones entre conductas como causalidad sin especificar el contexto es la esencia misma del mentalismo. Sería extraño cometer ese error con una conducta totalmente manifiesta, pero se podría hacer. «Joe lanza bien la pelota de béisbol porque es bueno en el baloncesto» sería el mismo error, solo que rara vez se comete cuando todo el mundo se da cuenta de que se trata de dos conductas diferentes. De hecho, esa es una de las razones por las que los conductistas insisten en llamar así a todas las formas de acción humana. Hacerlo de forma rígida tiene un coste demasiado alto en la cultura dominante como para que sea la única forma de expresarse de los conductistas, pero es útil que casi todos los analistas de conducta hayan estado en ambientes de aprendizaje que insistían en llamar a todos los eventos psicológicos con un único nombre adecuado: conducta.

ANÁLISIS FUNCIONAL Y EL CAMPO DE ABA

Podría decirse que lo que define un campo es un lenguaje y un enfoque comunes. Para nosotros, eso es mucho más que «llamar comportamiento a todo». El análisis aplicado de conducta (ABA) es un campo que se define por el análisis funcional idiográfico. El término no se refiere a un procedimiento, tecnología o familia de tecnologías concretos. Los BCBA utilizan con demasiada frecuencia el término «análisis funcional» de forma intercambiable con el EFA de Iwata, lo cual es problemático por varias razones, como demuestra un repaso de la historia del análisis de conducta.

El término fue utilizado originalmente por Skinner en referencia a sus análisis experimentales con organismos no humanos (Dixon, Vogel y Tarbox, 2012; Schlinger, 2017). Estos análisis no incluían las «cuatro funciones» de Iwata y muchos de los primeros experimentos ni siquiera incluían una condición de control. Hasta mucho más tarde en esta línea de investigación, el análisis funcional de la conducta no incluía en absoluto a seres humanos.

Uno de los primeros estudios de investigación en aplicar métodos de análisis funcional con sujetos humanos fue realizado por Fuller, 40 años antes de que Iwata y sus colegas desarrollaran el análisis funcional (Sturmey, 2020). La intervención y el comportamiento objetivo parecerían bastante benignos según los estándares actuales, en los que se utilizó el reforzamiento positivo para enseñar a un varón de 18 años con una discapacidad intelectual profunda a levantar la mano. Sin embargo, hay que tener en cuenta que, antes de este estudio N-de-1, se creía ampliamente que las personas con discapacidades profundas eran simplemente incapaces de aprender. Esta estrategia de análisis funcional, que en aquel momento se centraba exclusivamente en un reforzador algo arbitrario (agua azucarada), sentó las bases para el desarrollo del campo del análisis funcional.

La primera línea sólida de trabajo aplicado con sujetos humanos tampoco tuvo lugar en el campo del tratamiento del autismo. Lindsley y sus colegas (entre ellos Skinner) ampliaron este trabajo en la década de 1950 a pacientes psiquiátricos hospitalizados para abordar una diversidad de problemas de conducta que experimentaba esta población (Sturmey, 2020). Esto implicaba la recopilación sistemática de datos conductuales y el desarrollo de técnicas que utilizaban contingencias de refuerzo para influir en el comportamiento.

Por lo tanto, el primer uso del término «análisis funcional» hacía hincapié en el análisis experimental de la conducta y en el nivel idiográfico. Fue de gran importancia en el campo más amplio de la psicología que Skinner y sus colegas fueran capaces de «activar y desactivar» eficazmente el comportamiento mediante la manipulación de variables en un ambiente altamente controlado (es decir, la cámara operante). El objetivo siempre fue aplicar este enfoque para resolver los principales problemas personales y sociales que experimentaban las personas (Skinner, 1953), y este trabajo inicial de Fuller y Lindsley, así como el de otros investigadores aplicados anteriores, como Bijou y Ferster, sentaron las bases de un método analítico funcional que hacía hincapié en el control experimental de la conducta.

El término «análisis funcional» comenzó a utilizarse como término genérico para abarcar una estrategia mucho más amplia de comprensión de las interacciones funcionales entre el ambiente y el comportamiento a nivel individual, que luego se generalizó nomotéticamente a través de principios de conducta. Esta estrategia incluía la experimentación, pero también intentos de reducir los resultados experimentales consistentes a principios establecidos de aprendizaje y conducta; y, una vez establecidos, ampliar estos resultados teóricamente de tal manera que nos permitieran hacer inferencias preexperimentales sobre conducta humana compleja (es decir, el desarrollo de teorías o leyes). Un ejemplo notable de esa etapa final se produjo cuando Skinner (1957) describió su teoría de la conducta verbal como «un análisis funcional del lenguaje», sin que existieran prácticamente investigaciones que respaldaran esta extensión.

ABA se formó dentro de este uso más amplio del análisis funcional. En lo que se considera el artículo seminal de ABA, la descripción de sus siete dimensiones definitorias por Baer, Wolf y Risley (1968), el «análisis funcional» es omnipresente en cada dimensión. *Aplicado* se refiere a la aplicación de estrategias de análisis funcional para resolver retos relacionados con *la conducta* humana. *El término «análisis»* describe la estrategia que requiere un análisis funcional de la interacción continua entre el entorno y el comportamiento. Asegurar que nuestras tecnologías sean *conceptualmente sistemáticas* garantiza que estamos utilizando principios establecidos que se derivan de una explicación analítica funcional. Debemos asegurarnos de que las intervenciones sean *tecnológicas* para poder aislar las interacciones entre el entorno y el comportamiento y que la manipulación del entorno sea *eficaz* para cambiar el comportamiento (es decir, funcional). Y la última dimensión, *la generalidad*, garantiza que se tenga en cuenta el flujo global de interacción funcional entre el ambiente y el comportamiento y que los cambios en el comportamiento se produzcan en todos los contextos. Este modelo se traduce esencialmente en la idea de que el análisis de conducta es la aplicación del análisis funcional (en sentido amplio) para abordar el comportamiento que importa a las personas.

Eso significa que el análisis de conducta no puede definirse por un conjunto de técnicas, ni siquiera por técnicas que cambian el campo, como el análisis funcional. Y aunque hasta ahora hemos tenido éxito en la aplicación de estrategias de análisis funcional con niños con autismo, ABA no está limitado a una sola población o a un pequeño subconjunto de conductas. La confusión sobre este punto no solo impide apreciar la historia del término «análisis funcional» que hemos descrito brevemente aquí, sino que también impide que nuestro campo, los profesionales analíticos conductuales y los clientes se den cuenta de todo nuestro potencial.

Resumen. ABA surge de una explicación funcional idiográfica del comportamiento, no de una explicación estructural del mismo. Esta distinción no es específica dABA, sino que se utiliza para diferenciar enfoques dentro de varias disciplinas científicas. La filosofía subyacente al ABA es conductista, pero no en el sentido tradicional, sino que lo «radical» del conductismo radical es que los conceptos analíticos funcionales se aplican también al científico (Moore, 2007). Este paso abre el campo al análisis de los eventos privados, pero siempre como parte de un acercamiento funcional y contextual (Zettle, Hayes, Barnes-Holmes y Biglan, 2016; Ivancic y Belisle, 2019). Todas las formas de conducta pueden entrar en relaciones comportamiento-comportamiento, pero cuando lo hacen, el análisis es siempre contextual funcional y funcional. Esto evita el error mentalista. ACT se centra especialmente en aquellas propiedades contextuales funcionales que determinan cómo funcionan las relaciones comportamiento-comportamiento y, en concreto, cómo se aplican a la resolución de los retos del comportamiento humano.

¿QUÉ ES ACT PARA LOS ANALISTAS DE CONDUCTA?

ACT como enfoque utilizado por los analistas de conducta no solo debe tener en cuenta el análisis funcional, sino que debe definirse por él. Dixon, Hayes, et al. (2020) describen cómo cada una de las siete dimensiones que delimitan el análisis conductual aplicado, tal y como lo introdujeron Baer, Wolf y Risley, aparece en las intervenciones basadas en ACT. En cada área dimensional, ACT cumple los requisitos de un enfoque analítico conductual, lo que sugiere que debe ser practicada por analistas de conducta. Sin embargo, el ámbito de aplicación de ACT va más allá de los límites del análisis de conducta, por lo que quienes practican ACT como analistas de conducta deben seguir unos parámetros cuidadosos.

En primer lugar, se debe considerar el igualar entre el cliente y ACT. Si el cliente en cuestión no demuestra un repertorio relacional en el que las palabras o los símbolos tengan funciones y dichas funciones se deriven en parte, es posible que ACT resulte demasiado difícil de comprender para esa persona. Dado que ACT es un tratamiento basado en gran medida en la conversación, la persona con la que hablas necesitará comprender las palabras que se pronuncian. Además, dado que una parte importante de ACT se basa en metáforas y experiencias, será necesario tener cierta capacidad para dejarse guiar por la experiencia y comprender cómo una metáfora puede relacionarse con la propia vida.

En segundo lugar, la medida dependiente principal de interés debe permanecer constante antes y durante una intervención ACT. Para los analistas de conducta, dicha medida suele implicar una manifestación del comportamiento que sea medible, cuantificable y verificable. Se debe tener precaución al inclinarse hacia índices más subjetivos de la eficacia del tratamiento. Por ejemplo, los cambios en las puntuaciones de las pruebas psicométricas, aunque son importantes en algunos ámbitos de la práctica, deben considerarse medidas complementarias y no principales. Por supuesto, el autoinforme de la experiencia subjetiva de un cliente es, de hecho, un comportamiento y puede aportar información importante sobre eventos privados, pero para la mayoría de los analistas de conducta en ejercicio, estos son secundarios a los efectos conductuales objetivos que llevaron al tratamiento en primer lugar.

En tercer lugar, los clientes, los comportamientos objetivo y el entorno deben ajustarse al ámbito de práctica definido por los analistas de conducta. Esto varía de una región a otra, pero es un error pensar que, por el simple hecho de que la intervención sea coherente con ACT, estas consideraciones profesionales no sean aplicables. Es fundamental tener en cuenta que ACT no es una intervención en sí misma. No existe un protocolo formal único denominado «ACT» que se aplique a todos y cada uno de los retos. Más bien, ACT es un marco de intervención de amplio alcance y muy variable en la práctica. Cuando comprendemos los principios básicos que subyacen a las intervenciones basadas en ACT, podemos ser mucho más específicos sobre lo que implica un tratamiento y mantenernos dentro del ámbito de lo que constituye una intervención analítico conductual. De hecho, muchas de las herramientas que ya utilizan los analistas de conducta se pueden aplicar aquí y pueden ampliarse teniendo en cuenta los procesos básicos del modelo de tratamiento ACT.

Por último, si se acepta que ACT entra dentro del ámbito de la práctica del campo de ABA, los analistas de conducta individuales deben recibir entrenamiento en ACT para mantenerse dentro de su ámbito de competencia. Leer este libro es un primer paso. Buscar oportunidades de entrenamiento continuo y supervisión por parte de analistas de conducta con más experiencia en cada caso concreto es otro. Esto no difiere de cualquier otra intervención analítico conductual y las oportunidades para buscar estas oportunidades están aumentando exponencialmente en nuestro campo. Es un momento emocionante para ser analista de conducta y vale la pena profundizar en ello.

¿QUÉ ES EL ANÁLISIS DE CONDUCTA PARA ACT?

Los analistas de conducta modernos crecieron en el mundo del análisis de conducta como campo profesional, centrado en gran medida, aunque no exclusivamente, en las personas con discapacidades del desarrollo. ACT es de interés para los BCBA, en parte por lo que puede hacer, especialmente en combinación con la TMR, para ampliar el ámbito de actuación de los analistas de conducta. Esa ampliación se aplica al trabajo con personas con discapacidades del desarrollo, pero también a una amplia gama de otras áreas de la conducta humana.

Pero también vale la pena considerar lo que el análisis conductual, como disciplina y como área de práctica, puede aportar a ACT. Acabamos de argumentar que ACT es analítica conductual, pero el desarrollo de ACT como programa de análisis de conducta requiere pasos adicionales que ahora deben darse. Algunos de ellos se iniciaron en el programa de investigación ACT/TMR, pero no se han realizado; otros son pasos que ahora son posibles y que no lo eran hace 40 años.

Tanto ACT como la TMR, como programas de investigación y práctica, comenzaron a principios de la década de 1980 en un laboratorio dirigido conjuntamente por un psicólogo clínico junior de forma conductual y un profesor titular que era analista de conducta básico. El psicólogo clínico es uno de los autores de este libro, Steven C. Hayes. En la época en que se estaban formando ACT y TMR, fue editor asociado de la *revista Journal of Applied Behavior Analysis* (JABA) entre 1980 y 1983 y colaborador habitual de la revista *Journal of the Experimental Analysis of Behavior* (JEAB). Hayes era claramente un «analista de conducta» según cualquier definición razonable de la época.

El analista de conducta básico no aparece en los principales escritos sobre ACT o TMR porque murió repentinamente de un ataque al corazón en 1986, a la edad de 53 años, justo cuando estos artículos estaban moldeara. En el momento de su muerte, Aaron J. Brownstein era miembro del Consejo Editorial de *JEAB*, presidente de la Asociación del Sureste para el Análisis Conductual y editor electo de *Behavior Analyst.* Además, era claramente un analista de conducta. Aaron fue fundamental en la reflexión sobre cómo abordar las relaciones entre conductas de forma no mentalista (Hayes y Brownstein, 1986), un tema que hemos tratado ampliamente en este mismo capítulo y que cobró una importancia fundamental cuando empezaron a quedar claras las implicaciones de la TMR.

Steve se trasladó a la Universidad de Nevada como director de entrenamiento clínico poco después de la muerte de Aaron, lo que aceleró la aplicación clínica de ACT, pero ralentizó ACT como forma de análisis de conducta en un sentido más estricto, especialmente cuando el campo del análisis de conducta en sí mismo comenzó a reducirse. Sin embargo, todavía se puede ver claramente el enfoque analítico conductual en los primeros escritos sobre ACT. Por ejemplo, tal y como se argumenta en el presente capítulo, Hayes y Hayes (1992) hicieron hincapié en que existen contextos socioverbales que establecen el vínculo entre los eventos privados y otras conductas, y que son estos contextos los que se modifican con ACT:

> Supongamos que un agorafóbico piensa «Voy a humillarme en este centro comercial», y entonces empieza a sentir pánico y se marcha del centro comercial. Un conductista contextual no explicaría el pánico o el escape basándose en la forma del pensamiento en sí mismo, sino en los contextos que dan lugar a la relación pensamiento-emoción o pensamiento-conducta manifiesta. Estos contextos incluyen a) los que dan significado al contenido del pensamiento, o el *contexto del significado literal;* b) los que establecen la valencia de la humillación, o el *contexto de la evaluación;* c) los que permiten a la persona «explicar» y «justificar» el comportamiento basándose en los eventos privados, o el *contexto de la justificación;* y d) los que establecen el objetivo de evitar la conducta de evitación de eventos privados «indeseables», o el *contexto del control emocional y cognitivo.*En lugar de intentar cambiar el pensamiento o la emoción, el terapeuta puede cambiar estos contextos en un intento de cambiar la relación entre la conducta y la conducta en sí (p.24.)

La siguiente figura compara un enfoque contextual con otros enfoques.

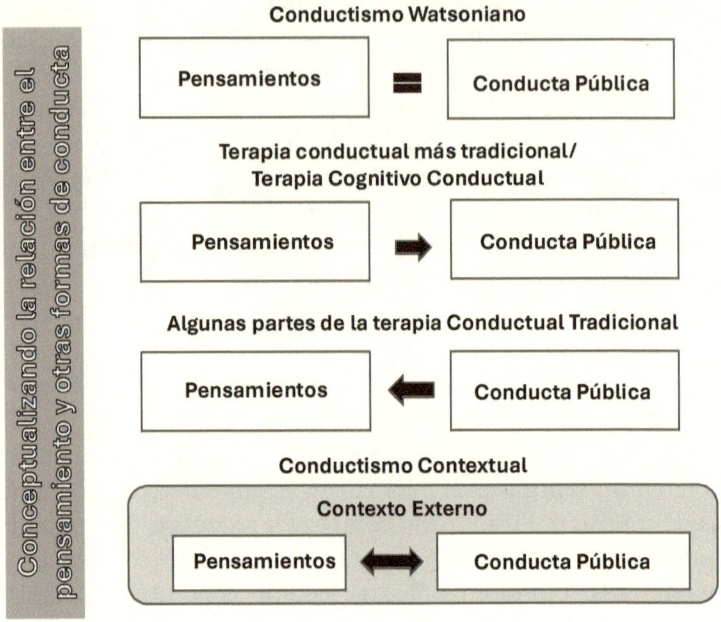

A diferencia de un modelo cognitivo en el que los pensamientos influyen directamente en el comportamiento (o de los modelos conductuales tradicionales en los que los pensamientos se consideran un epifenómeno o simplemente se argumenta que no existen), un modelo conductual contextual basado en la TMR reconoce que los acontecimientos privados pueden tener una función conductual en otros comportamientos, pero que esa función está regulada por el contexto. Hayes y Hayes (1992) enumeraron varios de estos contextos en la cita anterior.

Algunos de ellos han sido ampliamente estudiados desde entonces, pero otros no, y las implicaciones más amplias de este enfoque general solo han recibido una atención limitada por parte de la investigación.

Los analistas de conducta se enfrentan a estas cuestiones y su enfoque analítico es muy necesario.

Tomemos el ejemplo de dar razones. Existe una amplia bibliografía conductual sobre la correspondencia entre lo que se dice y lo que se hace, y sabemos que cuando la comunidad verbal puede controlar esa correspondencia, esto tiene un impacto en la probabilidad de que se produzca un comportamiento. Cuando preguntamos a las personas «¿por qué hiciste eso?», es probable que den una explicación de su comportamiento. Una vez que se ha dicho públicamente, si las personas pueden controlar lo que ocurre a continuación, pueden ver si la persona es coherente y pueden aplicar consecuencias si no lo es. Por eso es tan impactante el conocimiento público de las intervenciones de 'cognición'. Si a un niño que tiene miedo a la oscuridad se le enseña a decir «¡Soy valiente y puedo quedarme en la oscuridad!», esto tiene un gran impacto, a menos que se le engañe haciéndole creer que nadie puede saber que ha aprendido a hacerlo. En ese caso, esa misma intervención no tiene absolutamente ningún impacto (Rosenfarb y Hayes, 1984). El mismo análisis se aplica a las «razones», esas formulaciones verbales de causa-efecto que todos utilizamos para regular la influencia social sobre nuestro comportamiento.

Dar razones fue el tema central de los primeros estudios sobre ACT (p.ej., Zettle y Hayes, 1986). Se crearon medidas para evaluar el hecho de dar razones, como la del difunto Neil Jacobson y sus alumnos (Addis, Truax y Jacobson, 1995). Se realizaron estudios para ver si la cantidad o el tipo de razones dadas se relacionaban con los problemas psicológicos y su tratamiento. Así fue. De manera contundente. Por ejemplo, Addis y Jacobson (1996) descubrieron que dar razones se asociaba con peores efectos en la activación conductual para la depresión.

Sin embargo, a medida que ACT fue ganando más apoyo por parte de la psicología clínica tradicional, este prometedor comienzo se ralentizó. Se prestó un poco más de atención a la tecnología de ACT como forma de psicoterapia y a los procesos psicológicos familiares para los clínicos que sustentan su impacto, y un poco menos a los contextos socioculturales que desde el principio fueron igual o más importantes. Quizás eso era necesario en el contexto de la época (p.ej., hacer hincapié en los ensayos controlados aleatorizados, ya que era la única forma de que los métodos aplicados se tomaran en serio en el ámbito sanitario convencional), pero dejó sin hacer ciertas tareas analíticas.

Ahora que los analistas de conducta vuelven a la palestra, es natural que se retomen estos temas anteriores. ¿De dónde vienen las autorreglas y cómo funcionan? ¿Cuáles son los contextos socioverbales que predicen si los eventos privados influyen o no en el comportamiento manifiesto? ¿Por qué es tan impactante dar razones? Necesitamos saber las respuestas a estas preguntas y el análisis de conducta puede proporcionarlas.

Aportamos una amplia experiencia a esta tarea. Dixon asistió a la escuela de posgrado de la Universidad de Nevada durante el mandato de Hayes y ha desarrollado una carrera de más de veinte años dentro de la corriente principal del análisis de conducta como BCBA-D, intentando ampliar el uso de ACT y abordar estos mismos conceptos. Jordan realizó su entrenamiento de posgrado en la Universidad del Sur de Illinois, en el primer programa de máster del mundo en programa ABA.

Trabajó bajo la supervisión de Dixon y sigue impulsando la comprensión de cómo se define mejor el lenguaje. Así, los tres representamos tres generaciones de académicos vinculados a temas y centros fundamentales en el campo del análisis de conducta.

Otra contribución futura es más procedimental. Los analistas de conducta modernos son brillantes a la hora de convertir los principios en especificidades procedimentales. La programación conductual puede ser importante y vale la pena señalar la claridad procedimental que adquiere el trabajo basado en ACT en manos de los BCBA. Un libro como *ACT for Children with Autism and Emotional Challenges (*2014), de Mark Dixon (el primer autor de este libro), es mucho más específico en cuanto a procedimientos que los libros clásicos sobre ACT escritos para un público de psicología clínica (p.ej., Hayes, Strosahl y Wilson, 1999). El plan de estudios *Accept. Identify. Move (*AIM; Dixon y Paliliunas, 2018), del mismo autor, amplía esta especificidad con una planificación de lecciones por niveles y sistemas de gestión de contingencias basados en valores que integran lo que hemos aprendido sobre los enfoques basados en ACT con lo que ya sabemos sobre los sistemas de gestión de contingencias centrados en el cliente. En la sección 3 de este libro incluiremos varios ejemplos de ambas tecnologías.

Una tercera área es la evaluación del comportamiento. Debido al enfoque en el comportamiento manifiesto, las medidas de los procesos de flexibilidad psicológica en ese ámbito son mucho más propensas a emerger de los analistas de conducta que de los laboratorios psicológicos convencionales. Las medidas idiográficas no contaminadas por supuestos psicométricos injustificados son mucho más habituales en el análisis de conducta, y los pasos necesarios para medir el contexto y el comportamiento manifiesto les resultan más familiares. A medida que los análisis idiográficos se vuelven idionómicos (es decir, a medida que generalizan en afirmaciones nomotéticas que ayudan a aumentar la claridad idiográfica), son los analistas de conducta quienes se sienten más cómodos. Hay mucho que descubrir y aprender cuando empezamos a aplicar lo que ha evolucionado en el campo ABA a aquellos procedimientos y procesos que son coherentes con ACT y que ya están respaldados por la literatura empírica.

Nuestro argumento es simplemente este: sí, ACT y la TMR tienen mucho que aportar al análisis aplicado de conducta moderno, pero lo contrario también es cierto. Esta es una de las principales razones por las que se ha escrito este libro. Queremos que los analistas de conducta se beneficien de ACT y la TMR, pero también tienen un importante papel que desempeñar en el futuro en el desarrollo de estos enfoques.

2

BREVE HISTORIA DE LA CIENCIA QUE SUSTENTA ACT

Hay miles de analistas de conducta aplicados en todo el mundo que se enfrentan a la inquietante realidad de que su entrenamiento y la elegante simplicidad del enfoque conductual a veces no están a la altura de las expectativas cuando se aplican a casos complejos. Sin embargo, ¿qué es realmente «complejo» en los casos complejos?

En nuestro trabajo con analistas de conducta de todo el mundo, hemos descubierto que, en la mayoría de los casos, la complejidad se reduce a intentar comprender cómo se pueden combinar las contingencias programadas directas y las contingencias construidas verbalmente que implican eventos conductuales privados en un análisis funcional que conduzca a una intervención coherente vinculada a ese análisis funcional. Combinar los factores funcionales de esta manera es, sin duda, más complejo, pero impide a los analistas de conducta avanzar por una razón que va más allá de la complejidad en sí misma.

La mayoría de los analistas de conducta entienden que los eventos privados, al menos desde los tiempos de B. F. Skinner en adelante, se supone que son objetivos conductuales válidos, pero pronto descubren este sucio secreto: las explicaciones de contingencia directa por sí solas no proporcionan herramientas analíticas adecuadas para abordarlos. La mayoría de los analistas de conducta entienden que se debe evitar el mentalismo y el dualismo, pero existe una incómoda sensación de que abordar los eventos privados de cualquier *otra* forma que no sea mediante consideraciones de contingencia directa es «mentalista». Son las dos orientaciones de este dilema las que paralizan a los analistas de conducta. En el ambiente actual, a menudo se pide a los analistas de conducta que aborden fenómenos conductuales prescindiendo de herramientas analíticas conductuales que sean capaces de proporcionar una explicación más adecuada de estos mismos fenómenos conductuales.

El triste resultado de este modo de abordar estas cuestiones, probablemente sea una de las cuatro «soluciones» al dilema. Cada una de ellas, aplicada a gran escala, representa una resignación y el fracaso de nuestro campo para estar a la altura de los retos que nos propusimos resolver cuando comenzó.

Solución 1. Imponer análisis de contingencia directa a la situación, sean adecuados o no, y luego negarse a reconocer o admitir que no funcionan.

Solución 2. Negarse a abordar las necesidades de los clientes cuando se trata de eventos conductuales privados, redirigiendo todas esas solicitudes al plan tradicional de cambio de conducta.

Solución 3. Derivar estos casos a trabajadores sociales, farmacoterapeutas u otras personas que afirman saber qué hacer al respecto, incluso si lo que hacen no tiene nada que ver con la conducta.

O la solución 4. Quizás lo peor de todo, volver al lenguaje coloquial e «improvisar» de formas que casi con toda seguridad incurritán en el mismo error mentalista que a los mismos analistas de conducta se les eneseña a evitar. Todas estas supuestas soluciones son comunes en la práctica del análisis conductual aplicado, pero ninguna de ellas es realmente una solución.

Esto no solo ocurre con los clientes, sino también cuando el equipo profesional o los propios analistas de conducta necesitan ayuda. Cuando los analistas de conducta se sienten estresados o preocupados, cuando rumian o luchan emocionalmente, a menudo intentan salir adelante solo con métodos de contingencia directa, o no hacen nada, o buscan ayuda profesional de cualquier persona *que no sea* un analista de conducta, o aplican soluciones mentalistas por su cuenta e intentan ocultarlo a sus compañeros. Los resultados son previsiblemente malos. Pero, ¿podemos lidiar con la complejidad sin cometer este error mentalista y sin salir del ámbito de la práctica ABA?

Los eventos privados (preocupación, rumia, malestar emocional) son acciones directamente observables, pero solo por una persona. El error mentalista no consiste en abordar estos eventos, sino en tratarlos como causas e ignorar los eventos contextuales que les han dado funciones inútiles como parte de un sistema conductual global. Por eso en el capítulo anterior, hemos tratado estos errores en el análisis de las relaciones entre el comportamiento y el comportamiento : son omnipresentes. No es porque los objetivos sean privados: ¡podrías cometer el mismo error solo con el comportamiento manifiesto! A veces incluso lo hacemos, como cuando atribuimos capacidades de liderazgo, por ejemplo, a un alto nivel de rendimiento académico sin analizar si, cómo y por qué podrían estar relacionados. Los eventos privados hacen que este error sea tan fácil de cometer que se le ha etiquetado como «mentalismo». Skinner los llamó «estaciones mentales» y, a pesar de lo que se suele decir a los analistas de conducta casi como cuentos para dormir, ¡su queja no era que no existieran! No quería que la batalla se librara allí. Su objeción era que se trataba de «causas» no funcionales que, como todas las conductas, no podían manipularse directamente. Solo los eventos contextuales pueden manipularse así y, como tal, el análisis experimental es la única forma de comprobar la predicción y la influencia. Por eso denominó al campo del análisis de conducta «análisis experimental de la conducta».

Así es como Skinner explicaba estas ideas: «La objeción al funcionamiento interno de la mente no es que no esté abierto a la inspección, sino que *ha impedido la inspección de cosas más* importantes» (Skinner, 1974, p. 165, énfasis añadido), y «el mentalismo ha oscurecido los antecedentes ambientales que habrían conducido a un análisis mucho más eficaz» (Skinner, 1974, p. 165, énfasis añadido). Dicho de otra manera, el mentalismo es un error pragmático, no un error sobre lo que «realmente existe».

Anteriormente introdujimos cómo las relaciones conducta-conducta pueden interactuar de maneras muy simples, pero estas relaciones deben entrar en contacto con el ambiente de manera que eliciten o evoquen relaciones y actúen como reforzadores y fortalezcan su aparición en el futuro. Más adelante revisaremos este diagrama con más detalle, pero por ahora basta con comprender esta idea básica.

Resumido como conducta 1 y conducta 2 interactúan entre sí, cada uno proporcionando la condición contextual para el siguiente, indicado por flechas bidireccionales. La conducta 1 representa aquí la conducta relacional (que puede ser privada, pero no siempre) y la conducta 2 representa la conducta manifiesta que finalmente entra en contacto con el ambiente externo. Las conductas vinculadas no son nuevas. Los analistas de conducta ya trabajan con conductas vinculadas cuando encadenan una nueva habilidad, vinculando los diversos elementos de un análisis de tareas bien construido. Entonces, ¿por qué no deberíamos suponer que «vínculos» similares funcionan de la misma manera?

Esto no significa abandonar el modelo antecedente-conducta-consecuencia. Todo lo contrario. Las corrientes interactivas de conducta privada y pública se producen dentro de un contexto antecedente que elicita estas acciones y puede provocar respuestas fisiológicas o de reflexividad. Además, las consecuencias que se producen de forma contingentemente al comportamiento manifiesto pueden actuar para reforzar o debilitar no solo la acción externa, sino también las conductas privadas y públicas que coexisten con ella. Piensa en una ocasión reciente en la que resolviste un problema «pensándolo bien». ¿Funcionó, verdad? Si es así, es probable que intentes resolver un problema similar de la misma manera (reforzamiento). Cuando no ha funcionado, se emplean nuevas estrategias en el futuro (variabilidad inducida por la extinción). ACT desafía a los clientes a darse cuenta de estos eventos (un comportamiento). Esto tampoco comete el error mentalista, porque incluso el acto de darse cuenta está necesariamente rodeado de un contexto dinámico y siempre cambiante de condiciones antecedentes y funciones consecuentes que se extienden en el tiempo.

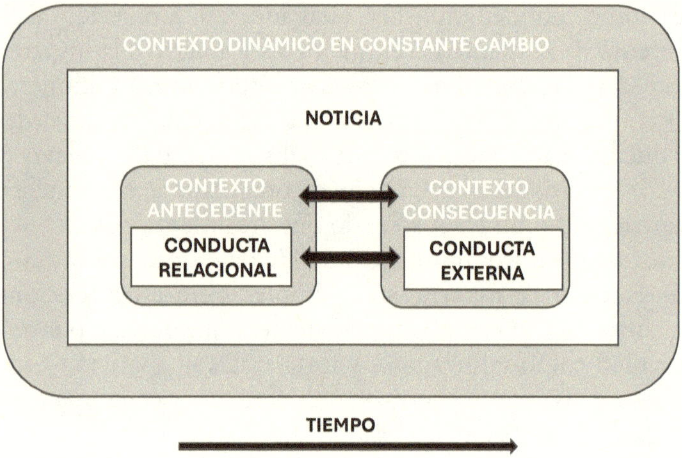

Sin embargo, realizar un análisis funcional y contextual totalmente adecuado cuando se trata de eventos privados es todo un reto. En este libro argumentaremos que el propio Skinner se equivocó en los detalles porque había fenómenos conductuales que desconocía. Pero el campo ha madurado y hoy en día estos mismos casos complejos son una oportunidad para aplicar el entrenamiento conductual y las habilidades de observación al llamado mundo interior y para poner a prueba nuevas ideas conductuales sobre cómo los procesos de aprendizaje relacional nos elevan y nos desafían como personas.

Ese es el enfoque que intentaremos entrenar en este volumen. No es necesario dejar de lado ninguna herramienta conductual para hacerlo. Al contrario, las necesitamos todas, pero a un nivel más sofisticado. Repasemos las herramientas que necesitaremos, empezando por las más obvias.

PRINCIPIOS CONDUCTUALES Y ENFOQUE CONSERVADOR

Quizás la ventaja más notable que tienen los analistas de conducta sobre otras personas que buscan influir en el comportamiento es que todos los procedimientos analíticos conductuales se basan en un conjunto de principios limitados y bien definidos. Por ejemplo, las intervenciones para reducir la conducta autolesiva (SIB, por sus siglas en inglés) en niños con autismo, aunque varían en su topografía, suelen partir de la base de que el comportamiento se mantiene mediante reforzamiento positivo o reforzamiento negativo. Los procedimientos de extinción operante para las autolesiones implican garantizar que lo que refuerza esta conducta indeseable ya no se produzca de forma contingente a la aparición de la conducta. El reforzamiento diferencial para la conducta autolesiva implica proporcionar el refuerzo funcional para otra conducta o la omisión de la conducta autolesiva. El entrenamiento en comunicación funcional busca construir una nueva respuesta comunicativa (probablemente, utilizando reforzamiento positivo) que sirva como comportamiento alternativo a la conducta autolesiva. En todos estos ejemplos, el analista de conducta está creando un cambio positivo al extender los principios básicos a un fenómeno conductual concreto.

Partir de principios básicos es un enfoque común a todas las ciencias naturales (p.ej., la biología o la química). Es una de las muchas coincidencias entre el análisis de conducta y otras disciplinas científicas. En todas las ciencias naturales maduras, el objetivo es aplicar los principios de una manera muy *precisa* que no distorsione su significado, y hacerlo en una variedad de situaciones aparentemente diferentes (demostrando el *alcance* de estos principios). Además, se entiende que los principios básicos deben encajar entre los distintos niveles científicos de análisis, de modo que, por ejemplo, la química nunca cometa infracción de los principios de la física, lo que demuestra la *profundidad* de estos principios. Cuando estas tres cualidades están presentes de forma habitual, se está desarrollando un programa científico sólido y progresista.

Eso es lo que queremos en el análisis de conducta. Queremos principios que nos digan cómo gestionar el cambio de conducta, y hacerlo con precisión, alcance y profundidad. Cuando emergen opciones de intervención que parecen abrir nuevas vías para el cambio de conducta, es importante buscar una comprensión conceptual de estos métodos y asegurarse de que los principios básicos se aplican sin distorsiones y que realmente se aplican en todas las situaciones y niveles de análisis. Esta postura científica conservadora identifica y se basa en las ventajas de la coherencia analítica, validando gradualmente el alcance y la profundidad de los principios aplicados con precisión. No se suele hablar de ello de esta manera, pero cuando un enfoque conservador se aplica correctamente, tiene otra ventaja: es más evidente cuándo se necesitan *nuevos* principios. No es útil permitir que se distorsionen los principios básicos para mantener una coherencia superficial en todas las situaciones. Eso ralentiza enormemente el progreso científico.

Cualquier tecnología nueva, amplia y bien desarrollada trae consigo nuevos términos, pero es importante no confundirlos con procesos conductuales verdaderamente nuevos. El último modelo de teléfono inteligente parece muy diferente a los teléfonos plegables de ayer, y es capaz de hacer cosas que ni siquiera imaginábamos hace diez años; sin embargo, en esencia, se basa en los mismos principios básicos de diseño de circuitos eléctricos y programación informática. Lo mismo ocurre con la tecnología para el cambio de conducta.

Este libro trata sobre la terapia de aceptación y compromiso y el entrenamiento en aceptación y compromiso. ACT se basa en los mismos principios fundamentales del comportamiento que las tecnologías a las que ya están acostumbrados los analistas de conducta aplicados, con una excepción importante: ACT acepta la existencia de operantes relacionales como explicación fundamental de la conducta verbal humana. Esa conclusión fundamental de la TMR está irrumpiendo con fuerza en los programas de entrenamiento verbal ABA, y el sistema PEAK (Dixon, 2014; 2015; 2016) es una de las principales razones de ello. Se sabe que añadir el entrenamiento con operantes relacionales al entrenamiento con operantes verbales de Skinner acelera considerablemente la adquisición y el rendimiento del lenguaje, un hecho que está alterando la práctica de los BCBA en todo el mundo (Dixon, Belisle, McKeel, Whiting, Speelman, Daar y Rowsey, 2017).

Creemos que los operantes relacionales son ahora un hecho empírico bien establecido en el análisis de conducta básico y aplicado. No se necesitan nuevos principios para dar explicación de las operantes de este tipo, ya que la idea de las operantes puramente funcionales es tan antigua como la propia psicología operante y se deriva directamente del concepto de condicionamiento operante de B. F. Skinner, así como de las visiones funcionales de muchos otros teóricos del comportamiento, como Charles Catania, Alan Neuringer, Don Baer y muchos otros.

El trabajo conservador en la TMR ha desentrañado gran parte de lo que es nuevo y lo que no lo es en la conducta verbal humana. Como hecho empírico, las operantes relacionales cambian el funcionamiento de las contingencias directas y los emparejamientos de estímulos. Por ejemplo, si una persona aprende en un entorno de igualación a la muestra que «A es menor que B y B es menor que C» y luego B se empareja con una descarga eléctrica, A elicitará menos excitación y C elicitará más excitación que B (p.ej., Dougher, Hamilton, Fink y Harrington, 2007). Las operantes relacionales son «calles de doble sentido» que alteran las funciones operantes y de estímulo condicionado clásico de los eventos en función de su participación en relaciones de estímulo derivadas. No existe un nombre para este efecto. Es el impacto de las operantes relacionales lo que requiere nuevos principios para describir sus efectos, no su existencia en sí misma.

Cuando se necesitan nuevos principios, solo debemos añadir lo necesario para explicar el comportamiento sin distorsionar los principios conductuales existentes. Eso es lo que se ha hecho en ACT y en la TMR. El pequeño ajuste a tener en cuenta es comprender cómo la explicación del impacto de las operantes relacionales permite a los analistas de conducta abrir el campo —y, en consecuencia, su propia práctica— a la resolución de retos conductuales que han sido ignorados dentro de nuestra disciplina.

Consideremos la inactividad o el letargo asociados a la «depresión». No es necesario recurrir a la etiqueta del síndrome para pensar en estas conductas manifiestas y, de hecho, hay una impresionante trayectoria de conductistas, como Charles Ferster (1973) o Peter Lewinsohn (1974), que han intentado hacerlo. Lo mismo ocurre con la evitación de la familia y los amigos asociada a los trastornos de ansiedad social. No es necesario tratar los trastornos psiquiátricos para analizar la evitación social. No hay razón para que los analistas de conducta aplicados eviten abordar la sobrealimentación que causa obesidad y mala salud física; el ejercicio para prevenir enfermedades cardíacas; dejar de fumar; mejorar las relaciones sociales, etcétera.

Todas estas cuestiones son problemas conductuales que requieren soluciones conductuales. Todas representan objetivos de cambio de conducta socialmente válidos, pero rara vez se recurre a los analistas de conducta para proporcionar la solución. Lo que ha hecho ACT es mostrar cómo proceder en estos ámbitos, utilizando únicamente los principios conductuales ampliados por la TMR y enmarcados en la ciencia evolutiva.

Una base de investigación cada vez mayor sobre ACT, realizada dentro y fuera de las revistas de conducta, ha respaldado este enfoque como una forma de influir en estas conductas y en muchos otros, habitualmente con efectos que se mantienen cuando se retira la intervención. En la actualidad hay más de 300 metaanálisis de la ACT que abarcan casi todos los ámbitos del cambio de conducta (véase *bit.ly/ACTmetas*); y más de 900 ensayos control aleatorizados (*bit.ly/ACTRCTs*), así como miles de ensayos abiertos, diseños de casos únicos y estudios de procesos de cambio (Hayes,

2019). Estos efectos se consiguen de formas que se ajustan en gran medida al modelo (Ren, Zhao, Bian, Zhu, Jiang y Zhu, 2019; Stockton, Kellett, Berrios, Sirois, Wilkinson y Miles, 2019), lo que permite construir métodos de cambio ampliamente aplicables que se extienden a partir de los principios conductuales del cambio de conducta. La ACT se ajusta a las características definitorias del análisis aplicado de conducta y, por lo tanto, debe considerarse un método conductual que pertenece al conjunto de herramientas del análisis conductual (Dixon, Hayes, Stanley, Law y Al-Nasser, 2020).

No llega demasiado pronto. Los analistas de conducta a menudo han estado mal equipados y mal preparados para aplicar métodos de intervención que aborden áreas importantes del funcionamiento humano, especialmente cuando se trata de eventos privados. El resultado ha sido un campo excesivamente restringido al tratamiento del comportamiento directamente observable en niños gravemente afectados por el autismo u otras discapacidades relacionadas con el lenguaje.

Aprender ACT no consiste solo en salir del ámbito de los servicios para el autismo. Las necesidades de la población tradicional para los BCBA también requieren un conjunto más amplio de métodos. En las personas con autismo y puntuaciones normales en las pruebas de inteligencia, observamos niveles de ansiedad, estado de ánimo depresivo y pensamientos o actos suicidas muy superiores a los de sus compañeros de la misma edad (Dell'Osso et al., 2019; Segers y Rawana, 2014). Las tecnologías de contingencia directa, de enfoque limitado, también han resultado menos eficaces de lo necesario para abordar el estrés crónico, la preocupación y la inseguridad que conlleva ser padre de un niño, con o sin discapacidad. Las primeras investigaciones han demostrado que la ACT puede ser eficaz cuando se integra en protocolos de entrenamiento para padres con el fin de cambiar el tipo de efectos que los BCBA han mostrado una evitación histórica (Chua y Shorey, en prensa; Juvin, Sadeg, Julien-Sweerts y Zebdi, 2021). Aprender a utilizar la ACT no requiere un cambio radical en nuestro campo ni en nuestra forma de verlo, pero sí requiere la voluntad de explorar nuevas formas de aplicar los procedimientos y principios del análisis conductual, y de considerar cómo el aprendizaje relacional y las relaciones derivadas de estímulo interactúan con los procesos de contingencia directa, que son mucho más antiguos en la escala evolutiva.

Por lo tanto, nuestro objetivo en este libro es vincular la ACT con principios y procesos analíticos conductuales bien establecidos y ayudar a los analistas de conducta a ver cómo incluir la ACT en su práctica. Para lograr este objetivo, puede ser útil revisar los supuestos básicos del conductismo radical y cómo estos se extienden directamente desde una explicación evolutiva. Un enfoque tan amplio nos permite ver el cambio de conducta manifiesto en un contexto más amplio.

Curiosamente, esto no requiere alejarse más de nuestras raíces. Más bien, cuando abordamos el comportamiento de esta manera, nos acercamos mucho más a los supuestos conductuales y biológicos/evolutivos radicales que operaron como condiciones iniciales de nuestro campo.

EL CONDUCTISMO RADICAL Y LA AMPLIACIÓN DE LA EXPLICACIÓN EVOLUTIVA

El conductismo radical es un conjunto de supuestos filosóficos que subyace tanto al análisis experimental de la conducta como al ABA. La comunidad ACT ha modificado ligeramente estos supuestos bajo la bandera del «contextualismo funcional». Los cambios son menores. Entre ellos se incluye la necesidad de precisión, alcance y profundidad de las explicaciones, como ya hemos destacado en este libro, aclarando lo que siempre ha sido así en el análisis de conducta. Las palabras «predicción y control» se han sustituido por los términos más claros «predicción e influencia» y se describen como los objetivos de *nuestra* ciencia, en lugar de los objetivos de toda la ciencia en general, evitando así ofender innecesariamente a los científicos que puedan tener objetivos diferentes. Según una visión contextual funcional o conductista radical del mundo, el comportamiento puede entenderse funcionalmente como la interacción continua entre el comportamiento y el ambiente. Los eventos psicológicos son siempre «actos en contexto» de organismos completos. El contexto se refiere a la historia y las circunstancias actuales del individuo. Esta posición es intrínsecamente monista: aunque existen eventos privados, no existe un «mundo mental» fuera del mundo natural y del alcance de la investigación científica.

En esencia, la corriente radical (o contextual funcional) del conductismo representa una extensión del pragmatismo como enfoque global de la ciencia. Tiene sus raíces en una filosofía de la ciencia que se remonta a William James, John Dewey y otros, incluido John B. Watson. El pragmatismo adopta un enfoque de la ciencia que busca soluciones exitosas a problemas simples y complejos. Una «teoría» no se considera adecuada por su complejidad, elegancia o estructura, sino que una buena teoría es aquella que funciona.

Este enfoque aplica una explicación evolutiva a la conducta de los propios científicos, y eso es lo «radical» que tiene. Es «radical» porque va «a la raíz», no porque sea extremo. Por lo tanto, las teorías del pragmatismo solo son «buenas» de forma provisional, ya que esperan ser sustituidas con el tiempo por ideas nuevas y mejores que resuelvan nuevos problemas o resuelvan los antiguos de forma más eficiente.

Dewey es uno de los padres fundadores del pragmatismo occidental, y Watson fue su alumno en los inicios de su formación, y está considerado el padre fundador del conductismo como enfoque de la psicología. Watson era conductista en un sentido metafísico (rechazaba la idea de una vida mental fuera de las acciones de los organismos) y en un sentido metodológico, en el sentido de que creía que una ciencia de la conducta debe centrarse en el comportamiento que puede observarse directamente. Esto representó una desviación significativa de la psicología introspectiva que predominaba en aquella época, centrada en la conciencia y la racionalidad en lugar de observar cómo reaccionan las personas ante su mundo.

El enfoque de Watson se centró en gran medida en las relaciones reflejas y enfatizó el condicionamiento respondiente o «clásico» como el principal proceso de cambio de comportamiento. Si bien el condicionamiento respondiente sigue desempeñando un papel considerable en el análisis experimental de la conducta y puede explicar en parte por qué reaccionamos como lo hacemos ante situaciones específicas, Skinner orientó la tradición conductual más hacia el condicionamiento operante. El condicionamiento operante es una extensión directa de la teoría de la selección natural de Darwin. Mientras que los fenotipos son seleccionados por la supervivencia, lo que da lugar a la especiación, la conducta operante es seleccionada por sus consecuencias, lo que da lugar a hábitos y repertorios de conducta. El refuerzo y el castigo sirven como mecanismos de selección y establecimiento de operaciones de presión selectiva que son procesos evolutivos a corto plazo. Ahora sabemos que no se trata de una metáfora, ya que el ambiente y la conducta regulan al alza y a la baja la expresión génica a través de mecanismos epigenéticos. Esto no era conocido por Skinner y los evolucionistas de la época a menudo ridiculizaban su idea, pero en retrospectiva, tenía mucha más razón que error.

EVOLUCIÓN Y FUNCIÓN DE LA CONDUCTA

El análisis de conducta es un campo que se sitúa entre dos disciplinas relacionadas: la psicología y la biología. Los analistas de conducta miden y analizan los patrones de la conducta humana dentro de un contexto histórico y situacional, pero a diferencia de muchos psicólogos, no estudian estas acciones situadas como una manifestación interna de estructuras mentales. Los analistas de conducta consideran que los seres humanos son organismos biofísicos que han evolucionado a partir de especies anteriores, pero a diferencia de muchos biólogos, consideran que la evolución ontogenética es tan importante como la filogenética y, por lo tanto, se resisten a las explicaciones estructurales, como vimos en el capítulo anterior.

B. F. Skinner fue especialmente claro en su lucha por el papel de la evolución ontogenética como parte legítima de las ciencias evolutivas. La abstracción del artículo de Skinner de 1981 en *Science* sobre la selección por consecuencias dice lo siguiente:

> La selección por consecuencias es un modo causal que solo se encuentra en los seres vivos o en las máquinas fabricadas por seres vivos. Se reconoció por primera vez en la selección natural, pero también proporciona una explicación para el moldeamiento y el mantenimiento del comportamiento del individuo y para la evolución de las culturas. En estos tres campos, sustituye a las explicaciones basadas en los modos causales de la mecánica clásica. Esta sustitución encuentra una fuerte resistencia. La selección natural ya ha demostrado su validez, pero demoras similares en el reconocimiento del papel de la selección en otros campos podrían causar una privación de una ayuda valiosa para la resolución de problemas a los que nos enfrentamos. (p. 501).

Skinner afirmaba que la evolución genética, el aprendizaje individual y el cambio cultural son acciones que deben explicarse no solo basándose en la constitución física del organismo («los modos causales de la mecánica clásica»), sino más bien basándose en el papel de la variación y la selección en la interacción entre el organismo y el ambiente a lo largo del tiempo. En la última frase de su último artículo, terminado la noche antes de su muerte, Skinner (1990) dirigió sus últimas palabras a las profundas implicaciones de la ciencia evolutiva para el análisis de conducta: «Una mejor comprensión de la variación y la selección significará una profesión más exitosa, pero si el análisis de conducta se llamará psicología es algo que el futuro decidirá» (p. 1210).

En este libro nos tomamos en serio esa última frase, y vale la pena repetirla brevemente para que ACT y TMR puedan considerarse un intento de profundizar en la conexión entre la ciencia de la conducta y la evolución. Comprender que la evolución darwiniana depende de seis características básicas que pueden resumirse con el acrónimo «VRSCDL» (que se pronuncia aproximadamente como «versatile», «versátil») ayuda a extender los principios conductuales a ACT: *Variación y retención de lo que se selecciona en un contexto en la dimensión y el nivel adecuados.*

Variación y retención selectiva. El núcleo de todas las explicaciones evolutivas es la preocupación por la variación y la retención selectiva. Darwin no sabía nada de genética, pero se dio cuenta de que los descendientes particulares varían en características que podrían producir tasas de supervivencia diferenciales en contextos determinados, y que si estas se transmitían por herencia, ese sencillo mecanismo podría ser el origen de las especies. Por ejemplo, si una sequía severa hiciera que solo las aves con picos fuertes pudieran romper una fuente de alimento limitada pero disponible, como las semillas secas, estas variantes de pico serían seleccionadas por sus diferentes tasas de supervivencia y se extenderían por toda la población posterior. Las mutaciones pueden aumentar la gama de variantes disponibles. La mayoría son relativamente menores y muchas son desventajosas, pero algunas proporcionan una mayor supervivencia o potencial de apareamiento. Cuando los miembros de la especie con la mutación tienen más probabilidades de sobrevivir y reproducirse, son más propensos a transmitir la mutación o variante a los miembros sucesivos, que a su vez son más propensos a propagar la información genética a las generaciones sucesivas. A través de una combinación de migración, presiones ambientales y azar, pueden surgir variantes físicas y de conducta (lo que los biólogos llaman «fenotipos») y, eventualmente, nuevas especies, lo que proporciona una explicación naturalista.

Explicación de la vida en la Tierra y su enorme diversidad y complejidad. La variación es inicialmente ciega, pero la regulación de la variación en sí misma puede evolucionar. Por ejemplo, las bacterias en privación de un nutriente crucial, que inmediatamente comienzan a variar a tasas mucho más altas en su reproducción (Hersh, Ponder, Hastings y Rosenberg, 2004).

En el análisis de conducta, la variación también es un hecho, ya que es la semilla de la selección. Como dijo una vez un comediante, si siempre haces lo que siempre has hecho, siempre obtendrás lo que siempre has obtenido. Al igual que en la evolución biológica, la variación también puede ser inicialmente ciega, pero también puede ser un efecto secundario de los principios conductuales, como en la ráfaga de variación que se produce por la extinción, o cuando se proporciona reforzamiento para la variación del comportamiento en sí misma (p.ej., Neuringer, 2002), o cuando se socavan las normas que restringen la variabilidad necesaria. La selección se produce cuando se logra un aspecto de la supervivencia o el éxito en la interacción entre el organismo y el ambiente, alterando la probabilidad de que se repitan las variantes. En el análisis de conducta, el reforzamiento es un ejemplo. La retención se produce a través de cosas como los cambios físicos en el organismo (p.ej., en la evolución genética cuando el ADN se transmite a través de la reproducción y la replicación), lo que en el análisis de conducta puede implicar la retención a través de hábitos conductuales y la fuerza de las clases de conducta operantes. Lo que programa todo este proceso es el contexto en el que se produce el comportamiento. En la selección natural, las «presiones selectivas» determinan los efectos de vida o muerte; en el análisis de conducta, el entorno interno y externo son las contingencias que conducen a la retención selectiva de la acción.

Contexto. El «contexto» está implícito en la variación y la retención selectiva, pero es necesario añadirlo explícitamente si se quiere que los principios evolutivos sirvan de guía para la intervención aplicada. En biología, el contexto determina las presiones selectivas que actúan sobre las variantes. Cuando un pájaro se come una polilla que destaca sobre su fondo, ese es el contexto para los cambios graduales en la coloración de las especies de polillas. Lo mismo se aplica a la evolución del comportamiento a lo largo de la vida, por lo que una persona aplicada debe pensar si, por ejemplo, los cambios de comportamiento producidos por un programa aplicado se mantendrán gracias a las contingencias naturales del entorno social al que se enfrentan los clientes. La ciencia evolutiva aplicada es un campo pequeño y reciente, por lo que los analistas de conducta están mucho más acostumbrados a pensar en cómo cambiar los acontecimientos contextuales que los evolucionistas biológicos. *Somos* el campo que ha intentado alterar la variación y la selección manipulando el contexto en el que se producen. Lo hemos hecho con éxito en algunas aplicaciones y eso no es nada desdeñable. En la historia de nuestra especie, la capacidad de alterar nuestro propio contexto para seleccionar y conservar las conductas que son más ventajosas para nosotros y para nuestra especie es un gran avance, y nosotros somos los que lo hemos logrado. Pero, ¿por qué detenerse en lo simple? Hay tantos retos que aún debemos resolver.

Dimensiones y niveles. Las variaciones pueden tener éxito o fracasar en diferentes niveles de complejidad organizativa. Una célula cancerosa que puede evadir el sistema inmunológico y lograr un crecimiento descontrolado puede destruir un organismo multicelular. Un trabajador egoísta y engañoso puede enriquecerse mientras provoca el fracaso de una empresa. La selección multinivel significa que la selección se produce en múltiples niveles de organización simultáneamente, por lo que los analistas de conducta pueden necesitar pensar al mismo tiempo en el nivel de un operante, un repertorio o una práctica cultural.

Además, en cualquier nivel de organización hay múltiples dimensiones específicas que pueden estar involucradas. En el nivel del organismo biológico, es posible que tengamos que prestar atención a los sistemas orgánicos, los circuitos cerebrales y la genética; en el nivel psicológico, es posible que tengamos que distinguir entre la conducta moldeada por contingencias o la conducta gobernada por reglas, entre otras dimensiones conductuales.

Darwin se dio cuenta de que la retención variativa y selectiva ocurre simultáneamente en múltiples dimensiones y niveles, como la biología y la cultura. Skinner señaló tres áreas de selección: la genética, el comportamiento y la cultura. Otros han argumentado (p.ej., Jablonka y Lamb, 2014), y nosotros estamos de acuerdo, que el aprendizaje relacional establece una nueva corriente de contingencia que interactúa con esas tres. Es importante señalar que todos estos niveles y dimensiones interactúan entre sí. Por ejemplo, los procesos de aprendizaje operante han alterado profundamente el funcionamiento de la evolución genética. En el período Cámbrico (hace más de 500 millones de años), el condicionamiento operante y el condicionamiento clásico permitió a los animales buscar o construir nichos específicos basados en el reforzamiento (p.ej., los animales podían ver el ambiente con los recursos alimenticios preferidos). Este proceso fue probablemente el origen de la «explosión cámbrica», ya que la conducta operante dio lugar a distintas presiones selectivas, que a su vez provocaron la evolución de fenotipos característicos (Ginsburg y Jablonka, 2010). Por ejemplo, una vez que generaciones de una raza concreta de aves excavaban en el barro de los ríos para encontrar crustáceos comestibles, la evolución de las estructuras moldeadas y de filtro del pico de los flamencos pudo producirse debido a la variación y la selección (Schneider, 2012). Así, el aprendizaje operante sirvió como una especie de «escalera de la evolución» (Bateson, 2014) y, lejos de ser el comportamiento y el aprendizaje un mero resultado pasivo de la evolución biológica, han sido, por el contrario, el motor de la misma.

En muchos sentidos, esa es también una idea central del análisis de conducta: cómo utilizar los principios conductuales para evolucionar de forma intencionada, al menos culturalmente y quizás incluso biológicamente. Es el argumento inicial de la obra de Skinner *Más allá de la libertad y la dignidad.* Es el núcleo de su artículo «¿Por qué no actuamos para salvar el mundo?».

Si entendemos cómo interactúan las contingencias del refuerzo y el castigo y el aprendizaje relacional, podemos ayudar a nuestros clientes a «evolucionar a propósito» desarrollando repertorios que sirvan a sus intereses a largo plazo abordando la complejidad del funcionamiento humano. Pero la evolución es siempre continua, y aquí empezamos a tocar lo que es diferente en la ACT, de forma conductual.

TEORÍA DEL MARCO RELACIONAL Y TRANSFORMACIONES DE LA FUNCIÓN DE ESTÍMULO

Un reto de la estrategia de buscar principios de cambio de conducta en animales no humanos para inferir principios de cambio de conducta en los seres humanos es que se pueden ignorar las diferencias filogenéticas específicas de cada especie en la explicación. Consideremos la situación en la que se somete a una persona a un estudio de discriminación que implica magnetización, en el que se le pide que responda cada vez que se enciende el imán y que evite responder cuando se apaga. Sabemos que los tiburones pueden participar en respuestas discriminadas en esta disposición (Klimley, 1993) porque dependen de la magnetización para navegar. Los seres humanos, sin embargo, simplemente carecen del equipo necesario: no hemos desarrollado magnetorreceptores. Ningún programa de reforzamiento producirá discriminación magnética en un ser humano debido a nuestra historia filogenética.

La continuidad evolutiva es temporal y organizativa: lo nuevo probablemente contiene lo antiguo y lo complejo contiene lo simple. Si fuera al revés, la evolución no podría funcionar. Dado que la evolución biológica es un árbol, no una escalera, cuando miramos las puntas de las ramas evolutivas estamos mirando tanto hacia atrás en el tiempo como hacia adelante, hacia un antepasado común y hacia el presente. No sabemos si algo nuevo puede influir en el rendimiento que se está estudiando al comparar dos especies, y si tal cosa existe, es poco probable que la encontremos en ambientes relativamente áridos, lejos de los nichos evolutivos de especies concretas. Esa es una de las razones por las que los psicobiólogos y etólogos tendían a considerar a Skinner tan duramente como ingenuo en materia de evolución.

Pero no lo era. Uno de sus primeros estudios publicados (Barnes y Skinner, 1930) versaba sobre el tropismo en las hormigas. Skinner no se interesaba por los animales no humanos por sí mismos, sino que estudiaba ratas y palomas como una forma de llegar a principios que fueran aplicables a la complejidad humana. Skinner sabía muy bien que su estrategia de buscar principios de aplicación general con respuestas simples en ambientes relativamente áridos y en diferentes especies podía fracasar. Era un riesgo estratégico, pero él argumentaba que sumergirse en las características comunes de la complejidad humana era, con mucho, el peligro mayor. Apostó a que, si realmente existían procesos de aprendizaje que se habían transmitido durante millones de años, su enfoque estratégico los encontraría, pero nunca argumentó que *debían* existir, solo que *podían* existir y que, a medida que su enfoque avanzara, *se demostraría que* existían.

Resultó que tenía razón. Los principios del condicionamiento operante y del condicionamiento clásico se aplican a todos los organismos que han evolucionado desde hace unos 545 millones de años (Ginsburg y Jablonka, 2010). Hubo procesos de aprendizaje aún más antiguos (p.ej., la habituación y la sensibilización), pero fue el condicionamiento operante y el condicionamiento clásico los que realmente cambiaron el curso de la evolución, ya que estos procesos significaban que ahora los organismos podían buscar nichos específicos basándose en el aprendizaje y, por lo tanto, alterar las presiones de selección de forma masiva.

Cuando se observan habilidades especiales, es habitual comenzar por el fenotipo físico y luego explicar la conducta. Por ejemplo, la velocidad de carrera de un guepardo se utilizará para explicar su estrategia de depredación, o el extraño pico de un flamenco explicará sus patrones de alimentación, pero ese enfoque suele ser un error. Estas características físicas co-evolucionaron con el ambiente y la conducta, que es mejor considerar como el motor de la evolución. El efecto reforzador de los pequeños crustáceos hizo que muchas generaciones de flamencos se vieran expuestas a los procesos de selección que desarrollaron la forma y estructura peculiares de su pico (Schneider, 2012). A medida que se produjeron esas formas físicas, fueron posibles otros pasos evolutivos. Las alas de los pequeños dinosaurios que ahora llamamos aves probablemente evolucionaron para regular la temperatura, no para volar.

Los casos especiales de condicionamiento operante y clásico que han evolucionado a lo largo de los más de 500 millones de años que llevan existiendo estos procesos también corroboran esta idea. La aversión al sabor —aprender a evitar los alimentos que te hacen enfermar, aunque la enfermedad se manifieste varias horas después— se considera hoy en día casi universalmente como un caso especial de condicionamiento clásico (Welzl, D'Adamo y Lipp, 2001). Se trata, por supuesto, de una forma temporalmente distorsionada, pero es fácil imaginar cómo evolucionó esta distorsión temporal. Supongamos que una fuente de alimento que se encuentra en el ambiente de un animal es venenosa. Supongamos que, por término medio, hace que el animal vomite 25 minutos después y que la mitad de los animales que la ingieren mueren. Los miembros de esa especie que pudieran asociar el sabor de ese alimento con una enfermedad que se manifestaba 25 minutos después evitarían una nueva exposición y tendrían más probabilidades de sobrevivir en ese ambiente que un organismo que solo pudiera asociar el sabor y la enfermedad durante, por ejemplo, 15 minutos y, por lo tanto, pudiera volver a ingerir el mismo alimento tóxico. Dado que ese intervalo de 25 minutos se parece más a una curva de distribución que a un interruptor de encendido y apagado, se produciría una evolución natural hacia demoras temporales cada vez más largas a medida que se afianzaran los grados relativos de seguridad alimentaria producidos por el condicionamiento clásico. Existen estructuras neurobiológicas necesarias para el aprendizaje especializado de este tipo, pero las estructuras no evolucionan para hacer cosas que los organismos no hacen. El largo cuello de una jirafa no evolucionó para comer hojas en lo alto de los árboles. Más bien, los individuos con cuellos ligeramente más largos en una especie animal que se alimentaba de hojas de los árboles tenían más probabilidades de sobrevivir y reproducirse, transmitiendo el rasgo físico a su descendencia.

Consideremos los sistemas que sabemos que te permiten hacer lo que estás haciendo ahora mismo: leer un libro. Tienes una corteza cerebral con una superficie considerable y una corteza frontal y prefrontal con una complejidad excepcional. No sabemos exactamente por qué estas características neurobiológicas evolucionaron en los seres humanos, pero sí sabemos que la corteza frontal y pre frontal (las áreas del cerebro encargadas de las «funciones ejecutivas») están relacionadas neurológicamente con la resolución de problemas y otras acciones que implican el lenguaje. Las áreas corticales cerebrales también participan en los complejos comportamientos sociales cooperativos que observamos en los seres humanos. Es poco probable que las ratas, las palomas y los tiburones desarrollen una red social tan compleja, ya que simplemente carecen de los medios para ello. Pero también es cierto que los niveles más primitivos de conductas sociales complejas y de resolución de problemas pueden haber sido lo suficientemente importantes para los primates sociales llamados homínidos (es decir, los seres humanos y las especies humanas extintas) como para haber ejercido una presión selectiva para el establecimiento de las estructuras neurobiológicas necesarias para el comportamiento que vemos hoy en día. Podemos considerar esta cuestión de una manera más sofisticada, una vez que profundicemos un poco más en el lenguaje humano en sí mismo.

La ontogenia describe los cambios que se producen a lo largo de la vida de un organismo y, independientemente de las posibilidades filogenéticas, es posible que el comportamiento aún deba moldeara. Las historias de niños salvajes respaldaron el importante papel del contexto en la orientación de las conductas cognitivas y sociales, como el caso de John Liège, que en el siglo XVII fue perdido por sus padres en el bosque. Surgieron informes de conductas extrañas parecidas a las de animales no humanos, como caminar a cuatro patas y tener grandes habilidades para buscar comida, y el niño no mostraba ningún lenguaje ni comunicación discernible. El interés científico por los niños salvajes aumentó en los siglos XVIIIy XIX. Un ejemplo es «Peter el niño salvaje», que también fue encontrado en la naturaleza y posteriormente criado por el rey Jorge I de la realeza inglesa. Al igual que John, Peter mostraba habilidades de supervivencia increíblemente desarrolladas, como hurgar y buscar comida, pero con importantes déficits en el aprendizaje del lenguaje. Casos como estos sugirieron que un cerebro complejo no es suficiente para la explicación del desarrollo del lenguaje y la cognición, sino que se necesita un contexto social inmerso en el lenguaje para desarrollar muchas de las habilidades que todos damos por sentadas.

En el capítulo anterior comenzamos a describir cómo Skinner proporcionó un primer modelo conductual para explicar el desarrollo del lenguaje humano en *Verbal Behavior* (1957). Esta explicación teórica se escribió sin trabajo experimental directo con sujetos humanos y representó una extensión de la teoría operante para explicar el aprendizaje del lenguaje. Su modelo enfatiza el papel del refuerzo directo en el aprendizaje del lenguaje. Por ejemplo, emitiendo mandos emerge cuando el hablante emite una respuesta que especifica un reforzador que se refuerza cuando el oyente lo proporciona. Tactando se produce cuando el hablante etiqueta un objeto del ambiente y recibe un reforzador generalizado del oyente. La investigación aplicada que se extendió a partir de esta explicación se centró en operantes verbales elementales relativamente simples, como tactando, emitiendo mandos, ecoicas y intraverbales, y se centró en gran medida en intervenciones para personas con discapacidades como el autismo que afectan al aprendizaje del lenguaje.

Esto no quiere decir que Skinner afirmara que toda la conducta verbal fuera reforzada directamente, porque no lo hizo. Pero su explicación no nos proporcionaba información lo suficientemente específica como para traducirla en una tecnología útil para los analistas de conducta. La investigación sobre los operantes tradicionales de Skinner no se extendió fácilmente a formas complejas de conducta verbal, como las relacionadas con el razonamiento, el pensamiento, el humor, la narración de historias, la toma de perspectiva, etc., lo que dejó a los analistas de conducta en una situación difícil.

Murray Sidman (1971; Sidman y Tailby, 1982) descifró una característica fundamental del funcionamiento humano: el hecho de que pueden surgir relaciones derivadas de estímulo sin reforzar directo de casos específicos. A lo que descubrió lo llamó «equivalencia de estímulos».

Imagina que a una persona se le enseña que la palabra «perro» se escribe P-E-R-R-O y luego lee que P-E-R-R-O se refiere a un perro físico (cuatro patas, peludo, ladra). Es probable que esa persona también diga «perro» cuando vea el texto D-O-G y escriba el texto D-O-G cuando vea una imagen de un perro. Este proceso se denomina simetría y representa la forma más simple de una relación derivada. Para que la mayoría de las personas establezcan esta relación no es necesario un reforzamiento directo con una palabra u objeto específico, ya que se puede repetir fácilmente con objetos desconocidos, como un metrónomo. La mayoría de las personas también deducirán que la palabra «perro» se refiere al perro físico y dirán «perro» cuando se les muestre una imagen de un perro y se les pregunte «¿qué es esto?». Sidman se refirió a estas relaciones como transitividad y equivalencia, respectivamente, en las que la relación derivada y la instancia de conducta verbal emergen a partir de una relación compartida de estos estímulos con un estímulo común (es decir, D-O-G). Podríamos sustituir cualquier estímulo verbal, textual o pictórico en esta misma disposición básica y obtener el mismo efecto, como se ha demostrado en literalmente cientos de estudios. Una simple clase de equivalencia de tres miembros puede ampliarse fácilmente a varios miembros más, y cada miembro adicional expone el número de relaciones que se derivan.

Los analistas de conducta pueden estar familiarizados con las relaciones reforzadas directamente, identificadas mediante flechas sólidas en un diagrama básico de tres imágenes. Aquí, «perro» (A) a D-O-G (B) (A-B) y D-O-G (B) al perro físico (C) (B-C). Las flechas discontinuas representan las relaciones derivadas (que emergen sin necesidad de refuerzo directo), incluidas las relaciones de simetría B-A y C-B en este caso, así como la relación transitiva A-C y la equivalencia con la relación bidireccional C-A. En conjunto, estas relaciones constituyen una clase de equivalencia y proporcionan un primer ejemplo de «Rel-B» expresado en la figura anterior. Rel-B significa «comportamiento relacional», que incluye las relaciones de equivalencia como punto de partida.

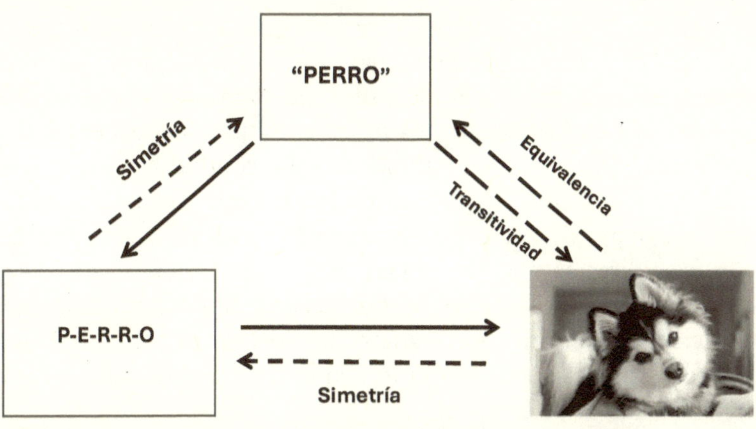

La equivalencia de estímulos supuso un gran avance en nuestra comprensión del lenguaje humano y la cognición, y parece que Sidman podría haber llegado a un patrón funcional de conducta que es único o, al menos, especialmente humano. A pesar de los repetidos intentos de modelado de las relaciones transitivas y de equivalencia en animales no humanos, nunca se ha demostrado que estos participen en este patrón de conducta con la misma complejidad que los humanos. Medio siglo después de su descripción inicial, no hay demostraciones empíricas de la equivalencia de estímulo, generalmente aceptadas, en animales no humanos. Sin embargo, hay buenas demostraciones de la equivalencia de estímulo en bebés humanos (Lipkens, Hayes y Hayes, 1993; Luciano, Becerra y Valverde, 2007).

La instrucción basada en la equivalencia es hoy en día una parte aceptada del conjunto de habilidades de los analistas de conducta aplicado. Si bien eso es bueno, y la equivalencia de estímulos es un excelente punto de partida, quedan dos piezas importantes del rompecabezas sin resolver si nos detenemos en la equivalencia de estímulos.

En primer lugar, la equivalencia de estímulo es un hallazgo, pero no una explicación. ¿Cómo evolucionó esta capacidad? ¿Cuáles son las condiciones contextuales necesarias para que surja la respuesta relacional emergente? Sin una respuesta a estas preguntas, no disponemos de ningún método para reforzar la respuesta relacional emergente si está ausente, como es el caso de algunas personas con discapacidades graves. Metafóricamente, nos encontramos en una situación similar a la de los investigadores sobre la aversión al sabor antes de comprender que se trataba solo de un caso especial de condicionamiento clásico. Una vez comprendido esto, fue más fácil modificarlo cuando fue necesario (p.ej., para evitar efectos secundarios no deseados del tratamiento contra el cáncer en el consumo de alimentos, evitando el emparejamiento con sabores nuevos).

En segundo lugar, no todas las relaciones son «iguales». Un estímulo puede ser mayor o menor que otro, más rápido o más lento, o puede contener o estar contenido por otros estímulos, por nombrar solo algunos ejemplos. A medida que los seres humanos se enfrentan a situaciones cada vez más complejas, que requieren habilidades que conducen al razonamiento, el pensamiento, el humor, la narración, la toma de perspectiva, etc., resulta difícil imaginar cómo afrontar estas situaciones utilizando únicamente contingencias directas y equivalencias. Intenta pedirle a un amigo que te ayude con tu casa y tu jardín mientras estás de vacaciones, utilizando solo la equivalencia de estímulo, y te darás cuenta del problema. Si las relaciones derivadas de estímulo son importantes en la conducta humana, ¿cómo podemos abordar estos otros tipos?

Estas dos limitaciones dejan a los analistas de conducta sin un método para alterar los patrones de respuesta derivada cuando estos patrones provocan sufrimiento a las personas. El TMR y su extensión a ACT resuelven, posiblemente, estas dos deficiencias teóricas.

¿Cómo surge la respuesta relacional derivada desde una explicación contextual funcional ? La respuesta que ofrece la TMR es muy compatible con el modelo inicial de comportamiento verbal de Skinner y con la historia del análisis de conducta. Derivamos relaciones porque tenemos una historia de reforzamiento para derivar relaciones como un patrón operante generalizado de conducta. La idea de que "« » es un operante" es la más breve y sencilla de todas las teorías conductuales posibles y aplica a la TMR. El núcleo de la TMR es la afirmación de que *relacionar es un operante.* Esa afirmación general se traduce, en el caso de la equivalencia de estímulos, en la que *la equivalencia es una operante.* En el caso de las comparaciones, se convierte *en que comparar es un operante.* Y así sucesivamente.

Considera algo como la imitación generalizada, o la simple idea teórica de que *imitar es un operante.* Al principio, cada caso de imitación probablemente requiera un reforzamiento directo; sin embargo, después de que se refuerzan múltiples ejemplares, una persona puede imitar esencialmente cualquier movimiento o acción que sea capaz de realizar. El comportamiento se vuelve topográficamente ilimitado.

La siguiente figura muestra cómo podría ocurrir esto en el contexto del desarrollo de clases verbales relacionales como operante generalizada. No derivamos relaciones simplemente porque «hacerlo es racional», sino porque las relaciones verbales influyen en los cambios en el comportamiento externo (Comportamiento Externo B) que entra en contacto con contingencias de reforzamiento. Cuando podemos derivar información sobre el ambiente sin que se nos enseñe directamente, la mayoría de las veces, esto nos permite entrar en contacto con el reforzamiento y evitar el castigo. En las primeras etapas del desarrollo, es probable que estos primeros casos de relaciones derivadas se refuercen directamente, ya sea mediante la resolución de problemas sencillos o mediante el elogio social de la familia. A medida que se acumulan estos ejemplos de derivación de relaciones (...), esto puede ocurrir con facilidad y dar lugar a cambios predecibles en el comportamiento manifiesto y a un patrón generalizado de contacto con el reforzamientoy la evitación del castigo *mediante* la derivación de relaciones.

Si esta estrategia es tan eficaz, ¿por qué parece ser que los seres humanos son los únicos animales del planeta capaces de establecer relaciones verbales inmensamente complejas? La razón es la mismaque por la que los seres humanos rara vez se adaptan alpicoteo de objetos: la variación aleatoria y la selección a nivel filogenético no dieron lugar a que tuviéramos un hueso triangular endurecido en la punta de la cara (coloquialmente llamado pico) con el que podamos golpear cosas y maniobrar de forma elegante y sofisticada. Lo que *sí* logró la evolución aleatoria de nuestra especie es una estructura cortical frontal y parietal profundamente interconectada que parece ser el lugar donde se produce la derivación (p.ej., Dickins et al., 2001; Schlund et al., 2007). Esto no quiere decir que tengamos que recurrir a las estructuras neuronales como explicación, del mismo modo que «tener un pico y picotear» no es una explicación suficiente. Buscamos una explicación funcional, y las explicaciones funcionales asumen necesariamente que las respuestas operantes no tienen límites topográficos.

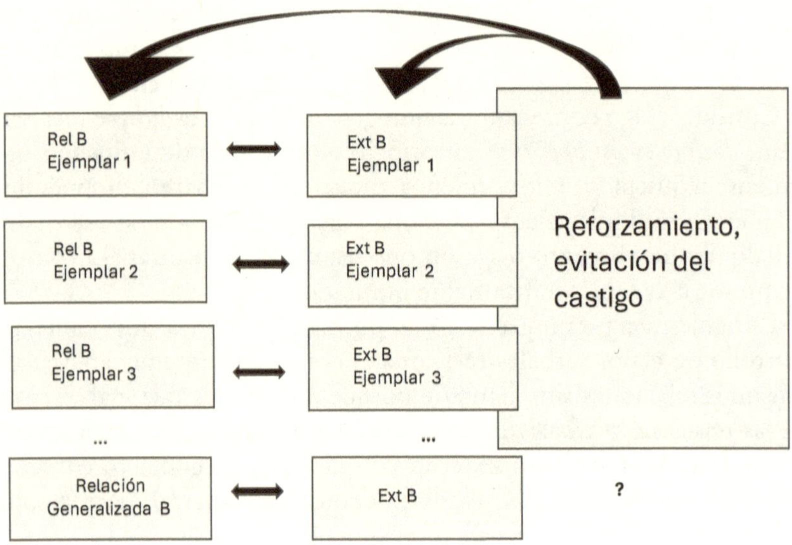

La idea de operantes topográficamente ilimitados puede parecer extraña en un primer momento para un analista de conducta, pero en realidad no debería serlo, ya que un operante es una unidad funcional, no topográfica. Los operantes pueden ser de cualquier tamaño o forma que transforme el mundo de un estado a otro. Skinner describió el ver como un operante, o conducir a la playa como un operante. Los analistas de conducta han entrenado a marsopas para que realicen trucos novedosos como operantes (Pryor, Haag y O'Reilly, 1969) o para que respondan de forma aleatoria en un teclado como operantes (Neuringer, 1986). Por definición, un comportamiento novedoso o una secuencia aleatoria no pueden definirse como una topografía.

No existe ninguna razón a priori que haya sido especificada que *impida* que las respuestas relacionales derivadas sean emergentes de manera muy similar, y ahora, varias décadas después de que esta sencilla idea fuera presentada en la ABAI (Hayes y Brownstein, 1985), existen varios cientos de estudios empíricos que concuerdan con ella y ninguno que la contradiga. Mientras que los casos relativamente sencillos de derivación de relaciones o inferencias se refuerzan al principio, tras múltiples ejemplares, la derivación de relaciones se produce fácilmente en una amplia gama de disposiciones de estímulos, hasta convertirse en algo automático. Esta explicación probable de la formación temprana de respuestas relacionales derivadas encaja con el motivo por el que, por ejemplo, los niños salvajes son poco propensos a mostrar este tipo de respuesta: el ambiente favorece necesariamente su desarrollo.

Se dice que el TMR es difícil de entender, pero eso se debe a que: a) el lenguaje sobre el lenguaje es difícil y parece intrínsecamente abstracto; b) necesitamos unos cuantos términos especializados para describir qué es una relación derivada y cómo se aplica a una serie de tipos específicos de relaciones, y c) los operantes relacionales actúan sobre otros procesos conductuales. Aferrarse al núcleo de la teoría —relacionarse es un operante— puede servir de ancla para estos debates, especialmente para los analistas de conducta aplicados, que están acostumbrados a pensar en fenómenos conductuales como la imitación de una manera más puramente funcional y conductual.

La TMR aborda la cuestión de la «igualdad» introduciendo claves contextuales que especifican el tipo de relación entre dos estímulos. A puede ser «igual» a B, pero A también puede ser «más que» B. Y, si A es «más que» B y B es «más que» C, también podemos deducir que A es «más que» C y C es «menos que» B. Las claves contextuales relacionales pueden especificar diversas relaciones que se han modelado en la investigación experimental básica, como los marcos basados en la coordinación (igualdad), la distinción (diferencia), la comparación (propiedad relativa), la oposición (opuesto), el espacio (espacio relativo), el tiempo (tiempo relativo), la jerarquía (categorías) y los deícticos (toma de perspectiva). Una vez que esto queda claro, los conceptos de equivalencia de estímulo de simetría y transitividad deben modificarse para que puedan aplicarse a todas estas relaciones. La simetría porque es un caso específico de *vinculación mutua* y la transitividad equivalencia un caso especial de *vinculación combinatoria*. Se dice que estas son cualidades de la respuesta relacional derivada.

En la siguiente figura se muestra un ejemplo de un conjunto de relaciones más elaborado que la clase de equivalencia anterior. En primer lugar, decimos que la palabra hablada «perro» y la palabra escrita «perro» tienen vinculación mutua. Se refieren a lo mismo. Sin embargo, a lo que se refieren no es a esta imagen singular de un perro ni siquiera a perros que se parecen a este perro, como podría deducirse de la figura anterior. Perro es un término jerárquico que contiene una gran cantidad de razas de perros diferentes que tienen características más o menos similares (cuatro patas, hocico largo, cola que se mueve). Sin embargo, el hecho de que todos estos animales puedan denominarse «perros» no significa que sean todos iguales. Como se ilustra en este ejemplo, algunos perros son *más grandes* que otros, donde «más grande» es la clave contextual que especifica la relación. Por lo tanto, podemos deducir que algunos perros son «más pequeños» que otros. Si sabemos cómo se relacionan dos perros con un tercero, podemos hacer suposiciones sobre la relación entre los dos perros, incluso si nunca se han comparado directamente (vinculación combinatoria). Esto nos proporciona una comprensión mucho más realizada y elaborada de lo que es un perro e ilustra la importancia de ampliar la explicación tradicional de la equivalencia para obtener una explicación mucho más elaborada y precisa del comportamiento relacional (Rel-B).

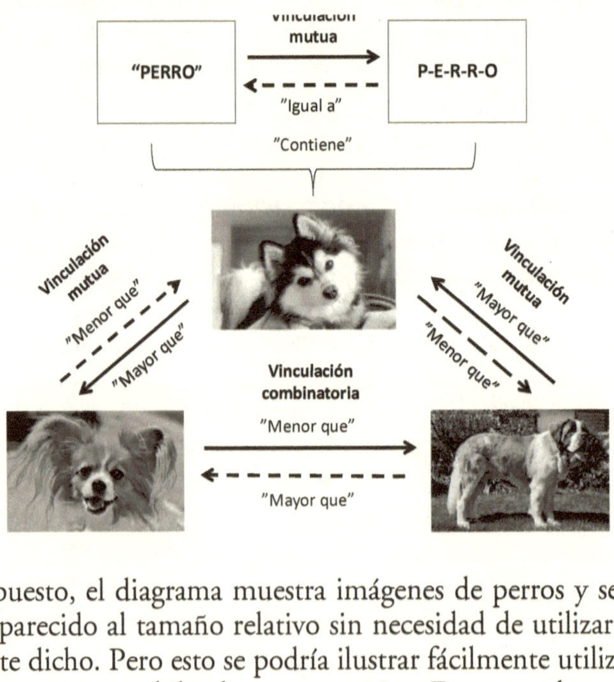

Por supuesto, el diagrama muestra imágenes de perros y se puede deducir algo parecido al tamaño relativo sin necesidad de utilizar el lenguaje propiamente dicho. Pero esto se podría ilustrar fácilmente utilizando nombres de perros, como «chihuahua» o «mastín». Estos nombres no son formalmente similares a los estímulos físicos a los que se refieren. Sin embargo, dada la información de que un chihuahua es más pequeño que un husky y un mastín es más grande que un husky, la mayoría de las personas deducirán que el chihuahua también es más pequeño que el mastín y que el mastín es más grande que el chihuahua, incluso si nunca han visto estas razas de perros antes. Esto demuestra que, una vez que el lenguaje entra en juego, las relaciones verbales pueden ser totalmente arbitrarias.

Las claves de relaciones contextuales pueden aplicarse en algunos casos basándose en caprichos o convenciones sociales. Podemos decir que «mal» es lo contrario de «bien» en español, o podríamos decir que «gibbity» es lo contrario de «bien» en un lenguaje inventado. Cuando las operantes relacionales pueden aplicarse basándose en acontecimientos relacionados con caprichos sociales o convenciones, la respuesta relacional derivada se convierte en «respuesta relacional arbitrariamente aplicable». Es un término tan complicado que la mayoría de los investigadores de TMR lo llaman simplemente «AARR» o «AARRing» si quieren mantener su estatus de gerundio. Como clase, el AARRing puede incluir casos no arbitrarios (un ratón «es más pequeño que» un elefante), pero la prueba de la aplicabilidad arbitraria es que las mismas claves contextuales relacionales se apliquen a cualquier conjunto de estímulos (p.ej., «una moneda de cinco centavos es más pequeña que una de diez», lo cual no es cierto en un sentido formal o topográfico).

El último concepto que debemos abordar antes de continuar es el denominado «transformación de la función de estímulo». Las transformaciones de la función de estímulo son fundamentales para comprender cómo los marcos relacionales pueden afectar al comportamiento que nos interesa influir mediante la intervención conductual. Para continuar con el ejemplo anterior del perro, imagina que una persona es mordida posteriormente por un perro. Dado que las funciones pueden someterse a la transformación en función de las relaciones verbales, podríamos anticipar que esa misma persona podría sentirse ansiosa al oír la palabra «perro», por ejemplo, al decirle «Tengo una perra y me encantaría que la conocieras», o al leer la palabra P-E-R-R-O en un libro o una revista. Interactuamos con las palabras y los símbolos de la misma manera que interactuamos con los estímulos que están físicamente presentes. Estas palabras y símbolos pueden estar presentes externamente o, en el caso del pensamiento, internamente, lo que añade aún más complejidad a la forma en que interactuamos con nuestro propio comportamiento relacional.

La razón por la que debemos llamar a esto «transformación» es que las funciones que se alteran mediante el enmarcar relacional dependen del marco relacional específico subyacente. Si te preguntaran «¿a qué sabe un cono de helado?», quizá sonreirías y señalarías un plato de pudín. Si te preguntaran «¿a qué sabe lo contrario de un cono de helado?», quizá harías una mueca por el sabor a tierra en tu boca y señalarías un cuenco con tierra. El término «sabor» es un contexto que selecciona las funciones gustativas de los conos de helado (y no, por ejemplo, su aspecto), pero el sabor afectivamente positivo del helado puede convertirse en un sabor negativo por la relación verbal subyacente. (¡Deberías sentirteafortunado de que lo que te llegue sea tierra y no caca de perro!).

La transformación de la función de estímulo es donde vemos la interacción entre Relación-B y comportamiento-B, o el comportamiento relacional y el comportamiento observable. En un modelo ABC estricto, podríamos suponer que las personas responden exclusivamente a los estímulos antecedentes que preceden a la respuesta; sin embargo, la TMR postula que los eventos estimulares antecedentes interactúan con las relaciones verbales que conllevanlos eventos estimulares, y es este proceso combinado el que elicita o evoca el comportamiento observable que, en última instancia, entra en contacto con las contingencias de reforzamiento o castigo.

Anteriormente dimos un ejemplo de este fenómeno al describir un estudio clásico realizado por el difunto expresidente de la ABAI, Mike Dougher (Dougher et al., 2007), que descubrió que si un estímulo «B» elicita excitación debido a su emparejamiento con una descarga eléctrica, después de aprender que "A<B< C", las personas mostraban más excitación ante C que ante B, aunque C nunca se había asociado con una descarga eléctrica, mientras que A provocaba menos excitación que B. Este efecto no puede ser una generalización de estímulo, ya que los estímulos implicados no tenían una relación formal con B. Tampoco puede ser un emparejamiento de estímulos, ya que tanto A como C se asociaron con B el mismo número de veces. Entonces, ¿qué es? Necesitamos un nuevo término: se trata de una transformación de funciones de estímulo a través de relaciones derivadas.

Estas cinco características: vínculación mutuay combinatoria, control contextual relacional, transformación de las funciones de los estímulos y control contextual funcional definen el marco relacional. La más simple de las teorías conductuales,la de relacionar como una operante, se vuelve más compleja sólo porque necesita una definición conductual más precisa de las relaciones derivadas para estudiar y aplicar dicha teoría. Los analistas de conducta aplicados no suelen sorprenderse por este hecho, ya que saben que puede ser complejo tratar muchos objetivos operantes de forma precisa en la programación conductual, ya sea que el objetivo sea la conducta deimitación, la conducta agresiva o la conducta cooperativa. La TMR no es única en este sentido. Los ejemplos anteriores representan clases relacionales relativamente simples con fines ilustrativos, pero es fácil concebir que el comportamiento relacional es enormemente complejo. Presentamos estos ejemplos aquí para proporcionar el marco necesario para empezar a desentrañar la conducta humana y desarrollar intervenciones capaces de influir en ella.

Aún no sabemos si el enmarcar relacionalmente puede entrenarse en animales no humanos. Hasta ahora, la respuesta parece ser «solo en un grado limitado y con gran dificultad». Un león marino llamado «Rio» pareció mostrar equivalencia cuando se realizó el entrenamiento de la equivalencia como operante (Schusterman y Kastak, 1993), pero hubo problemas metodológicos, solo uno de los tres animales lo mostró y fue muy largo y arduode realizar. Ron Schusterman modificó los procedimientos que utilizó en estudios posteriores para que la prueba se orientara más hacia una mera clase funcional (que, por interesante que sea, no es controvertida y no es lo mismo que el AARR). Nunca se ha replicado de forma completa y directa, y tanto Rio como el Dr. Schusterman ya han fallecido . Una revisión reciente de la simetría en animales no humanos (Lionello-DeNolf, 2021) encontró que, en los numerosos intentos de demostrar el fenómeno, alrededor del 30 % de los animales podrían haberlogrado dicha equivalencia y, de acuerdo con la TMR, «los estudios que reportaron la evidencia más sólida de simetría utilizaron procedimientos sucesivos de igualación a la muestra que incluían entrenamiento tanto en relaciones simbólicas como de identidad» (p. 309). Sin embargo, se introdujeron modificaciones procedimentales importantes, y estos cambios metodológicos son conocidos por crear nuevas formas en que los animales no humanos muestran acciones que parecen iguales pero que son funcionalmente diferentes de lo que se conoce en los estudios con humanos. A medida que nos alejamos de la equivalencia, aún no se ha afirmado que existan métodos experimentales rigurosos para encontrar el enmarcar relacionalmente en relaciones múltiples de estímulo en animales no humanos.

Una revisión completa de cada uno de estos marcos y su relación con la ACT queda fuera del alcance de este libro, por lo que solo abordaremos brevemente los modelos más avanzados de comportamiento relacional. Pero no queremos terminar esta sección sin mencionar que, al igual que en el caso de la aversión al sabor, cuando los principios conductuales tienen aplicaciones específicas para cada especie, es importante explicar por qué y hacerlo de manera que se ajuste a la historia evolutiva de la especie, y no solo a la fisiología del organismo. Esto se ha hecho con los operantes relacionales (Hayes y Sanford, 2014).

En resumen, la selección multinivel proporcionó una ventaja evolutiva a los homínidos como primates tribales si cooperaban dentro de sus tropas y bandas. Quizás a consecuencia de ello, los bebés humanos con un desarrollo normal tienen cierto grado de capacidad para la toma de perspectiva no verbal y reconocen y otorgan premio a la cooperación (para una revisión, véase Hayes y Sanford, 2014). Muchos animales muestran gestos o sonidos característicos ante determinados objetos, y muchos también muestran respuestas características como oyentes de estos gestos o sonidos. Lo que falta es la coordinación entre estos dos repertorios de una manera que pueda conducir a formas sólidas de vínculo mutuo y, por lo tanto, a una comunidad verbal.

Los bebés humanos alcanzarán y entregarán un juguete a un extraño que entre y lo señale, pero alcanzarán ese mismo objeto e intentarán guardarlo durante la «hora de recoger» cuando un adulto que esté ayudando a guardar los juguetes lo señale (Liebal, Behne, Carpenter y Tomasello, 2009). Si los primeros seres humanos podían proporcionar un objeto específico cuando un hablante emitía un mando, ese mismo tipo de acción cooperativa daría lugar a formas sociales de «vínculo mutuo» que supondrían una ventaja para los grupos humanos. A medida que esta forma social se internalizaba, un proceso gradual de desarrollo cultural, psicológico y neurofisiológico podría hacer más probables estas acciones útiles, evolucionando una comunidad verbal (una tecla del relato de Skinner que nunca se explicó completamente) y creando presiones de selección para cambios neurobiológicos que apoyarían aún más esta forma de comportamiento relacional. Dicho de manera más simple, en lugar de que la cultura condujera a la cognición, la cooperación fue primero.

EL PAPEL DE LOS EVENTOS PRIVADOS Y LA MOTIVACIÓN

Los eventos privados incluyen la estimulación privada (es decir, el ambiente dentro de la piel) y las conductas privadas (p.ej., los pensamientos) a los que solo tiene acceso inmediato la persona que experimenta el evento. Es probable que los animales no humanos experimenten eventos privados. Por ejemplo, podemos suponer que los perros experimentan hambre, sensación de frío y eventos similares, aunque no de la misma forma que las personas.

Los eventos privados son mucho más complicados cuando se trata de seres humanos. Los seres humanos participan en comportamientos verbales complejos que convierten su mundo en redes relacionales de increíble complejidad. Eso complica el análisis funcional del comportamiento incluso antes de llegar al dominio de los eventos privados humanos por respuestas relacionales derivadas. Skinner estaba de acuerdo en que el comportamiento verbal encubierto forma parte del episodio conductual completo que los analistas de conducta buscan explicar, pero no se dio cuenta de que las operantes relacionales actúan sobre otros eventos conductuales.

Tomemos, por ejemplo, el intento de utilizar contingencias directas para predecir si una persona acudirá o no a su primera cita a ciegas. Se trata de su primera cita, por lo que no se conoce ninguna historia de reforzamiento o castigo. Puede que exista una generalización de la historia de reforzamiento o castigo por interactuar con desconocidos que influya en la decisión. Sin embargo, es probable que la persona también participe en una compleja secuencia de pensamientos que guíen la decisión. «¿Le gustaré?», «¿Estoy guapo/a hoy?», «¿Estoy preparado/a para una relación?».

«Sally dijo que él o ella era simpático, pero Tom dijo que era malo, pero yo confío más en Sally que en Tom». La persona observa el evento mientras lo piensa, pero estos datos no están disponibles para el analista de conducta. Utilizando únicamente estrategias tradicionales de análisis de datos, al analista de conducta solo le queda la opción de registrar si la cita se produjo o no. Lo que es potencialmente aún más problemático es que las formas de resolución de problemas que no funcionan, como la autoevaluación excesivamente negativa, pueden participar en muchos más patrones de conducta de evitación que forman parte de la misma clase funcional, pero que parecen totalmente ajenos cuando solo nos queda examinar los procesos conductuales manifiestos.

Necesitamos un conjunto de procesos de cambio de comportamiento capaces de abordar el papel de los acontecimientos tal y como se producen para las personas, y que conduzcan a tecnologías que sean formas eficaces de alterar la función de esos eventos privados cuando las personas no consiguen conectar con la vida que valoran. Estos procesos y procedimientos deben abordar principios conductuales bien establecidos, como el enmarcar relacional y los procesos evolutivos, de los que forma parte la selección conductual. Necesitamos métodos de evaluación e intervención que hagan posible un análisis funcional más amplio basado en procesos.

ACT, la TMR y el «modelo de flexibilidad psicológica» son los enfoques analítico conductuales mejor desarrollados que parecen capaces de lograr estos fines. Este libro trata sobre cómo esto es así y cómo aprovechar ese conocimiento.

Muchas de las técnicas que se tratan en este libro te resultarán familiares, pero otras no. Cuando los procedimientos y procesos parezcan desviarse del «tratamiento habitual», intentaremos definirlos y racionalizarlos desde un marco estrictamente analítico conductual basado en principios de contingencia directa, aumentados de manera exponencialpor la TMR y enmarcados en una explicación evolutiva ampliada. Solo pedimos a los lectores que aborden este momento con la voluntad de examinar críticamente los enfoques existentes y de considerar la posibilidad de que estos procedimientos y procesos puedan abrir un nuevo camino. Esto no tendrá que hacerse a expensas del camino antiguo. Este sigue ahí.

El primer paso en este viaje consiste en reconsiderar la flexibilidad psicologicadesde el marco del aprendizaje operante. Examinaremos la respuesta adaptativa y cómo el aprendizaje relacional puede ayudar a explicar lo que la literatura sugiere que son formas efectivas de lidiar con eventos privados de una manera psicológicamente flexible». Pasemos ahora a esa tarea.

3

LA FLEXIBILIDAD PSICOLÓGICA Y EL ENFOQUE ACT

Todos podemos mirar atrás en nuestras vidas y encontrar momentos en los que necesitábamos tener más flexibilidad. Quizás fue un periodo en el que «algo tenía que cambiar» tras una etapa de grandes dificultades. Quizás fue un periodo en el que intentabas hacer lo mismo una y otra vez sin avanzar ni progresar. Al final, probaste una nueva forma de comportarte, una nueva forma de ser.

Es muy posible que haya sido esa flexibilidad la que te haya llevado al punto en el que te encuentras ahora. Quizás tuviste que tomar decisiones audaces para seguir tus estudios de posgrado y tu carrera profesional. O tal vez fue el fin de una relación tóxica y el hecho de seguir adelante con tu vida. O fue empezar una nueva rutina de ejercicios y mantenerla.

Sea cual sea el caso, todos nos enfrentamos a momentos en nuestra vida en los que podemos continuar con las viejas formas de ser o de hacer las cosas, o explorar nuevas posibilidades a medida que se presentan. Saber cuándo perseverar en algo y persistir ante las dificultades, y cuándo cambiar hacia nuevos patrones de conducta, es la esencia de la flexibilidad psicológica. Y esa cualidad de la acción es el objetivo de todas las intervenciones ACT.

¿Por qué hay ahora más de 300 metaanálisis ACT en casi todos los ámbitos imaginables de la vida humana? ¿Por qué el mismo modelo y enfoque básico han tenido éxito en el tratamiento de una multitud de problemas conductuales y psicológicos, como la depresión (p.ej., Bohlmeijer et al., 2015), la ansiedad (p.ej., Arch et al., 2012), la adicción (p.ej., Bricker et al.,

2020) o el dolor crónico (p.ej., Wicksell et al., 2013), entre otras fuentes de sufrimiento humano? ¿Por qué ese mismo modelo se ha extendido también a la construcción de relaciones íntimas satisfactorias (Daks y Rogge, 2020) o al alto rendimiento en el trabajo (Hayes, Bond, Barnes-Holmes y Austin, 2006), entre muchos otros ámbitos positivos a los que aspirar?

Creemos que se debe a que ACT se basa en una comprensión contextual funcional del comportamiento humano que extiende los principios conductuales a las respuestas relacionales derivadas y a los acontecimientos privados, y se integra en el mundo más amplio de la ciencia evolutiva. El análisis de conducta siempre se diseñó teniendo en cuenta su amplitud, pero necesitaba un modelo más adecuado del lenguaje humano para abordar la conducta humana compleja de una manera amplia y flexible. La TMR era necesaria para pasar de modelos de conducta que se aplican a todos los animales, a otros diseñados en torno a los patrones de conducta que se dan de forma exclusiva en los seres humanos. Eso es lo que hace el modelo de flexibilidad psicológica. No es una panacea y no está terminado. Es muy probable que, como todas las teorías científicas, sea erróneo en áreas que aún desconocemos. Pero ha supuesto un progreso innegable en nuestro campo y en otros que han adoptado y adaptado estrategias basadas en ACT.

ACT no asume que las luchas humanas son síntomas de una «enfermedad» oculta que acecha en algún lugar del alma, la mente o las sinapsis entre las células cerebrales. Más bien, quienes aplican ACT intentan alterar la *función* del malestar psicológico para que pueda utilizarse como herramienta para guiar acciones eficaces, y luego aplican estas mismas habilidades a la tarea más amplia de construir una vida que valga la pena vivir. La autogestión, o lo que Skinner denominaba «autocontrol», es fundamental en ACT, donde se desarrollan estrategias de tal manera que las personas pueden aplicarlas para controlar su propio comportamiento. Desarrollar un mundo en torno a la conducta que sea coherente con ACT para promover la flexibilidad psicológica.

Para ello es necesario partir de una premisa radical que puede resultar extraña para los analistas de conducta y aún más para la mayoría de las personas. Se trata de que los acontecimientos aversivos, son una parte completamente normal de la vida. ¿Cómo sería la vida si las personas nunca hubieran evolucionado para sentir dolor o enfermedad? Piénsalo seriamente por un momento. Piensa en las muchas formas en que la vida cambiaría radicalmente. Nunca evitaríamos colisiones o impactos que causan daños en los tejidos. Nunca evitaríamos productos químicos tóxicos que, con el tiempo, disminuyen el funcionamiento de nuestros órganos y tejidos. Nos resultaría mucho más difícil desenvolvernos en nuestro mundo sin un sistema orgánico incorporado que nos permite aprendera qué debemos acercarnos y qué debemos evitar, que ha evolucionado en todas las especies animales.

Lo mismo ocurre con el dolor psicológico. Se nos enseña a integrar diversos acontecimientos percibidos (estados de reforzamiento, tendencias de respuesta, sensaciones corporales, contexto externo, etc.) bajo etiquetas emocionales o disposicionales. Utilizamos esa capacidad para dar instrucciones a la comunidad social. Sin «ansiedad», entraríamos en una situación que anteriormente era amenazante con menos disposición para responder de manera eficaz. Sin tristeza, podríamos estar menos atentos a las posibles fuentes de pérdida o menos orientados hacia la importancia del amor en nuestras vidas cuando se producen pérdidas inevitables, como la muerte natural de un ser querido. Las investigaciones neurológicas sobre la empatía humana sugieren que podemos sentir literalmente el dolor de los demás y que hemos desarrollado un sistema nervioso que nos ayuda a hacerlo (Iacoboni, 2009). La capacidad de sentir dolor y percibir el dolor de los demás no solo es necesaria para nuestra propia supervivencia, sino que, en muchos sentidos, la supervivencia de nuestra especie como organismos cooperativos y dotados de lenguaje probablemente dependió de ella y sigue dependiendo de ella.

Sin la capacidad de sufrir angustia física y psicológica, estaríamos mucho peor y moriríamos a una edad mucho más temprana. Sin embargo, muchos enfoques psiquiátricos, psicológicos o sociológicos están diseñados con el propósito expreso de minimizar o aliviar la angustia psicológica hasta el punto de que ya no pueda cumplir una función saludable (Andrews, Maslej, Thomson y Hollon, 2020). Gran parte de esto es la equivalencia de intentar arreglar un coche desconectando las luces de emergencia. No debería sorprender que Estados Unidos sea la población más medicada del planeta, y que sus habitantes presenten índices de depresión, ansiedad y tendencias suicidas sin parangón con ningún otro país desarrollado (Tikkanen, Fields, Williams y Abrams, 2020). Ocultar o suprimir eventos privados difíciles no es una solución real. Nuestra respuesta automática para la resolución de problemas, respaldada por la respuesta cultural dominante, es buscar reforzadores más pequeños e inmediatos a costa de otros más grandes y posteriores.

El dolor o la angustia desempeñan un papel en la contingencia de tres términos que guía la mayoría de los enfoques de intervención analítico conductual existentes. Consideremos el proceso de reforzamiento negativo. Cuando un estímulo es aversivo y el comportamiento elimina eficazmente el estímulo , es probable que el comportamiento aumente en probabilidad o frecuencia en el futuro. Incluso las funciones de reforzamiento positivo pueden interpretarse desde esta misma perspectiva, como cuando la adquisición de alimentos elimina la sensación de hambre o la presentación de una manta elimina la sensación de frío. Podemos distinguir estos dos procesos principalmente por las implicaciones de la acción para el analista. Si profundizamos lo suficiente, resulta difícil determinar si poner la manta es un reforzamiento negativo por la eliminación del frío o un reforzamiento positivo por la presentación del calor.

Pero ese mismo hecho sugiere que los acontecimientos aversivos suelen desempeñar algún papel en la acción. Sin la capacidad de sentir frío, la manta no tiene sentido, al igual que sin la capacidad de sentir la privación de alimentos (tener «hambre»), consumir alimentos tendría un propósito menos obvio. La vida es un flujo y reflujo constante de acontecimientos dolorosos y acontecimientos que alivian el dolor. Ese ciclo es el que fomenta el aprendizaje y la adaptación. La mayoría de los analistas de conducta ya observan el comportamiento de esta manera.

Sin embargo, tendremos que ampliar esta explicación tradicional al menos en dos aspectos. En primer lugar, los estímulos aversivos no siempre son externos, sino que pueden ser privados y verse influidos por respuestas relacionales derivadas. En segundo lugar, las reglas verbales pueden dar lugar a patrones de comportamiento relativamente «estancados» que, paradójicamente, provocan una incapacidad para escape del dolor debido a un choque entre las contingencias directas y las contingencias establecidas por una forma evolucionada de regulación conductual que puede ser entre 100 y 1000 veces más reciente. Podría decirse que esas características son las que elevan la danza universal de los acontecimientos dolorosos y los acontecimientos que alivian el dolor al sufrimiento humano: una lucha crónica e infructuosa que conduce a un dolor innecesario, ya que las soluciones actuales fracasan repetidamente.

LOS EVENTOS ESTIMULARESAVERSIVOS SUELEN SER PRIVADOS Y VERBALES

La estimulación aversiva se suele considerar como algo externo, con acontecimientos como golpes, castigos físicos, privación de objetos preferidos o exposición a otros tipos de estímulos físicamente estresantes. En la historia del análisis de conducta, se han utilizado diversos tipos de intervenciones conductuales que emplean el control aversivo para modificar el comportamiento, y es preocupante que la mayoría de estas intervenciones se hayan llevado a cabo con personas con un repertorio verbal mínimo, un hecho que ha sido criticado durante mucho tiempo por los líderes de la comunidad analítico conductual (Sidman, 1989). Por el contrario, gran parte del trabajo en el campo de la psicoterapia parece centrarse en el uso de intervenciones verbales para reducir el control aversivo. Las razones son muchas, pero parte de ellas pueden deberse a que, a medida que la causa principal del malestar comienza a ser más abstracta, nos alejamos de los estímulos físicos reales que existen en nuestro ambiente inmediato. Y puede que esto tenga cierto mérito.

Anteriormente hemos señalado que, en 1938, Skinner consideraba que su modelo operante podría no ser totalmente aplicable a los seres humanos debido a nuestra capacidad única para el lenguaje. Más tarde, en 1957, en *Verbal Behavior*, Skinner intentó actualizar esta afirmación proporcionando una explicación puramente operante del lenguaje y la cognición humanos. Hablamos porque hacerlo ha sido reforzado por la comunidad verbal, que escucha lo que decimos y ha sido entrenada para actuar en consecuencia. Pensamos y resolvemos problemas porque hacerlo nos permite obtener un mayor reforzamiento. A medida que pasamos de la infancia a la edad adulta, estas habilidades (hablar, pensar, resolución de problemas) se fortalecen y comienzan atomar forma. El resultado es una persona que habla, piensa y resuelve problemas. Todos hablamos, pensamos y resolvemos problemas de manera diferente, pero los patrones específicos de este tipo de conductas siguen siendo conductas operantes como cualquier otra. Aún podemos desarrollar un análisis funcional de este tipo de conducta cuya importancia es primordial para vivir y adaptarnos a nuestra propia vida. Pero, ¿qué sucede cuando la forma en que hablamos, pensamos y resolvemos problemas nos lleva a experimentar más dolor, en lugar de menos? ¿Y qué pasa si la forma en que normalmente utilizamos estas operantes hace que el dolor se vuelva crónico? ¿Y si el sufrimiento humano en sí mismo tiene que ver con la forma en que hablamos, pensamos y resolvemos problemas?

El lenguaje simbólico se produce cuando una persona responde en términos de palabras, en lugar de objetos estímulos en sí mismos, pero de forma mutua o bidireccional. El lenguaje simbólico es necesariamente referencial. Es decir, los símbolos se refieren a objetos estímulos y «transportan» (el significado etimológico de re-ferrying)[1] algunas de sus funciones. Sin esta conexión, no podríamos responder al lenguaje simbólico, las palabras o los pensamientos de forma funcional. El comportamiento gobernado por reglas se produce cuando respondemos basándonos en símbolos verbales que hemos aprendido a través de la interacción continua con nuestra comunidad verbal, en lugar de interactuar directamente con contingencias

1 El sentido etimológico de la palabra Refferiyng es Re-> volver Ferrer-> to carry- Transferir. Transferir nuevamente. NdE

externas. «No toques la estufa caliente porque te quemarás» especifica una contingencia. Y no necesitamos tocar la estufa, entrar en contacto con el dolor, para evitarlo. Más bien, «estufa» se refiere a un tipo específico de objeto. «Tocar» se refiere a un tipo específico de acción o movimiento. «Quemarse» se refiere a un evento privado aversivo. Y «no... o si no» especifica una contingencia de reforzamiento negativo en la que se logra la evitación dada la omisión del comportamiento y la relación con el objeto.

En el capítulo anterior introdujimos la equivalencia de estímulo y la TMR. En combinación con *la conducta verbal* de Skinner, estos enfoques nos proporcionan una primera aproximación para comprender en qué medida lo que hacemos tiene muy poco que ver con contingencias directas, sino quetiene más que ver con respuestas a nuestra propia conducta verbal. La necesidad de la TMR para explicar esta relación se puede observar en el ejemplo que hemos estado utilizando. «No toques... o si no» no es una clase de equivalencia simple, sino que describe una *relación* temporal y contingente. *mirar* → «tocar» → y quemarse, no es simétrico; del mismo modo que los elementos de una estufa física → clase de equivalencia «Estufa». Estufa física→ «estufa» implica «estufa»→ estufa física pero mirar→ tocar→ **quemarse** no implica quemarse→ tocar→ mirar. Sin embargo, con un pequeño paso adicional, se puede hacer de otra manera, y eso es lo que constituye el núcleo de la TMR: mirar *antes* de tocar, y tocar *antes* de quemarse efectivamente implica quemarse *después de* tocar *después* de mirar. Añadiendo eso, proporcionamos una explicación clásica del comportamiento (a saber, que la respuesta relacional es una conducta operante) esto es lo que hace la TMR.

Y aquí vemos una unidad simple de resolución de problemas que podría funcionar con un comportamiento público dentro de una relación conducta-conducta. Es decir, si alguien ve la estufa caliente y deduce que tocarla le causará daño, y luego deduce que apagar la estufa evitará el daño, entonces el vínculo con el comportamiento manifiesto final de apagar la estufa queda claro. En este caso, dar un paso atrás y pensar en las consecuencias de que la estufa esté encendida, en el momento presente, y tomar una decisión sobre cómo actuar es el objetivo de la intervención, en lugar de simplemente enseñar una respuesta habitual o memorizada para evitar las estufas. Ambos resultados conducen al mismo fin, que es evitar la estufa, pero la primera estrategia es probablemente más generalizable a cualquier número de situaciones y problemas que presenta la vida, sin necesidad de entrenamiento directo en cada topografía de respuesta.

Los autores de este libro están profundamente interesados en el estudio de la TMR y juntos hemos elaborado decenas de estudios científicos que exploran este modelo del lenguaje humano y la cognición. La comunidad TMR ha producido varios cientos más. La TMR es *el* componente conductual que debe añadirse a los principios conductuales tradicionales para comprender el enfoque de intervención ACT. Necesitamos comprender cómo una persona interactúa con su mundo de forma relacional a través de su conducta verbal, de maneras que son espontáneas e incluso impredecibles en ocasiones. A modo de resumen, las tres extensiones principales son:

(1) Las relaciones entrenadas implican relaciones bidireccionales y combinadas que van más allá de la equivalencia o la igualdad; (2) las relaciones verbales pueden transformar la función de los estímulos ambientales, produciendo una influencia extraordinaria sobre el comportamiento que buscamos influir; y (3) la relación en sí misma es una conducta operante y se autoorganiza.

Abordemos estos puntos uno por uno.

Como en nuestro punto anterior, casi todas las oraciones complejas necesitan más que equivalencia para ser entendidas, porque no todas las relaciones son iguales o equivalentes. Por ejemplo, un niño pequeño es mordido por un perro llamado *Doug* y experimenta miedo y pavor cada vez que ve un perro, oye un perro, oye la palabra «perro» o incluso cuando oye el nombre «Doug». La equivalencia de estímulo por sí sola explica esto (al menos a nivel de efecto), ya que las experiencias aversivas del perro y la mordedura del perro tienen transferencia a otras relaciones. Ahora bien, ¿qué pasaría si a ese mismo niño le dijeran que su profesora *Sally* es *más mala que* cualquier perro que haya conocido? No es simplemente que el miedo y el pánico se hayan transferido a Sally, sino que la función se transforma en algo mucho más amplio. Y como *Sally está en* la escuela y otras personas como ella enseñan en la escuela, ir a la escuela puede convertirse en una experiencia privada abrumadoramente ansiosa que no tiene base en ninguna experiencia que haya tenido lugar en la escuela: todo el evento es privado y verbal. Esto nos lleva a la transformación de funciones de estímulo como segunda extensión.

Consideremos otro escenario en el que se le dice al niño que un nuevo amigo es diferente de esos niños malos que solían burlarse de él y humillarlo en la escuela o en el patio, o incluso que es «exactamente opuesto» a ellos. Es posible que esto invierta las funciones de evitación y convierta al nuevo amigo en un reforzador. ¿Cómo es posible que algo que era un castigo (estar rodeado de gente) se convierta en un reforzador (estar rodeado de gente) simplemente por introducir una nueva relación verbal? Estos ejemplos son, de nuevo, relativamente sencillos, pero nos llevan a la tercera extensión. Los patrones de conducta relacional pueden considerarse patrones de conducta de orden superior que se autoorganizan. Consideremos el caso de un adolescente diagnosticado con un trastorno depresivo mayor y con una amplia historia de reforzamiento por relacionarse con el mundo de forma verbal negativa y de evitación. «Esto nunca funcionará». «Soy un inútil». «Esto es un rollo». Los psicólogos se refieren a este patrón como «escaneo negativo». Precisamente porque este patrón de relación es tan fuerte, podemos predecir que el adolescente se relacionará con la mayoría de los nuevos acontecimientos siguiendo este mismo patrón, un patrón que se vuelve rígido e inflexible y conduce a un sufrimiento aún mayor.

Pero, ¿por qué estas contingencias problemáticas y derrotistas no se arraigan y reducen estos patrones de relación? Superficialmente, se podría suponer que las oportunidades perdidas por el niño pequeño que evita la escuela y las tareas escolares castigarían negativamente las relaciones de evitación desafiantes. El adolescente que se pierde la vida, la amistad, las citas y otras oportunidades debería, de la misma manera, ser suficiente para alterar estos marcos relacionales.

Esta es la pregunta tradicional que engloba el término «paradoja neurótica», sobre la que reflexionaron hace décadas los conductistas interesados en el trabajo clínico. Décadas de investigación sobre estos retos demuestran que estos patrones a menudo no cambian. Se estancan y parecen casi desconectados de las contingencias externas —o del mundo— en el que ocurren..

En los modelos animales no humanos de control aversivo, no hay ningún beneficio en «moverse dentro» si el objetivo es la predicción y la influencia con precisión, alcance y profundidad. Es mejor decir que el animal come porque está privado de alimento, en lugar de porque tiene hambre, o decir que evita un choque, no el dolor. No es porque los eventos privados no existan en los animales no humanos por lo que nos quedamos con lo que se puede manipular directamente, sino porque un análisis experimental no se ve favorecido por señalar que, por ejemplo, la privación de alimento es una operación de establecimiento que altera la función reforzadora de la comida Y que es probable que haya acompañamientos privados percibidos que contribuyan a ese efecto.

En los seres humanos es más complejo debido a la transformación de las funciones de los estímulos que se produce por el enmarcar relacional. Las relaciones entre conductas pueden establecerse en algunos contextos que requieren prestar atención a eventos privados, o bien sería imposible realizar un análisis funcional completo.

El enmarcar relacionalmente permite a la persona, observar y describir eventos privados y las condiciones que parecen producirlos. A medida que los eventos privados entran en las redes relacionales, pueden participar en la regulación del comportamiento manifiesto y pasan a formar parte de la capacidad de las personas para regular su entorno social. Una anfitriona que ofrece un trozo de tarta a un invitado probablemente podrá proporcionar mejor reforzadores a sus invitados si les pregunta «¿tienes hambre?» que si les pregunta «¿estás privado de alimentos?». Incluso poco después de una copiosa cena de Acción de Gracias, una deliciosa tarta de calabaza con helado puede provocar un «sí» a la primera pregunta, mientras que una tarta de morcilla puede provocar un «no», independientemente de la privación de alimentos. Aún más lejos de las contingencias directas, una invitada educada aprecia el esfuerzo de la anfitriona y puede responder «¡por supuesto que sí!» y comerse todo, aunque no tenga mucha hambre, porque dice «sí» para evitar sentirse culpable más tarde.

Lo que provoca estas relaciones entre acontecimientos privados y conductas manifiestas son las claves contextuales que regulan el enmarcar relacional y las que regulan la transformación de las funciones de los estímulos. Las contingencias externas pueden verse alteradas por acontecimientos privados, ya que estos pueden dar lugar a la generación y el seguimiento de normas. En el análisis de conducta, ningún evento conductual es «causa» de otras conductas dentro del mismo individuo, pero, a diferencia de los animales no humanos, el análisis de las contingencias directas debe complementarse con un análisis de las contingencias indirectas establecidas por las operantes relacionales. Estas contingencias de significado son tan reales, manipulables e importantes como cualquier flujo de contingencias, pero tradicionalmente se han pasado por alto en el análisis de conducta.

LA CONDUCTA GOBERNADA POR REGLAS PUEDE PROLONGAR EL SUFRIMIENTO

Una imperfección importante en una teoría conductual generalizada se observó originalmente entre humanos y no humanos expuestos a programas de reforzamiento. Esto se sabía desde los primeros días del análisis de conducta porque los efectos altamente predecibles de los programas sobre la respuesta demostrados con animales no humanos a menudo no se observaban cuando los humanos eran expuestos a los mismos programas (p.ej., Lippman y Meyer, 1967). Se obtuvieron diferencias menos dramáticas cuando se aplicó la evitación de las instrucciones (Weiner, 1970), y se encontraron diferencias mínimas cuando se estudió a niños preverbales (Lowe, Beasty y Bentall, 1983) o a personas con retrasos en el lenguaje significativos (Orlando y Bijou, 1960).

Las reglas verbales pueden influir en la sensibilidad a los cambios en las contingencias externas, es decir, en la probabilidad de que una persona cambie su conducta cuando cambian las contingencias que antes la mantenían. En un experimento básico para evaluar la sensibilidad a las contingencias cambiantes, el investigador establece alguna respuesta bajo un programa específico de reforzamiento. Por ejemplo, Shimoff, Catania y Matthews (1981) compararon el rendimiento utilizando moldeamiento con el rendimiento utilizando instrucciónes verbales bajo un programas de intervalo de razón, cada uno con una contingencia superpuesta de reforzamiento diferencial de tasa baja (RDTB).En ambos programas, cuando se relajó la contingencia (RDTB), la tasa de respuesta aumentó en la mayoría de los sujetos cuyo comportamiento original había sido moldeado, pero no en los que había sido instruido.

Dentro del análisis de conducta se llevaron a cabo una larga serie de experimentos sobre la conducta gobernada por reglas, que continúan hasta la actualidad. Volveremos a este tema periódicamente en este libro, pero por ahora solo es necesario señalar que, en todos los estudios, se comparó la conducta bajo el control de reglas verbales con la establecida por contingencias externas, una distinción formuladapor primera vez por Skinner (1969). La investigación sobre la conducta gobernada por reglas floreció bajo la llamada «hipótesis del lenguaje» (Lowe, 1979), la idea de que la mayoría de las diferencias entre el desempeñohumano y no humano podían atribuirse a los efectos de los eventos verbales en la acción humana (se puede encontrar un resumen de esa época en un libro de Hayes, 1989). Se aprendió mucho, pero resultó que se necesitaba una comprensión más sofisticada de la conducta gobernada por reglas paracomprender plenamente los datos.

Se demostró que, en gran medida, la sensibilidad a los programas podía predecirse en función de las reglas que se les daban a los participantes al inicio del experimento, a medida que interactuaban con las contingencias programadas. A lo largo de cientos de estudios, podemos afirmar que los participantes a los que nunca se les explicitó una regla y aprendieron por experiencia directa solían mostrar una mayor flexibilidad de respuesta cuando cambiaban las contingencias. Aquellos que entraron en contacto con contingencias a través de reglas mostraron un patrón más complejo. Dependía de por qué y cómo seguían la regla en primer lugar, qué aprendían mientras la seguían, si quien establecía la regla podía supervisar su cumplimiento, si la regla seguía vigente y una larga lista de variables similares (Hayes, 1989).

Desde una distancia optima, lo que observamos en estos experimentos es que la flexibilidad conductual puede estar inversamente relacionada con determinados tipos de conductas gobernadas por reglas. Cuando un cliente sufre en su vida (es decir, no consigue reforzadores valiosos), la incapacidad de adaptarse puede ser el resultado de reglas inexactas o no probadas sobre contingencias externas, y de las múltiples formas en que las reglas alteran el impacto del ambiente. Las reglas verbales establecen un nuevo tipo de contingencias, lo que podríamos llamar contingencias de significado. Cuando la rigidez conductual y la pérdida de reforzamientos valiosos son el resultado de reglas verbales y no de la experiencia directa con contingencias externas, nos referimos a ello como rigidez psicológica, y ACT se desarrolló como un proceso de intervención para establecer la flexibilidad psicológica como alternativa al estancamiento en patrones de conducta desadaptativos.

ACT busca establecer una mayor flexibilidad en la respuesta alterando la función del marco relacional de una manera adaptativa y sensible al contexto. A menudo, eso significa reducir la influencia de las reglas cuando estas ya no entran en contacto con los reforzadores elegidos. Sin embargo, también puede significar seguir las reglas verbales cuando eso produce contacto con los reforzadores elegidos. Podemos empezar por definir operativamente qué se entiende exactamente por flexibilidad conductual y flexibilidad psicológica en su participación en el sufrimiento humano y las soluciones humanas.

LA NATURALEZA DE LA FLEXIBILIDAD PSICOLÓGICA

La flexibilidad se define en el lenguaje ordinario como la cualidad de doblarse fácilmente, pero sin romperse. Esta definición aprecia las dimensiones convergentes de orden superior del comportamiento de resistencia y no resistencia. Para que un objeto físico sea flexible, debe cambiar o adaptarse cuando se le aplican presiones, pero debe ser lo suficientemente estable como para que los enlaces físicos no se vean comprometidos hasta el punto de que el objeto se rompa. El comportamiento puede ser similar. Queremos que la conducta cambie o se adapte a las nuevas presiones ambientales. No queremos que la conducta se vuelva excesivamente estereotipada, en parte porque entonces no habría suficiente variabilidad saludable para adaptarse a los contextos cambiantes. Sin embargo, tampoco queremos que la conducta se adapte hasta tal punto que los patrones se vuelvan universalmente inestables e impredecibles en cada momento. No queremos que las personas «se rompan». Una definición de flexibilidad *psicológica* también debe considerar cómo los acontecimientos privados y el comportamiento gobernado por reglas pueden participar de manera única en la rigidez conductual de los seres humanos como animales cognitivos inmensamente complejos. Ser flexible, en el contexto de contingencias externas, puede requerir prestar atención a los acontecimientos privados que ocurren en el momento presente y reducir la función de las normas verbales que conducen a la inflexibilidad.

Los primeros trabajos sobre ACT abordaban cada uno de estos temas por separado, como el dominio inútil en algunos contextos de las reglas verbales en la regulación conductual (denominado «fusión cognitiva») o las funciones de evitación, a veces inútiles, de los acontecimientos privados (denominadas «evitación experiencial»), pero no existía un término para el modelo general hasta principios de la década de 2000, cuando se empezó a utilizar el término «flexibilidad psicológica».

La primera definición de «flexibilidad psicológica» fue dada por Hayes, Strosahl, Bunting, Twohig y Wilson (2004; p. 12-13) en forma de pregunta que también describía sus seis características. Se redactó deliberadamente en lenguaje sencillo, ya que se presentó en forma de pregunta que una persona podría hacer a otra que estuviera luchando con un problema psicológico. Esta es la «pregunta de flexibilidad psicológica»:

- dada la distinción entre tú como ser humano consciente y el contenido psicológico con el que estás luchando (*yo como contexto*),
- ¿Estás dispuesto a experimentar ese contenido plenamente y sin defensas innecesarias (*aceptación*),
- tal y como es y no como dice ser (*defusión*), Y
- hacer lo que te lleve en la dirección (*acción comprometida*)
- de tus valores elegidos (*valores*)
- en este momento y en esta situación (*contacto con el momento presente*)?

Obviamente, esto no se ofreció como una definición estricta en términos analítico conductuales, pero gran parte de la investigación y el análisis de conducta se ha centrado en estos seis elementos de la flexibilidad psicológica y en cómo se interrelacionan. Describiremos este trabajo en la sección 2 del libro.

El objetivo de la flexibilidad psicológica es construir un repertorio de conductas amplio y sensible al contexto que te permita entrar en contacto con los reforzadores que realmente te importan, especialmente a largo plazo. Desde un punto de vista funcional, todos los diversos elementos de la flexibilidad psicológica están diseñados para crear una clase operante topográficamente amplia y adaptable que maximice el refuerzo valorado. De hecho, eso podría considerarse una definición funcional de la flexibilidad psicológica. Esto contrasta con cualquier estrategia que intente construir un repertorio de conductas pequeño o limitado que conduzca a resultados que las personas no valoran realmente.

Como veremos a lo largo de este libro, esto supone un cambio radical con respecto a la forma en que gran parte del mundo (y, en nuestra opinión, algunos analistas de conducta) percibe el cambio de conducta. Sin duda, crear conductas simples que resuelvan un conjunto reducido de problemas es mucho más fácil; sin embargo, no está claro que sea más fructífero a largo plazo. Nuestra afirmación es que los patrones amplios y adaptables de búsqueda de valores conducen a transformaciones en la vida de los clientes a los que atendemos, más allá de la simple alteración de la forma o la función de objetivos conductuales definidos de manera restrictiva. Se trata de una afirmación empírica que, en nuestra opinión, respaldan los datos actuales.

ACT COMO ESTRATEGIA PARA PROMOVER UNA MAYOR FLEXIBILIDAD PSICOLÓGICA

Esperamos que, llegados a este punto, hayamos tratado este tema con la suficiente profundidad como para que los lectores empiecen a darse cuenta de cómo las relaciones verbales pueden caer en patrones estables (o «atascados») que refuerzan la rigidez conductual. Esta rigidez es diferente del tipo de inflexibilidad que se puede desarrollar en modelos animales no humanos a través de horarios intermitentes o historias de aprendizaje densas, ya que no se necesita una historia directa de reforzamiento y castigo. Cuando la conducta verbal relacional está funcionalmente involucrada en la rigidez conductual, nos referimos a ello como rigidez psicológica. Algunos analistas de conducta pueden rehuir el término «psicológico» debido a las relaciones verbales negativas establecidas en la escuela de posgrado y respaldadas por la comunidad verbal analítico conductual contemporánea. Es cierto que gran parte de la psicología es dualista o mentalista en el sentido que hemos descrito anteriormente en este volumen, pero la evitación de una palabra simplemente por sus funciones aversivas es el mismo tipo de rigidez verbal que causa sufrimiento a nuestros clientes, y creemos que también causa sufrimiento a nuestro campo.

Utilizamos «psicológico» aquí simplemente para distinguir la inflexibilidad conductual que está bajo el control funcional de algún historial externo de reforzamiento o castigo sin la participación de un marco relacional, y la rigidez conductual que se debe a las relaciones verbales. Esta distinción no es superflua, es funcionalmente importante.

Consideremos una intervención para abordar la conducta autolesiva que consiste en retirar la atención cuando se produce la autolesión. Esto podría funcionar, pero solo si la función es acceder a la atención.

Si se trata de una función errónea, cientos de estudios experimentales de análisis funcional sugieren que la intervención no funcionará. Las autolesiones persistirán. Del mismo modo, si los patrones de conducta problemáticos se mantienen funcionalmente por el propio comportamiento verbal y nuestra solución consiste en adaptar las contingencias externas que rodean el comportamiento, es posible que nunca lleguemos a abordar la causa del sufrimiento de la persona. Es cierto que un reforzamiento positivo o un castigo externo lo suficientemente potente puede ser suficiente para cambiar la conducta durante un tiempo, pero una vez que se elimina nuestro sistema de fichas u otro método artificial, si las relaciones verbales persisten, es probable que la conducta experimente un resurgimientoPor definición, el comportamiento inflexible es resistente al cambio. Sin embargo, si podemos promover una mayor flexibilidad psicológica alterando la función de los patrones inadaptados de conducta verbal relacional, podríamos tener la oportunidad de abordar los desafíos de conducta, una vez que aparezca el lenguaje complejo.

La flexibilidad psicológica es el objetivo de las intervenciones ACT. Una intervención ACT, al menos tal y como la lleva a cabo un analista de conducta, no está diseñada específicamente para abordar «trastornos» clínicos habituales, como la «depresión mayor» o el «trastorno de pánico». ACT, si se realiza de forma funcional, promueve la flexibilidad psicológica como un conjunto de habilidades diseñadas para conducir a cambios en los objetivos conductuales manifiestos.

La amplitud de los objetivos conocidos es un poco sorprendente. Si tenemos en cuenta solo los diseños controlados de casos únicos o comparaciones grupales, la lista de estudios sobre los efectos ACT supera los 1000 e incluiría todas estas áreas y muchas más: tricotilomanía, control de la diabetes, adicción a las drogas y al alcohol, trastorno de pánico, depresión, dolor crónico, crianza de los hijos, tinnitus, ataques epilépticos, procrastinación, deportes profesionales, ejercicio, dietas, cómo afrontar un derrame cerebral, prejuicios, estigma, tendencias suicidas, agotamiento, estrés, consumo excesivo de pornografía, pérdida de peso, trastornos alimentarios, control del VIH, aprendizaje, comportamientos saludables, habilidades relacionales, ansiedad por la salud, comportamiento obsesivo compulsivo, control de los síntomas psicóticos, asma, dejar de fumar, ludopatía, salir del armario, perpetración, violencia doméstica, trauma, estrés laboral, rendimiento en el trabajo, cooperación social, desintoxicación de drogas, enseñanza, entrenamiento, comunicación, dar discursos y liderazgo. Sin embargo, mejorar estos efectos no es lo importante hasta que no sabemos cuáles son los reforzadores basados en valores para la persona. Por ejemplo, si se utiliza ACT con una persona adicta a sustancias, una de las primeras cosas que se le dirá es «no estamos aquí para hacerte dejar de consumir». Si, de alguna manera, acercar a una persona a la vida que valora implica el consumo de sustancias adictivas, ¿quiénes somos nosotros para decirle que no debe consumirlas? Somos analistas de conducta, no agentes de narcóticos. Por supuesto, la realidad es que, en el 99,9 % de los casos, los efectos fisiológicos y sociales del consumo prolongado de sustancias adictivas tienden a alejar a las personas de sus valores, por lo que reducir el consumo se convierte en parte de una interacción más flexible con el mundo. Además, si podemos abordar las funciones de escape que conlleva el lenguaje, y si el consumo de sustancias proporciona un medio para escapar de eventos privados aversivos como los pensamientos difíciles, entonces la necesidad de cocaína, heroína, alcohol o lo que sea, puede disminuir a medida que aumenta el bienestar psicológico.

Se logra flexibilidad. Pero los efectos valorados dependen del cliente, no de EI. Podemos optar por no trabajar con alguien si sus objetivos nos plantean problemas éticos o legales. Si nosotros, como analistas de conducta, podemos convertirnos en expertos en promover la flexibilidad psicológica como un patrón de respuesta que puede utilizarse en combinación con todos los demás métodos conductuales para alcanzar objetivos conductuales valorados, esto amplía nuestro ámbito de práctica más allá de lo que jamás hubiéramos imaginado.

FUSIÓN COGNITIVA Y EVITACIÓN EXPERIENCIAL: UN PATRÓN DE SUFRIMIENTO

La fusión y la evitación experiencial son muy comunes en los clientes con los que trabajan los analistas de conducta que utilizan ACT. Estos dos procesos conducen fácilmente a elecciones dominadas por refuerzos más pequeños, más inmediatos, negativos y, a menudo, privados, en lugar de refuerzos más grandes, más tardíos, positivos y, a menudo, abstractos, pero permanecer en ese nivel de análisis se vuelve rápidamente engorroso y puede ahuyentar a muchas personas que no están acostumbradas al «lenguaje conductual». Además, a veces los propios analistas de conducta necesitan términos que les orienten hacia conjuntos más amplios de explicaciones técnicas.

Cuando los conceptos analíticos conductuales y los conjuntos de análisis funcionales alcanzan un cierto nivel de complejidad, los términos de nivel medio pueden ser útiles para resumirlos utilizando términos singulares que sean comprensibles y digeribles para los clientes y que sirvan de abreviatura para otros analistas de conducta.

Esto es algo habitual desde hace mucho tiempo en el análisis aplicado de conducta. Podemos hablar de «conducta agresiva» sin tener que detenernos primero a decir que implica un contacto físico potencialmente dañino, que está inducida por un horario, que altera lo que funciona como refuerzos sensoriales o que tiene un historial de reforzamiento secundario, etc. Sí, cuando realizamos una investigación específica, tendremos que especificar cómo medimos la «agresividad», pero eso no convierte a «agresividad» en un término técnico del comportamiento. Un término como «agresión inducida por el programa» es una explicación técnica del comportamiento, pero el término general «agresión» sigue siendo útil cuando no está claro por qué se produce o cuando se habla con el profesor u otras personas. Esos muchos detalles se explicarán según sea necesario en un caso específico o patrón de «comportamiento agresivo» como resumen abstraccional de una secuencia de conducta en curso. El término «agresión» se refiere al conjunto completo de análisis funcionales. Pueden surgir otros emergentes; los antiguos pueden volverse más precisos, pero el término general sigue siendo útil e incluso necesario cuando se trata de comportamientos complejos.

Sin embargo, la necesidad de términos de nivel medio se hace aún más importante cuando se trata de eventos verbales que implican el aprendizaje relacional. El marco relacional puede alterar el funcionamiento de las contingencias directas de forma compleja. Centrarse en detalle en las operantes relacionales concretas, sus contextos relacionales o las redes de estímulos derivados concretos implicados, etc., puede saturar la sensibilidad hacia las clases de operantes clave implicadas. Disponer de términos resumidos puede ayudar tanto a los clientes como a los analistas de conducta a disponer de un lenguaje que facilite la comprensión, la comunicación, la aceptación y el cambio de comportamiento. Especialmente si ya se ha realizado una parte importante del trabajo técnico (p.ej., si el trabajo de análisis funcional previo ha tenido éxito), los términos de nivel medio pueden utilizarse sin una pérdida importante de precisión. Dos términos de nivel medio que se relacionan fácilmente con nuestro conocimiento actual del marco relacional son la fusión cognitiva y la evitación experiencial.

La fusión cognitiva describe situaciones en las que las relaciones verbales y la transformación de las funciones de los estímulos que estas permiten, dominan otras fuentes de regulación conductual de manera que producen respuestas ineficaces o inflexibles. Dicho de otro modo, la fusión cognitiva implica una respuesta dominada por el impacto funcional alterador de las operantes relacionales sobre los acontecimientos externos antecedentes, en lugar de sobre los acontecimientos externos tal y como existen.

Ya hemos tratado la insensibilidad a los programas de reforzamiento como un subproducto común de la conducta gobernada por reglas o gobernadaverbalmente. Como analistas de conducta, no es técnicamente correcto decir que la «fusión cognitiva» *causa*, por ejemplo, insensibilidad al programa de reforzamiento o cambios problemáticos en el control de estímulo basados en relaciones verbales. Más bien, la fusión cognitiva es este mismo proceso expresado mediante un término sumativo de nivel medio. Las operantes relacionales y la transformación de las funciones de los estímulos que producen pueden evocar patrones de conducta que contribuyen a la ineficacia, la inflexibilidad y el sufrimiento. Las redes relacionales pueden inhibir el contacto efectivo con el ambiente debido a la inexactitud, la incompletud, la falta de comprobabilidad, la elicitación derivada, las operaciones motivadoras indeseables, la inducción de la rigidez conductual, etc. Estas relaciones podrían participar en formas inútiles de seguimiento, insistencia o aumento, y alteran el control funcional del ambiente actual de una manera indeseable, reduciendo la probabilidad de que una persona ajuste su conducta incluso cuando es necesario para lograr el efecto deseado. La «fusión cognitiva» describe ese conjunto de análisis funcionales.

Empecemos con un ejemplo muy sencillo.

Supongamos que un animal no humano come una hamburguesa envenenada. A ningún analista de conducta le sorprendería que el animal mostrara, en el futuro, una conducta de evitación hacia las hamburguesas durante mucho tiempo, quizás incluso desde ese momento.

Ahora supongamos que un padre verbalmente abusivo y muy crítico le dice a su hija adolescente: «Si te comes esa hamburguesa, tu cuerpo pronto será repugnante y nadie te querrá». A diferencia del veneno, esta consecuencia descrita verbalmente no necesita entrar en contacto directo con la hamburguesa para que esta resulte repugnante durante mucho tiempo, quizás incluso desde ese momento. De hecho, las historias de personas con trastornos alimentarios están llenas de casos similares. La transformación de las funciones de estímulo es un nombre técnico para lo que ocurre cuando algunas de las propiedades de «repugnante» experimentan una transferencia a la hamburguesa y dominan la conducta relacionada con la alimentación y el cuerpo. «Fusión cognitiva» es un término abreviado y sumativo de nivel medio para referirse a estos procesos funcionales.

La evitación experiencial es un concepto muy relacionado con la fusión cognitiva y fue una de las primeras partes del modelo de flexibilidad psicológica que se explicó en profundidad (Hayes, et al., 1996). No es más que un comportamiento motivado por evitar o escapar de la forma, la frecuencia o la sensibilidad situacional de eventos privados, incluso cuando ello supone la pérdida de refuerzos valiosos. Se puede ver cómo la fusión cognitiva se combina fácilmente con la evitación experiencial. Una red relacional como «Soy repugnante» puede provocar acontecimientos privados intensos, como el odio hacia uno mismo y la vergüenza. Intentar evitar esos sentimientos, incluso cuando, por ejemplo, eso significa una anorexia que pone en peligro la vida, es una forma de evitación experiencial.

A menudo no se conocen los detalles de la historia de una persona, pero términos como «fusión cognitiva» y «evitación experiencial», si no se tratan de forma causal, pueden apuntar a lugares plausibles donde buscar, basándose en un conjunto más amplio de análisis funcionales realizados con otras personas. La razón por la que estos patrones se dan con tanta frecuencia en las personas es porque surgen de forma muy natural del choque entre las contingencias directas y el marco relacional. Los detalles de la historia de cada individuo son muy importantes, pero sabemos que prácticamente todas las personas con capacidad verbal tienen momentos en los que se fusionan cognitivamente o evitan las experiencias, porque los procesos conductuales implicados son omnipresentes. Están prácticamente integrados en el marco relacional. Lo mismo ocurre con sus antídotos, la flexibilidad cognitiva y emocional, o la división cognitiva y la aceptación en la jerga ACT.

Supongamos que dos clientes tienen el pensamiento «A nadie en la fiesta le agradaré ». Para el primer cliente, este pensamiento es literal. Es posible que haya generado toda una narrativa centrada en su falta de simpatía y su incapacidad para encajar. «La fiesta será mejor si yo no estoy allí». Esto se ve respaldado por una red relacional más amplia de «soy una persona antipática y mala». Por lo tanto, «A nadie en la fiesta le agradaré» no es simplemente un pensamiento fugaz que todos tenemos de vez en cuando, sino que para este cliente parece una descripción literal de la realidad. Este cliente evita la fiesta y todos los reforzamientos positivos que podría encontrar allí si fuera.

Para el segundo cliente, este pensamiento no es literal. Quizás este pensamiento va seguido inmediatamente de otra conducta verbal como «a algunas personas les gusto y a otras no» o «todo el mundo se siente así a veces». Esta red relacional ampliada puede estar respaldada por una relación más amplia del tipo «estoy dispuesto a ver cómo van las cosas». Incluso sin declaraciones verbales contradictorias, puede existir un contexto que disminuya las funciones transformadoras dañinas del estímulo. Quizás el pensamiento «a nadie de la fiesta le agradaré» va seguido incluso de una sonrisa, porque es el estribillo constante de un personaje cómico de la serie de televisión favorita de esa persona, que siempre piensa eso y luego se lo pasa muy bien.

Quizás este segundo cliente ha aprendido formas de entrar en contacto con esos contextos de forma deliberada. Este cliente va a la fiesta y entra en contacto con los reforzadores positivos, dando aún menos importancia a su conducta verbal inicial sobre la fiesta.

Los analistas de conducta ya están familiarizados con las funciones de evitación y escape como forma de reforzamiento negativo. Lo que hace que la evitación experiencial sea poderosa es la implicación de eventos privados que se han categorizado verbalmente. Lo que se evita no son estímulos externos que se pueden eliminar fácilmente. A través de las relaciones verbales, las experiencias aversivas pueden volverse internas y personales, difíciles de observar públicamente y no fáciles de modificar (al menos no directamente) mediante la intervención. Para un cliente verbalmente competente que evita las fiestas y las reuniones sociales, puede que no sea la evitación de la fiesta en sí lo que mantenga la conducta, sino que la decisión de quedarse en casa elimine inmediatamente los pensamientos sobre la fiesta, los pensamientos sobre no ser bienvenido o no ser deseado, los sentimientos de ansiedad que acompañan a esos pensamientos, etc. Este patrón se mantiene a menudo en parte porque es dinámico, en el sentido de que la evitación refuerza negativamente pensamientos como «hoy no puedo ir» o «quizá dentro de unas semanas esté listo para ir a una fiesta». Por lo tanto, cabría esperar que, a medida que se refuerzan estas relaciones verbales y sus efectos modificadores de la función, su contenido se fusione o se literalice cada vez más, se refuerce su impacto evocador y elicitante sobre el comportamiento y aumente el desafío que plantean para un comportamiento flexible y eficaz. El comportamiento se vuelve cada vez más rígido e inmutable. El impacto creciente de la evitación experiencial es a menudo paradójico, ya que los intentos de alterar la frecuencia o la forma de los pensamientos o sentimientos angustiosos pueden, en realidad, servir para aumentar su frecuencia o intensificarlos con el tiempo (Wenzlaff y Wegner, 2000). La búsqueda de reforzadores más pequeños, más rápidos, negativos y privados amplifica las operaciones motivadoras que evocan este patrón de conducta. Un ciclo de evitación experiencial que puede ser muy difícil de romper cuando los desafíos han persistido durante un período prolongado.

Según nuestra experiencia, los clientes dicen que la evitación experiencial es como tapar agujeros en un barco, pero que, de alguna manera, cuando se tapa uno, emergen dos más. Esto se debe a que la evitación de las experiencias privadas desagradables no aborda la causa de los agujeros, y sin darse cuenta se crean más cosas que evitar, más agujeros en el barco. Una regla como «¡evita la ansiedad o si no...!» contiene una amenaza verbal que muy probablemente elicita ansiedad. ¿Por qué no iba a hacerlo? «O si no» es una clase de equivalencia con una diversidad de acontecimientos aversivos o, al menos, a sus referentes verbales. Pero los sistemas de conducta de paralización, lucha, huida o fracaso que se activan ante acontecimientos aversivos inminentes pueden hacer que sea menos probable o incluso imposible actuar de forma eficaz, lo que aumenta aún más la urgencia del mensaje «o si no». La ansiedad en sí misma puede convertirse en algo por lo que estar ansioso.

Otra paradoja es que, sin una mejor orientación teórica, nosotros, como analistas de conducta, podemos caer fácilmente en la tentación de alterar la forma o la frecuencia de estos eventos privados con el fin de desarrollar una intervención eficaz. Después de todo, cambiar la forma de los pensamientos difíciles es solo sentido común, ¿no? Puede ser, pero cualquier analista de conducta sabe que a veces el sentido científico y el sentido común divergen. Sin comprender las ráfagas de extinción, ¿quién, salvo un analista de conducta, podría decirles a los padres que una rabieta es una «buena señal de progreso» cuando se elimina un reforzador por un comportamiento dañino? De manera similar, la estrategia cognitiva central de «detectar, desafiar, disputar y cambiar» en la terapia cognitivo conductual tradicional (TCC; Beck, 1970) era muy lógica y sensata, pero en ocasiones llevaba inadvertidamente a los clientes a adoptar estrategias represivas que *amplificaban* el impacto perjudicial de los pensamientos problemáticos. Probablemente por eso los metaanálisis demostraron que los elementos cognitivos de la TCC no eran fiables (Longmore y Worrell, 2007): los mejores terapeutas de TCC utilizaban estos métodos sin entrar en conflicto con la fusión cognitiva y la evitación experiencial, pero los terapeutas menos competentes a menudo no lo hacían. Ahora que sabemos que la reevaluación cognitiva es más una cuestión de división cognitiva y flexibilidad, es mucho más fácil ofrecer orientación científica sobre cómo utilizar eficazmente los métodos cognitivos en la TCC.

Por eso no nos atrevemos a permitir que el análisis aplicado de conducta siga ignorando los eventos privados o abordándolos con ideas improvisadas. Por muy lógico que parezca, habitualmente no sirve de mucho centrarse en un evento privado de forma sustractiva o eliminatoria, ya que, una vez aprendido, el comportamiento solo puede inhibirse mediante la extinción, nunca se reduce a una probabilidad cero. Es decir, nunca se sustrae ni se elimina por completo. Si el mero acto de intentar eliminar o restar es en sí mismo un contexto que aumenta el impacto de una acción sobre otra, el análisis está, en efecto, luchando contra sí mismo, reforzando el impacto perjudicial en el vano intento de eliminar una mera ocurrencia.

DEFINICIÓN OPERANTE DE LOS VALORES Y AUGMENTING DE LA FLEXIBILIDAD PSICOLÓGICA

La fusión cognitiva y la evitación experiencial pueden dar lugar a patrones de comportamiento que parecen estancados, pero anteriormente hemos argumentado que promover la flexibilidad psicológica requiere una mayor búsqueda de reforzadores más amplios, posteriores, positivos y abstraccionales. Esa es la labor de los valores y la acción comprometida en un marco ACT. Al incorporar una comprensión conceptualmente sistemática de los valores y la vida valiosa, los analistas de conducta tienen mucho que aportar a cualquier modelo de intervención.

Los valores son otro término de nivel medio. Wilson y Dufrene (2009) definieron los valores como «consecuencias libremente elegidas y construidas verbalmente de patrones de actividad continuos, dinámicos y en evolución, que establecen reforzadores predominantes para esa actividad que son intrínsecos al compromiso con el patrón de comportamiento valorado en sí mismo» (p. 66). Se trata de una definición sólida desde el punto de vista conductual y muy cercana a lo que ya hemos expuesto: reforzadores más grandes, posteriores, privados y abstractos que pueden apoyar la flexibilidad psicológica.

Para conectar estas dos ideas de forma más explícita, «elegidos libremente» significa simplemente que existe una elección apetitiva entre el comportamiento coherente con los valores y el comportamiento incoherente con los valores. No estamos hablando de libre albedrío, sino de que la elección está presente y no está limitada por la situación. Es el mismo sentido de «libre» al que se refieren los analistas de conducta con el término «líneabase operante libre» cuando estudian, por ejemplo, la ley de igualación.

El comportamiento de elección ha sido durante mucho tiempo el centro de atención del análisis de conducta, y con razón. Descuento por demora. Cadena concurrente. Ley de igualación. Todos son ámbitos de elección. Elecciones que dependen del contexto. En las primeras investigaciones sobre la adicción en animales, una rata consume menos nicotina cuando se expone a un ambiente enriquecido en comparación con ratas en un ambiente genérico, activado a través de cambios neurológicos en la corteza prefrontal de la rata (Venebra-Muñoz et al., 2014). Para los seres humanos, el contexto de elección incluye «consecuencias construidas verbalmente», reforzadores abstractos y a menudo privados que se prolongan en el tiempo. Un padre se levanta a las 5:00 de la mañana para llevar a su hijo al entrenamiento de hockey antes de que empiece el colegio. ¿Cuál es el reforzador que mantiene esta elección, dos días a la semana, durante varios meses? Sin duda, hay poco reforzamiento automático en el sonido del despertador a las 4:30 de la mañana o en entrar en una furgoneta fría mientras el resto del barrio duerme. Los elogios y la interacción social positiva pueden ser eventos poco probables, dado que los demás padres están igual de cansados y temen la jornada laboral que les espera. ¿Quizás al padre le gusta mucho ver a los niños patinar en círculos y lanzar discos a la portería?

El reforzamiento que mantiene esto es casi totalmente privado y verbal. «Quiero ser un buen padre». «Hoy me he esforzado mucho». «Algún día mi hijo lo apreciará de verdad». O incluso: «Algún día miraré atrás y lo apreciaré de verdad». Independientemente del contenido específico de estos acontecimientos privados, se trata de reforzadores verbales y abstractos que especifican un resultado mayor y a más largo plazo y, a través de una transformación de las funciones del estímulo, establecen funciones de refuerzo intrínsecas a estas conductas parentales amorosas. Esto es lo que entendemos por «contingencias de significado» y «valores» es una forma de describir cómo los operantes relacionales interactúan con los acontecimientos para producir tales reforzadores.

En capítulos posteriores, trataremos cómo realizar un análisis funcional real de los valores, pero por ahora nuestra prueba de concepto puede expresarse dentro de un experimento mental. Imaginemos que manipulamos estas variables. Si el entrenamiento se trasladara a las 8:00 a. m. sin ningún conflicto de programa, ¿seguiría produciéndose el comportamiento? Si la respuesta es sí, podemos deducir que la hora temprana no es un reforzador. Si los ejercicios de entrenamiento se modificaran y, en lugar de patinar en círculos y lanzar discos, se centraran en otras habilidades, ¿seguiría produciéndose el comportamiento? Si es así, podemos descartar que ver los ejercicios de entrenamiento sea un reforzador. Si no estuvieran presentes otros padres o si los padres se separaran durante el entrenamiento, ¿seguiría ocurriendo la conducta? Sin duda. Por último, si el padre estuviera convencido de que hacer esto no le convierte en un buen padre y de que su hijo probablemente acabaría resentido con él por madrugar, ¿se mantendría la conducta? Si no es así, debemos suponer que la función de esta conducta radica en la abstracción verbal de reforzadores mayores posteriores. Porque la única forma de cambiar la conducta es eliminar esta libre elección (p.ej., un cambio de programa, el ascenso a un nuevo equipo de hockey, el final de la temporada) o cambiar los reforzadores abstractos verbales y las interacciones privadas de los padres con estos entrenamientos matutinos.

Por último, los valores representan «patrones de actividad dinámicos y evolutivos, que establecen reforzadores predominantes para esa actividad que son intrínsecos al compromiso con el patrón de conducta valorada en sí mismo». Cuando termina la temporada de hockey, el «buen padre» no

deja de comportarse de acuerdo con esta abstracción verbal. Más bien, diferentes topografías de comportamiento llenan el vacío en la búsqueda de este valor elegido. Cocinar la cena para la familia cuando su pareja llega a casa del trabajo. Ayudar a sus hijos con los deberes de matemáticas para que puedan tener éxito en la escuela. La topografía cambia. La función permanece y es intrínseca al comportamiento en sí mismo, más parecida al refuerzo sensorial que al elogio social.

Como todos los términos de nivel medio, el término «valores» nos orienta hacia un conjunto de análisis funcionales. Estos siempre mejoran gradualmente a medida que avanza la ciencia: no existe un análisis funcional completo y definitivo de nada. En términos de TMR, los valores tienen una función aumentativa. Las reglas aumentativas son estímulos verbales (públicos o privados) que aumentan (refuerzan o apoyan) el valor reforzador de los estímulos externos. Por ejemplo, el anuncio de televisión presenta la frase «Apuesto a que te apetece una hamburguesa» junto con el logotipo de la empresa. Esos estímulos pueden tener una función motivadora que elicita que te acerques a un restaurante cercano que está abierto las 24 horas del día. El anuncio no es un Sd, no puede serlo porque la hamburguesa está disponible continuamente. Es un estímulo verbal establecedor o motivador, un augmental.

Cuando suena la alarma, hay un reforzamiento disponible para dos conductas simultáneas: pegar el botón de repetición y volver a dormir, o pegar el botón de cancelar y despertarse. La opción 1 ofrece más horas de sueño y la opción 2 probablemente conduce a algunas experiencias de las que querés escapar (p.ej., el entrenamiento de hockey, el trabajo, las reuniones), pero también al significado positivo abstracto de «soy un buen padre». Lo positivo, abstracto y mayor en el futuro frente a lo negativo, privado y menor en el presente.

Ten en cuenta también que existe una relación jerárquica entre el comportamiento de levantarse y el valor de ser un buen padre, que es paralela a la relación jerárquica entre las acciones de levantarse y la persona que pega el botón de cancelar. «Ser un buen padre» incluye levantarse; y darse cuenta de ese patrón y apoyarlo es un aspecto del repertorio de la persona. Algunos analistas de conducta han argumentado de forma convincente que la flexibilidad psicológica no puede surgir hasta que la persona aprende a enmarcar su propia conducta jerárquicamente con ella misma y con los valores que ha elegido (Luciano, Törneke y Ruiz, en prensa).

Podría decirse que la vida es una lucha constante entre elecciones coherentes con nuestros valores y elecciones incoherentes con ellos. Simplemente, no siempre lo vemos así. Nos quedamos atrapados en «lo haré más tarde», «no puedo hacerlo», «hay algo malo en mí». En el momento en que estás considerando ACT o una estrategia similar para un cliente, es probable que se estén produciendo patrones rígidos de evitación o escape de experiencias privadas. Por lo tanto, necesitamos una forma de iniciar el proceso de evaluación funcional de esta lucha. Exploramos la idea del análisis funcional más profundamente en el siguiente capítulo.

4

MODELOS DE INTERVENCIÓN ACT

Hasta ahora hemos presentado ACT de forma abstracta, junto con una breve historia y una orientación general sobre la flexibilidad psicológica. Lo que hemos proporcionado hasta ahora dista mucho de ser una explicación tecnológica de ACT que pueda servir de base para el desarrollo de intervenciones analítico conductuales eficaces que puedan utilizarse junto con las tecnologías conductuales existentes. De eso trata el resto de este libro.

Intentarlo no es tarea fácil. No existe un libro de recetas que pueda abordar adecuadamente los retos tan reales a los que se enfrentarán los consumidores y clientes en sus vidas. No hay listas definitivas de procedimientos basados en ACT que se consideren «analíticos conductuales» y que podamos extraer e incorporar a los planes de intervención conductual. ACT no es un enfoque de intervención único que se pueda aplicar durante un número determinado de semanas para tratar tal o cual trastorno clínico. Si lo fuera, no sería necesario profundizar tanto en la historia y la filosofía que subyacen a las intervenciones basadas en ACT, ni dedicar tres capítulos a comprender la flexibilidad psicológica como objetivo general del cambio de conducta.

Este problema tampoco debería resultar nuevo ni especialmente complejo para los analistas de conducta. La práctica del análisis de conducta, aunque profundamente tecnológica, siempre se ha basado en principios de cambio conductual y en procedimientos empíricamente probados que favorecen los protocolos preestablecidos aplicados de forma generalizada. Consideremos, por ejemplo, el proceso de tratamiento de la conducta autolesiva (SIB, por sus siglas en inglés). Lo que no tenemos es un protocolo de

12 semanas para ese tipo de conductasque afirme funcionar en el 80 % de los casos para reducir o eliminar la conducta autolesiva. Lo que sí tenemos, es un marco de evaluación, el análisis funcional experimental, que parte de la base de que la mayoría de los casos de la conducta autolesiva se mantienen por una de las cuatro funciones operantes principales: escape, reforzamiento social, reforzamiento tangible o reforzamiento automático. Aplicamos una estrategia de diseño experimental denominada «diseño multielemento» para aislar las condiciones en las que es más probable que se produzca la conducta. Y una vez que lo averiguamos, aplicamos cualquier número de estrategias que aborden directamente la función identificada, reforzando la omisión de la conducta autolesiva o participando en un comportamiento alternativo o incompatible. O manipulamos las condiciones antecedentes en las que es más probable que se produzca la conducta autolesiva. A menudo, la intervención más eficaz utiliza una combinación de estas estrategias que se adaptan al cliente y al contexto.

Lo fundamental es que este marco de intervención de análisis funcional experimental se construye a partir de un modelo relativamente sencillo de cambio de conducta. Se parte de la base de que la conducta (B) se produce en un contexto antecedente (A) y se mantiene gracias a reforzamientos funcionales que dependen de la conducta (C). Este es el modelo ABC, que constituye la base de las estrategias de gestión de contingencias y de apoyo funcional

Existen varios modelos de este tipo que se utilizan en las intervenciones basadas en ACT. Estos modelos varían en cuanto a su respaldo empírico, pero, no obstante, cumplen la función fundamental de orientar las decisiones de intervención del analista de conducta al situar las conductas problemáticas en un contexto. Pasar de los modelos ABC tradicionales a modelos que dan cabida a las experiencias privadas y a la flexibilidad psicológica como objetivo conductual de orden superior requerirá un debate científico más amplio sobre el papel de los modelos en la ciencia, antes de analizar varios modelos que pueden servir de base para el desarrollo de intervenciones basadas en ACT.

UNA VISIÓN DE LA INTERVENCIÓN DEPENDIENTE DEL MODELO

Hawking y Mlodinow (2010), en *El gran diseño,* describen el realismo dependiente del modelo como un enfoque de la ciencia física profundamente compatible con el conductismo radical de Skinner (Belisle, 2020). Según este enfoque, no existe una «realidad» que podamos percibir independientemente de los sesgos y las interpretaciones. En el mejor de los casos, la ciencia representa el comportamiento que los científicos adoptan para resolver retos, y la calidad de cualquier teoría o modelo científico depende estrictamente de la capacidad de esa teoría o modelo para resolver problemas importantes. Ponen el ejemplo: «¿La luz es una partícula o es una onda?». Bueno, en algunas aplicaciones, tratar la luz como una partícula permite una mayor predicción y el desarrollo de nuevas tecnologías. En otras aplicaciones, es mejor tratar la luz como una onda. Por lo tanto, la luz es tanto una partícula como una onda, y ni una partícula ni una onda, ya que, inevitablemente, ambas interpretaciones de la luz quedarán obsoletas a medida que avance la ciencia.

Pero espera, dirás. Sin duda, hemos evolucionado para estar cada vez más en contacto con el mundo *tal y como es*. Nuestro sistema visual evolucionó para detectar las diferentes frecuencias de la luz visible, por ejemplo, por lo que es obvio que las frecuencias de la luz *realmente existen* aunque no las percibamos.

La realidad existe, sí. Y sí, la ciencia y el análisis de conducta asumen que existen relaciones predecibles y, en ocasiones, controlables entre los acontecimientos; por eso tratan de desarrollar afirmaciones cada vez más organizadas sobre esas relaciones que permitan alcanzar nuestros objetivos basándonos en experiencias verificables. Pero no hay razón para pensar que nuestros sistemas sensoriales detectan la realidad directamente o que nuestras reglas científicas se corresponden con el mundo real de forma puntual. ¿Sabías que en las simulaciones informáticas evolutivas que permiten seleccionar ficciones que funcionan con éxito,en lugar de la verdad literal, suelen ganar las primeras (Hoffman, 2019)? No es tan difícil de entender si lo piensas bien. Esto puede ocurrir fácilmente si la realidad es muy complicada y nuestra supervivencia se ve favorecida por la simplificación.

Una analogía puede ayudar. Nuestros sistemas sensoriales podrían ser más parecidos al sistema operativo de tu ordenador. Convierten increíbles cadenas de cargas (decimos que son cadenas de unos y ceros, pero es solo una metáfora) en, por ejemplo, archivos rectangulares azules en tu pantalla que no te atreves a arrastrar a la papelera porque se perderían para siempre. Todos lo sabemos.

Los archivos informáticos no son literalmente azules ni rectangulares. En realidad, no tienen formani color, y no residen dentro de un directorio. Tampoco existe una papelera real. Utilizamos un sistema operativo porque nos ayuda a aprender fácilmente a manejar la máquina para alcanzar nuestros objetivos. Si, como en la película *Matrix*, la realidad fuera realmente como letras verdes que caen, ¿no sería mejor dejar que la evolución creara un sistema operativo más sencillo, por ejemplo, uno de colores, frecuencias de luz yformas, tal y como hizo el programador para tu ordenador con archivos azules y papeleras? Al fin y al cabo, una ficción viable de, por ejemplo, frecuencias de luz visible, podría ser mucho más fácil de adaptar que 1000100 1011101101111101 00111 0100100101110110 1 111010 0101110110111010 11 101110110.

La evolución ayuda a aumentar la eficacia medida en términos de supervivencia, pero, contrariamente a lo que cree la mayoría de la gente, eso no tiene por qué ser lo mismo que la verdad literal. En absoluto. Cuando vemos una serpiente venenosa, no sabemos si tiene literalmente un tamaño, una forma o un color concretos, y, francamente, quizá no necesitemos saberlo. Lo que necesitamos saber es que, si no saltamos, podría ser mortal. Verlo de esta manera evolucionó para lograr ese fin.

Desde un punto de vista analítico conductual, la «ciencia» simplemente representa el comportamiento del científico de la conducta al generar o seguir reglas dentro de una estrategia particular llamada método científico. Ese patrón de conducta verbal puede ser altamente adaptativo (es decir, exitoso en la resolución de desafíos conductuales) o desadaptativo (es decir, infructuoso en la resolución de desafíos conductuales). Al igual que cualquier conducta gobernada por reglas, la conducta verbal científica puede ser inflexible cuando las reglas que tuvieron éxito en un contexto no lo tienen en otro. Los modelos o enfoques que hemos utilizado en la ciencia de la conducta representan esas reglas. Las reglas que funcionan como estrategias analíticas funcionales y que han tenido un gran éxito en la resolución de algunas topografías de conductas problemáticas en personas con discapacidad no predicen necesariamente un éxito generalizado con otras poblaciones y retos (Ivancic y Belisle, 2020).

Esta idea radicalmente pragmática sobre la relación entre la ontología (lo que existe) y la epistemología (el proceso de conocimiento) es fundamental para el pensamiento conductual funcional. Skinner consideraba el conocimiento científico como «un corpus de reglas para la acción eficaz, y hay un sentido especial en el que podría ser "verdadero" si da lugar a la acción más eficaz posible. [...] Una proposición es "verdadera" en la medida en que, con su ayuda, el oyente responde eficazmente a la situación que describe» (1974, p. 235). Esta idea profunda y algo contraria a la intuición requiere cierto tiempo para acostumbrarse a ella. Fíjate en que no dice que es verdadera porque describe la situación con precisión. Es verdadera porque nos ayuda a responder de manera eficaz. «No juegues con serpientes venenosas». Entendido. Es una buena idea independientemente de cómo sean «realmente» las serpientes.

A veces, las reglas pueden ser bastante flexibles. Esto es cierto para nuestros clientes y también para nosotros como proveedores. Depende de cómo utilicemos los modelos de cambio de conducta. Si se aborda de la manera correcta, los principios conductuales, la TMR y los principios evolutivos dan al científico-profesional la libertad de adaptar y ajustar sus modelos de cambio de conducta para que se adapten a la conducta, al cliente y al contexto que se presenta.

El modelo con el que la mayoría de los analistas de conducta estarán familiarizados es un modelo de contingencia de tres términos o un modelo de contingencia de cuatro términos. Lo llamaremos modelo A-B-C. En el modelo A-B-C, el analista de conducta empleará cualquier número de estrategias analíticas funcionales para aislar las variables antecedentes inmediatos (A) y consecuencias (C) que rodean la conducta (B). Al ajustar las variables A y/o C, el analista de conducta espera provocar un cambio en B.

Este modelo hace hincapié en las contingencias externas que son inmediatas, como el acceso a escape, la atención, los objetos tangibles o los reforzadores automáticos. Sin embargo, como se ha tratado, surgen retos únicos cuando el comportamiento regido por normas y las relaciones verbales entran en la corriente funcional del comportamiento. Las variables «A» pueden estar muy lejos en el pasado y seguir afectando al comportamiento al alterar los patrones de enmarcado relacional que «aparecen» en el momento en que se produce el comportamiento. Las variables «C» también podrían ser demoradas, probabilísticas, abstractas o intrínsecas. A menudo, funcionan más como contingencias de significado que como efectos tangibles.

Aunque los modelos coherentes con ACT asumen que existen interacciones funcionales externas, estas no se analizan de forma independiente del análisis de las relaciones verbales y los patrones que subyacen al comportamiento desadaptado. Por supuesto, estas relaciones verbales y patrones no se producen en el vacío, sino que operan dentro de un flujo de A, B y C. Sin embargo, la tecla para desarrollar una intervención exitosa requiere un análisis funcional de estas interacciones verbales y de las reglas que siguen las personas y que les llevan a actuar así. En este capítulo presentamos el Hexaflex como primer marco organizativo o modelo. Reflexionar sobre la flexibilidad psicológica coherente con el Hexaflex nos proporciona un punto de partida para empezar a tratar ACT de forma más pragmatista y profundizar en cada uno de los procesos fundamentales de este modelo. A continuación, trataremos cómo se disecciona o adapta este modelo de diferentes maneras para servir a diferentes propósitos. Lo más importante aquí es que no consideres ningún modelo como absoluto o «verdadero». Más bien, los modelos son estímulos verbales que pueden ayudar a guiar la acción eficaz del analista de conducta como científico aplicado. Al realizar un mayor entendimiento de los modelos, los analistas de conducta pueden ser más flexibles y más eficaces a la hora de adaptar las intervenciones a cada cliente y a sus taras personales y dificultades.

INTRODUCCIÓN A LOS SEIS PROCESOS BÁSICOS: ACT HEXAFLEX

Un modelo de evaluación funcional que ha sido un elemento básico dentro de la intervención basada en ACT es el ACT Hexaflex. Esta herramienta no emergióhasta 2005, durante un debate en la lista de correo electrónico de ACBS, 25 años después de que comenzara el desarrollo de ACT, pero ahora es tan omnipresente que cualquiera interesado en ACT pronto verá hexágonos por todas partes: en los logotipos de las clínicas de ACT, en las portadas de los libros de ACT, etc. El término «Hexaflex» era inicialmente solo un juego de palabras divertido, pero se popularizó inmediatamente. A continuación se ofrece una representación visual del modelo. El primero es un modelo de inflexibilidad psicológica. Creemos (y varios estudios de investigación lo respaldan) que estas seis conductas o clases de operantes son omnipresentes en la forma en que las operantes relacionales interactúan con la contingencia directa para establecer problemas recalcitrantes para las personas. Cuando estas operantes son fuertes, contribuyen a modos de respuesta que producen un sufrimiento mucho mayor que el que podría causar el ambiente por sí solo, sin la ayuda de formas deficientes de adaptación.

Desglosamos cada uno de estos seis procesos básicos con mucho más detalle en la sección dos del libro, donde capítulos completos analizan estos procesos de forma conductual y amplían la explicación a tecnologías útiles para los analistas de conducta. Por ahora, presentamos una suposición fundamental de este modelo. Lo que sigue comienza en la parte superior del hexágono y continúa en el sentido de las agujas del reloj, un nodo por cada punto y coma:

> *Sufrimos más cuando rumiamos sobre nuestro pasado y nos obsesionamos con nuestro futuro en lugar de centrarnos en el presente de una manera flexible, fluida y voluntaria; cuando no conseguimos conectar con las cosas de la vida que más valoramos; cuando actuamos de forma impulsiva o cuando nos volvemos inertes y no conseguimos construir hábitos amplios de ACT basados en valores; cuando nos quedamos estancados tratando de encajar en historias específicas y limitadas sobre quiénes somos; cuando permitimos que nuestras reglas verbales sobre el mundo*

nos dominen innecesariamente; y cuando intentamos escapar, evitar o aferrarnos a pensamientos y sentimientos, incluso cuando eso perjudica la acción basada en valores.

Estas son las condiciones contextuales privadas en las que es más probable que se produzca el sufrimiento. Si la flexibilidad psicológica se define como una amplia clase de conductas operantes que maximizan las formas de refuerzo valoradas, entramos en contacto con los refuerzos menos valorados cuando nos quedamos estancados en estos modos de pensar. Por esta razón, se denomina modelo de inflexibilidad psicológica.

Como se puede ver en las líneas que conectan, también asumimos que cada uno de estos procesos interactúa e influye en los demás. No se trata de un modelo «simple» de procesos aislados. Cuando rumiamos sobre el pasado y nos fijamos en el futuro, es menos probable que entremos en contacto con nuestros valores. Cuando estamos fusionados con historias sobre nosotros mismos (yo como contenido), es más probable que tomemos decisiones impulsivas que sean coherentes con nuestro concepto de nosotros mismos y que practiquemos la evitación de situaciones que, de otro modo, nos permitirían entrar en contacto con cosas que valoramos. Nuestros clientes no son diferentes. Sufren más cuando estas operantes son fuertes y resistentes. Por lo tanto, nuestro trabajo consiste en fomentar y reforzar el conjunto de procesos opuestos para apoyar la flexibilidad psicológica.

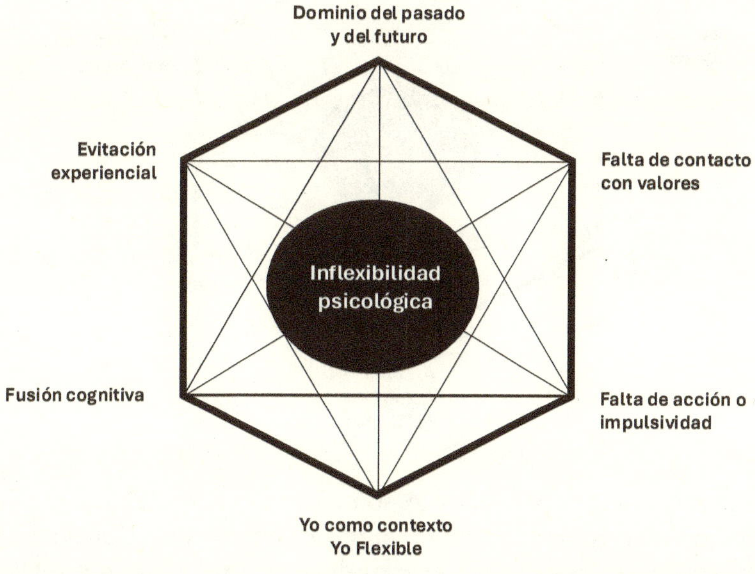

Este mismo modelo básico puede invertirse para proporcionar objetivos positivos basados en procesos en cada una de las seis áreas. De nuevo, empezando por la parte superior y siguiendo en sentido horario, podemos promover la flexibilidad psicológica reforzando la conciencia del momento presente y los procesos atencionales que son flexibles, fluidos y voluntarios; cuando promovemos el contacto y la claridad de los valores elegidos, reforzamos las cualidades del ser y del hacer que son intrínsecas al comportamiento en sí mismo; fomentamos el compromiso con acciones comprometidas vinculadas a patrones cada vez más amplios de comportamiento basado en valores; promovemos un sentido del yo que adopta una toma de perspectiva y sitúa los acontecimientos de la vida en una relación jerárquica con la capacidad de percibir y observar el propio comportamiento (lo que Skinner denominaba «ver ver», pero desde un lugar o punto de vista); notar el proceso de pensamiento de una manera difusa o desliteralizada para disminuir su dominio automático no deseado; y la aceptación o la voluntad de experimentar experiencias públicas y privadas sin escape, evitación o apegos innecesarios e inútiles. A continuación se muestra modelo de flexibilidad psicológica.

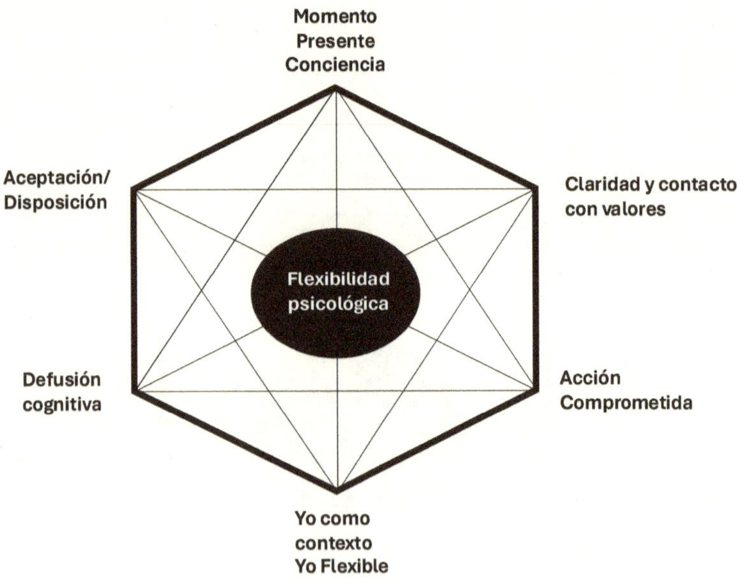

Estos seis procesos conductuales son todos términos de nivel medio que emergen de análisis funcionales de cómo las operantes relacionales influyen en el control a través de contingencias directas. En los tres capítulos anteriores, ya hemos comenzado a familiarizarnos con ellos y, en la siguiente sección, los analizaremos uno por uno, desglosando el modelo de múltiples maneras diferentes que pueden adaptarse para afrontar el reto que se nos plantea y desarrollar nuevas estrategias para la evaluación funcional. Veamos cada uno de ellos con más detalle.

Conciencia del momento presente

Los analistas de conducta están acostumbrados a evitar el concepto de atención, y con razón. El control de estímulo es una forma de hablar sobre cómo el entorno externo influye en la acción, y no hay ningún aumento en la predicción y la influencia en el estudio de animales no humanos que provenga de «explicar» el control de estímulo mediante una acción del organismo. La tecla encendida no provoca el picoteo porque la paloma le presta atención, sino que este evoluciona debido a la historia de reforzamiento que establece el control de estímulo ejercido por la tecla encendida.

Las operantes relacionales cambian este panorama, ya que estas operantes actúan sobre otros procesos conductuales. Las plantas de tus pies producen estimulación casi continuamente, pero rara vez nos damos cuenta de ello. Supongamos que la tinta sobre el papel o los píxeles en una pantalla de la frase que estás leyendo ahora mismo presentan eventos relacionales que sugieren que puedes prestar atención a las sensaciones de la planta de tu pie derecho y nada más... o a las sensaciones de la planta de tu pie izquierdo y nada más... o a las sensaciones de las plantas de ambos pies y nada más. A medida que se producen estos estímulos relacionales, el control del estímulo ejercido por tus pies cambia sistemáticamente debido a operantes relacionales que pueden aumentar o disminuir fácilmente el control del estímulo. Debido a ese hecho, una vez que existe el marco relacional, es útil examinar cómo las reglas verbales pueden aumentar o disminuir el control del estímulo. «Atención» es como podemos llamar a ese dominio de acciones y puede utilizarse de forma flexible, fluida y voluntaria para fomentar efectos conductuales positivos. Eso es lo que se hace en el modelo de flexibilidad psicológica.

Todo comportamiento se produce en el contexto de acontecimientos internos y externos en el momento presente. Al aprender a ampliar o reducir, o a cambiar o mantener el foco de atención, una persona puede utilizar habilidades reguladoras de segundo orden que alteran sistemáticamente el control de estímulo, ampliándolo, reduciéndolo, cambiándolo o manteniéndolo según lo requieran las demandas de las tareas y los objetivos presentes.

Muchas formas de entrenamiento de «mindfulness» pueden entenderse en parte en estos términos y, de hecho, se sabe que las versiones ampliadas del ejercicio de «las almas de los pies» que acabas de realizar son muy útiles para regular la impulsividad o la agresividad en la conducta de los niños con discapacidades del desarrollo (Singh et al., 2003).

Valores

Reforzar la claridad y el contacto con los valores elegidos por uno mismo desempeña un papel fundamental en ACT. La razón por la que una persona busca mejorar su flexibilidad psicológica a través de procesos como la conciencia del momento presente o la voluntad de comprometerse con una acción comprometida es para vivir una vida más coherente con sus valores. Aclarar lo que realmente importa a una persona es necesariamente un ejercicio de reforzar o augmentar las conductas verbales relacionales que describen patrones de reforzamiento más amplios y posteriores. Los valores no son premios menores e inmediatos, como un sueldo o reforzadores negativos como escape de pensamientos o experiencias incómodas; más bien, los valores son categorías jerárquicas amplias. Wilson y Murrell (2004) plantean la pregunta: «En un mundo en el que pudieras elegir que tu vida girara en torno a algo, ¿qué elegirías?». (p. 135). Desde el punto de vista analítico conductual, los valores pueden interpretarse como estímulos verbales motivadores que refuerzan el valor reforzador de los reforzadores del momento presente, de acuerdo con las consecuencias verbales construidas a largo plazo. Un sueldo es reforzador porque proporciona estabilidad y seguridad. El tiempo libre es reforzador porque permite un mayor contacto con la familia y los amigos y la oportunidad de fortalecer las relaciones. Una vez que aparece la conducta verbal, ya no interactuamos con los efectos consecuentes sin evaluarlos, por lo que queremos reforzar la evaluación de los efectos coherente con los valores para dirigir los procesos de cambio de conducta.

Acción comprometida

La acción comprometida describe patrones de conducta que permiten a una persona estar más en contacto con los valores que ha elegido. Como señalan Dixon y Paliliunas (2020), «es muy habitual que alguien exprese lo que es importante, valioso o *reforzante, pero nunca adopte un comportamiento que modifique la consecución real de esos* efectos deseados» (p. 24). Existen numerosos procesos de cambio de comportamiento con los que los analistas de conducta ya están familiarizados y que pueden reforzar la probabilidad de que los clientes emprendan acción comprometida. Tomemos como ejemplo el moldeamiento. Sabemos que es poco probable que una persona que valora la salud y el estado físico pase de no correr nunca al aire libre a correr 8 km tres veces por semana (aunque tenga la intención de hacerlo tras aclarar sus valores). Establecer esta intención también podría dar lugar a lesiones o agotamiento: queremos establecer un compromiso con patrones que sean sostenibles. Al dividir las acciones comprometidas en pasos iniciales más pequeños y construirlos, podemos lograr patrones de cambio de conducta cada vez más amplios. Adoptaremos un enfoque de autogestión o autorregulación para reforzar la acción comprometida, que hace hincapié en trabajar con el cliente para crear rutinas, estrategias y objetivos que tengan probabilidades de éxito en su vida y su contexto. Es probable que esta sección se base en las numerosas estrategias que los analistas de conducta ya han desarrollado, al tiempo que integra este proceso con los demás procesos básicos para promover la flexibilidad psicológica.

Aceptación / Disposición

La aceptación describe la disposición a experimentar acontecimientos potencialmente aversivos (o, en algunos casos, la posible pérdida de acontecimientos positivos), tanto privados como públicos, que no pueden adaptarse o modificarse fácilmente dentro de los límites de tu repertorio o contexto actual. La aceptación no es un fin en sí misma, sino que promover la disposición a experimentar acontecimientos incómodos o momentáneamente aversivos sin evitación puede ser necesario para alcanzar los valores que has elegido. A menudo, obtener mayores y más abstractos reforzadores que sean coherentes con los valores identificados puede requerir hacer cosas que normalmente no harías, demorar el acceso al reforzamiento o perder menores y más inmediatos reforzadores que, de otro modo, estarían disponibles. Para el estudiante con ansiedad ante los exámenes, esto podría implicar la disposición a matricularse en clases y realizar los exámenes para poder acceder a una carrera que significa mucho más que aprobar el examen. Para la persona que evita el evento social, esto podría implicar la voluntad de sentirse incómoda al comienzo del evento, sabiendo que esos pensamientos desaparecerán y solo quedarán las interacciones sociales positivas que la persona busca. Definida de esta manera, la aceptación representa otra dimensión medida de la conducta que, cuando se dirige dentro de ACT, puede permitir una flexibilidad psicológica aún mayor. Hacemos hincapié en el moldeamiento de la tolerancia y el aumento de los valores cuando promovemos la aceptación y la disposición.

Defusión cognitiva

La defusión cognitiva es uno de los procesos más vinculados a la TMR como modelo básico del lenguaje y la cognición humanos, y que diferencia a ACT de los modelos de terapia cognitivo conductual, como la terapia cognitivo conductual (TCC). En las terapias cognitivas tradicionales, el objetivo es alterar la forma o la frecuencia de los modos de pensamiento desordenados (Luoma, Hayes y Walser, 2010). Como hemos tratado, esta forma de pensar sobre el pensamiento (metapensamiento) puede formar parte de un patrón más amplio de conducta verbal que puede promover la evitación experiencial. En lugar de alterar la forma o la frecuencia de las relaciones verbales, las estrategias de defusión cognitiva están diseñadas para debilitar el control del estímulo de esas relaciones verbales. Tomemos como ejemplo sencillo el de un estudiante universitario que dice: «No puedo matricularme en la clase de matemáticas avanzadas porque tengo ansiedad ante los exámenes». La relación coordinada entre «examen universitario difícil» y «ansiedad ante los exámenes» puede conducir a una evitación experiencial que aleje al estudiante de sus valores (es decir, inflexibilidad psicológica). En lugar de intentar alterar esta relación verbal, podemos intentar alterar su función de manera que el estudiante pueda deducir «Puedo matricularme en la clase de matemáticas difícil y tener ansiedad ante los exámenes». La ansiedad sigue presente, la clase sigue siendo difícil, pero esta relación no tiene por qué ejercer un fuerte control de estímulo sobre la decisión de matricularse o no en la clase. Al debilitar o desactivar las relaciones que contribuyen a la evitación experiencial y al fortalecer o aumentar los valores y las acciones comprometidas, podemos construir patrones de respuesta adaptativa flexible.

El yo como contexto

El yo como contexto es donde comenzó ACT (Hayes, 1984), al darse cuenta de que el «ver ver» de Skinner, que utilizaba para explicar la autoconciencia, tenía que producirse desde una perspectiva o punto de vista coherente del «yo/aquí/ahora». Este sentido de la perspectiva está vinculado y contiene jerárquicamente el contenido de la autoconciencia, pero no está definido por ese contenido. No te conviertes en una persona diferente cuando te extirpan un órgano o compras un coche nuevo. El contenido cambia, pero el contexto de la conciencia, «yo/aquí/ahora», no.

Fortalecer el yo como contexto requiere necesariamente debilitar el rígido control de estímulo de las relaciones verbales comparativas que construimos sobre nosotros mismos, basándonos en el contenido. Es útil disminuir el control de estímulo que ejercen las historias que contamos sobre nosotros mismos, que a menudo conducen a la evitación experiencial. En lugar de buscar la coherencia entre los valores y la conducta (es decir, la acción comprometida), podemos responder de determinadas maneras para lograr la coherencia entre un yo conceptualizado verbalmente y la conducta (yo como contenido). Por ejemplo, un cliente puede continuar en un trabajo que agrava una lesión física porque quiere «ser duro» y se ve a sí mismo como «un proveedor». Bien podría ser que la persona valore a su familia y la seguridad que le proporciona su trabajo, pero la fusión con este yo conceptualizado puede llevarle a la evitación de buscar otras oportunidades que le den acceso a los mismos reforzadores, pero sin las cargas físicas y los daños a largo plazo que pueden limitar la consecución de estos valores a largo plazo. El yo como contexto requiere relacionarse con uno mismo de manera flexible y en contexto. En un momento «duro», en otro «compasivo», pero siempre «yo». También trataremos la idea del yo trascendente (es decir, el yo que trasciende el tiempo y el contexto) y enfatizaremos la promoción de la autocompasión dentro de este proceso central.

REENFOCAR E INTEGRAR EL HEXAFLEX

El modelo hexagonal de flexibilidad psicológica se puede organizar fácilmente en tres dimensiones de nivel superior: apertura, centrado y compromiso. Al igual que los seis procesos básicos, estos tres pilares funcionan como términos de nivel medio que pueden aclarar la descripción de los objetivos de las intervenciones basadas en ACT y pueden ayudar a conectar más los objetivos de la intervención con los efectos deseados.

«Apertura» se refiere a la operación sintética de aceptación y desactivación que permite a una persona entrar en contacto más plenamente con las experiencias positivas y negativas de su vida. Cuando los patrones de conducta dañina se vuelven fijos y rígidos, especialmente en las primeras etapas de la intervención, es posible que los clientes no estén abiertos a la idea del cambio, o que estén abiertos a realizar pequeños cambios, pero busquen evitar cualquier cambio grande o disruptivo que pueda ser necesario para lograr cambios valiosos en su vida. Por ejemplo, un cliente puede estar experimentando relaciones tóxicas con compañeros que apoyan una miríada de topografías de conducta perjudiciales. Cuando se les pregunta qué esperan obtener de su tiempo con el analista de conducta, responden que les gustaría «hacer otros amigos que me traten bien» y ofrecen «salir con alguien del trabajo una vez al mes» como acción comprometida. Aunque ambos pequeños cambios podrían participar en el proceso de cambio, es poco probable que estas acciones por sí solas conduzcan a un cambio real y duradero. Lo que puede ser necesario es revisar por completo cómo conceptualizan la amistad y la posibilidad muy real de que esas relaciones tóxicas puedan terminar. Además, es posible que el cliente tenga mucho miedo de entablar amistades y relaciones prosociales porque actualmente carece de las habilidades necesarias para tener éxito. La aceptación puede implicar promover la disposición a experimentar el dolor de terminar o distanciarse de las amistades que son incompatibles con los reforzadores más valiosos de la vida, junto con la disposición a experimentar los sentimientos positivos que conlleva forjar nuevas amistades y relaciones. Puede ser necesario liberarse de las reglas que impiden ser «lo suficientemente inteligente», «lo suficientemente atractivo» o «lo suficientemente divertido» para permitir que el cliente se abra a estas nuevas experiencias sin juzgar ni evaluar.

Centrado se refiere a la capacidad actual de los clientes para percibir las contingencias que influyen en su conducta desde un lugar de desapego y adaptarse a ellas. La metáfora de «ser el punto fijo en un mundo que gira» puede resonar con el pilar de la centración. La conciencia del momento presente es este proceso activo de percibir la conducta privada y pública a medida que fluye y refluye, y de percibir los antecedentes y las consecuencias que rodean la conducta: «percibir» que el mundo gira y observar su dirección. El yo como contexto interviene en el distanciamiento de aquellas etiquetas o evaluaciones de contenido que pueden alterar la experiencia del momento presente. Además, lo que alguien percibe y observa en el momento presente puede contradecir las etiquetas conceptuales que tiene de sí mismo. La característica fundamental de estar centrado es percibir estas experiencias sin evaluarlas ni apegarse al yo conceptualizado. Siguiendo con el mismo ejemplo, un cliente que está abierto a realizar cambios a gran escala en su vida también necesita estar centrado para darse cuenta de qué relaciones son compatibles con la vida que quiere vivir y qué relaciones, tal y como existen en la actualidad, son incompatibles. Eso no quiere decir que la solución sea salir de aquellas relaciones que no son viables en este momento. En esta etapa del proceso ACT, la acción más importante es simplemente darse cuenta de estos acontecimientos que guiarán el comportamiento en el siguiente pilar.

Comprometerse significa actuar basándose en valores. Realizar esos pequeños o grandes cambios en la vida que son necesarios para llevar una vida más valiosa. El primer paso es, por supuesto, identificar exactamente cuáles son esos efectos valiosos. ¿Qué es lo que el cliente quiere conseguir en última instancia con la intervención ACT? En nuestro ejemplo, tal vez el cliente quiera tener una carrera más satisfactoria y relaciones que le hagan sentir apoyado en múltiples ámbitos de su vida. Esto no es lo mismo que un objetivo, ya que «una carrera profesional satisfactoria» y «relaciones que te apoyan» son aspiraciones y nunca se pueden realizar por completo. Sin embargo, darse cuenta de estos valores proporciona una brújula con la que evaluar los efectos que se están obteniendo en el momento presente (es decir, ¿mi carrera profesional es satisfactoria y mis relaciones me apoyan en mi carrera y en otras áreas de mi vida? Cuando la respuesta es negativa, una acción comprometida puede respaldar un comportamiento que apoye este valor. Sí, esto podría implicar salir de relaciones que no satisfacen esta necesidad. También podría significar tener conversaciones difíciles que se han pospuesto durante mucho tiempo para lograr cambios en relaciones que están estancadas. Es fundamental que el compromiso sea un proceso muy variable y creativo de desarrollo colaborativo de soluciones para lograr una vida más orientada a los valores.

La metáfora de los pilares de estas tres dimensiones es adecuada porque dos dimensiones por sí solas no pueden sustentar suficientemente un cambio de conducta significativa y duradero. Las tres deben estar respaldadas. Es necesario garantizar que los clientes estén abiertos para promover la sensación de ser. Y es probable que sea necesario garantizar que los clientes estén abiertos y centrados para maximizar el compromiso. No existe una forma óptima de abordar esto como una secuencia, al menos no se ha aislado empíricamente como una «progresión óptima». Probablemente no exista una progresión única que funcione en todos los casos; más bien, el analista de conducta debe utilizar una serie de herramientas a su alcance para adaptar este modelo de intervención a las necesidades de su cliente.

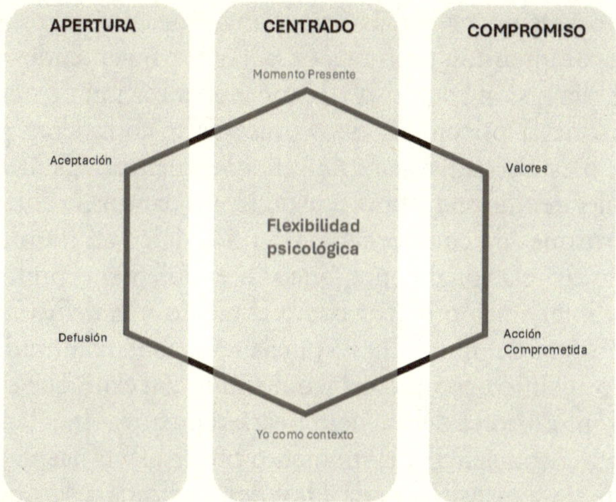

Los pilares de apertura y centrado pueden considerarse como los que abarcan el ámbito de la aceptación y mindfulness; los pilares de centrado y compromiso, como los que abarcan el ámbito del compromiso y el cambio de conducta. El pilar central debe estar presente en ambos, porque siempre es una persona en el momento presente la que responde.

Todos estos son procesos conductuales, pero algunos son más familiares para los analistas de conducta que otros. Identificar los reforzadores de valor y las conductas que entran en contacto con esos reforzadores de valor es en gran medida lo que ya hacen los analistas de conducta. Un matiz crítico es el énfasis en la autogestión de las acciones comprometidas y en la apreciación del papel de la abstracción verbal en la identificación de las fuentes valiosas de refuerzo. Además, el «cambio de comportamiento» puede implicar y necesariamente implicará la conducta privada dentro de la conceptualización de los procesos de cambio de comportamiento. Dicho esto, crear objetivos de «acción comprometida» y reforzar el cumplimiento de los objetivos establecidos es un componente fundamental de ACT y es necesario para producir un cambio de comportamiento.

Comprometerse con el momento presente es también un proceso conductual, y elegir dedicar tiempo a acciones como meditar u observar de forma mindfulness puede ser una acción comprometida en sí misma.

Aceptación es también un proceso conductual, especialmente en el momento en que una persona tolera fuentes inmediatas y potencialmente aversivas de estimulación pública y privada con el fin de conectar más plenamente con los valores elegidos.

Por otro lado, procesos como la defusión cognitiva y el yo como contexto pueden ser menos habituales en las intervenciones analíticas conductuales. Como veremos con más detalle más adelante, es probable que se necesite una comprensión profunda de la TMR para entender las conductas implicadas en la fusión cognitiva y la conceptualización de uno mismo. En otros campos de la psicología, estos procesos se consideran generalmente «cognitivos» o causalidad si se atribuyen a la «mente». Cientos de estudios experimentales demuestran ahora que podemos dar una explicación de estos complejos patrones de comportamiento psicológico en términos de patrones de enmarcar relacionalmente, que son el objetivo expreso de los componentes de intervención del yo como contexto y la defusión. Aun así, el término «objetivos de mindfulness» puede resonar en comunidades ajenas al conductismo analítico-conductual y transmitir con éxito que estos objetivos de cambio son indirectamente, pero necesariamente, vinculados al cambio de conducta. La conciencia del momento presente y la aceptación también forman parte de esta mitad de la Hexaflex dedicada a la mindfulness, ya que ambas implican en gran medida eventos privados. El acto de percibir fuentes de estimulación externas e internas es un evento privado. Cuando hablamos de aceptación, a menudo nos referimos a aceptar experiencias aversivas y apetitivas que se producen en privado. Estos procesos también están estrechamente relacionados con el yo como contexto y la desvinculación, que son necesarios para promover la aceptación y el contacto con el momento presente. Por lo tanto, estos procesos operan en el centro tanto del cambio de conducta como de mindfulness y, por esta razón, desempeñan un papel central en las aplicaciones analíticas conductuales de ACT dentro de este modelo.

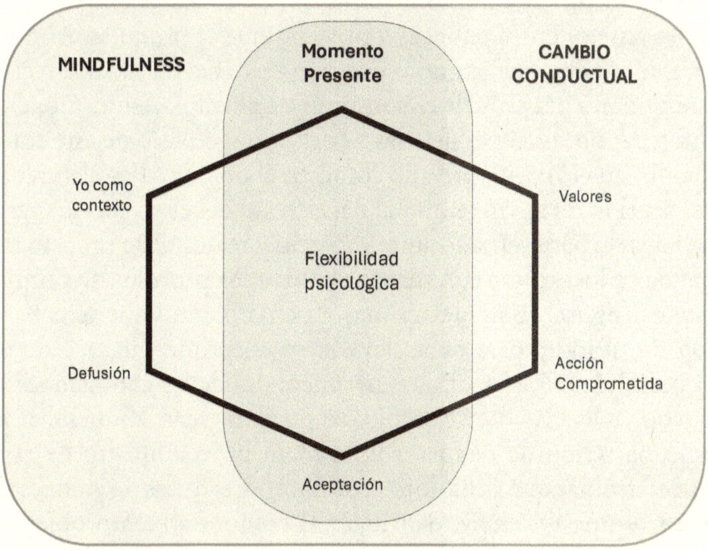

Sin llamarlo así, la figura anterior del capítulo 2 que muestra el comportamiento es un modelo integrador en el que hemos intentado incorporar las relaciones adaptativas entre el comportamiento y el comportamiento con el marco ABC existente con el que los analistas de conducta están acostumbrados a trabajar. Y con razón. Si se produce una inflexibilidad psicológica, sin duda se produce en un contexto antecedente que incluye estímulos discriminativos y establecimiento de operaciones que hacen más probable que se produzca la inflexibilidad psicológica (cada uno de los seis procesos básicos). Además, la inflexibilidad se mantiene generalmente por fuentes de refuerzo más pequeñas, más rápidas y negativas. De lo contrario, ¿por qué se produciría? En la misma línea, para promover la flexibilidad psicológica, es probable que necesitemos organizar condiciones antecedentes que puedan evocar relaciones conducta-conducta en cada uno de los seis procesos básicos que sean flexibles y adaptativas. También puede ser necesario organizar o idear fuentes temporales de reforzamiento más pequeñas y rápidas que compitan con las contingencias de evitación que se producen de forma natural, con el fin de salvar la distancia hasta que el cliente empiece a contactar con fuentes de reforzamiento más grandes y tardías.

A partir de esta conceptualización, algunas estrategias de evaluación del análisis conductual pueden resultar evidentes. Por ejemplo, el registro narrativo ABC tradicional, en el que los profesionales registran los antecedentes y las consecuencias que rodean la aparición de un comportamiento, podría ajustarse para incluir la automonitorización, en la que el cliente registra las condiciones antecedentes públicas y privadas que se produjeron en torno al comportamiento objetivo, como la decisión de beber en exceso en el caso de un cliente que intenta reducir el consumo de alcohol. Asimismo, el cliente puede informar de las consecuencias a corto y largo plazo de este comportamiento, tanto en el ámbito privado como en el público. Por ejemplo, puede que hayas sentido un alivio temporal del estrés al beber en exceso, pero al día siguiente hayas experimentado autodesprecio y resaca. Este proceso también puede ayudar a identificar con mayor claridad los procesos de cambio a los que hay que dirigirse, como desactivar los pensamientos que actuaban como operación motivadora para beber en exceso en primer lugar. Este modelo también permite realizar análisis experimentales de las condiciones antecedentes y consecuencias. Por ejemplo, se pueden crear condiciones antecedentes en una sesión de terapia o utilizar un procedimiento de expresión oral para determinar qué situaciones conducen a cadenas de comportamientos que, en última instancia, dan lugar al comportamiento objetivo. Esta misma estrategia podría utilizarse para determinar las condiciones en las que es más probable que se produzcan los comportamientos sustitutivos (es decir, conducta flexible).

Anteriormente mencionamos que aplicaríamos marcos TMR más avanzados cuando fuera apropiado, y uno de los marcos que esta conceptualización hace posible es el modelo hiperdimensional y multinivel (MHMN). Concretamente, una de las hipótesis es que los marcos relacionales actúan sobre el comportamiento a través del proceso continuo de relacionar, orientar (O) y evocar (E) que se produce en un contexto motivacional (M) (Barnes-Holmes et al., 2021). Esto se conoce como ROE-M. Al analizar las relaciones entre conductas, los analistas de conducta pueden intentar identificar patrones de marcos relacionales(Rel-B) que operan dentro de las relaciones entre conductas. Desglosaremos esto con más detalle cuando tratemos los

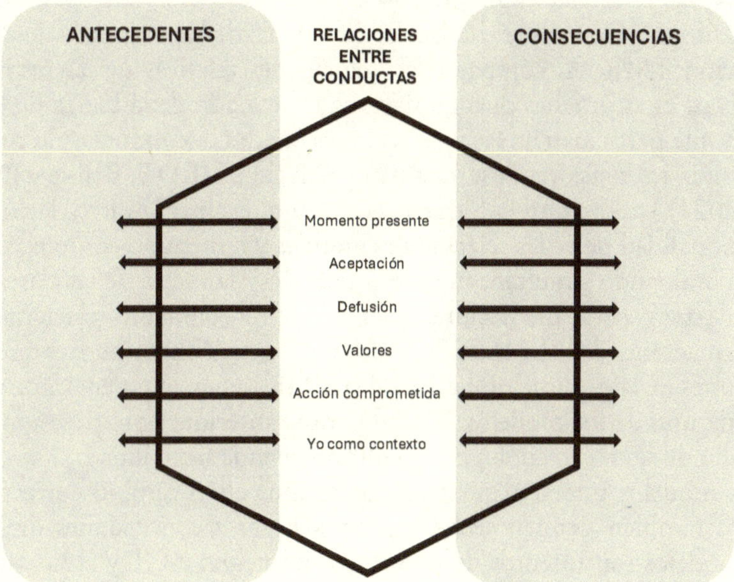

seis procesos básicos. Debido a la transformación de la función del estímulo, es probable que los comportamientos relacionales desempeñen un papel en la determinación de los aspectos del ambiente a los que les prestamos atención u orientamos nuestra atención. Esto se puede medir de varias maneras, por ejemplo, midiendo la magnitud del comportamiento de atención real en un laboratorio a través de la mirada o pidiendo a los clientes que recuerden situaciones en las que lo que «observaron» puede estar lejos del evento real que ocurrió (es decir, una función de relaciones fusionadas en lugar de la conciencia del momento presente del ambiente externo). Por último, los marcos relacionales y la orientación hacia los estímulos del ambiente pueden evocar comportamientos que son inadaptados o adaptados, psicológicamente inflexibles o psicológicamente flexibles. Aún se necesita mucha investigación sobre la utilidad del ROE-M como marco conductual para procesos complejos dentro de ACT, pero este modelo tiene el potencial de evaluar interacciones más moleculares entre el comportamiento y el comportamiento y entre el comportamiento y el entorno, que son los objetivos de las intervenciones basadas en ACT.

Podemos ir aún más allá en el plano molecular al evaluar los patrones de los marcos relacionales, aunque se necesitan más pruebas empíricas en este sentido. El *Procedimiento de Evaluación Relacional Implícita* (IRAP) y la *Prueba de Velocidad de Adquisición Funcional* (FAST) son herramientas que se utilizan para evaluar la relación diferencial de los estímulos desde una explicación TMR. Al comparar las velocidades relativas de las respuestas asociativas, estas pruebas pueden dar una estimación de la fuerza de las relaciones que participan en las interacciones conducta-conducta. En nuestro propio trabajo, la Teoría de la Densidad Relacional (RDT; Belisle y Dixon, 2020, 2021;) adopta un enfoque más molar al evaluar la interrelación y la dimensionalidad de redes relacionales grandes y a menudo complejas. Esto se logra evaluando simultáneamente el tamaño y la fuerza de las clases relacionales para generar predicciones sobre el comportamiento relacional y las transformaciones de la función del estímulo. Lo más importante es que estas extensiones de la explicación básica de la TMR tienen el potencial de informar cada uno de los modelos ACT descritos anteriormente para apoyar el desarrollo de nuevas tecnologías que promuevan la flexibilidad.

Los modelos interactúan. Cuando estamos en el camino correcto, los modelos también tienden a converger y a llegar a conclusiones similares. Estos modelos son intentos de reformular e integrar ACT y el hexaflex de manera que puedan tener una utilidad clínica adicional. Pasamos ahora a tratar otro enfoque modelo, la Matriz ACT, que puede simplificar el proceso basado en ACT y que puede ser útil en casos en los que es necesaria la simplificación. Esto puede ocurrir cuando se trabaja con aplicadores menos experimentados, cuando se opera a nivel de organizaciones y sistemas, o cuando se incorporan estrategias de autogestión en intervenciones basadas en ACT en las que el cliente mediará en gran parte de la intervención (como suele ser el caso). A continuación, pasaremos a un modelo más complejo que tiene el potencial de integrar ACT de forma más completa dentro de los avances contemporáneos de la ciencia evolutiva, lo cual es necesario para situar a ACT, y potencialmente el propio análisis de conducta, dentro de esta visión evolutiva más amplia del mundo.

LA MATRIZ DE ACT: UN MODELO SIMPLIFICADO

La Matriz ACT (Polk y Schoendorff, 2014) proporciona un marco para empezar a interpretar la flexibilidad psicológica como la lucha continua entre el comportamiento coherente con los valores y el comportamiento incoherente con los valores. Es un buen punto de partida para aprender ACT y es la primera herramienta del arsenal de los analistas de conducta. En capítulos posteriores ampliaremos este marco, pero la utilidad de esta herramienta volverá a ponerse de manifiesto cuando abordemos retos específicos a los que pueden enfrentarse los analistas de conducta. Creemos que se trata de una herramienta con la que los analistas de conducta que hayan llegado a este punto del libro pueden empezar a experimentar por sí mismos o con clientes de baja dificultad.

La matriz busca evaluar el comportamiento en dos dimensiones. Comenzaremos con la primera dimensión, que consiste en distinguir entre conductas coherentes con los valores y conductas incoherentes con los valores. En realidad, los analistas de conducta ya utilizan en gran medida este modelo cuando definen objetivos de cambio de conducta acelerador o desacelerador. Es decir, queremos desacelerar el comportamiento inadaptado y acelerar el comportamiento adaptado. Lo que quizá no hayas tenido en cuenta es que redactar un plan de cambio de conducta es necesariamente una tarea centrada en los valores, ya que seleccionamos los objetivos de conducta basándonos en valores específicos. Queremos mejorar las habilidades sociales para aumentar el acceso a la comunidad. Queremos mejorar las habilidades de aprendizaje para mejorar el rendimiento en las aulas y otros entornos. Este enfoque es coherente con la mitad inferior de la matriz, ya que limitamos nuestras intervenciones únicamente a aquellos eventos que son públicamente observables y accesibles: las «manos y los pies» de aquellos con quienes trabajamos. Esta estrategia no carece de méritos, especialmente cuando se trabaja con personas cuyo lenguaje se ve gravemente afectado, como aquellas con formas severas de autismo. Al evaluar de forma funcional las condiciones contextuales externas en las que se producen los comportamientos adaptativos y desadaptativos, hemos sido en general eficaces en el desarrollo de intervenciones conductuales. El riesgo es que, si limitamos nuestro trabajo a la mitad inferior de la matriz, pasamos por alto las funciones privadas y abstractas que contribuyen al sufrimiento una vez que aparece el lenguaje. Como mínimo, la matriz nos recuerda que debemos tener en cuenta estos eventos al abordar la evaluación funcional con los clientes.

La mitad superior de la matriz captura estas funciones privadas y abstractas que probablemente mantienen los «movimientos de alejamiento» o pueden aumentar los «movimientos de acercamiento». Se encuentran metafóricamente en la «cabeza y el corazón» de las personas y, como eventos privados, solo los ve una única persona. Centrarse en la mitad superior es un punto de partida para evaluar funcionalmente estos eventos cuando sospechamos que las experiencias privadas participan en patrones de conducta inflexibles.

A la izquierda, el cliente y el analista trabajan juntos para identificar las experiencias aversivas privadas (es decir, sentimientos o pensamientos)

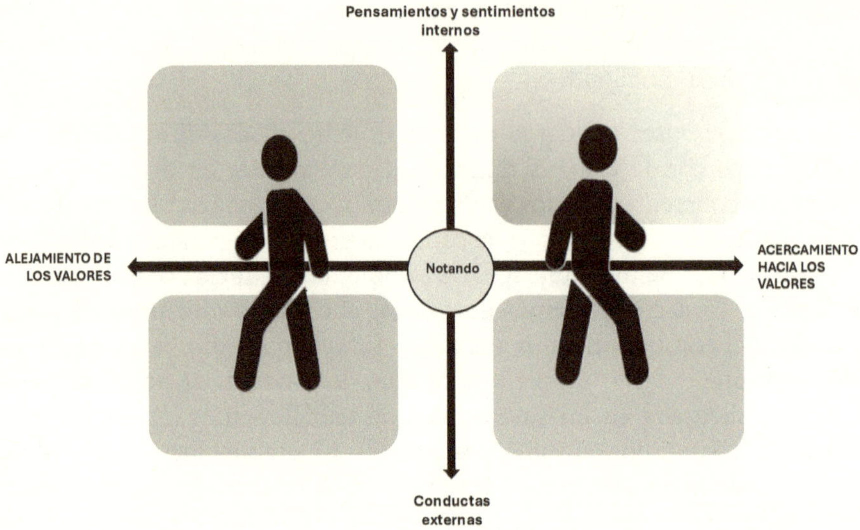

que mueven al cliente alejandolo de sus valores, permitiendole el escape o la evitación de las experiencias aversivas privadas. Por ejemplo, poner excusas para no ir a la fiesta permite al cliente evitar la ansiedad generada por encontrarse en esa situación, conjuntamente con pensamientos como «nadie me quiere» o «ni siquiera me quieren aquí». A la derecha, el cliente y el analista de conducta trabajan juntos para identificar los valores que apoyan o aumentan los movimientos hacia. ¿Por qué queremos aumentar o reforzar las conductas identificadas en primer lugar? Por esta razón, aunque la matriz proporciona una evaluación inicial, el proceso de realizarla también puede servir para aumentar las conductas coherentes con los valores, reorientando al cliente hacia la razón por la que quiere centrarse en abordar o mejorar las conductas coherentes con los valores en primer lugar.

Existen otras versiones de la matriz, pero hemos descubierto que esta puede ser más útil para los profesionales, especialmente cuando trabajan con personas que suelen recibir ayuda de analistas de conducta. Simplifica la idea abstraccional de los eventos privados para centrarse específicamente en lo que los clientes piensan (cabeza) y sienten (corazón) en la parte superior y en la idea de sentido común de que el comportamiento «exterior» puede estar guiado por nuestra experiencia «interior».

Por lo tanto, puedes empezar por la parte superior derecha de la matriz y seguir avanzando, pasando de los cuadrados más claros a los más oscuros, hasta llegar a los objetivos de cambio de conducta coherentes con los valores. Al igual que en el modelo abierto-centrado-comprometido, no existe una secuencia «correcta», lo que permite al analista de conducta elegir la mejor manera de proceder en función del desarrollo de la sesión o de otros datos de evaluación.

Las «manos y los pies» en la parte inferior también crean una distinción clara para los clientes, delimitando las experiencias ocultas el comportamiento manifiesto. Por ejemplo, tras un episodio de conducta problemática, los analistas de conducta podrían preguntar a un niño «¿qué ha pasado?». Muchos lectores estarán muy familiarizados con la respuesta «me enfadé» o «estaba muy nervioso». Esta versión de la matriz introduce el lenguaje necesario para decir entonces: «Eso es lo que estaba pasando en tu cabeza y en tu corazón, pero ¿qué hacías con tus manos y tus pies?». Así, la sencilla metáfora del cuerpo humano puede servir como ayuda verbal para que el niño preste atención a su conducta real y mantenga un trato auténtico sobre si esa conducta estaba al servicio de los valores que ha elegido. Por ejemplo, al hacer la pregunta de seguimiento «¿Eso te ha acercado o alejado de ser un buen amigo?» y «Cuando tu cabeza y tu corazón se sienten enfadados, ¿qué puedes hacer con tus manos y tus pies que te ayude a ser un buen amigo?».

Se trata de conversaciones sinceras y abiertas que se producen sin juicios para fomentar la flexibilidad psicológica. Con el tiempo, las ayudas verbales se desvanecen para fomentar la resolución independiente de problemas en torno a las propias experiencias públicas y privadas del niño.

La Matriz ACT es un modelo de intervención relativamente sencillo. En teoría, se podría construir cualquier número de modelos visuales o verbales para apoyar o amentar la flexibilidad psicológica. La matriz podría reconfigurarse como un balancín o sube y baja en el que fuerzas externas empujan a una persona hacia arriba o hacia abajo, y se necesita una reacción para volver a un estado de equilibrio, coherente con los valores. O bien, la matriz podría diseñarse como una escalera, en la que la persona sube hacia los valores o baja alejándose de ellos. A medida que avanzan en este capítulo y en los siguientes, verán que los ajustes en los modelos de intervención para adaptarlos a contextos a veces inmensamente complejos son la norma y no la excepción. Estos modelos son solo herramientas. Tengan esto en cuenta al abordar el modelo más complejo: el modelo EEMM. Nuestro objetivo es proporcionarles la conducta verbal y las herramientas necesarias para aplicar con éxito las evaluaciones e intervenciones basadas en ACT en diversos contextos sin estar limitados por una única estrategia. ACT no es un simple conjunto de técnicas, sino un enfoque completo centrado en un patrón de conducta singular que, según han demostrado nuestras investigaciones y las de otros, es fundamental: la flexibilidad.

SINTETIZANDO EL HEXAFLEX CON LA CIENCIA EVOLUTIVA (EEMM): UN MODELO AMPLIADO

El modelo de flexibilidad psicológica puede parecer extraño en un primer momento para los analistas de conducta, pero antes de profundizar en los detalles de los seis procesos en la siguiente sección del libro, vale la pena relacionarlos con ideas conductuales fundamentales de una manera que haga más evidente cómo pueden conducir a nuevas formas de análisis funcional. Solo se necesitan dos puntos adicionales para hacer la transición.

1. Los analistas de conducta son evolucionistas.
2. Las operantes relacionales rompen el flujo conductual de formas que requieren un enfoque multidimensional.

El primer punto no debería resultarles difícil a los analistas de conducta, ya que está profundamente arraigado en la historia de este campo. En el resumen de su influyente artículo «Selection by Consequences» (Selección por consecuencias), Skinner enmarcó el análisis de conducta como parte de la ciencia evolutiva:

> La selección por consecuencias es un modo causal que solo se encuentra en los seres vivos o en las máquinas fabricadas por seres vivos. Se reconoció por primera vez en la selección natural, pero también explica el moldeamiento y el mantenimiento del comportamiento del individuo y la evolución de las culturas. En estos tres campos, sustituye a las explicaciones basadas en los modos causales de la mecánica clásica. Esta sustitución encuentra una fuerte resistencia. La selección natural ya ha demostrado su validez, pero demoras similares en el reconocimiento del papel de la selección en los otros campos podrían causar una privación de una ayuda valiosa para la resolución de problemas a los que nos enfrentamos. (1981, p. 501)

El argumento de Skinner es que la función no está determinada por mecanismos estructurales proximales («los modos causales de la mecánica clásica»), salvo en la medida en que lo determinan los procesos de variación y retención selectiva a diferentes escalas de organización:

> la conducta humana es el producto conjunto de (i) las contingencias de supervivencia responsables de la selección natural de la especie y (ii) las contingencias de refuerzo responsables de los re-

> pertorios adquiridos por sus miembros, incluyendo (iii) las contingencias especiales mantenidas por un ambiente social evolucionado (1981, p. 502).

Anteriormente resumimos el pensamiento evolutivo con el acrónimo VRSCDL (pronunciado «versatile»): Variación y retención de lo que se selecciona en el contexto, en la dimensión y el nivel adecuados. Todos los conceptos analíticos conductuales encajan en este sistema. La aproximación sucesiva y el modelado, por ejemplo, son estrategias de selección y retención que se construyen sobre la variación conductual natural. El entrenamiento discriminativo somete la variación conductual y la retención selectiva al control contextual. Las operaciones motivadoras y el reforzamiento son procesos selectivos. La extinción elimina los beneficios selectivos, pero también conduce

a una variación de la que pueden surgir respuestas emergentes. La repetición de respuestas y la construcción de patrones de comportamiento o hábitos más amplios son estrategias de retención, y así sucesivamente.

Skinner se refería en las citas anteriores a los procesos evolutivos en tres niveles de organización (biofisiológico, psicológico y sociocultural). Sabemos que estos niveles interactúan. Por ejemplo, la variación y la retención selectiva a nivel psicológico o conductual alteran los sistemas epigenéticos a nivel biofisiológico: unas pocas semanas de práctica de meditación activan o desactivan de forma fiable casi el 7 % del genoma humano, principalmente a través de la metilación de los sistemas genéticos implicados en la respuesta al estrés, de modo que determinadas áreas del ADN ya no pueden ser transcritas por los sistemas de ARN (Dusek et al., 2008).

¿Qué hay de las dimensiones conductuales o psicológicas?

Aquí es donde entra en juego la segunda gran idea: las operantes relacionales rompen el flujo conductual de formas que requieren un enfoque multidimensional.

Es obvio que la evolución es dimensional cuando se habla de niveles socioculturales o biofisiológicos. Por ejemplo, todo el mundo está de acuerdo en que no solo se seleccionan los sistemas genéticos en función de su impacto en la supervivencia, sino también los mecanismos epigenéticos.

A nivel conductual o psicológico, los conductistas son más cautelosos. Hay una buena razón para ello: es mucho menos probable cometer el «error mentalista» si toda conducta se denomina «conducta». Sin embargo, incluso así se puede cometer el error, como señalamos en un capítulo anterior. Además, el problema de dejar todos los eventos privados en una pila indiferenciada (fíjate que aún no estamos diciendo «conductas privadas» o «antecedentes privados», sino que estamos utilizando el término vago «eventos» para abarcarlo todo) es que entonces se pueden pasar por alto las formas específicas en que operan las operantes relacionales.

Tomemos como ejemplo los términos emocionales y disposicionales. Skinner (1989) señaló que «las palabras que se refieren a los sentimientos y estados mentales se utilizaron por primera vez para describir el comportamiento o las situaciones en las que se producía dicho comportamiento. Cuando se empezaron a observar y a comentar los estados corporales concurrentes, se utilizaron las mismas palabras para describirlos» (p. 13). En este enfoque conductual tan sensato, los términos emocionales evolucionaron culturalmente a partir de acompañamientos públicos que permitían a las personas referirse a ciertos eventos privados con el fin de controlar su ambiente social. Por ejemplo, decirle a alguien que «te apetece ir» se basaba en una sensación de reforzabilidad y probabilidad de respuesta. Se utilizaba la metáfora física de un plano inclinado porque no había otra forma fácil de hablar de eventos privados. Decir que «querías» algo le decía a la comunidad verbal lo que te faltaba. Esta es la etimología de «querer»: todavía lo usamos así en frases como «por falta de comida murió». Una vez más, el evento manifiesto de carecer de algo se utilizaba como metáfora de una emoción.

Esto está bien hasta aquí, pero a medida que las personas desarrollaron todo un vocabulario de términos emocionales y disposicionales, parece natural que utilizaran estos términos para explicar su propia conducta. Los términos pasarían de ser formas de influir en los demás a razones verbales que debían creerse o seguirse. «¿Por qué te has comido todo el postre?», te preguntaban cuando eras pequeño. Al principio, quizá respondías tontamente «porque sí» y seguías una consecuencia, pero pronto decías «porque tenía mucha hambre, mamá» y quizá te perdonaban. Poco a poco, momentos como este separaron los «sentimientos» y los «pensamientos» de otras conductas.

El modelo de flexibilidad psicológica tiene seis procesos (valores, acción comprometida, aceptación, defusión, yo, momento presente), pero otra forma de verlo es que orienta a los profesionales hacia seis dimensiones comunes del comportamiento respaldadas socialmente, con los aspectos funcionales y no funcionales dominantes dentro de cada una. Se trata de eventos motivacionales (valores frente a reforzadores a corto plazo), eventos conductuales manifiestos (acción comprometida frente a impulsividad, procrastinación o persistencia de la evitación), afecto (aceptación frente a evitación experiencial o apego), cognición (formas de hablar sobre la defusión frente a la fusión con reglas verbales privadas), yo (yo como contexto frente a enredo con el yo conceptualizado) y atención (atención flexible al presente frente a enredo con el pasado y el futuro).

Todas estas son formas de conducta. Todas son acciones situadas en un contexto y en una historia. Sin embargo, las operantes relacionales han dividido el flujo conductual a través de nuestra propia historia cultural y reconocer esas divisiones tiene sus ventajas, siempre y cuando, tengamos cuidado de no ontologizarlas. Incluso a los niños pequeños se les pregunta sobre operaciones motivadoras («¿qué quieres comer, Johnny?»), afectivas («¿cómo te sientes?»), cognición («¿qué crees que deberías hacer para resolver esos problemas?»), etc. Todos los padres y todos los profesores hacen lo mismo con todos los niños. Sería grosero y absurdo visitar un país y declarar en voz alta: «¡Nunca aprenderé ni utilizaré vuestro lenguaje!». ¿Por qué deberían los analistas de conducta enorgullecerse de hacer algo así a la cultura dominante? El uso de estos términos y el saber cómo interpretarlos de manera técnica, si somos prudentes y cuidadosos, nos permite «tenerlo todo». Así, aunque en un nivel todo es conducta, reconocemos que el marco relacional interactúa con la corriente conductual para crear dimensiones útiles de acción con diversos fines sociales y conductuales.

Si se unen estas dos ideas, se llega a un modelo de cómo pensar la funcionalidad humana desde una extensión conductual sensata del pensamiento evolutivo llamada «metamodelo evolutivo extendido» o EEMM (Hayes, Hoffman y Ciarrochi, 2020). El EEMM se muestra en la siguiente figura.

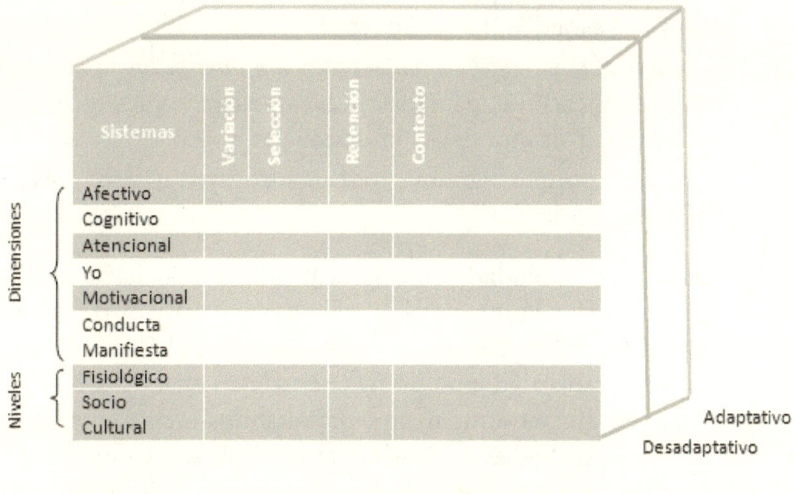

(© Steven C. Hayes y Stefan G. Hofmann; utilizado con permiso)

En este contexto, la variación se refiere a las formas en que los ajustes psicológicos difieren en sus propiedades topográficas y funcionales, mientras que la selección se refiere a las consecuencias que tienden a aumentar o disminuir una variante psicológica o conductual concreta. El contexto se refiere a las características históricas y situacionales que determinan si se seleccionará una variante determinada. La retención se refiere a la probabilidad de que una variante se mantenga en el repertorio, el fenotipo o la cultura de una persona.

En una serie de artículos (Hayes, Hofmann y Ciarrochi, 2020a; Hayes et al., 2019; Hofmann y Hayes, 2019) y libros (Hayes y Hofmann, 2018; Hofmann y Hayes, 2020), el EEMM se ha relacionado con *la terapia basada en procesos (*PBT; Hayes y Hofmann, 2017) y el modelo de flexibilidad psicológica. Los procesos de cambio en el modelo de flexibilidad psicológica *son cambios basados en la teoría, dinámicos, progresivos, contextual, modificables y multinivel que se producen en secuencias empíricamente establecidas y orientadas hacia efectos deseables (*Hofmann y Hayes, 2018, p. 38). Son los siguientes (Hayes et al., 2020a):

- *basados en la teoría,* porque están asociados a una declaración clara de las relaciones entre los acontecimientos y conducen a predicciones comprobables y a métodos de influencia;
- *dinámicos,* porque los procesos pueden implicar bucles de retroalimentación y cambios no lineales;
- *progresivos,* porque pueden necesitar organizarse en un orden para alcanzar el objetivo del tratamiento;
- *están vinculados de forma contextual y son modificables* para centrarse en sus implicaciones para los cambios prácticos y los núcleos de intervención al alcance de los profesionales; y
- *multinivel,* porque algunos procesos sustituyen a otros o están anidados dentro de ellos.

El modelo de flexibilidad psicológica puede encajar fácilmente en un metamodelo evolutivo ampliado. Los seis procesos básicos de flexibilidad se muestran en la tabla siguiente y sus versiones inflexibles correspondientes se muestran en la tabla siguiente (tomada de Hayes et al., 2020). Como se puede ver, los seis procesos que se presentan habitualmente en el «Hexaflex ACT» se ordenan aquí en las dimensiones psicológicas correspondientes del EEMM psicológico. Desglosaremos estas figuras con más detalle en los siguientes capítulos, pero por ahora solo es necesario señalar algunos puntos.

	Adaptativo				
		Variación saludable	**Criterios de selección**	**Retención**	**Contexto**
Dimensiones psicológicas	**Cognición**	Defusión y flexibilidad cognitiva	Coherencia de la función	Amplía y desarrolla mediante la práctica y la integración en patrones de hábitos más amplios.	Utilizar la atención consciente para mantener el equilibrio y la eficacia
	Afecto	Aceptación y apertura emocional	Sentirse pleno		
	Yo	Sentido de la toma de perspectiva uno mismo	Pertenencia y conexión		Tecla de estos procesos
	Atención	Atención de flexibilidad, fluida y voluntaria al presente, tanto interior como exterior.	Orientación voluntaria		
	Motivación	Valores	Significado por elección	Tecla clave de estos procesos	Usar la atención consciente para mantener el equilibrio y la eficacia
	Comportamiento manifiesto	Acción comprometida	Competencia		

(© Steven C. Hayes y Stefan G. Hofmann. Usado con permiso)

	Inadaptado				
		Rigidez o variación poco saludable	**Criterios de selección**	**Retención**	**Contexto**
Dimensiones psicológicas	**Cognición**	Fusión	Tener razón: coherencia literal	Amplía y desarrolla mediante la práctica y la integración en patrones de hábitos negativos más amplios	Prestar atención a las amenazas, pero por lo demás mostrar una sensibilidad limitada al contexto
	Afecto	Evitación experiencial	Sentirse «bien» lo que conduce a un «entumecimiento feliz»		
	Yo	Yo conceptualizado	Pertenencia a través de la especialidad conceptualizada		
	Atención	Atención rígida al pasado o al futuro	Orientación involuntaria		
	Motivación	Auto gratificación o «éxito» externo	Significado por imposición		
	Comportamiento manifiesto	Impulsividad, inacción o persistencia evasiva	Ganancias conductuales a corto plazo a costa de la competencia a largo plazo		

La variación saludable no es ilimitada ni caótica, sino que está vinculada al contexto y al propósito. Por el contrario, la retención selectiva generalmente reduce la variabilidad, pero si estos aspectos de los sistemas en evolución son adecuadamente sensibles al contexto, esa reducción de la variabilidad fomenta la adaptación. De hecho, en algunas circunstancias, la variabilidad saludable puede seleccionarse por sí misma para ser retenida, como cuando los artistas aprenden a ser consistentemente innovadores y creativos.

La adaptación incluye la salud biológica y el funcionamiento social (los niveles de análisis en los que se anidan los eventos psicológicos), pero también se mide en función de valores elegidos y otras operaciones motivacionales subyacentes.

Si bien la variación y la retención selectiva en el contexto son relevantes para los seis procesos de flexibilidad, cabe señalar que los procesos de autoconciencia y atención son especialmente claves para la sensibilidad general de la persona al contexto (ya que implican el contacto consciente con el ambiente interno y externo), los procesos motivacionales y conductuales manifiestos son especialmente claves para tu capacidad de seleccionar y retener las ganancias, ya que lo que no se utiliza como parte del comportamiento real tiende a perderse, y los procesos de aceptación y desvinculación son especialmente claves para tu capacidad de variar las acciones de forma saludable entre el impacto de la reducción del repertorio de las reglas fusionadas y los eventos privados evitados o a los que te aferras.

En un sentido más específico, las personas tienen ciertas operaciones motivadoras básicas que van más allá de la mera salud y la supervivencia (Deci y Ryan, 2000). Estas se satisfacen a largo plazo mediante procesos de flexibilidad psicológica adaptativa y se ven obstaculizadas por procesos desadaptativos (Hayes, 2019). Así, el modelo de flexibilidad psicológica se vincula a la investigación sobre la importancia de la pertenencia, los sentimientos, la competencia, etc., como operaciones motivadoras. El EEMM no es un lienzo en blanco.

Por ejemplo, en escalas de tiempo filogenéticas, la necesidad de cooperación y conexión empática en los seres humanos como primates sociales está plausiblemente relacionada con una diversidad de características fenotípicas físicas y de conducta humana (Tomasello, Hare, Lehmann y Call, 2007). Los teóricos del marco relacional han argumentado que la toma de perspectiva, la atención conjunta, la referencia social y otras habilidades similares establecieron las condiciones para la bidireccionalidad adquirida de la equivalencia de estímulos y otras operantes relacionales (Hayes y Sanford, 2014). En el EEMM, esta idea está representada por la idea de que la toma de perspectiva se selecciona en parte por la pertenencia y la conexión. De manera similar, los seis procesos de flexibilidad están vinculados aoperaciones motivadoras características que son ampliamente aplicables a la evolución humana (Hayes, 2019).

ACERCAMIENTO FUNCIONAL DE ESTOS MODELOS

Todo esto es, en cierto sentido, arbitrario. Al derecho, al revés, hexagonal, cuadrado, circular o balancín... no importa. Estos «modelos» son solo dispositivos verbales utilizados para resolver problemas.

Puedes adaptar estos modelos. Crea tus propios modelos. Lo fundamental es que recordemos mantener siempre una actitud empírica al probar enfoques basados en modelos. Ningún modelo es universalmente superior, pero podemos identificar los contextos en los que los distintos modelos son funcionales. Todos estos modelos solo son aplicables cuando la respuesta relacional derivada alcanza un cierto nivel de sofisticación.

Este enfoque puede ser muy técnico y a menudo utilizamos términos de nivel medio para orientarnos hacia conjuntos de análisis funcionales. A menudo, también nos ayudan a vincularnos con la conducta verbal de otras comunidades: otras disciplinas, la cultura dominante, los clientes o sus familias o cuidadores. El uso de lo que funciona no debe hacerse de forma descuidada; de hecho, requiere más sofisticación, no menos, utilizar múltiples sistemas de lenguaje para diferentes propósitos y evitar la confusión. La alternativa rígida (hablar solo en lenguaje conductual) ha amenazado en ocasiones la propia existencia de nuestro campo y, sin duda, ha limitado su crecimiento.

En muchas formas de investigación y práctica, es la explicación técnica la que resulta más importante para la innovación en nuestro campo. Esa explicación no es fácil, ya que las operantes relacionales, aunque son increíblemente sencillos de describir desde el punto de vista conductual («relacionar es un operante»), pueden resultar difíciles de manejar porque interactúan con otras corrientes de contingencia que son entre varios cientos y miles de veces más antiguas. Algunos de los aspectos del modelo de flexibilidad psicológica que inicialmente parecen extraños para los analistas de conducta han evolucionado a lo largo de décadas para centrarse en cómo interactúan estos sistemas conductuales. Por lo tanto, pedimos a los lectores que mantengan una actitud abierta, pero no que abandonen el escepticismo. A medida que nos adentramos en la explicación de los procesos de flexibilidad, lo único que necesitamos es esta sencilla actitud: ¡veamos!

Sección 2

ABORDAJE FUNCIONAL Y ANALÍTICO DE LOS PROCESOS DE ACT

5

EL MOMENTO PRESENTE

Si pasas por cualquier centro comercial suburbano de Estados Unidos, es muy probable que te encuentres con un estudio de yoga y un centro de mindfulness. Lo que en su día fue una idea ajena a la cultura occidental ha pasado a ocupar un lugar central en la última década. El «mindfulness» es una idea que está ganando popularidad en la cultura y en los medios de comunicación. En 2014, la revista Time publicó un número titulado «La revolución de mindfulness: la ciencia de encontrar la concentración en una cultura estresada y multitarea». Aunque mindfulness como solución al estrés y al caos de la vida es un concepto matizado en la cultura occidental, su práctica ha desempeñado un papel central en las culturas orientales y en las prácticas religiosas, en particular en el budismo y el hinduismo. La práctica contemplativa, en general, forma parte de todas las grandes religiones.

El principio básico de mindfulness es que sufrimos porque nuestra mente nos dice que queremos lo que no tenemos, o que tenemos lo que no queremos, o que tenemos lo que queremos y debemos aferrarnos a ello. Nuestros pensamientos se consumen rumiando sobre acontecimientos que ocurrieron en el pasado y preocupándonos por acontecimientos que pueden ocurrir en el futuro. Nos impulsan la evitación y el apego. Rara vez nos centramos en los acontecimientos tal y como se producen aquí y ahora, justo delante denosotros.

El concepto de «mente» ha sido inmensamente problemático dentro de la ciencia del comportamiento porque se le ha otorgado un estatus ontológico y causal. El análisis de conducta ha tenido un notable éxito al evitar el mentalismo. El error se fomenta al asumir que entidades no físicas como la mente o el espíritu controlan el comportamiento, pero, como hemos argumentado, se produce cuando se otorga un estatus causal a cualquier relación entre conductas.

Pero no es necesario abordar los llamados acontecimientos «mentales» de una manera literalmente dualista, ni abordar la relación funcional entre los eventos conductuales de una manera descontextualizada. El error mentalista no puede eliminarse con el vocabulario, y ninguna palabra es intrínsecamente mentalista. Nuestro objetivo es acercar nuestra ciencia y nuestra práctica a los supuestos fundamentales del conductismo radical y su ramificación, el contextualismo funcional. Si esta revolución delmindfulness es real, ¿se puede comprender de una manera analítico conductual? ¿Tiene alguna utilidad hacerlo?

En este punto, parece útil hacer un breve repaso de lo que hemos visto en los cuatro primeros capítulos de este libro. El compromiso filosófico fundamental de estas formas de conductismo es *el pragmatismo.* El pragmatismo es una postura realista, pero sostiene que no existe una verdad o realidad fundamental que pueda ser descubierta, que sea única y esté separada de nuestras interacciones con el mundo; más bien, nuestros sistemas sensoriales y nuestro propio comportamiento, incluidas nuestras ideas como científicos, son verdaderas solo en la medida en que nos permiten comportarnos de manera más eficaz dentro de lo que Skinner llamó «el mundo único».

El mentalismo no se basa en las definiciones de las palabras del diccionario, sino que su costo proviene de permitir que el impacto pragmático de las contingencias se escape de la vista. Skinner se opuso al concepto de mente por motivos puramente pragmáticos. Aquí hay dos citas clásicas que ya hemos utilizado: «La objeción al funcionamiento interno de la mente no es que no esté abierto a la inspección, sino que ha impedido la inspección de cosas más importantes» (Skinner, 1974, p. 165), y «el mentalismo ha oscurecido los antecedentes ambientales que habrían conducido a un análisis mucho más eficaz» (Skinner, 1974, p. 165). ¡Qué conjunto de objeciones tan extrañas y maravillosamente coherentes! No dijo, como harían muchos analistas de conducta menos cuidadosos, «¡no existe la maldita mente!». Eso lo llevaría a un argumento de verdad no pragmático y él sabe que no debe hacerlo. Como pragmatista, señala en cambio que el concepto se ha interpuesto en lo que podemos hacer como conductistas: predecir e influir en el comportamiento con precisión, alcance y profundidad.

Sin embargo, a medida que hemos aumentado nuestra capacidad para hacerlo basándonos en principios de los marcos relacionales, muchos de los fenómenos que solo se cubrían con términos literalmente mentalistas ahora pueden abordarse mediante análisis de contingencia directa e indirecta.

Y, a medida que eso ha sucedido, a veces nos resulta más fácil comunicarnos con el mundo y con nuestros clientes utilizando el lenguaje del sentido común sobre el pensamiento, las emociones, la mente, etc., pero haciéndolo de manera que no se impute una causa y nunca se cometa el error mentalista. Si somos analistas de conducta cuidadosos y bien formados, con las habilidades conceptuales necesarias, no tenemos por qué preocuparnos por la «mente». La cuestión no es la verdad *literal* de palabras como «mente» (o cualquier otra palabra, para el caso), sino cómo alteran nuestra interacción con el mundo.

Un poco de flexibilidad cognitiva responsable nos ayuda a comprender de qué hablan los demás en sus programas de investigación científica. Existen muchas psicoterapias diferentes para tratar los trastornos clínicos, y algunas de ellas (la TCC, por ejemplo) funcionan relativamente bien.

A diferencia de ACT, no se han desarrollado ni analizado utilizando los principios conductuales y evolutivos ampliados por la TMR. No obstante, vale la pena considerar las características formales de las psicoterapias relativamente exitosas que se expresan en otrostérminos para empezar a ceñirsus ideas y datos a los términos del análisis de conducta, utilizando nuestras herramientas conceptuales. Es decir, las oportunidades de colaboración abundan cuando (y solo cuando) somos capaces de operar con nuestras propias reglas de manera más eficaz, como nos desafía a hacer ACT.

Una característica común de muchas de las psicoterapias eficaces, es la inclusión de intervenciones diseñadas para enseñar la flexibilidad atencional necesaria para experimentar los acontecimientos tal y como se producen en el momento presente, sin que el pasado o el futuro conceptualizados ejerzan un dominio innecesario. Mindfulness es el término más común para referirse a estas habilidades.

Cómo entender y establecer esas habilidades es el tema de este capítulo. Irónicamente, al igual que en las primeras conceptualizaciones de Skinner, la palabra «mente» nunca se utiliza cuando se habla en términos técnicos y solo se introduce como término de nivel medio para transmitir significado a los clientes. Tenemos que utilizar palabras que los clientes entiendan o que tengan un significado preestablecido, para que nuestros enfoques no se centren más en enseñar una nueeva terminologia, que en la resolución del problema en cuestión. La TMR describe por qué es así. «Mente» ya implica patrones de conducta específicos, y son estos patrones de conducta los que queremos construir y apoyar.

Existe un amplio corpus de trabajos que respaldan estos métodos. Según un metaanálisis publicado por Goldberg et al. (2018), las intervenciones de mindfulness en 142 muestras no superpuestas con algo más de 12 000 participantes han demostrado ser superiores a la ausencia de tratamiento y a los controles activos. Cada vez hay más pruebas de que el entrenamiento y la práctica de la flexibilidad en la atención al momento presente pueden influir en una diversidad de comportamientos importantes. Por lo tanto, si queremos desarrollar tecnologías conceptualmente sistemáticas para influir en patrones de conducta complejos, depende de nosotros comprender qué ocurre exactamente como proceso conductual durante la práctica de mindfulness.

PROCESOS BÁSICOS DE CAMBIO DE CONDUCTA: CONTROL DE ESTÍMULO Y EL RETO DE LAS RELACIONES ENTRE CONDUCTAS

El control de estímulos se produce cuando estos evocan conductas operantes debido a un historial previo de reforzamiento diferencial. Los estímulos E+ (también denominados estímulos discriminativos) son aquellos que señalan la disponibilidad diferencial de reforzamiento por emitiruna respuesta específica (es decir, la respuesta ha sido reforzada en el pasado en presencia de E+). Los estímulos S- (también denominados -estímulos delta) son aquellos que señalan la no disponibilidad diferencial de reforzamiento por emitiruna respuesta específica (es decir, la conducta no ha sido reforzada en el pasado en presencia de S-).

El término «diferencial» es importante para nuestros fines porque, en muchos sentidos, incluso el control discriminativo simple de estímulos es relacional, tal y como lo hemos definido, pero en un sentido no arbitrario. Para ilustrarlo con un modelo animal, imagina que hay dos palancas en una cámara operante en la que una rata puede suprimir libremente cualquiera de las dos palancas. La primera palanca es verde (PV) y la segunda es roja (PR), y la ubicación de PV y PR se aleatoriza en cada sesión. PVfunciona con un programa FR5 (E+), y PR(S-) nunca proporciona el refuerzo (EXT). Dada esta disposición, esperaríamos una asignación casi exclusiva a PV(E+) sobre-PR (S-), lo que proporcionaría una demostración experimental del control de estímulo. Ahora bien, ¿qué pasaría si PVse mantuviera en FR5 peroPR se ajustara a un programa de reforzamiento continuo (PRC)? Aunque no se modificara el programa dePV, cabría esperar una asignación casi exclusiva a .PR

Este paradigma básico ha sido en gran medida el núcleo de los tratamientos ABA que abordan las conductas desafiantes. El primer paso es identificar las condiciones de estímulo que son más propicias para provocar o que actualmente controlan las conductas desafiantes (E+). A continuación, define un comportamiento alternativo de sustitución.Luego, manipula el programa de reforzamiento para que las mismas condiciones de estímulo sirvan como S- para el comportamiento problemático (EXT, o mantener constante la tasa actual) y como E+ para el comportamiento de sustitución. Estos procedimientos se consideran procedimientos de reforzamiento diferencial y son procedimientos de intervención relacional, que manipulan las condiciones de estímulo del entorno inmediato para obtener el control del estímulo sobre el comportamiento problemático y el comportamiento de sustitución. Es decir, los programas de ambos se controlan mediante el programa de reforzamiento relativo al otro.

Sin embargo, la conducta relacional verbal es inmensamente más complicada que este modelo simple, como ilustramos al describir la TMR. Por ejemplo, imagina que eres la rata en la cámara operante, pero en lugar de una palanca verde y otra roja, se te presenta una palanca de Donald Trump (PDT) y una palanca roja (PR). Y supongamos que los programas de ambas palancas se mantienen iguales en FR5. ¿A qué palanca asignas la mayor parte de tu respuesta?

La ecuación estándar de la ley de igualación predeciría una asignación aproximadamente igual a ambas palancas. Sin embargo, algunos lectores de este texto podrían ser grandes admiradores de Donald Trump y, por lo tanto, podrían asignar la mayor parte de sus respuestas a la PDT. Por lo tanto, la DTL PDT funcionaría como un E+ no por la disponibilidad diferencial del refuerzo (los programas son iguales), sino porque la historia relacional verbal con Donald Trump hace que la palanca PDT DTL sea más preferida. Como se ilustra en la figura, algunas de las funciones de refuerzo de «Donald Trump» se transfieren no solo a la palanca, sino probablemente a los reforzadores que esta dispensa. La *función* de estímulo de la palanca se ha *transformado.*

Otros lectores de este texto pueden sentir un fuerte rechazo hacia Donald Trump. Por lo tanto, estos lectores pueden evitar DTL PDT, lo que representa una transferencia de la función de estímulo. Las transformaciones de este tipo, desempeñan un papel importante en la conducta humana debido a las operantes relacionales. El fenómeno básico se demostró al principio del programa de investigación TMR (véase Dymond y Barnes, 1995; parte de este trabajo inicial se resume en el capítulo 3 de Hayes et al., 2001), pero también se ha demostrado ahora en el análisis aplicado de conducta. Por ejemplo, Dixon y sus colegas han demostrado este fenómeno empíricamente con jugadores recreativos (p.ej., Zlomke y Dixon, 2006). En la disposición básica, los jugadores tienen acceso a máquinas tragaperras disponibles simultáneamente que solo se diferencian en el color (p.ej., PV y PR), manteniendo constante la tasa de ganancia en todas las máquinas. A continuación, los participantes seleccionan un color (V) cuando se les muestran estímulos que son «más» (p.ej., el primer puesto, el as de picas) y el otro (R) cuando se les muestran estímulos que son «menos» (p.ej., el último puesto). Tras este entrenamiento relacional, la mayoría de los jugadores asignan una mayor respuesta a PV que a PR, aunque el pago sea el mismo.

Este tipo de fenómenos pueden observarse en el contexto de lo que tradicionalmente denominamos « negativa a la tarea mantenida por escape» en niños. Consideremos el caso de un niño que tiene un desarrollo habitualmente típico o con una discapacidad leve que baja la cabeza cada vez que su profesor le presenta una hoja de matemáticas. Los resultados de un análisis funcional experimental bien podrían revelar que este comportamiento se mantiene por el escape de las demandas y, en cierto modo, esto podría ser cierto. Sin embargo, ¿por qué las hojas de matemáticas tienen una función aversiva en primer lugar? Sin duda, el comportamiento del niño de realizar las hojas de matemáticas no ha sido castigado históricamente; más bien, realizar las hojas de matemáticas solo le reporta refuerzos al terminarlas.

Para comprender de manera más precisala negativa mantenida por escape, debemos considerar las relaciones verbales que evocan la hoja de ejercicios. Un ejemplo importante son los eventos verbales privados (es decir, «pensamientos») centrados en el pasado o el futuro que pueden emerger como características dominantes de todo el episodio. Estos podrían incluir formulaciones verbales como «La última vez fallé» o «Siempre he sido malo en matemáticas en comparación con los demás», o construcciones verbales más orientadas al futuro como «Nunca lo haré bien» o incluso «Soy demasiado estúpido para hacer esto». El control del estímulo que ejerce la sala puede cambiar y como consecuencia el niño puede empezar a buscar en la sala indicios de que los demás piensan que es estúpido, o posibles vías de escape (p.ej., la presencia de una fuente de agua, un sacapuntas o la puerta de un baño). El aumento del contacto con estos acontecimientos contextuales puede dar lugar a un comportamiento distractor, ya que el control del estímulo se amplía o se reduce en función de las funciones verbales de la hoja de trabajo. Negarse a realizar la hoja de trabajo le permite al niño escapar no solo de la tarea, sino también de las funciones aversivas que se establecen mediante estas relaciones verbales con respecto a la hoja de trabajo. Aunque un enfoque tradicional, como no permitir que el niño escape de la tarea hasta que la complete, podría abordar esta topografía única, no aborda el repertorio verbal y su impacto en el control de los estímulos. Al no abordarse, esos procesos conductuales pueden permanecer y crear problemas en el futuro.

Otro ejemplo puede verse en una fobia muy común: volar. Ten en cuenta que una *fobia* se considera un miedo irracional a un objeto o evento. La palabra «irracional» se refiere a la probabilidad de que el miedo no se base en una experiencia externa directa. Aproximadamente el 15 % de los estadounidenses dicen tener miedo a volar, pero casi el 0 % han sufrido un accidente aéreo. Sin embargo, «avión» puede estar relacionado verbalmente con «peligroso», «alturas», «accidente» y «muerte», todos ellos términos que conllevan funciones de evitación y escape. Puede estar relacionado con «atrapado» o «humillación» si la persona teme vomitar o «perder el control» y exigir que el avión aterrice. El impacto de estos eventos verbales puede centrarse entonces en señales que los auxiliares de vuelo pueden percibir como peligrosas, en ligeras sacudidas o flexiones de las alas, en ruidos inusuales del motor, en una posible tensión en la voz del capitán, en la excitación fisiológica, en náuseas inminentes, en sutiles impulsos de levantarse y correr o gritar, o en visualizaciones de tu propio obituario, etcétera.

Estos ejemplos ilustran la complejidad potencial del control de estímulo en los seres humanos verbales debido a la transformación de funciones de estímulo a través de redes de coordinación.

Los seres humanos no solo interactúan con los eventos de estímulo debido a su presencia o ausencia física o a su historia directa, ya sea operante o clásica. Pueden surgir fácilmente eventos verbales emergentes que anulan el control de estímulo vinculado a las contingencias reales que están presentes.

CONTROL DE ESTÍMULO INTERNO Y EXTERNO

Skinner (1945) abrió el análisis de conducta al estudio de los eventos privados: aquellos que solo experimenta la propia persona. Los enfoques tradicionales ABA han ignorado en gran medida los eventos privados, porque consideran que la contingencia directa nos dice todo lo que necesitamos saber sobre cómo y por qué existen o funcionan los eventos privados. La mayor implicación de la TMR para el análisis de conducta es que esta idea es falsa. El ejemplo que estamos viendo en este capítulo es el del control de estímulos. Una vez que aparecen relaciones verbales arbitrariamente aplicables, el control de estímulos (tanto en sentido operante como en sentido clásico) no solo es ejercido por objetos y eventos del entorno externo inmediato en función de su relación predictiva con otras cosas (estímulos incondicionados en el caso del condicionamiento clásico; contingencias respuesta-consecuencia en el caso del condicionamiento operante), sino también por las relaciones verbales que influyen en estas diversas formas de control de estímulos.

Considera una serie de experimentos realizados por el expresidente de la ABAI Mike Dougher y sus colegas sobre cómo las relaciones verbales pueden influir en las experiencias internas sin exposición directa a estímulos aversivos. En un estudio (Augustson, Dougher y Markham, 2000; véase también Markham, Dougher y Augustson, 2002), los investigadores presentaron un estímulo compuesto desconocido (CSEC1) antes de administrar una pequeña descarga cutánea a participantes que habían dado su consentimiento. De forma similar a las primeras investigaciones sobre el condicionamiento respondiente en modelos animales (p.ej., Pavlov y la salivación en perros), el EC1 se convirtió en un estímulo compuesto condicionado que elicita elevaciones momentáneas de la conductancia de la piel. Los estímulos compuestos seguían siendo los mismos, pero la función desencadenante se había transformado (E1 elicita un aumento de la frecuencia cardíaca). A continuación, los investigadores establecieron relaciones verbales con nuevos estímulos compuestos que contenían las imágenes EC1 (EC2 y EC3), creando nuevas clases verbales coordinadas con CS1: (CS1 = CS2 = CS3). Es importante destacar que, una vez establecida esta clase, los investigadores observaron que los participantes también mostraban una conductancia cutánea elevada cuando se les mostraban CS2 y CS3, y no cuando se les mostraban otros estímulos compuestos, aunque estos estímulos nunca fueron emparejados con descargas eléctricas.

Sin embargo, como ha demostrado la investigación sobre la TMR, no todas las relaciones verbales son marcos de coordinación o de igualdad, y por esa razón, ni siquiera la poderosa relación derivada de la equivalencia de estímulos puede ofrecer una explicación completa de las relaciones entre conductas influenciadas por la respuesta relacional. Estudios adicionales realizados por Dougher y sus colegas han demostrado que las funciones elicitiva y evocativa también pueden transformar la función de los estímulos a través de relaciones comparativas con efectos predecibles y sorprendentes (Dougher, Augustson, Markham, Greenway y Wulfert, 1994).

En uno de estos estudios, se entrenó a un grupo de participantes para que dieran respuesta a una clave que significaba «mayor que» cuando se comparaban dos elementos arbitrarios (ya tenéis este entrenamiento con la clave “>”, así que la utilizaremos aquí). A continuación, se realizó el entrenamiento a los participantes para que eligieran un estímulo arbitrario (lo llamaremos E2) dada la presencia de otro estímulo similar (E1) y para que eligieran un tercer estímulo (E3) dada la presencia de E2. Dicho de una manera más sencilla, aprendieron la red S1 > S2 > S3. El segundo grupo aprendió esa red. A continuación, se realizó el emparejamiento de S2 repetidamente con una descarga eléctrica hasta que todos mostraron excitación cuando apareció S3. >La pregunta es la siguiente: ¿qué hicieron los participantes cuando aparecieron S3 y S1? Todos mostraron mucha menos excitación ante S3 (al fin y al cabo, era un estímulo completamente diferente para aquellos que no habían aprendido la red S1 > S> > S2 > S3, por lo que la generalización de estímulo era mínima, y para aquellos que sí habían aprendido esa red, S3 es menor que S2. Cuando se presentó S1, fue diferente. Los que no habían aprendido la red relacional mostraron una excitación mínima, pero los que sí la habían aprendido mostraron más excitación ante S1 que ante S2, a pesar de no haber recibido nunca una descarga en presencia de S1. Dicho con otras palabras, si S1 era más grande que S2 y S2 predecía una descarga, S1 podría predecir una descarga enorme.

Otros estudios han probado estas transformaciones de función con otras familias de marcos relacionales, como la oposición (p.ej., Dymond, Roche, et al., 2007) y otras respuestas, como la función de excitación (Roche, Barnes-Holmes, et al., 2000) y medidas implícitas y explícitas del miedo y la felicidad (Pérez et al., 2020). Si efectos como estos se debieran exclusivamente al entrenamiento, podrían contenerse. El problema es que el control relacional que ejerce un entrenamiento con marco comparativo (es decir, el control que ejerce «>») es solo un ejemplo de un gran número de procesos similares que se producen constantemente en la conducta humana. Una vez establecidos, el impacto de las operantes relacionales puede ser extremadamente indirecto. Vuelve al niño que se niega a realizar las hojas de matemáticas y verás por qué. Aunque las hojas de matemáticas nunca se hayan emparejado directamente con estímulos ambientales aversivos o punitivos, y aunque nunca se le haya dicho al niño «eres malo en matemáticas», un aspecto muy indirecto de su historia (como haber sido objeto de burlas por parte de sus compañeros por estar en una clase de educación especial hace años) podría dar lugar a respuestas relacionales privadas que construyan relaciones entre estos acontecimientos. El estudiante puede emitir una respuesta relacional como «soy tonto» simplemente al ver una hoja de ejercicios debido a aspectos de su historia que nunca se podrían rastrear ni controlar por completo.

Por lo tanto, negarse a hacer el trabajo puede ser eficaz para evitar parte del impacto de estos pensamientos y las condiciones internas aversivas que estos elicitan, reforzando negativamente la conducta de rechazo. La hoja de ejercicios sigue ejerciendo un control estimulante sobre la respuesta, pero su función está profundamente entrelazada con las propias relaciones verbales del niño, que rodean no solo el evento directo, sino cualquier evento que provoque un contexto relacional.

Dada la variedad y sutileza de las claves relacionales, ¿cómo se puede gestionar esta relación negativa entre conducta y conducta que emerge cuando se distribuye una hoja de ejercicios (la hoja de ejercicios evoca «soy demasiado estúpido para hacer esto», lo que altera la implicación y el rendimiento en matemáticas y conduce a escape o a la evitación)?

Si el analista de conducta concluye que «la causa de la evitación de las matemáticas es el pensamiento de que soy malo en matemáticas», se comete un error mentalista. El pensamiento, la evitación y su relación están «causados» por la historia y las circunstancias y, por lo tanto, ningún comportamiento, ya sea privado o público, debe considerarse una «causa» dentro de la misma persona, medida contra los objetivos del análisis de conducta (predicción e influencia del comportamiento con precisión, alcance y profundidad). Todos ellos están causados por el contexto manipulable. Por eso podemos construir métodos de intervención para este problema, y por eso funciona ACT. Es cierto que quizá no podamos alterar la historia y las circunstancias actuales que, en conjunto, dieron lugar al pensamiento en primer lugar (en parte porque es demasiado sutil y multifacético), pero podemos cambiar el contexto que produjo un impacto de un comportamiento (un «pensamiento» o una respuesta relacional) sobre otro (la evitación).

Existen varios procesos de flexibilidad psicológica que podrían ayudar en este sentido. Podríamos disminuir la transformación de funciones de estímulo que ejerce el pensamiento, métodos que exploraremos en el capítulo sobre la defusión; podríamos reducir las cualidades aversivas de la excitación resultante, reduciendo así la motivación para la evitación, métodos que exploraremos en el capítulo sobre la aceptación; podríamos disminuir el dominio de un yo conceptualizado verbalmente que reside en la red «soy estúpido», métodos que exploraremos en el capítulo sobre el yo; podríamos centrarnos en las cualidades que el estudiante quiere reflejar en su conducta y crear hábitos en torno a ellas, métodos que exploraremos en los capítulos sobre valores y acción comprometida. En este capítulo, nos centraremos en otro enfoque: métodos que alteran el control de estímulo para aumentar la sensibilidad contingente saludable en el aquí y ahora.

Los seis métodos funcionan cambiando el contexto que sustenta una relación conductual poco útil. Las contingencias que sostienen estas intervenciones contextuales son los reforzadores posteriores más importantes que se derivan de la conducta adaptativa, en lugar de los reforzadores inmediatos más pequeños que provienen de la conducta desadaptativa. Para que esto funcione, en última instancia, todos los procesos de flexibilidad deben combinarse en una mayor flexibilidad psicológica.

MODIFICACIÓN DEL CONTROL DE LOS ESTÍMULOS: CONCIENCIA DEL MOMENTO PRESENTE Y FLEXIBILIDAD ATENCIONAL

El mindfulness, la meditación y la interacción intencionada con el momento presente no son descubrimientos de los analistas de conducta, sino conceptos que han desempeñado un papel destacado en la vertiente mística de la sabiduría y las tradiciones religiosas en general. Algunos términos específicos están asociados a tradiciones religiosas o culturales concretas, por lo que es importante no pensar que los análisis como los de ACT son iguales a estos conceptos en un contexto religioso. En cambio, desde el punto de vista científico, debemos ser claros sobre lo que queremos decir. Los científicos apenas están comenzando a comprender el considerable impacto que los procesos de conciencia del momento presente, independientemente la denominación que se les dé, pueden tener en la reducción del estrés y la salud física y mental (Grossman et al., 2004), e incluso en la expresión genética (p.ej., Dada et al., 2018). En el análisis de conducta, estamos comenzando a ver cómo estos procesos pueden afectar el comportamiento observable ymedible.

La investigación de Nirbay Singh, analista de conducta certificado (BCBA-D) con un doctorado y editor de la revista *mindfulness,* ofrece un ejemplo concreto. En colaboración con Bob Wahler y otros investigadores conductuales, desarrolló una novedosa práctica de mindfulness destinada inicialmente al control de la agresividad en personas con discapacidades del desarrollo (Singh, Wahler, Adkins y Myers, 2003). En este ejercicio, se enseña a las personas a concentrarse en las plantas de los pies cuando surge la ira. En el estudio inicial, evaluado en un diseño de caso único, se observó una reducción drástica de la agresividad de forma inmediata. Desde entonces, este ejercicio se ha replicado en numerosas ocasiones y en otras poblaciones, como en personas diagnosticadas con enfermedades mentales graves (Singh, Lancioni, Winton, et al., 2007). Además, cuando *el personal* que cuida a personas con discapacidades del desarrollo imparte un entrenamiento similar en mindfulness, el uso de contención física se reduce casi a cero, mientras que sus clientes muestran muchos menos incidentes de agresividad (Singh, Lancioni, Winton, Singh, Adkins y Singh, 2011).

Antes de continuar con el capítulo, hagamos una pausa de unos minutos para explorar personalmente una forma concreta del ejercicio «Las almas de los pies», para que puedas hacerte una idea. Esto te ayudará a crear una base empírica antes de tratar algunas cuestiones relacionadas con la evaluación y la intervención en este ámbito. Por favor, realiza el ejercicio, no te limites a leerlo.

- Si estás de pie, adopta una postura natural, con las plantas de los pies apoyadas en el suelo; si estás sentado, siéntate cómodamente con las plantas de los pies apoyadas en el suelo.
- Respira con naturalidad y no hagas nada.
- Piensa en un incidente que te haya enfadado mucho. Deja que tus sentimientos y pensamientos fluyan con naturalidad, sin restricciones.
- Ahora, centra toda tu atención en la planta del pie izquierdo.
- Observa cómo se siente, la formaque tiene, dónde hay presión o calor. Intenta hacerlo sin mover ni cambiar nada.
- Después de uno o dos minutos, centra toda tu atención en la planta del pie *derecho*.
- Observa cómo se siente, la forma que tiene, dónde hay presión o calor. Intenta hacerlo sin moverte ni cambiar nada.
- Después de uno o dos minutos, amplía tu atención a las plantas de ambos pies a la vez. No desvíes la atención de uno a otro, sino amplía tu atención a ambos simultáneamente. Para ello, debes dejar que algunos de los detalles del estímulo se atenúen, de forma similar a cuando amplías el haz de luz de una linterna, pero cada parte de lo que ves ahora tiene una luz más suave.
- Observa cómo se sienten las plantas de ambos pies, la forma que tienen y dónde hay presión o calor. Intenta hacerlo sin mover ni cambiar nada.
- Continúa durante un minuto más y, mientras lo haces, observa que esos pensamientos negativos pueden seguir ahí, pero que no es necesario que sean el centro de tu atención.

Cuando se realiza con niños con discapacidades, el ejercicio es aún más sencillo (lo describiremos al final del capítulo), pero esto nos proporciona una experiencia concreta a la que recurrir para intentar comprender cómo puede funcionar la atención al momento presente.

El entrenamiento en mindfulness de este tipo puede considerarse un intento de desentrañar la compleja interacción entre los estímulos externos y el comportamiento verbal relacional, aumentandoel control de los estímulos de los acontecimientos y los programas de reforzamiento que se producen aquí y ahora, y disminuyendo selectivamente el control innecesario de los eventos privados. Singh et al (2009) especulan sobre este proceso en su análisis de por qué el entrenamiento en mindfulness del personal podría haber dado lugar a mejoras dramáticas en el comportamiento de sus clientes con discapacidades del desarrollo:

> Permite al personal desvincularse de un compromiso cognitivo prematuro para anticiparse o controlar el comportamiento de las personas, basándose ensu historia. El personal puede observar sin juzgar [y así] ver posibilidades positivas donde antes no se veían ninguna o solo posibilidades negativas. Esto permite al personal romper el ciclo de interacciones negativas entre el personal y las personas, lo que da lugar a efectos más positivos. (p. 198).

Aumentarel control de estímulos relevantes del ambiente es algo con lo que la mayoría de los analistas de conducta ya están familiarizados. En los enfoques tradicionales del entrenamiento con ensayos discretos, se refuerza la emisión correcta de un comportamiento verbal determinado en condiciones de estímulo específicas (p.ej., decir «perro» en presencia de una imagen de un perro). El entrenamiento ambiental naturalista intenta lograr el mismo efecto que los eventos de estímulos específicos que ocurren de forma natural, dando ayudas y reforzando el comportamiento deseado. El entrenamiento en habilidades conductuales va un paso más allá al incorporar instrucciones, modelado, ensayo y retroalimentación, todos los cuales se utilizan para garantizar que un comportamiento objetivo se produzca fácilmente en el contexto de condiciones ambientales específicas. En todos los casos, el objetivo es reducir o restringir el control de estímulo solo a las características más relevantes del ambiente con el fin de alterar la función de los objetos estímulos externos inmediatos.

La disminución selectiva del control de los estímulos también es una idea común en el análisis de conducta. La habituación es un proceso conductual primitivo que antecede a la evolución del aprendizaje operante e implica una reducción de la relevancia de los estímulos tras su presentación repetida. La extinción operante reduce el control discriminativo, ejercido por los ED anteriormente eficaces cuando los reforzadores ya no están disponibles de forma contingente en su presencia. Por lo tanto, tanto el aumentocomo la disminución del control de los estímulos son ideas cotidianas para los analistas de conducta. El entrenamiento en mindfulness puede considerarse simplemente como un caso especial de este proceso más general. Lo que difiere es el uso de operantes relacionales para establecer una habilidad más general. Nuestro objetivo en la conciencia del momento presente es enseñar una habilidad conductual general de ampliar o reducir, cambiar o mantener el control de estímulo en el momento presente.

Tomemos como ejemplo el ejercicio de las plantas de los pies. Supongamos que, cuando surge la ira, se enseña a un niño a centrarse en las plantas de sus pies. Como habilidad conductual, se trata de un aumento deliberado y verbalmente controlado de fuentes de control de estímulos continuamente disponibles pero normalmente débiles: la estimulación proporcionada por los propios pies. Se especifica un estímulo discriminativo verbal (es decir, hacerlo cuando se siente ira con el fin de evitar la agresión), pero el hecho de tener una respuesta alternativa disminuye simultáneamente su papel como estímulo que elicita o como estímulo discriminativo para secuencias de conducta que podrían conducir a la agresión, como desafiar verbal o físicamente a quien tehace sentir enfadado.

Se trata de un entrenamiento para cambiar o ampliar las fuentes de control de estímulos. A medida que se utiliza el entrenamiento continuo en mindfulness y otros métodos, el niño o el miembro del personal aprenden a participar en formas de observación que cambian, continúan, amplían o reducen las fuentes de control de estímulos. Esa conducta en sí misma puede entonces someterse a un control operante cada vez más refinado.

Los lectores con experiencia en métodos de mindfulness pueden aportar rápidamente ejemplos. Sentarse y seguir la respiración, y luego darse cuenta de cuándo la respiración ya no es el centro de atención y volver a centrarse en ella, es un ejemplo clásico. Centrarse en un solo instrumento cuando se escucha una pieza musical y luego pasar a otro instrumento es un proceso de entrenamiento divertido y útil en la «terapia metacognitiva» que es fácil de utilizar con los niños. Los escáneres corporales, que requieren prestar atención a las sensaciones físicas en una parte del cuerpo y luego en otra, son un punto de partida común y fácil; también lo son los métodos de atención focalizada, como mirar un punto en la pared u otro. Se han desarrollado literalmente cientos de ejercicios fáciles de aplicar.

El nombre habitual de este proceso de concentración, distracción y reconexión es «control de la atención», aunque la forma gerundia es igualmente adecuada: «atención». Al igual que con todas las operantes libres, se puede buscar un nivel de habilidad para la atención que sea flexible, fluido y voluntario (en el sentido no mentalista de «voluntario», que significa totalmente bajo control operante). A medida que se adquieren las habilidades de atención, de modo que el contacto con el momento presente es más flexible, fluido y voluntario, el cliente se vuelve más «conciente».

No hay necesidad de invocar la atención cuando se trata de animales no humanos. Al igual que el control discriminativo en los animales no humanos no significa que este resultado se deba a la «discriminación» como acto, normalmente no diríamos que la fuerza del control del estímulo se deba a la «atención». La razón por la que necesitamos empezar a examinar estos procesos como analistas de conducta es que las operantes relacionales actúan sobre otros comportamientos y otros procesos conductuales. En el estudio con descargas eléctricas descrito anteriormente por Mike Dougher, un historial con una clave relacional comparativa provocó una respuesta relacional que condujo a una «respuesta emocional condicionada» más intensa con un evento previamente neutro que con un estímulo condicionado entrenado, debido a la participación del estímulo neutro y del EC en un marco relacional comparativo. Esta relación entre la conducta y la conducta (la comparación y la transformación de las funciones del estímulo que se produce) puede estar sujeta al control operante.

El mismo análisis se aplica al mindfulness. Con un entrenamiento en métodos de mindfulness, podemos presentar claves que evoquen ese entrenamiento. A consecuencia de ello, se pueden disponer de medios alternativos para aumentar odisminuir, ampliar o reducir el control de estímulo cuando sea necesario.

Tradicionalmente, en ABA, la alteración del control de estímulos se ha logrado haciendo más salienteslos estímulos específicos. Por ejemplo, un analista de conducta puede añadir una tarjeta con una imagen en color al ambiente para indicar que hay un reforzamiento disponible. Sin embargo, estas estrategias de control antecedentes solo serán eficaces si la persona entra en contacto con estos acontecimientos que se producen aquí y ahora. En pocas palabras, la persona necesita ver la tarjeta. Cuando las operantes relacionales interfieren en el estar presente, las contingencias reales como esa pueden disminuir accidentalmente.

Una forma de aumentarla conciencia del momento presente es dar ayuda verbal al cliente para que preste atención a estímulos específicos. Por ejemplo, «¿qué ves en este papel?» o «nombra cinco cosas que ves en la habitación». Este enfoque requiere que el cliente interactúe con los acontecimientos que ocurren en el presente, en lugar de interactuar con acontecimientos que ocurren en otro momento, lugar o con otras personas. Esta estrategia, al igual que el entrenamiento ambiental naturalista, puede ser útil cuando se desea la conciencia del momento presente en contextos específicos, tal y como se identifica en una evaluación funcional completa del comportamiento.

También podemos aumentarel control inmediato de los estímulos internos incitando a los clientes a interactuar con sus propios acontecimientos privados. Las sensaciones privadas funcionan como estímulos, y esos estímulos sirven para elicitar o evocar muchas conductas que los analistas de conducta pueden tratar de influir. Por ejemplo, la mujer que practica la evitación de volar también es muy probable que evite las respuestas internas al estrés. De hecho, es muy probable que interactúe con esas respuestas internas al estrés pensando «esto es demasiado para mí» o «no puedo hacerlo». Dado que esta interacción verbal con la experiencia privada se refuerza inevitablemente de forma negativa a través de escape o evitación, esta interacción se vuelve cada vez más probable en el futuro. Por lo tanto, el analista de conducta puede pedirte que prestes atención a cómo se siente tu cuerpo cuando miras la foto de un avión. Se puede lograr un mayor aumentomediante un escaneo completo del cuerpo... o mediante estrategias de relajación corporal progresiva en las que se le da ayuda a la persona para que preste atención a partes individuales de su cuerpo y se concentre en liberar la tensión muscular innecesaria como estrategia para reducir las respuestas internas al estrés elicitadas por el viaje en avión. Al prestar atención a los estímulos externos e internos inmediatos, los analistas de conducta pueden lograr debilitar el control de estímulo de las relaciones verbales que históricamente han controlado el comportamiento de interés.

En el entrenamiento tradicional con ensayos discretos, se reserva un tiempo cada día para centrarse en reforzar los comportamientos operantes. Las sesiones de entrenamiento en meditación pueden cumplir una función similar si consideramos que la atención flexible al momento presente es un operante generalizada de orden superior.

Estos enfoques integrados también pueden conceptualizarse como eventos determinantes, o experiencias en un momento dado que influyen en la probabilidad o la forma de una conducta en otro momento. Al desarrollar un programa regular de meditación o mindfulness, el objetivo es alterar la probabilidad de que se produzca una conducta a lo largo del día y, mediante una práctica constante, tomar más conciencia de las contingencias externas que influyen en la conducta. Es decir, si podemos reforzar el «darse cuenta» o «prestar atención» en el momento 1, podemos observar un cambio en la conducta en el momento 2. Esto se puede comprobar cuando medimos directamente el cambio de conducta e incorporamos oportunidades para el mindfulness de forma sistemática en el contexto (p.ej., dos veces al día durante un total de 20 minutos al día). Las lecciones diarias de AIM (Aceptación, identificar y moverse) son un ejemplo de cómo integrar este entrenamiento como un evento de configuración, en el que una lección por semana se dedica a promover la conciencia del momento presente.

VARIABLES DEPENDIENTES PARA LA INTERVENCIÓN: FLEXIBILIDAD ATENCIONAL

Detecarla habilidad de prestar atención al momento presentede forma flexible, fluida y voluntaria se puede lograr de diversos modos. Cuando los estímulos están presentes en el ambiente y son detectadospor el observador, es posible realizar observaciones informales del contacto visual, la orientación corporal y lainteracción física. No es difícil darse cuenta de cuándo los clientes están prestando atención, y cualquier buen analista de conducta probablemente haya desarrollado algunas habilidades de este tipo.

En tareas estructuradas de laboratorio o de entrenamiento aplicado, estas discriminaciones pueden hacerse mucho más precisas. Las respuestas atencionalespueden evaluarse mediante tareas de detección de señales, el impacto de la distracción o la sensibilidad de estas al control verbal. Las tecnologías más avanzadas también permiten el seguimiento de la mirada, lo que puede proporcionar una medida directa del tiempo total enque los ojos de una persona están orientados hacia una tarea específica. Esta tecnología podría ser fundamental para realizar unseguimiento, por ejemplo, de la participación en tareas académicas, ya que permite medir cuánto tiempo dedica realmente una persona a la tarea y ofrece la oportunidad dedar forma a la conciencia del momento presente. Las medidas neurobiológicas (p.ej., la medición del potencial evocado de alta densidad) pueden evaluar la amplitud y la flexibilidad del control de estímulo.

Los analistas de conducta están acostumbrados a tratar problemas de rigidez en este ámbito cuando trabajan con niños con discapacidades del desarrollo, debido a su largo y amplio interés por la hiperselectividadde los estímulos en personas con trastornos del espectro autista o discapacidades del aprendizaje, pero se sabe desde hace tiempo que esta hiperselectividadno es exclusiva de esos grupos.

Los datos de observación directa pueden obtenerse de muchas maneras. Lo hacemos habitualmente con las personas cuando creemos que no nos prestan suficiente atención, por ejemplo, preguntándoles «¿qué te acabo de decir?» o examinando hacia dónde miran (p.ej., ¿están mirando el objeto estímulo que tienen delante?). Una forma fácil de obtener una medida directa de si una persona está prestando atención a las características relevantes del ambiente actual es retirar momentáneamente el estímulo y preguntar: «¿Qué has visto?» o «¿Te has fijado en X?». Una respuesta correcta en este contexto requiere que el participante fuera consciente de los objetos estímulo que estaban presentes en ese momento, lo que permite obtener una medida del porcentaje de acierto. Se pueden utilizar estímulos complejos para entrenamiento y evaluación de la flexibilidad atencional, como escuchar música mientras se presta atención solo a un instrumento y, a continuación, pedir que se reproduzcan oralmente las notas que toca ese instrumento.

Aunque una persona puede orientar los órganos sensoriales hacia un objeto y no prestarle atención, la medida de la duración de este comportamiento puede proporcionar una estimación de la conciencia del momento presente, partiendo de la hipótesis de que si una persona no percibe unobjeto estimular, es poco probable que le preste atención. Estrategias como el muestreo temporal momentáneo o el registro de intervalos ya forman parte del arsenal de los analistas de conducta y podrían servir como herramientas adecuadas para la captura de la implicación en el momento presente de esta manera.

Las herramientas de medida menos directas para evaluar la atención al momento presente van desde entrevistas no estructuradas, cuestionarios, procedimientos de automonitorización y métodos de observación directa. Las entrevistas no estructuradas pueden incluir preguntas abiertas que intentan determinar las relaciones verbales que acompañan a eventos de estímulo específicos. Por ejemplo: «Cuando se produce la situación X, ¿qué cosas te vienen a la mente?». Al formular esta pregunta y registrar las respuestas del cliente, los analistas de conducta pueden evaluar si la respuesta contiene alusiones a acontecimientos del momento presente (p.ej., «descripciones de X») o relaciones verbales coordinadas con funciones apetitivas (p.ej., «Odio X») o relaciones deícticas de allí-entonces-ellos (p.ej., «Me hace pensar en cómo todos los demás tienen Y, pero yo estoy atrapado con X»). En algo como la Matriz ACT, las barreras para la conciencia del momento presente se expresan en el cuadrante «alejamiento-privado», ya que estos pensamientos y respuestas emocionales pueden aclarar reglas específicas que compiten con los reforzadores de valor expresados en el cuadrante «acercamiento-privado».

Se puede profundizar aún más introduciendo en la entrevista claves contextuales relevantes, como «¿cómo se siente *X*?», «¿cómo se relaciona *X* con tu futuro?», o «¿cómo se relaciona *X* con tu pasado?». La primera pregunta evalúa las relaciones de coordinación que acarrean funciones apetitivas o aversivas provocadas o elicitadas por ella.. La segunda y tercera preguntas indagan sobre acontecimientos que están relacionados de forma deíctica con el pasado o con el futuro. Barnes-Holmes, Boorman, et al. (2018) describen la realización de un análisis funcional verbal junto con ejemplos de casos en los que el analista de conducta presenta palabras con posibles funciones aversivas o apetitivas, por ejemplo, la palabra «vergüenza», y se observan las conductas defensivas o de evitación del cliente. Este enfoque es análogo a un análisis funcional experimental en el que se presentan diferentes condiciones de estímulo, sin embargo, en esta disposición los estímulos son verbales para indagar en esta historia relacional verbal que puede contribuir a la conducta desafiante.

Los autoinformes pueden adoptar la forma de preguntas generales del clínico, como «cuando no hiciste la fila con el resto de la clase, ¿qué pensabas?», o una pregunta similar enmarcada en la edad y el nivel de funcionamiento del cliente. Las métricas más explícitas pueden incluir la automonitorización por parte del cliente de su propia «presencia» en el ambiente a intervalos determinados. Esto puede ocurrir de manera similar en lala matriz ACT, o puede integrarse en una conversación habitual. En cualquier caso, tratar regularmente lo que observan los clientes no solo puede proporcionar datos significativos, sino que también puede funcionar como parte de una intervención muy similar a un programa de automonitorización, en el que el seguimientode los propios datos puede conducir por sí mismo a un cambio de conducta.

Los cuestionarios estandarizados pueden agilizar aún más el proceso de entrevista no estructurada y ofrecer la ventaja de la evaluación psicométrica. Es decir, ¿cómo responden habitualmente las personas al mismo conjunto de preguntas? ¿Qué patrones de respuesta son más predictivos de que las personas vivan la vida que valoran? Los cuestionarios de este tipo ya se utilizan en el análisis de conducta para determinar la función de la conducta problemática cuando se entrevista a los cuidadores. Por ejemplo, *Questions About Behavior Function (Preguntas sobre la función de la conducta)* es una evaluación de 21 ítems que aísla la función de los comportamientos problemáticos en cinco categorías: atención, escape, tangible, físico y no social. Dado que a todos los cuidadores se les presenta la misma lista de preguntas, la validez, fiabilidad y predictibilidad de todas las preguntas y resultados de este cuestionario pueden determinarse utilizando enfoques estadísticos que son cada vez más comunes en ABA. Los resultados respaldan la validez inicial del QABF con niños con discapacidades (REF) y la correspondencia con los resultados del análisis funcional experimental (Matson et al., 2012).

Un cuestionario similar diseñado para medir la conciencia del momento presente específicamente en niños es la *Medida de Mindfulness para Niños y Adolescentes* (CAMM). La CAMM proporciona una estimación de mindfulness en jóvenes mayores de 9 años y contiene 10 ítems relacionados con la conciencia plena. Dado que la medida es relativamente breve, puede ser útil para realizar mediciones repetidas dentro de un diseño de medidas repetidas, aunque se necesita más investigación sobre la sensibilidad de la medida para capturar los cambios contextuales en la conciencia del momento presente.

La conciencia del momento presente es también uno de los componentes *del Cuestionario de Flexibilidad Psicológica Infantil* (CPFQ), que es la evaluación principal utilizada en el plan de estudios AIM. Esta evaluación de 24 ítems contiene 4 ítems relacionados con la conciencia del momento presente y puede proporcionar una comparación con otros procesos básicos. También existe una versión para cuidadores y una versión de autoevaluación. Se necesita más investigación sobre esta medida específica a nivel de población, así como sobre su utilidad a nivel de sujeto individual.

Para los adultos, la *Escala de Atención y Conciencia de la Atención Plena* (MAAS) puede ser especialmente aplicable porque divide la conciencia del momento presente en subescalas de atención y conciencia. La atención se refiere a la respuesta a eventos de estímulo externos inmediatos, mientras que la conciencia incluye el control simultáneo de los estímulos y la percepción de los estímulos internos y externos.

Otra herramienta muy común es el *Cuestionario de Mindfulness de Cinco Facetas* (FFMQ, por sus siglas en inglés). Los cinco factores que contiene el cuestionario son: actuar con conciencia, describir, no juzgar, no reaccionar y observar. Las pruebas respaldan la estructura factorial del FFMQ (p.ej., Christopher et al., 2012), lo que avala el FFMQ como medida de autoinforme para la captura de los cambios en este proceso de ACT. También existen otras medidas emergentes en varios campos interesados en medir mindfulness, y animamos a los lectores a explorar estas herramientas a medida que estén disponibles, evaluar el respaldo psicométrico existente y igualar la evaluación al comportamiento del cliente y al contexto de la intervención conductual.

Los cuestionarios anteriores no son exhaustivos y constituyen medidas de muchos más procesos que el control atencional. En general, es necesario realizar más investigaciones sobre la sensibilidad contextual de todas las medidas. Los describimos aquí principalmente para que tengáis una idea de las opciones disponibles que pueden servir de base para la medida indirecta de mindfulness.

Anteriormente mencionamos la automonitorización, que ya es un elemento básico en las intervenciones ABA y se utiliza a menudo como medida de efecto concurrente, así como una intervención por derecho propio.

La automonitorización puede ser especialmente aplicable en las intervenciones de mindfulness, ya que requiere que el cliente sea consciente de su presencia. Esto se denomina metaconciencia (Epstein et al., 2008) o ser consciente de la propia conciencia. El reto es, por supuesto, definir una unidad objetiva y observable de «mindfulness» que se pueda medir, y el analista de conducta y el cliente deben definir el comportamiento específico para garantizar que los objetivos conductuales sean significativos.

Un ejemplo consiste en pedir a los clientes que registren el tiempo que dedican a meditar cada día. La meditación, en general, suele ser una actividad discreta con un punto de inicio y final claros, y su duración puede ser objeto de captura con cualquier dispositivo que tenga un temporizador. Sin embargo, si el enfoque es aumentar el número de «momentos de mindfulness» a lo largo del día, lo que podría consistir en tomar conciencia de forma intencionada durante al menos 15 segundos, la automonitorización implicaría que el cliente llevara un recuento en un dispositivo de fácil acceso inmediatamente después de cada momento de mindfulness. Ambos ejemplos detallan la necesidad de la automonitorización en las intervenciones ACT, ya que el analista de conducta rara vez va a estar presente cuando se produce el comportamiento (p.ej., la meditación) o cuando el comportamiento es un evento interno privado que no puede observar (p.ej., los minutos de mindfulness). Sin embargo, no podemos dejar de insistir en la importancia de desarrollar objetivos de automonitorización y definiciones operativas de forma individual y basadas en las necesidades que presenta el cliente en su contexto.

Las medidas de expresión en voz alta (utilizadas por primera vez en psicología por John B. Watson) pueden utilizarse para evaluar la presencia de eventos verbales privados en curso que pueden interactuar con eventos contextuales. Aunque es difícil de preparar, se pueden utilizar controles de «perro silencioso» (Hayes, 1986) para asegurarse de que la verbalización continua de eventos privados refleja lo que está presente.

La ausencia de desconexión puede ser una medida inversa de la conciencia del momento presente, por lo que el clínico puede simplemente indicar el cese de la desconexión con los estímulos ambientales. En este caso, se pueden utilizar como medidas simples recuentos de frecuencia, intervalos de conexión/desconexión o muestras de tiempo momentáneas. Este tipo de medidas también tienen limitaciones, ya que no es puramente causal que, dada la conexión con un objeto, el cliente no esté desconectado psicológicamente del proceso. Nuestras observaciones manifiestas son útiles, pero deben tomarse con precaución, dados los múltiples procesos de interacción psicológica que pueden darse.

EL ENTRENAMIENTO DE LA ATENCIÓN COMO VARIABLE INDEPENDIENTE

Es importante señalar aquí que, cuando se trata la conciencia del momento presente y el control de la atención como una variable de proceso, deben existir otros comportamientos objetivo, socialmente relevantes que se midan para determinar la eficacia de nuestras intervenciones. Por ejemplo, si un niño se comporta de forma agresiva en la escuela, no basta con demostrar que el niño está más comprometido con el momento presente, sino que también hay que observar si se produce una disminución del comportamiento agresivo. En el caso de un hombre que presenta una conducta de evitación de las situaciones sociales a pesar de que valora la amistad, ¿se observa un aumento de las interacciones sociales? En el análisis de conducta, ya somos muy conscientes de cómo capturar estos comportamientos utilizando diversos métodos de recopilación de datos, y el entrenamiento de la conciencia del momento presente debe considerarse como un medio para alcanzar estos fines. Los datos anteriormente mencionados sobre la reducción de las respuestas agresivas medidas de forma manifiesta tras el entrenamiento de las plantas de los pies son un ejemplo de ello.

Otro ejemplo lo proporcionan Twohig et al. (2006), quienes evaluaron una serie de estrategias coherentes con ACT para reducir el hábito crónico de pellizcarse la piel. Aunque la intervención se centró en los procesos de ACT, incluida la conciencia del momento presente, el éxito del paquete de intervención requirió un cambio en el comportamiento objetivo real (pellizcarse la piel) como efecto conductual específico y medible. Mediante el seguimiento de la compulsión por rascarse la piel o cualquier otro comportamiento dentro de un diseño experimental de caso único, los analistas de conducta pueden evaluar la eficacia de su paquete de intervención, que incluye el refuerzo de la conciencia del momento presente. Si la intervención es eficaz, se puede desvanecer el apoyo, generalizar el éxito y, finalmente, suspender los servicios para ampliarlos a entornos menos restrictivos. Si la intervención no es eficaz, los analistas de conducta pueden evaluar las medidas del proceso para determinar si se está reforzando con éxito la conciencia del momento presente y, en caso contrario, adaptar el paquete de intervención para mejorar el efecto del tratamiento. Si la conciencia del momento presente mejora pero el comportamiento problemático persiste, es posible que el problema no se deba a un déficit en la conciencia del momento presente, sino que se deban tener en cuenta otros procesos y factores para desarrollar una estrategia verdaderamente eficaz para cada cliente.

Cuando decimos que queremos aumentarla conciencia del momento presente en el momento, lo que queremos decir es que queremos reforzar la probabilidad de que una persona preste atención a los acontecimientos del momento presente cuando es más importante. No es práctico ni funcional estar en el momento presente todo el tiempo. Planificar un viaje o reflexionar sobre algo que ocurrió en el pasado requiere relacionar de forma deíctica los acontecimientos que ocurrieron allí y entonces, en lugar de los acontecimientos que ocurren aquí y ahora. Por otro lado, hay momentos en los que ser consciente de lo que está sucediendo en el presente puede ayudar a obtener reforzadores valiosos.

Tomemos como ejemplo a un golfista profesional. Meses de planificación, exploración de los greens y desarrollo de modelos matemático han dado lugar a una salida exitosa. Ganar el torneo se reduce a un último golpe. ¿Lo conseguirán?

En ese momento, es fundamental que el golfista deje de lado toda la planificación y el modelado que le han llevado hasta allí. Es igual de importante dejar de lado los pensamientos y emociones personales que surgen. La ansiedad por fallar el golpe. La emoción por las fiestas y los reforzadores sociales si no falla este golpe que ha practicado miles de veces. Es fundamental que el golfista sea consciente de las contingencias del momento presente. Los baches en el camino hacia el hoyo. La distancia para guiar la fuerza del golpe. La posición de los pies y el ángulo del palo. Un momento. Aquí. Ahora.

Bernier et al. (2009) evaluaron el impacto del entrenamiento en mindfulness y aceptación con siete jóvenes golfistas de élite. El entrenamiento en mindfulness incorporaba estrategias de la terapia cognitivo conductual basada en mindfulness, así como técnicas de entrenamiento en aceptación y compromiso desarrolladas por Hayes y Strosahl (2004). Los resultados mostraron que los golfistas que practicaron mindfulness y asistieron a las sesiones de entrenamiento mejoraron su clasificación nacional, en comparación con solo dos golfistas del grupo control. Se han obtenido resultados similares con nadadores de élite (Bernier et al., 2009), tiros libres en baloncesto (Gooding et al., 2009) y aumentos de la resiliencia en jugadores de béisbol universitarios (Vidic y Cherup, 2021).

El rendimiento deportivo representa solo una de las posibles aplicaciones del análisis de conducta; sin embargo, la mayoría de los analistas de conducta tienen la tarea de influir en la conducta de sus clientes, donde las estrategias basadas en mindfulness podrían desempeñar un papel fundamental. Consideremos cómo realizar la hoja de ejercicios de matemáticas para un niño con autismo que realiza afirmaciones autodestructivas es similar a lo que hace un atleta profesional. El niño quiere hacerlo bien, lo desea con todas sus fuerzas, y es posible que haya identificado el sentirse inteligente y capaz como algo que valora. Sin embargo, cuando aparece la hoja de ejercicios, también aparecen las afirmaciones negativas sobre sí mismo y los sentimientos de ansiedad y miedo. El problema no es la hoja de ejercicios, sino las relaciones conductuales que esta provoca. Podemos practicar la conciencia del momento presente antes de realizar la hoja de ejercicios para aumentarlas funciones de atención, como fijarse en tres objetos de la habitación o concentrarse en la respiración o en las plantas de los pies. Al participar en este comportamiento inicial de prestar atención al momento presente, se reduce el control funcional del diálogo interno negativo. Lo que queda es una hoja de ejercicios, que entra totalmente dentro de las habilidades del cliente, y la oportunidad de realizarla para avanzar hacia el valor abstracto de sentirse inteligente y capaz.

Al principio, el analista de conducta puede dar ayudas para que prestes atención a este evento del momento presente; sin embargo, como cualquier conducta, cuando las ayudas desvanecen, ¿ves que la conducta se produce de todos modos? Si la estrategia tiene éxito y permite al estudiante contactar con reforzadores valiosos, deberíamos ver que la conducta se mantiene y se refuerza incluso en ausencia de la ayuda solicitada, en cuyo caso podríamos intentar medir la generalización a otras situaciones angustiosas en la vida de los clientes. O la formación de una atención intencionada al momento presente como estrategia generalizada de conducta operante.

Comenzar a utilizar la conciencia del momento presente puede adoptar muchas formas. Las técnicas básicas pueden consistir simplemente en pedir al personal o a los clientes que hagan una pausa, que observen los estímulos y el ambiente que les rodea y que presten atención activa a un estímulo externo específico (un objeto en la habitación, un sonido, un sabor) o a estados internos (la respiración, el peso de los brazos sobre el regazo, los latidos del corazón).

ESTRATEGIAS ANTECEDENTES Y CONSECUENCIAS PARA PROMOVER LA CONCIENCIA DEL MOMENTO PRESENTE

También podemos tomar lo que sabemos del modelo ABC (o A B-B C si tenemos en cuenta las relaciones entre conductas y queremos que esto sea más evidente) para añadir un toque más conductual y aumentar la conciencia del momento presente. Si desarrolláramos una definición operativa sólida de la conciencia del momento presente para un cliente y una medida adecuada,

¿cuál sería la EFA de este comportamiento? En primer lugar, para la medida de la conducta, podríamos utilizar una escala de automonitorización en la que el cliente indique cómo son sus pensamientos y sentimientos en ese momento, como en la escala siguiente:

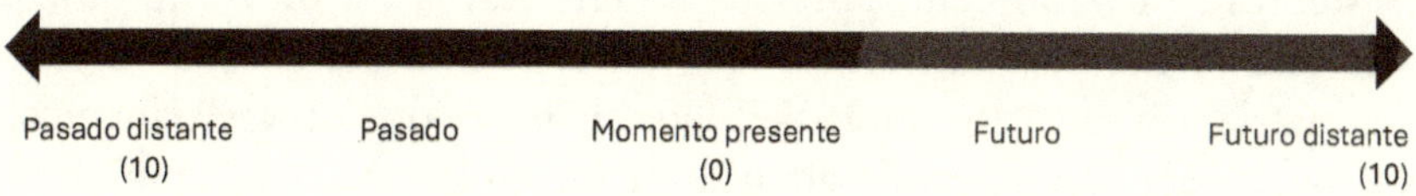

Fíjate en nuestro sistema de puntuación, en el que el valor autoinformado representa la desviación absoluta de la conciencia del momento presente. Nuestra pregunta experimental se convierte entonces en esta: «¿En qué condiciones es más probable que se produzca el contacto con el momento presente?». Por ejemplo, en el caso de un cliente con altos índices de rechazo al trabajo y pruebas indirectas de que rumia sobre cómo fracasará en la tarea, podríamos esperar puntuaciones cercanas a 10 cuando se le presenta el trabajo. En cambio, cuando el mismo cliente se dedica a una tarea preferida con la que está muy comprometido, se obtendrían puntuaciones más cercanas a 0. Nuestra condición de compromiso es muy similar a la condición de control en el análisis funcional, y esperaríamos valores más altos en el contexto en el que es menos probable que se produzca el momento presente. Y si también observamos índices elevados de problemas de conducta en estos o en contextos similares, esto podría proporcionar aún más pruebas de una relación entre el comportamiento y el comportamiento.

¿Qué podemos hacer entonces con esta información? Bueno, si sabemos que el cliente no está en el momento presente bajo condiciones ambientales específicas, entonces también sabemos que podemos ajustar o alterar estas condiciones de manera sistemática. Por ejemplo, podríamos tomar cualquiera de las estrategias de conciencia del momento presente descritas anteriormente, como fijarse en cinco cosas de la habitación o respirar profundamente varias veces inmediatamente antes de la presentación del trabajo y luego evaluar cómo esto afecta a la relación entre el trabajo y la conciencia del momento presente. Podríamos introducir apoyos ambientales, como auriculares o la oportunidad de trabajar separado de los demás, como estrategia de autogestión con una evaluación continua de la conciencia del momento presente. De esta manera, podemos medir la conciencia del momento presente como una variable del proceso en el camino hacia unaintervención exitosa.

La matriz ACT también puede utilizarse como evento desencadenante o estrategia basada en antecedentes para promover la conciencia del momento presente. Una clave de la matriz es el proceso continuo de darse cuenta. Darse cuenta de los pensamientos, sentimientos y conductas que aparecen y que restan valor a los valores elegidos. Darse cuenta de cuáles son esos valores en los momentos previos a identificar la acción comprometida como otra forma de avanzar. Por eso «darse cuenta» aparece en el centro de la matriz. En este caso, no le pedimos al cliente que observe cinco cosas en la habitación o que preste atención a su respiración, sino que observe las contingencias reales que están operando en su propia conducta, aquí y ahora. Los analistas de conducta pueden estar especialmente bien situados para determinar cuáles son los mejores momentos para introducir la matriz a lo largo del día con el fin de fomentar este tipo de observación en aquellas situaciones en las que es menos probable que se produzca la conciencia del momento presente.

Las consecuencias o los programas de reforzamiento también son importantes, pero no de la forma en que estamos acostumbrados. El objetivo de la conciencia del momento presente es acercar a las personas a las contingencias externas. Por lo tanto, es muy necesario asegurarse de que las contingencias externas realmente respaldan el comportamiento que es el objetivo de la intervención. Por ejemplo, si un niño realmente valora la atención y la conexión social, y si la única forma de obtenerlo es a través de lo que hemos denominado «comportamiento desafiante», entonces la conciencia de esta contingencia no va a reducir el comportamiento desafiante, ya que, en cierto sentido, le conviene continuar con él. También debemos asegurarnos de que existan oportunidades de conexión social cuando se producen esas acciones comprometidas. Que los «valores» (fuentes de reforzamiento intrínsecas y de largo alcance) estén siempre disponibles. Por otro lado, los reforzadores valorados pueden ser y a menudo son demorados, lo que puede requerir complementar la conciencia del momento presente con reforzadores artificiales mientras se desarrolla esta habilidad y la tolerancia a la demora. Esto es perfectamente aceptable y puede consistir en captar a las personas en el momento presente y reforzar este hecho, o en pedirles que informen por sí mismas de los momentos en los que han estado en el momento presente y establecer el vínculo entre este comportamiento y los valores con los que han podido conectar más plenamente. Una vez más, lo importante es que estos artificios se vayan desvaneciendo para que las fuentes reales y naturales de reforzamiento valioso puedan ocupar un lugar central y mantener el impulso generado a lo largo de la intervención.

EL PROCESO DE LA MINDFULNESS Y LA ATENCIÓN

Es posible que los analistas de conducta no estén acostumbrados a pensar en términos de variables de proceso que alteran el contexto de las relaciones entre conductas, ya que muchas de las variables de proceso clave en las que nos centramos se limitan a contingencias ambientales directas. Sin embargo, cuando se trata de relaciones entre conductas, es importante realizar un rastreode los procesos de cambio dentro de la persona a lo largo del tiempo y ver si las manipulaciones basadas en la intervención de los contextos que sustentan una relación determinada entre conductas realmente las alteran. Por ejemplo, supongamos que se utiliza el mindfulness o el entrenamiento de la atención para aumentarla facilidad de mantener la concentración en las demandas de la tarea actual sin distracciones, y que el comportamiento manifiesto final que se cambia es el aprendizaje académico. Si el entrenamiento produce un mejor aprendizaje, pero no reduce la distracción, o si cambia la distracción pero no demuestra que esté funcionalmente relacionada con los cambios académicos observados, entonces no hay nada que respalde la afirmación de que el«mindfulness» o la «atención», consideradas como un proceso (al menos tal y como se operacionalizan en la medida del proceso), son funcionalmente importantes.

El contacto saludable con el momento presente es una clave del modelo de flexibilidad psicológica. Sin embargo, la razón por la que es difícil se debe a otros procesos. Entre ellos destacan los efectos de reducción del repertorio que provoca la falta de flexibilidad emocional o cognitiva. Nos ocuparemos de ellos en los próximos dos capítulos.

6

ACEPTACIÓN

Una forma de pensar, profundamente arraigada en las culturas occidentales es que necesitamos sentirnos bien todo el tiempo, independientemente de nuestras experiencias en el presente o en el pasado. Si no nos sentimos bien en el momento presente, hay algo intrínsecamente erróneo en nosotros que debe corregirse antes de que podamos avanzar de manera significativa. No solo hay algo que debe estar roto y, por lo tanto, arreglarse, sino que tenemos *derecho* a sentirnos bien. Simplemente no es justo que *ellos* (amigos, familiares, jefes, deidades) me hagan sentir molesto, ansioso o deprimido. Y si no puedo resolverlo rápidamente, mi vida se desmoronará inevitablemente.

¿Hasta qué punto está entretejida esta idea occidental del «bienestarismo» en nuestra vida cotidiana? Piensa en que lo primero que suelen decirse las personas entre sí es «¿qué tal?», a lo que la respuesta culturalmente adecuada es «estoy bien» o simplemente «bien». Se considera culturalmente tabú decir que las cosas van mal y que nuestras vidas parecen estar en caída libre. Basta con echar un vistazo a las redes sociales para obtener una muestra clara del «feel goodism». Fotos retocadas de personas «disfrutando de la vida al máximo». ¿Quién no ha sentido alguna vez que su vida no está a la altura de las experiencias de sus amigos al otro lado de la pantalla? Sin embargo, si todos nos sentimos así, ¿hasta qué punto es real esta realidad manipulada?

Y va más allá. Es francamente poco atractivo que te vean enfadado, triste, ansioso o deprimido. Es más probable que evites, en futuros encuentros, a esa persona que admitió que su día está siendo terrible. El adolescente que publica en las redes sociales sus luchas emocionales puede ser señalado y enviado a terapia para que solucione esos sentimientos y todo vuelva a la normalidad. Una existencia libre de luchas, una existencia libre de dolor, se considera «normal» o, al menos, muy deseable, aunque cualquier vida humana sana incluye la muerte de amigos o familiares, rechazos, enfermedades, fracasos y cosas por el estilo.

El «bienestarismo» está incluso arraigado en nuestras instituciones de servicios humanos. En muchos ámbitos, el DSM (APA, 2013) se basa en esta misma noción, según la cual los patrones identificables de sentimientos negativos o afectos que superan un umbral determinado se consideran trastornos. Se pueden recetar medicamentos psicotrópicos (ansiolíticos, antidepresivos, antipsicóticos, estabilizadores del estado de ánimo, estimulantes, etc.) incluso para el dolor emocional habitual. El 13 % de la población estadounidense mayor de 12 años consumió antidepresivos durante 2014, lo que supone un aumento del 65 % con respecto a 15 años antes; y una cuarta parte de las personas que toman antidepresivos los han consumido durante una década o más (Pratt, Brody y Gu, 2017). En el periodo de diez años comprendido entre 1998 y 2007, las personas que utilizaban únicamente métodos psicosociales para tratar problemas de salud mental se redujeron casi un 50 % y, en 2007, solo 1 de cada 10 personas con problemas de salud mental los abordaba de esa manera. El uso de la psicoterapia *y* los medicamentos también se redujo en torno a un 30 %. Mientras tanto, el 60 % de las personas solo utilizan medicamentos, lo que supone un aumento de un tercio en diez años (Olfson y Marcus, 2010). Por otra parte, en Estados Unidos, aproximadamente 1 de cada 5 adultos tiene un trastorno mental diagnosticado y esta cifra sigue aumentando (Kessler et al., 2007).

¿Cuáles son las contingencias culturales que mantienen esta situación? Muchas de ellas parecen estar integradas en el propio lenguaje humano.

Si le dices «dolor» a alguien, inmediatamente pensará en lo desagradables que pueden ser esas sensaciones físicas llamadas «dolor». Pero, si lo pensamos un momento, vemos que nos ayudan a evitar daños en nuestro cuerpo, al igual que una señal de advertencia en un coche puede ayudar a evitar colisiones. Las sensaciones guían nuestras acciones. Si tocas una estufa caliente, retiras la mano. Si te duele el estómago por comer en exceso, la próxima vez comerás con más moderación.

Si lo pensamos bien, sabemos que necesitamos ese tipo de dolor y, sobre todo, necesitamos la *capacidad* de sentirlo. La ausencia total de dolor no es una situación muy atractiva. La insensibilidad congénita al dolor y la anhidrosis (CIPA) es una enfermedad rara que impide a las personas sentir ningún tipo de dolor. Una de las razones por las que la CIPA es tan rara es que pocas personas con esta condición llegan a la edad adulta, ya que sufren muchas más lesiones, como contusiones y fracturas óseas (Shin et al., 2016).

Sin embargo, si podemos evitar el dolor, escapar de él o, al menos, atenuarlo, mucho mejor. ¿Verdad? La resolución verbal de problemas por sí sola nos lleva a esta conclusión, pero, desde el punto de vista científico, la respuesta suele ser «no», porque la iniciativa es ineficaz y los costes de la evitación, escape o atenuación del dolor son simplemente demasiado elevados.

En el dolor crónico, por ejemplo, a menudo el dolor físico no «desaparece» y, de hecho, centrar la atención en ese efecto y tratar de producirlo (mediante el consumo de opiáceos, la búsqueda de médicos que receten medicamentos, operaciones arriesgadas, etc.) es parte del motivo por el que el dolor crónico es tan perjudicial para una alta calidad de vida. Pero un ejemplo aún más accesible del problema que subyace a esta comprensión común surge cuando nos centramos en el dolor psicológico, especialmente el relacionado con eventos privados históricos, como las emociones, los pensamientos o los recuerdos provocados por el abuso, la traición, el fracaso, los juicios severos y similares. ¿Deberíamos decir «si podemos evitarlo, escapar de él o, al menos, atenuarlo, mucho mejor» también en ese ámbito?

En muchos, muchos ejemplos de patología conductual, el individuo ha respondido implícitamente «sí» a esa pregunta y ha pasado a experimentar las terribles consecuencias que a menudo produce esa respuesta. La evitación experiencial es una de las formas de afrontamiento más dominantes, tóxicas y limitadoras del repertorio que conoce la ciencia de la conducta. La «evitación experiencial» describe un intento de disminuir la forma, la frecuencia o la sensibilidad situacional de los eventos privados, incluso cuando hacerlo causa un daño conductual. Es una forma de rigidez afectiva tan común como los propios problemas humanos. Cuando se pregunta por primera vez al cliente por qué busca tratamiento, las respuestas más comunes son «para sentirme menos estresado», «para no sentirme más deprimido» o «para sentirme menos ansioso». Esa misma formulación de la situación vital en términos de sentimientos y que se evalúa y se toma como objetivo para el cambio está a un paso de intentar disminuir la forma, la frecuencia o la sensibilidad contextual de los eventos privados, incluso cuando hacerlo causa un daño conductual.

El estrés, el estado de ánimo depresivo y la ansiedad son señales de situaciones pasadas y presentes. Muchos de los intentos inmediatos por disminuirlos pueden conllevar el riesgo de amplificarlos. Los intentos por disminuirlos o restarlos (o por fijar los llamados sentimientos «positivos», una cuestión que abordaremos más adelante) disminuyen su utilidad, al igual que apagar las luces de emergencia de un coche produciría beneficios a corto plazo a costa de daños a largo plazo.

Tomemos como ejemplo el abuso del alcohol. Es muy fácil caer en la trampa de «beber para sobrellevar» e incluso convencerse a uno mismo de que el consumo excesivo de alcohol tiene un propósito mayor. Un cliente podría decir: «No puedo imaginar lo mal que irían las cosas si no pudiera beber». Y, por supuesto, esto tiene cierta base: el alcohol tiende a inhibir la actividad en las áreas del cerebro relacionadas con la función ejecutiva, que intervienen en la resolución de problemas y la toma de decisiones. Atenúa la excitación simpática y alivia la ansiedad. Pero los problemas siguen ahí cuando desaparece el efecto del alcohol y, si se repite, empieza a generar problemas a largo plazo.

Beber puede inducir una evitación temporal de experiencias no deseadas, pero no contribuye en nada a corregir la situación actual ni la naturaleza de los acontecimientos pasados. Recurrir a esta estrategia con regularidad puede llevar a la pérdida de amigos, familiares o incluso de los propios hijos; puede llevar a la pérdida del trabajo, la salud o el sentido de la vida. En otras palabras, las causas del dolor psicológico aumentan. Cuando la solución es volver a beber, puede surgir un bucle autoamplificador, una trampa de contingencia, que tiene un coste cada vez mayor.

Este diagrama muestra que, aunque una experiencia como la ansiedad puede llevar a la evitación y al alivio temporal, el resultado es que las condiciones en las que se produce la ansiedad pueden empeorar, lo que conduce a una ansiedad aún mayor y a patrones de evitación experiencial aún más intensos. Además, al evitar estos sentimientos, podemos volvernos intolerantes a ellos, de modo que incluso las molestias menores pueden provocar fuertes patrones de evitación.

Harris (2019) acuñó el acrónimo DOTS para describir las formas en que las personas evitan, normalmente distrayéndose con actividades menos productivas o menos acordes con sus valores, renunciando a participar en eventos, pensando o intentando corregir sus pensamientos mediante una rumia excesiva, o incurriendo en conductas autolesivas, como el abuso de sustancias u otras estrategias.

Sustituye «alcohol» por cualquier número de formas en las que llevamos a cabo la evitación experiencial, como el abuso de drogas, el trabajo excesivo, el aislamiento social, el juego, la supresión de pensamientos, la negativa a reconocer sentimientos que no nos gustan, etc., y queda claro que, aunque las topografías pueden variar enormemente, es la función compartida la que está en la raíz del problema. Intentar sentirse BIEN puede conducir a sentimientos *más* difíciles y a una vida que no está en contacto con lo que la historia y las circunstancias pueden enseñarnos como guías conductuales.

Formas de evitación
Distracción
Renunciar a participar en actividades
Pensamientos
Sustancias / Autolesiones / Estrategias

Harris (2019)

Las formas de evitación que hemos tratado hasta ahora no son tan diferentes, desde el punto de vista de la función, de una experiencia común que pueden vivir los clientes con autismo a la hora de entablar amistades significativas. En este caso, el cliente se enfrenta a una elección. Por un lado, presentarse en una situación social ambigua con diferencias que afectan a los procesos sociales neurotípicos puede dar lugar a momentos dolorosos y al rechazo social. Por otro lado, retirarse de la interacción social para evitar la ansiedad que provocan los castigos sociales que pueden haber experimentado en el pasado es doloroso de una manera diferente que no nos permite albergar esperanzas de crecimiento y cambio.

Aprender a tener amigos puede depender de la voluntad de «participar de todos modos», incluso con la ansiedad, los miedos y las diferencias neurológicas que son exclusivamente tuyas. Las tasas de ansiedad son mucho más comunes en la población autista (van Steensel, Bogels y Perrin, 2011) y las tasas de suicidio alcanzan hasta el 42 % (Hannon y Taylor, 2013).

Hay buenas razones para creer que la evitación experiencial es una barrera fundamental para el cambio en esas estadísticas.

La evitación experiencial puede fallar por varias razones (Hayes, Strosahl y Wilson, 1999). En primer lugar, intentar controlar la forma o la frecuencia de los eventos privados no deseados puede conducir directamente a los eventos no deseados debido al choque entre el comportamiento guiado por reglas verbales y las contingencias del sentido común. Por ejemplo, cuando se pide a los participantes en una investigación que supriman un pensamiento, los investigadores observan, paradójicamente, un aumento de pensamiento o sentimiento tras un breve periodo de supresión (Wenzlaff y Wagner, 2000). Para demostrarlo, intenta la evitación de pensar en un elefante morado durante el próximo minuto.

Aunque quizá nunca hayas pensado en un elefante morado, ahora te resulta muy difícil dejar de pensar en él. Puedes hacerlo durante un rato, distrayéndote o con otros métodos similares, pero en cuanto compruebes si ha funcionado, verás que no es así. La razón es sencilla: la regla «evitación de pensar en» contiene un estímulo verbal que produce esas reacciones mentales una vez que el objetivo se especifica verbalmente.

En segundo lugar, existen contingencias que pueden ser perjudiciales en el ambiente externo, donde los intentos de suprimir pensamientos y sentimientos podrían no detectar esas contingencias. Esas contingencias reales pueden entonces producir lo que una persona está tratando de evitar. Por ejemplo, una persona en una relación abusiva puede tratar de evitar el dolor emocional de ese abuso y terminar permaneciendo en la relación, donde es probable que se produzcan más abusos.

En tercer lugar, aunque a veces *podemos* utilizar la evitación o la supresión de experiencias no deseadas, hacerlo puede suponer un coste considerable en términos de conducta. Tomemos, por ejemplo, un cliente que sufre ansiedad social grave. La persona podría simplemente recurrir a la evitación de todos los eventos sociales. Hacerlo podría funcionar a corto plazo para reducir los sentimientos de ansiedad; sin embargo, los costes son considerables. Además de no contactar nunca con esas relaciones significativas que anhela, la persona se enfrentará a situaciones incómodas al rechazar todas las invitaciones sociales, perderá oportunidades de crecimiento profesional que son mediacionales o limitará las experiencias con sus seres queridos porque nunca podrá ir a ningún sitio con ellos.

En cuarto lugar, si el acontecimiento externo es literalmente imposible de cambiar, la evitación puede impedir acciones útiles que podrían ayudar a afrontar la situación. Para la persona que sufre un duelo y se niega a aceptar la pérdida de un ser querido, ninguna evitación experiencial podrá traerle de vuelta. Pasar por un proceso de duelo, reconocer la contribución que la persona fallecida hizo a tu vida, revisar sus documentos o liquidar sus asuntos financieros, etc., puede resultar imposible si te niegas a llorar tu pérdida de una manera más abierta.

Por último, las iniciativas para cambiar pueden ser en realidad contradictorias con el objetivo del cambio. La paz mental es un ejemplo: describe un estado de apertura a lo que es y a lo que vendrá, pero esforzarse por alcanzar ese estado no es pacífico. La confianza en uno mismo es otro ejemplo. Tomar medidas para deshacerse de la falta de confianza sugiere que hay algo en ti que debe cambiar, ahora, lo cual no es una acción que denota confianza en uno mismo. Muchas acciones de evitación son así: deja de preocuparte o si no...; hasta que no aprendas a sentirte bien contigo mismo, siempre estarás mal; si ven cómo eres, no les gustarás, así que tienes que fingir hasta que lo consigas; tienes que planear cómo ser más espontáneo; tienes que averiguar cómo salir de tu cabeza. En todos estos casos, las reglas apuntan a conductas que no pueden ser gobernadas por reglas de ese modo y seguir funcionando correctamente.

La aceptación y la voluntad representan los procesos en oposición a la evitación experiencial. Si esperamos deshacer un patrón de evitación experiencial densamente establecido y arraigado culturalmente para nosotros mismos y para nuestros clientes, debemos centrarnos en la voluntad y la aceptación como la alternativa para avanzar, un primer paso para salir del estancamiento.

Luoma, Hayes y Walser (2007) definen la aceptación y la voluntad como «estar abierto a toda la experiencia de uno mismo, al tiempo que se elige de forma activa e intencionada avanzar en una dirección valor» (p. 24). Otros textos hacen una distinción entre aceptación y voluntad como dos procesos separados pero relacionados. Por ejemplo, Hayes, Strosahl y Wilson definen la voluntad conductual como «la elección voluntaria y basada en valores de permitir y mantener el contacto con experiencias privadas o con los acontecimientos que probablemente las provocarán»; y la aceptación psicológica como «la adopción de una postura intencionadamente abierta, receptiva, flexible y sin juicios con respecto a la experiencia momento a momento» (p. 77).

Si queremos establecer una distinción, la disposición representa un comportamiento inmediatamente observable que puede conducir a un mayor contacto con reforzadores de valores a corto plazo. Por ejemplo, la persona que abusa del alcohol está dispuesta a ver un evento deportivo esa noche sin consumir alcohol, o una persona autista puede estar dispuesta a acercarse a una persona nueva durante el almuerzo, y ambas acciones están al servicio de valores más amplios y posteriores (la sobriedad y la construcción de relaciones significativas). La disposición es un primer paso, pero no requiere necesariamente la aceptación. La persona que abusa del alcohol está dispuesta a no beber mientras se dedica a otra cosa que le distrae. La persona autista está dispuesta a aguantar y superar la experiencia aversiva de acercarse a otra persona, pero esto no contribuye en nada a abordar las funciones conductuales que dan lugar a su experiencia de ansiedad en primer lugar. Si bien es probable que ambas soluciones representen objetivos sólidos de cambio de conducta a corto plazo, estos cambios pequeños y superficiales deben ser el comienzo del viaje, no el final.

Por lo tanto, la aceptación podría representar un repertorio más amplio de experiencias y aprendizajes a partir de acontecimientos privados y públicos aversivos y apetitivos, de manera que ayuden a establecer repertorios eficaces de acciones basadas en valores. Definida de esta manera, la aceptación requiere observar y percibir las contingencias públicas y privadas, así como las acciones necesarias para abordar directamente las causas del sufrimiento y acercarse con pasión a tus valores. La aceptación no es rendirse, es un primer paso necesario para cambiar lo que realmente importa. En línea con su etimología (proviene del latín «recibir», como si se tratara de recibir un regalo), la aceptación nos permite recibir el regalo de nuestra propia historia.

Considera una versión secularizada de la oración de la serenidad escrita por el teólogo Reinhold Niebuhr, que ganó popularidad en la década de 1940:

> *Elijo practicar la gracia para la aceptación con serenidad de las cosas que no se pueden cambiar, el valor para cambiar las cosas que deben cambiarse, y la sabiduría para distinguir entre uno y otro.*

«Elijo...» representa los procesos conductuales continuos que están arraigados en la aceptación y la voluntad, y «...practicar» captura el compromiso con la aceptación a través de múltiples ejemplares, ya que lo que intentamos fomentar en los enfoques basados en la ACT es un repertorio o patrón de conducta más amplio. El resto se refiere a la aceptación de lo que no se puede cambiar *y* estar dispuesto a cambiar (cambiar de verdad) aquellas partes de la vida que no son coherentes con los valores de uno. Cuando estamos abiertos a las experiencias, podemos utilizar lo que sentimos como guía para orientarnos hacia lo que realmente importa.

Supongamos que una persona que abusa del alcohol ha perdido recientemente su trabajo y su círculo social se reduce cada día: beber le proporciona un escape inmediato. Aunque puede que esté dispuesta a no beber durante una o dos noches, es posible que no esté dispuesta a afrontar directamente que su vida se está desmoronando a su alrededor. Esa voluntad puede ser necesaria para fomentar la aceptación. Si puede aceptar que no puede tener tanto el alcohol como apoyo emocional como un trabajo significativo y reconstruir las relaciones antiguas y fomentar otras nuevas, lo que queda es una elección dicotómica entre quedarse estancado o seguir adelante.

Visto así, la aceptación es más un proceso de todo o nada, ya que se relaciona con la evitación experiencial: no se pueden hacer ambas cosas, son incompatibles. Y si podemos fomentar la aceptación, al menos momentáneamente, esto puede ser nuestro trampolín para utilizar estrategias de los otros cinco procesos básicos del hexaflex de ACT para ayudar a lograr el efecto valioso de volver al trabajo y construir relaciones.

Del mismo modo, para la persona que practica la evitación de las interacciones sociales con los demás, la voluntad de interactuar por sí misma no cambia el hecho de que se sienta sola e inaceptable tal y como es, una visión que podría haberse visto reforzada por enfoques terapéuticos destinados a cambiar su forma de ser. La aceptación, en este caso, podría adoptar la forma de aceptar las diferencias propias y todas las experiencias privadas aversivas que ello conlleva, con el fin de fomentar amistades significativas y ser aceptado de nuevo tal y como es. Un «soy diferente y eso está bien», más allá de las simples palabras, es un trampolín para abrir los otros procesos fundamentales y explorar más profundamente esas diferencias, sus funciones y aprender a explorar su mundo con curiosidad como alguien neurodivergente. Lo que pueden descubrir es que las personas están aún más dispuestas a aceptar sus diferencias cuando ellos mismos están más dispuestos a aceptarlas desde el principio.

Hemos hablado principalmente de aceptar experiencias privadas y públicas aversivas, pero ¿qué hay de las experiencias apetitivas? La palabra «aceptar» se utiliza de muchas maneras diferentes en nuestro lenguaje e incluye cosas como «aceptar un regalo». Cuando consideramos la aceptación como un proceso conductual amplio que se parece más a «aceptar el regalo» de la propia historia al servicio de una acción eficaz, debemos promover la aceptación y la aceptación de las experiencias aversivas *y* apetitivas, incluso sabiendo que las experiencias afectivas tienen altibajos. Hacerlo forma parte de vivir la vida de manera más realizada, y, de este modo, la aceptación es un proceso necesario no solo para avanzar hacia tus valores, sino también para sentir las emociones positivas que surgen al entrar en contacto con esos valores sin defensas innecesarias y sin aferrarte a ellos.

La aceptación de un regalo siempre es más fácil de decir que de hacer. ¿Quién no ha pensado «no me lo merezco» o «esto es demasiado» después de recibir un regalo realmente bueno? Esta experiencia no se limita a recibir regalos, sino que aparece en muchas situaciones a lo largo de la vida. La persona que practica la evitación en las relaciones románticas podría experimentar exactamente estos pensamientos, que son provocados por momentos felices en una relación que rápidamente se convierten en temor y evitación. Las personas saben que las experiencias positivas se desvanecerán y son aversivas a la pérdida frente a la ganancia (Tversky y Kahneman, 1992). La nueva mascota que te da alegría envejecerá y, finalmente, morirá. La relación romántica terminará algún día de una forma u otra, al menos en el sentido físico. Por lo tanto, la alegría puede señalar el fin de la alegría y una persona con evitación puede llegar a la conclusión de que es más fácil no sentir alegría en absoluto. La evitación de la alegría conlleva las mismas limitaciones que la evitación de las experiencias aversivas: es un proceso muy costoso que puede volverse fácilmente rígido.

Por lo tanto, parte del proceso de ACT debe implicar fomentar la aceptación de todas las experiencias, y los altibajos de las mismas, al servicio de una vida de valor.

Eso también significa que la aceptación en la ACT requiere un cierto grado de desapego. Abrazar algo plenamente requiere la voluntad de dejarlo ir. Todas las experiencias, positivas o negativas, son necesariamente fugaces y momentáneas, y van seguidas de nuevas experiencias. Cuando nos aferramos a las experiencias pasadas, positivas o negativas, no estamos abiertos a vivir nuevas experiencias que podrían estar a la vuelta de la esquina. El consumidor de sustancias en recuperación que busca un nuevo trabajo durante su recuperación se arriesga al rechazo y al fracaso, y debe estar abierto a experimentar el rechazo sabiendo que es temporal. Además, una vez conseguido el nuevo trabajo, existe la posibilidad de que te despidan o de que la empresa reduzca plantilla: las experiencias positivas también son temporales. Pero las habilidades aprendidas y los éxitos en el trabajo pueden dar lugar a nuevas oportunidades a la hora de buscar el siguiente puesto. Este flujo y reflujo de experiencias y la aceptación de todas ellas es lo que debemos fomentar como analistas de conducta, y hacerlo es una tecnología inmensamente poderosa.

Antes de pasar al análisis de la apertura afectiva, hagamos una pausa de unos minutos para explorar un ejercicio personalmente, de modo que puedas hacerte una idea antes de tratar por qué podría funcionar. Por favor, haz el ejercicio, no te limites a leerlo.

Decir Sí

- Siéntate en un lugar tranquilo y dedica unos minutos a concentrarte en las plantas de los pies, utilizando los métodos que exploramos en el último capítulo.
- Deja que tus ojos se muevan por el espacio en el que te encuentras. Concéntrate en un objeto (no elijas a una persona). A medida que lo observes, busca algo en él que te parezca defectuoso, algo que no te guste. Quizás sea demasiado viejo o esté pasado de moda. Quizás esté sucio u ocupe demasiado espacio. Encuentra algo y mira el objeto desde el punto de vista de «no, no te quiero aquí».
- Después de mirar dos o tres objetos de esta manera, pasa al siguiente objeto de una manera diferente. Obsérvalo, descríbelo mentalmente y aprécialo. Intenta aceptar sus propiedades, como harías con un

viejo amigo. Es viejo, fíjate en ello y apréciALo por esa cualidad. Di «sí» àl objeto, tal y como es.

- Después de un minuto más o menos, deja que tu conciencia recorra tu cuerpo. Haz lo mismo. Haz lo mismo en el mismo orden y observa qué sucede. Al principio, con cada sensación que aparezca, fíjate en ella y obsérvala en el contexto del «no». No, no te quiero. No, vete.

Después de dos o tres sensaciones observadas de esta manera, presta atención a la siguiente sensación de una manera diferente. Obsérvala, descríbela mentalmente y apréciala. A ver si puedes aceptar sus propiedades, como si le dijeras «hola». Observa dónde comienza y termina la sensación; observa sus cualidades. Di «sí» a la sensación, tal y como es.

- Deja que tu atención se mueva por el espacio en el que te encuentras una vez más y, cuando vuelvas a un estado normal de conciencia, dedica unos minutos a escribir libremente sobre lo que has notado en esta experiencia y las diferencias entre estas formas de abordar tu contexto con el mundo externo e interno.

PROCESOS BÁSICOS DE CAMBIO DE COMPORTAMIENTO: LA EXPERIENCIA AL SERVICIO DE UNA VIDA CON VALORES

La comprensión de la aceptación y la apertura afectiva en términos generales, en lo que respecta a los procesos básicos de la conducta, comienza con el análisis de la investigación básica sobre las respuestas de evitación condicionadas y no condicionadas. La evitación en un modelo animal puede observarse cuando se coloca al animal en una cámara con una rejilla eléctrica y una palanca. La rejilla eléctrica se activa a menos que la rata pulse la palanca a un programa o durante un tiempo determinados. Por lo tanto, cabría esperar un aumento de la frecuencia o la duración de la respuesta para evitar la descarga eléctrica. La escape en este mismo modelado animal se produce cuando la palanca pone fin a una descarga ya existente. Una vez más, la exposición sucesiva al evento aversivo produce tasas más rápidas de respuesta para escape de tales contingencias.

La evitación puede establecerse de varias maneras, entre las que se incluyen el condicionamiento de operaciones motivadoras aversivas mediante el emparejamiento (sustitutivo, CMO-S) o la señalización (reflexivo, CMO-R). Un CMO-S se establece cuando un estímulo neutro se empareja con el estímulo aversivo incondicionado y las funciones se transfieren.

Por ejemplo, en el condicionamiento directo, si se presenta un tono antes de la descarga eléctrica, el tono obtendrá las funciones aversivas de la descarga y la rata puede llegar a pulsar la palanca para evitar escuchar el tono que se asoció previamente con la descarga. Este proceso de emparejamiento implica procesos de condicionamiento respondiente que interactúan con la pulsación operante de la palanca. Un CMO-R implica un estímulo que señala el inicio de un estímulo aversivo incondicionado que depende de la omisión de una conducta. Por ejemplo, el tono va seguido de una descarga en un plazo de 10 segundos si la rata no suprime la palanca. En este caso, cabría esperar un aumento de la presión de la palanca en presencia del tono.

¿Es la evitación solo una función de escape temporalmente prolongada? Es posible, si tenemos en cuenta las explicaciones privadas. Consideremos una situación similar a la de la rata y el tono de señal, en la que recibes un correo electrónico de tu jefe. El «temporizador» ha comenzado. Responder al correo electrónico evitará un castigo en forma de reprimenda o un correo electrónico pasivo-agresivo en el que se solicita tu respuesta. Pero para las personas no es tan sencillo, ya que inevitablemente emergen sentimientos de ansiedad que pueden disiparse una vez enviado el correo electrónico de respuesta. Por ahora, te has librado. De esta manera, se evita el evento aversivo, pero se escapa de la experiencia privada actual de sentir ansiedad hasta que se recibe el siguiente correo electrónico. Esta contingencia de escape puede ser un potente reforzador que produce altas tasas de conducta, ¡y tu jefe lo sabe!

Para los seres humanos, los marcos relacionales hacen que la evitación experiencial sea aún más generalizada. Ya hemos dado ejemplos experimentales básicos que muestran que las funciones respondientes y operantes pueden transformarse en términos de marcos relacionales. Cuando las palabras o los pensamientos tienen esa función aversiva, la contingencia de evitación y escape está necesariamente presente. Por ejemplo, el pensamiento «Soy tan estúpido» provocará un aumento de la excitación emocional negativa y cualquier comportamiento que ponga fin a estos sentimientos aversivos se reforzará negativamente. Por definición, podemos suponer que los comportamientos de evitación experiencial solo se reforzarán a medida que nos entreguemos a las contingencias de refuerzo negativo más pequeñas y rápidas, o lo que denominamos inflexibilidad psicológica. Es precisamente debido a la contingencia del refuerzo negativo que estos patrones de conducta pueden quedarse estancados y resistirse al cambio.

Escape también es mucho más difícil debido al enmarcar relacional. Piensa que casi cualquier estímulo puede relacionarse con otro estímulo en alguna dimensión. ¿En qué se parece un pingüino a un perrito caliente?

Ambos son lisos. ¿En qué se diferencia el zumo de naranja del sol? Uno es caliente y el otro es frío. Esto significa que las redes relacionales que tienen funciones aversivas pueden llegar a ser aún más grandes y elaboradas, de modo que casi cualquier estímulo con el que una persona entra en contacto en el ambiente puede evocar una corriente de pensamientos y emociones aversivos que desencadenan la contingencia de escape que hemos descrito anteriormente. De este modo, el escape y la evitación pueden volverse más intensos, más frecuentes y posiblemente incluso más resistentes a medida que el lenguaje evoluciona en torno al problema emocional en cuestión.

Podemos crear un modelo de conducta de evitación con animales no humanos con bastante facilidad una vez que ignoramos la participación de enmarcar relacionalmente. También podemos hacerlo con la «voluntad». En un experimento, se colocó a una rata en un aparato en el que, para recibir el reforzador, era necesario experimentar una pequeña descarga eléctrica (p.ej., Hayes, Lattal y Myerson, 1979, lo hicieron utilizando un aparato de «golpe en la nariz» colocado delante del recipiente de comida). Cuanto más se priva a la rata de comida, más probable es que tolere la descarga para acceder al refuerzo alimenticio (Hayes et al., 1979). Si quisiéramos moldeara una mayor tolerancia al estímulo de la descarga, podríamos aumentar gradualmente la magnitud o la duración de la descarga en proporción al aumento de la cantidad del reforzador o al grado de privación de comida.

Este proceso de moldeamiento no es muy diferente del entrenamiento de tolerancia que ya se utiliza en el análisis de conducta y otras formas de terapia conductual para promover la disposición y el compromiso. Por lo general, se expone al cliente a tareas cada vez más difíciles con el fin de moldear su disposición. La disposición a participar en una tarea laboral ofrece otro ejemplo, en el que los programas de reforzamiento son bastante densos al inicio del entrenamiento, como un descanso cada 5 preguntas respondidas en una tarea laboral. A medida que el estudiante lo realiza con éxito y muestra una mayor disposición a realizar las tareas, el número de preguntas se aumenta gradualmente hasta alcanzar un umbral final.

Estos dos ejemplos también ilustran por qué un modelo conductual de disposición es necesario, pero no suficiente, para desarrollar una estrategia integral que aborde la aceptación. En el caso del cliente que se somete a una terapia de exposición, podemos disminuir la respuesta de excitación, pero esto no es lo mismo que fomentar la disposición a experimentar la respuesta de excitación y comportarse de acuerdo con los valores propios, incluso cuando aparece la ansiedad. En el caso del estudiante que aprende a realizar más trabajo, tampoco es lo mismo que enseñarle a identificar lo que realmente importa y a realizar tareas que pueden parecer insuperables en ese momento porque hacerlo es necesario para lograr la vida que quiere vivir. Un modelo de aceptación sensato desde el punto de vista conductual debe abarcar un amplio abanico de enfoques, en lugar de limitarse a la conducta de evitación en contextos que no pueden explicarse simplemente por la exposición, y debe anticipar adecuadamente el papel de la derivación de estímulosEn el entrenamiento de la aceptación, queremos reducir las funciones evocadoras y abativas de la excitación emocional negativa como OM. Es decir, en lugar de simplemente disminuir la OM, queremos cambiar los patrones de conducta que la OM evoca o atenúa. Para los clientes que experimentan altos niveles de evitación experiencial, la OM generada por situaciones aversivas o experiencias privadas evocará patrones estables de respuesta de evitación, como la autodistracción o la automedicación. En cambio, en ACT, queremos que esta misma OM atenúe los patrones rígidos y estancados de escape y, en su lugar, evoque la variabilidad en la búsqueda de reforzadores valiosos. La aceptación de este tipo opera necesariamente dentro de un marco de valores, ya que esto ayuda a especificar cuál es el comportamiento alternativo que queremos aumentar o reforzar en los momentos de dificultad.

Para la persona que abusa de sustancias, por ejemplo, podríamos presentar estímulos que traigan a la mente su valor como buen padre y cónyuge en el momento en que es más probable que se produzca la evitación experiencial. Al hacerlo, esperamos reforzar o aumentar los reforzadores disponibles para fomentar la voluntad y la aceptación como patrón de conducta alternativo en las mismas condiciones de OM. Si tenemos éxito en múltiples ejemplares de acontecimientos angustiosos, puede surgir un patrón de operante generalizada de disposición y aceptación, lo que fomentará un cambio impactante a largo plazo.

ACEPTACIÓN DE LAS EXPERIENCIAS POSITIVAS TANTO COMO LAS NEGATIVAS: UN MODELO DE CONDUCTA DE DESAPEGO

La apertura afectiva y la flexibilidad deben incluir también un modelo conductual de apego excesivo a las experiencias positivas. Tomemos, por ejemplo, la inclinación de los programas de reforzamiento positivo. Si un animal establece una conducta eficaz (por. ej., presión de palanca) en una cámara operante para acceder a pequeñas cantidades de comida y luego la cantidad del reforzador se reduce muy, muy gradualmente, el organismo puede quedar atrapado en un programa que, en última instancia, requerirá más energía calórica para conseguir un pequeño reforzador comestible que la energía que le proporciona el acceso a la comida. Dicho de forma más sencilla, el animal trabajará hasta la muerte en busca de un reforzamiento positivo que va disminuyendo gradualmente.

Algunos reforzadores positivos disminuyen de forma natural. Las drogas adictivas pueden ser muy apetitivas, pero los procesos fisiológicos opuestos se establecen para restablecer la homeostasis. Cuando eso ocurre, lo que antes producía euforia acaba produciendo solo sensaciones de normalidad.

Aunque los aplausos, los «me gusta» en Instagram o alargar el currículum parecen muy diferentes a los trozos de comida, estos acontecimientos positivos pueden producir el mismo tipo de patrones de conducta de «trabajar hasta la muerte» en algunas condiciones. El apego a refuorzadores verbales abstractos puede disminuir en relación con la línea de base de cada uno debido, por ejemplo, al funcionamiento del marco de jerarquía. Tu publicación número 100 producirá, en promedio, menos emoción que tu décima publicación, y 10 «me gusta» te animarán más cuando solo tengas 100 seguidores en total que cuando tengas 1000, porque uno es una «pequeña parte» y otro es una «gran parte». Este tipo de reforzadores pueden conducir fácilmente a la «adicción al trabajo» en sus diversas formas.

Para que las emociones sean fuentes útiles de regulación conductual, tienen que variar, tienen que ir y venir. Pero intentar evitarlo en el caso de las consecuencias apetitivas produce en sí mismo respuestas emocionales que a menudo disminuyen las mismas emociones a las que la persona intenta aferrarse. Todos tenemos amigos que «siempre están sonriendo», independientemente de lo que esté pasando. El esfuerzo por hacerlo cuando suceden cosas naturalmente tristes o preocupantes no es en sí mismo feliz ni atractivo para los demás. Con el tiempo, la gente experimentará una evitación de estar en presencia de «caras sonrientes forzadas», lo que significa que la felicidad forzada puede conducir rápidamente a cierto grado de soledad y abandono social. Esto explica en parte cómo el apego a una «euforia» más verbal puede desviarse hacia patrones de reducción del repertorio que se reflejan en el narcisismo, la codicia, la búsqueda de emociones fuertes o, simplemente, el «no te preocupes, sé feliz».

Actualmente están apareciendo medidas del apego emocional (p.ej., Sahdra et al., 2010). En confirmación del análisis anterior, el apego experiencial parece ser un proceso negativo que reduce el repertorio tanto como la evitación experiencial (p.ej., Sahdra et al., 2015).

Las personas no siempre piden ayuda cuando están apegadas de la misma manera que cuando evitan, porque nuestra cultura suele apoyar y ayudar activamente a mantener comportamientos adictivos al trabajo y a la búsqueda de poder, así como otras formas de apego. Vale la pena señalar que actualmente hay mucho más interés en cuestiones relacionadas con el mindfulness que con el apego, aunque en las tradiciones de sabiduría ambos son objetivos de cambio. En términos de dificultad humana, la rigidez conductual puede emerger de cualquiera de las dos fuentes. La solución en ambos casos es ayudar a establecer una mayor apertura emocional y experiencial. La aceptación de los altibajos de los eventos privados y la voluntad de buscar situaciones que puedan conducir a ello al servicio de un comportamiento basado en valores es relevante tanto para la motivación conductual positiva como para la negativa.

VARIABLES DEPENDIENTES PARA LA INTERVENCIÓN: FLEXIBILIDAD AFECTIVA

La medida de la disposición y la aceptación puede lograrse en cierta medida midiendo diferentes formas de evitación, ya que estos dos procesos están algo interrelacionados y son incompatibles. No se puede aceptar y evitar lo mismo al mismo tiempo. La preocupación por la evitación es compatible con el uso de los principios de la ACT por parte de los analistas de conducta, tanto porque la evitación es un concepto familiar como porque muchos clientes son derivados a los servicios debido a una conducta de evitación experiencial, si el cliente ha desarrollado un lenguaje con ese nivel de sofisticación. Por lo tanto, reducir el comportamiento de evitación experiencial es un objetivo común y socialmente válido para el cambio de conducta.

Tomemos, por ejemplo, a una persona con ansiedad social que busca aumentar su participación social. Sabemos que sus niveles actuales de participación social son bajos y nuestras evaluaciones han identificado que evita determinadas situaciones sociales por las experiencias privadas aversivas que ha mostrado cada vez que está rodeada de gente. Además, cancelar los planes sociales le alivia inmediatamente la ansiedad que experimenta en ese momento, ya que deja de fijarse en el evento social pendiente. La medida más directa será simplemente observar la frecuencia y/o la duración de la asistencia a eventos sociales , como algo que el analista de conducta busca aumentar y medir la frecuencia con la que la persona se retira de las oportunidades sociales como un comportamiento que el analista de conducta busca disminuir.

Esta misma estrategia básica puede utilizarse con un adolescente con conducta agresiva que presenta evitación a realizar las tareas y toda la conducta verbal privada aversiva que se manifiesta cuando se le presenta la tarea. La aceptación en este caso podría implicar realizar el trabajo o alejarse momentáneamente de la tarea y practicar la respiración mindfulness antes de reiniciarla (es decir, aceptar que el trabajo no se puede realizar en ese momento, pero que se puede realizar una vez que se está en contacto con el momento presente). Todo esto supone que el alumno ve la relación entre el trabajo y sus valores, lo que demuestra lo conectados que están realmente estos procesos. En cualquier caso, podemos hacer un seguimiento de la finalización del trabajo como porcentaje de tareas realizadas o podemos medir la frecuencia con la que realizan mindfulness y vuelven a realizar la tarea con éxito. También podríamos esperar una disminución de la conducta de evitación experiencial (es decir, la agresividad).

Al igual que con la conciencia del momento presente, observar el comportamiento externo es un buen punto de partida y probablemente sea necesario en algún nivel para los analistas de conducta que aplican intervenciones basadas en ACT. Sin embargo, la observación directa puede no ser suficiente por sí sola. Además, cuando solo evaluamos los cambios momentáneos en el comportamiento público, podemos pasar por alto cambios más prolongados y elaborados en la aceptación como patrón generalizado de conducta operante. Como complemento a estas evaluaciones conductuales, se pueden utilizar instrumentos de autoinforme como medidas complementarias o en evaluaciones previas y posteriores para capturar cambios más amplios en la aceptación. Por ejemplo, los participantes que obtienen puntuaciones altas en las medidas de evitación experiencial tienden a rendir peor en diversas tareas básicas de laboratorio que miden la tolerancia y el impacto de los acontecimientos aversivos en el rendimiento. Zettle (2005) demostró que las puntuaciones en el AAQ-2, una medida de autoinforme de la evitación experiencial, eran predictivas del tiempo que las personas estaban dispuestas a mantener la mano en agua fría (es decir, a tolerar la incomodidad). En otro experimento, los participantes que informaron de altos niveles de evitación experiencial y fueron sometidos a una tarea experimental que simulaba estar borrachos, informaron de una mayor incomodidad y fueron menos capaces de realizar una tarea motora perceptiva (Zettle et al., 2007).

Más allá de proporcionar simplemente un comportamiento directo que observar, estos experimentos de laboratorio artificiales permiten analizar los factores contextuales que podrían influir en la tolerancia y el rendimiento. Por ejemplo, Feldner et al. (2003) compararon un protocolo de aceptación con un protocolo de supresión de pensamientos durante una prueba de exposición al aire enriquecido con dióxido de carbono. Los participantes que mostraron altos niveles de evitación experiencial al inicio del estudio mostraron aún más ansiedad y malestar emocional cuando se les aplicó el protocolo de supresión, mientras que el protocolo de aceptación pareció reducir las experiencias de ansiedad y malestar emocional.

Esta misma estrategia básica de comparar la aceptación con la supresión se ha replicado con resultados similares en una diversidad de otras tareas, como el procesamiento emocional en la habituación cardiovascular o las respuestas emocionales mientras se ven películas para personas con depresión. Estos experimentos básicos de laboratorio proporcionan apoyo empírico a la opinión de que los patrones relacionales alterados en una estrategia de aceptación pueden cambiar eficazmente el comportamiento momentáneo.

Las altas correlaciones entre las medidas de evitación experiencial y el comportamiento real en cada una de estas tareas de tolerancia sugieren que la disposición a experimentar eventos aversivos podría representar un patrón generalizado de comportamiento. Por lo tanto, este tipo de tareas podrían utilizarse al principio y al final de las intervenciones basadas en ACT como medida complementaria del cambio de comportamiento para ver si el proceso de aceptación y disposición ha participado en un cambio en los patrones manifiestos de evitación. Un ejemplo sencillo es pedir a una persona que se siente en una silla cómoda y que aguante la respiración el mayor tiempo posible.

Se ha demostrado que el simple hecho de cronometrar la duración de la apnea varía con las intervenciones ACT y permite predecir los efectos a largo plazo (Jeffcoat y Hayes, 2012).

Dado que los investigadores han desarrollado tantas versiones de esta misma tarea general, también es posible utilizar múltiples tareas para evaluar la generalización de las habilidades de aceptación. Por ejemplo, si se enseña a una persona a interactuar de forma mindfulness con la tarea del agua fría y los resultados sugieren que esto aumenta la tolerancia a la tarea, ¿qué ocurre cuando se le expone al reto del aire enriquecido? La generalización podría producirse si utiliza esta misma estrategia general y observamos un aumento de la disposición en ambas tareas.

Este tipo de tareas también son algo limitadas. Al menos a corto plazo, las habilidades de tolerancia al malestar manifiesto pueden aparecer utilizando medios represivos para lidiar con eventos privados, por lo que, sin un aumento es posible que no logren la captura del modelo más completo de aceptación que hemos descrito anteriormente. En segundo lugar, la aceptación está necesariamente relacionada con los valores de cada uno: las demandas artificiales de mantener el contacto con el agua fría o algún otro estímulo fisiológicamente aversivo pueden no evaluar adecuadamente la capacidad de llevar una vida plena. Por último, la captura de unidades individuales de conducta en un contexto limitado está bien, pero también necesitamos formas de obtener una medida más plena del proceso de aceptación como una operante generalizada.

Un enfoque consiste en adaptar las tareas de evaluación a cada cliente. Para un cliente que no está dispuesto a aceptar pensamientos aversivos sobre su cuerpo, podríamos utilizar procedimientos de expresión oral (Hayes, White y Bissett, 1998) o medidas fisiológicas mientras se observan imágenes corporales alteradas para evaluar cómo se abordan las experiencias privadas a través de una serie de estímulos corporales. Los procedimientos de evaluación relacional implícita, como el IRAP, constituyen otro ejemplo de medios de evaluación verbal.

También podemos realizar la captura de patrones más amplios de evitación experiencial utilizando herramientas de autoinforme como el *Cuestionario de Aceptación y Acción II (AAQ-II)*. El AAQ-II se puede realizar rápidamente, ya que la evaluación contiene solo 10 ítems que se presentan en una escala Likert de 7 puntos. Los ítems evalúan la evitación experiencial mediante preguntas como «Tengo miedo de mis sentimientos» o «Las emociones me causan problemas en mi vida», en las que las puntuaciones más altas indican una mayor evitación experiencial. Esta medida ha logrado una fuerte consistencia interna y se ha utilizado como medida de efecto en múltiples estudios de investigación sobre la ACT. Además, los resultados del AAQ-2 están altamente correlacionados con las estrategias de evaluación directa que describimos anteriormente, lo que respalda aún más el uso de esta herramienta para medir específicamente la aceptación y la evitación experiencial.

Existen otras herramientas que también incluyen subtest para la aceptación dentro de una evaluación más amplia de la flexibilidad psicológica. Por ejemplo, la *Evaluación Integral de* los Procesos *de la Terapia de Aceptación y Compromiso* (CompACT) es una medida de 23 ítems de la flexibilidad psicológica. La CompACT contiene tres subescalas principales, que incluyen la apertura a la experiencia (AE), la conciencia conductual (CC) y la acción valorada (AV). La primera subescala contiene ítems directamente relacionados con la aceptación y la voluntad como un constructo más amplio, con preguntas como «Intento mantenerme ocupado para evitar que surjan pensamientos o sentimientos».

Más allá de estas medidas, que a menudo se utilizan como efectos previos y posteriores, o variables dependientes, se podría llevar a cabo una recopilación continua de datos sobre la aceptación y la disposición mediante la evaluación ecológica momentánea (EMA) y métodos de muestreo de experiencias, lo cual es aplicable a cada uno de los procesos de ACT. La EMA se puede realizar con lápiz y papel o mediante una aplicación para teléfonos inteligentes. Los elementos de forma conductual son, en esencia, una forma de automonitorización.

Un ejemplo es la «Herramienta de evaluación basada en procesos» (PBAT), un conjunto de elementos centrados en la flexibilidad psicológica que se recogen utilizando su evaluación de densidad temporal, como medidas de procesos y efectos dos o tres veces al día durante un mes. Dos ejemplos de ítems centrados en los afectos de la PBAT son «En las últimas horas no he encontrado una salida adecuada para mis emociones» o «En las últimas horas he podido experimentar una gama de emociones adecuadas al momento». Las investigaciones idiográficas muestran que estos ítems son muy propensos a relacionarse con efectos clínicos comunes, ya que se producen en tiempo real (Sanford, Hayes, Ciarrochi, Hofmann, Chin y Gates, en proceso de publicación).

ENTRENAMIENTO EN ACEPTACIÓN Y DISPOSICIÓN COMO VARIABLE INDEPENDIENTE

El entrenamiento en aceptación desempeña un papel fundamental en la superación de la evitación experiencial, que es necesaria no solo para avanzar hacia tus valores, sino también para experimentar ese viaje conductual de forma más plena. Hasta cierto punto, promover una mayor disposición puede lograrse simplemente mediante la exposición. La pregunta es: ¿por qué?

La exposición repetida a un estímulo puede reducir las funciones que elicita una respuesta. Esto podría ocurrir en parte a través de un proceso llamado habituación, que es anterior incluso al condicionamiento operante y clásico en la escala evolutiva y que consiste simplemente en la reducción de la respuesta debido a la presentación repetida de estímulos. La exposición también podría reducir las funciones elicitantes aprendidas que pueden haberse adquirido a través del condicionamiento clásico y sus emparejamientos estímulo-estímulo. Por último, la exposición en un sentido operante podría implicar la presentación repetida de acontecimientos que anteriormente reducían el repertorio en contextos que establecen una mayor flexibilidad de respuesta y un nuevo aprendizaje en su presencia.

La exposición es el núcleo de muchos métodos conductuales clásicos, incluidos los métodos más sencillos de terapia conductual, como la desensibilización sistemática. Cuando se desarrolló, se argumentó que era una forma de contracondicionamiento basada en la «inhibición recíproca». Se organizó una lista de acontecimientos angustiosos, desde los más angustiosos (por ej., tocar un objeto que se teme mucho) hasta los menos angustiosos (por ej., mirar una imagen del estímulo temido desde lejos). Tras un entrenamiento en relajación muscular profunda, el analista y el cliente presentaban repetidamente el elemento menos temido de la lista (en la imaginación o en la realidad) mientras permanecían totalmente relajados hasta que el evento se sentía fácilmente tolerable (utilizando una escala de unidades subjetivas de angustia o «USA», una escala de 1 a 100 para rastrear la reacción del cliente), momento en el que la exposición pasaba al siguiente elemento.

En su apogeo, la desensibilización era el método conductual más estudiado en el mundo, pero los modelos simples que explicaban por qué funcionaba se desmoronaron rápidamente. Por ejemplo, no importaba realmente si se seguía la jerarquía de presentación de los estímulos de menor a mayor o de mayor a menor (p.ej., Krapfl y Nawas, 1970).

La idea más sensata desde el punto de vista operante de que la exposición permite que se produzcan nuevas formas de aprendizaje está ganando terreno gradualmente en la literatura sobre la exposición (p.ej., Craske, Liao, Brown y Vervliet, 2012). En este enfoque más «constructivo», el condicionamiento previo al miedo se socava añadiendo un nuevo aprendizaje vinculado al evento o situación temida. Por ejemplo, los métodos de exposición pueden reducir los patrones rígidos de evitación o atención y construir patrones de observación, descripción, percepción, apreciación y similares.

Esto desplaza el foco de la reducción del miedo a una cuestión de ampliación del repertorio. En cierto sentido, en lugar de unidades subjetivas de angustia, una medida más reveladora serían las unidades subjetivas de disposición, en las que «100» significa estar totalmente dispuesto a estar presente y sentir mientras se exploran nuevas conductas y «1» significa estar totalmente reacio a hacerlo. Aquí podría tener sentido una jerarquía, no por contracondicionamiento, sino por las nuevas conductas y el mejor aprendizaje paso a paso. Quizás el cliente está totalmente dispuesto a mirar una foto de un evento angustiante desde la distancia mientras come helado o (en algunas formas modernas de desensibilización) golpea su pierna o mueve los ojos.

Este enfoque puede ampliarse fácilmente a eventos internos y privados. La desensibilización sistemática tradicional podría no detectar que la persona está escapando de sus pensamientos o suprimiendo sus sentimientos, pero desde una perspectiva de aceptación y disposición, no es difícil añadir instrucción para que la persona se dé cuenta y diga en voz alta lo que siente su cuerpo, o para que etiquete y describa las emociones que están surgiendo.

Cuando este enfoque se ha probado en el trabajo de exposición, los resultados han sido muy positivos. El simple hecho de poner palabras a los sentimientos (lo que se denomina «etiquetado de afectos») aumenta significativamente el impacto de la exposición (Kircanski, Lieberman y Craske, 2012).

Esto se puede entender a partir del modelo de flexibilidad psicológica.

Centrarse en el momento presente cambia la relación de la persona con sus propias experiencias. Todos tenemos la opción de observar esos pensamientos y emociones negativos a medida que surgen. Sentirlos y escucharlos sin juzgarlos. Se trata de pasos muy eficaces del repertorio que alteran las funciones del miedo, pero que se suman a las funciones del momento, al igual que añadir agua a un vaso de agua salada lo hace mucho menos salado, pero sin eliminar ni un solo grano de sal.

Si podemos entrenar a los clientes para que estén más dispuestos a aceptar y aprender de los pensamientos y emociones a medida que surgen, inevitablemente observarán y notarán que los pensamientos son temporales y fugaces, que hay muchas opciones de respuesta saludables cuando aparecen y, tal vez, incluso que estas experiencias contienen información valiosa sobre su historia y su situación actual. Estas acciones cambian el contexto en el que se produce el estímulo original. Este sigue presente, pero pierde gran parte de su poder de limitar el repertorio, ya que el analista de conducta anima al cliente a profundizar cada vez más en la observación de su propia conducta privada. Se crea un contexto que socava las relaciones conductuales poco saludables.

También podemos promover la aceptación introduciendo estímulos que funcionen como reglas augmental que refuercen la probabilidad de que el cliente elija la aceptación en lugar de la evitación en ese momento. En el caso de los niños o las personas con discapacidades del desarrollo, esto podría consistir en presentar la «aceptación» como una opción antes de realizar una tarea que hayan evitado históricamente. Por ejemplo, colocando «aceptar» o «evitar» en una tarjeta y estableciendo una historia de reforzamiento por elegir «aceptar» y realizar la tarea para obtener el reforzador valorado. Esto requiere también respetar la elección de evitar, analizar los factores que participan en esta elección y adaptar dichos factores.

A lo largo del entrenamiento de aceptación, en última instancia, queremos reforzar la aceptación como patrón general de comportamiento y podemos hacerlo reforzando la elección de aceptar.

Para los adultos con un alto nivel de capacidad verbal, esto podría consistir en escribir sus valores en una nota adhesiva y colocarla cerca del lugar donde habitualmente toman la decisión de evitar algo. Por ejemplo, para una persona que evita los pensamientos angustiosos comiendo en exceso, colocar una nota adhesiva con sus valores en el frigorífico para que estos funcionen como un apoyo aumenta la probabilidad de que se produzca la aceptación y el experimentación de sus pensamientos de forma plena y con curiosidad, en lugar de comer para evitarlos como han hecho en el pasado. En ambos ejemplos, es imprescindible que estos apoyos artificiales funcionen dentro de una estructura de entrenamiento más amplia y se vayan desvaneciendo a medida que se va adquiriendo el dominio. En última instancia, queremos que la aceptación se produzca sin ayuda y como un patrón de comportamiento generalizado, lo que solo se puede lograr cuando el cliente se queda solo en su mundo, se han eliminado los reforzadores externos y lo único que queda es la elección de acercarse o de evitar lo que es valioso en su vida.

También podemos incorporar el entrenamiento de la aceptación a través de ejercicios experienciales que aumentan en complejidad con el tiempo. Por ejemplo, en un grupo, podríamos promover un sentido de humanidad compartida (un objetivo del entrenamiento en autocompasión) animando a cada persona a escribir su miedo en una nota adhesiva y luego a pasearse con ella por el grupo. Para mantener una mayor confidencialidad, podríamos pedir a los clientes que entreguen las notas adhesivas, mezclarlas y dar una a cada persona para ilustrar que todos llevamos «cosas», pero lo que importa es nuestra relación con ellas. En el caso de los niños, también podríamos ilustrar la importancia del entrenamiento y acercarse a cosas nuevas haciéndoles escribir con la mano no dominante y permitiéndoles darse cuenta de que su escritura mejora con la práctica. La aceptación no es diferente.

Cada vez hay más programas de análisis conductual basados en la ACT, como el programa Accept. Identify. Move. (AIM) (Dixon y Paliliunas, 2018), que describe estas actividades en detalle para que los analistas de conducta las incorporen a los planes de cambio de conducta existentes. Esa es una de las razones por las que este libro se ha escrito más como una guía general, para que los lectores puedan ver cómo encajan los numerosos recursos disponibles dentro de un enfoque analítico conductual. Sin embargo, dado que los seis procesos de flexibilidad psicológica encajan entre sí y están interrelacionados, se necesita tiempo y práctica para ver cómo avanzar con un problema de conducta concreto.

ESTRATEGIAS ANTECEDENTES Y CONSECUENCIAS PARA PROMOVER LA VOLUNTAD Y LA ACEPTACIÓN

La aceptación como conducta puede ser medida de varias maneras que hemos descrito anteriormente, pero para contextualizar, imaginemos que se están recopilando datos mediante un sistema EMA basado en una aplicación en el que se pide al cliente que registre manualmente sus reacciones cuando se encuentra en la situación *X*, que se ha identificado como una situación en la que históricamente ha sido probable que se produzca evitación. Por ejemplo, presentar una clase ante un profesor. Utilizando una herramienta como la Matriz ACT, identificaron que son propensos a limitarse a leer directamente de los materiales preparados o generar «tareas para mantener ocupados» a los alumnos. Cuando está en su mejor momento, presenta la información de forma dinámica y siente una conexión con los alumnos de la clase, y las tareas instruccionales se proporcionan solo cuando son necesarias para complementar el aprendizaje, con sensibilidad en cada momento hacia cómo se sienten los alumnos (interesados, aburridos, etc.). Comienza la clase y el profesor reacciona. Lo que podríamos pedirles que anoten son: 1) el contenido de la clase; 2) una valoración de su ansiedad y su impulso de evitación en una escala del 0 al 100, y 3) una valoración de su evitación, que va desde la evitación total, 0 (leer directamente de las diapositivas y evitar cualquier interacción directa y significativa), hasta la participación voluntaria, 100.

Con solo hacer evidente esta elección, podríamos avanzar un poco. De hecho, el mero hecho de «darse cuenta» puede formar parte de una intervención, y esta estrategia de recopilación de datos fomenta que se tome conciencia. En los datos, lo que buscamos es una mayor puntuación de participación (3) incluso cuando la ansiedad y la necesidad de evitación son elevadas (2). Debido a la exposición gradual, también podemos observar que la necesidad de evitación disminuye ligeramente con el tiempo a medida que aumenta la participación, lo que representa un cambio en el CMO.

Pero, ¿qué más podríamos hacer para acelerar aún más este proceso?

Algunas estrategias de antecedentes y eventos desencadenantes que se centran en la conciencia del momento presente podrían proporcionar una solución que altere el OM (2) y, por lo tanto, afecte al efecto conductual (3). Como evento desencadenante, cuando el profesor practica la meditación cada mañana inmediatamente antes de la clase, la necesidad de escape puede disminuir. Como estrategia antecedente, el profesor puede practicar «Notar 5 cosas» inmediatamente antes de la lección. Al recopilar datos tanto sobre el OM afectivo como sobre la respuesta efecto, podemos aislar con precisión dónde estamos teniendo éxito dentro de esta corriente de conducta.

Si tenemos pruebas de que la mayor fuente de angustia momentánea funciona como una función de sus propios pensamientos, los ejercicios de defusión que revisaremos en el siguiente capítulo también podrían funcionar aquí para interactuar con el contenido de nuevas maneras. En este caso, es posible que no veamos un cambio en el OM afectivo (2), pero que observemos un cambio en la respuesta (3). Algo similar puede ocurrir cuando se presentan estímulos coherentes con los valores. Por ejemplo, la profesora valora los sentimientos de conexión, por lo que hacer que realice la sección de valores y acción comprometida de la matriz ACT inmediatamente antes de impartir la clase también podría alterar la probabilidad del patrón de respuesta deseado, aunque el OM afectivo se mantenga.

Combinar la aceptación con la conciencia del momento presente

En este punto, probablemente estés empezando a notar que las líneas entre la conciencia del momento presente y la aceptación se están difuminando. En el análisis de conducta, estamos acostumbrados a distinguir claramente las distinciones entre los términos que guían la práctica. Sin embargo, incluso con algo tan simple como distinguir entre antecedentes y consecuencias. El consumo excesivo de un reforzador (es decir, la saciedad) funciona como un antecedente que suprime las tasas inmediatas de conducta. El acceso limitado a un reforzador puede provocar altas tasas de conducta para obtener más reforzador (es decir, inducción). No tarda mucho en oscurecerse incluso esta simple distinción.

Esto no quiere decir que estas distinciones no sean útiles, ya que lo son porque nos permiten trabajar con el ambiente de las personas para influir en su conducta. Sin distinciones, no tendríamos modelos de intervención. Y hasta este punto hemos revisado en profundidad dos de los procesos fundamentales del modelo hexaflex.

La conciencia del momento presente y la aceptación están profundamente entrelazadas. Cada proceso es necesario para completar el otro. A menudo, la decisión de practicar mindfulness surge cuando se nota que *algo* no funciona, que algo no *está* bien. Quizás el exceso de estrés está empezando a pasar factura a nivel emocional, físico y social. Esos sueños que parecían estar a la vuelta de la esquina empiezan a desvanecerse.

La voluntad también aparece repetidamente a lo largo del entrenamiento del momento presente porque estar en el momento presente suele ser más difícil que estar psicológicamente en otro lugar. Hay una razón por la que pasamos tanto tiempo obsesionados con el pasado y rumiando sobre el futuro. Cuando prestamos atención al momento presente, incluidos los pensamientos y las experiencias emocionales del momento, a menudo esos pensamientos y experiencias emocionales son dolorosos. Interactuar con esas experiencias requiere la voluntad de aceptar los momentos placenteros y dolorosos y aceptar que hacerlo es necesario para seguir adelante.

La conciencia del momento presente es también la estrategia principal que se utiliza para fomentar la aceptación. La aceptación consiste en aceptar lo bueno y lo malo de forma más plena y completa. Esto implica, en primer lugar, estar presente y prestar atención a las experiencias externas e internas sin juzgar ni evaluar. Solo al percibir estos acontecimientos pueden actuar como eventos de estímulo que influyen en el cambio de conducta.

Cuando estamos plenamente en el momento presente, también podemos profundizar en la percepción y entrar en contacto con niveles aún más profundos de control de estímulo. Por ejemplo, en este momento puedes darte cuenta de que estás sintiendo ira. ¿Cómo se siente la ira? ¿En qué parte de tu cuerpo sientes la ira? ¿Hay algo más allá de estas sensaciones físicas que participe en la sensación de ira? ¿Tiene olor? ¿Tiene sabor? Cuando empezamos a explorar la «ira» con verdadera curiosidad, nos convertimos en observadores de nuestra propia ira, y esto cambia el funcionamiento de la ira dentro de una corriente de conducta a lo que habitualmente vendría a continuación: luchar, huir, paralizarse o, en términos más generales, evitación experiencial.

Se puede lograr mucho con estos dos procesos por sí solos, e incluso construiremos nuestro modelo con cada nuevo proceso, destacando su interacción continua para promover una mayor flexibilidad psicológica.

7

DEFUSIÓN

Imagina a una joven directora ejecutiva que está a punto de asistir a su primera reunión corporativa importante, con importantes implicaciones para ella y su empresa. Se siente ansiosa por la reunión (experiencia privada aversiva) y no cree que sea lo suficientemente buena para tener éxito (aumento de la ansiedad a través de la transformación de funciones de estímulo). De repente, empieza a sentirse mal. Piensa: «Me encuentro demasiado mal para ir a la reunión», y su ritmo cardíaco se ralentiza y los sentimientos de ansiedad se disipan inmediatamente. «Otra persona puede asistir a la reunión, realmente no es tan importante». La ansiedad disminuye aún más y se pierde la reunión. «Vaya, realmente me siento mejor y me alegro de haberme tomado el tiempo para cuidarme, estaba bastante mal». Se evitan los sentimientos de culpa y otros que podrían acompañar a la oportunidad perdida. No solo se refuerza el hecho de faltar a otras reuniones, sino que también se refuerza esta forma de pensar sobre las reuniones. Y puede que no se limite a las reuniones, sino que se generalice a otros acontecimientos que provocan ansiedad y a patrones de evitación experiencial. De repente, se da cuenta de que no solo está evitando su carrera profesional, sino también a sus amigos y, en cierta medida, está formando relaciones profundas e íntimas con su familia. Su psiquiatra le ha diagnosticado recientemente un trastorno de ansiedad generalizada.

Estos trucos mentales se enfatizaron en los primeros enfoques de la TCC, que buscaban la intervención de distorsiones cognitivas como la lectura de la mente, el pensamiento en blanco y negro o la personalización. La idea básica era que si podíamos alterar el contenido de los pensamientos de una persona, entonces podríamos cambiar su conducta. Y este enfoque ha funcionado hasta cierto punto, incluso en el tratamiento de trastornos de ansiedad como el que experimentaba la joven directora ejecutiva.

Investigaciones más recientes nos han demostrado que alterar el contenido de los pensamientos es más fácil de decir que de hacer. Los intentos deliberados de control del contenido del pensamiento pueden acercarse peligrosamente a la supresión del pensamiento. Las investigaciones sobre la supresión de pensamientos han demostrado que intentar alterar la forma o la frecuencia de los pensamientos puede ser contraproducente, ya que conduce a un aumento del contenido al que las personas intentan evitar (Wang et al., 2020). La mente no solo es bastante complicada, sino que también se defiende. A efectos metafóricos, intentar controlar la mente directamente es como alimentar a un monstruo: prestar demasiada atención a la relación entre conductas solo lo refuerza. Recordemos que debemos prestar atención a los eventos de estímulo para responder a ellos, y precisamente por eso, el momento presente es un proceso crítico. Cuando nuestra atención se desvía hacia otros lugares para centrarse principalmente en los pensamientos y sentimientos que son la fuente de la lucha, podemos quedar consumidos y controlados por ellos.

La defusión cognitiva ofrece una alternativa. En lugar de intentar alterar la forma o la frecuencia de los pensamientos no deseados (es decir, la relación entre conductas), queremos alterar su función en el comportamiento. Si lo conseguimos, el nuevo comportamiento entrará en contacto con corrientes alternativas de reforzamiento (idealmente, refuerzos valiosos) y reforzará la sensibilidad al programa de reforzamiento y la flexibilidad psicológica. Veamos cómo puede ser esto en la práctica.

Piensa en un pensamiento desagradable que experimentas. Esto requiere conciencia del momento presente y voluntad para permanecer con este pensamiento. Puede ser un miedo o una preocupación que te surge con frecuencia, o el pensamiento común de «no soy lo suficientemente bueno». Ahora, en lugar de intentar pensar en razones por las que el pensamiento no es cierto (supresión del pensamiento), intenta cantar el pensamiento como si fuera la canción «cumpleaños feliz». ¿Qué pasa con el pensamiento? El contenido sigue siendo el mismo, pero ¿qué pasa con su efecto en la conducta?

Cuando hemos hecho este ejercicio en talleres o con clientes, habitualmente observamos risas y una sensación de alegría que surge de la actividad, como si se hubiera quitado un peso del pensamiento.

No hemos cambiado el pensamiento en absoluto, al menos no el contenido ni las palabras literales, pero al cambiar la forma en que interactuamos con él, cambiamos la conducta que provoca. Es decir, hemos cambiado el «contexto del significado literal», lo que ha modificado la función del pensamiento tal y como se produce dentro de una relación conducta-conducta. Las investigaciones han demostrado que la defusión cognitiva suele ser más eficaz que la reestructuración cognitiva para influir en cosas como el tabaquismo (Hooper et al., 2018) o los antojos de comida (Hooper et al., 2012), así como en otras experiencias comunes. Por esta razón, la defusión desempeña un papel central en las intervenciones basadas en ACT y no requiere cambiar nuestra mente, sino cambiar nuestra interacción con ella. Esta distinción es fundamental para comprender en qué se diferencia ACT de los enfoques más tradicionales basados en la TCC y abre la puerta a los analistas de conducta para ayudar a los clientes a trabajar con su mente en lugar de contra ella.

PROCESOS BÁSICOS DE CAMBIO DE CONDUCTA: DEFUSIÓN Y RESISTENCIA RELACIONAL

La defusión consiste en disminuir el control de estímulo ejercido por los patrones de relación verbal. En otras palabras, tus pensamientos tienen menos poder sobre tus acciones. Al hacerlo, la defusión refuerza el control ejercido por la experiencia directa. Quizás más que cualquier otro proceso, existe un vínculo directo entre la defusión y la TMR. Imagina un experimento sencillo en el que, dado un estímulo A, se entrena a una persona para que elija el estímulo B y, dado B, para que elija el estímulo C. El resultado sería una relación combinatoria A=C y C=A. Si luego realizamos el emparejamiento de A con un estímulo aversivo, como una descarga eléctrica, podemos esperar funciones de excitación fisiológica, como un aumento de la conductancia de la piel, cuando una persona se expone a C a través de la transformación de funciones de estímulo. Pero, ¿cómo podemos deshacer esa relación para que ya no transforme la función?

Una vez que se ha establecido una relación, no se puede borrar simplemente. Por ejemplo, poner la relación A=C y C=A en condiciones de extinción no funciona, porque es una respuesta relacional derivada y, por lo tanto, nunca se reforzó directamente en primer lugar. Y castigar la respuesta relacional A = C y C = A tampoco funciona, porque probablemente transferiría las funciones aversivas del castigo a los estímulos A y C, lo que podría agravar nuestro problema. Observamos esto clínicamente cuando el cliente se castiga verbalmente por decir o pensar algo incorrecto. Ahora, en lugar de simplemente pensar el pensamiento no deseado, lo acompaña con «lo estoy haciendo mal», «soy tan estúpido» o «¿por qué soy así?».

Podríamos decir que la relación A=C y C=A está fusionada. En terapia, la fusión cognitiva se produce cuando los pensamientos se consideran literalmente verdaderos, o cuando se cree que A es realmente igual a C, o cualquiera que sea la estructura relacional del pensamiento potencialmente dañino (por ej, A es más que C, A es peor que C), y cuando la transformación resultante de la función de estímulo es excesiva o insensible al contexto.

Por lo tanto, la «fusión» tal y como la describimos aquí podría ser sinónimo de «resistencia» como propiedad de la fuerza relacional y el impacto funcional. Una clase relacional está fusionada cuando sus dos claves, según la teoría del marco relacional (derivación relacional y funciones de estímulo que se transforman por derivación relacional), son resistentes al cambio.

Los investigadores del comportamiento han realizado un gran trabajo de modelado de la resistencia de las conductas en entornos básicos de laboratorio, a menudo utilizando ratas como sujetos experimentales, y con frecuencia bajo el nivel de la «teoría del impulso conductual» (BMT, por sus siglas en inglés; Nevin, 1992). La BMT se remonta a Thorndike (1911), pero se ha extendido ampliamente al ABA (p.ej., Critchfield y Reed, 2009). La resistencia se puede modelar cuantitativamente en el laboratorio como: $B = -x / m$. Delta siempre significa cambio, por lo que B es un cambio estimado en la conducta. Según la BMT, un cambio en la conducta es una función de un disruptor (por ej, extinción, castigo) sobre la masa o resistencia de la conducta. Cuanto menos cambia la conducta cuando se aplica un disruptor, más resistente es la conducta al cambio. La investigación sobre la resistencia se ha realizado regularmente con personas con discapacidad en entornos clínicos en relación con comportamientos problemáticos (por ej, Parry-Cruwys, et al., 2011).

A principios de 2020, intentamos ampliar el modelo a comportamientos relacionales complejos en la Teoría de la Densidad Relacional. La idea es que, si el comportamiento relacional es un comportamiento como cualquier otro, entonces deberíamos ser capaces de modelar la resistencia de las clases relacionales a los disruptores. Los detalles del modelo exceden el alcance de este libro, y se está investigando para determinar los detalles específicos del funcionamiento del comportamiento relacional complejo. El enfoque inicial se ha centrado en la derivación relacional, y las primeras pruebas de la RDT sugieren que las clases relacionales que contienen múltiples relaciones fuertemente mantenidas también son más resistentes al cambio. Esto no es del todo negativo. Por ejemplo, cuando se aprende un nuevo concepto académico, es importante que los hechos bien establecidos sean generalmente resistentes a la desinformación que no concuerda con lo que se está aprendiendo. Sin embargo, cuando esas clases relacionales conllevan funciones psicológicas negativas en relación con otros comportamientos (como la evitación experiencial, que tratamos en el último capítulo), la fusión cognitiva facilita patrones muy resistentes de inflexibilidad psicológica.

Por ejemplo, consideremos el simple pensamiento «Soy tan estúpido», tal y como se presenta en la figura siguiente. A la derecha, «yo» está relacionado con «estúpido» en un marco de coordinación. Están fuertemente vinculados, lo que podemos representar por el hecho de que los eventos están muy próximos entre sí en el espacio. «Yo» también está relacionado con «suspender una asignatura», lo que respalda la relación «soy muy estúpido». Así es como estamos acostumbrados a interactuar con conductas gobernadas por reglas: normas relativamente sencillas con vínculos claros y una lógica simple. Estas relaciones podrían superarse fácilmente con algo como examinar las pruebas del pensamiento, por ejemplo, «bueno, ¿alguna vez has aprobado alguna asignatura?» o «¿De verdad has dedicado todo tu tiempo a esta asignatura?». Estas relaciones verbales son mucho menos propensas a hacer sufrir a las personas y, en ocasiones, las relaciones verbales correctivas simples de este tipo pueden funcionar razonablemente bien.

Pero consideremos la mitad izquierda de la figura. Aquí «yo» y «estúpido» siguen estando relacionados y a la misma distancia. Lo que cambia es el gran número de relaciones operantes que operan dentro de este mismo espacio, relacionadas con «yo» y «estúpido» de diferentes maneras, lo que puede añadir aún más resistencia a esta forma de pensar. La persona de la derecha no solo está suspendiendo la clase, sino que la idea de suspenderla puede provocar pensamientos sobre el fracaso de su matrimonio y la creencia de que sus hijos no la quieren. Por otro lado, también piensa en una segunda clase en la que está suspendiendo, no se siente respetada en el trabajo y cree que todo les resulta muy fácil a los demás. No es difícil ver cómo todo esto puede estar relacionado con su pensamiento de que «no hay esperanza».

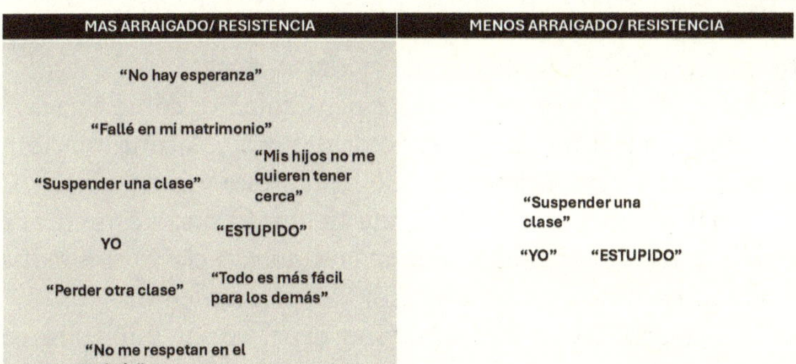

Este tipo de sufrimiento psicológico «arraigado» puede ser mucho más difícil de cambiar.

Intentemos examinar de nuevo las pruebas para convencer a la persona de la izquierda de que no es estúpida. «Pero si has aprobado otras asignaturas antes...». «Sí, pero ahora estoy suspendiendo dos y cada vez es más difícil...». «Quizás las clases se están volviendo más difíciles, pero solo necesitarás trabajar más...». «Las dos asignaturas les resultan muy fáciles a todos los demás, y *yo no tengo tiempo para comprometerse como ellos porque mi matrimonio se está rompiendo y paso todo el tiempo en el trabajo tratando de mantener a mis hijos...»*. Y así sucesivamente. Cada contraargumento que se puede esgrimir alimenta alguna otra relación que lo respalda, lo que refuerza aún más la red relacional y demanda cada vez más tiempo y atención a la persona.

El patrón de la izquierda está mucho más fusionado que el de la derecha y cualquier función psicológica negativa que se vea favorecida por estas relaciones verbales también es mucho más difícil de cambiar. Aquí vemos la inutilidad de la supresión de pensamientos, la reorganización cognitiva, las afirmaciones positivas y todo el arsenal tradicional de la intervención cognitiva: no se trata de una o dos relaciones verbales débiles con las que estamos lidiando, sino de todo un ecosistema de relaciones que sustentan una función de evitación experiencial y que probablemente se vean reforzadas inadvertidamente por intervenciones cognitivas basadas en el sentido común.

Comprender este problema es clave para entender por qué los ejercicios de defusión cognitiva son una alternativa necesaria. Para nuestros desafíos más profundos, reestructurar este espacio puede ser una tarea insuperable. E incluso si lo conseguimos, los enfoques cognitivos requieren un mantenimiento continuo para evitar recaer en los viejos patrones. Peor aún, algunas técnicas cognitivas pueden ser más eficaces en niveles de dificultad más bajos, lo que lleva a las personas a una especie de trampa conductual. No se trata solo de una posibilidad teórica.

Las afirmaciones positivas como «¡Soy una buena persona!», por ejemplo, han demostrado ser útiles siempre que no las necesites realmente (Wood, Perunovic y Lee, 2009). ¿Qué tipo de ayuda es esa?

Ya hemos presentado el canto de los pensamientos como una canción de cumpleaños como ejemplo de ejercicio de defusión. A continuación, hablamos de varias estrategias diferentes que logran este mismo objetivo general de transformar la función del contenido literal. Cuando cantamos el cumpleaños feliz, estamos introduciendo en la situación claves contextuales que pueden alterar las funciones de evitación del pensamiento.

Para la mayoría, los cumpleaños son experiencias muy positivas, y la canción suele tener un emparejamiento con postres, regalos y estar rodeado de familiares y amigos. Además, si la intervención se realiza en el momento adecuado, la ironía de cantar algo aversivo como una canción de cumpleaños puede resultar muy divertida (la «ironía» es en sí misma una especie de incompatibilidad relacional). Por otra parte, cantar requiere una amplificación y elaboración deliberadas del material verbal.

Todas estas relaciones y funciones son incompatibles con las funciones de evitación del pensamiento, lo que proporciona un nuevo contexto que socava la relación negativa entre la conducta y el pensamiento.

Ahora bien, el objetivo de este sencillo ejercicio *no* es cambiar estas relaciones, y una canción de cumpleaños no va a eliminar los retos muy reales a los que se enfrenta la persona de la izquierda en su vida. Pero si una canción puede socavar la espiral verbal que inevitablemente conduce a «no hay esperanza», entonces ese tiempo y esa energía pueden dedicarse a la aceptación de estos acontecimientos tal y como son hoy y a emprender la acción comprometida para mejorar estos acontecimientos mañana. La forma de «salir» es participar en una conducta externa significativa que progrese hacia tus valores, y no seguir obsesionándote con cómo sería la vida *si* todo fuera perfecto hoy. Porque, ¿y si ese «si tan solo» nunca llega?

INVESTIGACIÓN TRASLACIONAL SOBRE LA DEFUSIÓN: UNA BASE EXPERIMENTAL EN CRECIMIENTO

Tenemos algunas pruebas de este debilitamiento del control de los estímulos verbales en una serie de estudios de investigación sobre el juego. En uno de ellos, creamos un control de los estímulos verbales sobre el juego en máquinas tragaperras mediante el emparejamiento de los colores asociados a las máquinas tragaperras con estímulos de juego «más» o «menos» (Zlomke y Dixon, 2006). La idea era que, si el juego estaba bajo control relacional verbal, los participantes mostrarían una preferencia por la máquina tragaperras del mismo color que «más». De hecho, esto ocurrió, y hemos replicado este hallazgo general en otros juegos de casino (por ej, la ruleta, Dixon et al., 2017) y en el contexto de la promoción de compras respetuosas con el clima para combatir el cambio climático (Matthews et al., en revisión).

Estos estudios sugieren que podemos crear reglas fusionadas que las personas seguirán más allá de las contingencias directas que experimentan. Además, como resumen Belisle y Dixon (2020a) y se demostró posteriormente de forma experimental (Belisle y Dixon, 2020b; Belisle y Clayton, 2021), cuanto más fuertes son las relaciones en un momento dado, más resistentes serán esas mismas relaciones al cambio cuando se introduzca información contradictoria que pueda dar lugar a reglas alternativas. Además, los viejos patrones relacionales pueden favorecer la aparición de nuevas relaciones emergentes que sean coherentes con las reglas existentes. Esto significa que, cuando los pensamientos se fusionan, es probable que surjan otros pensamientos similares, lo que genera una resistencia aún mayor al problema.

Belisle, Paliliunas, Speelmen y Dixon (2018) demostraron cómo la desdiferenciación puede ser una posible solución. En su estudio, replicaron el sesgo de las máquinas tragamonedas, en el que un grupo de participantes era más propenso a elegir una máquina tragamonedas roja después de recibir entrenamiento relacional. Sin embargo, un segundo grupo realizó una serie de actividades de desdiferenciación inmediatamente después de recibir el entrenamiento relacional. Las actividades de desdiferenciación consistían en identificar cosas positivas y negativas que fueran rojas y negras, cosas que fueran tanto rojas como negras, y repetir rojo-negro-rojo-negro lo más rápido posible durante 2 minutos. El objetivo era difuminar las líneas entre el rojo y el negro y reducir las funciones de ambos colores. A consecuencia de ello, los participantes del grupo de desvinculación no solo mostraron menos sesgo hacia la máquina roja, sino que, de hecho, mostraron una mayor sensibilidad al programa.

Destacamos este trabajo no porque sea nuestro, sino porque muestra la interacción entre la fusión y la defusión, y cómo puede influir en el comportamiento de una persona. Otros experimentos han demostrado este mismo patrón con otros efectos conductuales y diferentes ejercicios de defusión. Por ejemplo, Moffit et al. (2012) realizaron un ensayo controlado aleatorizado en el que compararon la defusión cognitiva y la reestructuración cognitiva en relación con el deseo de comer chocolate. En su estudio, todos los participantes recibieron una bolsa de chocolates para llevar consigo durante una semana, y los chocolates que no se consumieron se devolvieron al final del estudio. Los resultados mostraron que las probabilidades de abstenerse de consumir el chocolate eran más de tres veces mayores en el grupo de defusión cognitiva que en el grupo de reestructuración.

En otro estudio, Mandavia et al. (2015) compararon dos enfoques de desdiferenciación y dos de supresión de pensamientos para descentrar y reducir la credibilidad de los pensamientos negativos sobre la imagen corporal. Los ejercicios de desvinculación incluían un componente de vocalización rápida en el que los participantes repetían el pensamiento de forma rápida y repetida, o no incluían este componente. Los resultados mostraron que la inclusión de este componente conducía a una mayor descentración de los pensamientos y a una reducción de la credibilidad en comparación con las otras condiciones, y que ambas condiciones de desvinculación eran más impactantes que las condiciones de reestructuración cognitiva y que el grupo control.

Aunque estos ejemplos representan conductas que pueden experimentar los clientes con adicciones, ansias de comer o una imagen corporal negativa, también hay investigaciones emergentes que demuestran la eficacia de los ejercicios de desactivación en personas con autismo. Eilers y Hayes (2015) evaluaron la influencia de un ejercicio de desactivación de 30 segundos en el que niños pequeños con autismo repetían reglas rígidas y restrictivas con una voz ridícula. A continuación, expusieron a los niños a situaciones que históricamente habían provocado altos índices de comportamientos problemáticos. Los resultados mostraron una supresión inmediata de las tasas de conducta problemática tras los ejercicios de desactivación en los tres niños participantes, lo que demuestra con precisión cómo se puede utilizar algo como la defusión cognitiva dentro de un plan de tratamiento.

LOS MARCOS RELACIONALES INTERACTÚAN DE MANERA COMPLEJA

Parte del proceso terapéutico consiste en cambiar los marcos relacionales de los marcos relacionales, es decir, la forma en que interactuamos con nuestra propia conducta verbal. La tabla siguiente muestra cómo los marcos relacionales pueden desempeñar un papel fundamental en el proceso de desactivación. Este es un ejemplo de un joven adulto autista que es incapaz de acercarse a los hombres para iniciar conversaciones que podrían dar lugar a una relación romántica. Está fusionado con la idea de que la gente lo encuentra raro y que nadie querría salir con él, y mucho menos hablar con él. Al igual que con la aceptación, este proceso comienza con el reconocimiento de la situación, que acercarse a alguien es incómodo y que pensar en ello puede provocar pensamientos de insuficiencia y traer a la superficie relaciones o reglas profundamente arraigadas sobre ser raro o diferente.

Sin embargo, seguir adelante *con* estos pensamientos es mejor que quedarse estancado y rumiar sobre ellos, pero puede ser necesario desactivarlos para poder salir del atolladero. En este caso, hay que mantener esos pensamientos sin aferrarse a ellos y optar por practicar uno de los muchos ejercicios de desactivación posibles antes de acercarse a la persona. Parte de este proceso puede implicar interactuar con los marcos deícticos de «soy raro» contextual (es decir, yo como contexto) y con autocompasión por la experiencia de que estos pensamientos son difíciles para cualquier persona, pero que ser uno mismo es necesario para realizar plena y completamente la relación que deseas. Por último, todo esto también requiere aceptación de que acercarse a una persona nueva puede tener éxito o puede fracasar, pero que, en cualquier efecto, acercarse a la persona está en consonancia con un valor más amplio de buscar relaciones románticas genuinas, sin sacrificar aquellas cosas que la hacen única.

Un enfoque cognitivo más tradicional implicaría intentar examinar las pruebas de este pensamiento: «¿Te evitan todas las personas de tu vida?», «¿Es tan malo ser rara?». Es posible que incluso hayamos dicho estas cosas a nuestros clientes, y hacerlo puede ser útil en cierto modo. Sin embargo, la defusión ofrece una forma diferente de avanzar y una estrategia que puede generalizar a otros pensamientos a lo largo de la vida, independientemente de su contenido. No es difícil imaginar este mismo proceso aplicado a la matriculación en un curso universitario difícil o a la solicitud de un nuevo trabajo. O, en un contexto completamente diferente, a la decisión de ser padre o madre como persona con autismo.

Este enfoque también es muy diferente de los enfoques de entrenamiento en habilidades sociales que hemos adoptado tradicionalmente en el análisis de conducta. Es cierto que ciertas conductas pueden mejorar la probabilidad de que las interacciones sean exitosas, pero si esas conductas no son coherentes con la forma en que la persona se comporta en función de su propia historia de aprendizaje, las relaciones pueden fracasar simplemente porque las habilidades sociales aprendidas tienen un alcance limitado. La comunidad autista suele referirse a esto como «enmascaramiento», un intento de comportarse temporalmente de forma diferente a como se comporta normalmente. La defusión y otros enfoques dentro de ACT ofrecen una alternativa al enmascaramiento como forma de buscar reforzadores en la vida.

La fusión y la defusión son conceptos difíciles de entender, y cada día aprendemos más al respecto. Por esta razón, recomendamos a todos los analistas de conducta que implementan enfoques basados en ACT que se familiaricen con la TMR. Hacerlo será fundamental para llevar a cabo la defusión de manera funcional, más allá de simples ejercicios, para diseccionar realmente los marcos relacionales que participan en el comportamiento y debilitar su control.

VARIABLES INDEPENDIENTES Y VARIABLES DEPENDIENTES PARA LA INTERVENCIÓN

Cuando pensamos en la medida en el contexto de la fusión y la defusión cognitivas, debemos determinar (1) «¿qué formas de pensamiento fusionado contribuyen al reto que se nos plantea?» y (2) «¿en qué medida están fusionados esos pensamientos?».

Para responder a la primera pregunta es necesario escuchar sin juzgar las historias, explicaciones y razones que los clientes proporcionan al tratar sus desafíos. En un enfoque basado en ACT, estas narrativas verbales pueden formar parte de relaciones complejas entre conductas que intentamos debilitar con intervenciones de defusión.

Las preguntas abiertas pueden permitir un análisis del contenido de estas relaciones fusionadas. Por ejemplo, la pregunta «cuando piensas en tu lucha, ¿qué pensamientos te vienen inmediatamente a la mente?» puede evocar descripciones de la conducta verbal que el cliente ha notado en el contexto de su lucha. Debido al marco relacional, orientar al cliente hacia su lucha puede evocar la misma conducta verbal que se produce cuando la lucha está ocurriendo. Utilicemos el ejemplo anterior del cliente que busca relaciones románticas. «Cuando te cuesta acercarte a personas que te podrían interesar románticamente, ¿qué te viene a la mente en ese momento?».El cliente podría responder: «No puedo acercarme a ellas porque no sé qué decir y pensarán que soy muy raro por intentar hablar con ellas». En este punto, ya estamos empezando a ver algunas de las relaciones que pueden estar participando en la evitación experiencial de nuestro cliente.

Podemos profundizar aún más con preguntas indagatorias dentro de la conversación, por ejemplo, validando la afirmación inicial y pidiendo más detalles. Podríamos decir: «Debe de ser difícil cuando te viene ese pensamiento. ¿Qué otros pensamientos tienes en torno a acercarte a otras personas, por ejemplo, en una cafetería o en un bar?». A lo que el podría responder: «Tengo autismo y eso me hace diferente. La mayoría de la gente no entiende cómo es y eso me dificulta mucho hacer amigos. Piensan que soy raro y no me entienden. Y ni siquiera sé qué decirles». Al indagar más, se descubren más relaciones verbales potenciales. En este caso, las reglas fusionadas relacionadas con ser raro, indeseable, diferente y su diagnóstico de autismo pueden participar en la evitación de hablar con otras personas en entornos en los que hacerlo es completamente apropiado.

Si piensas en utilizar una herramienta como la Matriz ACT, descubrir el contenido de las relaciones verbales fusionadas forma parte del proceso. Es decir, el contenido se encuentra en la parte inferior izquierda de la matriz (experiencias privadas que nos alejan de nuestros valores), y el proceso de elaboración de la matriz está diseñado para tomar conciencia de la relación entre estas experiencias privadas y los comportamientos que constituyen la evitación experiencial.

Estas estrategias son en realidad una forma de análisis cualitativo que consiste en recopilar tanta información abierta como sea posible y buscar temas recurrentes. Cuando se observan patrones similares en múltiples desafíos de la vida de una persona, esto puede indicar relaciones altamente fusionadas que deben ser objeto de la intervención. Un análisis cualitativo puede ser suficiente para responder a nuestra primera pregunta: «¿Qué formas de pensamiento fusionadas contribuyen aldesafío que nos ocupa?». Sin embargo, esto no ayuda mucho a responder a nuestra segunda pregunta: «¿Cuan fusionados están esos pensamientos?».

Necesitamos una forma de asignar un número a la «fusión cognitiva» que permita realizar un análisis cuantitativo de la fusión como proceso, con el fin de evaluar la eficacia de las intervenciones de defusión en análisis experimentales. Solo entonces podremos analizar científicamente algo como la fusión y la defusión.

La fusión y la defusión como variables dependientes

Actualmente se están llevando a cabo numerosas investigaciones en laboratorios básicos de TMR experimental para determinar cómo se relacionan los eventos verbales con otros eventos verbales, cuán fuertes son las transformaciones de la función de estímulo y cuán resistentes son esas relaciones al cambio. Todo ello con el fin de cuantificar la «fusión» y la «defusión» como variables dependientes y variables predictivas dentro de ACT.

Este trabajo parte de la idea de que toda respuesta relacional está relacionada de alguna manera con todas las demás respuestas relacionales. Por ejemplo, si te preguntaran «¿qué relación hay entre un cerdo y una lechuga?», podrías generar una respuesta. Hacerlo te llevaría unos segundos, pero hay muchas respuestas posibles. «A los cerdos no les gusta la lechuga». «Si como suficiente lechuga, no me sentiré como un cerdo». Ahora bien, ¿qué pasaría si te preguntaran «¿qué relación hay entre un cerdo y el beicon?». Esta respuesta es mucho más fácil y rápida. «El beicon proviene del cerdo». Por lo tanto, podríamos concluir que «beicon» y «cerdo» están *más* relacionados que «lechuga» y «cerdo».

Esta idea de relación diferencial dio lugar a la idea de los efectos diferenciales de respuesta relacional arbitrariamente aplicables (DAARRE, por sus siglas en inglés; Finn, Barnes-Holmes y McEnteggart, 2018), que subyace a tecnologías como el IRAP. En el IRAP, se presenta a los participantes un estímulo de muestra y estímulos de comparación, y deben generar una respuesta predeterminada que sea coherente con una clave contextual. La idea es que, cuando la clave contextual que vincula los estímulos es coherente con el historial de aprendizaje de los participantes, estos generarán la respuesta más rápidamente. Esto proporciona una variable (puntuación D-IRAP) que describe la relación diferencial de las comparaciones de estímulos introducidas a lo largo del procedimiento.

El IRAP es un avance importante a la hora de examinar la fusión como variable dependiente que podríamos querer influir con ejercicios de defusión, ya que las relaciones más fuertes pueden considerarse más «fusionadas» (es decir, con un historial de aprendizaje más amplio y elaborado). Las primeras investigaciones demostraron que el IRAP era capaz de detectar sesgos relacionales, como el sesgo racial, el sesgo de género y la afiliación política, e incluso podía utilizarse para predecir efectos clínicos como la depresión y la ansiedad. Esto respalda el papel de la fusión cognitiva como variable de proceso que podría influir en otras conductas que nos interesan en el análisis de conducta.

Además, la participación en ejercicios de desvinculación parece influir en las puntuaciones obtenidas en el IRAP. Por ejemplo, Ritzert et al. (2015) evaluaron la relación entre las arañas y el miedo en una muestra no clínica, y sus resultados mostraron que la intervención de defusión condujo a una disminución del miedo, según se midió en el IRAP, en comparación con la supresión de pensamientos y una condición de control. En otro estudio, Ferroni-Bast et al. (2019) crearon un IRAP diseñado para detectar el fracaso percibido tras una tarea irresoluble. A continuación, los participantes fueron expuestos a una grabación de audio de defusión o a una grabación de control. Sin embargo, los resultados no respaldaron un cambio en las puntuaciones del IRAP en ninguno de los dos grupos. A pesar de los resultados diferenciales, estos y otros estudios respaldan el uso del IRAP como medida de efecto corolario que puede ser útil a la hora de evaluar la eficacia de la defusión o de estrategias integrales basadas en ACT; sin embargo, advertimos a los lectores que no utilicen el IRAP con fines de evaluación funcional en este momento, pero recomendamos encarecidamente que se investigue más en este ámbito.

Los modelos basados en DAARRE son una forma de evaluar las relaciones verbales, y se necesita más investigación para vincular estas puntuaciones con el concepto más amplio de fusión cognitiva. Afortunadamente, la fusión y la defusión se evalúan como procesos competitivos en una serie de medidas de auto informe. Una evaluación completa denominada *Cuestionario de Fusión Cognitiva* (CFQ) es la medida más utilizada para evaluar la fusión cognitiva (Donati et al., 2021). El CFQ-7 contiene siete ítems directamente relacionados con la fusión cognitiva que se evalúan en una escala Likert de siete puntos. Además, la evaluación tiene una gran validez interna y se ha traducido a varias lenguas. Las comparaciones con evaluaciones de auto informe de aspectos como la depresión o la satisfacción con la vida, y la evaluación de otros procesos de ACT respaldan la utilidad del CFQ-7.

Las medidas de fusión también pueden estar presentes en otras evaluaciones de intervenciones basadas en ACT. Ya hemos tratado el AAQ-II como medida de aceptación y acción, en el que se pide al cliente que califique diferentes afirmaciones en una escala que va de «nunca es cierto» a «siempre es cierto». En cierto modo, esta escala pregunta hasta qué punto el cliente se toma las afirmaciones al pie de la letra. En otras palabras, las puntuaciones altas en el AAQ-II pueden ser indicativas de fusión cognitiva. Y ya sabemos que las puntuaciones altas en el AAQ-II (es decir, la fusión con reglas que muestran bajos niveles de aceptación y acción) predicen efectos negativos que el análisis de conducta está diseñado para tratar o prevenir.

Otras herramientas de auto informe proporcionan ítems diseñados específicamente para evaluar la fusión cognitiva. Por ejemplo, en el CompACT, 10 ítems están dedicados a evaluar la apertura a la experiencia. Entre ellos se incluyen afirmaciones como «Hago todo lo posible por evitar situaciones que puedan provocar pensamientos, sentimientos o sensaciones difíciles», «Los pensamientos son solo pensamientos, no controlan lo que hago» y «Puedo aceptar los pensamientos y sentimientos tal y como surgen, sin intentar evitar ni controlarlos». En cada una de estas preguntas, es fácil ver cómo la práctica de la defusión cognitiva podría desempeñar un papel de tecla en la promoción de la apertura a la experiencia como parte de la flexibilidad psicológica. El CPFQ-Child Report también contiene ítems relacionados específicamente con la defusión cognitiva, como «Si pienso algo, eso no significa que sea cierto» y «Mis pensamientos no me hacen hacer lo que hago», que podrían proporcionar información sobre los niveles actuales de fusión cognitiva. Todas estas medidas podrían utilizarse junto con la automonitorización de la frecuencia de los pensamientos fusionados para acompañar un análisis de los cambios en las conductas objetivo.

Intervenciones de desdiferenciación como variable independiente

Un buen punto de partida para evaluar cuantitativamente la fusión cognitiva podría ser la medida del grado en que las personas se vuelven insensibles a los efectos directos de sus elecciones como consecuencia de adherirse rígidamente a reglas fusionadas. Recordemos que el mayor reto que plantea la conducta gobernada por reglas es que el seguimiento rígido de las mismas puede disminuir la capacidad de una persona para entrar en contacto y reaccionar adecuadamente ante contingencias, lo que puede llevar a quedarse estancado en comportamientos inviables. Experimentalmente, podríamos probar cualquier número de ejercicios de defusión generando normas que se alineen (o diverjan) de las contingencias programadas dentro de una tarea artificial y evaluar si el ejercicio produce un mayor control de las contingencias de la tarea en comparación con la norma.

En la práctica, ya lo hacemos con ejercicios de defusión. Por ejemplo, si estamos tratando de aumentar el comportamiento de acercarse a los demás como en el ejemplo anterior, podríamos comparar la frecuencia y la duración de los intercambios sociales mediante la automonitorización en presencia o ausencia del ejercicio de defusión. Esto podría mostrar el control funcional del ejercicio de defusión sobre el acercamiento como parte de una relación conducta-conducta. Este enfoque analítico podría utilizarse con cualquier comportamiento manifiesto si al reducir la fusión se consigue que el cliente adopte un comportamiento guiado por sus valores. Esta estrategia general también podría utilizarse para comparar los ejercicios de defusión con otros procesos, como la conciencia del momento presente, en los que la defusión representa la interacción con estímulos verbales de una manera funcionalmente diferente y el momento presente implica prestar más atención a los estímulos internos y externos presentes. Para cada cliente específico, podemos determinar qué estrategia funciona mejor para producir el cambio de conducta deseado.

Existe un conjunto de investigaciones emergentes que muestran que practicar la defusión puede conducir a cambios en otras conductas que pueden ser de interés para nosotros como analistas de conducta. Por ejemplo, practicar la defusión puede disminuir la excitación emocional como respuesta a pensamientos angustiosos. Una vez más, ten en cuenta que el propósito de la defusión es debilitar el efecto de los pensamientos de una persona sobre su conducta. Pilecki y McKay (2012) evaluaron esto mostrando a los participantes vídeos diseñados para elicitar sentimientos de tristeza, miedo o repugnancia, y luego les hicieron realizar la tarea de Stroop, que consiste en prestar atención a estímulos contradictorios (es decir, palabras y colores). Sus resultados mostraron que, aunque los participantes calificaron sus respuestas emocionales como comparables con o sin los ejercicios de defusión, fueron capaces de realizar mejor la tarea de Stroop después de la defusión en comparación con los ejercicios de supresión de pensamientos o una condición de control. En el caso de los adultos con autismo, Maisel et al. (2019) descubrieron que una breve técnica de defusión cognitiva de 5 minutos podía reducir momentáneamente la credibilidad y la incomodidad de los pensamientos angustiosos experimentados por los participantes autistas.

En lo anterior, los ejercicios de defusión se presentan como una variable independiente y el cambio de conducta objetivo como el efecto dependiente. Al considerar los ejercicios de defusión como posibles variables independientes dentro de un enfoque terapéutico más amplio basado en la ACT, hay varias formas de desarrollar los ejercicios. Assaz, Roche et al. (2018) proporcionan algunas categorías generales en las que suelen encajar los ejercicios de defusión, lo que puede ayudar a delimitar ciertos ejercicios como variables dependientes.

En primer lugar, varios ejercicios consisten en jugar con las palabras, como repetir una palabra una y otra vez (repetición de palabras), cantar la palabra o el pensamiento como una canción, deletrear el pensamiento al revés o decir el pensamiento con una voz ridícula. La primera estrategia, la repetición de palabras, es un buen ejemplo. Puede debilitar temporalmente el control de estímulo en el momento mediante la habituación y la reducción de las señales contextuales relacionales y contextuales funcionales que dependen del orden de las palabras y la gramática para establecer el impacto de los eventos verbales. Aunque el efecto es temporal, la lección que se aprende con una reducción drástica del significado y el impacto de las palabras puede ser bastante duradera.

Una segunda categoría incluye la interrupción del flujo de pensamientos y acciones. Por ejemplo, el terapeuta y el cliente pueden dar un paseo y turnarse para ser la persona que se comporta (por ej., caminando alrededor del edificio) y «la mente» (por ej, evaluando y juzgando todo lo que hace la persona). Otro ejemplo podría consistir en lanzar una pelota de baloncesto a una canasta mientras la otra persona intenta distraer al lanzador con comentarios evaluativos sobre acontecimientos pasados y presentes. Un tercer ejemplo podría ser caminar por la habitación mientras se dice en voz alta «No puedo caminar por esta habitación». Estos ejercicios están diseñados para simular de forma experiencial la participación en un comportamiento a pesar de que los pensamientos y los sentimientos están presentes. En estos casos, el objetivo es reforzar la realización satisfactoria de las tareas incluso con «la mente» presente.

Una tercera categoría consiste en observar e identificar las respuestas relacionales a medida que se producen en el momento y crear distancia añadiendo calificativos, como «Estoy teniendo el pensamiento de que...». Desde la perspectiva del TMR, añadir esta afirmación puede ayudar a tomar el contenido del pensamiento de forma menos literal. Por ejemplo, el pensamiento «No soy interesante y nadie me quiere» es funcionalmente diferente de «Estoy teniendo el pensamiento de que no soy interesante y nadie me quiere». Otro ejemplo común consiste en visualizar pensamientos y hojas en un árbol y observar psicológicamente cómo las hojas caen del árbol a un arroyo y son arrastradas por la corriente. En estos ejemplos, estamos recontextualizando los pensamientos como algo que está espacialmente distante en lugar de literal.

Al comprender los ejercicios de desvinculación de esta manera, podemos manipular varios aspectos de la desvinculación dentro de un enfoque más amplio de la intervención y la evaluación del programa. En primer lugar, podríamos hacer algo parecido a un análisis de dosis estableciendo objetivos para realizar ejercicios de defusión. Por ejemplo, podríamos fijarnos el objetivo de practicar 10 ejercicios de defusión a lo largo de una semana. Al principio, estos ejercicios pueden ser propuestos por el terapeuta, pero con el tiempo, la ayuda puede desvanecerse para la transferencia del control de estímulo del terapeuta a las situaciones externas que provocan los pensamientos y las experiencias emocionales no deseadas. En otras palabras, el cliente se encarga de participar en las prácticas de defusión.

Del mismo modo, dentro de un plan de estudios más amplio de ACT, como el AIM (Dixon y Paliliunas, 2018), también podemos variar el porcentaje de lecciones diarias que se centran en la defusión cognitiva en comparación con el otro como proceso de ACT. Esto puede ser especialmente importante cuando las medidas indican que la fusión cognitiva desempeña un papel central en los retos a los que se enfrentan los clientes.

Los analistas de conducta también pueden utilizar estrategias de diseño experimental con un solo sujeto para comparar ejercicios de desvinculación o programas de entrenamiento de defusión más amplios. ¿Funcionan estas estrategias de manera diferente para diferentes clientes, o es mejor utilizarlas juntas dentro de un paquete de entrenamiento más amplio? Responder a estas y otras preguntas relacionadas con la defusión cognitiva es competencia exclusiva de los analistas de conducta. Lo que sí sabemos es que puede ser necesario el entrenamiento de la desdiferenciación como una clase amplia de conductas para permitir a los clientes conectar con el momento presente con aceptación y voluntad, lo que demuestra lo interconectados que están realmente los procesos de ACT.

ESTRATEGIAS ANTERIORES Y DE CONSECUENCIA PARA PROMOVER LA DEFUSIÓN

Hemos hablado mucho de la desdiferenciación *como* una forma de intervención antecedente. Donde los analistas de conducta pueden ser especialmente valiosos es en la identificación de aquellos momentos en los que algo como la desdiferenciación podría ser más útil. Por ejemplo, utilizando un diagrama de dispersión basado en el tiempo, el analista de conducta puede observar que el comportamiento problemático surge con mayor frecuencia durante la hora del almuerzo y que la consecuencia es la oportunidad de evitar a los compañeros. La misma persona expresa sentirse conectada con sus compañeros como un valor que aprecia. Si sabemos que es entonces cuando surgen los desafiós y tenemos pruebas de que las normas rígidas influyen, entonces, justo antes de ese momento, podría ser un buen lugar y momento para realizar cualquier número de ejercicios de desactivación antes de abordar el momento.

En muchos sentidos, los ejercicios de defusión funcionan como ese comportamiento adaptativo alternativo. Puedes evitar esta situación *o* interactuar con el pensamiento de otra manera. Tú eliges. Cuando pensamos en la defusión de esta manera, ¿cómo podemos hacer que la segunda opción sea aún más probable? Una solución sencilla es dar ayuda en el momento. «Oye, cantemos juntos un pensamiento realmente difícil que tengamos en este momento, como la canción de la familia Adams». Otra forma de aumentar la defusión sería tomar productos permanentes de ejercicios de desactivación anteriores, como dibujar el pensamiento como un monstruo ridículo y ponerlo inmediatamente en contexto.

La conclusión es que la defusión puede ser cómica y la gente es muy reacia a participar en estas cosas en público. Todos compartimos la desafortunada historia de haber sido ridiculizados y burlados cuando actuamos de forma anómala. ¿No es una pena? Consecuencias como el elogio social pueden contrarrestar esta historia y generar confianza que se puede moldear mientras se practica la defusión.

En un sentido aún más amplio, crear una cultura en el lugar de trabajo en la que esté bien actuar de forma tonta y expresar tus pensamientos y sentimientos de esta manera, y reforzar socialmente o dar premio a la expresión creativa de este tipo se convierte en la nueva normalidad. Fomentar una cultura de la defusión.

COMBINAR LA DEFUSIÓN CON LA CONCIENCIA DEL MOMENTO PRESENTE Y LA ACEPTACIÓN

La defusión apoya los otros procesos que hemos revisado hasta ahora: la conciencia del momento presente y la aceptación. La conciencia del momento presente puede ser fácil cuando el momento presente no es tan malo. Pero, ¿qué pasa cuando la realidad del momento presente es horrible? La persona con el problema de juego puede darse cuenta de que su matrimonio se está desmoronando debido a su adicción. El contacto con estas contingencias tan reales se agrava aún más cuando empieza a aparecer lenguaje que evalúa las contingencias, como «mi vida se arruinará si ella me deja» o incluso «sus vidas serían mejores si yo no estuviera aquí». Se trata de reglas que especifican contingencias que probablemente están muy fusionadas y que, si se toman al pie de la letra, conducirán a efectos nefastos. Lo menos grave es volver al casino para escapar de los pensamientos cuando el momento presente es demasiado difícil de soportar.

Pero, ¿y si podemos neutralizar estos pensamientos utilizando algunas de las estrategias que hemos tratado hasta ahora? El hombre sigue teniendo un problema con el juego. Es posible que su mujer lo deje, independientemente de que resuelva el problema. Es posible que intente quitarle la custodia de los niños. Todo esto es cierto y ni él ni el analista de conducta tienen control alguno sobre esta contingencia. Es simplemente así. Pero si podemos debilitar los pensamientos que rodean este evento en el momento en que más a menudo elige ir al casino, creamos un espacio para que elija otro camino a seguir. «Tengo el pensamiento de que mi esposa me va a dejar, y   ». La casilla «y» podría incluir «todavía puedo ir al partido de fútbol de mi hijo» o «todavía puedo cenar con ella esta noche». Una vez más, ella podría dejarlo. Sus hijos podrían seguir resentidos con él por el dolor que les ha causado. Pero aquí, ahora, en este momento, él puede elegir vivir de acuerdo con sus valores y ser la persona que quiere ser.

Hacer esto requiere la aceptación de que las contingencias están fuera de tu control y, para el analista de conducta, la incómoda realidad de que la mayoría de las contingencias que afectan a nuestros clientes están fuera de nuestro control. Por supuesto, sería estupendo que pudiéramos conseguir que la esposa firmara un contrato de contingencia en el que se comprometiera a seguir casada con él si no juega. Pero no tenemos forma de control si ella cumple su promesa, ni deberíamos querer hacerlo. Lo que podemos hacer es fomentar la aceptación y la voluntad de afrontar con claridad y concentración el desastre actual que ha causado el juego con claridad y concentración. Desactivar la literalidad de las evaluaciones que uno hace del evento y elegir un mejor camino a seguir.

Muchos analistas de conducta trabajan con personas con discapacidades, pero esta misma forma de pensar sobre los retos a los que se enfrentan nuestros clientes sigue siendo válida. En el momento presente, nuestros clientes *tienen* una discapacidad que afecta a su vida (esa es la definición de discapacidad). Esa discapacidad no desaparece cuando logran conectar con el momento presente. Las contingencias reales que existen en un mundo creado por personas sin discapacidades para personas sin discapacidades crean contingencias que son muy desventajosas para nuestros clientes. Y por mucho que queramos cambiar estas realidades en nuestra sociedad (y deberíamos abogar por ello), nuestro papel con los clientes es ayudarles a avanzar hacia lo que valoran de todos modos. «Tengo la idea de que, como soy autista, nadie quiere hablar conmigo, y ________________».

La casilla «y» podría incluir «Puedo acercarme a él porque quiero ver adónde lleva esto» o «Puedo solicitar ese trabajo y ver si me llaman». Es posible que las personas no respondan bien siempre. Las diferencias sociales forman parte del mundo de las personas con TEA. Pero eso no significa que no podamos animar a nuestros clientes a intentarlo, y a volver a intentarlo una y otra vez. Y la desactivación ayudará a promover la aceptación y la conciencia del momento presente que se necesitan para hacerlo.

8

VALORES

Los valores son *el* concepto central de la ACT que une los demás procesos básicos al darles un propósito. ¿Por qué queremos estar en el momento presente? Para acercarnos a lo que valoramos. ¿Por qué debemos aceptar las cosas fáciles y las difíciles que se presentan en nuestras vidas? Porque hacerlo nos permite hacer lo que es importante para nosotros en la vida. ¿Por qué deberías realizar ejercicios de defusión cuando los pensamientos se estancan? Porque cuando lo haces, es más fácil dedicarte a lo que más te importa.Si todos los procesos de flexibilidad psicológica se centran en crear una clase operante topográficamente amplia y adaptativa que maximice el reforzamiento valorado (como argumentamos en un capítulo anterior), entonces el objetivo de participar en cualquier conducta que entrenemos en ACT es maximizar nuestra capacidad de actuar de manera coherente con los valores que hemos elegido. Para tener un mayor contacto con las cosas importantes de la vida.

Hemos tratado los valores a lo largo de este libro porque cualquier debate sobre modelos de flexibilidad psicológica debe comenzar y terminar con los valores. Lo que quizá no sepas es que este proceso fundamental de los valores está profundamente arraigado en nuestra propia ciencia. Es un concepto verdaderamente global.

Los valores son la razón por la que nos dedicamos a la ciencia en primer lugar, y están en el corazón de la forma de pragmatismo que se aplica dentro de las formas radicales y contextual del conductismo. La gran idea es que el propósito de la ciencia es resolver problemas importantes. Una buena teoría científica se diferencia de una mala teoría científica principalmente porque la primera puede resolver problemas de manera más eficaz y eficiente que la segunda. Para estos primeros filósofos, la ciencia era simplemente una conducta que algunos miembros de la sociedad realizaban para resolver problemas de manera más eficaz. Al comprender la aerodinámica de la sustentación y la resistencia, somos capaces de volar y, hoy en día, viajar de un país a otro y de un continente a otro. Los avances tecnológicos en las ciencias de la computación han dado lugar a los teléfonos inteligentes y a Internet, lo que nos permite acceder a cualquier persona en cualquier parte del mundo.

El pragmatismo es la filosofía científica que da prioridad al «trabajo exitoso». Pero fíjate en que no hemos dicho que la flexibilidad psicológica consiste en maximizar *cualquier* reforzador —un buen delincuente puede hacerlo—, sino en maximizar los reforzadores *valiosos* y, por lo tanto, en un sentido especial, la flexibilidad psicológica depende de los valores.

Esto es sin duda cierto para las personas a las que sirve la ciencia. La comunidad global en su conjunto valora la capacidad de interactuar con amigos y familiares. Valoramos el fácil acceso a la información. Valoramos la capacidad de comunicarnos a larga distancia, tanto a nivel personal como profesional, y de aprovechar la salud y la seguridad que nos brindan los avances científicos. Valoramos la justicia y la bondad. Estos son, en general valores prosociales compartidos por los miembros de la sociedad humana por razones evolutivamente sensatas, y estos valores compartidos son ejemplos de lo que mantiene el progreso científico.

Por lo tanto, no debería sorprender que el análisis de conducta en sí mismo se base en el pragmatismo científico. Nos dedicamos a la ciencia para aprender a cambiar la conducta utilizando principios precisos y de amplio alcance, que nos permiten, como sociedad humana, alcanzar efectos valiosos. Para B. F. Skinner, esto significaba saber cómo reorganizar nuestro mundo para seleccionar las conductas socialmente importantes para la sociedad, como se ejemplifica en su obra de ficción *Walden II* (1948). Para los analistas de conducta en ejercicio, esto significa reorganizar el ambiente de nuestros clientes y la forma en que interactúan con él, para ayudarles a alcanzar sus valores personales, sus sueños y sus ambiciones. Y, al hacerlo, acercarnos a nuestro propio valor de influir en un cambio significativo en las vidas de las personas a las que servimos.

La relación entre el análisis de conducta y los valores se hizo más explícita a medida que evolucionó su vertiente aplicada. Así lo expresaron Baer, Wolf y Risley (1968) en su artículo fundamental sobre el análisis aplicado de conducta, al tratar el significado de la palabra «aplicado»:

La etiqueta "aplicado" no viene determinada por los procedimientos de investigación utilizados, sino por el interés que la sociedad muestra por los problemas que se estudian. En la aplicación conductual, el comportamiento, los estímulos y/o el organismo objeto de estudio se eligen por su importancia para el ser humano y la sociedad, más que por su importancia para la teoría.

La parte importante aquí es «importancia para el ser humano y la sociedad». Significa que definimos como valor lo que nuestro campo intenta lograr en la sociedad y en nuestro trabajo con los clientes.

La importancia de los valores se captura aún más en los analistas de conducta por su énfasis en producir cambios de conducta socialmente válidos. Decimos que un cambio de conducta es socialmente válido cuando conduce a una mejora notable en la vida de los clientes, los cuidadores y las partes interesadas. «Mejora» es un concepto relativo que requiere claridad sobre lo que es importante para los clientes, es decir, no podemos decir que algo ha «mejorado» a menos que tengamos un enfoque o un objetivo concreto hacia el que avanzamos. Queremos que un niño se golpee menos la cabeza (valorando la seguridad). Queremos que otro niño interactúe más socialmente con los demás (valorando las relaciones). Hacemos hincapié en este punto en *Research Methods for the Practicing Behavior Analyst (*Belisle, Stanley y Dixon, 2021) cuando tratamos los objetivos del cambio de conducta, donde queremos aumentar los comportamientos que se acercan a los valores elegidos y reducir los que se alejan de ellos.

Pero, ¿qué valores nos preocupan más tal y como está el campo hoy en día?

Aunque quizá no fuera la intención de Baer, Wolf y Risley, la cita anterior pone énfasis en la importancia del «hombre» (un término colectivo en aquella época para referirse a las personas) y la «sociedad», en lugar de la importancia del cambio de conducta de la persona cuyo comportamiento se está modificando. En un artículo posterior en el que se refería específicamente a la validez social, Wolf (1978) esbozó los siguientes criterios:

> «... (1) ... ¿Son los objetivos conductuales específicos realmente lo que quiere la sociedad?
>
> ... ¿Consideran los participantes, los cuidadores y otros consumidores que los procedimientos del tratamiento son aceptables?
>
> ... ¿Están satisfechos los consumidores con los resultados? (pág. 207).

Una vez más, se hace hincapié en los valores de la sociedad, y la «aceptación» y la «satisfacción» a nivel de los clientes y consumidores quedan en un segundo plano. Anteponer las necesidades de la sociedad a las del individuo no es posible en la práctica del análisis conductual actual. Más bien, los enfoques basados en ACT nos desafían a poner los valores de los clientes y consumidores en primer plano, no solo en nuestros efectos deseados, sino también en los procedimientos utilizados para alcanzarlos.

Este punto es tan importante que vale la pena mencionarlo de nuevo. Dar prioridad a los valores de los clientes y consumidores en el campo del análisis de conducta no es opcional. El análisis de conducta, como campo, tiene la responsabilidad de ayudar a las personas a alcanzar sus valores mediante un cambio conductual intencionado. No somos los únicos... pero debemos afirmarlo claramente. El Grupo de Trabajo sobre estrategias y tácticas de la ciencia conductual contextual lo expresó de esta manera: «la investigación debe ser explícita sobre su propósito prosocial y buscar conocimientos científicos que fomenten la justicia social» (Hayes et al., 2021, p. 180). Adoptar esta postura no solo es coherente con ACT, sino que es pragmático en el sentido más profundo de utilizar la ciencia para ayudar a las personas a avanzar hacia reforzadores valiosos.

Cuando hemos dado lo mejor de nosotros mismos como campo, hemos influido en el cambio de la forma que más importa a nuestros clientes y sus familias. El análisis funcional experimental es un ejemplo que ya hemos tratado. Se trata de un descubrimiento de enorme importancia, ya que permitió a los clientes alcanzar una mayor independencia en su vida *y* creó estrategias alternativas al uso excesivo del castigo, algo de lo que, en términos históricos, la sociedad humana se está alejando gradualmente en todas las facetas de la vida.

Cuando hemos estado en nuestro peor momento, nuestros objetivos para el cambio de conducta tenían poco o nada que ver con los valores de aquellos a quienes servimos o, lo que es peor, estaban en contradicción directa con esos valores. La mayoría de los analistas de conducta estarán familiarizados con algunas de las controversias que rodean el uso de las tecnologías ABA con la comunidad autista. Parte de ello se debe al uso de castigos, como las descargas eléctricas, que han llamado la atención incluso de la Oficina de Ética de las Naciones Unidas (https://www.ohchr.org/). Vivir en un mundo libre de castigos corporales es claramente algo que valoran muchos miembros de esta comunidad.

Quizás menos obvias son las intervenciones que tienen un enfoque en objetivos de cambio de conducta, como el contacto visual o la normalización social, que los propios clientes pueden no haber identificado como valiosos.

La «normalización», en cualquier nivel, probablemente no tiene sentido una vez que empezamos a construir intervenciones en torno a valores personales. Lamentablemente, los servicios se prestan a menudo basándose en diagnósticos del DSM-V que se basan en la «desviación de lo normal» como objetivo del cambio de conducta. Podemos mejorar como campo y como profesionales cuando nos guiamos por los valores personales de nuestros clientes y consumidores.

En la intervención, esto se traducirá en gran medida en ayudar a los clientes a identificar lo que realmente valoran en sus vidas (no solo lo que la sociedad les dice que deben valorar) y a identificar los objetivos de cambio de conducta y los factores ambientales que influyen en la conducta en la dirección deseada. En este capítulo se abordará esta ciencia emergente de los valores y la valoración desde una perspectiva analítico conductual.

PROCESOS BÁSICOS DE CAMBIO DE CONDUCTAS: FUNCIONES REFORZANTES AUGMENTAL

Como señaló Skinner (1971), los valores se describen como «la discriminación entre una cosa y su efecto reforzador», lo que sugiere que «una ciencia de los valores» es aquella que examina la historia de un individuo y su contexto actual para determinar qué conductas son susceptibles de provocar un refuerzo (pág. 103). Esta descripción reconoce que la eficacia de un reforzador no depende simplemente de sus propiedades físicas, sino que otros factores pueden influir en el grado de refuerzo que algo tiene para una persona, y que lo que es gratificante para una persona puede no serlo para otra.

Para que puedas comprender mejor lo que significa trabajar con valores desde una perspectiva de análisis de conducta basada en ACT/TMR, es importante que tengas acceso a tus propios valores. Conectar con nuestros valores más profundos sirve como una profunda operación motivadora. En el siguiente ejercicio, se te pide que elijas un guía o un héroe, alguien a quien admires en un área determinada. Hacerlo te ayudará a conectar con un sentido más profundo de «toda la persona» que quieres reflejar en tus acciones: al hacerlo, revelas implícitamente tus valores. Así es como se hace:

- Centrate en un dominio en el que quieras actuar con un conjunto de reforzadores basados mayoritariamente en tus valores.
- Si tuvieras que elegir un guía o héroe en este ámbito, alguien que te apoyara y te empoderara de alguna manera importante, ¿quién sería?
- Deja que tus pensamientos fluyan libremente y elige a cualquier persona que te anime y te empodere como guía y ejemplo en este ámbito.

- Imagina a esa persona y su rostro frente a ti. Tómate un tiempo para hacerlo.
- ¿Qué representa para ti ese rostro? ¿Qué fortalezas o cualidades? Deja que los recuerdos o las imágenes construyan este aprecio. Déjate conmover por ello. Considera la posibilidad de que esas cualidades que aprecias sean las que te gustaría manifestar de alguna manera en los momentos de tu vida.
- Ahora ve detrás de los ojos de tu guía y mira tu rostro. Tómate tu tiempo para imaginar lo que él o ella vería. ¿Qué investigación o fortaleza ve tu guía en ti? ¿Y si supieras lo que más anhelas?
- Ahora vuelve detrás de tus ojos y mira de nuevo el rostro del guía. Una vez más, tómate tu tiempo. Considera esta pregunta y deja que la respuesta surja con suavidad: si esta persona te diera realmente una orientación, ¿cuál sería? ... Sea lo que sea lo que aparezca, tómate tu tiempo para escucharlo y apreciarlo.
- Ahora, metafóricamente, trae a tu guía «de vuelta a tu interior», ya que, al fin y al cabo, ahí es donde comenzó todo y ese rostro surgió de tu imaginación. ¿Qué orientación positiva te ha dado? ¿Cómo te ha sentado? ¿Hay sabiduría en este consejo? ¿Puedes hacer lo que te ha recomendado? ¿Es esto realmente algo que anhelas?
- Por último, toma una hoja de papel en blanco y escribe libremente durante 2-3 minutos sobre lo que has observado o aprendido al hacer este ejercicio.

En ACT, nos interesa específicamente cómo las relaciones verbales pueden influir en las funciones reforzadoras de los eventos estimularesmás allá de sus representaciones físicas.

Los valores humanos se basan en toda nuestra experiencia, pero se adquieren cuando se *construyen verbalmente,* lo que significa que los marcos relacionales interactúan de maneras complejas que dan lugar al fortalecimiento o debilitamiento de la eficacia de un reforzador a través de transformaciones de la función de estímulo. Los valores también son *globales* en el sentido de que no describen acontecimientos o efectos finales (por ej., «valoro ganar esta partida de ajedrez»), sino que representan categorías abstractas más amplias de reforzamiento (por ej., «relacionarse socialmente con los demás») que pueden ejemplificarse pero no consumirse por completo. Como señalan Luoma, Hayes y Walser (2017), los valores se expresan a menudo como cualidades de una acción continua, como «criar a los hijos con amabilidad y atención» (pág. 200). Por último, también es importante que los valores se *elijan libremente,* en el mismo sentido en que Skinner entendía el término «libre», es decir, en ausencia de control aversivo. Una operante libre, como decimos nosotros. Cuando algo se valora verdaderamente, debe mostrar propiedades reforzantes que son intrínsecas al comportamiento: cualidades intrínsecas del ser y del hacer. Gran parte del proceso de ACT consiste en trabajar con los clientes para que realmente sientan, hagan suyos y definan lo que valoran, aquí y ahora, más allá de lo que la sociedad les dice que deben valorar.

Plumb et al. (2009) ofrecen una explicación de los valores desde el punto de vista de la TMR que satisface cada uno de estos criterios. Según estos autores, los valores funcionan como reglas motivadoras que emergen principalmente a través de marcos relacionales de jerarquía. Recordemos que, en los marcos de jerarquía, una misma categoría general contiene relaciones múltiples de estímulo. Por ejemplo, alguien que valora la lectura, la escritura y la investigación también puede valorar dedicarse a la investigación. Otra persona que valora salir con su pareja y jugar con sus hijos también puede valorar construir relaciones significativas con su familia. Este modelo se muestra en la siguiente figura adaptada de Paliliunas (2021):

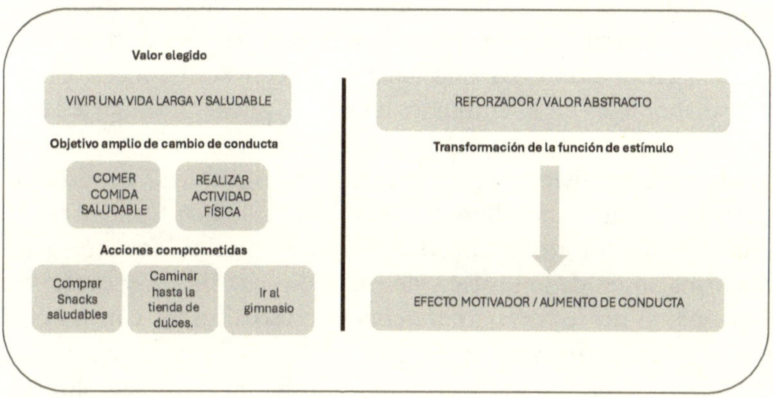

A través de transformaciones de la función de estímulo, el «valor» se transfiere de eventos estimulares jerárquicos de nivel inferior (por ej., jugar con los hijos) al descriptor de valor categórico (por ej.., construir relaciones significativas con la familia), y viceversa. Por ejemplo, si a la misma persona se le dice que hacer ejercicio forma parte de establecer relaciones significativas con la familia al prolongar una vida sana y activa, es posible que estas funciones reforzantes se transfieran de la familia a eventos asociados con el ejercicio, compitiendo con el coste de respuesta potencialmente alto del ejercicio. Esto es especialmente cierto en las primeras etapas de un nuevo programa de entrenamiento físico, que a menudo conlleva dolor y fatiga.

Algunos valores son *más* importantes que otros. Por ejemplo, proteger a la familia del daño o las dificultades puede ser más valioso que establecer relaciones sociales con los compañeros. Por lo tanto, si se da a elegir entre llegar a tiempo al trabajo para vivir en un barrio seguro o llegar tarde para estar con los amigos, teniendo en cuenta los valores, es de esperar que la persona elija lo primero.

Aunque podemos vivir mejor cuando seguimos nuestros valores, a menudo los descuidamos. Las elecciones de valores no son algo interno que reside en nuestro interior e influye constantemente en nuestro comportamiento. Tomamos muchas decisiones cada día sin tener en cuenta nuestros valores. Valorar es una conducta y solo cuando nos comprometemos con lo que importa puede tener la influencia deseada sobre nuestras otras acciones. Por esta razón, las intervenciones basadas en ACT redirigen constantemente a los clientes para que conecten con sus valores. Todos lo hacemos de forma natural, solo que no somos conscientes del proceso. Ponemos fotos de nuestros seres queridos en nuestro escritorio; llevamos anillos como símbolos de compromisos basados en valores; escribimos citas significativas y las colgamos en la pared. Con un poco de reflexión, es fácil para los analistas de conducta crear estrategias que faciliten la conexión con las elecciones valoradas disponibles en el ambiente en el que puede producirse la acción comprometida.

Tendemos a no vivir de acuerdo con nuestros valores cuando estos no están claros o cuando «simulamos» tener valores que en realidad no representan lo que más nos importa. Las operaciones motivadoras que implican las transformaciones de la función de estímulo basadas en valores, no pueden funcionar si no se trabaja para conectar verbalmente con las cualidades apetitivas del comportamiento. Además, los valores pueden entrar en conflicto con otros intereses, y a menudo lo hacen. Por ejemplo, cuando deseas mantener una dieta saludable, pero también te apetece comer comida rápida rica en grasas. Por esta razón, no basta con *identificar* los valores como una especie de ejercicio intelectual. Necesitamos apoyarnos en los otros procesos de ACT vistos hasta ahora, la conciencia del momento presente, la aceptación y la defusión, para debilitar el valor reforzador de estos reforzadores negativos más pequeños y rápidos y permitir que los valores influyan al máximo en el cambio de conducta deseada.

También es importante distinguir entre valores y objetivos. Los valores son estímulos verbales motivadores que aumentan las funciones reforzadoras de las cualidades intrínsecas de las acciones. Los objetivos, por otro lado, son enunciados normativos que especifican una consecuencia externa que se puede obtener, consumir o completar. Lo ideal es que los objetivos estén vinculados a los valores de cada uno. Por ejemplo, si alguien valora servir a los demás siendo un analista de conducta más fuerte y con mayor flexibilidad, un objetivo puede ser leer este libro. Dicho de otra manera, «si leo este libro detenidamente de principio a fin, avanzaré hacia ser un analista de conducta más fuerte y con mayor flexibilidad de lo que soy actualmente». De esta manera, los objetivos pueden funcionar como un estímulo verbal antecedente que evoca la acción, y nosotros fomentamos el establecimiento de objetivos a lo largo de las intervenciones basadas en ACT. Un objetivo se convierte en una acción comprometida cuando se alinea directamente con los valores elegidos, los cuales trataremos con mucho más detalle en el capítulo sobre acción comprometida. Pero una vez que se alcanza el objetivo, por ejemplo, leer este libro, todavía hay otras cosas que hacer para convertirse en un analista de conducta más fuerte y con mayor flexibilidad. Los valores están presentes desde el momento en que se afirman, pero nunca se consumen ni se terminan por completo. Sin embargo, somos conscientes de que un valor para un niño de 5 años puede ser muy diferente al de un adulto de 50. En este caso, el niño puede tener una diferencia mucho mayor entre los conceptos de valores y objetivos. Es posible que valore más los dulces, los videojuegos o el tiempo libre. Los valores y los objetivos comenzarán a separarse para estos niños a medida que aumentará su conciencia de las contingencias sociales y la participación en un mundo mediacional.

INTERACCIÓN DE LOS MARCOS RELACIONALES

Lo anterior ofrece un desglose inicial de cómo pueden funcionar los valores, pero, como señalan Biglan y Barnes-Holmes (2015), hay otros marcos relacionales muy relacionados con este proceso básico. Las relaciones temporales probablemente desempeñan un papel importante a la hora de aclarar los valores de una persona. Por ejemplo, al comparar tu vida aquí y ahora con cómo te gustaría vivir tu vida en el futuro (es decir, cómo quieres que sea tu vida), se pueden aclarar los valores. Este marco temporal-deíctico se puede ver en la metáfora de «asistir a tu propio funeral», en la que el terapeuta pregunta al cliente: «Si pudieras asistir a tu propio funeral, ¿qué te gustaría que dijeran de ti?». A menudo, esta metáfora pone de manifiesto un marcado contraste entre cómo vive la persona su vida aquí y ahora y cómo le gustaría que la recordaran los demás, siendo esto último más representativo de sus valores. A continuación, las acciones comprometidas pueden girar en torno a comportarse de manera coherente con los valores aquí y ahora para lograr la forma en que quieren que la gente piense de ellos hoy y en el futuro.

Los marcos causales también desempeñan un papel importante a la hora de conectar los valores con las acciones comprometidas. Por ejemplo, «Para ser un buen cónyuge, debo...» representa una afirmación condicional de «Para lograr Y» (resultado valorado), «debo hacer X» (acción comprometida). Los analistas de conducta ya estarán familiarizados con el uso de marcos relacionales causales/condicionales, aunque en una forma mucho más simple. Una forma habitual de aplicar este principio con los clientes consiste en hacer afirmaciones del tipo «primero esto, luego aquello». Por ejemplo, «primero dos preguntas de matemáticas, luego descansa».

Los marcos relacionales también son una parte crucial de las conversaciones clínicas que implican valores. Esto se puede ver en la tabla siguiente, que utiliza el ejemplo de los padres de una mujer joven con discapacidad intelectual y su valor de fomentar la independencia y la autonomía de su hija. En este caso, los padres tienen que decidir si abogar por que su hija siga viviendo con ellos en su casa o por que viva en un apartamento con asistencia personal.

Una vez más, vemos la yuxtaposición de una opción que puede parecer más fácil (que la hija se quede en casa) y que incluso es coherente con algo que tanto los padres como la hija valoran (el tiempo que pasan juntos). Sin embargo, al profundizar en las relaciones en torno a sus valores, es posible que tanto los padres como la hija valoren más la independencia y la autonomía. Cuando se trata de valores, las relaciones jerárquicas son fundamentales, ya que esta elección es solo una de las muchas que los padres y la hija experimentarán juntos, a medida que ella explore la edad adulta y comience a aclarar sus propios valores. Esta decisión representa una forma de ser —ser independiente— que podemos ayudar a fomentar a través de un enfoque basado en ACT. Las relaciones deícticas también nos recuerdan que los valores que tenemos aquí y ahora pueden ser diferentes de los que teníamos en otro momento y en otro contexto, y que nuestros valores pueden ser diferentes de los de los demás. En este caso, parece importante para esta familia que el personal de apoyo también valore la autonomía de la hija, para que también participen en la creación de un contexto que apoye su independencia.

Cuando tratamos los valores como categorías separadas, a menudo no hacemos justicia a las necesidades y deseos más profundos de nuestro corazón. Pensemos en una persona que acaba de sufrir su primer infarto, pero que se niega a realizar los cambios necesarios en su estilo de vida porque cree que su trabajo exigente, su alto nivel de estrés y su escaso cuidado personal son necesarios para mantener a su familia y a sus seres queridos. Es evidente que esta forma de vida no le beneficia, y sería recomendable que fusionara estos sistemas de valores para promover una vida sana y activa.

Cuanto más interrelacionados están los valores de una persona, más resistentes son a las perturbaciones externas. Siguiendo con el ejemplo anterior, si podemos ayudar al cliente a establecer conexiones entre su salud, su familia y su trabajo, podríamos construir una red relacional lo suficientemente sólida como para competir con el estrés del trabajo o las discusiones con su pareja, que de otro modo disminuirían sus opciones saludables.

Todos conocemos a alguien que ha sido capaz de lograr un cambio de conducta duradero, y este cambio está respaldado por múltiples valores. Por esta razón, creemos que se trata de un área propicia para la investigación conductual que podría permitir una comprensión aún más profunda de cómo funcionan los valores.

VARIABLES INDEPENDIENTES Y VARIABLE DEPENDIENTE PARA LA INTERVENCIÓN

Gran parte de nuestra ciencia aplicada al análisis de conducta ha explorado formas de medir el valor de los reforzadores. Mucho de este trabajo puede traducirse en la medida de valores como variables dependientes dentro de la intervención conductual. Las evaluaciones de preferencias proporcionan una comparación adecuada. En una evaluación de preferencias estándar, se le presentan a un niño varias opciones disponibles simultáneamente y él elige entre ellas. Se supone que los objetos que se seleccionan y con los que se interactúa con mayor frecuencia tienen un mayor valor de refuerzo o, como mínimo, son los preferidos.

Los valores suelen representar opciones contrapuestas. ¿Debería ir al gimnasio o dedicar la tarde a relajarme? En otras palabras, ¿valoro más mi salud o mi tiempo libre en este momento? Es probable que lo que valoramos cambie de un momento a otro, por lo que es importante supervisar con frecuencia los valores de una persona a lo largo de la intervención conductual.

Cuando hayamos recopilado datos suficientes a partir de múltiples comparaciones, es posible que empecemos a ver patrones emergentes. Por ejemplo, ¿qué pasaría si añadiéramos «familia» y «tiempo pasado en el casino» como dos opciones en nuestra lista? Supongamos que lo hacemos como una evaluación de preferencias en la que el valor seleccionado en primer lugar se elimina de la lista, luego se elimina el segundo valor, luego el tercero, generando una jerarquía de valores en ese momento. En este caso, dependiendo del sistema de valores del cliente, podríamos ver que «familia» es casi siempre el elemento mejor valorado y «tiempo pasado en el casino» el peor valorado. El ocio y el fitness oscilan entre los puestos 3 y 4.

Pensemos en una persona que vive de acuerdo con sus valores y se le presentan esas mismas cuatro opciones: familia, ocio, fitness y juego (que en realidad no es un valor, pero es algo que algunos podrían identificar como muy valioso). Supongamos que clasificas estos elementos en este orden. Si luego hiciéramos un rastreo del tiempo que dedicas a cada una de estas áreas, la distribución del tiempo probablemente se parecería a nuestra clasificación de valores: familia > ocio > fitness > juego. Por el contrario, podemos aplicar la misma estrategia a una persona con un trastorno por juego. La persona puede clasificar los valores de la misma manera, pero el juego es a lo que dedica más tiempo y en lo que más piensa. En este caso, existe una incoherencia entre lo que valora y lo que hace. Ese grado de desviación entre los valores y el tiempo dedicado puede poner de relieve la importancia que hay que dar al tratamiento de la adhesión a los valores.

La vida con valor como variable dependiente

Cuando hablamos de vida valorada, podemos empezar por intentar operacionalizar qué significa exactamente vivir una vida coherente con los propios valores. Blackledge y Barnes-Holmes (2008) ofrecen la siguiente definición de vida valorada:

> «...formas de responder que proporcionan un mayor acceso a fuentes relativamente estables y duraderas de reforzamiento positivo verbal y no verbal» (pág. 42).

Desde este punto de vista, los analistas de conducta disponen de varias opciones para medir la vida valorada como variable dependiente.

Quizás la evaluación estandarizada más cercana a este proceso es la que se ofrece en el *Cuestionario de Vida Valiosa* (VLQ, por sus siglas en inglés). El VLQ es una evaluación relativamente sencilla. El primer paso requiere que los clientes califiquen la importancia de cada uno de los 10 dominios valorados utilizando una escala de tipo Likert. Los dominios incluyen: relaciones familiares, matrimonio y relaciones íntimas, crianza de los hijos, amistad y relaciones sociales, empleo, educación y entrenamiento, ocio, espiritualidad, ciudadanía y vida comunitaria, y bienestar físico. Aunque la escala Likert es una medida subjetiva y el «valor» puede variar de una persona a otra, el objetivo es obtener una medida de la importancia relativa de cada elemento a nivel individual. El segundo paso consiste en que los clientes califiquen la coherencia con la que viven dentro de cada uno de los ámbitos valorados. A continuación, se multiplican la importancia y el valor para obtener una puntuación compuesta que representa la importancia y la coherencia de la vida valorada.

Las investigaciones sobre las propiedades psicométricas de la evaluación respaldan la consistencia interna y la fiabilidad test-retest de la medida (Wilson et al., 2010), así como las comparaciones entre poblaciones (Vanbuskirk et al., 2012).

Un cuestionario similar, diseñado específicamente para medir la coherencia entre la importancia de los valores y la coherencia de los valores, es el *Cuestionario de Valoración* (VQ). El cuestionario se desarrolló para que fuera lo suficientemente breve y sensible como para capturar los cambios en la vida valorada de una semana a otra cuando se utiliza fecuentemente como medida de autoinforme. El Cuestionario de Valoración no delimita los valores en ámbitos específicos que pueden ser algo arbitrarios y subjetivos. En su lugar, el cuestionario trata los valores de forma amplia, planteando preguntas como «He pasado mucho tiempo pensando en el pasado o en el futuro, en lugar de dedicarme a actividades que me importan». Algunos ítems están enmarcados de manera positiva (progreso) y otros de manera negativa (obstrucción). Desde entonces, esta medida se ha adaptado a varios lenguajes y se ha probado en varias poblaciones a las que se atiende utilizando enfoques basados en ACT. Una de las principales ventajas de esta evaluación es la capacidad de identificar posibles barreras para una vida valiosa. También puedes calcular la discrepancia entre la importancia y la coherencia para detectar áreas de inconsistencia en la vida valiosa utilizando el VLQ, restando la coherencia de la importancia (Miller et al., 2016).

Otra forma de medir los valores es el Values Bull's Eye (Diana de los valores), desarrollado por Lundgren et al. (2012). Para realizar la Diana, se le da al cliente un objetivo con siete círculos concéntricos divididos en cuatro ámbitos de la vida. A continuación, el cliente señala cuatro ámbitos de vida valiosos en cada cuadrante e indica en qué medida ha tenido éxito recientemente en la vivencia de ese valor. Sus respuestas se cuantifican de manera que las más cercanas al centro del blanco se puntúan con un «7» y las más cercanas al círculo exterior con un «1». Se considera que se ha alcanzado un alto nivel de valores cuando los cuatro ámbitos están más cerca del centro del blanco, lo que sugiere que el cliente está «en el buen camino» con sus valores. La rapidez con la que se puede realizar este proceso podría abrir una vía para incorporar la medida basada en valores en diseños experimentales con un solo sujeto o para realizar un rastreo de la consecución de valores a lo largo del tiempo con los clientes.

La clasificación de tarjetas de valores puede realizarse utilizando imágenes u objetos como una especie de evaluación de preferencias. Las medidas implícitas, como el IRAP, pueden evitar una influencia excesiva del público en las declaraciones de valores.

Según nuestra experiencia, cada una de estas herramientas puede utilizarse dentro de una evaluación ecológica momentánea (EMA) para la medida continua de los valores a lo largo de la línea de base y la intervención. De este modo, si determinados elementos parecen ser respaldados como un área que necesita intervención, estas preguntas podrían presentarse de forma aleatoria o basada en eventos a través de cualquiera de las estrategias EMA que hemos revisado hasta ahora.

Hacer un seguimiento de la conducta coherente con los valores no es difícil, por lo que es tan importante evaluar los valores de un cliente al inicio de cualquier intervención. *Si* tenemos éxito en el trabajo con nuestros clientes, la medida definitiva de la coherencia entre los valores y la conducta será si las conductas objetivo aumentan en frecuencia (y las conductas incoherentes con los valores disminuyen). Es decir, vivimos una vida más valiosa cuando nos comportamos (es decir, nos conducimos) de forma conductual, es decir, más en función de lo que valoramos que de lo que no valoramos. Por esta razón, todas las medidas de conducta existentes a las que nos hemos acostumbrado (por ej. frecuencia, duración, latencia) son la forma más pura de medir el logro de valores cuando nuestras conductas objetivo reflejan los valores de nuestros clientes.

El establecimiento de estos objetivos de cambio de conducta podría lograrse pidiendo primero al cliente que identifique lo que valora y, en segundo lugar, que identifique las acciones que le acercan a esos valores (así como las acciones que le alejan). Al hacer un seguimiento del comportamiento, estos «movimientos hacia» pueden funcionar como objetivos aceleradores (cosas que queremos aumentar) y los «movimientos alejados» pueden funcionar como objetivos desaceleradores (cosas que queremos disminuir). De esta manera, los valores personales de nuestros clientes forman parte del proceso de planificación del tratamiento.

Aclaración y presentación de valores como variable independiente

Es fundamental que los clientes tengan claro lo que valoran a lo largo del proceso de intervención. Por lo tanto, la clarificación de valores puede funcionar como un predictor o variable independiente en la que los analistas de conducta pueden querer enfocarse. Los analistas de conducta deben ser capaces de responder a dos preguntas cuando se trata de la clarificación de valores. En primer lugar, ¿la falta de valores personales claros conduce a una mayor flexibilidad psicológica (predictor)? En segundo lugar, si los valores no son claros, específicos y personales, ¿podemos intervenir para ayudar a los clientes a aclarar sus valores en aras de una vida valiosa? Si un cliente no sabe lo que valora personalmente, no hay una brújula que guíe ninguna de las estrategias basadas en la ACT que hemos tratado hasta ahora. Y sin la clarificación de valores, corremos el riesgo de establecer objetivos de cambio de conducta arbitrarios que pueden o no conducir a que el cliente viva una vida mejor.

Cuando se trabaja para aclarar los valores, una dimensión importante en la que hay que centrarse es la vitalidad. La vitalidad puede definirse como la sensación de vigor físico o intelectual. Tal y como describen Blackledge y Barnes-Holmes (2009), podemos suponer que esto significa que la sensación de vitalidad se produce cuando una forma de vida genera emociones fuertes y positivas. Si aceptamos que «una vida valiosa» significa que una persona está en contacto con los reforzadores que más valora en su vida, entonces se deduce que los valores van acompañados de una sensación de vitalidad. Son procesos conductuales funcionalmente vinculados.

Por esta razón, evaluar la sensación de vitalidad de un cliente en torno a efectos valorados puede ayudar a orientar los ejercicios de clarificación de valores. Por ejemplo, imagina que trabajas con un joven adulto con autismo que expresa que valora la amistad. Sin profundizar más, el siguiente paso lógico sería enseñarle habilidades sociales que maximicen el acceso a la amistad. Pero, ¿qué pasa si profundizamos un poco más centrándonos en la vitalidad? Imagina que le pides al cliente que imagine cómo es la amistad para él, ¿qué diría? Debido al condicionamiento social y al entrenamiento, es posible que esperes que repita los pasos del guion de ser un buen amigo y describir actividades neurotípicas muy artificiales en las que podría participar, como ir a un evento deportivo o recibir invitados en su casa.

A continuación, le preguntas: «Cuando piensas en hacer esto, ¿cómo te sientes por dentro?». El cliente responde con sinceridad: «Me siento ansioso y aburrido». Eso no es vitalidad. Entonces podrías preguntar: «Bueno, ¿cómo sería para ti salir con un amigo que *te* hiciera *sentir* una intensa sensación de diversión y disfrute?». Su respuesta a esta pregunta es fundamental dentro de un ejercicio de clarificación de valores, ya que ayudará a orientar el objetivo de comportamiento de manera que promueva una vida valiosa y, en consecuencia, sentimientos de vitalidad para ellos. Es posible que su respuesta no sea habitual. El resultado puede ser un grupo más reducido de personas que comparten esos intereses. Pero, si con la ayuda de un analista de conducta consiguen ponerse en contacto con amigos que comparten sus valores e intereses, lo que lograrán es una amistad que es importante para ellos, sin necesidad de actuar como otra persona cuyas preferencias y aficiones son fundamentalmente diferentes a las suyas. Podrán ser ellos mismos *y* fomentar amistades significativas.

Cuando los valores están claros, también debemos observar los cambios en la vida que valoras como variable dependiente, junto con los cambios en el comportamiento objetivo. En el ejemplo anterior, esperaríamos un aumento de la interacción social del joven adulto, no por ninguna fuente de refuerzo artificial, sino porque lo que está haciendo es valioso para él, más allá de cualquier cosa que pudiéramos idear en un plan de cambio de conducta tradicional.

No siempre tenemos en cuenta nuestros valores a la hora de tomar decisiones, y esto es especialmente cierto cuando el comportamiento es inflexible y nos lleva en direcciones en oposición a lo que valoramos. Al examinar los «valores» como variable independiente, debemos tener en cuenta el contexto de la conducta verbal sobre los valores. ¿Con qué frecuencia tratamos los valores con nuestros clientes? ¿Estamos incorporando en el ambiente estímulos diseñados para reorientar a nuestros clientes hacia sus valores personales?

El tratar de valores o las actividades basadas en valores puede tener lugar a intervalos regulares, ajustados a la frecuencia más adecuada para cada cliente. No queremos pasar todo el día hablando de nuestros valores, porque eso nos deja poco tiempo para perseguirlos. ¿Es suficiente revisar los valores en un momento específico de cada mes dentro de un plan de cambio de conducta más amplio? ¿Necesitamos participar intencionadamente en actividades basadas en valores una vez a la semana? Para algunos clientes, puede ser necesario revisar los valores una vez al día o incluso varias veces al día. La frecuencia de los tratos o ejercicios basados en valores también influirá en la forma de desarrollar un protocolo centrado en los valores. Por ejemplo, revisar los valores una vez al mes probablemente se pueda lograr con una estructura relativamente consistente, como la Matriz ACT. Sin embargo, hacerlo todos los días podría resultar tedioso y producir rendimientos decrecientes. En cambio, prestar atención a los valores de uno mismo a diario podría incorporarse a las actividades cotidianas. Estos procedimientos también podrían combinarse, como realizar actividades basadas en valores una vez a la semana y revisar los valores de forma más directa utilizando la matriz una vez al mes. La característica fundamental es que los analistas de conducta sean explícitos sobre lo que están haciendo para apoyar los valores, de modo que su enfoque sea tecnológico y fácil de replicar.

También podemos colocar recordatorios de valores personales directamente en el ambiente de una persona. Por ejemplo, una estrategia para mejorar la alimentación saludable podría consistir en colocar estratégicamente frases relacionadas con la alimentación saludable por toda la casa, como en el interior de los armarios o la nevera. La idea básica es que, cuando es más probable que se produzca la conducta de ir a tomar un tentempié a medianoche, se tengan en cuenta los valores en ese momento. Esta estrategia no funcionará siempre. Algunos días serán más propicios que otros para que se den situaciones como un día estresante en el trabajo o la privación de alimentos (o, más comúnmente, la privación de nutrientes). No obstante, cabe esperar que esta sencilla intervención reduzca la probabilidad de que una persona tome un tentempié a altas horas de la noche.

Ghezzi et al. (2020) demostraron este efecto básico en una tarea laboral simulada en la que los participantes debían competir con otros participantes en un acuerdo de trabajo remunerado por rendimiento. Los resultados mostraron que las afirmaciones motivadoras eran eficaces para mejorar temporalmente la cooperación bajo las mismas contingencias competitivas.

Además, cuanto más interactúas con estos valores, mayor es el potencial de cambio de comportamiento a través de la transformación de funciones de estímulo.

Comer de forma saludable y las tareas laborales arbitrarias son buenos ejemplos ilustrativos. Hemos utilizado esta estrategia con frecuencia con los clientes con los que trabajamos. Se empieza por considerar los momentos en los que es más probable que se produzcan comportamientos problemáticos. Esto se puede obtener mediante la observación directa y los análisis ABC. Por ejemplo, cuando un niño de secundaria con una discapacidad muestra un alto índice de agresividad antes de una clase concreta para escapar de ella. En este caso, podríamos incorporar una breve revisión de los valores inmediatamente antes de la clase y establecer un objetivo razonable sobre el que trabajar (es decir, una acción comprometida). Esto podría consistir en recordar al cliente sus valores, por ejemplo, diciéndole: «Hoy me has dicho que valoras mucho participar en la escuela y relacionarte con tus compañeros. También dijiste que te molesta cuando intentas hacer daño a los demás y que te sientes orgulloso cuando consigues terminar una clase. *Hoy*, ¿cuánto tiempo estás dispuesto a estar en clase antes de tener tiempo para trabajar de forma independiente?». Fíjate en el énfasis que se pone en el cliente y en su capacidad para autorregularse y trabajar en pos de sus valores. En primer lugar, los valores son suyos, los ha elegido él mismo, y se han aclarado junto con el analista de conducta a primera hora del día.

En ese momento, la consideración de los valores se traslada al momento presente, cuando es más probable que se produzca el problema de conducta (mantenido a través del reforzamiento negativo). En segundo lugar, se le da al cliente la libertad de elegir su propia acción comprometida en función de su estado ese día y se le ofrece una alternativa (trabajar de forma independiente). El cliente puede elegir 5 minutos. Puede elegir 15 minutos. Lo importante es que pudiera conectar con su valor de participar en la clase y con sus compañeros y pudiera elegir su umbral. Esto también proporciona datos que el analista de conducta puede revisar y considerar, lo cual es mucho más seguro que la agresión, para buscar patrones que predigan que el cliente elegirá duraciones más cortas o más largas. Se trata de una forma radicalmente diferente de abordar el comportamiento mantenido por la escape en comparación con las estrategias más tradicionales de extinción por escape.

Al igual que con la clarificación de valores, la integración de las discusiones sobre valores en el ambiente variará considerablemente de una persona a otra y debe igualarse a cada individuo, sus valores y sus retos. Sin embargo, estas estrategias proporcionan a los analistas de conducta un método para utilizar estrategias basadas en valores de forma tecnológica dentro de un plan de cambio de conducta para una diversidad de poblaciones y desafíos.

ESTRATEGIAS ANTECEDENTES Y CONSECUENCIAS PARA PROMOVER EL AUMENTO DE LOS VALORES

Dentro del modelo ABC, los valores no solo describen el reforzamiento, sino que también lo aumentan. Los pequeños reforzadores momentáneos, como la sensación de sudor y dolor durante un entrenamiento, adquieren significado cuando se considera su valor abstraccional más amplio de salud y bienestar, transformando lo que podría funcionar como un castigo en un reforzador. Para los nuevos padres, cuidar de un niño inquieto adquiere significado cuando se piensa en quién puede convertirse ese niño: un adulto sano, feliz y bien adaptado. Los analistas de conducta están especialmente capacitados para identificar los reforzadores momento a momento y garantizar que existan indicadores de progreso que acorten la distancia entre el presente y los efectos valorados.

Por lo tanto, un sistema de economía de fichas basado en valores puede no depender únicamente de reforzadores de apoyo artificiales, sino que puede implicar un símbolo o una representación de un efecto valioso y el movimiento de fichas tras acciones comprometidas que avanzan hacia ese efecto.

Alcohólicos Anónimos (AA) es un programa para personas que se recuperan del alcoholismo y ha tenido un éxito desigual a la hora de mantener la abstinencia. Una característica potencialmente destacada de estos programas es el uso de fichas de colores que representan el número de días sobrios. La primera ficha, la ficha de 24 horas, representa la decisión inicial de llevar una vida sobria. Las fichas se acumulan a medida que pasan los días. Estas fichas no se cambian por nada. Existen simplemente como una señal que representa el avance hacia un resultado valorado.

¿Podríamos ajustar este marco cuando trabajamos con clientes para señalar el avance momento a momento hacia resultados valiosos? Esto podría adoptar la forma de un programa visual en el que el cliente marca los hitos alcanzados, como los días en los que no ha agredido a los cuidadores o al personal. Para las personas que mantienen una relación comprometida y están pasando por dificultades, el número de días en los que mantienen conversaciones productivas y de apoyo en lugar de estallar y dejar que las conversaciones se descarrilen. En cierto modo, estos intercambios pueden servir como medio social para indicar y celebrar el progreso. Somos seres sociales y anhelamos formas sociales de reforzamiento que puedan venir acompañadas de indicadores de logros exitosos. Desgraciadamente, el «logro exitoso» se define con demasiada frecuencia por los valores de los demás, mientras que ACT nos desafía a desarrollar estas estrategias que sabemos que pueden funcionar, pero en el ámbito de los valores personales elegidos.

Los ejercicios de defusión proporcionan una estrategia de intervención antecedente ya preparada que puede incorporarse en los momentos en los que es más probable que se produzca la evitación experiencial o el comportamiento desafiante y cuando se sospecha que la fusión cognitiva desempeña un papel fundamental. Crear distancia entre los pensamientos y los sentimientos previos al momento de la interacción con el evento estresante puede ser suficiente para fomentar el éxito. El moldeamiento también debe desempeñar un papel fundamental. No intentes utilizar la defusión en un contexto poco controlado y muy evocador desde el principio. Empieza en un ambiente controlado con un reto que el cliente considere factible para generar impulso. A medida que vayan logrando éxitos, considera la posibilidad de introducir situaciones más difíciles y permitir un menor control del ambiente.

También es importante tener en cuenta el contenido al que se dirige el enfoque de la defusión. Las metáforas son importantes porque trabajan con conceptos sin necesidad de pasar demasiado rápido a tratar experiencias privadas potencialmente traumáticas. Cuando se aprende a defusionar por primera vez y cuando se aprende a aplicar programación basada en la defusión, es importante mantenerse en este nivel de metáforas o pensamientos y sentimientos más benignos. ACT se ha utilizado con éxito en el tratamiento de traumas, como el trastorno de estrés postraumático que sufren los veteranos militares, y creemos que los analistas de conducta pueden desempeñar un papel importante en un equipo interdisciplinario en ese sentido, pero es importante mantenerse siempre dentro del ámbito de competencia y trabajar de forma interdisciplinaria, ya que las poblaciones y los retos a los que nos enfrentamos cambian inevitablemente.

COMBINAR LOS VALORES CON LA CONCIENCIA DEL MOMENTO PRESENTE, LA ACEPTACIÓN Y LA DEFUSIÓN

Otros procesos de flexibilidad —conciencia del momento presente, aceptación, defusión— deben ponerse al servicio de los valores elegidos por nuestros clientes. En última instancia, cada uno de estos procesos es un medio para alcanzar un único fin: vivir una vida valiosa. Considera cómo los valores podrían aumentar la probabilidad de que los clientes se involucren en cada uno de los tres procesos.

La conciencia del momento presente es un proceso activo que requiere una iniciativa de respuesta y puede competir con otras actividades por el tiempo, y la mayoría de esas actividades cumplen funciones de refuerzo negativo inmediato, como responder a ese correo electrónico urgente o prepararse para una reunión importante. Por lo tanto, los valores sirven para aumentar tanto las funciones de refuerzo automático de participar en el momento presente como los reforzadores que se obtienen a través de la conciencia del momento presente. Como hemos tratado, una forma común de mejorar la conciencia del momento presente es mediante la meditación diaria y el cumplimiento de una rutina (por ej meditar cada mañana antes del desayuno). Sin embargo, esto también puede ser difícil de cumplir, especialmente cuando se producen acontecimientos como el estrés y la privación del sueño, que aumentan la motivación para quedarse en la cama en lugar de dedicarse a la meditación. Es muy fácil descarrilarse. Una intervención sencilla podría consistir en colocar en tu dormitorio un cartel con estímulos relacionados con el valor subyacente a la meditación. Esto podría servir para aumentar las funciones de refuerzo en torno al acto de meditar por la mañana y ayudar a fomentar la práctica meditativa.

Otro ejemplo podría darse cuando un cliente duda en realizar ejercicios de conciencia del momento presente como alternativa a un comportamiento desafiante. Ten en cuenta que, en el momento de desarrollar un plan de cambio de conducta, es probable que el comportamiento desafiante tenga una densa historia de reforzamiento, mientras que la conciencia del momento presente está menos establecida en tu repertorio. En este caso, volver a examinar los valores como motivo para realizar el ejercicio de conciencia del momento presente podría ser eficaz, no solo porque aumentaría las sensaciones físicas que acompañan a la conciencia del momento presente, sino también porque refuerzan el valor de los efectos que se obtienen al no participar en el comportamiento desafiante. En este caso, las dos estrategias están profundamente interconectadas.

La misma estrategia se aplica necesariamente a la aceptación. ¿Por qué deberían aceptar los clientes experiencias potencialmente desagradables? Los valores *son* la razón de la aceptación. La aceptación se produce cuando es necesario hacer algo que puede resultar difícil para experimentar una vida más valiosa. En cada una de nuestras prácticas, es muy raro que los ejercicios basados en la aceptación se realicen sin un tratamiento explícito de los valores que rodean la aceptación. Para la persona con fobia social a la que se le pide que interactúe con otras personas, está eligiendo hacerlo *debido* a su valor de formar parte de una comunidad social. O porque ve la relación entre relacionarse socialmente con los demás y otros efectos que valora, como mejores relaciones en el trabajo.

Cuanto más seamos capaces de introducir una discusión intencionada sobre los valores en las oportunidades para practicar la aceptación, más probable será que los procesos de aceptación cambien eficazmente el comportamiento. Además, *si* el efecto de la aceptación es realmente algo que valoras, las experiencias que antes evitabas pueden llegar a obtener funciones reforzantes por sí mismas. De este modo, la aceptación es un proceso temporal cuando se tienen en cuenta los valores, ya que la transferencia de funciones reforzadoras puede significar que «aceptar» ya no sea una parte necesaria de la secuencia conducta-conducta. La persona llega a disfrutar del evento o de eventos similares por sí mismos.

Todos hemos tenido esta experiencia el primer día de clase cuando éramos niños. El primer día siempre es el más estresante. Puede que hayan pasado varios meses desde que hemos visto a nuestros amigos y sabemos que el trabajo escolar solo va a ser más difícil. El primer día requiere mucha aceptación y, en nuestra práctica con clientes jóvenes, gran parte de la discusión se centra en los valores y en las ayudas para permanecer en el momento presente. Pero a medida que avanza el año, semana tras semana, se produce la habituación y aparecen reforzamientos positivos como los amigos

y las relaciones, e incluso el contenido del trabajo escolar, empiezan a aparecer. Con el tiempo, el acto de ir al colegio se vuelve menos difícil, las ayudas para estar en el momento presente son menos necesarias y la «aceptación» se convierte rápidamente en entusiasmo por lo que se podrá experimentar al día siguiente.

La interacción entre la defusión y los valores ofrece oportunidades considerables para los investigadores del comportamiento. Ambos procesos tienen que ver con las reglas y cómo trabajamos con ellas. En el caso de la defusión, buscamos debilitar el poder de las reglas que mantienen la inflexibilidad psicológica. En el caso de los valores, buscamos fortalecer el poder de las reglas que mantienen la flexibilidad psicológica.

El papel de los marcos relacionales es más evidente en estos dos procesos. No solo eso, sino que las cosas que sabemos que pueden conducir a la fusión, como estar rodeados de reglas fusionadas sobre cómo funciona el mundo y que se nos presenten esas reglas en momentos en los que es probable que surjan desafíos, son también las estrategias que utilizamos para apoyar la consideración de los valores personales. Incorporándolos en todo el ambiente y aportando estímulos basados en valores en los momentos en que es más probable que se produzcan desafíos. Dado que estos procesos parecen estar tan profundamente relacionados a través del lenguaje humano, podríamos anticipar que desactivar los pensamientos problemáticos podría abrir la puerta a la consideración de los valores propios. Reforzar el comportamiento orientado a los valores podría reducir la frecuencia de los pensamientos que, de otro modo, abordaríamos mediante la defusión.

Además, dado que los valores *son* verbales, es fácil ver cómo los valores que se defienden con demasiada firmeza pueden ser viables en algunos contextos y contraproducentes en otros. Por ejemplo, alguien podría indicar que valora el «equilibrio entre el trabajo y la vida personal», lo cual no es del todo problemático.

Sin embargo, si este valor lleva a la persona a incumplir continuamente los plazos o a no actuar de forma coherente como parte de un equipo, el resultado no será el equilibrio, sino la falta de progreso profesional, lo que podría afectar negativamente tanto al trabajo como a la vida personal. Ambos pueden estar equilibrados, pero con poco valor o sensación de vitalidad.

Por lo tanto, cuando las reglas basadas en valores comienzan a aplicarse de manera inflexible, los ejercicios de defusión pueden ser eficaces para reducir el control que la regla puede ejercer. En este ejemplo, el ejercicio del analista que pregunta: «Sí, y...», «Valoro el equilibrio entre la vida laboral y la personal...», «... y valoro sentirme productivo en mi trabajo...», «... y valoro la oportunidad de viajar y experimentar la vida con mi familia...», etc. Al hacerlo, el analista ayuda al cliente a aclarar aún más su valor e introduce una mayor sensibilidad contextual a la regla. El resultado puede ser un mayor equilibrio entre la vida laboral y personal, pero de una manera funcional y flexible.

No debería sorprender que los valores estén tan profundamente relacionados con los procesos que hemos visto hasta ahora. Los valores subyacen *a todo* en el modelo ACT. Son la razón por la que existe un modelo en primer lugar. No solo eso, sino que los valores son el principio central de cualquier ciencia pragmática y son necesarios para que nuestro campo avance. Cuando lideramos con valores en el momento y como principio rector general de nuestro campo, es más probable que influyamos en los cambios que valoramos. Y lo que es más importante, que nuestros clientes valoran.

9

ACCIÓN COMPROMETIDA

Clarificar lo que más te importa puede llevar inevitablemente a sentimientos de pánico y derrota. ¿Por qué no estoy viviendo la vida que quiero? ¿Cómo puedo alcanzar la calidad de vida que sé que merezco? En la literatura, vemos que los sentimientos de realización de valores disminuyen inicialmente, a medida que los clientes se dan cuenta de que sus vidas tal y como las viven no son coherentes con sus valores más profundos. Solo cuando elegimos el camino de trabajar por las cosas que valoramos en la vida, en lugar de trabajar para evitar las cosas que tememos, los sentimientos de realización de valores vuelven a aumentar. Dar los pasos necesarios para ampliar y desarrollar hábitos de acción basados en valores se denomina «acción comprometida», y es el proceso que vincula las experiencias de trabajo con los valores con cambios reales en la vida que persisten a lo largo del tiempo y en diferentes situaciones. Cuando se fortalecen las habilidades de acción comprometida, observamos mejoras generales en la vida valorada y en la calidad de vida.

Analicemos el concepto de «acción comprometida». *La acción* se refiere simplemente al comportamiento: la interacción medida y observable de un organismo con su ambiente. Nuestras vidas están definidas por acciones casi infinitas que ocurren en múltiples niveles y escalas, desde poner la alarma hasta preparar el desayuno, pasando por todas las cosas que hacemos en el trabajo y en casa. No todas las acciones están al servicio de los valores elegidos y, en el caso de los clientes que buscan un tratamiento basado en ACT, muchas acciones pueden, de hecho, ir en contra de los valores elegidos. Los valores dan dirección a las acciones. Las acciones motivadas y reforzadas por cualidades elegidas del ser y del hacer están «basadas en valores» y, cuando se toman medidas para aumentar la frecuencia de las acciones basadas en valores, llamamos a las acciones resultantes «acciones comprometidas». Estas acciones tienen la cualidad especial de dar sentido a nuestras vidas y producir sentimientos de vitalidad.

El diccionario Oxford define «comprometido» como: «sentir dedicación y lealtad a una causa, actividad o trabajo; dedicado de todo corazón». Cuando alguien está comprometido, trabaja para alcanzar un fin valioso. Esto es importante porque los valores son reforzadores más amplios y abstractos que a menudo compiten con reforzadores más pequeños y negativos que mantienen la inflexibilidad psicológica. El compromiso requiere renunciar a la gratificación a corto plazo, sabiendo que mantener el compromiso producirá efectos a largo plazo mucho más significativos. «De todo corazón» también iguala la parte de los valores de los modelos ACT.

Mientras que *los valores* son operaciones motivadoras que nos dan una razón para participar en los procesos ACT, los patrones de acción comprometida nos proporcionan la forma de aumentar su importancia en nuestras vidas. Este proceso está directamente relacionado con los principios del cambio de comportamiento con los que los analistas de conducta ya están muy familiarizados, ya que los hábitos de acción que se construyen con el tiempo son el centro de todo trabajo conductual constructivo. Si podemos identificar los comportamientos necesarios para que los valores prosperen, la siguiente pregunta es necesariamente: «¿cómo podemos crear un entorno que favorezca que la acción comprometida florezca?»., la siguiente pregunta es, necesariamente: «¿cómo podemos organizar un ambiente que soporte la acción comprometida?».

Skinner habló mucho sobre el autocontrol a partir de «Ciencia y conducta humana». Para Skinner, el autocontrol no significaba un acto interno de la voluntad, sino más bien realizar cambios intencionados en el ambiente que favorecieran los cambios de conducta deseados. Tomemos, por ejemplo, a una persona que está tratando de comer de forma más saludable y se ha dado cuenta de que picar patatas fritas por la noche es un obstáculo para alcanzar la salud, que es un valor. . Una estrategia de autocontrol podría ser la evitación de comprar aperitivos poco saludables en el supermercado y la preparación de alternativas más saludables que estén disponibles por la noche conductualmente hablando, el estrés del día y el hábito de picar entre horas crean operaciones de establecimiento y hábitos de acción que llevan a consumir aperitivos por la noche antes de acostarse. Esa motivación y ese hábito son menos fuertes cuando se hace la compra, sobre todo si se evita ir al supermercado con hambre o cansado. Preparar aperitivos saludables con antelación (por ej, cortar unas manzanas y guardar unas rodajas en bolsas de plástico en el frigorífico) puede crear un ambiente en el que hacer lo correcto sea más fácil que las alternativas. No comprar deliberadamente aperitivos poco saludables en el supermercado es una forma de conducta gobernada por reglas que, significa que para acceder a alimentos poco saludables varias horas más tarde puede ser necesario conducir hasta la tienda de la esquina a altas horas de la noche. Si tienes a mano unas rodajas de manzana fresca en el frigorífico, hacer lo incorrecto te supondrá mucho más esfuerzo a elegir un alimento saludable que está inmediatamente disponible. Con el tiempo, es más probable que se consolide el hábito de tomar un aperitivo saludable antes de acostarse (o no tomar ningún aperitivo).

Si llevar una vida saludable es un valor, este es un buen ejemplo de una acción comprometida. Renunciar a los aperitivos poco saludables en el supermercado y preparar aperitivos saludables para toda la semana son acciones comprometidas que respaldan el valor elegido de llevar una vida más saludable.

También podemos obtener la medida tanto del proceso de cambio (hábitos de acción basados en valores) como del efecto (consumo de alimentos poco saludables) mediante el análisis de las compras en el supermercado, el control de la preparación de los alimentos y el control de los tentempiés poco saludables a lo largo del día. Si una intervención basada en ACT con enfoque en esos procesos fuera eficaz para alcanzar el efecto deseado, podríamos decir que la intervención ha tenido éxito.

Hay elementos de la acción comprometida que van más allá del análisis del autocontrol de Skinner. Luoma, Hayes y Walser (2010) señalan que «el compromiso implica tanto la persistencia como el cambio, lo que sea necesario para vivir en consonancia con los valores propios en contextos específicos. El compromiso también incluye participar en una serie de conductas... [que] a menudo requieren ser flexible...» (pág 239).

La acción comprometida no puede volverse rígida y prescriptiva, lo cual es un riesgo real que los analistas de conducta deben tener en cuenta, especialmente cuando las formas en que estamos acostumbrados a pensar sobre las estrategias de cambio de conducta pueden volverse rígidas y prescriptivas. En la ACT, evitar esto es fundamental porque adoptar formas rígidas que han sido inflexibles ante el sufrimiento es precisamente la razón por la que ha emergidoel desafío conductual

No podemos simplemente sustituir una regla rígida por otra. Cuando la respuesta rígida es parte del problema, promover la flexibilidad en la respuesta debe ser parte de la solución.

Pensemos en unos padres con un hijo pequeño con autismo que tiene rabietas frecuentes, lo que ha llevado a esta familia a la evitación de salir a lugares públicos. Ir de compras, salir a comer, asistir a eventos sociales, son actividades prácticamente imposibles para esta familia debido al riesgo de que se produzcan arrebatos en público. Pero eso no es vida. Evitar los lugares públicos fue una adaptación que funcionó durante un tiempo, pero a medida que aumentan los sentimientos de restricción y aislamiento, ya no es viable. Además, a medida que el niño crece, el simple hecho de evitar a los demás se convertirá en un obstáculo importante para su autonomía y su crecimiento personal. Este sistema de conducta interactivo entre el niño y sus padres es rígido y está estancado. Su vida cotidiana es invariable.

La invariabilidad fue alguna vez la solución, pero no puede seguir siéndolo.

Queremos trabajar con los padres para que se comprometan con pequeñas soluciones y aprovechar estos compromisos a medida que logran el éxito con nuevos patrones de conducta. Además, parte del proceso consistirá en identificar acciones que sean alcanzables, flexibles y orientadas a los valores. Una semana puede consistir en seguir una rutina doméstica *diferente* a la rutina habitual de preparar la cena mientras el niño juega con la tableta. La semana siguiente puede consistir en pasar por delante de un parque o parar en el aparcamiento y disfrutar juntos de una comida para llevar. En última instancia, queremos llegar a ir de compras o a un restaurante.

No debe ser algo tan rígido como un objetivo habitual del tipo «la madre y el niño irán al restaurante X todos los viernes por la noche». Esto es demasiado restrictivo y puede convertirse rápidamente en otro patrón rígido. La actividad debe ser variable (restaurante, parque, zoológico, tienda, familia y amigos); el momento debe ser variable (por la mañana, por la tarde, por la noche, con o sin una planificación excesiva); y el día debe ser variable. El valor de experimentar la vida juntos como familia se alcanza cuando hay suficiente flexibilidad para lograr ese valor, de modo que se dispone de un amplio repertorio de acciones comprometidas en la mayoría de las situaciones. En ese momento, podemos decir que estas elecciones son «libres» en el sentido de Skinner, es decir, sin un control aversivo innecesario.

También sabemos que no basta con lograr un cambio de conducta y esperar que surjan patrones de conducta flexibles y emergentes. La realidad es que los mismos acontecimientos ambientales que mantuvieron la rigidez en el pasado pueden volver a aparecer rápidamente. En el modelo VRSCDL, debemos promover la variabilidad *y* la retención para que exista una especie de equilibrio dialéctico entre la variabilidad saludable y el mantenimiento saludable de los patrones establecidos. El compromiso es con un patrón más amplio y continuo de patrones creativos, amplios y flexibles de conducta basada en valores. A medida que esto ocurre, los reforzadores naturales se vuelven más disponibles para esta familia. Cuando salen, ese evento tiene *menos* que ver con participar en la acción mientras se hace todo lo posible para evitar una crisis, y *más* con disfrutar y experimentar todo lo que ahora está disponible para disfrutar y disfrutar juntos.

Comprometerse a cambiar es fácil. Mantener el compromiso con el cambio es difícil y requiere estar dispuesto a experimentar los pensamientos y sentimientos que surgen cuando nos comprometemos con una acción. Estar dispuesto a experimentar la incomodidad que surge cuando se rompen los viejos patrones. Por lo tanto, todos los demás procesos de flexibilidad psicológica son necesarios para que la acción comprometida sea un proceso que se mantenga. Este proceso implica comprometerse a cambiar y volver a comprometerse a cambiar cuando suceden cosas en la vida que nos devuelven a los viejos hábitos. Existe una densa literatura científica que nos dice cómo apoyar el cambio de comportamiento, gran parte de la cual proviene de nuestra propia ciencia de la conducta. En este capítulo se explorará la ciencia del cambio de comportamiento en el contexto de la acción comprometida, centrándose en el autocontrol, la voluntad y la flexibilidad psicológica.

PROCESOS BÁSICOS DEL CAMBIO DE CONDUCTA: VARIABILIDAD OPERANTE E INDUCCIÓN DEL CAMBIO

La variabilidad conductual representa otra dimensión de orden superior de la conducta (es decir, el patrón de conducta; Neuringer, 2012) que resulta útil a la hora de desentrañar los procesos de cambio conductual que subyacen a la acción comprometida. Las investigaciones con animales como las palomas (Page y Neuringer, 1985) y con seres humanos (Neuringer, 1986) han establecido que la variabilidad en la conducta puede describirse como unaoperante. Como señala Neuringer (2012), estudios experimentales básicos han establecido que la variabilidad y la invariabilidad pueden quedarbajo control. Por ejemplo, si la variabilidad (es decir, participar en respuestas que difieren de otras respuestas) se refuerza en presencia de una luz verde y la respuesta rígida se refuerza en presencia de una luz roja, podríamos anticipar que la presentación de una luz verde inducirá variabilidad, mientras que la luz roja inducirá formas de respuesta relativamente rígidas.

Se trata de un ejemplo artificial, pero cada uno de nosotros ha observado esto en su propia conducta en algún momento. Piensa en esa clase de la universidad en la que te sentías libre de ser creativo y de cometer errores.

En resumen, libre de ser variable. Ahora piensa en otra clase con otro profesor en la que solo había una respuesta correcta. Es posible que te sintieras limitado y que pensaras que cualquier iniciativa de pensar de forma original podría acarrearte un castigo. Lo que quizá no sabías es que las características de ese contexto (el profesor, el aula, el tema instruccional o incluso la hora del día) probablemente provocaban o reducían el comportamiento variable y creativo.

También sabemos que la variabilidad es susceptible a los programas de reforzamiento. Un ejemplo clásico es lo que se denomina programa de retraso. En un programa de retraso, una conducta se refuerza cuando (y solo cuando) es diferente del comportamiento emitido anteriormente.

Lo que nos muestran estos experimentos es que podemos fomentar un comportamiento variable y creativo cuando el ambiente lo favorece, y *eso* es exactamente lo que intentamos hacer cuando desarrollamos acciones comprometidas. En el momento en que un cliente busca servicios, es probable que su conducta carezca de variabilidad y se mantenga gracias a una gratificación a corto plazo que refuerza la rigidez y castiga la variación. Cuando la variación se castiga hasta el punto de la inacción, lo llamamos indefensión aprendida (Seligman, 1972). En el caso de los clientes, esto puede manifestarse en forma de excusas o mentiras para evitar situaciones o contextos incómodos. Aunque las excusas o las mentiras pueden variar de una situación a otra, el acto de la evitación en sí mismo es invariable.

La variabilidad es un primer paso necesario para la selección y, en última instancia, para la retención. Si seguimos haciendo lo mismo día tras día, no hay forma de entrar en contacto con fuentes positivas de reforzamiento que puedan seleccionar una conducta más acorde con los valores elegidos. Cuando hablamos de acción comprometida, nos referimos a convertirnos deliberadamente en el tipo de persona que queremos ser. Y eso comienza por idear acciones *diferentes* a las que hemos probado antes. Esas acciones pueden acercarnos a nuestros valores. Esas acciones pueden fracasar. Y cuando fracasan, obtenemos nueva información para desarrollar nuevos compromisos que tienen más probabilidades de éxito. Las fuentes naturalistas de refuerzo y castigo surten efecto, y siempre que los clientes se den cuenta de esos reforzadores y castigos, y estén dispuestos a aceptar que participar en acciones comprometidas no siempre reportará premios inmediatos, entonces esos premios del mundo real pueden empezar a seleccionar aquellas acciones que conducen a efectos valiosos.

Evocar la variabilidad es *el* objetivo principal de algunas intervenciones basadas en ACT; un buen ejemplo es cuando se fomenta la desesperanza creativa. El proceso de desesperanza creativa implica (1) crear conciencia de la evitación experiencial, (2) examinar la viabilidad de los intentos de control o supresión de la conducta, (3) la captura de esa experiencia a través de metáforas (Luoma, Hayes y Walser, 2010) y, a continuación, (4) aumentar el contacto experiencial con los reforzadores escasos o ausentes (número «2» de esta lista) que emergen del paso 1 de esta lista es una operación motivadora a gran escala diseñada para conducir a *algo* diferente que tenga más probabilidades de proporcionar reforzadores de valor a largo plazo.

Sabemos que la evitación experiencial no adopta una forma única. Al igual que la flexibilidad psicológica, la evitación experiencial es ilimitada y omnipresente. El primer paso en la desesperanza creativa consiste en detectar los patrones específicos de evitación experiencial que intervienen en el problema que llevó al cliente al analista de conducta en primer lugar. Podemos suponer que estos patrones no han funcionado, ni para el individuo ni para su familia y cuidadores, ya que de lo contrario no habrían buscado ayuda. Pero es fundamental que el cliente lo explore por sí mismo. ¿Cuáles son los efectos a largo plazo de este patrón de evitación? ¿Qué costes personales hay en relación con los valores elegidos? Aquí estamos ayudando a los clientes a darse cuenta de que su forma de comportarse no puede continuar a largo plazo, y que el momento de cambiar, de comportarse de forma variable, es ahora.

Las metáforas pueden ayudar a pasar de los sentimientos de desesperanza (no estoy haciendo lo suficiente) a una conducta que se valida a sí misma (es decir, que tiene funciones de aproximación). Hay varias metáforas adecuadas. Por ejemplo, la lucha a menudo puede parecer como estar en una rueda de hámster que no lleva a ninguna parte. ¿Cómo te sentirías si simplemente te bajaran? Cuando lo hicieras, empezarías a darte cuenta de todos los lugares interesantes que hay para explorar alrededor de la jaula. La rueda era como un monstruo en tu fiesta al que has pasado horas intentando mantener fuera de la casa. ¿Y si dejáramos entrar al monstruo?

El propósito de estas metáforas es simplemente crear un contexto que apoye la variabilidad centrada en los valores. Porque cuando la conducta es variable, es probable que entre en contacto con nuevos reforzadores (y castigos) y se seleccionen nuevas corrientes de conducta.

MANTENER EL CAMBIO EN LA CONDUCTA A LO LARGO DEL TIEMPO Y COMBATIR LA RESURGENCIA, LA RENOVACIÓN Y EL RESTABLECIMIENTO

Es importante recordar que la «flexibilidad» es tanto flexionar *como* no romperse. Cuando los patrones de conducta no son viables, es importante ser variable. Por otro lado, cuando los patrones de conducta comienzan a entrar en contacto con reforzadores valorados, es igualmente importante persistir. Este es el equilibrio inherente entre la variación, por un lado, y la retención selectiva, por otro.

Los clientes experimentarán obstáculos a lo largo del proceso de tratamiento. Los reforzadores negativos que anteriormente mantenían los antiguos patrones de conducta siguen estando disponibles incluso cuando se establecen nuevos patrones. Además, el reforzamiento rara vez funciona de forma continua, y pueden pasar largos periodos de tiempo, de días o semanas, sin refuerzos externos que los ayuden a mantenerse en el buen camino y a invertir en nuevos patrones de comportamiento. Irónicamente, sabemos por los propios problemas de los clientes que la persistencia forma parte de su repertorio: al fin y al cabo, la mayoría de los clientes han persistido durante años en un comportamiento que les produce sufrimiento. La buena noticia dentro de esa dolorosa realidad es que la persistencia en sí misma no es imposible, sino que la cuestión ahora es cómo podemos ayudar a los clientes a persistir en patrones de acción nuevos y más saludables cuando el entusiasmo o el impulso inicial se han agotado.

ACT contiene algunas ideas al respecto.

En primer lugar, están las funciones motivadoras de los valores. Pequeños acontecimientos, como una conversación informal con un compañero de trabajo, pueden no tener mucho valor en sí mismos. Pero para la persona que está superando la ansiedad social, saber que esa conversación informal contribuye a un valor mucho mayor, como es construir amistades significativas, puede aumentar la importancia central de esa pequeña conversación (y la probabilidad de tener conversaciones similares en el futuro). Mantener una acción comprometida probablemente requiera un debate continuo sobre los valores y relacionar con frecuencia los acontecimientos cotidianos con su importancia para fomentar efectos valiosos.

En segundo lugar, podemos aprender mucho de un creciente número de investigaciones sobre la resurgencia de la conducta y cómo se produce (Shahan y Sweeney, 2013). La resurgencia se aplica cuando una persona se enfrenta a un castigo o a la extinción de un comportamiento recién establecido y vuelve a un comportamiento previamente establecido pero posteriormente extinguido. Este proceso conductual se ha observado en modelos animales y en seres humanos (Kestner y Peterson, 2017), así como en respuestas relacionales derivadas y en comportamientos directamente moldeados (Wilson y Hayes, 1996).

Considera la situación en la que recientemente has empezado a confiar más en las personas en tus relaciones. Pero entonces, alguien comete una infracción de tu confianza y te sientes herido. Debido a tu historial de desconfianza en las personas y a tu experiencia actual de ser castigado por volver a confiar, lo lógico es romper por completo la confianza. Esto es resurgencia en tiempo real. Sin embargo, volver al rendimiento de líneabase no es lo que necesitamos en esta situación. Necesitamos confiar y volver a confiar porque solo persistiendo podemos lograr esa relación de confianza significativa que valoramos.

Una forma de combatir la resurgencia es desarrollar un repertorio más amplio de habilidades como comportamiento sustitutivo. En lugar de enseñar simplemente un comportamiento sustitutivo, los analistas de conducta pueden establecer múltiples comportamientos sustitutivos. De este modo, se pueden llevar a cabo diferentes conductas que cumplen la misma función valorada antes de recaer. Dentro de ACT, podemos hacerlo fomentando soluciones amplias y creativas a los problemas que están al servicio de los valores elegidos. Por ejemplo, para un cliente que intenta llevar una vida más saludable, esto significa encontrar múltiples formas de ejercicio que le resulten agradables y trabajar con él para que incorpore cada vez más fuentes de reforzamiento (por ej, apuntarse a grupos de ejercicio, que sigan sus progresos). De este modo, incluso si el cliente sufre un revés, como picaduras de niguas durante una excursión, el resultado no será el abandono real del ejercicio, sino quizás solo el abandono temporal de las excursiones como forma específica de ejercicio.

Combatir la resurgencia va a desempeñar un papel importante cuando se utilicen enfoques ACT para fomentar una mayor participación social con niños con autismo. El autismo y las deficiencias en las habilidades sociales van de la mano. Los niños neurotípicos no siempre responden de la manera más adecuada a los comportamientos sociales de los clientes, que pueden desviarse de lo que están acostumbrados los niños neurotípicos. Para ellos, tiene sentido evitar la incertidumbre. Por supuesto, queremos construir un mundo de másaceptación y debemos intentarlo, pero eso no cambia el hecho de que los niños con autismo puedan experimentar contratiempos al enfrentarse a situaciones sociales. Una vez más, debemos centrarnos en aumentarlas situaciones revisando con frecuencia los valores y fomentando un repertorio amplio y flexible que ofrezca soluciones creativas y variables para contactar con reforzadores sociales. Quizás el acercamiento a estos niños en el parque fue mal, pero no es necesario abandonar por completo a los amigos. En su lugar, podríamos modificar nuestro enfoque o buscar otro parque con gente nueva y con intereses comunes. En otras palabras, hay que centrarse en la persistencia *funcional*. Las personas necesitan tanto persistencia para alcanzar una vida que valoren como una variabilidad saludable en la forma de lograrla.

Sin embargo, sabemos que la resurgencia no es el único camino hacia la recaída. El restablecimiento se produce cuando un reforzador de una conducta no deseada se repite independientemente de una acción deliberada, evocando así antiguos patrones de conducta. Este proceso se evoca fácilmente en el laboratorio simplemente administrando el reforzador en un programa variable. En la vida real, esta misma secuencia básica puede darse por varias razones. Si un amigo cancela los planes sociales, puede que te quede libre la noche para quedarte en la cama, incluso si eres una persona socialmente retraída que intenta la evitación de quedarse en casa. Una salida social con compañeros de trabajo que se suponía que iba a ser ligera e informal puede acabar en el bar de siempre, donde se refuerza y se fomenta el consumo excesivo de alcohol, como en el pasado, cuando tenías un problema de consumo de sustancias. No podemos simplemente evitar todas estas situaciones, no es realista. En cambio, cuando existe el riesgo de restablecimiento, debemos confiar en los otros procesos de ACT que hemos tratado hasta ahora y desarrollar hábitos de acción basados en valores que incluyan tales escenarios. Al anticipar lo inesperado y apoyarnos más en la conciencia del momento presente, la aceptación, la defusióny los valores, se puede prevenir la recaída en los momentos de restablecimiento.

La mayoría de los métodos de «prevención de recaídas» desarrollados por el difunto Alan Marlatt y sus colegas pueden adaptarse fácilmente a este objetivo específico (por ej, Chawla et al., 2010). Una estrategia potencialmente útil de ese enfoque, muy coherente con la ACT, consiste en «surfear el impulso» (Bowen y Marlatt, 2009). Cuando aparecen los reforzadores, también puede aparecer el impulso de comportarse de manera que se acceda a ellos. Surfear el impulso es una técnica de mindfulness que consiste en notar el impulso y, en lugar de luchar para deshacerse de él, simplemente observar cómo aumenta su intensidad y luego disminuye lentamente. En lugar de alimentar el impulso, se enseña a las personas a simplemente notar su aumento y disminución. Las investigaciones han demostrado que esta sencilla técnica puede ser eficaz para reducir la recaída en el tabaquismo entre los estudiantes universitarios (Bowen y Marlatt, 2009) e incluso la agresividad en adolescentes autistas (Singh et al., 2019).

Otro proceso de recaída es la renovación, en la que el contexto cambia de forma notable y el comportamiento vuelve a los viejos patrones. Cuando empezamos a coger impulso en ACT, ese cambio de conducta se produce en un contexto específico. Pero, ¿qué ocurre cuando la vida da otro giro? Lo único que podemos saber con certeza sobre nuestro futuro es que será diferente de nuestro presente. Una forma de combatir la renovación es centrarse en acciones comprometidas que provoquen cambios en el ambiente que puedan ejercer control sobre el comportamiento. Skinner se refería a esto como autocontrol (cambiar intencionadamente el ambiente para cambiar la conducta). Por ejemplo, una acción comprometida puede ser crear un espacio en casa que solo se utilice para practicar la meditación. La acción comprometida crea un ambiente constante en un mundo en constante cambio. Independientemente de lo que esté sucediendo en el trabajo o en las relaciones personales, este espacio de meditación está presente. A continuación, el contexto en el que se accede a ese ambiente se altera de forma sistemática y deliberada, por ejemplo, meditando cuando se tiene hambre o se está saciado, cuando se está feliz o triste, cuando se está solo o cuando hay gente en casa, antes o después de hacer ejercicio, etc.

Otro ejemplo para evitar recaídas podría ser seleccionar redes sociales que permitan un mayor contacto con comunidades sociales que tengan valores similares. Muchos analistas de conducta ya lo hacen uniéndose a comunidades que fomentan formas más progresistas y centradas en la persona del análisis de conducta. Esto permite una mayor disponibilidad de reforzadores sociales y puede influir en otros cambios en la carrera profesional que pueden aportar un refuerzo más valioso en ese ámbito de la vida. En este caso, buscar y unirse a comunidades sociales con intereses y valores compartidos puede ser una acción comprometida que proteja contra la renovación. La comunidad siempre está presente en segundo plano e, incluso si desaparecen una o dos comunidades, una comunidad social con flexibilidad y valores variables puede ayudar a resolver esta posible barrera.

Por último, como analistas de conducta, debemos aceptar (aceptación) que las recaídas van a ocurrir y debemos aplicar métodos de intervención que fomenten una persistencia saludable incluso en esos casos.

Adaptarse a la recaída es necesariamente parte de un proceso de éxito. Lo que queremos reforzar es el proceso de comprometerse y volver a comprometerse, una y otra vez, durante el tiempo que sea necesario: en eso consiste la acción comprometida en el modelo ACT. «Compromiso» significa buscar un patrón que se vaya ampliando gradualmente, a veces incluyendo una inmersión profunda en las causas contextuales de la recaída conductual. ¿Resurgencia? ¿Restablecimiento? ¿O renovación? Si podemos identificar el cambio ambiental que produce la recaída conductual, entonces se pueden desarrollar nuevas acciones comprometidas que tengan un enfoque específico en ese evento. Quizás no anticipamos que un viejo amigo aparecería con todas sus funciones de evitación experiencial. Sabiendo que esto puede ocurrir y valorando esa amistad, ¿cómo podemos ajustar nuestro ambiente y nuestra conducta para seguir viendo a nuestro viejo amigo y continuar por el camino hacia una vida más valiosa?

Este proceso debe ser creativo y colaborativo, y el cliente debe desempeñar un papel activo en el desarrollo de las soluciones. En última instancia, el objetivo de cualquier intervención es mantener el cambio de conducta después de la finalización de la terapia conductual. Los clientes deben ser capaces de cambiar y adaptarse, de ser variables y persistentes, sin tu ayuda. Las investigaciones sugieren que esta es una característica de las intervenciones basadas en ACT que conduce a un efecto superior a largo plazo. Por ejemplo, en la mayoría de los programas para dejar de fumar, una recaída a mitad del tratamiento predice de forma fiable el fracaso del tratamiento a largo plazo, mientras que en los programas para dejar de fumar basados en ACT, los deslizamientos a mitad del tratamiento suelen convertirse más tarde en abandonos (por ej, Gifford, Kohlenberg, Hayes, Pierson, Piasecki, Antonuccio y Palm, 2011; Luoma, Kohlenberg, Hayes y Fletcher, 2012).

CIENCIA DEL ESTABLECIMIENTO DE OBJETIVOS BASADOS EN VALORES DESDE UN MARCO DE ANÁLISIS CONDUCTUAL

Un componente importante de la intervención basada en ACT, o realmente de cualquier intervención analítico conductual, es el establecimiento de objetivos. Las autorizaciones de los seguros contienen listas de metas y objetivos. Los planes educativos individualizados contienen listas de metas y objetivos. El establecimiento de objetivos no solo es omnipresente en el análisis de conducta, sino que también es fundamental en casi todas las disciplinas aplicadas.

En esencia, el establecimiento de objetivos es una estrategia de autocontrol que aprovecha lo que Skinner denominó «conducta gobernada por reglas». Ya hemos hablado del papel de la conducta gobernada por reglas en el mantenimiento del sufrimiento psicológico, pero también podemos utilizar las normas para garantizar nuestro propio éxito. Establecer un objetivo es, en esencia, establecer una contingencia entre el objetivo y un efecto supuesto o declarado del mismo. «Esta semana leeré dos capítulos de este libro» es un objetivo con un efecto supuesto, y si lo estás diciendo ahora mismo, puede que el efecto supuesto sea realizar los procesos de ACT de forma más real para poder ayudar mejor a tus clientes. «Esta semana jugaré más con mi hijo» es un objetivo, quizá con el efecto supuesto de conseguir una mayor conexión con tu hijo o quizá con la esperanza de que tu hijo se duerma más rápido por las noches después de jugar intensamente.

Lo que hace que este método común de comportamiento para establecer objetivos sea coherente con la ACT son los efectos previstos. En la ACT, el establecimiento de objetivos es importante en la medida en que los objetivos se vinculan directa o indirectamente con los valores elegidos. En la ACT, el establecimiento de objetivos debe especificar cómo las acciones se materializarán y crearán un mayor contacto con los reforzadores valorados, incluidos los que son intrínsecos al propio comportamiento.

El origen del acrónimo SMART para el establecimiento de objetivos no está del todo claro (Lawlor y Hornyak, 2012), pero este marco es habitual en todos los sectores y sirve como un buen recordatorio para los analistas de conducta sobre cómo crear objetivos potencialmente útiles. Al establecer objetivos, queremos asegurarnos de que sean específicos, medidos, alcanzables, relevantes y con un plazo determinado. ¿Qué es exactamente lo que nos proponemos conseguir? ¿Cómo sabremos que lo hemos conseguido? ¿Es el objetivo algo que podemos obtener con nuestras habilidades actuales?

¿Cómo se relaciona el objetivo con los valores elegidos? ¿Y cuándo esperamos que se alcance el objetivo? Si podemos responder afirmativamente a cada una de estas preguntas, los objetivos pueden desempeñar una función importante a la hora de fomentar la acción comprometida, una vez que se han vitalizado como valores.

La ciencia del comportamiento también puede contribuir en gran medida a nuestra comprensión de la viabilidad dentro del modelo SMART. Sabemos que lo que hoy puede no ser viable, mañana puede serlo gracias al proceso de aprendizaje del moldeamiento. El moldeamiento se refiere al reforzamiento diferencial de aproximaciones sucesivas de un comportamiento. Podemos incorporar el moldeamiento en el establecimiento de objetivos conociendo la situación actual de los clientes y siendo conscientes de no presionar demasiado pronto. ¿Qué estáis dispuesto a hacer *hoy* en aras de los valores que habéis elegido? Cuando la lucha está profundamente arraigada, a menudo no somos capaces de pensar en pequeño. Para algunos clientes, el simple hecho de permanecer sentados en su asiento durante 5 minutos puede suponer un compromiso enorme. Para otros, simplemente saludar a alguien en el pasillo es una hazaña importante. O tal vez la evitación del consumo de drogas durante medio día es un hito importante. Es fundamental la aceptación y el reforzamiento de estas aproximaciones para generar impulso en las primeras etapas del tratamiento. Los analistas de conducta también están familiarizados con dar pequeños pasos al principio y avanzar hacia grandes saltos más adelante, a medida que se acelera el cambio de conducta. Queremos aprovechar esto también en el establecimiento de objetivos.

La importancia de los valores en el establecimiento de objetivos se ha estudiado empíricamente y los efectos son bastante claros. El entrenamiento basado en la ACT sobre cómo crear claridad en torno a los valores añade un valor significativo al impacto conductual del establecimiento de objetivos (por ej, Chase, Houmanfar, Hayes, Ward, Vilardaga y Follette, 2013). Esto no debería sorprender, ya que la coherencia de los valores, desde la perspectiva de la ACT, es una poderosa operación motivadora. Añadir valores a las estrategias más tradicionales de desarrollo del autocontrol basadas en el comportamiento es muy prometedor. En este caso, métodos como la automonitorización, la retroalimentación y el establecimiento de objetivos podrían combinarse con una perspectiva centrada en los valores.

Guiar la acción comprometida es un arte que se domina con la práctica y con una profunda reflexión sobre los principios del cambio de comportamiento. Acompañar a los clientes a través de la acción comprometida requiere paciencia y, por parte del analista de conducta, autoobservación y reflexión. A veces, los clientes avanzan más lentamente de lo que nos gustaría. Otras veces avanzan más rápido de lo que nos gustaría. Pero siempre que seamos flexibles y animemos a nuestros clientes a serlo, la acción comprometida es quizás la herramienta más poderosa en el arsenal de los analistas de conducta que utilizan enfoques basados en la ACT.

VARIABLES INDEPENDIENTES Y VARIABLE DEPENDIENTE PARA LA INTERVENCIÓN

Para medir la acción comprometida, los analistas de conducta solo tienen que medir el comportamiento de todas las formas habituales. Belisle, Stanley y Dixon (2021) resumen el proceso para seleccionar un sistema de medida válido y fiable. En primer lugar, tenemos que definir operativamente la «acción» que queremos aumentar dentro de la acción comprometida. Las definiciones operativas deben ser claras y objetivas, de modo que dos evaluadores independientes puedan ponerse de acuerdo sobre cómo es una unidad del comportamiento. Por ejemplo, si una persona quiere salir más a menudo de su casa, ¿qué se considera salir de casa? ¿Basta con salir al jardín delantero o es necesario alejarse al menos una manzana de la casa? No hay una respuesta correcta a esta pregunta, ya que depende del cliente y del cambio de conducta que se busca con enfoque.

Las acciones comprometidas también son aceleradoras o constructivas. Esto significa que siempre buscamos *aumentar* su frecuencia. Esta distinción reconoce que reducir el comportamiento no deseado es siempre un proceso activo. Para ilustrarlo, podemos reformular «no fumar durante una semana» como «pasar una semana completa sin fumar». En el primer caso, se trata de la omisión de la conducta, mientras que en el segundo, se trata de poner en práctica todas las estrategias ACT aprendidas hasta ese momento para lograr el objetivo de no fumar durante una semana completa. La distinción es sutil, pero importante.

También queremos dejar clara la dimensión de la conducta que queremos medir (y, por lo tanto, acelerar). La medida de frecuencia mide la frecuencia con la que se produce la conducta, mientras que la medida de duración mide el tiempo durante el que se produce. Es fundamental seleccionar la dimensión adecuada. Por ejemplo, alguien puede salir de casa solo una vez al día, pero estar fuera varias horas. En este caso, es probable que la duración sea la dimensión más importante de la conducta, en lugar del simple número de veces que una persona ha salido de casa. La latencia es la medida del tiempo que transcurre entre el inicio de un evento estimular y el inicio de un comportamiento. ¿Cuánto tiempo tarda en presentarse una oportunidad de interacción social y en que el cliente participe activamente en ella? En este caso, una reducción de la latencia es una prueba de que la interacción social se está fortaleciendo y la evitación se está debilitando. Dado que el «compromiso» se manifiesta especialmente en la resiliencia y la persistencia del comportamiento, es importante evaluar no solo las tasas brutas de conducta al evaluar la fuerza de la respuesta, sino también la latencia hasta la reaparición del comportamiento deseado cuando se interrumpe y la persistencia del comportamiento en diferentes situaciones y condiciones motivacionales.

Todo lo anterior es probablemente solo un resumen para la mayoría de los lectores, pero hay consideraciones específicas que deben tenerse en cuenta en el contexto de las intervenciones basadas en ACT. Si bien estamos acostumbrados a pensar en el cambio de conducta como el objetivo principal de las intervenciones conductuales, también queremos ver que los procesos clavesdel cambio están involucrados en la acción comprometida. No sirve de nada que las personas establezcan hábitos que sean de evitación experiencial, fusionados, desconectados del contexto actual y que no se basen en valores. Dicho de otro modo, necesitamos medir el comportamiento de forma funcional, no solo topográfica. Ir más allá de la simple medida de las topografías conductuales que se observan directamente para capturar más datos relacionados con el proceso funcional de la acción comprometida podría tener implicaciones importantes y beneficiosas para la forma en que tú (y otros) vemos nuestro campo.

La acción comprometida como variable dependiente

La observación directa del cambio de conducta se puede llevar a cabo en algunos entornos, como en un centro terapéutico, una residencia o en las escuelas. Cuando esta opción está disponible, todas las herramientas que ha desarrollado el análisis aplicado de conducta para observar y registrar la conducta deben ser la primera prioridad. Cuando no es posible el registro continuo de la conducta, también se pueden considerar métodos de muestreo temporal, como el intervalo parcial o completo. Aunque son menos precisos que medidas como la frecuencia o la duración, los datos de muestreo temporal pueden ser más fáciles de recopilar y de entrenar a miembros de la comunidad sin entrenamiento conductual (por ej, profesores o auxiliares). Los métodos de muestreo temporal consisten en segmentar el periodo de observación en intervalos prescritos y registrar si el comportamiento se produjo durante el intervalo (ya sea durante todo el intervalo o solo durante parte de él).

Los datos de observación directa pueden no ser los más adecuados o disponibles en todos los casos. Estos casos incluyen cuando la institución no cuenta con personal para observar directamente el comportamiento, cuando los datos de interés son un evento privado, cuando la autoobservación es un componente de la intervención o cuando la observación directa del comportamiento infringe la privacidad del cliente que recibe la terapia. Para los clientes que probablemente reciban servicios basados en ACT, estas situaciones son más probables que en muchas otras aplicaciones analítico conductuales. Consideremos cada uno de ellos por separado.

En primer lugar, es posible que las instituciones no estén preparadas para observar directamente el comportamiento. Nosotros hemos tenido la suerte de que los lugares donde trabajan los analistas de conducta suelen contar con personal disponible y entrenado para recopilar datos de observación directa; sin embargo, una de las mayores ventajas de integrar los conceptos de ACT en las herramientas de los analistas de conducta es la posibilidad de ampliar las tecnologías conductuales a nuevos ámbitos. Considera la posibilidad de aplicar la ACT en un entorno industrial para mejorar la cultura del lugar de trabajo y la producción centrada en valores compartidos. Es poco probable que haya alguien en un puesto de supervisión en todo momento, y aunque lo haya, es probable que esté realizando sus propias tareas de gestión. Aunque la empresa puede optar por contratar a un analista de conducta para que se centre en mejorar la cultura del lugar de trabajo y el rendimiento de los empleados, los recursos adicionales necesarios para observar directamente el cambio de comportamiento pueden ser prohibitivos.

En su lugar, la productividad puede ser medida en términos de productos permanentes, o la tasa a la que los empleados producen en conjunto tras el desarrollo de una intervención ACT en toda la institución. Este mismo reto podría generalizarse al trabajo con el personal en un entorno ABA tradicional, como las intervenciones terapéuticas para niños con autismo. El personal está disponible para observar el comportamiento de los niños que reciben el servicio, pero no para observar a los terapeutas. Una vez más, los datos de productos permanentes, como el número de bloques de ensayo registrados, podrían ofrecer una alternativa.

En segundo lugar, los datos que se recopilan pueden ser eventos privados. Aunque la mayoría de las acciones comprometidas son directamente observables, no siempre es así. Tomemos, por ejemplo, las medidas adoptadas para mejorar la autocompasión y una mayor apertura emocional, en las que se pide al cliente que haga una pausa y observe y etiquete cómo se siente su cuerpo cuando surgen emociones difíciles. Es difícil supervisar este tipo de comportamiento sin un autoinforme. En una situación terapéuticamente adecuada, un entrenador en ACT podría enseñar un repertorio eficaz de tácticas centradas en las emociones y sus acompañamientos corporales, pero como estos métodos se utilizan in vivo, es posible que tengamos que basarnos en datos de automonitorización, en los que la persona registra cuándo surgieron las emociones y qué sensaciones corporales produjeron. Es posible que sea necesario tomar medidas para garantizar que los datos de automonitorización se comuniquen con precisión y para minimizar el sesgo de deseabilidad social, como por ejemplo, fomentar que estas medidas se tomen utilizando métodos de expresión oral que eviten la autocensura (Hayes, 1986; Hayes, White y Bissett, 1998).

Por último, observar todo lo que hace un cliente no es un lujo que se pueda permitir en la mayoría de los entornos. Imagina seguir a un padre o a un cliente que sufre depresión durante todo el día simplemente para registrar si ha practicado la respiración mindfulness ese día. Esto no solo sería increíblemente perjudicial para la eficacia del plan de cambio de conducta, sino que probablemente te denunciarían por acoso. Las personas disfrutan de su privacidad y tienen derecho a ella.

Nuestra respuesta a este «problema» (que en realidad no es tal) en este ámbito no puede ser operar únicamente en entornos donde no se garantiza la privacidad. Por el contrario, debemos con los datos permanentes de los productos, los datos autoinformados y el uso de otras tecnologías para el tracking de la conducta en el mundo real.

Una forma de lograrlo es mediante el uso de datos de evaluación ecológica momentánea (EMA, por sus siglas en inglés). Los sistemas de recopilación de datos EMA suelen utilizar una aplicación para teléfonos inteligentes que permite a los participantes registrar su conducta. Esto puede ocurrir a horas fijas a lo largo del día, de forma aleatoria a lo largo del día, o los clientes pueden elegir cuándo y dónde introducir los datos. De este modo, la EMA ofrece una alternativa a muchos de los sistemas de datos de autoinforme que hemos descrito hasta ahora, ya que permite recopilar datos continuos sobre los cambios de conducta y analizar los cambios basándose en la variabilidad idiográfica de cada persona. Se están creando medidas específicas para estos fines dentro de la comunidad ACT (por ej, Ciarrochi, Sahdra, Hofmann y Hayes, en prensa), utilizando nuevas formas de análisis estadístico que se ajustan al enfoque idiográfico del análisis de conducta (por ej, Sanford et al., en prensa).

Las estimaciones generales de la acción comprometida también se incluyen en algunas medidas de autoinforme estándar validadas psicométricamente. Una ventaja de estas medidas es que se vinculan directamente con los valores. Por ejemplo, tanto el VLQ como el VQ que hemos descrito en capítulos anteriores miden el grado en que los clientes creen que sus conductas actuales están alineadas con los valores que han elegido. Por lo tanto, estas medidas pueden proporcionar una sólida evidencia experimental de que una intervención basada en ACT es eficaz para promover un mayor compromiso con la acción comprometida.

El compromiso con la acción como variable independiente

En todos los capítulos anteriores hemos hecho hincapié en que *el cambio de conducta basado en los valores* es el objetivo principal de las intervenciones basadas en la ACT. Esto significa que no basta con cambiar la conducta por el simple hecho de cambiarla. Cuando consideramos la acción comprometida como una variable de proceso, debemos preguntarnos siempre cómo es probable que el hecho de comprometerse con la acción comprometida cambie la vida de nuestros clientes para mejor, según lo definido por sus valores. ¿Esta acción fomentará mejores relaciones con su familia si eso es importante? ¿Les permitirá contribuir más a su propio bienestar?

Las actividades y los ejercicios que se centran en el compromiso con acciones basadas en valores deberían producir cambios en otras medidas de efecto que nos interesan. Existe una amplia bibliografía sobre las intervenciones ACT que demuestra que conducen a una reducción de los sentimientos de depresión, ansiedad y desesperanza. En clientes con discapacidades como el autismo, podríamos esperar que, cuando se comprometen con acciones más comprometidas, mejoren sus sentimientos de autoeficacia y autoestima. Estos efectos no sustituyen al cambio de comportamiento manifiesto, pero tampoco deben ignorarse.

ESTRATEGIAS ANTERIORES Y DE CONSECUENCIA PARA PROMOVER LA ACCIÓN COMPROMETIDA

Al igual que con el otro como proceso de ACT, el tiempo y el lugar son increíblemente importantes. Una característica definitoria del análisis de conducta siempre ha sido ir al lugar donde se produce la conducta, en lugar de organizar un momento y un lugar artificiales que sean convenientes para el terapeuta durante el horario de oficina prescrito o con cita previa. Entonces, ¿cuándo es el mejor momento para establecer objetivos con el fin de lograr el mayor cambio de conducta?

Como evento desencadenante, el establecimiento de acciones comprometidas puede ocurrir como una práctica habitual al comienzo del día para crear las condiciones para la productividad. Se trata de una estrategia de autogestión mediante la cual se crea un estímulo verbal, a menudo en forma de lista, pero no necesariamente, para guiar la conducta a lo largo del día. Las listas de tareas pendientes o un calendario diario pueden convertirse fácilmente en un servicio a cosas que no son valores elegidos libremente, como trabajar para satisfacer las demandas exclusivas de otros o las demandas de un yo conceptualizado. Para vincular esto más estrechamente con los valores, se pueden introducir inmediatamente en este contexto estímulos que sean augmenting de las funciones de los valores. Por ejemplo, empezando la semana escribiendo uno o dos valores que funcionarán como tema central a lo largo de esa semana y que se puedan ver al establecer las acciones comprometidas. De esta manera, los valores pueden fluctuar con flexibilidad según las operaciones motivadoras colectivas vigentes en ese momento, como cuando se anhela una mayor conexión con la familia una semana y se siente la necesidad de ser creativo la semana siguiente. Todas estas son estrategias de autogestión que están al alcance de los analistas de conducta, no solo para utilizarlas, sino también para optimizarlas.

Establecer acciones comprometidas también puede servir para pasar de un segmento del día al siguiente. De hecho, la segmentación del día en sí misma es una estrategia de autogestión que, al igual que el encadenamiento, divide la tarea más amplia de todo un día en partes más pequeñas y manejables. Por ejemplo, para un cliente que tiene dificultades en la clase de matemáticas con la productividad y elevados índices de conducta problemática, establecer acciones comprometidas inmediatamente antes de la clase de matemáticas relacionadas tanto con la conducta como con el rendimiento podría augmenting la probabilidad de éxito. Para el cliente que experimenta una ansiedad inmensa en casa después de días largos y difíciles en la escuela o en el trabajo, concluir la jornada escolar o laboral estableciendo acciones comprometidas para el día siguiente podría interrumpir la necesidad de repasar mentalmente y en privado las listas de tareas pendientes, que anteriormente servían la función de «no olvidar nada importante».

Un reto con las acciones comprometidas puede ser que el estímulo, ya sea escrito o verbal, no esté presente en los momentos en los que es menos probable que se produzca la acción comprometida. En este caso, los analistas de conducta podrían considerar formas de traer esos compromisos al presente psicológico. Por ejemplo, estableciendo una relación verbal entre el objetivo y un símbolo y asegurándose de que el símbolo esté presente inmediatamente antes del evento de baja probabilidad. Esto también se puede lograr como un estímulo conversacional. Por ejemplo, el analista de conducta podría decir: «Ahora sé que esto es algo muy difícil para ti *y* estamos trabajando en la aceptación».

Recuerda que hiciste un compromiso ¿Todavía sientes que puedes cumplir ese compromiso?». Enmarcado de esta manera, el estímulo verbal se hace inmediatamente presente y la pregunta respeta la realidad de que las operaciones motivadoras que pueden haber estado presentes en el momento de hacer el compromiso pueden ya no ser las mismas. El cliente tiene la opción de cumplir el compromiso o dar un paso atrás, volver a comprometerse e intentarlo de nuevo en otro momento. Cuando llegue ese otro momento, los demás procesos de ACT que hemos revisado hasta ahora pueden ayudar a reforzar la probabilidad de cumplir el compromiso como una serie de estrategias de autogestión disponibles. De este modo, cumplir el compromiso es una elección que toma el cliente, y el éxito es suyo.

Los reforzadores también pueden utilizarse para reforzar aún más la probabilidad de llevar a cabo la acción comprometida, lo que puede lograrse como un proceso colaborativo. ¿Por qué no hacer que el cliente sea un miembro activo en la creación del sistema de gestión de contingencias?

Esto podría comenzar por pedirte que identifiques los compromisos que son fáciles y los que son difíciles, y asignar diferentes valores en puntos a cada uno de ellos, que se intercambian por reforzadores de apoyo. En última instancia, las fuentes de refuerzo más valiosas serán las que mantengan (o no mantengan) un cambio en la conducta más duradero, pero la creación de juegos basados en puntos o incentivos en función del rendimiento puede ayudar a salvar la brecha entre lo que es difícil ahora y lo que se conseguirá más adelante.

COMBINAR LA ACCIÓN COMPROMETIDA CON LA CONCIENCIA DEL MOMENTO PRESENTE, LA ACEPTACIÓN, LA DESFUSIÓN Y LOS VALORES

El cambio de conducta es necesario para alterar nuestras experiencias con el mundo. Comprometerse con ese cambio es difícil. Cada uno de los seis procesos básicos de la ACT desempeña un papel que permite que se produzca la acción comprometida.

La conciencia del momento presente permite a una persona experimentar las contingencias de la vida real que rodean su comportamiento. La conciencia del momento presente es necesaria para entrar en contacto con esos reforzadores valiosos que aparecen durante la acción comprometida y para notar su ausencia cuando el comportamiento no se basa en valores.

Participar en una acción comprometida puede resultar incómodo y, cuando la conducta no está bien practicada, puede producir solo pequeños reforzadores. La aceptación es necesaria para superar estas primeras etapas de la acción comprometida con el fin de entrar en contacto con el refuerzo. Además, la aceptación también es necesaria para experimentar voluntariamente los sentimientos positivos y los cambios que acompañan a la acción comprometida, sabiendo que las experiencias positivas en sí mismas vendrán y se irán.

Cuando surgen pensamientos que fomentan la evitación experiencial en lugar de la acción comprometida, los ejercicios de desactivación pueden debilitar su control momentáneo y abrir la ventana para participar en la acción comprometida.

En última instancia, la acción comprometida solo es «comprometida» cuando existe un vínculo claro entre la acción y los valores elegidos por la persona. Además, es más probable que se emprenda una acción comprometida si se presentan los valores como estímulos motivadores que pueden evocar la acción.

Los valores también pueden ser una guía eficaz para desarrollar objetivos de acción comprometida, como cuando se utiliza una herramienta como la Matriz ACT, que hace explícito el vínculo entre los valores y la acción.

Participar en los seis procesos básicos también puede ser en sí mismo una acción comprometida. Comprometerse a una rutina de meditación para fomentar la conciencia del momento presente es una acción comprometida. Comprometerse a hacer y experimentar algo incómodo que forma parte de un viaje vital basado en valores es una acción comprometida. Comprometerse a realizar ejercicios de defusión, incluso cuando parecen ridículos y solo están tangencialmente relacionados con el problema en cuestión, porque relajan formas inútiles de control de estímulo de las relaciones de estímulo, es una acción comprometida. Comprometerse a tratar de forma continua con amigos, familiares y seres queridos lo que realmente importa más para ti como individuo y para el grupo de personas con las que más te relacionas es una acción comprometida.

Todo esto requiere compromiso. El proceso de pasar por una intervención ACT consiste, en esencia, en la evolución deliberada de una vida humana mediante la ampliación del repertorio para permitir una mayor variabilidad y persistencia. Si somos capaces de comprometernos con cada uno de estos procesos y actuar para cambiar nuestras vidas, la amplia bibliografía sobre ACT sugiere que el cambio está a la vuelta de la esquina.

10

EL YO COMO CONTEXTO

Cuestionarnos a nosotros mismos y preguntarnos quiénes o qué estamos destinados a ser es un problema exclusivamente humano. Nuestras mascotas nunca se preocupan por esas cosas. No se inquietan por cómo los perciben los demás, ni por si están a la altura de sus propios estándares. Solo los seres humanos hacemos eso. Trabajamos horas extras para complacer a nuestros jefes y sentirnos «empleados productivos» o «trabajadores incansables». Y hacemos un esfuerzo adicional para ser «buenos padres» y «buenos cónyuges». Pero, ¿qué sucede cuando no logramos estar a la altura de esas expectativas? Empieza a surgir la autocrítica y, con ella, la tentación de distraerte o alejarte de los pensamientos de insuficiencia o baja autoestima. Esto puede ser directo, como poner iniciativa por satisfacer cualquier versión de ti mismo que estés intentando construir. O puede adoptar la forma de conductas que te alejan de lo que realmente valoras. En cualquier caso, la evitación experiencial y el hecho de estar a la altura de las conceptualizaciones que construimos de nosotros mismos son procesos profundamente entrelazados.

Estas conceptualizaciones también pueden enmarcarse de forma negativa. «Soy un delincuente y siempre lo seré», «todos en mi familia son delincuentes», «el alcoholismo es hereditario en mi familia». Este tipo de reglas pueden fomentar una sensación de inevitabilidad. ¡Quien «soy» me hace sufrir y tiene que ser así! Vemos estas reglas en el trabajo con niños de comunidades con bajos niveles socioeconómicos y altas tasas de delincuencia, y en niños con antecedentes de delincuencia. También lo vemos en el trabajo con niños con autismo que pueden interiorizar relaciones negativas sobre el trastorno. «¿Qué hay de malo en mí?», «Mi autismo me hace reaccionar violentamente», «No puedo tener amigos debido a mi autismo». El autismo se convierte en el componente central de una narrativa personal que requiere sufrimiento y oportunidades limitadas.

A veces, estas etiquetas conceptualizadas también proporcionan un escape. Para el niño que cree que el encarcelamiento es una parte inevitable del crecimiento, esta regla puede proporcionar una razón para faltar a clase o experimentar con las drogas o el alcohol a una edad temprana, porque no hay nada que perder: el efecto ya está decidido. Para el niño con autismo, no hay razón para intentar acercarse a los demás para desarrollar relaciones significativas o esforzarse más para comprender los conceptos que se presentan en clase: «su autismo» les va a frenar de todos modos. Eso es simplemente lo que *son*, o al menos lo que ellos creen que son.

Todos llevamos estas etiquetas. Deprimido. Ansioso. Hiperactivo. Desatento. Demasiado inteligente. No lo suficientemente inteligente. Esto no debería sorprendernos, dado que todo nuestro modelo y enfoque de la intervención psicológica se ha basado históricamente en clasificar a las personas en categorías. Si te sientas en cualquier clase de psicología anormal, encontrarás este enfoque nomotético en primer plano. Si encajas en (inserta la casilla), experimentarás «resultados negativos» más adelante en la vida». La psicología de las diferencias individuales lleva mucho tiempo en este juego.

Pero este enfoque normativo descendente no puede predecir ningún efecto claro para los individuos, ya que no se describe ningún proceso de conducta. No se tiene en cuenta el contexto dinámico y siempre cambiante en el que se producen las conductas. Una ciencia de la media, una ciencia de lo llamado «normal» y la fusión de uno mismo con categorías o lo normal y lo no normal, no se aplica a la persona individual, ni siquiera de forma probabilística. Los analistas de conducta han adoptado desde hace tiempo esa posición a partir del clásico texto de Murray Sidman sobre tácticas de investigación científica (1960), pero solo en las últimas dos décadas la psicología dominante ha tomado conciencia de los hechos matemáticos que lo convierten en una certeza.

Solo recientemente la estrategia que más necesitamos seguir tiene un nombre totalmente aplicable. En el capítulo 1 utilizamos la palabra «*idionómico*». Probablemente se te haya pasado por alto, pero se basa en un hecho científico tan interesante y establecido que merece una pequeña explicación. «Normal» se refiere a dónde te sitúas en comparación con los demás (piensa en las curvas de campana o las desviaciones estándar). Todos estamos socializados para creer que estas comparaciones predicen las trayectorias de las personas. Por ejemplo, probablemente daríamos una aceptación sin dudarlo de la idea de que una persona con este coeficiente intelectual tendrá éxito en los estudios o que una persona con ese tipo de personalidad fracasará en este trabajo. Esta visión es tan común en psicología que es difícil evitarla.

La razón por la que es falsa es que solo podría ser cierta si las diferencias *entre* las personas pudieran predecir de forma fiable las trayectorias *de* las personas.

Y no pueden.

Esa idea es radical en psicología, pero expresada de otra forma, es en realidad un concepto muy antiguo en el campo de la física. Durante casi 100 años (basándose en una prueba matemática de aceptación de lo que se denomina teorema ergódico; véase Birkhoff, 1931), los físicos saben que un modelo que utiliza estados medios del sistema no puede predecir las acciones a lo largo del tiempo de los elementos del sistema, a menos que esos elementos a) no muestren tendencias a lo largo del tiempo y b) todos los elementos sean respondientes a los acontecimientos exactamente de la misma manera. Si se dan estas dos condiciones, se dice que los elementos son «ergódicos» y, entonces, sí, la estadística normativa en un momento dado predice las trayectorias de los elementos individuales a lo largo del tiempo. Es cierto que existen fenómenos ergódicos como ese en la naturaleza (por ejemplo, algunos gases nobles), pero la conducta humana no es uno de ellos. No tratamos clones congelados. La conducta humana cambia infringiendo la condición «a» y lo hace de forma conductual, es decir, única para cada persona, infringiendo la condición «b». Desde el principio, el análisis de conducta se construyó de una manera diferente y bastante singular. Lo que describen los «principios conductuales» es cómo las contingencias que entran en contacto con el comportamiento del individuo cambian las trayectorias del comportamiento, vistas en contraste con la variabilidad del comportamiento de esa persona a lo largo del tiempo. A continuación, se generalizan a principios nomotéticos para todas las personas u otros organismos (por ej., principios como el «reforzamiento») si y solo si estos principios nos ayudan a comprender mejor a los individuos. Así son los conceptos «idionómicos»: parten de descripciones muy precisas de patrones idiográficos, que luego se escalan a generalizaciones nomotéticas que pueden aplicarse a todos los organismos y que nos ayudan a comprender y a llevar a cabo un modelado mejor del individuo.

Los conceptos idionómicos son bastante raros en la mayor parte de la psicología. Son la esencia del análisis de conducta.

Cuando pensamos en esto en términos de medias agrupadas, la conclusión parece lógica. La mayoría de las personas ganarán más de lo que pierden. Pero debido a la variabilidad natural de los sistemas, este efecto rara vez se producirá para un individuo a lo largo de múltiples ocurrencias a lo largo del tiempo. Dado que uno de los autores de este artículo enseña en la Universidad de Nevada, Reno (SCH), se alegra de que la mayoría de los jugadores no entiendan el error ergódico, ¡o de lo contrario podría quedarse sin sueldo!

En nuestra cultura existe un desajuste entre cómo hablamos y pensamos sobre la conducta y cómo funciona realmente la conducta. Incluido nuestro propio comportamiento. Este enfoque «promedio» para comprender nuestro propio comportamiento es coherente con lo que podemos llamar un yo conceptualizado. Yo soy así. Yo soy así. Es una forma de pensar normativa y descontextualizada. Puede fomentar fácilmente la inflexibilidad psicológica, ya que se centra en las comparaciones entre personas en lugar de en la variabilidad que se da entre ellas.

Tomemos la teoría de los «cinco grandes» de la personalidad. Supongamos que he aceptado la idea normativa de que algunas personas son introvertidas y otras extrovertidas. Si observas *a* las personas, encontrarás estos tipos de personalidad (por eso se llaman los «cinco grandes»). Se podría pensar que eso significa que, si evaluamos a la misma persona una y otra vez, algunas personas se comportarían de forma coherente consigo mismas (por ej., se comportarían como introvertidas casi siempre) o, al menos, la variabilidad entre situaciones para la mayoría de las personas mostraría cinco estilos diferentes. ¡Pero eso no es lo que ocurre! Cuando se probó, nadie encajaba en la perspectiva de los «cinco grandes» a lo largo del tiempo (Molenaar y Campbell, 2009). En cambio, los llamados introvertidos eran extrovertidos en diversas situaciones, o emergían patrones totalmente idiográficos (por ej., una persona determinada podía tener ocho formas diferentes de interactuar, en lugar de cinco). Las cinco grandes dimensiones de la personalidad eran abstracciones que no describían a personas reales. Y, sin embargo, ¿cuántas personas podrían haber pasado su vida viviendo dentro de una historia en la que eran «extrovertidos» o lo que sea. ¿Y qué patrones de invariabilidad sirven para aumentarestos descriptores nomotéticos?

El yo conceptualizado es como un traje mal ajustado que la cultura te hace a medida. Estos conceptos se imponen a las personas, no se construyen de forma idiográfica. Por eso son especialmente dolorosos y nuestros clientes han vivido a menudo dentro de ellos, incluso cuando estas etiquetas son estigmatizantes e injustas.

Sin embargo, hay otro sentido de lo que es el «yo» y, cuando se entrena este otro sentido del yo, ayuda a las personas a liberarse de categorías juiciosas y duras.

Este otro sentido puede ilustrarse utilizando como metáfora una casa. El *contenido* de nuestras vidas es como los objetos de la casa. Cuando empezamos a definir la casa por estos objetos, nos perdemos gran parte de la vida tal y como se vive. El contenido cambia. Las cosas viejas se sustituyen por otras nuevas. Las familias se mudan y otras se van. La casa contiene estos cambios, pero no puede definirse por completo en términos de ellos.

Las personas son así. Los pensamientos, las emociones, las reacciones y las tendencias de conducta cambian constantemente. Como personas completas, notamos u observamos estos eventos psicológicos, y nuestras vidas los contienen. La casa incluye los muebles, pero también es una distinción de ellos; no se define completamente por los muebles.

En un sentido, la casa es distinta de los muebles. En otro sentido, la casa incluye o contiene los muebles. En ningún sentido la casa se define completamente por los muebles. Metafóricamente, eso es lo que las personas se hacen a sí mismas cuando se definen en términos de juicios propios y comparaciones con los demás. El yo conceptualizado, a menudo toma la forma de afirmaciones como «yo soy por ej., «yo soy ______________» o «debo________________», como «soy un empleado muy trabajador» o «soy tonto».

Conceptualizarse a uno mismo de esta manera puede fomentar una inflexibilidad poco saludable cuando lo quenecesitamos está fuera de la visión del yo basada en reglas.

En ACT, el poder que los pensamientos, las emociones, las reacciones y las inclinacionesconductuales tienen sobre el comportamiento se reduce en gran medida cuando el individuo es capaz de verse a sí mismo como algo más que conceptos del yo que describen diversos elementos de contenido, especialmente en comparación con los demás (por ej., «no soy inteligente», «no soy digno de ser amado», «soy malo», «soy introvertido», etc.). La forma de hacerlo es darse cuenta de que también tenemos una perspectiva: «Yo, aquí y ahora, tengo el pensamiento de que no soy inteligente». Desde esa perspectiva o punto de vista, un pensamiento como «no soy inteligente» está en mí, o yo lo conozco, pero no me define por completo. Los investigadores de ACT y TMR llaman a este sentido del yo «yo como contexto» o «sentido del yo desde la toma de perspectiva».

Las habilidades para la toma de perspectiva son difíciles de percibir. Probablemente hayas tenido la experiencia de estar conversando con alguien y, de repente, tener la sensación de que estás observando la conversación casi como si estuvieras a un lado mirándola. Si observas tu perspectiva, esta necesita cambiar, de la misma manera que dos espejos, cuando se colocan uno cerca del otro, a veces pueden producir reflejos que se reflejan entre sí en una serie continua de imágenes. La sensación es un poco inquietante.

La naturaleza autorreflexiva de la toma de perspectiva lleva a utilizar con frecuencia metáforas cuando se ayuda a los clientes a explorar el yo como contexto. Acabamos de hacerlo cuando hablábamos de una casa con muebles. El yo como contexto es el «yo» en las afirmaciones de contenido «Soy __________» o «Tengo que __________». Mientras que el contenido específico de estas afirmaciones cambia constantemente, la perspectiva de la persona en su totalidad, llamada «yo», es en cierto sentido constante y, mediante un proceso de eliminación, se puede descubrir ese sentido. Esto ocurre en el entrenamiento verbal cuando los niños cuentan lo que les ha sucedido y aprenden, mediante ensayo y error, a contar desde una perspectiva o punto de vista coherente. En cierto sentido, aprenden que «yo» significa contar desde «aquí y ahora». Cuando se les pregunta «¿qué has desayunado?», al principio pueden decir lo que ha desayunado su hermana, pero pronto aprenden que «yo» significa «desde esta perspectiva o punto de vista».

Promover el yo como contexto como repertorio es especialmente importante cuando adherirse rígidamente a una versión conceptualizada de uno mismo es incompatible con los valores elegidos. Los adolescentes con autismo que luchan con la etiqueta diagnóstica de «autismo», pueden beneficiarse de reconceptualizar el autismo de una manera más flexible y dinámica. A veces, interpretar los acontecimientos desde la perspectiva del «autismo» puede ser empoderador, como en algunos de los avances logrados dentro del movimiento de la neurodiversidad. En otros contextos, una persona se beneficia al desvincularse de esta etiqueta y simplemente interactuar con los acontecimientos como «yo soy» (una persona con muchas etiquetas, con muchas características, que contiene una historia de acontecimientos). A consecuencia de ello, comienza a surgir un sentido de trascendencia a través del tiempo y el espacio.

Esta sensación de trascendencia comienza a emergeren la mayoría de los niños en edad preescolar (McHugh y Stewart, 2012). Los niños en edad preescolar pueden responder preguntas sobre su pasado y su futuro, al tiempo que aprecian que existe una perspectiva constante en todas esas experiencias que, en cierto sentido, es «yo». Este cambio en el sentido del yo se corresponde con cambios importantes en el lenguaje humano y en la cognición que tienen lugar durante esta etapa. Los niños menores de 4 años muestran estructuras gramaticales y sintácticas que se asemejan en gran medida a las de sus padres y abuelos. Sin embargo, alrededor de los 4 años, los niños comienzan a mostrar estructuras gramaticales y sintácticas que son verdaderamente únicas.

Sin duda, estos complejos patrones de conducta están muy influenciados por las interacciones con otros miembros de la comunidad. La multiplicidad de procesos relacionales derivados crea un sistema enormemente complejo y variable. En el contexto de esa complejidad, vemos surgir un individuo psicológico. Es de vital importancia que podamos moldear percepciones de uno mismo que sean flexibles y adaptables, proporcionando a los clientes las herramientas que necesitan para alcanzar la vida que valoran. Para ello, es necesario profundizar en los procesos conductuales que subyacen al yo como contexto.

RESPUESTAS RELACIONALES DEÍCTICAS Y CLASES DE JERARQUÍA

Las evaluaciones del yo como contexto probablemente comienzan cuando el niño aprende a nombrary categorizar objetos, ya que incluso los roles mutuos del hablante y el oyente implican una perspectiva. El naming bidireccional o las clases de equivalencia son necesarios para establecer la conducta verbal sobre los estímulos ambientales.

Las etiquetas verbales son evocadas por contenidos o características compartidas a través de la abstracción de estímulos. Considera cómo aprendemos a identificar el color rojo. Si a un niño se le muestra una pelota roja y se le refuerza por pronunciar la palabra «rojo», podríamos esperar que el niño también señalara la pelota roja cuando oyera la palabra «rojo». Sin embargo, sin ejemplos adicionales, no sabemos si las respuestas del hablante o del oyente están controladas por el color rojo del objeto o por el hecho de que el objeto sea una pelota. Abstraer el color rojo (extensión táctil abstracta) probablemente requiera múltiples ejemplos que utilicen muchos objetos rojos diferentes, como un bloque rojo, un tren rojo, zapatos rojos, entre otros objetos, para que el color y ninguna otra característica provoque la respuesta correcta. Por lo tanto, «rojo» es el contenido compartido que ejerce control tanto sobre la respuesta del hablante como sobre la del oyente.

Aunque los colores son respuestas de naming relativamente sencillas, podemos suponer que se produce el mismo proceso cuando los niños aprenden a realizar abstracciones de otras características, como «agradable» y «malo». Aunque los casos concretos de amabilidad y maldad son infinitos, comparten propiedades comunes que, una vez establecidas, pueden ejercer control sobre la identificación o categorización de personas o acontecimientos. Por ejemplo, los niños comienzan a identificar a algunos niños como «amigos» y a otros como «enemigos» alrededor de los 4 años, lo que se corresponde con la explosión del lenguaje que se produce a esta edad

(Liberman y Shaw, 2019; Oldenburg et al., 2018). Nombrar y categorizar forma parte de lo que significa ser humano.

A menudo, estas etiquetas pueden tener funciones de acercamiento o evitación. Por ejemplo, un niño puede definir a un amigo como alguien que es amable con él, juega con él durante el recreo y trabaja con él en las tareas de clase. Cuando observan estas acciones, es más probable que identifiquen al otro niño como «amigo» y se acerquen a él en situaciones sociales compartidas. Por el contrario, cuando observa que alguien es malo con él, lo evita en el recreo y elige trabajar con otras personas en clase, es posible que no lo etiquete como «amigo» y, en cambio, lo evite en situaciones sociales compartidas.

No todos los niños necesariamente enmarcan la amistad de la misma manera. La capacidad de realizar marcos relacionales es un proceso altamente individualizado que requiere un enfoque idiográfico para apreciar su complejidad. Por ejemplo, otro niño puede haber aprendido que los amigos son personas que *se parecen* a él, ya sea por su género, raza o situación económica. Otro niño puede creer que los amigos son personas que *hacen cosas por él.* Estos diferentes patrones podrían promover relaciones saludables o insalubres que persisten en diferentes formas hasta la adolescencia y la edad adulta.

Este mismo marco general probablemente sea válido para cualquier otro ejemplo, como ser un buen estudiante, un buen padre, un buen empleado, etc. Lo que a menudo se pasa por alto es que etiquetarse a uno mismo como buen amigo o mal amigo requiere comprender la diferencia entre «yo» y «tú». Las comparaciones sociales entre uno mismo y los demás se producen constantemente. «Yo soy un buen amigo y ellos son malos amigos». «Soy un empleado muy trabajador, porque los demás no trabajan tan duro como yo y merecen menos reconocimiento que yo». Es gracias a estas comparaciones sociales que somos capaces de comprendernos a nosotros mismos. Alguien solo puede ser un «buen padre» si los demás son padres mediocres o malos.

Alguien solo puede ser un gran trabajador si los demás son vagos. Alguien solo puede ser autista si los demás son neurotípicos o neurodivergentes de diferentes maneras.

Estas comparaciones «yo contra tú» son necesariamente parte tanto de la toma de perspectiva como del yo conceptualizado. Las diferencias funcionales críticas aparecen cuando las relaciones deícticas de aquí contra allí y ahora contra entonces entran en el análisis. Esta idea nos ayuda a ver cómo podemos empezar a fortalecer y entrenar el yo como contexto cuando es débil o está ausente.

Conceptualizarse a uno mismo basándose en el contenido puede pasar por alto fácilmente el contexto. Por ejemplo, la afirmación «Soy estúpido» no suele limitarse a un único lugar o contexto y no hace referencia a un momento específico. Podemos añadir fácilmente el tiempo como primer contexto cuando modificamos la afirmación a «A veces me siento estúpido» o «Me siento estúpido en este momento». Vale la pena señalar que esta afirmación puede parecer algo similar al ejercicio de defusión que consiste en decir «Tengo el pensamiento de que...», que sirve para «desliteralizar» las afirmaciones juiciosas. Localizar las autoevaluaciones en el tiempo puede reducir la transformación innecesaria de funciones de estímulo, como permitir que «estúpido» se convierta en parte de una historia personal que persiste a lo largo del tiempo.

Las relaciones «aquí frente a allí» pueden contener aún más un concepto de uno mismo en un contexto o lugar específico. Por ejemplo, consideremos las afirmaciones «Me siento estúpido en mi clase de estadística» o «a veces me siento muy estúpido cuando hablo con esa persona». Al comprender que la toma de perspectiva implica marcos de tiempo, lugar y persona, cuando añadimos información deíctica, restringimos en cierta medida la transformación de funciones de estímulo a un contexto temporal y situacional, evitando la formación de un yo conceptualizado y ampliamente enmarcado que se basa en sentimientos de insuficiencia.

El simple hecho de observar y describir los contextos en los que aparece un pensamiento o un sentimiento puede ser de vital importancia para fomentar un sentido más amplio del yo y otros procesos de flexibilidad. Por ejemplo, si alguien se da cuenta de que «se siente estúpido» en una clase concreta, el hecho de comprometerse a actuar puede llevarle a sentirse más competente en esa materia sin necesidad de reconceptualizarse por completo. Sentirse más seguro en una clase de estadística puede ser simplemente cuestión de dedicar más tiempo a estudiar estadística.

La toma de perspectiva se fomenta verbalmente mediante respuestas relacionales deícticas (yo frente a tú, aquí frente a allí y ahora frente a entonces). Considera lo importante que es esta forma de respuesta relacional deíctica cuando se trabaja con niños con autismo que ya muestran una disminución de la capacidad de adoptar perspectiva más allá de una discapacidad intelectual (Cardillo et al., 2020; Pearson et al., 2013). Se sabe que las respuestas relacionales deícticas desempeñan un papel en el desarrollo de la teoría de la mente, con implicaciones para los niños con TEA (Weil y Hayes, y Capurro, 2001).

Una consideración especial con esta población es que los alumnos más jóvenes pueden estar aún trabajando en el desarrollo de un yo conceptualizado. Es importante no interrumpir completamente ese proceso cuando se trabaja con esta población. Aunque los datos aún son preliminares, es probable que el yo como contexto solo deba ser un foco de atención cuando el yo como contenido haya comenzado a emerger y haya demostrado participar en la inflexibilidad psicológica del cliente. Al introducir el yo como contexto, los clientes autistas también pueden tener dificultades con algunas de las metáforas que se centran en el uso de marcos relacionales deícticos. Por lo tanto, pueden ser necesarios pasos adicionales para ilustrar y explicar mejor estos conceptos, o para introducirlos en otras formas de entrenamiento verbal, como hemos descrito.

Los marcos de jerarquía también están muy presentes en los procesos verbales del yo como contenido y el yo como contexto, lo que permite conceptualizar la experiencia de uno mismo. Pensar en nosotros mismos utilizando categorías jerárquicas es una parte normal del desarrollo psicológico de los niños. En primer lugar, los niños aprenden a distinguir a los adultos, ya que difieren en tamaño yforma. Además, aprenden a clasificarse a sí mismos como niños entre otros niños y, más tarde, como «niños pequeños» o «niños grandes». Históricamente, también nos hemos categorizado según los binarios de género «niño» y «niña», aunque esto también puede ser menos frecuente en las comunidades autistas y cada vez menos frecuente en la sociedad en general (Cooper et al., 2016; Hyde et al., 2019). Las conceptualizaciones posteriores del yo pueden emerger en cualquier número de dimensiones, basadas en aspectos como la raza, la religión, la identidad sexual, la política, la altura o el peso. Estas autocategorizaciones también pueden provocar la transformación de funciones de estímulo, por ejemplo, mediante la evitación de otras personas que encajan en una categorización de oposición. Cuando se fusionan, las categorías pueden influir en nuestra forma de pensar, razonar y en la resolución de problemas. Por ejemplo, identificarse con un partido político específico podría moldear la forma en que vemos los temas de importancia social (Slothus, 2010).

En lo que se refiere al «yo como contexto», esto significa que nuestras diversas habilidades y experiencias pueden enmarcarse como partes de nosotros mismos que están incluidas o contenidas en la conciencia verbal (como esa casa con muebles). Las investigaciones han demostrado que la relación jerárquica con el «yo» fomenta una mayor flexibilidad psicológica.

Cuando se mantiene con demasiada rigidez, la identificación exclusiva con categorías jerárquicas puede restringir las comunidades sociales con las que interactuamos. Por ejemplo, alguien de una fe específica puede interactuar solo con otros miembros de esa fe compartida sobre cuestiones relacionadas con la espiritualidad. El riesgo de esto es que creamos cámaras de eco con un rango muy limitado de reglas entre las que elegir. Es posible que nunca entremos en contacto con otras formas de pensar o reglas alternativas que podrían ser más adaptables en otro contexto y, por lo tanto, no tengan ninguna posibilidad de influir en el comportamiento. Una vez más, conceptualizarse a uno mismo en estas dimensiones de forma flexible puede ser increíblemente adaptativo, especialmente cuando ello se alinea claramente con valores elegidos libremente. Sin embargo, cuando la autoconceptualización compite con valores elegidos libremente, o cuando los valores nunca se eligen libremente (es decir, los valores simplemente se ajustan a las expectativas del grupo conceptualizado), promover procesos coherentes con el yo como contexto puede ser especialmente ventajoso.

Para ir más allá de las simples habilidades de toma de perspectiva y llegar a experimentarse a uno mismo en un sentido trascendente, se necesitan marcos de distinción. A nivel de la experiencia, podemos distinguir entre lo que se observa y quien observa. Skinner apeló a la importancia de no solo ver, sino también ver que ves, como fuente de autoconocimiento y autocontrol. Lo que añadió ACT (Hayes, 1984) es que hay un paso más: ver que ves desde una perspectiva o punto de vista coherente. Te observas a ti mismo observando.

Partiendo de ahí, podemos cambiar nuestra perspectiva. Eso nos permite distinguir entre el «yo» como observador activo aquí y ahora y el «yo» como observador en el pasado y en el futuro, al tiempo que apreciamos los elementos de similitud o coherencia en esta experiencia. Esto se puede ilustrar cuando se pide a un cliente que imagine su primer recuerdo de la infancia. Observar cómo sus pensamientos y sentimientos en ese momento pueden ser diferentes de cómo se siente hoy. Una versión de la experiencia menos afectada por las densas relaciones verbales y las reglas que se han desarrollado desde ese momento de la infancia.

En este momento, es importante experimentar también la constancia en esa experiencia: que el niño sigue presente y sigue experimentando aquí y ahora. De este modo, promover la conciencia de lo trascendental representa una competencia continua entre la igualdad y la diferencia.

Esa misma flexibilidad en la toma de perspectiva permite a los niños comprender y utilizar las historias sociales, o a las personas aprender a ponerse en el lugar de los demás y sentir empatía. Por lo tanto, la toma de perspectiva es una habilidad clave que forma parte de la socialización humana.

CREENCIAS FUNDAMENTALES Y DINÁMICAS RELACIONALES

Al igual que el yo conceptualizado implica la fusión con el juicio propio, existen claras similitudes entre el proceso de defusióny la promoción del yo como contexto. La defusión implica debilitar el impacto conductual de las reglas que ya no son viables, mientras que el yo como contexto hace hincapié en debilitar aquellas reglas de contenido que están directamente relacionadas con el yo. Comprender las diferencias en la fuerza de las reglas sobre uno mismo y la coherencia relacional podría ser útil para comprender aún más este proceso conductual de forma analítico conductual. La teoría de la densidad relacional asume que la fuerza de las reglas verbales no es la misma en todos los casos. Algunas reglas son más fuertes que otras. Las reglas pueden cohesionarse o interactuar con otras reglas, produciendo una resistencia o fuerza aún mayor. Si esto es cierto, podríamos suponer que hay algunas autorreglas que serán más fáciles de contextualizarque otras.

Las reglas que pueden ser muy resistentes al cambio son aquellas que participan en otras reglas. Por ejemplo, las reglas «no tener relaciones sexuales antes del matrimonio» y «debo ir a la iglesia todos los domingos» se centran en reglas de virtud religiosa. El bien y el mal según lo prescrito por una comunidad verbal específica con raíces trazables en las religiones occidentales. La creencia fundamental en este caso es que la adhesión religiosa es virtuosa, y esto probablemente se relaciona con las reglas sobre lo que significa ser un buen miembro de la familia, pareja, amigo o miembro de otras comunidades. Una regla como «me siento culpable» puede contextualizarse fácilmente como «me siento culpable ahora mismo por este acontecimiento, pero la culpa no me define». Sin embargo, las reglas sobre lo que significa ser moral o virtuoso pueden ser menos fáciles de contextualizar.

Podemos imaginar creencias fundamentales visualmente coherentes con el siguiente diagrama, en el que cada punto del espacio geométrico representa una norma, y cuanto más próximos están los puntos, más coherentes son las normas con las adyacentes o más se apoyan entre sí. Por ejemplo, es probable que la regla A sea muy resistente al cambio porque existe muy cerca de otras reglas, cada una con su propia historia de reforzamiento. Para contextualizar la regla A sería necesario contextualizar también las reglas relacionadas B y C, lo que podría no ser viable, al menos no al principio de la aplicación de la intervención del yo como contexto. Por otro lado, la regla L existe más alejada de otras reglas. Es posible que esta regla no sea tan coherente con otras reglas, por lo que contextualizarla podría ser mucho más fácil. Una de las ventajas de utilizar metáforas para ilustrar conceptos como el yo como contexto es que las reglas relativas a las metáforas no funcionan con esta historia tan elaborada y extensa y es probable que estén bastante alejadas de las creencias fundamentales.

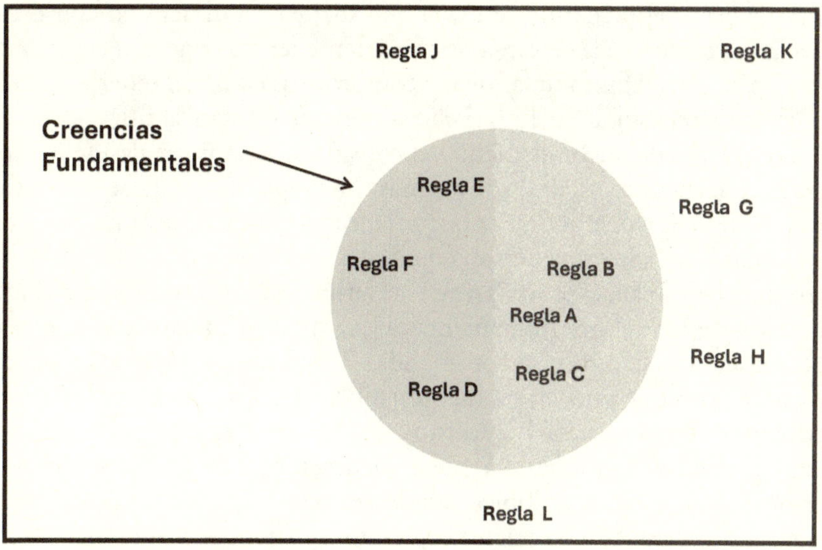

Por ejemplo, un estudiante universitario está pensando en dejar su hogar por primera vez para ir a la escuela de posgrado. Las creencias fundamentales sobre lo que significa ser un buen miembro de la familia y lograr sentimientos de conexión se centran en ideas relacionadas con la proximidad espacial a la familia. Es decir, «estar más cerca» significa estar físicamente más cerca. Es fácil ver cómo esta regla puede resultar inviable, ya que el estudiante limita los lugares donde puede estudiar un posgrado a aquellas escuelas que se encuentran en la misma ciudad o estado. Además, al graduarse, esta misma regla podría limitar los lugares donde el estudiante decide desarrollar su carrera profesional o continuar su formación. La metáfora del ajedrez desafía al estudiante a considerar una partida de ajedrez en la que las piezas son los elementos de contenido (es decir, el yo como contenido) y el tablero de ajedrez es el contexto en el que las piezas se mueven, cambian e intercambian (es decir, el yo como contexto). Las piezas se mueven, pero la esencia del juego sigue siendo la misma independientemente de la posición espacial de las piezas en un momento dado.

Cuando se le pide que relacione esto con su experiencia, el cliente puede darse cuenta de que estar físicamente cerca es *una* forma de estar cerca de la familia. Esa es una disposición en la que se han producido sentimientos de cercanía y conexión en el pasado. Pero no es la única forma de alcanzar este valor ahora o en el futuro. Alguien puede vivir a tres manzanas de distancia y sentirse muy lejos, mientras que otra persona puede vivir a tres estados de distancia y sentirse muy cerca, lo que añade otra dimensión contextual. Más importante que la cercanía física es mantener esa conexión emocional y psicológica que define a tu familia, y comprometerse a mantener y construir esa cercanía relacional, incluso si ello supone una distancia física.

Lo que puede ser fundamental al considerar las autorreglas de esta manera es que la conceptualización de uno mismo *puede* centrarse en los valores elegidos. «Soy una persona a la que le importa mucho sentirse conectada con su familia». «Soy una persona que valora la defensa de la comunidad de personas con discapacidad». Parte de la clarificación de los valores es la identificación de los valores fundamentales que pueden funcionar como reglas que aumentan la acción comprometida. Por lo tanto, podemos reorientar los contenidos que pueden ser incompatibles con los valores (por ej., «debo permanecer cerca de casa») en torno a los valores elegidos (por ej., «valoro estar conectado con mi familia») que pueden influir en las decisiones de las personas para apoyar múltiples valores (es decir, «puedo sentirme cerca y conectado con mi familia mientras persigo la carrera de mis sueños»).

El concepto de uno mismo también está estrechamente relacionado con la identidad personal, como la identidad de género, la orientación sexual y otras formas en que las personas se identifican a sí mismas y a sus grupos sociales. Una vez más, la característica fundamental es que la identidad elegida por uno mismo es, de hecho, *elegida*. Al igual que otras creencias fundamentales, la identidad de uno mismo suele ser asignada, por ejemplo, al asignar el género al nacer o al asumir la heterosexualidad en una sociedad heteronormativa. Cuando esta identidad asignada se alinea con la experiencia vivida por una persona y con los reforzadores valiosos reales (no solo percibidos), entonces las identidades pueden ser socialmente útiles. Por el contrario, cuando las identidades asignadas no se alinean con la experiencia vivida y los reforzadores valiosos, como cuando la orientación sexual de una persona no se alinea con una visión heteronormativa de las relaciones y las relaciones sexuales, entonces llegamos al mismo problema que cuando las creencias fundamentales no respaldan los valores personales. Al fomentar la exploración de la identidad, promovemos el yo como contexto, o una visión flexible del yo guiada por un examen cuidadoso de los reforzamientos valorados. En el campo del análisis de conducta, la autoidentificación no tradicional se da en mayor medida en las comunidades autistas (Cooper et al., 2018; Davies et al., 2021), y la autoexploración es algo que puede y debe apoyarse en las intervenciones basadas en la ACT cuando la identificación inflexible con uno mismo o los intentos rígidos de actuar de manera «socialmente normal» causan sufrimiento a los clientes (por ej., Singh et al., 2020; Yadavaia y Hayes, 2012).

Independientemente del contenido, cuando consideramos el autoconcepto como una red densa y elaborada de marcos relacionales que incluyen relaciones deícticas, jerárquicas y de distinción, el «contexto» se convierte en un objetivo claro para la intervención. En pocas palabras, ¿podemos introducir la sensibilidad al contexto en la visión que uno tiene de sí mismo? Es necesario responder a esta pregunta cuando se evalúa el yo como contexto como variable dependiente del proceso dentro de la intervención conductual.

YO COMO CONTEXTO COMO VARIABLE DEPENDIENTE

El yo como contexto no solo es uno de los procesos más difíciles de poner en práctica (de ahí el uso intensivo de metáforas), sino que también puede ser uno de los más difíciles de medir. Las medidas cualitativas de las declaraciones verbales de los clientes podrían proporcionar una medida directa bastante precisa. Por ejemplo, las declaraciones del yo como contenido incluirían las declaraciones de la regla «yo» utilizadas en la conversación, como «yo soy» ____________» o «debo ____________________». Esta estrategia también podría ser eficaz para aislar el contenido específico con el que el cliente está fusionado y que participa en su inflexibilidad psicológica.

Por el contrario, el uso de lenguaje calificativo, especialmente cuando ese lenguaje contiene palabras clave asociadas con aquí-allí y ahora-entonces, podría indicar declaraciones o reglas del yo como contexto, como «a veces yo...» o «siento que ____________________ en este contexto». Estas estrategias no son perfectas y probablemente no deberían ser el efecto de la intervención. Sin embargo, la información obtenida al entrevistar de manera informal a los clientes y analizar cualitativamente sus respuestas podría proporcionar información específica.

También existen otras medidas más estandarizadas para evaluar el yo como contexto. Además de las medidas que ya hemos tratado y que abarcan múltiples procesos relacionados con la ACT, la *Escala del Yo como Contexto* (SACS; Zettle et al., 2018) proporciona un breve inventario de 10 ítems de procesos relacionados con el yo. La evaluación psicométrica inicial de la SACS identifica dos patrones de conducta: Centrarse y Trascender. Los ítems de centrado son aquellos relacionados con actuar con calma en respuesta a eventos aversivos. Los ítems de trascendencia miden la toma de perspectiva invariante, que es característica del yo observador. Las puntuaciones en la SACS se correlacionan con medidas de flexibilidad, y el inventario parece especialmente sensible a los procesos trascendentales. Los ítems incluyen afirmaciones como: «Aunque ha habido muchos cambios en mi vida, soy consciente de una parte de mí que lo ha presenciado todo». A continuación, los participantes califican el ítem en una escala Likert de 7 puntos que va desde «Totalmente de acuerdo» a «Totalmente en desacuerdo». De esta manera, se puede estimar rápidamente el grado en que la autorregla se ajusta a la experiencia de una persona y puede servir como medida complementaria dentro de las intervenciones basadas en ACT que se enfocan específicamente en el yo como contexto

Otra medida es el Cuestionario de Experiencias Personales (SEQ), que se ha evaluado principalmente en el contexto de pacientes con dolor crónico, pero que también podría tener aplicaciones útiles en otras poblaciones (Yu, McCracken y Norton, 2016). El SEQ contiene 15 ítems que parecen agruparse en dos procesos conductuales: el yo como distinción y el yo como observador. Se ha demostrado que las puntuaciones en ambos factores son predictivas del funcionamiento de los pacientes con dolor crónico, lo que sugiere que el yo como contexto puede mediar el sufrimiento en el contexto de experiencias dolorosas persistentes.

Un concepto estrechamente relacionado con el yo como contexto es la autocompasión. Según Neff y sus colegas (por ej., Neff y Vonk, 2009), la autocompasión describe tres repertorios conductuales muy interrelacionados que incluyen la bondad hacia uno mismo, la humanidad compartida y el mindfulness. La bondad hacia uno mismo es lo contrario del juicio hacia uno mismo y se produce cuando las luchas personales se afrontan con comprensión y amabilidad. Para ilustrarlo, imagina lo que le dirías a un amigo que está pasando por un momento difícil. La mayoría de nosotros diríamos cosas que le apoyarían y mostrarían comprensión por el contexto en el que se produce la dificultad. Respondemos de manera coherente con el otro como contexto; sin embargo, nos culpamos a nosotros mismos cuando nos enfrentamos a las mismas dificultades.

La bondad hacia uno mismo se produce cuando somos capaces de tomar distancia y tratarnos como trataríamos a un amigo o a un ser querido. La humanidad compartida es la comprensión de que todos sufrimos, que el sufrimiento forma parte del ser humano y puede ser una experiencia compartida. Este sentido de sufrimiento compartido emergente surgió como factor protector durante la pandemia de coronavirus contra el aumento de la depresión y la ansiedad durante este periodo (Kavakli et al., 2020). Por último, mindfulness es darse cuenta de una respuesta a los acontecimientos aquí y ahora. Está claro que las relaciones deícticas son el núcleo tanto de la autocompasión como del yo como contexto.

Una medida de la autocompasión es la *Escala de Autocompasión* (SCS) y la *Escala de Autocompasión en Forma Corta* (SCS-SF). Estas escalas también proporcionan preguntas tipo Likert que estiman el rendimiento en cada uno de estos ámbitos de la autocompasión, entre los que se incluyen: la bondad hacia uno mismo, el juicio hacia uno mismo, la humanidad común, el aislamiento, mindfulness y la sobreidentificación. La SCS-SF muestra una fuerte consistencia interna y un bajo sesgo de deseabilidad social (Raes et al., 2011). Además, la SCS está altamente correlacionada con medidas de flexibilidad psicológica y bienestar emocional (Marshall y Brockman, 2016).

Según Moran, Almada y McHugh (2018), el uso simultáneo del SACS, el SCS y el CAMM (que hemos revisado en capítulos anteriores) puede utilizarse para modelado de tres yoes: el yo como contenido, el yo como proceso y el yo como contexto. Dado que no existe ninguna medida para medir directamente el yo como contenido, los investigadores utilizaron una combinación de subescalas del SCS para estimar la fusión con un yo conceptualizado. No existe ninguna medida para medir directamente el yo como proceso, que es aproximadamente sinónimo del proceso de mindfulness (Foody et al., 2015). Por lo tanto, se utilizó el CAMM para estimar el yo como proceso. Por último, el yo como contexto se estimó utilizando el SACS. Sus resultados mostraron que las tres medidas funcionaban conjuntamente como un fuerte predictor de la depresión en una muestra de adolescentes, lo que respalda esta conceptualización del yo dentro de los enfoques basados en ACT.

Aunque no se utiliza explícitamente en la bibliografía existente sobre ACT, el Cuestionario sobre la Trascendencia del Yo (QUEST; Fishbein et al., 2020) podría proporcionar una medida que se enfoque específicamente en las experiencias de trascendencia dentro de la terapia cognitivo conductual contextual. El QUEST apoya una estructura de tres factores de la trascendencia como rasgo que incluye la intertrascendencia, el yo observador y el distanciamiento. La intertrascendencia es el sentimiento de conexión con los demás y es análogo al sentido de humanidad compartida dentro de la autocompasión. El yo observador representa el hecho de percibir la propia experiencia como si fuera distinta de la persona que la está viviendo (es decir, la trascendencia). Por último, el distanciamiento se refiere a percibir y desliteralizar los pensamientos y sentimientos a medida que se producen aquí y ahora. Los primeros resultados de esta evaluación respaldan la estructura interna y los factores, así como las correlaciones con efectos como el estrés, la ansiedad y la depresión.

PROMOVER EL YO COMO CONTEXTO COMO VARIABLE INDEPENDIENTE

El yo como contexto, al igual que los demás procesos de flexibilidad, es un medio para lograr otros efectos o cambiar conductas de interés. Dos ejemplos que ya se han dado son las experiencias de depresión en adolescentes y la calidad de vida general en personas que sufren dolor crónico. Parece que responder de forma contextual está asociado a efectos como estos y, potencialmente, a otros comportamientos medidos, pero ¿cómo podemos fomentar el yo como contexto utilizando los principios del cambio de conducta?

Como se ha mencionado anteriormente, las metáforas desempeñan un papel importante en el establecimiento del yo como contexto. Esto se debe al menos a dos razones. En primer lugar, las conceptualizaciones rígidas del yo pueden ser muy resistentes al cambio, mientras que las metáforas permiten al analista de conducta construir patrones competitivos de respuesta relacional antes de iniciar una conversación sobre los conceptos del yo. En segundo lugar, las metáforas pueden permitir experimentar el proceso del yo como contexto más allá de la comprensión académica de este proceso. Es cierto que comprender el proceso de forma académica o descriptiva puede resultar difícil, pero experimentar el yo como contexto y la trascendencia es mucho menos complejo. Es algo que todos experimentamos en algún nivel cada día, aunque no tengamos un nombrepara ello.

Algunos ejemplos de metáforas que hemos proporcionado son la metáfora de la casa y la metáfora del tablero de ajedrez. La premisa básica de ambas es que el contenido de la experiencia es dinámico y siempre cambiante, pero hay algo del contexto que permanece constante. Estas metáforas ilustran el tira y afloja de la autoconceptualización y la identidad, y el hecho de mantener estos identificadores de forma flexible y dentro del marco de los valores elegidos. Esta metáfora básica puede adaptarse para que encaje con los intereses de cualquier cliente. Por ejemplo, en los videojuegos, los niveles cambian y aparecen jefes nuevos, pero el héroe sigue siendo el mismo y todas estas experiencias existen al servicio de salvar al mundo de los villanos malvados del juego.

Los ejercicios experienciales también pueden utilizarse para dar vida a la experiencia del yo como contexto. Luoma, Hayes y Walser (2010) ponen como ejemplo el ejercicio del observador. Tómate un momento para hacer este ejercicio mientras sigues leyendo.

«Ahora, me gustaría que te tomes un momento y pienses en algo que hiciste esta mañana, como desayunar o prepararte para ir al trabajo. Echa un vistazo a ese recuerdo; fíjate en lo que estabas haciendo y quién estaba allí, si había alguien. A ver si puedes recordar las imágenes y los sonidos de ese recuerdo...

> Ahora, mientras observas este recuerdo, fíjate también en quién lo está observando...
>
> Ahora libera este recuerdo y viaja atrás en el tiempo para encontrar otro, quizá de hace un mes o un año. Una vez que hayas encontrado este recuerdo, mira también a tu alrededor. ¿Cuáles eran las imágenes y los sonidos de este recuerdo?
>
> Y de nuevo, mientras te fijas en este recuerdo, fíjate en quién se está fijando. Fíjate en que hay un «tú» allí que está observando que tienes este recuerdo» (pág 175).

Los analistas de conducta pueden ser especialmente hábiles en el uso de metáforas y ejercicios experienciales en el momento adecuado para influir en el comportamiento. Por ejemplo, los datos de automonitorización podrían utilizarse para identificar los momentos y contextos en los que los clientes son más propensos a realizar afirmaciones sobre sí mismos que parecen inflexibles y que son predictivas del inicio de otras conductas problemáticas. Si se dispone de una evaluación suficientemente sólida, los analistas de conducta podrían empezar a utilizar actividades de «yo como contexto» como estrategia antecedente. Por ejemplo, en el caso de un estudiante que realiza afirmaciones autodestructivas sobre su rendimiento académico, introducir afirmaciones matizadoras como «Tengo la sensación de que no puedo hacerlo» antes de ponerse a estudiar podría aumentar el tiempo que el estudiante dedica realmente a estudiar en lugar de procrastinar.

Los marcos relacionales deícticos y los ejercicios de defusióntambién pueden influir en las afirmaciones de «yo como contexto» de las personas con discapacidad. García-Zambrano et al. (2019) evaluaron una intervención combinada que incluía un protocolo de entrenamiento relacional deíctico junto con un ejercicio de defusión en personas con discapacidad en una evaluación de ensayo de control. El grupo experimental realizó el protocolo y el grupo control trató las habilidades sociales con el investigador. Los resultados mostraron que esta intervención fue eficaz para disminuir las afirmaciones sobre uno mismo como contenido y aumentar las afirmaciones sobre uno mismo como contexto en el grupo experimental del estudio. Este estudio demuestra que incluso las intervenciones breves sobre el yo como contexto pueden dar lugar a cambios en el comportamiento directamente observable.

En los paquetes de intervención que se dirigen a múltiples procesos de ACT, como el plan de estudios AIM que hemos tratado en capítulos anteriores, las actividades pueden ponderarse para dirigirse de forma diferenciada a los procesos de «yo como contexto» cuando las evaluaciones sugieren destacar este proceso. De esta manera, los investigadores pueden evaluar cómo el porcentaje de intervención asignado a los procesos de «yo como contexto» (por ej., 16 %, 50 % o 100 %) influye en el efecto de la intervención cuando se buscan patrones más amplios de cambio de conducta.

Además, podemos incorporar el yo como contexto en la matriz ACT siendo explícitos sobre el contexto en el que se realiza la matriz. Estamos acostumbrados a pensar en procesos como los valores y la acción comprometida como procesos relativamente fijos. Sin embargo, estos también pueden darse en un contexto. Por ejemplo, los valores más profundos de una persona en casa (por ej., la conexión y pasar tiempo juntos) pueden no ser los mismos que tiene en el trabajo (por ej., producir un buen trabajo). De hecho, sentirse demasiado conectado con las personas en el contexto del trabajo puede ser lo contrario de lo que alguien valora. Tener en cuenta el contexto al realizar algo como la matriz ACT desafía a los clientes a verse a sí mismos a través de esta lente contextual y puede aumentar la flexibilidad a la hora de determinar las acciones comprometidas. Por ejemplo, la misma persona puede realizar acciones como planificar una cena familiar y, al mismo tiempo, planificar la mejor manera de establecer límites personales en su vida laboral. En la práctica, comparar las respuestas de la matriz con y sin la inclusión del contexto podría ser una forma eficaz de enfocar el yo como contexto como parte de un paquete de intervención más completo.

YO COMO CONTEXTO EN EL ENTRENAMIENTO DE LA AUTOCOMPASIÓN

Existen numerosas investigaciones en el ámbito del entrenamiento en autocompasión como extensión teórica de los procesos del yo como contexto. Estos efectos sugieren que los procesos relacionados con el yo pueden utilizarse para influir en el cambio de conducta (aunque el entrenamiento en autocompasión implica necesariamente estrategias basadas en mindfulness). El entrenamiento en autocompasión suele adoptar la forma de una o varias lecciones que pueden ser breves (por ej., 10 minutos) o prolongadas (por ej., 2 horas). El entrenamiento suele incluir un componente educativo en torno a los tres repertorios conductuales de la bondad hacia uno mismo, la humanidad compartida y elmindfulness, así como ejercicios experienciales diseñados para practicar estas habilidades en la sesión. A continuación, se asignan tareas para que practiquen las habilidades en su propia vida y reflexionen sobre su rendimiento entre sesiones.

A pesar de las diferentes formas de entrenamiento en autocompasión, los resultados han demostrado una diversidad de impactos positivos, como mejoras en los atracones (Kelley y Carter, 2015), la variabilidad del ritmo cardíaco en las amenazas sociales percibidas por las mujeres (Arch et al., 2014), el estrés y el agotamiento entre los psicólogos en ejercicio (Eriksson et al., 2018), y mucho más.

Los analistas de conducta podrían ampliar aún más este concepto diferenciando entre la bondad hacia uno mismo, la humanidad compartida y el mindfulness como procesos conductuales potencialmente independientes pero interrelacionados (tal y como hemos hecho aquí con los seis procesos básicos de ACT). De este modo, el trabajo de análisis funcional aplicado a nivel del sujeto podría promover de forma selectiva estos procesos en el contexto en el que se produce realmente la conducta. En este caso, las actividades de autocompasión, al igual que las actividades más tradicionales del yo como contexto, podrían funcionar como una solución antecedente para influir en las conductas objetivo de interés.

ESPIRITUALIDAD Y SENTIDO DE TRANSCENDENCIA

Cuando empezamos a hablar de identidad propia y experiencias de trascendencia, inevitablemente entramos en discusiones sobre religión y espiritualidad. La posiciónconvencional en campos como la psicología clínica e incluso el análisis de conducta es evitar estos temas porque están fuera del ámbito de la intervención. Se supone que son algo sagrado para el individuo. Sin embargo, al aplicar intervenciones basadas en ACT, la espiritualidad y la religión podrían desempeñar un papel importante en las experiencias de los clientes, sus éxitos y también su sufrimiento. Por un lado, la religión y la espiritualidad pueden ser valores en sí mismas. La trascendencia espiritual ha formado parte de las culturas humanas desde que estas existen, y la religión organizada puede ser una parte importante de la autoconcepción de una persona.

Para muchos clientes, la religión o la espiritualidad pueden funcionar como creencias fundamentales o normas ampliadas que influyen en una serie de conductas que nos interesan. Esto no siempre es algo positivo. Muchas religiones han funcionado históricamente bajo estructuras patriarcales con reforzadores y castigos sociales, tanto conceptuales como reales, para quienes se apartan del statu quo. La evitación experiencial no solo puede permitirse, sino que puede fomentarse en algunos contextos. Darse cuenta de estas fuentes de control puede formar parte del proceso de ACT para algunos clientes, a medida que navegan por sus reglas y convicciones más profundas a lo largo del proceso.

Pero no tiene por qué ser algo malo. En la mayoría de las religiones están arraigadas estas ideas centralizadas de trascendencia, flexibilidad y perdón. En el cristianismo, la idea de la gracia es similar al proceso de aceptación de la ACT. Cuando estas reglas ya existen para los clientes debido a creencias religiosas o espirituales, puede haber vías para construir nuevos repertorios de conducta que se basen en los sistemas de creencias existentes. ¿Podemos nosotros, como analistas de conducta, ser lo suficientemente flexibles como para trabajar con estas estructuras de creencias, especialmente cuando la espiritualidad se identifica como algo muy valorado? ¿Podemos pasar de la espiritualidad como valor competitivo a la espiritualidad como valor complementario?

Hayes, Wilson y Strosahl (1999) abogan por utilizar la espiritualidad sin promoverla necesariamente. No es nuestro trabajo cambiar o alterar las creencias espirituales o religiosas de una persona, sino encontrar en dónde se encuentran unestros clientes y ayudarles a encontrar sentido a su propia existencia. Algunos ejemplos son el uso de historias religiosas en forma de metáfora. El arca de Noé, por ejemplo, ofrece un claro ejemplo de acción comprometida a lo largo del tiempo para evitar acontecimientos negativos catastróficos en el futuro. Los acontecimientos religiosos o espirituales también pueden brindar una oportunidad para la autorreflexión y el crecimiento personal cuando dicha reflexión se produce en el contexto de los valores personales elegidos. Por último, puede ser útil desliteralizar las normas que son incompatibles con los valores elegidos, haciendo hincapié en el contexto en el que esas normas pueden haberse desarrollado y aplicado. ¿Cómo quieren los clientes que se sienta su espiritualidad? Y cuando sus experiencias con la espiritualidad son negativas, replantearse la función que cumple la espiritualidad en su vida y comprometerse a alterar esas funciones para sentirse más conectados con este valor y con otros.

ESTRATEGIAS DE ANTECEDENTES Y DE CONSECUENCIAS PARA PROMOVER EL YO COMO CONTEXTO

Dado que yo como contexto implica una conducta relacional que contextualiza las afirmaciones y los juicios sobre uno mismo, se pueden colocar antecedentes en el ambiente inmediato para fomentar esta conducta verbal. Por ejemplo, el profesor puede colocar un cartel en el aula que diga: «Ahora mismo me siento ________________ y está bien». Como estrategia antecedente, el profesor podría animar a los alumnos a expresar abiertamente cómo se sienten hoy en este momento y fomentar la aceptación y la disposición a experimentar esa emoción. Los alumnos también pueden tener la opción de cambiar «está bien» por «y necesito ayuda», lo que daría al profesor la ayuda para ayudarles con la situación o, mejor aún, para utilizar las otras estrategias basadas en ACT que hemos revisado hasta ahora para ayudarles a gestionar sus emociones. Esto es solo un ejemplo, pero muestra cómo se pueden modificar las ayudas visuales del ambiente para que sean coherentes con ACT y provoquen un lenguaje más viable, en este caso centrado en el yo como contexto.

Como evento preparatorio, los ejercicios de «yo como contexto» pueden integrarse en la jornada para ayudar a desactivar las conceptualizaciones de uno mismo que no funcionan. El plan de estudios de AIM incluye varias lecciones diarias diseñadas para el enfoque del «yo como contexto». Por ejemplo, en una lección llamada «Gota de agua», el instructor dibuja una gota de agua en la pizarra y el grupo hace una lluvia de ideas sobre las diferentes formas que puede adoptar la gota, como nieve, hielo o un charco, y luego imagina interactuar con el agua de diferentes maneras. La conclusión de esta lección es que, aunque el agua puede adoptar diferentes formas, sigue siendo agua.

Puede ser buena para calmar la sed y puede ser desagradable cuando llueve. Y, a pesar de estas valoraciones, al final del día, sigue siendo solo agua. En niveles posteriores, los alumnos relacionarán esto con su propia conducta y actividades como estas están diseñadas para crear oportunidades para formas más adaptativas de relacionarse a lo largo del día.

Podemos reforzar formas más flexibles de conceptualizaros a vosotros mismos y vuestra experiencia social, y hacerlo puede resultar muy útil cuando el yo como contenido opera con fuerza dentro de una relación comportamiento-comportamiento. Tened en cuenta que la pliance con estas etiquetas conceptuales probablemente esté mediada socialmente (es decir, cómo os definen los demás) y puede ser socialmente conveniente para los demás a corto plazo, pero a largo plazo puede tener un coste para el individuo y para la sociedad en general. Muchas personas llegan a este momento con un historial de haber sido etiquetadas y conceptualizadas por otros por formas específicas de ser y han contactado con reforzadores sociales por comportarse de manera coherente con estas conceptualizaciones. Al reforzar la alternativa, el yo como contexto, estamos desafiando esta narrativa social en torno a la conformidad, el pensamiento grupal o, más ampliamente, la normalización nomotética que se ha vuelto tan común. Al reforzar socialmente la contextualización de estas etiquetas, «diferente» es lo normal y podemos ayudar a crear un espacio que resulte más seguro para las personas que *son* diferentes. Las implicaciones de esto en el ámbito de la neurodiversidad son obvias, así como en áreas como el apoyo a grupos que han sido históricamente desfavorecidos por su identidad y/o herencia. Lo que es menos obvio es que todos somos *diferentes* entre nosotros y que todos somos *diferentes* de nosotros mismos a lo largo del tiempo y el espacio. En otras dimensiones de la experiencia, también somos iguales entre nosotros y existe ese elemento de trascendencia que permanece igual dentro de nosotros mismos a lo largo del tiempo y el espacio. Estos son los tipos de relaciones que, en última instancia, queremos reforzar y construir en torno a los sistemas sociales si queremos ser coherentes con ACT.

COMBINAR EL YO COMO CONTEXTO CON LA CONCIENCIA DEL MOMENTO PRESENTE, LA ACEPTACIÓN, LA DESFUSIÓN, LOS VALORES Y LA ACCIÓN COMPROMETIDA

El yo como contexto está profundamente arraigado en cada uno de los otros cinco procesos básicos de la ACT. En última instancia, las intervenciones basadas en ACT están diseñadas para promover una mayor sensibilidad contextual, lo que requiere verse a uno mismo como dinámico y flexible dentro de un contexto en constante cambio. La conciencia del momento presente consiste en disminuir el control de los estímulos de las experiencias verbales privadas sobre acontecimientos del pasado y del futuro para aumentarel control de los estímulos de los acontecimientos que ocurren aquí y ahora. «Aquí y ahora» son marcos deícticos que especifican un contexto y un punto en el tiempo. No podemos estar constantemente en el momento presente. El razonamiento, la planificación y la resolución de problemas requieren relaciones deícticas con acontecimientos que tienen lugar en otros momentos y lugares. Ser capaz de fluir entre el yo que está aquí y ahora y la experiencia trascendental de conceptualizarse a uno mismo en el pasado y el futuro con el fin de planificar y comprometerse es una habilidad necesaria que se promueve en ACT. El mindfulness también está muy involucrado en la promoción de la autocompasión y en el fortalecimiento de la experiencia trascendental. Si experimentar la vida de forma trascendental es un repertorio conductual operante generalizada, entonces los ejercicios de mindfulness proporcionan el marco de entrenamiento operante para construirlo y promover la variabilidad y la resistencia.

Reflexionar sobre yo como contexto también puede ser una experiencia acompañada de sentimientos de ansiedad, autocrítica y dudas. Por ejemplo, el cónyuge que se ha identificado con su papel de sostén económico de la familia puede tener dificultades al observar y darse cuenta de que su excesiva rutina laboral le está costando tiempo con su familia y la formación de relaciones personales profundas. Su norma de «debo trabajar duro para mantener a mi familia» se ha construido a lo largo de toda una vida de marcos relacionales sobre lo que significa ser un buen miembro de la familia y una buena pareja. Además, ha sacrificado oportunidades de experimentar reforzadores valiosos debido a esta norma. Para siquiera considerar una visión contextual y centrada en los valores es necesario aceptar la incomodidad de saber que esta forma de ser no puede durar para siempre. La evitación experiencial puede resultar tentadora si aún no se ha desarrollado un repertorio de aceptación suficientemente fuerte.

Cuando estas creencias fundamentales pueden conducir a la evitación experiencial del yo como contexto, los ejercicios de defusión pueden ayudar a debilitar esas reglas para prepararte para un enfoque más contextualizado del yo. En última instancia, la defusión es el proceso mediante el cual promovemos el yo como contexto. Al defusionar el contenido literal con el que nos definimos, podemos empezar a notar el contexto del aquí-allí y el ahora-entonces donde es más probable que se produzca el contenido. Podemos crear una separación entre el observador y las cosas observadas. El yo como contexto consiste en convertirse en el dueño de tus propios pensamientos y percepciones para identificar formas de pensar más abstractas y trascendentales que estén más en línea con los valores que has elegido.

En última instancia, los valores son la brújula con la que orientar una visión contextualizada de uno mismo que sea lo suficientemente persistente como para permitir la flexibilidad y la adaptabilidad al contexto. Los valores trascienden la experiencia de un contexto a otro y de un momento a otro. Algunos valores están ligados al contexto, mientras que otros son omnipresentes en todos los contextos. Identificar aquellos valores que existen en todos los contextos puede ayudar a los clientes a identificar aquellas cosas de su vida que les aportan vitalidad y sentido.

Por último, comprometerse con el yo como contexto, o incluso con la autorreflexión en un sentido más amplio, es en sí mismo una acción comprometida. Reservar el tiempo y el espacio necesarios para visitar y revisitar el contenido y el contexto de la vida de uno mismo puede ser una experiencia profundamente premiada. Elmindfulness también es fundamental para las experiencias de trascendencia, en las que el acto de practicarla con dedicación es también una acción comprometida. Establecer estos objetivos a lo largo de la intervención puede ayudar a construir el yo como contexto como un repertorio conductual generalizado.

Quiénes somos es una pregunta muy importante que todos debemos responder en algún momento de nuestra vida. No podemos ignorar la importancia de esta reflexión experiencial para los clientes a los que atendemos. Aún más importante es darse cuenta de que podemos definir quiénes somos y que podemos redefinir continuamente quiénes somos, según lo permita la situación. Cada uno de los seis procesos básicos que hemos revisado se complementa con los demás para promover una forma de ser que puede aportar vitalidad y flexibilidad. Todo ello al servicio de vivir la vida que todos somos capaces de vivir. Y experimentar la vida que todos somos capaces de experimentar.

Sección 3

PROMOVER LA FLEXIBILIDAD PSICCOLÓGICA CON CLIENTES Y EN UNESTRO CAMPO

11

EL PROCESO DE EVALUACIÓN EN ACT

El sello distintivo de la evaluación conductual, es la observación directa de la conducta. Esta característica, es la que distingue el enfoque conductual de la mayoría de los demás enfoques de la psicología. Es decir, la conducta no es una prueba de algún constructo internalizado, sino que la conducta *es* el evento de interés en sí mismo.

El comportamiento manifiesto, a menudo, se puede observar fácilmente de una manera científicamente responsable, y la observación directa del comportamiento manifiesto, junto con el acuerdo entre observadores, ha reportado beneficios sustanciales a innumerables clientes y al propio campo del análisis de conducta. Sin embargo esto plantea un reto cuando se tiene en cuenta toda la gama de conductas (pensar, sentir, prestar atención, valorar, etc.).

Skinner abrió la puerta a la observación de acciones privadas en el mismo artículo en el que utilizó por primera vez el término «conductismo radical» (1945), pero ya en ese caso la observación directa comienza a mostrar sus limitaciones, ya que puede limitarse a un único espectador. Esto también puede ocurrir con las conductas manifiestas, ya que algunas formas (por ej., el consumo de drogas o el comportamiento sexual) pueden no ser fácilmente visibles o evocables durante un proceso de evaluación relativamente corto debido a la privacidad u otros factores contextuales.) Cuando los analistas de conducta tratan de abordar conductas privadas como la preocupación, la ansiedad o la soledad, resulta difícil vincular el objetivo de una observación fiable con todas las formas de conducta científicamente interesantes.

Una solución histórica ha sido buscar observables residuales de esas conductas encubiertas, como el número de tranquilizantes que toma una persona que lucha contra la ansiedad. En teoría, esto parece un enfoque racional, pero una breve búsqueda de estudios empíricos sobre esas extensiones revelará que el campo no tiene casi nada que mostrar sobre las condiciones con las que luchan la mayoría de los seres humanos.

En muchas áreas de la psicología, la mayoría de las medidas se basan enautoinformes, pero tratar los autoinformes de los clientes como único determinante de la acción manifiesta puede poner fácilmente en peligro la utilidad funcional del proceso de evaluación desde un punto de vista analítico conductual. El problema no es solo la fiabilidad; al fin y al cabo, las observaciones de los padres o cuidadores pueden sustituir algunos aspectos de las observaciones directas del personal analítico conductual y, en ocasiones, la fiabilidad puede verificarse, como en el caso de los padres, pero sigue existiendo el temor de que estos informes se conviertan en meras interpretaciones en lugar de observaciones, lo que también puede socavar la integridad de la evaluación. Esto demuestra que la preocupación es más profunda que la observación o la fiabilidad en sí mismas y que lo que importa es la necesidad de vincular la evaluación, independientemente de cómo se realice, a análisis funcionales válidos de las acciones para orientar la intervención y las decisiones de apoyo.

Si el objetivo es el análisis funcional válido de personas con capacidad verbal, la evaluación anlítico conductualdebe ser más multifacética y sofisticada. Basándonos en lo que sabemos sobre lasoperantes relacionales, la necesidad de evaluar de alguna manera la posible implicación de eventos privados se convierte en algo fundamental, simplemente porque sabemos que los marcos relacionales alteran el funcionamiento de las contingencias directas. Por ejemplo, los castigos pueden convertirse en reforzadores condicionados debido a su participación en marcos relacionales, pero sin ningún emparejamiento con el reforzador (Whelan y Barnes-Holmes, 2004); los estímulos pueden elicitar respuestas condicionadas clásicamente que son mayores que las establecidas mediante el emparejamiento directo debido a su participación en un marco relacional por sí solos, pero controlando cualquier posible base asociativa para ese efecto (Dougher, Hamilton, Fink y Harrington, 2007). Esto supone un reto para el análisis funcional.

El análisis funcional no fue inventado por los analistas de conducta tal y como conceptualizamos ese término hoy en día en el tratamiento de conductas aberrantes. Los primeros terapeutas conductuales idearon acercamientos funcionales para desentrañar la conducta humana compleja en términos de contingencias directas y procesos de aprendizaje social (por ej., Kanfer y

Saslow, 1965; Kanfer y Grimm, 1977). Este enfoque sigue existiendo hoy en día aunque de forma más sofisticada, en la psicología clínica (Haynes, O'Brien y Kaholokula, 2011). Sin embargo, en el análisis de conducta han surgido procedimientos experimentales estandarizados emergentes que evalúan el impacto de diferentes tipos de contingencias en métricas objetivas de la conducta. A Brian Iwata, en particular, se le atribuye el desarrollo de este enfoque, que comenzó con el análisis de las autolesiones (por ej., Iwata, Dorsey, Slifer, Bauman y Richman, 1982) y luego se extendió de manera más amplia (Hanley, Iwata y McCord, 2003), como hemos tratado anteriormente. Se ha convertido en el enfoque de evaluación contemporáneo más común del análisis funcional o la evaluación funcional en el análisis de conducta. Los analistas de conducta están muy orgullosos de estos métodos pero a menudo se olvidan de sus raíces históricas en la psicología clínica.

Los analistas de conducta han disfrutado de su propia diversidad limitada de lo que es un análisis funcional, pero una vez que el enfoque se amplía para incluir a clientes con mayor capacidad verbal, esa historia cobra mayor relevancia. Tan pronto como las habilidades verbales superan un cierto punto, un análisis adecuado del funcionamiento humano no puede tener éxito sin un análisis paralelo de las habilidades relacionales. Por ejemplo, un análisis funcional empírico estándar puede utilizarse con éxito para categorizar la conducta humana en la mayoría de los niños que muestran problemas de conducta hasta que son capaces de deducir relaciones devinculación mutua; después de eso, utilizando las herramientas estándar empleadas por los BCBA, las funciones de los problemas de conducta son tres veces y media menos propensas a ser categorizadas con éxito (Belisle, Stanley y Dixon, 2017).. Dicho de otro modo, las operantes relacionales, han obligado al campo del análisis de conducta a enfrentarse al interrogante central de cómo es posible estudiar las relaciones entre conductas sin que surja el mentalismo ni que se pierda la visión pragmática de la causalidad vinculada a la manipulación experimental .Debido a ese objetivo general, la inclusión de autoinformes, los informes de otras personas, la evaluación de las habilidades relacionales, la evaluación de las acciones relacionales implícitas,etc., no debe realizarse a expensas de la observación directa de la conducta manifiesta, sino como una fuente de información complementaria paralela que pueda mejorar el proceso de evaluación general.

Si el campo del análisis de conducta quiere estar a la altura de su ambicioso objetivo de ofrecer una explicación exhaustiva de la conducta humana, será necesario revitalizar la búsqueda de la comprensión de toda la conducta humana y evolucionar el enfoque de la evaluación. El proceso mediante el cual descubrimos las diversas condiciones en las que se produce una conducta específica tendrá que ampliarse. Es ingenuo pensar que muchos de los comportamientos inadaptados con los que luchamos, desde la alimentación excesiva, el consumo de drogas, el juego, hasta la depresión, podrían evocarse fácilmente en un análisis funcional de diez minutos basado en condiciones ideadas por un experimentador que reduce las acciones a cuatro posibles tipos de refuerzos: tangibles, escape, de atención o intrínsecos. Quizás por eso aún no existen datos de este tipo: los métodos no se igualan a las conductas que nos preocupan. Esto es muy preocupante si definimos todo nuestro campo por este procedimiento singular, como hacen muchos, ya que la consecuencia es que nuestro ámbito de aplicación se limita únicamente a los retos que mantienen esos cuatro reforzadores inmediatos. No es un campo exhaustivo.

Afortunadamente, la observación directa de la mayoría de estas conductas es claramente posible, pero la mayoría, si no todas, pueden verse obstaculizadas por la presencia de un evaluador, las contingencias sociales o el tiempo limitado asignado para la evaluación, y la mayoría, si no todas, probablemente impliquen eventos privados. Para detener el ciclo de omisión de los retos que se presentan a tantas personas y avanzar hacia la aspiración de convertirnos en una «ciencia de (toda) la conducta humana», será necesario sustituir el ideal anticuado de la observación directa de la conducta manifiesta por un proceso de evaluación multidimensional y multinivel.

A continuación, daremos consejos sobre cómo los analistas de conducta pueden practicar dentro del conjunto ampliado de cuestiones que demanda la capacidad humana de realizar relaciones derivadas. Los recuadros grises muestran ejemplos clínicos de nuestras recomendaciones. También señalaremos periódicamente las áreas en las que será necesario investigar en el futuro, pero llenar esos vacíos requerirá años de arduo trabajo por parte del propio campo. Nuestras preocupaciones aquí son más inmediatas y prácticas. Por lo tanto, todas estas recomendaciones deben matizarse con una actitud de «probar y ver», que se explica en función del progreso real de los clientes, tal y como se revela en el comportamiento manifiesto.

EVALUACIÓN INICIAL DE UN CLIENTE

A la hora de considerar si un cliente puede beneficiarse del tratamiento ACT, el primer paso es determinar si su repertorio es lo suficientemente sofisticado como para obtener los beneficios de una intervención basada en la conversación. Una simple pregunta al cuidador sobre si el cliente habla alguna vez del pasado o del futuro (en cualquier modalidad), o si es capaz de adoptar la perspectiva de otra persona, puede proporcionar información sobre el grado en que el comportamiento relacional forma parte de su repertorio. Si la respuesta no es clara, por ejemplo, «a veces» o «un poco», esto no significa por sí solo que la ACT sea demasiado avanzada o inaplicable; sin embargo, las expectativas de ACT, el método de aplicación ACT y las intervenciones complementarias para desarrollar un repertorio de lenguaje más complejo deberán tenerse en cuenta como parte del paquete de tratamiento.

> Durante la reunión inicial con los padres, se concluyó que el cliente habla con frecuencia de acontecimientos lejanos en el tiempo y el espacio o adopta la perspectiva de otras personas, lo que indica que el cliente y el enfoque terapéutico ACT se igualan.
>
> Aunque los padres solicitaron un posible tratamiento que incluyera el uso de ACT, está claro que el comportamiento del cliente sigue estando casi exclusivamente bajo control a través de contingencias directas.

Más allá de la evaluación subjetiva inicial de la complejidad del lenguaje, es probable que el proceso de admisión deba incluir una serie de cuestionarios, entrevistas semiestructuradas y la interacción directa con el cliente. Parte de este trabajo puede ser realizado por las partes interesadas antes de la reunión inicial, mientras que otras tareas se benefician de realizarse en vivo dentro del ambiente de tratamiento propuesto. Este enfoque de evaluación multimodal, permite una evaluación funcional más centrada en el contexto, en la que el analista de conducta puede ofrecer una orientación informada para el tratamiento.

Otro medio para evaluar el potencial de ACT como modelo de tratamiento eficaz es valorar directamente el grado en que el cliente puede establecer relaciones entre los estímulos. Esto es aún más preciso que sondear la capacidad de hablar, donde la capacidad de establecer relaciones simples es probablemente el requisito mínimo. Es decir, ACT interviene en los procesos relacionales derivados, por lo que si no se pueden establecer relaciones, no cabe esperar ningún beneficio de este tipo de intervenciones. Esta capacidad es la base de ACT y, dependiendo de la profundidad de la capacidad real del cliente para establecer relaciones, puede mitigar el grado de comprensión que un tratamiento basado en la conversación puede tener sobre las conductas resultantes. Una forma de llevar a cabo esta tarea, es mediante una prueba directa de las habilidades relacionales. La subprueba de transformación de la evaluación integral PEAK (PCA; Dixon, 2019) puede ser una herramienta eficaz, ya que identifica la fuerza de seis tipos de marcos relacionales y su administración dura aproximadamente 15 minutos. Si los resultados revelan que el cliente tiene poca capacidad para derivar relaciones de estímulo, puede ser necesaria la intervención para remediar estas deficiencias antes de iniciar tratamientos basados en ACT. Las pruebas recientes sugieren que puede ser útil un enfoque secuencial, en el que se refuerza el marco relacionalmente antes de utilizar ACT (Gilsenan, Yi, Hinman, Barron y Dixon, 2022). También son posibles otras evaluaciones no estandarizadas de los repertorios relacionales, en las que el terapeuta simplemente construye ciertas relaciones entre los estímulos y luego evalúa si el cliente tiene la capacidad de derivar relaciones novedosas entre esos mismos estímulos o de transformar la respuesta para resolver otro rompecabezas verbal.

ENTREVISTA CON EL CUIDADOR ANTES DE LA LLEGADA DEL CLIENTE

Las condiciones que presenta el cliente son, habitualmente, ciertos tipos de excesos o déficits conductuales evidentes. Si el cuidador no los menciona en el contacto inicial, sería conveniente que el analista de conducta intentara descubrir la conducta que le preocupa. Si esta línea de preguntas se responde con «mi hijo *podría beneficiarse de ACT*, según *me han* dicho», «alguien me recomendó ACT porque mi hijo no es flexible» o «creo que mi hija está estresada», el analista de conducta debe continuar preguntando sobre el comportamiento manifiesto real que se deriva de los procesos interpretativos o las hipótesisque el cuidador está aportando a la situación. Las interpretaciones no son observaciones, por lo que las preguntas sobre «qué sucede cuando» son clave para la transformación de las preocupaciones de los cuidadores en objetivos conductuales. Si no hay efectos conductuales manifiestos de la supuesta condición, puede ser aconsejable rechazar más servicios o derivar a otros profesionales. Quizás haya ocasiones en las que se pueda utilizar la ACT como tratamiento para, por ejemplo, los pensamientos obsesivos por sí solos, pero será difícil justificarlo ante terceros pagadores y parece quedar fuera del ámbito del análisis aplicado de conducta en la actualidad. Esto es especialmente cierto, cuando las preocupaciones son planteadas por los cuidadores y no por los propios clientes. Incluso en la psicología clínica, los proveedores de ACT son reacios a intervenir con objetivos que nunca tocan los hábitos de las acciones basadas en valores.

Si se determina que las conductas se manifiestan de formas que podrían beneficiarse de las intervenciones ACT, se debe proporcionar al cuidador una serie de preguntas adicionales que continúen explorando las relaciones funcionales que rodean estas conductas. Existen varias entrevistas semiestructuradas que son fáciles de administrar y que pueden realizar los cuidadores. La *Entrevista de Evaluaciones Funcionales* (FAI, por sus siglas en inglés) y la *Entrevista Abierta de Evaluaciones Funcionales* son dos herramientas de uso común para identificar las causas que pueden subyacer en parte a los problemas de conducta.

La perspectiva que hemos adoptado a lo largo de este libro es que, una vez que los seres humanos comienzan a hablar, a derivar relaciones de estímulo y a trascender referencialmente el tiempo, el lugar y la persona en sus habilidades de toma de perspectiva, no se puede asumir que el control a través de contingencias directas explique completamente el comportamiento manifiesto. Además, el analista de conducta debe tener en cuenta cómo interactúa el lenguaje con las contingencias. Por lo tanto, la claridad funcional de cualquier condición que se presente requerirá desentrañar las contribuciones verbales del cliente.

La administración del PCA (Dixon, 2019) proporcionó información adicional sobre el repertorio relacional de Candice, lo que permitió determinar su capacidad para participar en tareas relacionales relevantes que constituyen la base de una intervención ACT. Sus puntuaciones en el módulo de transformación del PCA (expresivo/receptivo) fueron: Coordinación (15/16); Oposición (12/9); Distinción (14/12); Comparación (5/4); Jerarquía (11/5); y Diectica (4/5). Estas puntuaciones indican un grado aceptable de habilidades relacionales, con mayores fortalezas en la coordinación y la distinción y debilidades relativas en las comparaciones y el encuadre deictico.

Se le asignó a Jobo una serie de tareas en las que se organizaron estímulos para enseñarle una relación A-B, una relación B-C y evaluar su capacidad para inferir una relación A-C y C-A. Los estímulos utilizados para A eran tres palabras pronunciadas, los de B eran imágenes de objetos y los de C eran objetos tridimensionales. Jobo no logró pronunciar la respuesta A en presencia de un estímulo C y tuvo un éxito mínimo al seleccionar un estímulo C cuando el evaluador le presentaba un estímulo A.

Para ello, el analista de conducta primero debe determinar el grado de complejidad del repertorio lingüístico del cliente. ¿Habla el cliente con frases completas? ¿Entiende las metáforas? ¿Muestra empatía hacia los demás? Preguntas como estas, ayudan a realizar el cuadro en cuanto al grado en que la respuesta relacional puede influir en las contingencias que rodean el comportamiento. Tanto si el terapeuta utiliza este tipo de preguntas dirigidas a los padres como si elabora sus propias preguntas directamente con el cliente, su objetivo es determinar la adecuación relativa del repertorio del cliente al enfoque ACT. Si se observan déficits significativos en el lenguaje en muchos de estos aspectos, es muy probable que una intervención ABA más tradicional, centrada en la manipulación directa de la contingencia, sea suficiente para obtener resultados positivos y sea el punto de partida.

El 1 de marzo de 2022 se le hizo a la madre de Sasha una serie de preguntas sobre la complejidad del lenguaje, que a consecuencia de ello dieron 13 respuestas positivas de 16, lo que sugiere que es muy probable que Sasha tenga las habilidades lingüísticas necesarias para comprender el enfoque del tratamiento ACT.

Tras la observación directa de la clienta en su aula de educación especial, se concluye que Toyna no sigue de forma coherente las instrucciones de varios pasos. Cuando le pregunté directamente qué había comido hace solo una hora, Toyna no supo responder y pareció no entender la pregunta que se le había formulado. También le conté un chiste básico sobre gallinas. No pareció entender ningún elemento del chiste. Sigue sin estar claro si los precursores básicos para comprender un tratamiento ACT se encuentra actualmente en su repertorio.

REUNIÓN CON EL CLIENTE Y REGISTRO DE LAS OBSERVACIONES

La reunión inicial con el cliente proporciona al analista de conducta una amplia oportunidad para reforzar o modificar las hipótesis existentes sobre el control funcional del comportamiento. Al inicio de esta reunión, el clínico debe haber obtenido cierta información sobre las posibles variables ambientales que pueden influir, la complejidad del lenguaje y la interacción relativa entre ambos. Estas suposiciones previas a la reunión deben tomarse con cautela, ya que no hay nada que pueda sustituir a la interacción directa con el cliente.

Al reunirte, comienza la interacción en el nivel de complejidad verbal hipotético. Es decir, si el cuidador ha informado de que el cliente no entiende el humor o el sarcasmo, ten cuidado de no iniciar la reunión con expresiones de ese tipo. Además, si se ha revelado que el cliente suele mostrar un comportamiento de escape, ten cuidado de no introducir demasiadas demandas intensas desde el principio. Estas habilidades sociales suelen ser difíciles de definir y varían en cada pareja cliente-terapeuta. Toma nota de las características sutiles de la interacción que puedan confirmar o negar lo que se ha revelado anteriormente.

Esta primera reunión es una oportunidad única para registrar tus propias observaciones sobre el cliente, tanto de manera formal como informal. Puede ser valioso registrar la frecuencia o el intervalo de los comportamientos manifiestos, así como las expresiones verbales que puedan abordar las relaciones funcionales subyacentes del comportamiento. También pueden ser útiles las hojas de datos que incorporan un enfoque más directo para identificar la función, como las hojas de datos ABC. No olvides el valor de las impresiones informales y cómo pueden influir en la comprensión de los problemas de conducta que se presentan. A veces, la comprensión puede provenir de la experiencia general de la interacción con un cliente, de sus declaraciones sutiles, sus gestos y sus emociones. Estos datos intangibles no deben descartarse, sino que deben integrarse en la comprensión contextual global de la conducta.

Los procesos de flexibilidad psicológica a menudo pueden inferirse funcionalmente a partir de una diversidad de conductas manifiestas. A continuación se presentan ejemplos concretos en cada una de las áreas de flexibilidad. No todos ellos se aplican a los clientes en una etapa determinada de desarrollo, por lo que las expectativas deben ajustarse en función de la edad mental y la capacidad verbal.

Inflexibilidad emocional. La comunidad verbal enseña a las personas a hablar en términos de «emociones» como una forma de volverse más sensibles a contingencias directas que pueden ser difíciles de describir en forma de reglas. Por ejemplo, si el objetivo es decirles a los demás si la comida funcionará como reforzador, es más fácil y útil enseñar a un niño a decir «tengo hambre» cuando es el caso, que hablar de cuántos minutos u horas ha pasado sin comer. Después de todo, a veces, como cuando hay disponible su comida favorita, el «hambre» puede estar presente incluso con períodos cortos de privación de alimentos. En otras ocasiones, como cuando un amigo te ha decepcionado profundamente, la comida no funcionará como reforzador incluso después de un largo periodo de privación («No tengo hambre» es una afirmación habitual después de una gran decepción). Por lo tanto, ser capaz de hablar de las emociones es fundamental para el funcionamiento social.

Las indicaciones conductuales evidentes de dificultades en esta área incluyen comportamientos evasivos (aislamiento social, silencio total, huidas, peleas, etc.) cuando se producen acontecimientos aversivos o se recuerdan. Si el cliente lleva mucho tiempo evitando estas situaciones (o si ha crecido en un ambiente en el que el entrenamiento social en materia de emociones ha sido deficiente), puede presentar alexitimia y, por lo tanto, se torna incapaz de describir las condiciones motivacionales utilizando términos emocionales. Por ejemplo, el cliente no será capaz de decir cuándo tiene hambre, miedo, ira, decepción, etc. La alexitimia predice una serie de dificultades psicológicas, ya que gran parte de nuestro conocimiento cultural sobre qué hacer en una situación determinada se transmite utilizando términos emocionales. Otra forma de inflexibilidad emocional es la incapacidad de diferenciar las emociones (por ej., la persona no puede distinguir las respuestas de miedo de las de ira, o la excitación sexual del asco, etc.); otra más es la incapacidad de utilizar la información emocional para guiar la acción (por ej., no saber qué hacer cuando se tiene miedo).

Inflexibilidad cognitiva. Un análisis similar se aplica al diálogo interno. Las formas públicas de razonamiento y resolución de problemas se vuelven gradualmente encubiertas. En las tareas de resolución de problemas, es posible pedir a los clientes que digan en voz alta lo que están pensando y luego puntuar estos protocolos para evaluar sus habilidades de razonamiento. Este método fue utilizado por primera vez por John B. Watson. En circunstancias extraordinarias, con los controles adecuados (el llamado método del «perro silencioso»: véase Hayes, 1986; Hayes, White y Bissett, 1998), se podría incluso afirmar que es posible saber si estos autoinformes son realmente lo que pensaba la persona, a pesar de la barrera normal de privacidad que rodea los eventos privados. En resumen, la lógica del «perro silencioso» se aplica cuando hablar en voz alta de forma continua *no* afecta al rendimiento en comparación con la línea de baseaunque estas transcripciones sean relevantes para la conversación y afecten a la conducta de otras personas que realizan la misma tarea, y, además, hablar en voz alta *sí* afecta al rendimiento si se produce alguna de las numerosas interrupciones de la conversación continua, como decir a la persona que no hable y que resuma los pensamientos que ha tenido durante los últimos minutos. Si todos los controles se alinean de esa manera, la única razón plausible para que hablar en voz alta de forma continua no cambie el rendimiento en comparación con no hacer nada es que, incluso cuando la persona no está haciendo nada, sigue hablando en privado consigo misma de una manera funcionalmente similar (de ahí el nombre de «perro silencioso», por la historia de Sherlock Holmes en la que fue la ausencia de ladridos del perro guardián lo que dio la pista reveladora del misterio). Las medidas implícitas de cognición de la TMR, como las pruebas mixtas IRAP (Levin, Hayes y Waltz, 2010) o FAST (O'Reilly et al., 2012), también pueden utilizarse para evaluar la red cognitiva.

Cuando los clientes tienen problemas en el área de la inflexibilidad cognitiva, expresan errores cognitivos sin ser conscientes de ello, o muestran formas repetitivas de hablar sobre sus propios eventos privados; y pueden discutir fácilmente sobre quién tiene razón. En las conversaciones, los hechos nuevos desaparecen en formulaciones que se repiten con frecuencia. Algunas de estas formulaciones pueden ser exploradas deliberadamente de forma verbal por el agente de cambio. Por ejemplo, si un cliente está obsesionado con pensamientos de insuficiencia, cualquier mención del éxito de los demás puede provocar rabietas.

Inflexibilidad atencional. La capacidad de aumentar o disminuir el control de estímulo mediante la reducción, la ampliación, el desplazamiento o el mantenimiento del foco atencional es clave para una conducta flexible en diversos contextos. Esta habilidad puede evaluarse observando dónde miran los clientes o en qué se centran. Un cliente puede no percibir sonidos o acontecimientos visuales evidentes o puede perseverar en un estímulo específico. Las declaraciones verbales sobre el pasado o el futuro pueden reducir la capacidad de percibir los acontecimientos presentes. También se pueden utilizar tareas de atención estandarizadas (por ej., tareas de detección de señales informatizadas, tareas de detección de letras en una mesa, etc.).

Sentido del yo. La incapacidad de informar sobre los acontecimientos desde una perspectiva o un punto de vista coherente puede dar lugar a informes verbales incoherentes, a la incapacidad de comprender las historias sociales y a un aparente acto de empatía o compasión. Es posible que el cliente sea incapaz de adoptar tu perspectiva o de describir la suya propia. Por el contrario, el enredo en una narrativa o en un sentido del yo «histórico» puede dar lugar a rigidez en distintos entornos, como en el caso de un cliente que siempre tiene que jugar o llevar determinada ropa.

Falta de motivación basada en valores. Cuando la motivación basada en valores es débil, los motivos del cliente pueden estar ligados al cumplimiento, la evitación o el seguimiento rígido de las reglas. La acción presente puede parecer sin sentido y el cliente es incapaz de explicar con detalle por qué la lleva a cabo. Es posible que el cliente no sea capaz de describir por qué se encierra a los héroes o por qué los guías dan buenos consejos.

Falta de acción comprometida. El cliente puede mostrar una relativa falta de correspondencia entre lo que dice y lo que hace. Puede evitar hacer promesas o no cumplirlas. El comportamiento puede caracterizarse por una acción, la procrastinación o la impulsividad.

Durante la reunión inicial con Pepe, se observó que tuvo nueve episodios de arrebatos verbales, seis de los cuales especificaban preocupaciones irracionales porque se avecinaba el concierto de una banda.

El uso de las hojas de datos ABC durante la evaluación inicial indicó una posible relación entre la atención desviada hacia los padres y la emisión del problema de conducta.

Después de una hora de interacción directa con Splike, seguía sin poder emitir ninguna respuesta relacionada con los acontecimientos previos fuera del contexto de la evaluación.

TAREAS DE EVALUACIÓN DEL CLIENTE Y DEL CUIDADOR DURANTE LA REUNIÓN INICIAL

Tanto el cliente como su cuidador deben mantenerse ocupados con tareas diversas que deben realizar durante la reunión inicial. Es probable que el cuidador tenga que realizar documentos de la institución o la escuela, autorizaciones para divulgar información y datos sobre sus antecedentes. Además, este momento es ideal para que el cuidador complete una amplia gama de encuestas o cuestionarios diseñados para realizar la información necesaria para realizar una evaluación funcional exhaustiva. Algunos de estos instrumentos pueden examinar las condiciones ambientales que provocan el comportamiento, y otros pueden abordar el papel que desempeña el lenguaje en la mitigación o facilitación de comportamientos desafiantes. También puede ser de valor examinar el estado actual del cuidador: su nivel de estrés, ansiedad o competencia percibida para manejar el problema que se presenta. Ten en cuenta que el cuidador nunca es el cliente en este tipo de situaciones, sino un agente potencial de cambio que puede ayudar o dificultar el programa de tratamiento del analista de conducta. El propio cliente tendrá la oportunidad de generar datos importantes para el analista de conducta. Se puede considerar una combinación de escalas de autoinforme, observación del comportamiento natural y evaluaciones directas. El alcance de la contribución del cliente en términos de datos dependerá en cierta medida de su nivel de funcionamiento.

ESCALAS RELEVANTES DE AUTORREPORTES ACT

Durante la reunión con el cliente potencial, se pueden realizar una amplia batería de evaluaciones. En los capítulos anteriores hemos pasado revista a varias de ellas. Las escalas de autoinforme que intentan evaluar la flexibilidad psicológica y las habilidades de mindfulness, como el CAMM o el CPFQ, permiten examinar las fortalezas y debilidades relativas del niño en los procesos hexaflex. Una versión del CPFQ para cuidadores también permite que alguien que no sea el cliente proporcione información sobre los procesos de flexibilidad. Existen otras herramientas que tienen un enfoque en un solo proceso del hexaflex y que pueden ser más útiles si se ha solicitado un enfoque terapéutico específico (por ej., mejorar los valores, reducir la fusión, mejorar el yo como contexto y la toma de perspectiva).

Toda esta area de evaluación está evolucionando rápido, demasiado rápido para que un libro lo pueda capturar sin quedar obsoleto casi al instante. Si vas a la sección de medida de la página web de la ACBS (*https://contextualscience.org/actspecific_measures)*, verás medidas en 48 lenguajes diferentes; una docena o más de medidas diferentes para jóvenes y niños; y decenas de medidas para padres, personal y otros adultos.

Interpretar estos autoinformes desde una perspectiva analítico conductual requiere cierta habilidad. En primer lugar, los elementos enumerados, así como el efecto inferido (flexibilidad, mindfulness, autoconciencia) no pueden considerarse la variable dependiente final de interés. El comportamiento que nos preocupa debe seguir siendo el efecto de estos procesos. Ten cuidado de centrar la intervención en la puntuación del autoinforme; en su lugar, como analista de conducta, utiliza la puntuación del autoinforme y los elementos para orientarte hacia las acciones y su contexto. Esta estrategia no es nueva. El FAI y el FAI abierto son instrumentos de autoinforme que se utilizan para orientar a los analistas de conducta hacia métodos de análisis funcional directos. Aquí ocurre lo mismo, pero con muchas más opciones y la necesidad de comprender en profundidad los procesos básicos tratados secuencialmente en los seis capítulos anteriores.

Algunos instrumentos de autoevaluación más recientes están redactados deliberadamente para referirse únicamente a la conducta, y algunos de ellos no se han establecido mediante psicometría clásica, sino identificando elementos individuales que orientan a los profesionales hacia los procesos de flexibilidad psicológica y cómo estos cambian con el tiempo. Un ejemplo es la Herramienta de Evaluación Basada en Procesos (Ciarrochi, Sahdra, Hofmann y Hayes, 2022). Se trata de una especie de archivador lleno de ítems individuales que están pensados para ser utilizados en diarios o incluso con mayor frecuencia, principalmente por adolescentes o adultos con un altofuncionamiento . Algunos ejemplos de ítems son «Hice cosas solo porque cumplía con lo que los demás querían que hiciera» o «Me costó mucho seguir haciendo algo que era bueno para mí». Los ítems de este tipo se interpretan a partir de las complejas redes que forman en otras ocasiones con otros ítems y con conductas evaluadas objetivamente.

Ronald realizó el AFQ-Y (Cuestionario de Aceptación y Fusión para Jóvenes) el 19/1/22 y obtuvo una puntuación de 19. Esto indica un alto grado de rigidez con el lenguaje. En otras palabras, Ronald responde de forma muy literal al lenguaje de los demás y, muy probablemente, a sus propias autorreglas e instrucciones.

Pam obtuvo una puntuación total de 12 en el CPFQ (Cuestionario de Flexibilidad Psicológica Infantil). Esta puntuación es inferior a la de la mayoría de los niños neurotípicos de su edad, lo que revela una menor flexibilidad (más rigidez) en los pensamientos. Las puntuaciones en las subpruebas «Momento presente» y «Desfusión» fueron las más bajas, con 2 y 3 respectivamente, lo que indica una posible distracción frecuente de los estímulos y las instrucciones del ambiente actual y un aumento del comportamiento referencial que puede servir para aumentar los comportamientos problemáticos.

VENTA DE CONDUCTAS DESAFIANTES

En las últimas dos décadas, se han desarrollado varias escalas de conductas desafiantes para que las partes informen sobre posibles variables de control. Entre ellas se incluyen el QABF, la Escala de Motivación y Evaluación (MAS), el Índice de Conductas Desafiantes (CBI, Dixon, 2019) y otras. Aunque cada una varía ligeramente en cuanto al número y tipo de preguntas formuladas, el tema general es el mismo: se presenta una serie de preguntas en una escala de Likert para que el cuidador valore en qué medida la afirmación describe con precisión una situación en la que se produce el problema de conducta.

La expectativa general es que un cuestionario es inferior a la observación directa. Esto puede ser cierto en la mayoría de los casos, especialmente si se observan conductas de alta frecuencia, sin embargo, esa lógica no se sostiene con tanto empeño si las conductas son de frecuencia extremadamente baja o se emiten de manera esporádica. Por lo tanto, el valor de estas escalas sigue siendo alto para el analista de conducta que probablemente no verá mucha observación directa de un problema de conducta durante una breve visita al consultorio. A diferencia de las medidas de tipo ACT mencionadas anteriormente, las escalas de conductas problemáticas se han desarrollado exclusivamente para que las realice alguien que no sea el cliente.

> Los cuidadores han informado que el comportamiento desafiante de Mary, que se manifiesta en forma de arrebatos extremadamente agresivos, se produce menos de una vez por semana. A consecuencia de ello, era poco probable que se observara directamente este comportamiento durante la sesión de admisión, por lo que se proporcionó a los padres copias del QABF para que lo realizaran.
>
> Las afirmaciones negativas sobre sí misma se producen habitualmente en casa, en presencia de su hermana. Durante la visita a la consulta de Jaki no se observó ningún caso de conducta, por lo que se pidió a su madre que realizara un FAST.

Dependiendo de la necesidad, el clínico puede considerar necesario explorar más a fondo las causas de la conducta desafiante mediante entrevistas y análisis funcionales sintetizados (Jessel et al., 2019). Estas medidas complementarias pueden confirmar hipótesis o revelar características sutiles que los cuestionarios estándar no han detectado. Una vez más, si un análisis tradicional de antecedente-conducta-consecuencia es suficiente en su totalidad para explicar las conductas preocupantes, puede haber dudas razonables para continuar con un tratamiento basado en ACT. O bien, el enfoque basado en ACT debería complementar un sistema claro de gestión de contingencias basado en la función identificada. Independientemente de la forma o la técnica utilizada, las puntuaciones de la escala de evaluación funcional pueden servir como variable dependiente para medir la eficacia del tratamiento.

Algunos trabajos recientes sugieren que la forma tradicional de identificar una función conductual se vuelve menos clara una vez que el cliente comienza a demostrar relaciones derivadas (Belisle, Stanley y Dixon, 2017). Una vez que se muestran las relaciones de vínculo mutuo, parece mucho más probable que las escalas de valoración del comportamiento revelen múltiples posibles variables de control. Por ejemplo, el comportamiento de incumplimiento que preocupa puede ser el resultado de la búsqueda de atención en algunas ocasiones y del escape de las demandas en otras. El lenguaje añade una capa de complejidad, ya que las contingencias interactúan constantemente con un repertorio verbal que puede ejercer diversos grados de influencia sobre esa contingencia de tres términos denominada «triple». Por lo tanto, si las puntuaciones en una medida de respuesta relacional derivada son altas, los cuidadores informan de que mantienen conversaciones con el alumno, las medidas de autoinforme mencionadas anteriormente ponen de relieve fuentes de inflexibilidad psicológica y las medidas más tradicionales no arrojan una función única o incluso sintetizada, es muy probable que intervengan eventos privados.

En conclusión, las escalas de conducta tienen valor, pero no un valor exclusivo en el proceso de evaluación.

> Debido a la complejidad del lenguaje de Scott, medida por el PCA (Dixon, 2019), se concluyó que era muy probable que hubiera una influencia verbal en las contingencias ABC que se revelaron en el QABF, lo que requería un enfoque cuidadoso para inferir una única función de la conducta para su destrucción de la propiedad.
>
> Una evaluación funcional sintetizada, junto con pruebas relacionales, concluye que la causa más probable del problema de conducta es la atención, que se ve considerablemente influenciada por respuestas relacionales que dan lugar a pensamientos sobre tu padre abusivo.

LINEA DE BASE DE SEGUIMIENTO DE LINEA DE TIEMPO

Cuando un cliente necesita tratamiento, es extremadamente difícil pedir a las partes que se abstengan de intervenir con el único fin de proporcionar una referencia precisa de los comportamientos problemáticos. En lugar de basarse estrictamente en una descripción narrativa que indique los niveles actuales de conducta, puede ser conveniente considerar el uso de una líneabase retrospectiva. Esta técnica es similar a la líneabase tradicional, salvo que los intervalos de tiempo para el registro se sitúan hacia atrás en el tiempo. A continuación, los cuidadores estiman los retos aproximados que se produjeron durante ese periodo de tiempo. Por ejemplo, si se ha planificado una sesión semanal para el cliente, esta líneabase retrospectiva podría tener intervalos semanales que se remontan a dos o tres meses atrás para realizar la estimación. Se da por sentado que estos datos deben tratarse con cautela, ya que la memoria puede no ser del todo precisa. No obstante, este análisis proporciona información adicional sobre la gravedad y la frecuencia del problema de conducta, así como un punto de referencia con el que medir los efectos del tratamiento. Además, estos datos pueden ser fundamentales a la hora de solicitar la autorización para el tratamiento, ya que proporcionan una medida de la gravedad de los problemas que se presentan y de la necesidad de intervención.

Debido a la urgencia del tratamiento, los cuidadores establecieron una líneaabase retroactiva para las dos semanas anteriores a esta reunión de admisión. Los datos resultantes, a consecuencia de ello, estimaron 15 episodios de destrucción de la propiedad durante este periodo, 10 de los cuales se emitieron tras una demanda a Sista. La consecuencia más común observada en Sista fue la redirección verbal y el probable demora o retirada de la demanda.

Se proporcionó a la abuela una serie de hojas informativas ABC para generar una línea de base generativa de la semana anterior. El comportamiento objetivo eran las afirmaciones negativas sobre sí mismo que duraban al menos 10 segundos. Las variables de control estimadas incluían la desviación de la atención hacia el hermano mayor y el hecho de quedarse solo en una habitación mientras la abuela realizaba otras tareas. En este momento se deduce que la búsqueda de atención puede ser una función probable que sustenta la conducta.

REVISIÓN DE LOS REGISTROS EN BUSCA DE POSIBLES VARIABLES DE CONTROL

Otro factor importante a tener en cuenta al realizar una evaluación funcional exhaustiva son los registros relevantes del cliente. Estos documentos pueden ser bastante extensos si se ha realizado recientemente un examen físico y psicológico completo, o pueden ser escasos si el cliente es nuevo en los servicios o es muy joven. Dedica tiempo a leerlos, ya que es posible que una sola línea de texto en una sola página de un montón de archivos contenga una tecla importante para comprender mejor las razones de las conductas problemáticas que se presentan. Con demasiada frecuencia, los analistas de conducta consideran que estos documentos son innecesarios o de valor limitado en comparación con la observación directa, pero esto no es así en absoluto. Las impresiones, las pruebas y los datos de otras personas son extremadamente importantes, aunque solo sea para descubrir qué intentos han fracasado en el pasado, la duración media del tratamiento y la cantidad y variedad de los servicios, todo lo cual puede influir en el enfoque que se adopte para la intervención.

Obtener los registros puede resultar complicado y es posible que lleguen en un momento de la evaluación en el que ya se hayan tomado decisiones en su ausencia. Una vez más, es importante que dichos registros se incorporen al proceso de toma de decisiones clínicas, independientemente de su volumen o de la información que aporten. Como mínimo, cualquier solicitud de autorización de tratamiento debe contener una sección de texto que resuma los registros anteriores e incluya una sinopsis de cómo se ha integrado dicho historial en el proceso de evaluación actual.

A partir de la revisión de los archivos existentes sobre Ronald proporcionados por su médico, se ha observado una conducta agresiva semanalmente durante los últimos tres años.

Debido a la imposibilidad de obtener los registros previos del distrito escolar de Sandra, la totalidad de esta evaluación se basa en los procedimientos de evaluación actuales del analista conductual.

Además, a medida que los métodos analíticos conductuales sigan siendo emergentes en diversas áreas clínicas, se dispondrá de evaluaciones y contenidos diagnósticos que pueden proporcionar información importante. Por ejemplo, cuando se trabaja con niños con TDAH, la falta de atención y la hiperactividad pueden aparecer de forma independiente o simultánea, con implicaciones evidentes para la intervención basada en ACT. Si se diagnostica a un cliente con falta de atención clínica (es decir, muy por debajo del rango normal de atención), es probable que el entrenamiento en el momento presente sea difícil y muy necesario, junto con un análisis funcional más sólido de las condiciones en las que es probable que se produzcan la atención y la falta de atención. Para un cliente hiperactivo, la aceptación y la voluntad de experimentar el impulso de actuar cuando ello interfiere en los efectos deseados serán probablemente difíciles y necesarias. Cuantos más ámbitos abarquen los analistas de conducta, más familiarizados tendremos que estar con las herramientas y estrategias de diagnóstico existentes en esos ámbitos y comprender que estas también pueden ayudar a orientar la intervención. Ten en cuenta que el «autismo» también es un diagnóstico clínico y que gran parte de nuestro análisis funcional y nuestras tecnologías de intervención han evolucionado para apoyar a las personas con autismo a través de cosas como el entrenamiento en habilidades sociales y el apoyo a la comunicación. Las intervenciones no serán necesariamente iguales con otras poblaciones, ya que sus problemas pueden no ser los mismos que los de las personas con autismo; sin embargo, el hecho de que su conducta opere como una adaptación a su ambiente abre la puerta al análisis funcional tal y como lo hemos definido anteriormente.

TAREAS POSTERIORES A LA REUNIÓN PARA EL CLIENTE Y EL CUIDADOR A FIN DE OBTENER LAS LÍNEAS DE BASE ACTUALES

Tras la reunión inicial con el cliente y el cuidador, es conveniente proporcionarles a cada uno de ellos algunos datos de seguimiento. Se debe entregar a los cuidadores una hoja de datos simplificada del tipo A-B-C en la que deben registrar los casos de conductas problemáticas que se produzcan, junto con las condiciones que las preceden y las que las siguen inmediatamente. Es preferible que dicha hoja de datos contenga casillas de verificación en lugar de categorías abiertas que permitan generar narrativas. Las casillas de verificación requieren menos iniciativa y las marcas pueden cuantificarse en términos de frecuencia. La ausencia de escritos subjetivos también mejora la objetividad de los datos recopilados. Tras un periodo de tiempo suficiente, estos datos pueden devolverse al analista de conducta para que contribuya a la evaluación funcional final. El recuento de frecuencias o la puntuación por intervalo pueden considerarse alternativas a la hoja ABC; sin embargo, estas herramientas solo producen índices de conducta y dicen poco o nada sobre las variables de control subyacentes.

Se puede obtener un valor añadido cuando dichos datos incluyen breves ejemplos del lenguaje que el cliente utiliza durante el episodio conductual y/o el que utilizan los cuidadores cuando se desencadena la conducta o se intenta intervenir. Será difícil dar una estructura formal a estas narraciones, por lo que incluso algunos ejemplos anecdóticos pueden ayudar a proporcionar una capa de la conducta verbal coexistente que participa junto con las contingencias ambientales. Por ejemplo, si una demanda de tarea del profesor va acompañada de una afirmación como «Asegúrate de que te esfuerzas al máximo en este examen porque *es la mitad de tu* nota» o «Creo que ya has usado suficiente el iPad *por hoy, ahora haz tu tarea* » pueden dar lugar a un análisis del contenido. En la primera afirmación, el profesor está indicando un rendimiento y lo que puede ser un valor para el cliente: la nota del curso. En la segunda afirmación, no se menciona ningún valor que se pueda obtener, sino solo una tarea poco deseada. Las expresiones del cliente son igualmente importantes. Por ejemplo, «*No quiero estar* solo» puede indicar el valor reforzante de la atención social, y «No me *importa el recreo, te* odio» sugiere un descuento por demora de los reforzadores y posibles funciones negativas de la atención social. Además, esta última afirmación puede ilustrar una falta de valores identificados que puede promover una mayor flexibilidad con pensamientos como el odio.

Si el cliente tiene la capacidad cognitiva adecuada y cumple con una tarea de recopilación de datos, puede ser beneficioso para él mismo registrar algunas de sus propias conductas. Además de los elementos observables que podrían reflejar los proporcionados por los cuidadores, es posible que el cliente pueda informar por sí mismo sobre sus propios pensamientos y sentimientos durante la emisión de un comportamiento desafiante. Por ejemplo, tras la destrucción de la propiedad de un aula, se podría pedir al cliente que recuerde si perdió el contacto con el momento presente, si no podía sacar un pensamiento de su cabeza, si perdió la capacidad de perseguir lo que realmente le importaba o si se sintió molesto y trató de eliminar esos sentimientos. Es probable que estas categorías generales deban perfeccionarse para adaptarse al nivel de función de cada cliente. Este tipo de preguntas pueden revelar elementos del hexaflex que participan en las relaciones funcionales que rodean el comportamiento inadaptado y, por lo tanto, deben ser objeto de enfoque. La automonitorización también puede considerarse un aspecto de la intervención que comienza inmediatamente, ayudando a orientar la conciencia del cliente hacia su propio comportamiento y las contingencias que lo rodean. La ACT, entonces, puede proporcionar las estrategias para trabajar más eficazmente con esas contingencias una vez que se han identificado como parte de una intervención más amplia de autogestión y entrenamiento de habilidades.

LA CONVERSACIÓN PRIVADA CON EL CUIDADOR

Cuando las circunstancias lo permiten, es aconsejable mantener una conversación privada con el cuidador sobre las formas en que podría mejorar su comunicación. Es posible que el cuidador tenga poca o ninguna experiencia con ACT o sobre cómo determinadas formas de hablar con el cliente podrían reforzar la inflexibilidad psicológica. Cuando el cliente nos expresa su preocupación por no sentirse feliz, es fácil pensar que la mejor manera de responder sería algo así como «Estás bien y deberías ser feliz». Esta frase aparentemente benigna va en contra de la flexibilidad, ya que se refiere a lo inapropiado del pensamiento y contiene una directiva para que el cliente lo elimine de su repertorio. En lugar de debilitar el dominio de tal autorregla, una afirmación como esa por parte del cuidador probablemente refuerza su significado literal y da a entender que el cliente es defectuoso por no ser capaz de eliminarlo de su pensamiento.

Se debe fomentar la recopilación de datos de inmediato, y esto puede continuar en forma de ABC, frecuencias o narrativas informales. Lo que debe ser primordial para el analista de conducta al elegir la modalidad de datos es la probabilidad de obtener tanto el cumplimiento de la evaluación como la precisión de la misma por parte del cuidador. Siempre hay una forma más compleja y refinada de mejorar la recopilación de datos, pero un error común es dejar que lo perfecto sea enemigo de lo bueno. No puedes puntuar y utilizar una evaluación que no tienes. Es mejor adoptar una postura realista con respecto al cumplimiento y obtener datos que demanden una medida óptima que es imposible de recopilar. Cuando se asigna a un cuidador la tarea de recopilar datos, es necesario realizar una iniciativa considerable para gestionar y reforzar dicha actividad. La mayoría de las condiciones relacionadas con ACT que requieren intervención se centrarán en frecuencias relativamente más bajas que las conductas típicas de las personas con lenguaje verbal menos sofisticado. Esto plantea una posible realidad grave: es posible que tu cliente nunca muestre el problema de conducta que te preocupa en tu presencia. Esto es especialmente cierto en el caso de la atención ambulatoria, por lo que es posible que tengas que depender exclusivamente de tu cuidador para obtener los datos necesarios para tomar decisiones clínicas. A consecuencia de ello, asegúrate de proporcionar un entrenamiento adecuado y de destacar la importancia de esos datos desde el principio de la relación.

A continuación se muestra una narrativa ABC modificada que hemos adaptado para añadir un análisis de los eventos privados a la narrativa ABC estándar. Se añaden los antecedentes «Pensamientos y sentimientos privados» que se producen antes o durante el comportamiento y tras la consecuencia del mismo. Las columnas externas definen una contingencia externa, que también puede ayudar a explicar la ocurrencia de eventos privados. Esto es similar a la Matriz ACT, pero aplicada en tiempo real, lo que puede revelar patrones funcionales que no son fáciles de captar en un solo momento o conversación. También es similar a los «registros de pensamientos» clásicos de la terapia cognitivo conductual, pero la última columna es diferente. Pide evidencia de procesos contextuales que puedan ayudar a explicar por qué los eventos públicos y privados están relacionados. Ese último paso contextual es la clave para evitar el mentalismo. Los pensamientos y los sentimientos son conductas privadas, no son causas de la conducta, pero pueden tener una relación funcional con ella si los acontecimientos sociales u otros acontecimientos contextuales crean un contexto en el que se producen. Eso es exactamente de lo que se trata la flexibilidad y la inflexibilidad psicológicas.

Por ejemplo, los resultados podrían revelar un patrón en la pareja romántica en el contexto de una discusión (antecedente externo) en el que uno de los miembros piensa que su pareja no se preocupa por él y, cuando se toma al pie de la letra, tiene un miedo intenso a que su pareja le abandone pronto. Las palabras tranquilizadoras o las muestras de cariño de la pareja podrían reducir ese miedo y las cualidades aversivas de esos pensamientos, y el hecho de haber levantado la voz en el pasado podría haber llevado a ese efecto. La consecuencia externa es que su pareja les presta más atención y ellos piensan que su pareja sí se preocupa por ellos y se sienten aliviados. A consecuencia de esta contingencia, los gritos han aumentado y su relación se está deteriorando. Podrían existir conductas alternativas que mejoraran la relación, pero no son lo suficientemente fuertes una vez que el miedo se apodera de la situación (como decir «Me da miedo y me siento muy vulnerable cuando discutimos porque eres muy importante para mí. Y entonces tiendo a gritar, lo que crea un momento desagradable. ¿Podrías sentarte conmigo un momento antes de continuar para que pueda encontrar una forma de avanzar que se parezca más a cómo quiero que sea nuestra relación? La última columna podría incluir características contextualescomo tomar literalmente los pensamientos de abandono, la evitación de sentimientos de vulnerabilidad o no tener claros los valores de la relación. Los procesos de flexibilidad psicológica suelen ser útiles y apuntan a estas características contextuales que establecen una relación entre las conductas privadas y públicas. Si se trata de un tema común en múltiples observaciones, la intervención también debe tener en cuenta las experiencias privadas y los procesos contextuales que están convirtiendo los desacuerdos normales en formas de comunicación que amenazan la relación.

Antecedente Externo	Pensamientos y sentimientos Privados	Conducta Externa	Consecuencias externas	Pensamientos y sentimientos Privados

HIPOTESIS DE CONTINGENCIA EXTERNA
HIPOTESIS DE PROCESOS FLEXIBLES
HIPOTESIS DE CONTINGENCIA SOCIAL- VERBAL

LA CONVERSACIÓN PRIVADA CON EL CLIENTE

Cuando termines la primera reunión con el cliente, asegúrate de garantizarle que vas a intentar ayudarle. La profundidad de esta conversación dependerá de su nivel general de comprensión del significado de dicho diálogo; sin embargo, si has llegado a la conclusión de que la persona es adecuada para una intervención ACT, lo más adecuado sería confirmarle tu disposición a ayudarle. Cuando trabajes con niños, es aún más importante hacer hincapié en que la intervención será divertida y agradable, y que no les producirá un alto grado de ansiedad. Incluso los clientes adultos necesitan cierta garantía de que el tratamiento será algo agradable, no una carga. Sin esa seguridad, es probable que las posibilidades de éxito se reduzcan.

Dependiendo del contexto asistencial, se puede entablar un diálogo adicional sobre el nivel de confidencialidad, el deber de advertir y la coordinación de la información con otros profesionales. Las narrativas complejas sobre este contenido se pueden realizar con clientes con un alto nivel de cognición y se puede utilizar una redacción diferenciada según sea necesario. Por ejemplo, para explicar los parámetros del deber de advertir a un niño pequeño, se podría modificar la frase diciendo algo como «todo lo que hablemos quedará entre *tú y yoa menos que me preocupe mucho tu seguridad o la de otra persona*». Para asegurarse de que estos asuntos se tratan adecuadamente, se pueden incluir detalles completos sobre el alcance de las responsabilidades en una plantilla para los cuidadores, con el contenido modificado para determinados tipos de clientes, con el fin de crear un proceso de consentimiento para la prestación de la atención.

Establecer una buena relación con el cliente es fundamental y debe comenzar desde la primera interacción. Esta relación es más compleja que el emparejamiento de estímulos, en el que el terapeuta se vincula a una amplia gama de reforzadores tangibles y comestibles. La relación con el cliente implica un interés genuino por parte del terapeuta hacia el cliente. Requiere escuchar, responder, prestar atención y mostrar interés. Sé flexible con la cantidad de contenido que se va a tratar en cada sesión, incluida la primera.

En su lugar, dedique tiempo a conocer a su cliente. Déjele hablar, no caiga en el error de animarle a responder solo a sus preguntas. Muestre interés por sus intereses. Hable del color de sus zapatos, de un objeto personal que haya traído a la entrevista inicial o de sus actividades favoritas. Asegúrate de que tus comentarios no sean mecánicos, sino sinceros. Esta inversión dará sus frutos en el desarrollo de una relación auténtica que permitirá abordar de forma colaborativa el proceso de tratamiento que se avecina.

La matriz ACT también puede utilizarse para guiar estas conversaciones iniciales de una manera coherente con ACT. Esencialmente, la matriz ACT es una evaluación funcional momentánea y una herramienta para guiar u orientar el contenido de la conversación. ¿Qué valores se están viendo alterados por el comportamiento que ha llevado al tratamiento en primer lugar? ¿Cuáles son las experiencias privadas que se producen junto con el comportamiento? ¿Qué podemos hacer en su lugar para avanzar hacia los valores identificados? Con esta información, el analista de conducta tiene mucho con lo que guiar las versiones iniciales de la intervención y desarrollar estrategias de medida más específicas, como se ha descrito anteriormente.

SÍNTESIS DE LA REUNIÓN, LOS REGISTROS Y LOS DATOS OBTENIDOS PARA CREAR UN ANÁLISIS FUNCIONAL

Un análisis funcional real es amplio, multimodal y exhaustivo. Para cumplir con estas expectativas, el analista de conducta deberá incorporar todas las dimensiones mencionadas anteriormente en la determinación final del enfoque terapéutico. Esto incluirá la justificación de que ACT es adecuada, el grado en que los estímulos verbales están afectando las contingencias ambientales, las variables de mantenimiento tanto a nivel verbal como de contingencia, el nivel de confianza de dichas hipótesis y el potencial de adherencia al tratamiento por parte del cliente y las partes interesadas asociadas. En el siguiente diagrama se ofrece un organigrama que detalla este proceso multimodal de realización de una evaluación funcional. El primer paso es determinar si el problema que se presenta puede articularse de forma directamente observable y cuantificable. Esto es fundamental para un analista de conducta, ya que no hacerlo impide la fiabilidad entre los observadores, pone un énfasis excesivo en los acontecimientos privados y comienza a difuminar los límites de la atención analítico conductual. Cuando no es posible el operacionalismo del problema que se presenta, por lo general es aconsejable poner fin a la atención potencial como BCBA o recurrir a otros profesionales cualificados y desempeñar un papel auxiliar en su tratamiento principal.

El segundo paso de la síntesis consiste en evaluar el nivel de lenguaje del cliente. Una vez realizada una evaluación formal o informal, a aquellas personas que no demuestren los precursores necesarios para comprender una terapia basada en la conversación y que recurre en gran medida a metáforas, se les debe asignar un enfoque terapéutico centrado en la contingencia. Sin embargo, cuando las habilidades de lenguaje son sólidas, la ACT puede servir como tratamiento lógico de elección y como estructura en la que se pueden incluir diversos elementos terapéuticos (incluidos elementos de contingencia directa). Para aquellos clientes que se encuentran en un punto intermedio, se puede considerar una combinación de tratamiento ACT básico y el reforzamiento del marco relacional.

El tercer paso consiste en determinar si se puede determinar fácilmente una función concluyente del comportamiento problemático utilizando métodos tradicionales del Análisis Funcional. Si la respuesta es «sí», esto sugiere que una intervención «solo de contingencia» puede ser suficiente para provocar un cambio de conducta. El grado en que el lenguaje se basa en estas contingencias e influye en el comportamiento final limita la necesidad de un enfoque de tratamiento ACT exclusivo para el manejo del comportamiento.

Por último, deben examinarse los datos de línea de basey las métricas sobre la flexibilidad psicológica para determinar la necesidad de un tratamiento ACT. Si dicha información sugiere que el problema que se manifiesta está relacionado con la inflexibilidad del lenguaje y el comportamiento, puede estar justificado el tratamiento ACT. El cumplimiento del tratamiento es igualmente importante, ya que cualquier intervención solo es eficaz en la medida en que el cliente la adopta realmente. Si el cumplimiento es bajo, la ACT podría seguir siendo una opción viable si la intervención abordara al mismo tiempo el cumplimiento. En ese caso, podría ser necesario reducir inicialmente las expectativas del tratamiento, de modo que el proceso de retroalimentación siga siendo relativamente positivo.

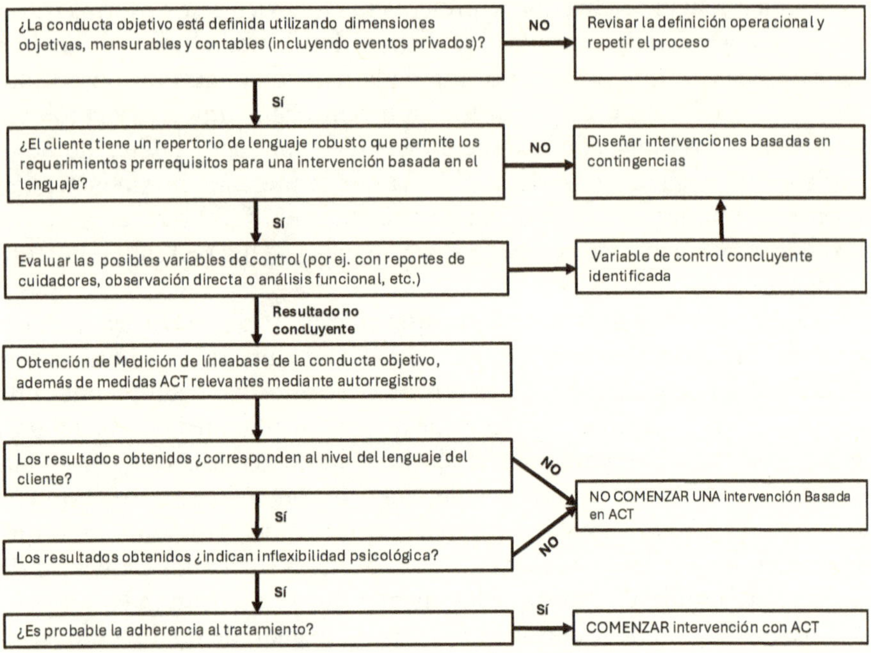

* Un análisis funcional real es amplio, multimodal y comprehensivo. En orden de encontrar esas expectativas el analista de conducta necesita incorporar toda la lista de dimensiones expresadas arriba para lograr una aproximación final al tratamiento. Este incluirá la justificación de que ACT es un Tratamiento apropiado, además el grado en la que los estímulos verbales impactan en las contingencias ambientales, el mantenimiento de contingencias tanto a nivel verbal como como de contingencias ambientales, el nivel de confianza de las hipótesis y el potencial para lograr la adherencia al tratamiento , tanto del cliente como de las partes interesadas.

REDACCIÓN DEL INFORME DE EVALUACIÓN DEL ANÁLISIS FUNCIONAL

En la mayoría de los casos de atención al cliente, será necesario proporcionar un documento escrito que describa la totalidad del análisis funcional. Este documento deberá incluir la definición operativa del comportamiento objetivo, los casos actuales en los que se presenta dicho comportamiento, las condiciones del entorno que modulan la probabilidad de emisión, los antecedentes, las consecuencias y cualquier variable relacionada que se produzca simultáneamente y que aumente o disminuya la probabilidad de emisión.

Por último, será necesario formular una hipótesis sobre la causa probable de la conducta y cómo se llegó a esa decisión.

Definición operativa del comportamiento objetivo. La definición del comportamiento objetivo para el tratamiento se basa en lo que se ha descrito como el problema que se presenta. Puede haber alguna negociación con los cuidadores sobre cuál es el comportamiento objtivo que finalmente se acuerda. Por ejemplo, cuando un cuidador dice que le gustaría que trataras la ansiedad de su hijo, puede que te resulte necesario indagar más directamente en lo que hace el niño cuando está ansioso o qué limitaciones de la función se producen debido a esta ansiedad. Es posible que obtengas información adicional sobre el problema que se presenta, como los pensamientos que el cliente ha revelado utilizando herramientas diseñadas para evaluar la flexibilidad psicológica. Ten en cuenta que el objetivo es garantizar que se disponga de un producto conductual, no descartar ninguna posible condición psicológica subyacente que se base más en eventos privados. Piensa, por ejemplo, en el miedo a actuar en público. A menudo va acompañado de un rendimiento manifiesto deficiente, la evitación de tareas que requieren actuar en público, manifestaciones emocionales evidentes (por ej., llanto, agresividad), etc. Si no hay manifestaciones conductuales que puedan calificarse de «ansiedad» (por ej., no hacer los exámenes en la escuela para evitar las demandas del trabajo; conducta de evitación en clase), es el momento de que el analista de conducta derive el caso a otro profesional.

El comportamiento objetivo de Ronald para la intervención se define como arrebatos verbales hacia sus compañeros. La frecuencia de este comportamiento durante las últimas dos semanas ha sido de 19 episodios. La duración del comportamiento es inferior a 5 segundos, es de intensidad alta y habitualmente consiste en afirmaciones como «Ojalá te mueras», «Eres feo» o «Te odio con toda mi alma».

La conducta objetivo de Pam es el incumplimiento de las tareas. Este comportamiento se manifiesta en forma de lanzamiento de objetos, fuga del aula y petición de beber. La frecuencia durante los últimos 7 días, según la estimación de los cuidadores en un followback de líneaabase, es de unas 5 veces al día. La duración de estos comportamientos oscila entre 1 minuto y más de 1 hora, y son de intensidad significativa, lo que a menudo requiere que varios miembros del personal la animen que vuelva al trabajo.

Si se puede acordar la conducta objetivo y esta se encuentra dentro del ámbito de competencia del analista de conducta, será importante incluir parámetros relevantes en la definición operativa, como la frecuencia, la intensidad y/o la duración.

Condiciones del entorno. Una condición del entorno es un modulador momentáneo de las contingencias de tres términos mencionadas. Estas condiciones van y vienen, no son rasgos estáticos del cliente. Algunos ejemplos pueden ser el consumo de medicamentos, las dificultades para dormir, una enfermedad, la saciedad, dormir en casa de los abuelos, la resaca o una determinada hora del día. También pueden incluir cambios en la emisión de respuestas bajo cierto tipo de control del lenguaje, como la presencia de recuerdos o pensamientos. Al proporcionar información sobre las condiciones del entorno, es fundamental describir cómo esos acontecimientos crean la ocasión y reducen la probabilidad de que se emita la conducta objeto. El lenguaje en sí mismo puede servir como condición del entorno, por la cual una regla generativa del cliente, o una regla emitida por otra persona, podría crear la ocasión de un cambio en el rendimiento. Estas reglas pueden haberse revelado durante la entrevista inicial con el cliente, el cuidador o en las evaluaciones del proceso de flexibilidad autoinformadas.

Las condiciones que se dan con frecuencia y que se han comunicado durante las entrevistas con los padres incluyen quedarse en casa de tu padre cada dos fines de semana, cambios en la medicación y cuando no hay nuggets de pollo en el menú del almuerzo caliente. Además, si un compañero te dice que eres fea, ese pensamiento parece quedarse grabado en tu mente durante el resto del día.

No se han observado condiciones que hagan más probable la conducta, sin embargo, se ha observado que nunca ha habido ningún episodio preocupante durante su trabajo a tiempo parcial después del colegio en una tienda de comestibles local.

Antecedentes. Los estímulos discretos que indican la disponibilidad de acceso a reforzadores se describen a menudo como estímulos antecedentes o estímulos discriminativos. En un lenguaje más coloquial, estos «desencadenantes» del comportamiento pueden adoptar muchas formas, como tareas que no te gustan, desviar la atención hacia otras personas, quedarte solo, que te pidan que pases a otra actividad o que te digan «no». A diferencia de las condiciones del entorno, los antecedentes no envuelven todo el evento contingente, sino que forman parte del evento en sí. La mayoría de los seres humanos con un lenguaje sofisticado tienen varios antecedentes que preceden a su conducta problemática, no solo uno. A consecuencia de ello, lo más práctico es informar de la distribución de frecuencia de los antecedentes comunes, en lugar de intentar determinar un único desencadenante. Los antecedentes no solo pueden desencadenar una respuesta del cliente, sino también los procesos lingüísticos que se producen al mismo tiempo y que, a su vez, pueden provocar el comportamiento de interés. Por ejemplo, al escuchar una canción de los Backstreet Boys en la radio, puede producirse una breve evasión del momento presente, ya que el cliente establece relaciones entre esa canción y su amor perdido hace mucho tiempo, y ahora, cuando un compañero le hace una pregunta, emite una respuesta verbalmente agresiva: «*Déjame en paz, te* odio». La probabilidad de que se produzca una respuesta de este tipo aumenta drásticamente con la canción, ya que sirve de desencadenante de un evento privado que, a su vez, desencadena una conducta manifiesta.

Consecuencias. Los acontecimientos que siguen de forma fiable al comportamiento de interés suelen describirse como consecuencias. Cuando estos acontecimientos tienen una función reforzadora, el comportamiento aumenta en frecuencia. Y cuando no refuerzan el comportamiento, pueden debilitar su emisión o ponerle fin por completo. A efectos de evaluación, se suele suponer que un comportamiento preocupante se produce porque existe algún tipo de consecuencia que mantiene su emisión. Dada la necesidad de tratamiento, estas consecuencias pueden aumentar la probabilidad de emisión.

El primer paso para identificar las consecuencias es ver si algo sigue de forma fiable a la emisión de un comportamiento objetivo. A veces, incluso acontecimientos aparentemente irrelevantes pueden tener consecuencias importantes. Por lo tanto, es necesario documentar cualquier evento que se produzca con frecuencia. Las consecuencias también pueden producirse a un nivel oculto dentro del cliente y, como tales, serán difíciles de descubrir sin dialogar con él. Preguntas directas como «cuando corrías por el pasillo gritando 'que le den a esta escuela', ¿en qué pensabas?» o «¿puedes decirme qué pensabas cuando le diste una patada en la espalda a Sally?». Estas reglas y pensamientos generativos pueden ser difíciles de incluir inicialmente en una descripción de los acontecimientos consecuentes, pero hay que mostrar iniciativa para explorar su presencia.

Variables coexistentes. Quizás la sección más importante de una evaluación funcional del comportamiento que busca implorar finalmente la intervención ACT es la que describe las variables coexistentes. Estas variables deben dedicarse realmente al grado de presencia o ausencia de los seis procesos de flexibilidad psicológica. Cuando se conceptualizan como una manta que puede envolver los antecedentes, las conductas y las consecuencias, estas influencias del lenguaje se propagan a través de la interacción del cliente con el ambiente. Aquí es donde el analista de conducta podría informar de las puntuaciones de la evaluación de la flexibilidad, la complejidad del enmarcar relacional, los efectos de las entrevistas o todo ello. Cuando se sintetizan con los elementos anteriores, se puede argumentar a favor de un enfoque de tratamiento que incluya la intervención de lenguaje.

> Pam muestra diversos comportamientos que pueden coexistir con las contingencias ambientales que mantienen su comportamiento. Durante su admisión inicial, afirmó repetidamente que tiene problemas para «dejar atrás lo que pasó en el pasado», lo que sugiere que, cuando los cuidadores desvían su atención hacia otras personas (antecedente), es probable que piense en acontecimientos aversivos privados, lo que aumenta la función aversiva de la falta de atención social por parte de los adultos.
>
> A Rick se le administró el Cuestionario de Aceptación y Acción 2 (AAQ-2) y los resultados sugieren que tu capacidad para autocontrolar tu comportamiento es limitada. Por ejemplo, indicaste que «las emociones causan problemas en mi vida» en el nivel más grave, con una puntuación de 7. Esto puede sugerir que Rick no contactas con reforzadores en tu ambiente debido a reglas generativas que afectan a tu participación en comportamientos positivos ya que su conducta actúa como operaciones verbales de eliminación.

Hipótesis de función. Las inferencias concluyentes sobre la función del comportamiento deben mantenerse dentro de los parámetros de la ciencia analítico-conductual. Las categorías típicas incluyen atención, escape, tangible, sensorial y físico. Esta última sugiere la necesidad de atención médica, mientras que las otras cuatro destacan las relaciones entre el comportamiento y el ambiente. El ACT y las contribuciones lingüísticas pertinentes se posicionan como moduladores de estas condiciones de comportamiento-ambiente. Por ejemplo, el trabajo con valores puede servir como operación motivadora verbal para las consecuencias intrínsecas a la acción; la fusión puede establecer control antecedente inútil mediante una transformación de las funciones del estímulo; etcétera. Habrá ocasiones en las que sean posibles múltiples funciones para una condición presente, y la probabilidad de tal complejidad aumenta con el desarrollo del lenguaje. Además, puede haber funciones secuenciales, por las cuales un comportamiento puede ocurrir inicialmente para eliminar demandas, solo para cambiar cuando se eliminan las demandas con el fin de obtener la atención del cuidador. La descripción de la función debe ser objetiva, clara y seguir de forma natural los elementos anteriores de la evaluación funcional.

La función de la agresión verbal de Jackie es escape de las demandas laborales. Es más probable que se produzca cuando no es capaz de describir sus propios valores y las acciones comprometidas necesarias para obtener dichos reforzadores con demora.

Basándonos en el análisis anterior, la atención social negativa es la función hipotética de la fuga de Jace del aula.

SEGUROS SANITARIOS Y TRATAMIENTO CONDUCTUAL

Cuando el analista de conducta solicita el reembolso de los servicios a un tercero, puede encontrarse con que este no está familiarizado con ACT. Peor aún, es posible que se le haya proporcionado información errónea sobre ACT, lo que dificulta aún más la solicitud de los servicios. Para garantizar una evaluación cuidadosa y justa de los servicios que se proponen, es fundamental contar con una definición operativa clara del comportamiento, metas cuantificables y medidas, y objetivos claros que sirvan como pasos intermedios para lograr una mejora más global del rendimiento. Cuando se trabaja específicamente con niños con autismo, también puede ser necesario relacionar esos objetivos con las deficiencias básicas del autismo. Ten cuidado de no cometer el error de proponer servicios que «busquen mejorar la flexibilidad psicológica», «disminuir la fusión» o «mejorar una vida basada en valores». Aunque puede haber algo de verdad en este tipo de lenguaje, su objetivo es discernir los procesos que conducen a un fin conductual, y eso es lo que hay que articular. A continuación, ofrecemos un ejemplo de cómo una solicitud de autorización podría abordar las limitaciones en el funcionamiento en cada uno de los seis procesos ACT. Al revisar este contenido, verás un objetivo medido, cada uno alineado con la función hexaflex, el ambiente en el que se producirá y la relación de este con los

Objetivo	Dominio	Síntomas centrales de TEA examinados	Áreas examinadas de Problemas de conducta	Niveles de rendimiento actual
Que Sammy identifique al menos 3 cualidades personales de ella misma en por lo menos dos lugares diferentes, con dos personas diferentes a lo largo de 3 sesiones consecutivas (Yo como Contexto)	Emoción social adaptativa	B.3	Lenguaje inapropiado	Sammy puede etiquetar una cualidad de manera independiente
Que Sammy se fije un objetivo por día y que identifique los pasos para lograr ese objetivo. Trabajaremos alrededor de ese objetivos mientras no incurra en conductas desadaptativas con un 80% de de independencia durante 3 semanas consecutivas en 2 o 3 lugares diferentes (VALOR)	Emoción social adaptativa	B.3	Perseveración de intereses. Lenguaje inapropiado Agresión física	Sammy puede identificar objetivos y pasos pero no puede seguir de manera consistente los pasos ni completarlos independientemente de las conductas desadaptativas
Que Sammy defina y aplique 6 métodos para promover interacciones sociales apropiadas cuando se enfade, con un 90% de independencia, en dos lugares diferentes, con dos personas diferentes , durante 3 sesiones consecutivas. (Defusión)	Emoción social adaptativa	B.3	Lenguaje inapropiado	Sammy puede describir métodos pero no las aplica de manera consistente
Que Sammy describa 3 objetivos y los pasos a seguir para lograr objetivos de autogestión sin la ayuda de un adulto, con un 90% de independencia, en dos lugares diferentes, con dos personas diferentes y durante tres sesiones consecutivas. (Acción Comprometida)	Emoción social adaptativa	B.3	Perseveración de intereses. Lenguaje inapropiado	En promedio, Sammy puede describir 2 objetivos o valores sin la ayuda del adulto
Que Sammy pueda ayuda o con menos ayuda refocalizar su atención al ambiente en el que está utilizando técnicas de autocontrol con un 90% de independencia a lo largo de 3 sesiones consecutivas (Momento Presente)	Emoción social adaptativa	B.3	Perseveración de intereses. Lenguaje inapropiado	Sammy puede re enfocar su atención con ayuda menos del 25% de las veces
Que Sammy pueda tolerar estímulos aversivos o situaciones (tópicos poco preferidos, ruidos fuertes) sin incurrir en problemas de conducta con un 90% de independencia a lo largo de 3 sesiones consecutivas. (Aceptación)	Emoción social adaptativa	B.3	Lenguaje inapropiado Agresión física	Sammy demuestra tolerancia aproximadamente el 10% del tiempo

síntomas principales del autismo. Se proporciona información adicional relacionada con las áreas de problema de conducta abordadas y el nivel actual de rendimiento del cliente. Estos niveles actuales pueden obtenerse a través de entrevistas con los cuidadores y/o el cliente. El ejemplo siguiente se basa en un diagnóstico de autismo y no pretende dar a entender que los analistas de conducta solo trabajan con poblaciones autistas, sino que el formulario del informe resultará familiar a muchos analistas de conducta en ejercicio interesados en integrar enfoques basados en la ACT.

Metas y objetivos conductuales específicos

A menudo se espera que el analista de conducta coordine la atención con otras personas que forman parte de la vida del cliente. A consecuencia de ello, muchos terceros pagadores solicitan estos detalles para aprobar una solicitud de servicios. Esta tarea requiere entrenamiento, modelado, reforzador y supervisión de los cuidadores, todo lo cual forma parte del repertorio de un analista de conducta bien capacitado. Cuando el tratamiento implica una intervención ACT, puede ser valioso asegurarse de que el lenguaje del tratamiento se incorpore a dicha coordinación de la atención.

La tabla siguiente ilustra las formas en que se produce la transferencia de la atención a los padres para que utilicen estrategias de dar ayudas cuando el cliente muestra desinterés por tareas que no le gustan, redireccionamiento cuando se produce agresividad e integración del lenguaje ACT en todo el ambiente doméstico. Por supuesto, todas estas métricas requerirán que el cuidador informe sobre su utilización. Aun así, esta información puede servir de base para el diálogo entre el cuidador y el analista de conducta durante las sesiones de coaching.

Objetivo	Lineabase	Nivel presente	Nivel de descarga
Ayuda verbal al observar la no atención en la tarea no preferida	<50% por día	+/- 50% por día	>90% por día
Redirección verbal cuando ocurren las explosiones verbales en el presente lugar	<50% por día	80% por día	>90% por día
Incorporación del lenguaje del tratamiento (aceptar situaciones difíciles, alejarse de las emociones, avanzar hacia valores/reforzadores) en la comunicación rutinaria a lo largo de la semana.	<10% por día	+/- 50% por día	>90% por día
Asistir y participar en la reunión semanal individual de padres con BCBA	n/a	100	100

Es importante que los formularios de terceros sean precisos y honestos. Nunca debes estar en una posición de «jugar con el sistema». Recuerda que los términos de flexibilidad psicológica están destinados a orientarte hacia análisis funcionales dentro de un ámbito. Dado que la ACT se basa en principios conductuales ampliados por reglas verbales y operantes relacionales, si es apropiado dadas las dificultades a las que se enfrenta tu cliente, siempre debes ser capaz de proporcionar un análisis funcional más específico dentro del ámbito que consideres aplicable a tu cliente. Por ejemplo, puedes hablar del grado en que es necesarioaumentar o disminuir el control de estímulo en un contexto problemático concreto sin necesidad de utilizar términos como «aumentar el mindfulness» o «alterar la flexibilidad en el presente».

DOCUMENTACIÓN DEL PROGRESO DEL CLIENTE

Se puede utilizar una amplia gama de métricas para documentar el progreso de un cliente durante una reevaluación. Realizada a intervalos regulares, la reevaluación permite resumir los cambios desde la línea de basehasta la capacidad actual. Dependiendode las herramientas utilizadas durante la evaluación inicial, puede ser conveniente utilizar los mismos instrumentos para formar una imagen del cambio antes y después. La frecuencia de los comportamientos desafiantes, la emisión de expresiones verbales inflexibles y las puntuaciones en las evaluaciones de comportamiento y flexibilidad deben considerarse como pruebas del cambio. Cuando todos estos índices muestran mejoras, se puede argumentar claramente sobre los efectos del tratamiento. Sin embargo, cuando algunas métricas cambian y otras no, puede ser necesaria una interpretación clínica más cuidadosa.

A Sammy se le administró el Cuestionario de Flexibilidad Psicológica Infantil (CPFQ; Dixon y Paliliunas, 2018). Se volvió a administrar el 9/12/22. El CPFQ es un cuestionario de 24 ítems diseñado para proporcionar una medida de la flexibilidad psicológica y conductual de un individuo. Las puntuaciones más altas indican una mayor flexibilidad, mientras que las más bajas sugieren una mayor inflexibilidad. Cada sección tiene un rango de 0 a 16 puntos, con una puntuación total de 96. El CPFQ examina seis ámbitos que ayudan a promover el funcionamiento adaptativo, reducir el diálogo interno negativo y sus efectos en el comportamiento, y alinear los objetivos y valores con el comportamiento de autogestión necesario. Según el Centro para el Control y la Prevención de Enfermedades (CDC), uno de los déficits fundamentales del TEA es «patrones de conducta restringidos o repetitivos». Además, esto se puede observar a través de la insistencia en la uniformidad, la adhesión inflexible a las rutinas o los patrones ritualizados de conducta verbal o no verbal (por ej., angustia extrema ante pequeños cambios, dificultades con las transiciones, patrones de pensamiento rígidos, rituales de saludo, necesidad de tomar la misma ruta o comer la misma comida todos los días) (B.2). Ayudar a la intervención de los déficits en la flexibilidad psicológica asociados al TEA es fundamental para el pronóstico a largo plazo de las personas con este trastorno.

Proceso de flexibilidad	Definición	Puntaje Máximo	Puntaje Actual	Puntaje dia actual	Puntaje De mejora
Momento presente	Una habilidad del individuo para interactuar de manera efectiva en el contexto presente, absteniéndose de la rumiación en los pensamientos del pasado/ o los eventos del futuro que lo preocupan	16	2	9	+7
Aceptación	Es una habilidad individual para aceptar los eventos positivos y negativos que suceden durante el día, aún cuando se sientan incómodos	16	5	12	+7
Defusión	Es una habilidad individual para crear distancia entre los pensamientos negativos e inflexibles y entender que los pensamientos no son lo mismo que las conductas	16	4	7	+3
Yo como Contexto	Es la habilidad individual para para tomar perspectiva para crear un contexto distintivo para sus experiencias pasadas sin apego a esas experiencias.	16	9	11	+2
Valores	Es la habilidad individual para saber que es importante para uno; que lo motiva, las cosas que son importantes para la persona	16	9	8	-1
Acción Comprometida	Acción comprometida se refiere a las pautas de cambio de conducta que uno hace para acercarse a sus valores	16	4	12	+8
Total		96	34	59	+25

INTERPRETACIÓN DE LA EVALUACIÓN DEL COMPORTAMIENTO

Sammy muestra una conducta desafiante que puede ser de considerable intensidad, sin embargo, la frecuencia y la intensidad se han reducido con respecto a los niveles previos al tratamiento. La complejidad de sus múltiples conductas controladas por funciones no es sorprendente, dados los niveles relativamente altos de lenguaje, pero con limitaciones en el pensamiento abstracto y el razonamiento. Estas deficiencias están mejorando considerablemente, como lo revelan los notables avances en flexibilidad observados en el CPFQ. Además, Sammy está mejorando en el autocontrol, comprendiendo que los pensamientos no siempre son descripciones de la realidad y que participar en comportamientos, aunque a veces sea difícil, puede producir resultados importantes vinculados a cosas que él valora.

Ampliación de la evaluación más allá de la atención clínica

Aunque la mayoría de los analistas de conducta en ejercicio se dedican a la prestación de servicios a clientes con discapacidades, sigue siendo necesario garantizar la ampliación de las intervenciones ACT más allá de esta población. Las extensiones lógicas del enfoque ACT se aplican a los cuidadores o padres de estos clientes, al personal de las instituciones, a los empleados de empresas e industrias, a los deportistas, a los estudiantes universitarios e incluso a los propios analistas de conducta. A consecuencia de ello, el enfoque de evaluación de la ACT variará en cierta medida del mencionado anteriormente, pero debe mantenerse el tema general de garantizar una visión funcional de la necesidad de intervención. Lógicamente, algunas partes de los detalles anteriores se minimizarán, mientras que otras se ampliarán.

Por ejemplo, cuando se intenta aplicar ACT con el personal, obviamente no será necesario entrevistar a los padres de ese personal, ni en general será necesario revisar los registros médicos o psicológicos. Si bien es importante, incluso en estas áreas, que un analista de conducta mantenga un enfoque conductual, y lo fundamental sigan siendo los patrones de acción eficaz (hábitos de comportamiento basados en valores), esto no suele ser tan difícil de hacer. Por ejemplo, la sección anterior en la que describimos los indicadores conductuales de rigidez o inflexibilidad y cada uno de los distintos ámbitos del modelo de flexibilidad psicológica puede ampliarse fácilmente con clientes de mayor funcionamiento o neurotípicos para incluir una exploración más profunda de los ámbitos emocional, cognitivo, atencional, del sentido del yo, de los valores y de la acción comprometida.

En adultos neurotípicos, no es difícil tratar temas sobre el impacto de las emociones o los pensamientos difíciles, los patrones de control de la atención o las declaraciones de valores, entre otros. El «error mentalista» puede evitarse si el analista considera estos informes y las observaciones conductuales manifiestas relacionadas con ellos como parte de una relación «conducta-conducta» en la que cada elemento está vinculado de forma contextual, así como la relación general entre los elementos.

Por ejemplo, supongamos que una clienta adulta neurotípica dice tener miedo a hablar en público. Evita dar charlas en el trabajo y, cuando tiene que hacerlo, las charlas se ven interrumpidas por expresiones evidentes de excitación emocional, como dificultad aparente para respirar, pausas repentinas al hablar, sorbos frecuentes de agua, pérdida del hilo de la charla, sudoración y temblores. Después de estos episodios, afirma que se sentía «casi abrumada por la ansiedad», que durante la charla se centraba verbalmente en la posible humillación y, en última instancia, en ser despedida. Dice que teme haber «quedado en ridículo delante de su jefe, que acabará cansándose de este tipo de cosas».

Sería mentalista tratar la ansiedad, la excitación, los pensamientos de ser despedida, etc., como *causas* del mal desempeño al hablar en público, no porque se trate de eventos privados, sino porque son variables dependientes y no variables contextuales manipulables, por lo que las contingencias responsables de una «relación comportamiento-comportamiento» no se expresan ni se exploran. Sin embargo, debido a los múltiples canales de información, no hay nada de malo en suponer que la excitación emocional negativa forma parte del contexto de la mala actuación al hablar en público. Si un examen cuidadoso de la historia y las acciones de la clienta mientras habla lo respalda, los analistas de conducta podrían centrarse especialmente en los patrones culturalmente respaldados de evitación emocional y autocrítica negativa como responsables de amplificar los niveles inicialmente normales de excitación hasta niveles que perturban la capacidad de hablar en voz alta.

Supongamos que el analista de conducta decide realizar un trabajo de exposición en el que el cliente da charlas en voz alta mientras aprende a notar la excitación, describir y nombrarlos eventos privados que se producen, tratarse a sí mismo con amabilidad y, a continuación, reorientarse hacia la tarea que tiene entre manos. Se sabe que un enfoque ACT como este, mejora la capacidad de hablar en público y lo hace mejor que los métodos cognitivo-conductuales tradicionales, a pesar de que los informes subjetivos de ansiedad disminuyen más lentamente (Glassman, Forman, Herbert, J. D., et al., 2016). No hay ninguna razón para considerar a *priori* que el entrenamiento en habilidades comunicativas quedefuera del conjunto de habilidades de los analistas de conducta.

Intervenciones como esta requieren compasión y capacidad para adoptar diferentes perspectivas, cualidades que, según los clientes a los analistas de conducta, les suelen faltar (Taylor, LeBlanc y Nosik, 2019). Irónicamente, los propios analistas de conducta afirman que no han recibido entrenamiento sobre cómo proporcionar una atención compasiva y que necesitan estas habilidades a diario (LeBlanc, Taylor y Marchese, 2020).

Abordaremos esta cuestión con más detalle más adelante, pero lo que queremos destacar ahora en este capítulo sobre la evaluación es que, a medida que se amplían las capacidades verbales, es más importante evaluar toda la gama de acciones psicológicas y sociales (por ej., las emociones, el pensamiento, el sentido de sí mismo, la atención, la motivación y las habilidades relacionales). Veamos un ejemplo muy común.

Evaluación de los cuidadores. La flexibilidad o inflexibilidad psicológica de las personas que cuidan a los clientes atendidos tendrá un impacto en la eficacia del tratamiento analítico conductual. Aunque estas personas no suelen buscar activamente su propia evaluación por parte de un analista de conducta, forman parte del sistema contextual en el que se encuentra el cliente. Las medidas de evaluación de los padres pueden incluir evaluaciones indirectas mencionadas anteriormente, como el Cuestionario de Aceptación y Acción de los Padres (Cheron, Ehrenreich y Pincus, 2009), junto con otros índices que pueden proporcionar información sobre sus niveles generales de estrés, estado de ánimo depresivo o luchas contra la ansiedad, como las Escalas de Depresión, Ansiedad y Estrés (Lovibond y Lovibond, 1995), un instrumento de uso gratuito y ampliamente conocido. Si los analistas de conducta intentaran utilizar la ACT como psicoterapia para la depresión en cuidadores y padres, esto generalmente iría más allá del alcance de los servicios que un analista de conducta estaría preparado para prestar y, por lo tanto, podría ser necesaria la coordinación de la atención con otros profesionales. Pero si se centra en cómo manejar las emociones difíciles mientras se presta la atención necesaria, hay muchas formas fáciles de avanzar, como veremos en capítulos posteriores. En previsión de esta posible necesidad, es conveniente evaluar la apertura de los cuidadores a las ideas de la ACT. Es útil incluir en el contenido de una reunión inicial y sondear durante las evaluaciones posteriores de la eficacia del tratamiento, preguntar a estos cuidadores qué están haciendo para afrontar la situación y en qué medida están funcionando sus diversas estrategias. Si un padre cree que, por ejemplo, la supresión de pensamientos es necesaria y útil, es muy poco probable que puedas aplicar un programa ACT con ese padre y tal vez ni siquiera con su hijo. El analista de conducta debe evitar el uso de términos técnicos al explorar estos temas y también debe ser consciente de que algunos grupos religiosos y culturales se oponen a conceptos como «mindfulness» (un término más seguro inicialmente podría ser «flexibilidad atencional» o «conciencia situacional»).

Evaluación del personal. Uno de los recursos más importantes para un analista de conducta es su personal. Dependiendo del tamaño y la naturaleza de su práctica, el personal puede estar formado por un par de técnicos conductuales que llevan a cabo sesiones semanales para un cliente identificado, o por cientos de analistas de conducta que se distribuyen por todo el país aplicando servicios a cientos de clientes. También es posible que el personal sea un grupo de empleados de almacén de una empresa de transporte que no tiene nada que ver con la atención al cliente. Independientemente de cómo se defina «personal», el bienestar psicológico de los empleados puede ser motivo de gran preocupación y un beneficio potencial para una organización.

Al igual que en otros ámbitos, las medidas estandarizadas de autoevaluación pueden ser útiles, pero también lo es la evaluación de los procesos de flexibilidad psicológica en la propia organización. Por ejemplo, utilizando programas como «Mentimeter», no es difícil recopilar electrónicamente una matriz individual para cada miembro del personal, pero mostrarla solo de forma anónima y colectiva durante las reuniones de personal. También se puede recopilar una matriz de grupo de forma similar («¿qué cualidades de conducta valor como clínica o deseamos alcanzar como equipo?»).

Una vez que el personal ha recibido la formación en ACT, vosotros mismos podéis empezar a evaluar en qué medida el ambiente de trabajo es emocionalmente abierto o cerrado, cognitivamente flexible o no, centrado en efectos basados en valores o no, y así sucesivamente a través de los distintos procesos de flexibilidad.

Autoevaluación. Casi todas las herramientas a las que hemos hecho referencia a lo largo de este capítulo pueden aplicarse directamente a uno mismo. Aunque lo más recomendable es buscar ayuda de otras personas cuando se encuentran en condiciones de angustia psicológica, la ACT se basa en la psicología de lo normal y, por lo tanto, una de las mejores formas de aprender es empezar a aplicar estos conceptos a tu propia conducta.

Existe una diversidad de ejercicios de ACT que pretenden que el usuario autoevalúe las desviaciones entre su vida actual y la vida óptima. Por ejemplo, se puede dividir una hoja de papel en cuatro cuadrantes, cada uno de ellos etiquetado como «familia», «salud», «educación» y «carrera profesional». A continuación, en el centro de la hoja se dibuja un pequeño círculo que intersecta los cuadrantes para que se parezca a la diana de un blanco, y un círculo muy grande en el borde de la hoja que indica

los bordes exteriores del blanco. La tarea del evaluador es entonces colocar una «X» en cada cuadrado indicando cuán cerca está ese aspecto de tu vida actualmente del ideal. El ideal es estar justo en el centro. Durante este autodescubrimiento, a menudo se revela un toma y saca entre estos ámbitos de la vida. Destacar en el trabajo pasa factura a la familia, y la salud personal a menudo se descuida mientras se persiguen las aspiraciones educativas. La claveaquí es evaluar, reflexionar y reajustar. Evalúa la situación actual en cuanto a cómo estás viviendo. Reflexiona sobre los datos obtenidos y determina si esta distribución de iniciativas está dando los resultados deseados. Reajusta las prioridades y los patrones de respuesta asociados para avanzar de forma más eficaz hacia una vida basada en valores. Un esfuerzo de este tipo nos ayuda a comprender cómo cada momento de cada día tiene un efecto acumulativo en la dispersión general de las X en este objetivo.

RESUMEN

El proceso de evaluación de la ACT sigue siendo amplio, multimodal y exhaustivo. Los analistas de conducta tendrán que prepararse para un cambio significativo con respecto a sus métodos de evaluación tradicionales y al alcance limitado de la evaluación funcional. Ampliar el proceso de evaluación para incluir una amplia gama de herramientas y modalidades reforzará la confianza en que el cliente es capaz de comprender la ACT, beneficiarse de un acercamiento funcional basado en la ACT y obtener efectos medidos que sean significativos. Hemos proporcionado una amplia gama de enfoques para obtener la información necesaria para formular el tratamiento, pero no hemos generado una lista definitiva de pasos que el analista de conducta deba realizar. La complejidad de las condiciones presentes requiere la interpretación del analista de conducta. Al igual que el psicólogo clínico o el logopeda, que deben tomar una serie de decisiones sobre qué pruebas administrar para evaluar los niveles actuales de rendimiento, el analista de conducta deberá tomar decisiones informadas y fundamentadas sobre cómo abordar el proceso de evaluación ACT. La consideración cuidadosa de la complejidad del lenguaje, la identificación de las variables dependientes, las fortalezas y debilidades del hexaflex y los objetivos específicos deberán seguir siendo prioritarios en una evaluación conductual basada en ACT. La forma de evaluar a los clientes nunca debe ser un proceso único para todos. Más bien, la evaluación óptima es aquella que se basa en impresiones clínicas arraigadas en una conceptualización integral del caso, descubrimientos científicos y utilidad práctica.

12

EL PROCESO DE TRATAMIENTO EN ACT

La intervención conductual es una intervención individualizada que se lleva a cabo a nivel de un solo sujeto. Cuando varios clientes presentan áreas problemáticas o «síntomas» similares, no se puede dar por sentado que se aplicará un tratamiento similar, a diferencia de lo que ocurre en muchos otros marcos terapéuticos que hacen hincapié en la «reducción de los síntomas». En su lugar, el enfoque del tratamiento se personalizará en función de los vínculos empíricos y conceptuales entre las áreas de dificultad, las áreas de fortaleza y aquellas variables históricas y situacionales que puedan influir en estas áreas (es decir, la interacción continua entre el comportamiento y el ambiente). La justificación de este enfoque se basa en la singularidad de las relaciones funcionales entre un problema que se presenta y las variables que lo mantienen. Aunque dos clientes puedan emitir una conducta problemática específicade incumplimientoen la tarea, es muy posible que uno lo haga para llamar la atención del profesor y el otro para escaparde las demandas de tareas que no le gustan. Uno puede tener conductas alternativas fácilmente disponibles, mientras que el otro no. El tratamiento funcional para cada cliente sería radicalmente diferente, ya que uno necesitaría formas más adecuadas de llamar la atención social y el otro necesitaría aprender a tolerar la tareay medios más adecuados para escapar en situaciones de angustia. A medida que los comportamientos se vuelven más complejos, el análisis y la intervención posterior también aumentan en complejidad. La respuesta relacional derivada se superpone a un conjunto distinguible de acciones sobre las cuatro contingencias mencionadas, por lo que cualquier intervención eficaz para un individuo verbalmente sofisticado requerirá tratar simultáneamente el flujo de interacción con el lenguaje y las contingencias ambientales y establecer variables u operaciones motivadoras.

Es decir, la flexibilidad psicológica *no se encuentra* «dentro» del cliente y no es la causa de tal o cual comportamiento. La flexibilidad psicológica *es* una descripción amplia de cómo el comportamiento interactúa de forma funcional con el ambiente. Una intervención sólida requerirá determinar en qué condiciones es más probable que se produzca este tipo de interacción y en qué situaciones es menos probable que se produzca, y en aquellas situaciones en las que se manifieste la inflexibilidad, reforzarla utilizando la diversidad de métodos que hemos visto hasta ahora.

El tratamiento de los clientes que necesitan intervenciones ACT requerirá, por definición, una amplia coordinación con otras personas. Los comportamientos de baja frecuencia pueden ser difíciles de capturar durante las sesiones de tratamiento específicas, por lo que los planes deberán ser coherentes en todos los aspectos de la jornada del cliente y los datos deberán ser recopilados por múltiples fuentes. Además, la estructura general de una sesión de tratamiento puede ser muy diferente de lo que habitualmente realiza un analista de conducta, ya que una sesión de ACT puede consistir simplemente en hablar con otra persona: el cliente. Se trata de procesos conductuales funcionales alterados por el contenido, ese diálogo que se espera que trascienda la sesión de tratamiento y altere la influencia del lenguaje en las contingencias de cuatro términos que el cliente encuentre posteriormente. Esta idea de hablar con alguien en el contexto de una sesión puede resultar intimidante para los lectores analítico conductuales. ¿Podemos hacerlo? ¿No es eso psicoterapia? Considera al menos otros dos procedimientos conductuales ya establecidos que la mayoría de nosotros hemos realizado sin mucha preocupación. Sabemos que los comportamientos desafiantes mantenidos por refuerzos tangibles pueden reducirse mediante una sesión de juego prolongada antes de introducir demandas que actúen como operación de abolición. Este enfoque se basa menos en las habilidades que el ACT, pero pensemos en una sesión de entrenamiento del comportamiento verbal en la que, en muchos casos, se presentan estímulos verbales al alumno y, en algunas pruebas, se proporciona un reforzamiento en función de la naturaleza de las respuestas correctas, con el fin de seleccionar ciertas topografías funcionales del lenguaje. La idea es que, al entrenar esta habilidad en un contexto, la habilidad experimentará una transferencia al contexto en el que más se necesita. En este sentido, las sesiones de ACT no son diferentes. Los ejercicios se realizan en un contexto basado en sesiones para reforzar habilidades que se pueden generalizar en los contextos que realmente importan.

Y, al igual que con cualquier tecnología conductual, no basta con el entrenamiento y esperar, y no queremos caer en el hábito de realizar sesiones de ACT y luego esperar a la siguiente reunión programada para «comprobar los resultados». Es entonces cuando, en nuestra opinión, las líneas profesionales comienzan a difuminarse. En su lugar, debemos definir las conductas que nos interesan, que incluirán alguna combinación de observación directa, automonitorización y autoinforme, y hacer un seguimiento del grado en que estas conductas se producen en los momentos y contextos deseados. ¿Nuestra intervención *cambió* la conducta?

El grado en que una sesión de ACT puede tener tal efecto en el comportamiento del cliente está determinado por al menos cuatro factores: la complejidad del marco relacional del cliente, su comprensión de las metáforas, su nivel de impulsividad y sus habilidades de memoria. Ninguno de estos factores parece, a primera vista, analítico conductual, sin embargo, cada uno de ellos puede describirse con la precisión técnica necesaria para mantenerse dentro de una explicación conductual del comportamiento humano.

*La complejidad del marco relacional*será importante. Si el repertorio verbal apenas está empezando a insinuar la trascendencia del tiempo y el espacio, tendrás que hablarle al cliente de manera diferente que si el repertorio estuviera completamente maduro. Las expectativas también deberán ajustarse en función de la complejidad del lenguaje, ya que solo cuando el lenguaje alcanza un cierto nivel de profundidad es posible realizar inferencias referenciales sólidas y articuladas a partir de una metáfora ACT y aplicarlas a los retos de la vida del cliente. Esto no significa que la ACT no sea adecuada para un cliente más joven o con un lenguaje incipiente. Más bien significa que es necesario igualar la capacidad, las características precisas del método de intervención y las expectativas. A menudo, esto se hace de forma simultánea, con la vista puesta en el desarrollo de las habilidades verbales, de modo que, con el tiempo, se pueda lograr una mayor profundidad de la intervención utilizando métodos verbales. Si el repertorio lingüístico es memorístico y es producto del puro aprendizaje basado en contingencias es probable que las relaciones derivadas no se encuentren entrenadas Esta apariencia de un repertorio verbal auténtico se revela con demasiada frecuencia cuando un cliente de este tipo se somete a una evaluación de relaciones derivadas , como la que se utiliza en el PEAK PCA, y, aunque obtiene puntuaciones correctas en muchos ítems de la prueba reforzados directamente, falla considerablemente en los ítems que requieren respuestas relacionales derivadas durante la administración de la prueba. Incluso en este caso, no hay razón para descartar la ACT como tratamiento viable a largo plazo, solo significa que es necesario desarrollar más las habilidades relacionales en un primer momento.

La metáfora es a menudo un vehículo activo de una intervención ACT. Mediante el uso de metáforas, el terapeuta presenta una instrucción menos intrusiva sobre la importancia de uno o más de los procesos hexaflex. A continuación, se deja que el cliente dé las respuestas relacionales derivadas pertinentes a su propia vida, con el fin de obtener el significado que se esconde detrás de la metáfora. Por ejemplo, supongamos que el terapeuta describe la arena de la playa y lo imposible que es la evitación de que se meta en los zapatos, la ropa o el pelo cuando vas a la playa. A nadie le gusta realmente tener toda esa arena encima, pero se tolera porque uno la pasa bien jugando en la playa. Esta narración podría ampliarse con algún tipo de actividad experiencial con arena, en la que el cliente construya algunos diseños con juguetes de arena cinética. Es muy probable que, incluso durante la actividad, se derrame una pequeña cantidad de arena o que quede en las manos del cliente. Después, el terapeuta puede preguntarte al cliente cómo se parece la situación de la arena en la playa (ensuciarse con arena) al marco relacional de coordinación de ir al colegio (evento que el cliente desea evitar). Con la capacidad de relacionar estos conceptos, el cliente puede emitir una respuesta del tipo «Me gusta ir al colegio, pero hay partes que me dan miedo. La arena que se me pega es como las partes que me dan miedo, pero el colegio es como la playa». A continuación, el terapeuta puede continuar con una narración en la que le asegura al cliente que tolerar un poco de arena (proceso de aceptación) puede merecer la pena si realmente te gusta la playa (valor). Con suficientes habilidades relacionales, el cliente puede deducir que merece la pena lidiar con las partes que le dan miedo de la escuela porque el mayor valor de estar en la escuela es mayor que las molestias. Cuando estas habilidades metafóricas son deficientes, es posible que el cliente no vea la relación entre la arena y su vida, no comprenda la conexión entre el colegio y la playa o, lo que es más importante, la imposibilidad de rendir bien en el colegio sin la aceptación de algunos pensamientos y sentimientos difíciles. Cuando se detectan estas limitaciones en el uso de metáforas, es necesario aplicar la intervención de ACT para garantizar que el cliente saque el máximo partido a cualquier intervención de ACT.

La impulsividad nos tienta a todos, todos los días, varias veces al día. A veces resulta desconcertante que optemos por las consecuencias más óptimas, y a menudo con demora, de una forma alternativa de actuar. Sin embargo, en ocasiones podemos impresionarnos a nosotros mismos con las decisiones más racionales que tomamos. El grado en que alguien puede situarse en una encrucijada y evaluar eficazmente los distintos caminos que se le presentan, tomar una decisión óptima y mantenerla, podría conceptualizarse como la capacidad de autocontrol de esa persona. El autocontrol es lo contrario de la impulsividad y puede ser relativamente deficiente en los niños con discapacidades o en las personas con todo tipo de trastornos mentales. Es importante destacar que se trata de un rasgo *relativamente poco frecuente*, ya que incluso las personas más impulsivas eligen en ocasiones opciones más idóneas que requieren autocontrol. Cuándo y en qué condiciones ocurre esto sigue siendo objeto de investigación para muchos dentro y fuera del análisis de conducta. El punto de intersección entre la impulsividad y el autocontrol en el mundo de la ACT implica participar en comportamientos orientados a valores, es decir, alinear deliberadamente el comportamiento con las elecciones de valores. Es muy común saber lo que se debe hacer, pero participar en comportamientos que son contraproducentes para este «deber». Todo el mundo sabe que es bueno hacer dieta y ejercicio, porque la mayoría de las personas valoran una vida saludable, sin embargo, las tentaciones impulsivas reorientan nuestras buenas intenciones hacia una vida de comida basura y sedentaria. Una clave del enfoque ACT es reorientar la toma de decisiones para que sean más ventajosas a largo plazo. La atención se centra en hacer espacio para las molestias del presente, con el fin de alcanzar la alegría del futuro. Cuando ese futuro está lejos y las molestias están aquí, la evitación suele reinar. Existen muchas técnicas dentro del análisis de conducta para modificar las respuestas impulsivas y convertirlas en elecciones de autocontrol (por ej, Whiting et al., 2022). La mayoría se centran en encontrar formas de hacer que la demora hasta obtener reforzadores más óptimos parezca algo más corta, más significativa y tolerable. Una forma de hacerlo en ACT es describir las consecuencias futuras (valores) en el presente, de modo que los elementos motivadores de estos acontecimientos con demora se traigan al presente. Es fundamental que los valores se elijan libremente, ya que la tolerancia sin un efecto valorado intrínsecamente premiado es simplemente un entrenamiento de obediencia, y la «obediencia», al igual que el cumplimiento como repertorio de seguimiento de reglas, es justo lo contrario de lo que intentamos promover desde un enfoque basado en la ACT.

Por ejemplo, al presentar una hoja de ejercicios de matemáticas, que suele provocar evitación y destrucción de la tarea, el terapeuta podría decirte: «Cuéntame sobre los columpios que te gusta usar en el recreo». Aquí, la encrucijada sigue siendo la misma: la opción A es realizar la hoja de ejercicios y salir al recreo (valor social con demora), y la opción B es evitar el trabajo y destruir la hoja (escape inmediato). Puede haber un sesgo hacia la opción B, ya que la consecuencia de esta línea de actuación se obtiene de forma inmediata. Sin embargo, al escuchar al terapeuta hablar de lo divertido que es estar fuera, puede que se haya producido una ligera mejora en la elección de la opción A. Una vez más, aquí entra en juego la respuesta relacional derivada, ya que las palabras «los columpios» pueden estar en un marco de coordinación con los columpios reales, «recreo» puede estar en un marco con la experiencia real y, a consecuencia de ello, se produce una pequeña interacción psicológica con las palabras, como si el cliente estuviera allí experimentando el recreo en el momento real. Los pensamientos, las emociones y la experiencia del recreo se descartan, o mejor dicho, se descartaron en el momento de la elección, hasta que el terapeuta reavivó una parte de ellos con su comentario «cuéntame sobre los columpios». Con este «gusto» por el recreo establecido verbalmente y que ahora experimenta el cliente a través de una transformación de funciones de estímulo, es más probable que se incline por la opción A. Cuando un cliente tiene la capacidad de hacer tales derivaciones, se puede utilizar una diversidad de técnicas de ACT basadas en valores para disminuir la impulsividad. Sin embargo, cuando faltan esas habilidades, se necesitarán intervenciones para maximizar el potencial del efecto del tratamiento.

Las habilidades *de la memoria* no se suelen tratar en el lenguaje coloquial del comportamiento, ya que a menudo se nos dice que descartemos la idea de que la memoria sea siquiera un concepto real. La palabra implica tradicionalmente algún tipo de funcionamiento interno de una mente hipotética, que almacena y recupera información. Se trata de un constructo general que no encaja en la tradición conductual. Sin embargo, se puede afirmar con seguridad que todos los analistas de conducta utilizan el término «memoria» de forma coloquial en el lenguaje cotidiano, aunque lo hayan desterrado del lenguaje técnico. La capacidad de recordar acontecimientos del pasado es, en esencia, memoria y, de forma conductual, la «memoria» implica la persistencia del «control de estímulo». Tratar la memoria como una forma de control de estímulo ya se ha señalado anteriormente (véase Sidman, 2008 y Palmer, 1991) y resulta útil para que el clínico conceptualice la capacidad relativa de su cliente para recordar los conceptos de ACT que se han tratado durante las sesiones y utilizar esas estrategias de resolución de problemas fuera de las sesiones, donde más se necesitan. Una cosa es entender la metáfora de la arena en la playa en relación con la aceptación de lo bueno y lo malo de un día de colegio, y otra muy distinta es despertarse una mañana de colegio, aceptar los pensamientos de evitación, recordar (memoria) el diálogo de la sesión anterior de ACT sobre la arena y la playa, tomar la decisión de tolerar las molestias del colegio (arena), levantarse de la cama y prepararse para ir al colegio (acción comprometida) e ir al colegio (valor). En resumen, para aplicar las lecciones de ACT cuando es necesario se requiere un buen control de estímulo durante largos periodos de tiempo, es decir, «memoria». Cuando el cliente tiene la capacidad de vincular su vida con las sesiones de tratamiento ACT, pueden empezar a producirse grandes éxitos. Sin embargo, cuando las habilidades de memoria son deficientes y se olvidan las técnicas de tratamiento (control deficiente de los estímulos), la eficacia de la ACT se ve considerablemente debilitada. Mejorar las capacidades de memoria de un cliente es fundamental para sacar el máximo partido a cualquier intervención ACT.

RELACIÓN ENTRE LOS RESULTADOS DE LA EVALUACIÓN Y EL TRATAMIENTO

Una vez descubiertas las variables que controlan el comportamiento problemático observado durante la evaluación funcional, se debe prestar atención a los recursos disponibles que pueden producir cambios en el tratamiento. Este enfoque de evaluación-tratamiento debe ser la base sobre la que se fundamenten todas las interacciones posteriores con el cliente. Una evaluación exhaustiva proporciona la información necesaria para elaborar un plan de tratamiento fundamentado, y los efectos de dicho plan deben supervisarse de forma rutinaria para comprobar su éxito, modificarlo o abandonarlo. Los plazos habituales para la reevaluación oscilan entre seis meses y un año, pero se debe realizar un seguimiento continuo del progreso en cada sesión, de forma menos formal, para garantizar que el enfoque del tratamiento iguala las necesidades del cliente y que produce beneficios observables.

También será necesario dedicar tiempo y energía al desarrollo de las prioridades del tratamiento. Al leer este libro, es posible que descubras que incluso tú mismo podrías beneficiaros de todo lo que ACT puede mejorar. Es muy probable que tu cliente también tenga una larga lista de asuntos susceptibles de intervención. No se puede abordar todo a la vez. Es necesario establecer un orden de prioridad de las urgencias con las partes pertinentes. Una vez establecida, esta lista de tres a cinco cuestiones importantes puede servir como eje principal de la intervención y se pueden identificar objetivos específicos de cambio medido. La esperanza es que, al igual que se construye un repertorio de respuestas relacionales generalizadas, con la ACT podamos construir un conjunto de habilidades de flexibilidad generalizada, de modo que cualquier tipo de desafío que se presente pueda afrontarse con voluntad de adaptación, ya que hacerlo sirve a valores. La consecuencia, los objetivos del tratamiento posterior serán aún más rápidos de alcanzar.

La evaluación funcional también debe orientar directamente el enfoque de la intervención. «Evitación experiencial» y «fusión cognitiva» son términos generales que describen una gran variedad de topografías e interacciones funcionales que pueden contribuir al sufrimiento y a los comportamientos indeseados. Es fundamental que los analistas de conducta puedan describir este flujo de interacción a nivel del cliente individual. Por ejemplo, se puede decir que el cliente que se niega a trabajar está experimentando evitación experiencial de su trabajo, lo que en realidad no difiere de lo que entendemos por «conducta mantenida por escape». Si obtenemos más datos de una evaluación que incluya herramientas como pruebas de conciencia del momento presente y respuestas registradas con la Matriz ACT, los resultados pueden revelar déficits en la atención a los estímulos académicos (es decir, los estímulos académicos evocan la atención a eventos distintos de la tarea académica) e informes en el cuadrante privado-alejarse de la Matriz que sugieren que el cliente está prestando atención a un flujo de pensamientos sobre su incapacidad para tener éxito en matemáticas, los juicios negativos de sus compañeros y la necesidad de salir corriendo del aula. Por lo tanto, es probable que la intervención tenga que entrenar la conciencia del momento presente y localizar ejercicios basados en ACT que trabajen directamente con las reglas inviables en torno al juicio propio, la duda y la forma en que perciben las reacciones de los demás. También se pueden añadir datos adicionales a este análisis. Por ejemplo, el CPFQ proporciona un perfil de habilidades en cada uno de los procesos básicos del hexaflex. Para un cliente que muestra fuertes habilidades de desdiferenciación, incorporar actividades de desdiferenciación antes de la clase de matemáticas puede ser una estrategia de autogestión antecedente eficaz. Si el mismo cliente muestra habilidades de desdiferenciación débiles, será necesario un entrenamiento adicional basado en sesiones y, una vez que la habilidad alcance un criterio de dominio, se introducirá como estrategia de autogestión junto con el seguimiento del éxito de este componente de la intervención. Esta estrategia funcionará en todos los casos. De hecho, es posible que esta estrategia específica solo funcione en *este* caso, lo que pone de relieve la importancia del análisis a la hora de aplicar ACT de forma conductual.

Otro ejemplo: un cliente muestra un nivel general de conducta reprimida que podría calificarse de «depresivo». Existe una amplia historia de científicos de la conducta que han estudiado cómo se desarrolla la depresión, incluida la idea de que la evitación en un momento dado disminuye el valor reforzador condicionado de los acontecimientos de la vida que han mantenido históricamente el comportamiento y aumenta la iniciativa de respuesta para actuar, de modo que la inacción. se convierte en habitual (véase Sturmey, 2020). Los analistas de conducta no solo tienen la tarea de reducir los comportamientos problemáticos, sino también de aumentar los comportamientos deseados, pero ¿cuál es el comportamiento que deseas? En este caso, no podemos limitarnos a seguir una lista de verificación diagnóstica e intentar utilizar el reforzamiento para aliviar los síntomas de la depresión según lo prescrito en el DSM-V, sino que debemos centrarnos en el comportamiento. Tras una entrevista semiestructurada y la realización del VLQ y el VQ, las conductas que el cliente considera más perturbadoras son la evitación de las relaciones sociales y el sentimiento de culpa y vergüenza por no asistir regularmente a sus servicios religiosos. Aunque ambos se consideran de gran valor, el cliente afirma que «simplemente no se siente motivado» y califica su compromiso con ambos como bajo. Más aún, después de pedirte que registraras tus experiencias durante dos semanas utilizando nuestro registro ABC modificado del último capítulo, informas que te sientes culpable en los momentos previos a la decisión de no ir a ver a tus amigos o familiares o de no asistir a tus servicios religiosos, y que esta culpa se alivia cuando construyes razones por las que no puedes ir y tu familia te responde que todo está bien y que debes «tomártelo con calma». Piensan: «Ya los veré la próxima vez», y la próxima vez rara vez llega. Los resultados del CompACT también mostraron bajos niveles de apertura a la experiencia, lo que podría proporcionar información importante.

Necesitamos separar esa parte de querer ver a tus amigos y familiares y asistir a eventos espirituales que está impulsada por la vergüenza y la culpa (es decir, el reforzamiento negativo) y aquellos aspectos que funcionan como fuentes de reforzamiento positivo, así como el aumentoo fortalecimiento deesas condiciones, por lo que las sesiones podrían centrarse inicialmente en la clarificación de valores. Más allá de la evitación de la vergüenza y la culpa, ¿por qué es importante hacer estas cosas? Esto se logra a través de metáforas, ejercicios experienciales y discusiones continuas. La aceptación es otro proceso que puede ser importante. Es decir, esos sentimientos tal y como existen ahora pueden anular cualquier reforzador valioso potencial. Llevamos el peso de nuestras decisiones pasadas. En este caso, practicar «dejar ir» el pasado y orientar el pensamiento hacia el momento presente y llevar a cabo acciones comprometidas que impliquen relacionarse con los compañeros y asistir a los servicios. Por último, es posible que queramos moldear el compromiso estableciendo pequeñas acciones comprometidas que puedan realizarse más fácilmente, sabiendo la gran iniciativa que supone actualmente el compromiso, al tiempo que se promueve una mayor disposición a «hacer las pequeñas cosas, aquí y ahora». El moldeamiento es una estrategia poderosa y puede generar un impulso que se alinee con los valores de uno mismo una vez que estos se han establecido. Los datos sobre la participación en estos eventos pueden automonitorizarse fácilmente y se pueden probar diferentes estrategias antecedentes a lo largo del proceso. Una vez más, esto puede funcionar para este cliente, pero también puede que no. Si no es así, lo sabremos porque se han recopilado datos y la información obtenida permitirá generar una nueva hipótesis generativa y perfeccionar la intervención hasta que funcione. Esto siempre ha sido un elemento básico de la intervención analítico conductual.

Esto tampoco significa que todos los componentes de la intervención deban crearse desde cero. Se han desarrollado y se siguen desarrollando muchos recursos para ayudar analistas de conducta (y otros) para desarrollar este entrenamiento. Hemos tratado el plan de estudios de AIM. Este puede llevarse a cabo como estrategia de formación general, avanzando desde el principio hasta el final del libro e incorporando las lecciones a la misma hora cada día, lo que funciona como un evento desencadenante. También puede personalizarse, por ejemplo, haciendo hincapié en las lecciones de AIM que tienen un enfoque en los procesos básicos más relacionados con el plan de cambio de conducta individualizado y/o programando las actividades de forma estratégica a lo largo del día basándose en datos de diagramas de dispersión. El Gran Libro de Metáforas ACT también ofrece varios programas que pueden utilizarse tal y como se describen o adaptarse para ayudar a orientar las sesiones de entrenamiento, y se pueden realizar iniciativas adicionales para localizar metáforas que se relacionen directamente con los retos a los que se enfrentan los clientes. Una vez más, la información adicional puede servir de guía para determinar cuándo y dónde se encuentran estas metáforas, y cuando se recopilan datos sobre la eficacia de este o aquel programa, los resultados pueden orientar aún más la intervención eficaz que se debe aplicar.

IDENTIFICACIÓN DE LAS METAS Y OBJETIVOS DEL TRATAMIENTO

Al diseñar una intervención ACT para un cliente de servicios analítico conductuales, será fundamental que el tratamiento tenga un efecto medible sobre la condición conductual que llevó a esa persona a buscar tratamiento. Los objetivos del tratamiento nunca deben ser modificar los procesos hexaflex o cualquier tipo de constructo hipotético. La intervención debe permanecer dentro del ámbito del servicio que han solicitado y aprobado los cuidadores, los financiadores o el personal escolar. Por lo tanto, el único objetivo de un tratamiento analítico conductual que incluya ACT es cam-

Proceso de flexibilidad	Definición Funcional global	Definición del cliente y la situación específica	Parámetros de Medición
Momento presente	Una habilidad del individuo para interactuar de manera efectiva en el contexto presente, absteniéndose de la rumiación en los pensamientos del pasado/ o los eventos del futuro que lo preocupan	Sally se sentará en su asiento durante la clase de Matemáticas y mantendrá el contacto visual en la maestra o los materiales a lo largo de toda la clase	5 clases de Matemáticas seguidas por semana durante los semestres escolares. Se realizará un muestreo de tiempo momentáneo de la mirada en bloques de tiempo de 5 minutos
Aceptación	Es una habilidad individual para aceptar los eventos positivos y negativos que suceden durante el día, aún cuando se sientan incómodos	Sally felicitará a una compañera cuando la compañera gane (y Sally pierda) en un juego de mesa.	Se jugarán a dos juegos de Mesa por semana en grupo. Se realizará un conteo de las veces que Sally emita verbalizaciones positivas hacia sus compañeros.
Defusión	Es una habilidad individual para crear distancia entre los pensamientos negativos e inflexibles y entender que los pensamientos no son lo mismo que las conductas	Sally realizará intercambios sociales en el patio con niños que anteriormente le generaban rechazo	2 recreos escolares por día con un intercambio social en los primeros 5 minutos de recreo. Porcentajes de interacciones sociales auto iniciadas por semana,
Yo como Contexto	Es la habilidad individual para para tomar perspectiva para crear un contexto distintivo para sus experiencias pasadas sin apego a esas experiencias.	Sally le dirá alguna frase empática a un compañero que esté luchando con una emoción	Que ocurran naturalmente en el 50% de las oportunidades para esa expresión. Porcentaje de declaraciones espontaneas que ocurren por semana.
Valores	Es la habilidad individual para saber que es importante para uno; que lo motiva, las cosas que son importantes para la persona	Cuando se le ofrece la opción de un refrigerio saludable o no saludable, Sally elegirá alimentos que sean consistentes con su dieta.	3 periodos de refrigerio al día, cada uno con una opción relativamente saludable y otra no saludable. Frecuencia de la opción saludable elegida al día.
Acción Comprometida	Acción comprometida se refiere a las pautas de cambio de conducta que uno hace para acercarse a sus valores.	Sally participará en la clase de Educación Física completando todos los ejercicios de calentamiento sin hablar con sus compañeros.	Una clase de Educación Física al día, con infinitas oportunidades para desconectar del calentamiento. Grabación a intervalos parciales de 15 segundos para no hablar con los compañeros.

biar el comportamiento, y punto. Es de esperar que los medios para alcanzar este fin puedan complementarse con intervenciones basadas en el lenguaje, como ACT, sin utilizar ACT como alternativa al tratamiento de análisis de conducta.

Cuando se detecta que un cliente presenta un déficit en uno o varios procesos hexaflex, el analista de conducta deberá operacionalizar cada uno de ellos para desarrollar objetivos empíricos hacia los que trabajar. Será difícil convencer a los pagadores de que mejorar la «acción comprometida» de un cliente es un esfuerzo claramente valioso si la acción comprometida sigue siendo una palabra de moda vagamente definida que realmente le importa. Además, es probable que el acuerdo entre los aplicadores y los evaluadores sobre lo que es exactamente una «acción comprometida» se vea afectado cuando dichos términos se mantengan en un nivel coloquial. La tabla siguiente ofrece traducciones globales definidas de forma conductual para los seis procesos hexaflex, que pueden servir como conceptualización inicial de las metas y los objetivos de un cliente en tratamiento. También ofrece un ejemplo de cómo estas definiciones funcionales globales pueden concretarse topográficamente para un cliente determinado y un objetivo situacional concreto, junto con posibles parámetros de medida.

Una revisión aislada de la Definición Específica del Cliente puede suscitar dudas sobre la necesidad de una intervención ACT. Si los cambios que deseamos ver en el cliente parecen ahora nada más que cambios de conducta, ¿qué valor aporta el enfoque ACT? Nada más lejos de la realidad, ya que el conjunto de habilidades conductuales de Sally está influenciado por su interacción con los procesos hexaflex. Por supuesto, podríamos proporcionar reforzadores masivos para promover el contacto visual durante la clase de matemáticas, pero al hacerlo nunca estaríamos tratando realmente la causa subyacente de la conducta. En el caso de Sally, la desconexión se debe a una serie de eventos privados que sirven como condiciones propicias para la desconexión. Solo enseñando a Sally a identificar mejor esos eventos privados y a gestionarlos posteriormente se producirá un cambio funcional a largo plazo y, por lo tanto, prestará más atención en clase.

Un proceso de ACT que será fundamental a la hora de desarrollar las metas y los objetivos del tratamiento es el de los valores. La planificación centrada en la persona se guía por el sistema de valores de los clientes e implica la participación activa de estos en la creación de metas y objetivos. En el caso de ACT, nos hemos tomado el tiempo necesario para definir lo que se entiende por valores de una manera más profunda que «¿qué prefiere o no prefiere esta persona?», con el fin de describir esas categorías de reforzamiento más amplias y abstractas. Muchos clientes serán capaces de describir estos valores con alguna ayuda y educación sobre lo que significa el término «valores», y el desarrollo de metas y objetivos del tratamiento puede extenderse desde acciones personalizadas y comprometidas con subobjetivos que buscan generar impulso a lo largo de la intervención.

Para otros, puede ser necesario un trabajo adicional debido a la poca claridad de los valores o al aprendizaje temprano del lenguaje. Por ejemplo, un cliente puede expresar que valora convertirse en astronauta. Sin una aclaración adicional de los valores, las metas y los objetivos incluirían aquellos que le permiten acceder a programas de entrenamiento en lenguaje para llegar finalmente al espacio. Nada de esto quiere decir que no vayan a convertirse en astronautas, ya que podrían hacerlo perfectamente, pero el riesgo es que un cambio de carrera hacia cualquier otra profesión sería desastroso. O, en caso de no ser admitido en el programa de entrenamiento de astronautas, todo este trabajo serviría como un ejemplomás de por qué esforzarse no da los efectos deseados. La clarificación de valores requiere profundizar más. ¿Qué es lo que te hace sentir bien y emocionado de ser astronauta? Podríamos descubrir que la exploración y la amistad, tal y como se expresan en la programación televisiva, son valores, y que ser astronauta es una de las muchas topografías de cómo esos valores se pueden realizan – entre un sinfín de maneras de vivir esas experiencias. Por lo tanto, el desarrollo de las habilidades necesarias para la exploración y la amistad puede convertirse en el eje central de este proceso de planificación e incluirá aspectos como el desarrollo de los procesos básicos necesarios para el ACT, el entrenamiento de habilidades sociales y otros elementos necesarios de una manera amplia y dinámica.

La práctica continua de la clarificación de valores puede garantizar aún más que la planificación se centre en las personas. Cuantomás capaces seamos de identificar no solo lo que nos importa en este o aquel momento, sino también aquellos valores más duraderos y extendidos en el tiempo,más podrán participar éstos en el proceso de planificación. Cuando definimos «centrado en la persona» topográficamente como «el cliente está en la sala y responde a preguntas sobre su programa», se crea una falsa dicotomía entre lo que está centrado en la persona y lo que no. El cliente que se limita a repetir la última opción que se le da, no forma parte del proceso más que el cliente que se ha quedado en casa. Del mismo modo, el cliente que ha trabajado para identificar sus valores fundamentales y defenderlos puede ser el más implicado en este proceso. Por lo tanto, los analistas de conducta tienen la responsabilidad de trabajar con los clientes para llevar a cabo esta labor. El enfoque centrado en la persona no tiene por qué darse exclusivamente durante la hora o las dos horas en que todos están juntos en la sala. El reforzamiento de la claridad de los valores y el entrenamiento de habilidades de defensa flexible pueden tener lugar a lo largo de todo el proceso de intervención y ayudar a optimizar el papel del cliente en la determinación de su propio alcance del tratamiento. Esta puede ser una de las mayores contribuciones de la programación basada en ACT en aras de promover la autodefensa funcional.

La creación de objetivos debe centrarse en el acrónimo SMART que hemos tratado anteriormente, es decir, deben ser específicos, con una medida, alcanzables, relevantes y con un plazo determinado. Los pasos secundarios para alcanzar estos objetivos, a menudo denominados «objetivos», deben contener esta conceptualización SMART. Ya hemos presentado el acrónimo SMART en la sección anterior. Además de estos objetivos, recomendamos vincular cada uno de ellos a los valores específicos a los que sirven, con el fin de adoptar un enfoque integral y centrado en las personas para el establecimiento y la medida de los objetivos.

MEDIDA DE METAS Y OBJETIVOS

Específico se refiere a la idea de que un objetivo debe ser lo suficientemente concreto como para permitir una planificación eficaz. Por ejemplo, si Sally necesita mejorar sus interacciones con sus compañeros, es necesario que haya un ejemplo específico de esta conducta que debamos enfocar inicialmente. Aunque el efecto más ambicioso de «tener más amigos» está sin duda en la mente de todos, no se puede convertir en un objetivo con ese nivel de vaguedad. Más bien, el terapeuta debe tolerar perder un poco de alcance a cambio de la mayor precisión que se consigue al mantener el objetivo dentro de un conjunto específico de parámetros.

En este contexto, *«medible»* significa visible y cuantificable. Esto se puede obtener mediante demostraciones objetivas y visibles del comportamiento en las que todos estén de acuerdo. En los ejemplos anteriores, todos los parámetros de medida identificados para Sally especificaban qué se debía contar con un método específico de recopilación de datos. Ten en cuenta el concepto de numerador y denominador siempre que sea posible. Esta fracción te permite la captura de los porcentajes de rendimiento óptimo. Por ejemplo, los dos juegos de mesa que Sally juega por semana sirven como denominador, mientras que sus felicitaciones socialmente apropiadas pueden utilizarse como numerador. Al proporcionar resúmenes mensuales de sus logros, tomamos dos juegos por semana multiplicados por cuatro semanas para obtener un denominador de ocho, y su rendimiento alcanzado de cuatro durante ese mismo período como numerador. Por lo tanto, su rendimiento mensual aquí sería del 50 % (4/8). El enfoque en las relaciones entre conductas que se da en ACT y la flexibilidad psicológica se presta fácilmente a la fijación de objetivos medidos, especialmente si el análisis funcional de los factores que apoyan o interfieren en un proceso de flexibilidad específico contiene acompañamientos públicos. Por ejemplo, supongamos que Sally muestra signos evidentes de ansiedad cuando está con sus compañeros (rubor, respiración acelerada, dificultad para hablar con fluidez y con un tono de voz normal). Si el analista de conducta concluye que puede existir una relación conductual poco útil entre la excitación ansiosa y la evitación de las interacciones con sus compañeros, parte del tratamiento podría consistir en crear deliberadamente una excitación medida y, a continuación, provocar un cambio conductual medible en su presencia. Por ejemplo, se podrían practicar interacciones sociales durante un número determinado de minutos en juegos de rol después de hacer saltos de tijera para elevar el ritmo cardíaco hasta un nivel determinado.

Los objetivos *alcanzables* implican establecer metas que sean sensibles a las medidas de línea de base. Es decir, si el rendimiento durante la línea de basereveló que Sally nunca ha completado una clase de educación física sin distraerse hablando con sus compañeros, lo lógico sería seleccionar un objetivo para esta conducta que no suponga un cambio demasiado drástico en su conducta. Por ejemplo, es mucho menos probable que se consiga pasar 5 días sin hablar con los compañeros que 2 días. Aún mejor, una línea de basebien definida podría revelar que su charla con sus compañeros suele producirse después de 5 minutos de educación física, lo que sugiere que su conducta es acorde con el objetivo durante esos primeros 5 minutos. Para que el objetivo sea más alcanzable, podría ser necesario fijarlo en 6 minutos cada día y aumentar este criterio tras cada éxito sucesivo, en lugar de obligarla a pasar un número determinado de días sin hablar.

La relevancia de un objetivo es fundamental para un buen enfoque terapéutico global, ya que solo a partir de objetivos relevantes se producirá un cambio de comportamiento relevante. El alcance de lo que es relevante variará, y se debe buscar la opinión de las partes adecuadas. También hay que tener en cuenta que la relevancia debe incluir una perspectiva de generalización, funcionamiento adaptativo y mantenimiento del tratamiento. Por lo tanto, es mejor elaborar un objetivo que incorpore apoyos naturales en lugar de uno que requiera mecanismos artificiales para provocar el comportamiento. Como puedes ver en los objetivos de Sally mencionados anteriormente, todos ellos están integrados en un ambiente natural, en lugar de ser simples articulaciones de comportamientos futuros durante las sesiones de tratamiento ACT, como «¿Qué debes hacer cuando pierdes un juego (aceptación, felicitar)?». La apariencia de relevancia puede ser clavepara el cumplimiento del trabajo sobre las relaciones necesarias entrelos comportamientos. Por ejemplo, supongamos que el analista de conducta decide centrarse en las habilidades dedefusión, diciendo en voz alta los pensamientos difíciles que Sally admite, pero utilizando voces ridículas de su elección (por ej.el Pato Donald diciendo «Me temo que no les gusto») antes de que Sally salga al patio con sus compañeros. El objetivo puede ser decir al menos cinco pensamientos de este tipo durante al menos dos minutos en total. Se trata de un procedimiento con beneficios positivos conocidos para los niños con discapacidades del desarrollo (Eilers y Hayes, 2015), pero los clientes son mucho más propensos a cumplir un ejercicio como este si los pensamientos reales que se practican son muy similares a los eventos privados vividos por el cliente; esa coincidencia es lo que hace que este ejercicio y este objetivo sean relevantes.

Por último, mantén el objetivo *basado en el tiempo*, estableciendo una fecha límite para evaluar el éxito o el fracaso del rendimiento para igualar el objetivo. En lo que respecta a los objetivos ACT, el tiempo es importante, ya que, si el objetivo no se alcanza, se puede deducir que el tratamiento en sí mismo no es eficaz para cambiar la conductaobjetivo. Hay muchas razones que pueden explicar estos fracasos: las habilidades de lenguaje, las metáforas, la impulsividad o la memoria. Independientemente de la causa, el efecto funcional no es el esperado. Esta comprobación de la realidad proporciona al clínico la información necesaria para modificar el objetivo, el enfoque del tratamiento o ambos. Establece plazos más bien pronto que tarde, ya que los objetivos anuales que solo se evalúan al final del año pueden crear vacíos de información que, si se recopilaran antes, habrían permitido modificaciones mucho más rápidas y, potencialmente, un mejor rendimiento.

LA PRIMERA SESIÓN DE TRATAMIENTO

La primera sesión de tratamiento debe incluir una introducción detallada al modelo ACT. El nivel de esta introducción igualará lógicamente las capacidades del cliente que estés tratando. Por ejemplo, si trabajas con un niño en edad preescolar, puedes mostrarle un diagrama del hexaflex y decirle que le vas a explicar seis formas diferentes que pueden ser útiles para gestionar sus emociones. Si trabajas con un adolescente que tiene una discapacidad intelectual, una conversación sobre la flexibilidad podría comenzar tratando de ideas que podrían ayudarles a «brincar» a través de los problemas que encuentran a lo largo del día. El hexaflex puede servir entonces como una especie de hoja de trucospara «brincar » mejor y no quedarse atrapado en el drama. Aquí también hay un nivel de diálogo que podría estar contextualizado con la situación que vive el cliente. Situar la introducción del tratamiento en el mismo ámbito con el que el cliente tiene dificultades puede ser de gran ayuda, ya que puede revelarse como el medio para alcanzar un fin mejor.

Mamá dice que te ha costado mucho hacer amigos en el colegio. A veces da miedo hablar con gente nueva, o incluso con gente que conoces. Vamos a trabajar en diferentes formas de hacer más amigos y divertirnos mientras lo hacemos. ¿De acuerdo?

Durante nuestra última reunión (de evaluación), mencionaste en algunas de las actividades que hicimos juntos (cuestionarios) que te costaba mucho dejar de lado los pensamientos negativos. Esto es algo difícil para todos. Lo bueno es que conozco algunas formas de hacerlo más fácil. Durante el tiempo que pasemos juntos, te enseñaré algunas de ellas y espero que te ayuden a concentrarte mejor durante la jornada escolar.

La introducción actualdel modelo ACT puede adoptar la forma de una breve descripción general de los seis procesos o la implementación secuencial de cada proceso individual a lo largo de unas cuantas sesiones adicionales. Es útil disponer de una representación visual del modelo, que puede modificarse para adaptarse a diferentes tipos de clientes. Por ejemplo, una versión para niños más pequeños podría incluir eslóganes que acompañen a cada proceso, como «Momento presente: estar aquí» o «Aceptación: todo está bien», para proporcionar un poco de información adicional que relacione el proceso con las normas que el cliente puede intentar seguir. Los eslóganes más sofisticados para clientes mayores podrían representar reglas más complejas, como «Momento presente: aquí y ahora», «Aceptación: déjate llevar por las olas, tanto las buenas como las malas» o «Acción comprometida: la práctica hace al maestro». Durante esta reunión inicial, el terapeuta puede repasar el hexaflex y describir las diversas formas en que se puede ser más flexible y por qué esa flexibilidad es algo bueno.

La aceptación consiste en estar bien con todo lo que se nos presenta. No se trata de emocionarse por las cosas malas, sino de aceptar que las cosas malas le pasan a todo el mundo y que no es culpa nuestra. O peor aún, que no es posible intentar arreglar las cosas que ya han sucedido.

El «yo como contexto» es algo extraño. Es como comprender que hay múltiples tipos de ti, y luego hay un tú más grande. Por ejemplo, a veces eres un hermano, un hijo, un niño en edad escolar, un amigo. Sin embargo, dentro de esos diversos «tú», hay una parte de ti que permanece igual. La persona a la que le gustan las patatas fritas. La persona que ama a los gatitos. La persona que quiere formar parte de su familia. Este «tú» más grande, es lo que llamamos «el yo como contexto».

Momento presente	Aceptación	Defusión	Valores	Acción Comprometida	Yo como Contexto
Caballito de Mar- El caballito de mar debe permanecer activamente tratando de flotar. Muchas distracciones y pensamientos sobre pensamientos distantes pueden poner su cuerpo de costado si se desvía del momento presente.	Pingüino- Una de las raras aves que no 'pueden volar. Todas las otras aves tienen una habilidad asombrosa para usar sus alas y el pingüino debe aceptar, que, sin importar lo que haga no podrá volar	Búho- El Búho es sabio. Puede ver las cosas tal como son. Es capaz de distanciarse de sus pensamientos, observarlos y no juzgarlos ni quedar atrapado en ellos.	Oso: El Oso tiene que estar todo el tiempo mirando hacia el futuro. Tiene que hibernar cada invierno y si toma decisiones impulsivas cada día, no podrá salvarse a menos que utilice la energía que ahorro en el invierno.	Tortuga: A la tortuga le toma un largo tiempo dirigirse a donde va. Debe ponerse un objetivo y nunca darse por vencida. Puede ir más lento que otros, pero enfocada, logra todo lo que se propone.	Pulpo: El pulpo cambia de colores. Se camufla en el fondo con cualquier cosa que haya. Entonces ¿cuál es el verdadero color de un pulpo? Está en constante cambio, pero el pulpo en sí siempre es el mismo.

Además de recorrer verbalmente el hexaflex durante esta sesión introductoria, puede ser útil presentar a los clientes metáforas más visuales de los procesos. Para ayudar en esta tarea, uno de los autores de este texto (Mark Dixon) ha creado una serie de seis personajes animales para niños pequeños, que se muestran a continuación, y personajes similares a superhéroes para adolescentes mayores, con la esperanza de ayudar a vincular los procesos del hexaflex con cosas que el cliente ya pueda entender. Los animales son los mismos para ambos grupos de clientes, pero su representación visual y sus habilidades son diferentes. Independientemente de su forma, ya sea un dibujo o un peluche, estos animales ayudan a dar vida al hexaflex. Describir cada personaje y por qué representa un proceso específico puede ser una excelente forma de romper el hielo durante la sesión inicial de tratamiento.

Es durante esta primera sesión de tratamiento cuando se deben compartir y acordar los objetivos con el cliente. Estos objetivos se utilizarán para justificar el «esfuerzo» que supone aprender a utilizar el hexaflex, tolerar la asistencia a las sesiones y los beneficios de esforzarse al máximo cada vez que hay una reunión. Además, es responsabilidad del terapeuta inculcar en el cliente la motivación para «trabajar estas técnicas» fuera de las sesiones e informar de los éxitos o fracasos en la siguiente reunión. Es importante conseguir la aceptación del cliente, y no existe una receta clara para lograrlo.

Cada uno de los procesos de flexibilidad puede incluir semillas de aceptación. A veces, la aceptación implica reforzamiento negativo. Por ejemplo, los clientes con antecedentes de evitación experiencial o fusión cognitiva habrán experimentado a menudo fracasos causados por estos dos procesos. Utilizando un lenguaje o ejercicios adecuados a la capacidad de los clientes, no es difícil representar ese fracaso. Por ejemplo, supongamos que una clienta ha estado tratando de «deshacerse» de un recuerdo doloroso de rechazo por parte de sus compañeros, que le dijeron que «se fuera», pero cada vez que se centra en ello se enfada mucho y empieza a decirles a sus compañeros que apestan y que los odia. Para ACTuar cómo funciona esto, se le dice al cliente que una bolsa de palomitas de maíz de espuma con mucho estático es como ese recuerdo doloroso y que decirles a sus compañeros que apestan es como meter la mano en la bolsa e intentar deshacerse del recuerdo de ellos diciéndole «vete». Desgraciadamente, las palomitas se pegan inmediatamente a ti y, por mucho que intentas tirarlas, solo aumentas la electricidad estática y se te pegan por todas partes. Después de limpiar las bolitas de comida, el analista de conducta podría señalar que intentar tirarlas significa tocarlas, mientras que la única forma de evitar que se te peguen es no meter la mano en la bolsa en primer lugar. Del mismo modo, intentar deshacerse de un recuerdo diciendo palabrotas a los amigos solo hace que el recuerdo se adhiera más. Si el cliente se identifica con este ejercicio, trabajar en procesos de flexibilidad podría traducirse en «aprender a mantener las manos fuera de la bolsa». Dicho de otra manera, el dolor del rechazo podría motivar ahora a trabajar en procesos de ACT mediante reforzamiento negativo, ya que el cliente puede haber experimentado cómo las conductas alternativas hacen que el recuerdo doloroso se adhiera.

Se han utilizado bastantes ejercicios de este tipo en los protocolos ACT. Por ejemplo, la fusión se puede representar colocando un trozo de cartón delante de la cara; el yo conceptualizado, llevando una máscara; la rumia o la preocupación, haciendo que alguien repita constantemente en voz alta preocupaciones o inquietudes pasadas, etc. Los valores no son la única operación motivadora en el modelo de flexibilidad psicológica. Prácticamente todos los procesos de flexibilidad pueden ayudar a aumentar la flexibilidad del cliente, una vez que se han adaptado completamente a tu situación.

SESIONES DE TRATAMIENTO REGULARES

Una vez establecido el tema general del tratamiento, es importante crear un flujo de trabajo para las sesiones que pueda utilizarse de forma regular. Sugerimos que los primeros minutos de cada sesión consistan en cualquier emparejamiento de reforzadores previos a la sesión en el que se establezca la reconectividad y se aumente la probabilidad de cumplimiento. A continuación, debe haber algún tipo de revisión de datos que incluya notas de casa, datos del técnico y/o autoinformes sobre cómo han ido las cosas desde la última sesión. Aprovecha este tiempo no para volver al pasado, sino para mostrar un interés general por la vida de tu cliente fuera del ambiente del tratamiento. Celebra los éxitos y dale permiso para superar los problemas.

Una breve actividad en el momento presente es una forma estupenda de garantizar que el cliente pueda comenzar la sesión algo centrado en el aquí y ahora, y dejar de lado cualquier carga psicológica que haya traído al ambiente. En el caso de los clientes más jóvenes, esto también les ayuda a orientarse hacia las necesidades generales de cumplimiento de la sesión de tratamiento con tareas que requieren poca iniciativa, como respirar profundamente, prestar atención a los estímulos o ampliar la concentración.

La mayor parte de cada sesión de ACT consiste en una combinación de diálogo y participación activa por parte del cliente. Esta última puede variar en función del ambiente, el nivel de cognición, las conductas problemáticas y los recursos del terapeuta. Por ejemplo, podrías tratar del «yo como contexto» como el yo trascendental e intentar plasmarlo en una experiencia mediante la creación de un proyecto manual en forma de árbol condiversas hojas. El árbol podría representar al cliente y las hojas, sus pensamientos. Algunas hojas son bonitas y otras feas, pero el árbol es diferente de una hoja individual. El proyecto del árbol y las hojas puede dibujarse en una pizarra blanca, en una hoja para realizar, en un proyecto tridimensional de papel maché o en un gráfico dibujado por ordenador. Para los clientes con un mayor nivel verbal, es posible prescindir por completo de la experiencia y limitarse a tratar el árbol y las hojas con un diálogo de nivel superior. La topografía de la experiencia es menos importante que el mensaje que pretende representar. Ten en cuenta que es necesario explicar y tratar la metáfora del árbol, ya que, de lo contrario, el proyecto artístico y manual de crear un árbol y hojas no tiene ninguna función terapéutica sustancial.

Además de las narrativas superficiales sobre el proceso de comprensión y las actividades que representan uno o más de dichos procesos, cada sesión de tratamiento también debe abordar los retos conductuales que el cliente ha estado mostrando. Es necesario establecer una conexión directa mediante la cual el cliente aprenda a ser consciente de cuándo se encuentra estancado (rígido, ausente, sin aceptación, tomando decisiones sin valores) y a utilizar las herramientas hexaflex para salir de ese estado. Por ejemplo, cuando el miedo a realizar una tarea escolar provoca incumplimiento y las autorreglas asociadas (me gusta más jugar que hacer los deberes; siempre voy a ser tonto; me odio), el primer paso es darse cuenta de cuándo estás atascado en este tipo de situación. A continuación, se debe intentar utilizar el hexaflex, mediante el cual el cliente intenta reorientarse de forma más flexible. Una vez realizados estos intentos, es probable que el cliente se beneficie de abrirse y expandirse en lugar que suprimir tus emociones, tanto las buenas como las malas. Por último, una vez que se ha producido la voluntad, hay que enseñar al cliente a girar hacia un camino coherente con sus valores.

Diversos recursos visuales pueden ayudar a los clientes más jóvenes en este proceso. A continuación se ilustran los «Pasos hacia la flexibilidad»,

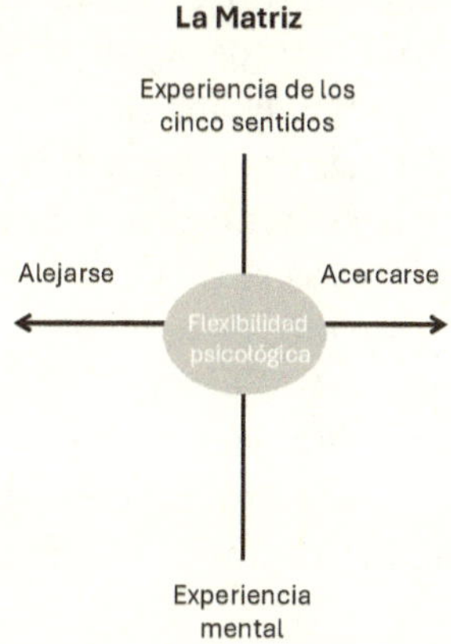

así como un ejemplo de la «Matriz ACT». La matriz puede implicar una interacción en la que el terapeuta coloca una imagen del cliente en cualquier lugar del diagrama y la mueve literalmente hacia o desde una posición determinada en función de lo que se dice o se hace durante la sesión. Una forma estupenda de hacerlo es utilizando un imán o una pizarra blanca.

LA METÁFORA Y LAS LIMITACIONES DEL CLIENTE

El terapeuta se enfrenta a un verdadero dilema si su cliente no es capaz de entender las metáforas. No es que los conceptos de ACT sean especialmente complicados. Más bien, la razón por la que las metáforas son tan importantes es que los conceptos de ACT implican tanto el aprendizaje de contingencias directas como la interacción con el aprendizaje relacional. Hablar de esa interacción utilizando solo términos verbales abstractos suele ser intrínsecamente confuso. Una buena metáfora no solo es adecuada, sino que también permite al cliente comprobar la plausibilidad de las recomendaciones de la ACT, que a veces son contrarias a la intuición. Esto puede aumentar la credibilidad y el impacto del método ACT.

Dado que ACT es una intervención predominantemente basada en metáforas, diseñada para basarse en respuestas relacionales derivadas, el tratamiento se verá afectado cuando el cliente no comprenda cómo una metáfora se relaciona con su propia vida. Se requerirá una iniciativa considerable por parte del terapeuta para enseñar las metáforas mediante la repetición y mediante múltiples ejemplares. Es posible que el tipo de metáforas que se enseñen deban ser aún más básicas que el contenido del tratamiento. Por ejemplo, si el cliente no tiene claro que salir de arenas movedizas sin luchar es similar a salir de pensamientos aterradores sin intentar suprimirlos, el terapeuta puede tener que empezar con un diálogo centrado en que los pensamientos negativos son iguales que las experiencias negativas. Si eso no funciona, el analista de conducta puede tener que empezar desde un nivel aún más básico, por ejemplo, explicando que el zumbido del aire acondicionado es como el zumbido de los pensamientos en tu cabeza. La moraleja de la historia será que, si te concentras demasiado en el zumbido del aire acondicionado, es probable que no te des cuenta de nada más ni puedas hacer nada más. Después de observar que se han comprendido estas conexiones, el terapeuta puede volver a utilizar la metáfora de las arenas movedizas.

Cada proceso del hexaflex se actualiza mejor por parte del cliente a través de metáforas y ejercicios físicos representados, es decir, metáforas experienciales. Estas últimas requieren una creatividad adicional por parte del terapeuta para dar vida a la lección que se está enseñando. Tomemos como ejemplo una sesión en la que el mensaje general es que los valores son difíciles de obtener y requieren acciones comprometidas de forma regular. Para ilustrar esta idea mediante una metáfora experiencial, el terapeuta puede organizar un juego de lanzamiento de pelotas en el que los valores para el cliente se colocan a cierta distancia y la tarea consiste en «lanzar» objetos (pelotas o trozos de papel arrugado) que representan acciones comprometidas hacia el objetivo (los valores). A medida que el cliente experimenta lanzamientos menos que óptimos hacia el objetivo, el terapeuta puede recordarte que un solo lanzamiento es como un intento de alcanzar un valor real. Nunca es suficiente, y con intentos repetidos, es posible alcanzar los valores con mayor frecuencia y precisión. Después, el diálogo podría dirigirse a las relaciones entre la experiencia y los valores reales y las acciones comprometidas en las que está trabajando el cliente.

El poder de la experiencia para enseñar metáforas es considerable. Si el juego incluyera papel arrugado, los trozos de papel lanzados podrían contener textos escritos por el cliente sobre sus acciones comprometidas. El objetivo también podría representar declaraciones de valores, lo que permitiría establecer la metáfora física mediante el emparejamiento directo entre los compromisos y los valores del cliente.

> Empecemos escribiendo un valor que tengas en este objetivo. Dijiste que valorabas hacer amigos. Ahora pondré el objetivo al otro lado de la sala. Nos resultará difícil lanzar estos papeles arrugados al objetivo, pero cuanto más lo intentemos, mejor lo haremos. Antes de arrugar el papel, escribe una acción comprometida o una conducta que puedas llevar a cabo y que te ayude a avanzar en tu objetivo de hacer amigos. ¿Qué tal si escribes «acercarme y hacer preguntas» en este primer papel? Y en el segundo, escribe «hacer cumplidos». ¿Qué crees que podrías escribir en los dos últimos? Ahora, quedémonos aquí y lancemos nuestras acciones comprometidas hacia nuestros valores. Fíjate en cómo, cuanto más practicamos o nos mantenemos comprometidos, mejor nos acercaremos a nuestros valores. Ten en cuenta que si nos rendimos y no tiramos el papel, no alcanzaremos nuestros valores.

Se reconoce que el diálogo anterior toma algunas libertades con el vocabulario técnico y los procesos ACT. La distinción entre valores y objetivos es difusa, y la frecuencia del compromiso no es necesariamente el elemento crítico para mantener resultados basados en valores. Sin embargo, al igual que los términos de nivel medio de ACT utilizados a lo largo del texto y el vocabulario técnico más profundo, para comprender la metáfora es necesario enseñar de forma flexible. Esto es aún más importante con clientes jóvenes y en fase de desarrollo verbal, que necesitarán diversos modos de moldearel concepto de metáfora, los procesos y el cambio de conducta necesaria.

ACTIVIDADES FRENTE A CONVERSACIONES

Solo un pequeño porcentaje de los clientes atendidos por analistas de conducta serán capaces de pasar una hora o más simplemente hablando. A menudo, los clientes de los analistas de conducta son jóvenes, tienen dificultades de atención o no encuentran muy interesantes los matices sutiles de la conversación con un adulto. Tu objetivo como analista de conducta es hacer que ACT cobre vida para tu cliente. Esto significa que tendrás que ser creativo a la hora de desarrollar un enfoque terapéutico que se adapte a las necesidades de tu caso específico y ser consciente de que esto puede implicar que participes en actividades generativas y productivas en lugar de en una conversación básica. Los niños pequeños probablemente necesitarán tareas exploratorias que impliquen movimiento y diseño creativo. Las personas con discapacidades también necesitarán múltiples experiencias durante una sesión de una hora para dividir el tratamiento en unidades más pequeñas, así como la variación necesaria para transmitir el punto principal de una lección. La mejor manera de abordar el diseño de la sesión será utilizar múltiples ejemplares que impliquen hablar, experimentar y derivar metáforas.

TAREA PARA CLIENTE Y CUIDADOR ENTRE SESIONES

Entre sesiones, es fundamental asegurarse de que el lenguaje ACT siga estando presente en la vida del cliente. La mejor manera de lograrlo es que los cuidadores que rodean al cliente sepan cómo utilizar el diálogo adecuado para expresar aceptación, valores y permanencia en el presente. Es útil dedicar tiempo a orientar al cuidador sobre esta línea de diálogo, así como a reducir la probabilidad de utilizar expresiones habituales que sean contraproducentes para el enfoque ACT. La supresión de pensamientos, lamentarse por el pasado, descartar valores diferidos y no articular acciones comprometidas pueden tener efectos negativos en la solidez del cumplimiento del tratamiento. Puede ser útil proporcionar a los padres y cuidadores frases que puedan utilizar como estrategia inicial y, con el tiempo y la repetición del diálogo, estas frases genéricas iniciales pueden mejorar y adaptarse a las diversas interacciones cambiantes que tendrán con el cliente entre sesiones.

En lugar de decir «No pienses en esas cosas» o «Supéralo», podrías decir algo como «Está bien tener esos pensamientos, pero solo son pensamientos. Todo el mundo se engaña pensando que los pensamientos son siempre reales». También podrías intentar enseñar más aceptación en lugar de represión. Por ejemplo: «Quizás odiaste esa experiencia. Es horrible. En lugar de ponerla delante de ti y bloquear tu camino hacia adelante, puedes dejarla a un lado. Sé que quieres que desaparezca, pero nunca lo hará. Todos tenemos que seguir adelante incluso cuando nuestros pensamientos y experiencias intentan arrastranos hacia atrás.

El cliente también necesita un conjunto de habilidades que trasciendan la sesión de terapia. Estas habilidades pueden adoptar la forma de una hoja de referencia o un folleto que se les entregue con fines de automonitorización. También es posible que el cliente cree una serie de objetivos a corto plazo en los que pueda trabajar entre sesiones, y que informe de sus progresos al terapeuta en la siguiente sesión. Por último, puede ser útil que se realicen breves ayudas o comentarios entre sesiones para salvar las lagunas del tratamiento. Por ejemplo, un cliente con un teléfono móvil podría recibir un mensaje de texto diario del terapeuta pidiéndole un ejemplo de cómo ha puesto en práctica el proceso hexaflex ese día.

Te regalo un hexaflex personalizado que puedes guardar en tu pupitre del colegio. Cuando te des cuenta de que estás desconectado del momento presente o que no estás comprometido con las cosas que importan, quiero que mires esto, recuerdes algunas de las cosas de las que hemos hablado y te centres en lo que realmente importa.

Cuando te sientas molesto por algo, quiero que saques esta lista de valores que hemos creado y te preguntes si enfadarte te acerca o te aleja de lo que realmente importa.

Aquí tienes un peluche. Es un pulpo llamado Charlie. Recuerda que los pulpos cambian de color según el ambiente en el que se encuentran. Tú también cambias de color. No de color real, sino en tu comportamiento y en cómo te relacionas con los demás. Así que, cuando empieces a preocuparte por no encajar o por no tener amigos, piensa en Charlie. El necesita adaptarse, y tú también. Cuando estés fuera, en el patio, sé como Charlie y cambia. Sé más hablador y extrovertido. Sé que es difícil. Pero valoras a tus amigos, así que cambia. Luego, cuando vuelvas a entrar, puedes cambiar de color otra vez, como Charlie, y quedarte callado. ¿Cuál es tu verdadero yo? Todos ellos. La semana que viene, cuando nos veamos, quiero que me cuentes cómo has sido como Charlie y cómo te has adaptado a las cosas que te rodeaban.

MANUALIZACIÓN O PERSONALIZACIÓN

Cuando el analista de conducta se embarca en la prestación de servicios ACT para clientes, con un equipo o por sí mismo, será necesario decidir si se utilizan los materiales existentes o se crean otros nuevos. Existen ventajas en adoptar planes de estudios como ACT for Children (Dixon, 2014) o AIM (Dixon y Paliliunas, 2018) y sus apéndices afiliados, ya que estas herramientas han sido evaluadas en cierta medida en la literatura profesional y se ha demostrado su utilidad. Estas herramientas fáciles de usar ahorran mucho tiempo al analista de conducta, ya que se puede seleccionar, leer y aplicar una lección con una preparación mínima. Sin embargo, también pueden tener un inconveniente, ya que ningún plan de estudios puede ser válido para todos los casos. Habrá clientes y situaciones que no se ajustarán perfectamente a los guiones preparados, e incluso dentro de un mismo plan detratamiento, será necesario realizar algunas adaptaciones para edades y niveles intelectuales específicos.

Intervenciones prácticas de Baja Intensidad				
Voluntad de dejar que un solo pensamiento no deseado permanezca enfrente y en el centro	Aceptación del malestar físico de una parte específica del cuerpo	Focalizarse en la interacción entre tu propio cuerpo y tu espacio circundante	Ampliar o limitar el control de estímulos de las condiciones locales del entorno.	Nota tu aceptación
1- Coloca una nota adhesiva con tu peor pensamiento en tu escritorio durante todo el día. 2- Contesta la pregunta '¿si x no pudiera borrarse nunca de tu vida que es lo que harías en lugar de intentar arreglarlo?	1- Una gomita de mal sabor en una bolsa de gomitas de buen sabor. 2- Coloca tus zapatos en el pie opuesto y camina por la habitación.	1- Pon musica que detestes. Realiza una actividad que te llene y nota como la música y la actividad compiten por tu atención. 2- Busca y colorea una imagen con tu mano no dominante e intenta mantenerte dentro de las líneas. Pon un temporizador para hacer la tarea más difícil	1- Escribe dos pensamientos que intentas ocultar y dos que desearías que aparecieran. ¿qué impide que esto último suceda? 2- Retrocede el reloj una hora. Describe cómo la aceptación podría haber impactado en lo que lograste durante esta ultima hora que fue potencialmente "desperdiciada"	1- Elige una situación común a la que generalmente puedes sobreponerte adoptando un "estilo" que presentas al mundo como "Tú", como fingiendo competencia, humor o desinterés. Esta vez al adoptar esa "personalidad" utiliza cada elemento con mayor lentitud y detenimiento, y observa sus características como si fueras un "científico interno" lleno de curiosidad por lo que estás observando.

Cuando el analista de conducta se aventura más allá de los recursos existentes y entra en el ámbito de la creación de sus propias sesiones de tratamiento ACT, se recomienda centrarse principalmente en un único proceso y dejar que la conversaciónfluya de forma natural hacia otros procesos relevantes. Tras la selección del proceso, se debe dedicar cierto tiempo a la intensidad de la intervención, que se basará en el tiempo disponible, el nivel de habilidades del cliente, su capacidad para comprender metáforas y, por último, las limitaciones de la modalidad (charla, experiencia, materiales necesarios). A continuación, ofrecemos un marco general para trabajar las posibles opciones de tratamiento, tanto a nivel de baja como de alta intensidad, utilizando el proceso de aceptación como ejemplo ilustrativo.

Las intervenciones de baja intensidad permiten aplicaciones breves o rápidas de la aceptación que pueden ser útiles en muchos momentos del día. Estas técnicas pueden ayudar a los clientes a realizar tareas que no les gustan, a aceptar mejor los comentarios y a mejorar el éxito en su búsqueda de la conciencia del momento presente. El objetivo de estas intervenciones es integrar el proceso de aceptación con poca iniciativa por parte de uno mismo o de la persona a la que se dirige la intervención. La intervención es breve y puede servir como un empujón adicional hacia una conducta más adecuada. Se espera que estas tareas se puedan realizar en 5-10 minutos.

Las intervenciones de alta intensidad requierendedicar mucho más tiempo y espacio para realizarlas. Estas técnicas no solo exploran la experiencia real que permite la aceptación, sino que también incorporan el diálogo para mejorar los intentos posteriores de aceptar los acontecimientos que se están produciendo en ese momento por iniciativa propia. El objetivo de estas intervenciones es reforzar el cómo y el porqué uno podría desear tolerar una situación que no es óptima e ilustrar la variabilidad natural en las topografías para alcanzar este grado de flexibilidad. La intervención requiere un marco de compromiso y debe ser una experiencia didáctica que, con suerte, pueda utilizarse más adelante cuando surjan contingencias que lo hagan necesario. Se espera que estas tareas puedan realizarse en 30-60 minutos.

Intervenciones prácticas de Alta Intensidad				
Voluntad de dejar que un solo pensamiento no deseado permanezca enfrente y en el centro	Aceptación del malestar físico de una parte específica del cuerpo	Focalizarse en la interacción entre tu propio cuerpo y tu espacio circundante	Ampliar o limitar el control de estímulos de las condiciones locales del entorno.	Nota tu aceptación
1- Utilice pintura facial para colocar en el exterior de la cara, un pensamiento que se está experimentando en el interior. 2- Escribe un relato corto que se centre en el pensamiento doloroso y como el protagonista nunca puede resolver el problema. Detalle cómo el protagonista debe andar por la vida atrapado en el problema, pero aún así logra manejarlo que puede vivir casi "felices por siempre"	1- Utilice una soga o un hilo para atar una parte de su cuerpo. Por ejemplo, ata un brazo al torso, los pies juntos o los brazos a la espalda. Realiza algunas actividades que antes eran fáciles en estas nuevas condiciones angustiantes 2-. Arma un rompecabezas con todas las piezas al revés. Observa las constante tentación de voltear las piezas para facilitar la tarea.	1- Ponte a escuchar el estilo de música que más detestes mientras realizas tu actividad favorita. Observa la tensión entren intentar apagar la música o disfrutar la actividad. 2-Crea tu propia forma de nadar, Montar en bicicleta o realizar una actividad rutinaria. Acepta la dificultad de abandonar esta nueva y novedosa actividad por la vieja rutina.	1- Lanzamiento de la moneda: Si sale cara, te dices algo amable y si sale cruz te dices algo cruel. Lleva cada frase un poco más lejos y observa cómo reacciones. 2-" Escribe un pensamiento terrible que tengas en una hoja de papel. Examina la palabra con una lupa o con un microscopio. Describe no solo los sentimientos que transmite esa palabra, sino también las diversas texturas que puede observar en la escritura	1-1- Elige una situación común a la que generalmente puedes sobreponerte adoptando un "estilo" que presentas al mundo como "Tú", como fingiendo competencia, humor o desinterés. Esta vez al adoptar esa "personalidad" utiliza cada elemento con mayor lentitud y detenimiento, y observa sus características como si fueras un "científico interno" lleno de curiosidad por lo que estás observando.

CREACIÓN DE LECCIONES DE ACT PERSONALIZADAS DESDE CERO

La estructura de una lección realizada para un cliente específico variará considerablemente. Los factores a tener en cuenta incluyen la edad, el nivel de discapacidad, la experiencia con ACT, la frecuencia de tratamiento, conductas problemáticas concurrentes, tolerancia a la tareay configuración de la sesión. Te proporcionamos múltiples ejemplares que pueden servirte de inspiración para crear tus propias lecciones de ACT con los clientes. Aunque esto requiere más trabajo que un plan de trabajoprefabricado, es posible que el contenido existente requiera en última instancia un cierto grado de personalización. La tarea fundamental es ofrecer un contenido que sea atractivo, se iguale adecuadamente al cliente y tenga valor terapéutico. Si estos tres elementos están presentes en una lección, es probable que el tratamiento tenga éxito.

Paso 1: Guion y tema. El primer paso para crear una lección de ACT consiste en desarrollar un tema. Partiendo de la base de que todo el mundo puede relacionarse, crea un tema que se ajuste a los intereses del cliente. Quizás vea muchas películas de superhéroes. O tal vez le guste hornear galletas. Aprovecha los intereses del cliente para crear temas para las lecciones, de modo que haya un interés superficial desde el principio.

Una vez establecido el tema, puede ser útil elaborar un pequeño lenguaje sobre cómo presentar la lección al cliente. Esto resulta muy útil si el analista de conducta es quien desarrolla la lección, pero es otra persona quien aplica el contenido.

> Los superhéroes son geniales. Parecen capaces de hacer cosas mucho más divertidas que nosotros, los simples humanos. Siempre les suceden cosas emocionantes y ayudan a salvar a personas que se encuentran en apuros.
>
> Hacer galletas es una tarea divertida. Sin embargo, cada galleta sale un poco diferente de la anterior. Incluso cuando sigues exactamente la misma receta. El mismo horno, la misma bandeja, la misma temperatura.

Paso 2: Debate. El segundo paso para desarrollar una lección atractiva es elaborar una serie de temas de conversación para que el cliente hable contigo sobre sus intereses y cómo estos se relacionan con el tema de la lección. La forma en que se formulan las preguntas puede ser tan importante como las preguntas en sí mismas. Por ejemplo, es habitual que muchos clientes se desanimen al responder a preguntas novedosas que empiezan por «pregunta con qué, quién, cómo, cuándo, dónde o por qué», ya que hacerlo puede permitirte, como aplicador, limitarte a darles una respuesta. Esto es muy común en clientes que han tenido experiencia con intervenciones muy básicas de tipo ABA, en las que este tipo de respuestas suelen memorizarse. Cuando se llega a un punto muerto, es conveniente cambiar las preguntas abiertas por opciones más dicotómicas. Por ejemplo, en lugar de preguntar qué tipo de superhéroe le gustaría ser al cliente, el terapeuta puede verse en la necesidad de reformular la pregunta preguntándole si preferiría tener la capacidad de volar o tener visión de rayos X. Además, el propio terapeuta debe participar en este trato en lugar de limitarse a formular preguntas. Debe producirse una conversación genuina entre dos partes.

> Cuéntame cuál es el superpoder más increíble que se te ocurre. Si pudieras elegir entre volar y tener una fuerza sobrehumana, ¿qué poder elegirías? Personalmente, me gustaría volar. Las aves parecen capaz de hacer cosas realmente increíbles en el aire. Imagina lo rápido que podrías viajar. También creo que la libertad de volar me ayudaría a alejarme de los problemas que a veces me atrapan.
>
> Si fueras una galleta, ¿qué tipo te gustaría ser? En mi caso, me gustaría ser una galleta con trocitos de chocolate. Me gusta ese tipo porque, al igual que yo, tiene dos partes muy diferentes: la parte de la galleta y la parte del chocolate. A veces muestro más mi parte galleta, la parte de mí que es azucarada y que se manifiesta más. Sin embargo, a veces soy como las pepitas de chocolate: oscura, misteriosa y un poco amarga. ¿Y tú? ¿Serías más una galleta de azúcar, toda agradable y dulce, o tal vez una galleta navideña cubierta de virutas de chocolate?

Paso 3: Participación. Después de pasar un tiempo en una discusión significativa, puede haber valor en intentar dar vida al mensaje que se quiere transmitir con algún tipo de participación interactiva con el cliente. Esto puede tomar la forma de una hoja de trabajo, escribir en un diario, participar en algún tipo de generación de productos o tareas de movimiento motor grueso. Por ejemplo, se podría ampliar la idea del poder de un superhéroe como algo similar al proceso hexaflex preguntando al cliente si crearía su propio superhéroe ACT llamado «Defusion Man» y enumerando los poderes que tendría. Dar vida a la metáfora de las galletas podría implicar hornear algunas galletas, fijarse en las diferentes moldes y tamaños, y en cómo los diferentes ingredientes son similares a las diferentes partes de la vida de cada uno. La claveaquí es empezar a vincular las metáforas de la lección con la actividad y, a continuación, la actividad con el proceso ACT.

Tengo un trozo de plastilina para cada uno. ¿Por qué no dedicamos unos 10 minutos a intentar moldear una figura que represente a un superhéroe? Yo haré uno sobre la aceptación y vos probá hacer uno sobre el momento presente. Cuando crees a tu héroe, asegurate de ejemplificar el poder especial que tiene como una parte del hexaflex. Yo voy a hacer que mi héroe no pueda ver, pero que tenga muy buen oído. Como unas orejas gigantes. El poder especial que tiene viene con la necesidad de aceptar que también carece de otros poderes, en este caso, el poder de ver.

Dame un nombre para cada uno de los ingredientes de las galletas que vamos a hornear ahora. En lugar de decirme el nombre real, como azúcar, harina, chocolate, dame nombres que describan cómo son estos ingredientes en relación con partes de ti. Para mí, la harina la voy a llamar «familia». Es el ingrediente más importante de nuestra receta y la parte más importante de mi vida. El azúcar, lo voy a llamar «mi hijo». Él es la parte dulce de mi existencia. El aceite es mi dolor de espalda. No me gusta mucho, pero es parte de quien soy y parte de lo que se necesita para hacer una galleta. Ahora inténtalo tú, dime qué es la harina para ti y por qué.

Paso 4: Conecta el proceso. El último paso al impartir una lección de ACT a tu cliente es asegurarte de que existe una conexión entre el tema, el diálogo y la actividad con el cambio de conducta real que esperas lograr. Esta tarea implicará directrices más explícitas para algunos clientes que para otros. Lo ideal, al menos a largo plazo, es que el cliente desarrolle la capacidad de dar este tipo de respuestas por sí mismo. De este modo, tú podrías preguntarle: «¿En qué se parecen las galletas a tu vida?» o «Cuéntame cuáles son tus superpoderes actuales». En este caso, el cliente debería ser capaz de reflexionar sobre la lección y tratar su aplicación a su vida, y cómo esos conocimientos y habilidades podrían utilizarse para una mejor autogestión. Por ejemplo, en el caso del superhéroe, ser capaz de deducir que tiene sus propias fortalezas y debilidades y utilizar sus fortalezas para acercarse a sus valores sería un repertorio ventajoso que desarrollar.

> Fue muy divertido hacer estos superhéroes con plastilina. Incluso tú y yo, tal y como somos, tenemos diversos superpoderes. Yo soy muy bueno recordando direcciones y tú eres increíble jugando al baloncesto. Todas nuestras fortalezas pueden ayudarnos a superar las cosas difíciles. Tú eres bueno en el baloncesto porque compartes, trabajas en equipo y sabes escuchar bien al entrenador. Recuerda eso cuando llegue la hora de hacer los deberes que tanto odias. La entrenadora es como tu profesora. Te da instrucciones. Meter canastas es como hacer los deberes. Algunas son difíciles y otras son fáciles. Y los puntos en el marcador son como tus notas. Cuanto más trabajas, mejores notas sacas. Y cuando me dices que valoras graduarte, eso significa que sabemos lo que tenemos que hacer, ¿verdad? Podemos usar nuestro superpoder para la aceptación de que las cosas pueden ser difíciles, como un rival difícil en la cancha, y trabajar duro para llegar a la canasta, o a nuestras notas.
>
> Estas galletas van a estar deliciosas. Sin embargo, antes de comerlas, tomemos un momento para fijarnos en que todas son de diferentes tamaños y formas, quizá solo un poquito diferentes. Las galletas son como nosotros, ya que todos somos diferentes. Sin embargo, aunque todas estas galletas están hechas con los mismos ingredientes, esos ingredientes no son realmente la galleta. Ya no vemos el aceite ni la harina. Vemos el todo. La galleta completa. Quizás seamos como las galletas, y nuestros pensamientos y experiencias sean los ingredientes. Algunos son buenos por sí mismos, como el chocolate, y otros no son tan sabrosos, como la harina. Recordá que la harina era mi dolor de espalda. No quiero que eso sea toda mi vida. Es solo una parte de un yo más grande. Un yo que es una galleta completa, no solo una colección de ingredientes. Cuando vayas a trabajar mañana, no pienses en ti mismo como un solo ingrediente, sino como un todo mucho más grande.

Y cuando empieces a centrarte en una sola cosa, como en tu preocupación por meter mal la compra en las bolsas, y que te grite un cliente, aléjate de ese pensamiento y fíjate en la persona más importante que hay en tu trabajo. Tú eres la galleta, hecha de muchos pensamientos y experiencias que se mezclan para formarte. La Aceptación de que todos tenemos algo de harina en nuestras vidas puede hacer que incluso las cosas malas se vean un poco mejor y nos ayuden a superar ese turno de trabajo.

TELESALUD Y MEJORAS TECNOLÓGICAS

Los avances tecnológicos han dado lugar a muchas formas de ampliar la naturaleza creativa de la relación terapéutica. Las distancias geográficas ya no suponen una barrera infranqueable para acceder a buenos servicios de ACT. La telesalud o los tratamientos a distancia se han vuelto más comunes en los últimos años y constituyen un ambiente ideal para impartir sesiones innovadoras de ACT a los clientes. Será necesario examinar la viabilidad y la legalidad de dicha relación en cada terapeuta y ubicación del cliente; sin embargo, cuando no existen limitaciones que supongan un obstáculo, sigue siendo posible aplicar un enfoque terapéutico excepcional. El enfoque general del tratamiento ACT mediante telesalud sigue siendo el mismo que se ha descrito anteriormente, pero plantea algunas consideraciones adicionales que pueden requerir la atención del clínico. En primer lugar, el nivel de compromiso suele ser difícil de detectar a distancia. ¿Existen distracciones en el ambiente del cliente que desvían su atención de la sesión?¿El cliente dispone adecuadamente de la tecnología necesaria para una sesión a distancia? ¿Se puede llevar a cabo una gestión eficaz del comportamiento a través de los recursos locales, mientras que las sesiones de ACT se realizan a distancia? Si se establecen los controles y equilibrios adecuados, el tratamiento puede ser útil. Esto puede ser especialmente el caso cuando los recursos locales no están cualificados o no están familiarizados con el enfoque ACT para el tratamiento conductual.

El desarrollo de una sesión de telesalud será muy similar al de una sesión presencial; sin embargo, el uso de la tecnología permite compartir la pantalla del ordenador, realizar presentaciones en vídeo, utilizar la cámara y realizar proyectos con pizarras. El siguiente ejemplo de una sesión completa utiliza diapositivas, vídeos, diálogos y la participación del cliente.

Lección: Mirada de Pez

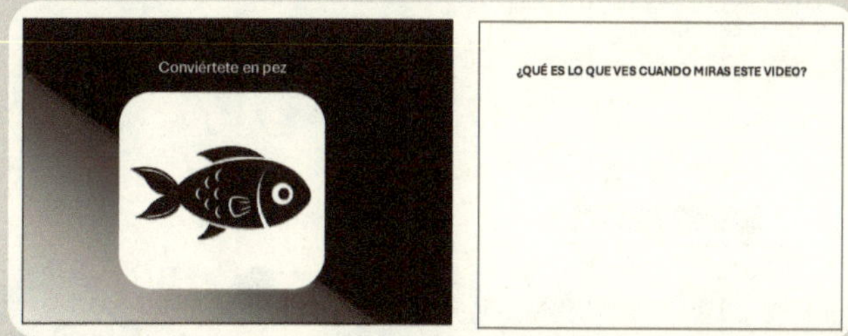

Comience con un tema y con alguna experiencia que no requiera demasiada dedicación. En este caso mira un video de unos peces nadando en el océano.

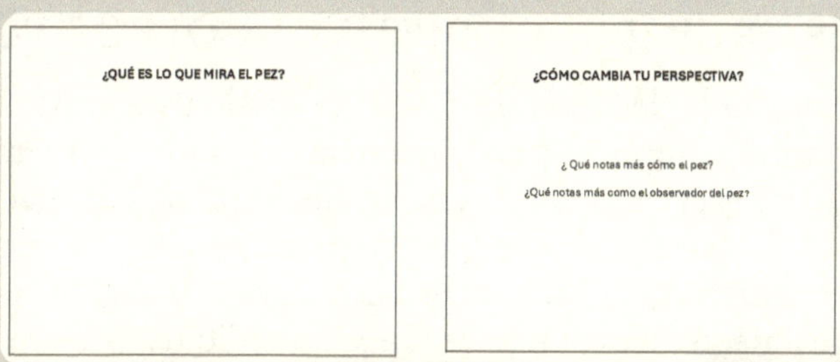

Tenga una conversación sobre el video y cómo cada persona/pez mira las cosas de manera diferente. Introduzca la idea de múltiples puntos de vista y posiciones en la realidad.

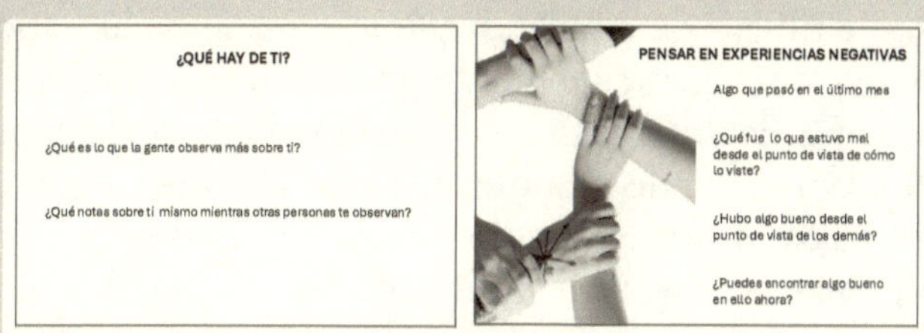

Haga una asociación conel mundo del cliente y cómo la experiencia de observar un evento se puede tomar desde diferentes perspectivas. Comente alguna conducta que haya tenido recientemente.

Exapanda la metáfora a otras personas y ac cómo el cliente es observado por los otros. Reflejelo en los provcesos del Hexaflex.

SESIONES GRUPALES Y OBJETIVOS COLECTIVO

Cuando el contenido del tratamiento está diseñado para impartirse a varios clientes al mismo tiempo, se puede mantener el enfoque general, pero deben ajustarse las expectativas clínicas. La dinámica de cualquier grupo de clientes probablemente alterará el tipo de participación y las respuestas que emite cada miembro del grupo. Hay ciertos tipos de grupos que se configuran habitualmente, y cada uno requiere un estilo terapéutico único para promover efectos terapéuticos más óptimos. El grupo silencioso es el más común, en el que la presencia de los demás simplemente reducen la demanday el que habla es un solo miembro del geupo. En este caso, es probable que el terapeuta tenga que proporcionar ejemplos adicionales para estimular el debate y que también tenga que pedir a los individuos que proporcionen una respuesta, en lugar de esperar a que se ofrezcan voluntarios. Cuando se haga esto, hay que tener cuidado de no insistir demasiado en temas delicados, ya que pueden activarse los posibles castigos sociales por compartir demasiado. Otro tipo de grupo es el de los grandilocuentes. Aquí, uno o unos pocos miembros intentan dominar toda la conversación, mientras que el resto permanece en silencio. El hecho de que alguien esté hablando suele permitir que otros miembros poco sociables se mantengan al margen y se centren en la atención que el terapeuta presta a los que hablan. Similar al grupo grandilocuente es el grupo anti-ACT. Este grupo suele estar formado por un solo miembro que no va a hacer nada, pase lo que pase. En este caso, el mensaje es que son demasiado «guays» para la ACT y tratarán de sabotear cualquier intento del terapeuta. Estos problemas suelen tener como función llamar la atención y, dependiendo de su gravedad, pueden requerir, lamentablemente, la atención del terapeuta para intentar mantener la cohesión del grupo. A menudo, el reforzamiento diferencial de otros miembros del grupo por sus respuestas adecuadas y su participación puede mejorar el comportamiento de búsqueda de atención del miembro con déficit. Dependiendo de la logística de la programación, la eliminación de esta persona del grupo también puede alterar positivamente la dinámica de los miembros restantes. Sin embargo, esa eliminación debe ir acompañada de algún tipo de intervención para reintroducirla, de sesiones individualizadas o de un aumento de la duración de las sesiones en otros contextos, con el fin de incentivar su reintroducción en el grupo original y que muestre un repertorio de conductas más adecuado. Por último, está el grupo hablador, que comparte demasiado sobre temas tangencialmente relacionados. Esto puede hacerse para posponer las actividades posteriores a la sesión ACT, como volver al trabajo escolar, para obtener un reforzamiento social adicional de los compañeros por contar historias o para demostrar lo mucho que creen saber sobre el tema de la sesión. Este tipo de grupo requerirá que el terapeuta gestione eficazmente el tiempo, de modo que no se omitan el mensaje final y los elementos didácticos de la lección por falta de tiempo.

CARACTERÍSTICAS ESPECÍFICAS DE LA POBLACIÓN

Cuando el analista de conducta se embarca en la prestación de servicios ACT, deberá prestar atención al tipo de población involucrada. La edad, la discapacidad, las habilidades cognitivas, la salud mental y la probabilidad de cumplimiento son factores que influyen en el enfoque general que se debe adoptar para optimizar la eficacia de la intervención. Aunque el modelo ACT no necesita modificarse conceptualmente con respecto a un sistema integrado contextual, es posible que sea necesario modificar los métodos de introducción y el tratamiento habitual. Muchas de estas directrices son generales, ya que existe una amplia gama de capacidades dentro de cualquier subgrupo de población específico. Sin embargo, la mejor manera de evaluar la necesidad de adaptar o mantener cualquier enfoque de tratamiento con un cliente individual debe basarse en cómo está respondiendo o no respondiendo ese cliente a la configuración existente de los servicios.

La edad del cliente es una variable importante a tener en cuenta a la hora de aplicar la ACT. Una rápida revisión de la bibliografía revisada por pares sobre la ACT revela que solo una pequeña parte de los estudios se han realizado con niños (véanse algunas excepciones en Fang y Ding, 2020). Esto no quiere decir que no se haya trabajado con niños, sino que la investigación documentada no es tan sólida como en el caso de los adultos. Quizás una de las razones por las que existe esta discrepancia es porque los niños son más propensos que los adultos a demorar la atención de salud mental (Whitney y Peterson, 2019), a obtener servicios dentro del sistema de apoyo escolar existente (Sánchez et al., 2018) o, simplemente, a que más investigadores de ACT han trabajado con poblaciones adultas. Dada la naturaleza y la complejidad de la ACT como intervención basada en la conversación, los niños pueden tardar más tiempo en desarrollar una relación con el terapeuta, mostrar más defensas y ser derivados al tratamiento por un tutor en lugar de buscarlo por sí mismos, aunque las barreras pueden ser muy variables para los niños y sus familias (Kazdin, 2000). A consecuencia de ello, el analista de conducta tendrá que dedicar más tiempo a conocer al niño a su nivel de edad, mostrar interés por lo que le interesa, hablar de una manera que el niño pueda entender y mantener las metáforas y la agenda de la ACT atractivas para el niño, no para el terapeuta. Se necesita una iniciativa adicional real para reconfigurar los procesos de tratamiento activo de la ACT en conceptos que puedan ser comprendidos y atractivos para niños de cualquier edad.

El nivel de discapacidad o capacidad que tiene un cliente influirá en cómo se transmite el mensaje ACT y cómo se recibe. Cuando una persona con un determinado nivel de capacidad tiene dificultades para comprender las consecuencias de un comportamiento futuro, es posible que se asignen más respuestas a reforzadores más pequeños y más inmediatos y que se emitan conductas menos adaptativas. Si el cliente tiene una capacidad de distracción considerable, puede resultar difícil llevar a cabo una sesión de tratamiento basada en una discusión larga. En este caso, puede ser mejor recurrir a diversos diálogos vocales y experienciales, para garantizar que se establezca una relación más clara con la vida del cliente. Puede ser necesario repetir los mensajes dentro de una misma sesión de tratamiento, así como volver a ellos en sesiones de seguimiento. No es raro que las personas que presentan diversas discapacidades, desde autismo hasta dificultades socioemocionales, pasando por antecedentes de traumas y abusos, requieran controles periódicos de lo que los procesos hexaflex representan y cómo aplicarlos en su vida, más de lo que cabría esperar de un cliente neurotípico. Las limitaciones de capacidad, cuando se combinan con una edad más temprana, pueden agravar los retos para la eficacia del tratamiento. Una vez más, será necesario que el analista de conducta no solo utilice modificaciones relacionadas con la capacidad en un enfoque de tratamiento estándar, sino que también tenga en cuenta los retos que plantea la edad para la aplicación de la ACT.

Las habilidades cognitivas varían claramente con la edad y los niveles de capacidad. Los parámetros de la cognición que más deben tenerse en cuenta en relación con el tratamiento con ACT son la capacidad de tomar perspectiva, demostrar teoría de la mente, deducir e inducir lógicamente y participar en respuestas relacionales derivadas. Se supone que estas capacidades están intactas cuando se habla con adultos neurotípicos, pero deben evaluarse en clientes en los que se sospecha que existen limitaciones en la cognición. Estas evaluaciones pueden incluir pruebas de inteligencia, escalas de comportamiento adaptativo, inventarios de funcionamiento ejecutivo y pruebas de habilidades relacionales. Algunas de estas herramientas pueden requerir la participación de profesionales adicionales especializados en un área cognitiva determinada, mientras que otras pueden ser administradas fácilmente por el analista de conducta. Una vez obtenidos estos parámetros, el analista de conducta puede necesitar realizar modificaciones en cuanto al método de aplicación y a las expectativas de comprensión. Ten en cuenta que el estado actual de la capacidad cognitiva de una persona no es una condición fija y permanente. Más bien, estas habilidades pueden enseñarse, a menudo mediante procedimientos de entrenamiento relacional (Colbert et al., 2018; Dixon et al., 2021), por lo que las mejoras en la cognición pueden permitir un programa de ACT más sustantivo con el tiempo. Es fundamental tener en cuenta el estado de salud mental del cliente al que se dirige el enfoque. Las personas que padecen trastornos mentales concurrentes necesitarán apoyos complementarios además de los que habitualmente proporciona el analista de conducta. Quizás la decisión sobre la dirección que debe tomar el tratamiento deba basarse en el grado en que la afección de salud mental está afectando a las condiciones que presentan los clientes que solicitan los servicios. Si se concluye que el trastorno de salud mental está afectando en gran medida al comportamiento, lo lógico sería consultar con otro terapeuta de salud mental más especializado y tratar conjuntamente los síntomas. Sin embargo, si el trastorno mental tiene poco o nada que ver con los problemas que preocupan al analista de conducta, entonces puede que no sea necesario coordinar la atención. La evaluación para determinar la necesidad de una atención colaborativa debe abordarse con cautela, con el objetivo principal de primero no dañar. Por ejemplo, si un niño con un trastorno de ansiedad realiza problemas de conducta en ambientes habitualmente ansiosos (hablar en público, competiciones, exámenes en la escuela), es más probable que la ansiedad desempeñe un papel relevante en el posible tratamiento. Sin embargo, si ese mismo niño no muestra signos de ansiedad, tiene una obsesión por los tornados y presenta las mismas conductas problemáticas en las mismas situaciones mencionadas anteriormente, es menos probable que el trastorno mental esté afectando al alcance de las variables que podrían influir en el efecto del tratamiento. No obstante, incluso en este caso, podría haber una relación futura oculta entre los tornados y la conducta que acabe por revelarse. En resumen, es aconsejable que el analista de conducta sea respetuoso, atento y esté dispuesto a colaborar cuando sea necesario con otros profesionales cualificados.

> Dado que T-Bone tiene antecedentes de mutismo selectivo y no está haciendo amigos en la escuela, no solo voy a elaborar un plan de contingencia para aumentar la probabilidad de que socialice con los demás, sino que también voy a tratar con él sobre cómo algunas de las cosas que valora, como jugar con los demás en el recreo, podrían suceder si se esforzara más por hablar con la gente. Sin embargo, también quiero asegurarme de que se aborda cualquier ansiedad social subyacente, por lo que he pedido a mi amiga Gretta, que es trabajadora social, que colabore conmigo en el enfoque general.
>
> Después de trabajar con Jamba durante las últimas dos semanas, me parece que, aunque usted dice que solo come nuggets de pollo y cree que esto le está causando un problema de conducta en clase, no creo que su selectividad con la comida sea un factor importante que pueda limitar mi capacidad para tratar su incumplimiento de trabajo en clase.

La probabilidad de cumplimiento de los servicios debe determinar el camino a seguir por el analista de conducta en el tratamiento ACT. Cuando el cliente tiene un historial de incumplimiento de tareas como el autocontrol, el establecimiento de objetivos o incluso la participación durante el tratamiento, es probable que haya motivos para reducir las demandas del tratamiento a un nivel que pueda aumentar el cumplimiento. Además, puede ser necesario introducir refuerzos extrínsecos para mejorar las condiciones de motivación que podrían impulsar el cumplimiento del tratamiento. Se espera que, con el tiempo y al comprobar las consecuencias de la ACT en las condiciones presentes, el cliente comience a ver la utilidad de cumplir más cuidadosamente con el tratamiento. En otras palabras, los efectos positivos del tratamiento actuarán como reforzadores del cumplimiento, de tal manera que el «cumplimiento» dejará de ser un objetivo necesario, ya que el cliente llegará a disfrutar y ver el valor intrínseco de participar en ACT.

Jo sé que estas sesiones te suponen mucho trabajo. Y que odias los deberes que te pongo para que hagas un seguimiento diario de cómo te va con el hexaflex cuando te envío ese mensaje. Así que, ¿qué te parece? Si conseguimos terminar todo en la sesión de hoy, te dejaré salir 10 minutos antes para que puedas volver a tus videojuegos.

Cuando notes que no estás tan enredado en tus pensamientos, eso es prueba de que nuestro tiempo juntos, aunque sea una molestia, podría estar funcionando. Quiero que reflexiones sobre esos momentos de la semana pasada. Además, cuando te encuentres en la encrucijada de decisiones que te aportan valor añadido o te restan valor esta semana que viene, recuerda lo bien que se siente alejarse de esos pensamientos. Hacerlo te ayudará a dar un paso hacia a tomar una decisión que produzca efectos coherentes con tus valores.

ESPECIFICIDADES DE LA UBICACIÓN

Hay una diversidad de factores a tener en cuenta cuando el analista de conducta aplica la ACT en un entorno específico. Es posible que sea necesario ajustar el modelo de atención cuando el tratamiento se imparte en una escuela, una clínica, el hogar o el lugar de trabajo. En determinados ambientes, es posible que se desee que el tratamiento se limite a las necesidades médicas, los objetivos educativos, las preocupaciones de los padres o el cambio cultural. A consecuencia de ello, el analista de conducta deberá determinar cuidadosamente cómo el lugar en el que presta sus servicios define y limita el contenido exacto de la intervención ACT.

Los tratamientos ACT dentro del sistema educativo pueden adoptar diversas formas. Se puede diseñar una intervención a nivel escolar como medida preventiva para el bienestar social y emocional. En este caso, el objetivo de ACT es enseñar a todos los alumnos habilidades valiosas para la vida, de modo que sean más capaces de afrontar y responder a los diversos retos y decisiones que se les presentan cada día. No hay nada malo en sí mismo, sino que el tratamiento ACT está diseñado como prevención, no como solución a un problema concreto. Otros niveles de intervención dentro de una escuela podrían dirigirse a alumnos con trastornos sociales y emocionales en aulas restrictivas o en centros alternativos. En estas situaciones, la ACT pasa de ser un enfoque preventivo para la vida a una intervención más centrada, diseñada para abordar los retos sociales específicos que presenta esta población. Puede ser necesario realizar sesiones tanto grupales como individuales, ya que cada una de ellas puede aprovechar las limitaciones de la otra modalidad. Las sesiones individuales refuerzan la confianza con el analista de conducta y proporcionan un programa de intervención específico para cada alumno. Sin embargo, las sesiones grupales con compañeros también son una gran oportunidad para compartir múltiples ejemplares de dificultades y éxitos. Otra alternativa de tratamiento se dirige a alumnos que simplemente corren el riesgo de cometer problemasde conducta más graves o sufrir reveses emocionales debido a antecedentes de trauma y abuso. Estos alumnos pueden beneficiarse de servicios más intensos que los métodos de prevención de la educación general, pero no necesitan la intensidad de la atención que requieren los alumnos en programas alternativos a tiempo completo. El analista de conducta debe recordar que existen otros profesionales cualificados dentro del sistema escolar, desde trabajadores sociales hasta psicólogos. Por lo tanto, sería conveniente colaborar con estos otros proveedores de atención para complementar su iniciativa de forma sistémica.

Los entornos clínicos suelen ofrecer atención individual a los clientes que pueden beneficiarse de un enfoque ACT. Este tipo de ambiente es habitual en el análisis de conducta, en el que se asigna un número determinado de horas semanales al tratamiento en servicios ambulatorios. Menos habitual es el tratamiento hospitalario, en el que el cliente vive en el centro donde se presta el servicio.

> Gracias por presentarme a la hermana de Ronald y por enseñarme los trucos que sabe hacer el cerdo de la familia. Sinceramente, tengo que concentrarme mucho en Ronald cuando estoy aquí para asegurarme de que todo se realice a tiempo. No me malinterpretes, ese cerdo es genial, pero tengo que centrarme en Ronald durante la hora que pasamos juntos.
>
> Si no te importa, me gustaría traer mi propio iPad la próxima vez que venga y que Sierra juegue a algunos juegos que no tiene en casa. Creo que estos juegos pueden motivarla más a participar cuando hacemos las sesiones de ACT, ya que son juegos que no practica con regularidad.

Independientemente de la intensidad de la atención, un entorno clínico es un lugar eficaz para prestar servicios, ya que se pueden controlar muchos elementos del ambiente. En estos ambientes, el analista de conducta puede instalar cuidadosamente elementos de estímulo que puedan fomentar una mayor conciencia del momento presente (iluminación suave, asientos cómodos, reducción de distracciones) o la identificación de valores (tablas de establecimiento de objetivos,economía de fichas). Aunque es posible realizar mejoras similares en otros ambientes, cuando una clínica está gestionada exclusivamente por un analista de conducta, es necesario hacer concesiones limitadas en cuanto al espacio y el presupuesto. En la propia sala de tratamiento, puede ser ventajoso colocar en la pared un hexaflex, carteles con frases de ACT (p.ej., «Todo el mundo siente todo», «No hay ningún lugar más importante que este», «¿Estás avanzando hacia lo que importa?»), o incluso hojas de trabajo y lecciones de ACT realizadas por otros clientes para aumentar la credibilidad de que todo el mundo lucha por la flexibilidad.

Hola, Frankie, parece que hay mucho trabajo y que hoy vas a tener que empaquetar muchos productos. Aprovechemos el tiempo que tardamos en llegar a la caja para fijarnos en los sonidos de la tienda, en el suelo al caminar y en cómo se siente bajo tus pies. Fíjate en los pensamientos que te surgen al sentir que no puedes trabajar lo suficientemente rápido. Simplemente observa esos pensamientos como si fueran un sonido más de la tienda. Has trabajado duro antes y a veces sientes que no puedes hacerlo. Pero puedes y lo has hecho. Mientras caminamos, respiramos profundamente y sentimos todo. Después del trabajo, vas al cine, así que sigamos caminando hacia allí, ¿te parece?

Gracias por preguntarme por qué estoy aquí trabajando con Barb. Ella es muy simpática y hoy estoy con ella porque me parece divertido su trabajo aquí en el zoo. Si quieres, puedes hablar con tu jefe un poco más sobre mí, pero ahora tengo que prepararme para Barb.

Te agradezco mucho que me permitas ayudar a Heather en su trabajo. Soy su terapeuta fuera del trabajo y poder pasar más tiempo con ella en el trabajo le permitirá poner en práctica las habilidades que hemos estado trabajando en terapia justo en el lugar donde a veces tiene problemas. Me mantendré al margen e interactuaré con Heather solo cuando sea necesario. Si no Te importa, mi relación con Ella es confidencial, así que si sus otros empleados te hacen preguntas sobre mí, solo diles que soy su amiga que quiere saber más sobre su trabajo o algo por el estilo.

Los servicios de atención domiciliaria plantean ventajas y retos únicos para el analista de conducta. El hogar es el entorno natural en el que es muy probable que el cliente muestre una parte de las conductas que le han llevado a recibir tratamiento. A consecuencia de ello, es posible que la inmersión en ese entorno revele variables críticas, aunque sutiles, que puedan haberse omitido durante el proceso de evaluación funcional. El hogar también contiene diversos reforzadores más naturalistas que cualquier otro lugar, por lo que aprovechar las intervenciones en el edificio que incorporan tales consecuencias puede ser muy beneficioso. El hogar también presenta una serie de retos para la aplicación de un tratamiento eficaz. A diferencia de la clínica, donde se puede controlar cada elemento del espacio físico, el espacio del hogar varía libremente. Otras personas, mascotas y fuentes de refuerzo competidoras pueden atraer al cliente hacia un nivel de desvinculación no deseado en el proceso terapéutico. Cuando se trabaja en el hogar, es probable que el analista de conducta tenga que garantizar un espacio controlado, minimizar las distracciones e incorporar reforzadores novedosos adicionales que no se encuentran habitualmente en la casa. Se debe tener cuidado para garantizar que la relación profesional se mantenga profesional y que el analista de conducta se abstenga de desarrollar vínculos con los miembros de la familia o de entablar conversaciones confusas que traspasen los límites del tratamiento. Se recomienda recurrir al ambiente doméstico como espacio de tratamiento solo si se considera que no hay otras opciones disponibles o que es clínicamente necesario, ya que la mayoría de los servicios de atención sanitaria se prestan en centros especializados y no en los hogares de los pacientes.

El lugar de trabajo puede parecer un lugar secundario para aplicar una sesión de ACT, pero cuando el cliente muestra los problemas de conducta en el trabajo, puede ser necesario tratarlos directamente en ese ambiente. Cuando se trabaja en las instalaciones de otra persona, es posible que sea necesario obtener una diversidad de autorizaciones antes de comenzar. Estas pueden incluir verificaciones de antecedentes, autorizaciones de confidencialidad y un conjunto definido de parámetros bajo los cuales se puede impartir el tratamiento. Dado que muchos lugares de trabajo cuentan con trabajadores adicionales además del cliente objetivo, es probable que la dirección también tenga que tratar con esos empleados antes de la llegada del analista de conducta. Incluso después, es posible que el analista de conducta tenga que responder a preguntas de los compañeros de trabajo y eludir ciertas respuestas para mantener la relación de confidencialidad con el cliente. Dejando de lado todas estas cuestiones, el lugar de trabajo puede ser un lugar ideal para promover un comportamiento más adaptativo en condiciones constantemente variables directamente en el mundo real. Impartir el tratamiento en el trabajo puede ser un paso hacia la generalización naturalista más allá de las sesiones que se llevan a cabo en la escuela o la clínica, por lo que el contenido puede diferir en cierta medida. Una distinción común es que los procesos hexaflex y la resolución de problemas en el lugar de trabajo se tratan en el en el centro especializado, y la aplicación real de los comportamientos que reflejan dicha discusión se aplica ahora en el trabajo bajo la supervisión del analista de conducta.

MARCOS RELACIONALES EN EL TRATAMIENTO

El grado en que un cliente puede participar en respuestas relacionales es fundamental para comprender eficazmente en qué consiste la ACT. Dependiendo de la complejidad, el tratamiento ACT puede no ser tan eficaz como se esperaba. El primer paso es determinar la profundidad del repertorio relacional y, posteriormente, desarrollar los procesos relacionales deficitarios de forma simultánea con la aplicación del tratamiento ACT. Se podría pensar que el tratamiento ACT debería suspenderse hasta que las deficiencias en el enmarcar relacional alcancen un nivel suficiente de competencia. Sin embargo, si el cliente ya ha alcanzado los umbrales potenciales para el tratamiento ACT indicados en el capítulo anterior de este texto, el programa para mejorar el enmarcar debería seguir adelante de forma simultánea. En un diseño de este tipo, la primera parte de una sesión de tratamiento podría dedicarse a desarrollar el repertorio relacional, mientras que la segunda parte se centraría en utilizar esas habilidades de enmarcar para comprender el tratamiento ACT. Trabajos anteriores han demostrado que esta configuración es posible y eficaz para mejorar la participación en la ACT y suprimir las conductas problemáticas (Gilsenan et al., 2021). Otras configuraciones pueden combinar tareas de enmarcar con tareas de tratamiento ACT en una sola sesión para mejorar la participación mediante la variabilidad de las sesiones. Aún queda mucho por investigar en este ámbito, pero las implicaciones subyacentes son claras. Desarrolla el enmarcar y obtén un mayor impacto de la intervención ACT. Puede ser útil clasificar a un cliente en uno de los cuatro niveles de complejidad creciente de las habilidades de enmarcar relacional y esforzarse por desarrollar las habilidades en los niveles superiores y en una variedad de familias de marcos relacionales (coordinación, oposición, comparación, distinción, jerarquía y deíctica) para mejorar el rendimiento y la comprensión de la ACT. Los ejemplos que se muestran aquí son solo una pequeña fracción de las posibilidades que existen para desarrollar las habilidades relacionales en los clientes atendidos por analistas de conducta.

Habilidad Relacional	Definición	Ejemplo
Nivel 1: Habilidades No Arbitrarias	Habilidad que puede ser entrenada y transferir relaciones entre estímulos basadas en características físicas del estimulo	Condiciones de Entrenamiento: Cuando se le da al niño un bloque de tamaño mediano y uno pequeño como opciones, el cliente puede seleccionar el bloque más pequeño cuando se le brinda la instrucción "muéstrame el bloque más pequeño" y señalará el bloque mediano cuando se le diga "muéstrame el más grande" Cuando se ofrecen bloques medianos y grandes, el cliente puede seleccionar el bloque mediano cuando se le indica "Muestrámer más pequeño" y el bloque grande cuando se le indica "Muéstrame el más grande». Condiciones de Prueba: Sin entrenamiento previo o reforzamiento, el cliente transferirá el concepto de "pequeño" y "grande" a vasos de agua, a líneas marcadas o a cualquier otra variación de estímulo en relación al tamaño.
Nivel 2: Habilidades culturales	Habilidad para ser entrenado y transferir relaciones entre estímulos que están establecidos típicamente por la comunidad verbal como convenciones del lenguaje	Condiciones de Entrenamiento: Cuando se le ofrecen imágenes de un gato, un perro y una grapadora, el cliente deberá identificar el elemento que no tiene características compartidas Condiciones de Prueba: Cuando_se le presentan dos tazas amarillas y una roja y se le pide que las combine con la serie de gato, perro y grapadora, el cliente las clasificará según la característica

Nivel 3: Habilidades Arbitrarias	Habilidad para formar relaciones abstractas y transferirlas entre estímulos que son establecidos exclusivamente en el ámbito terapéutico para propósitos de promover las relaciones como una operante generalizada.	Condiciones de Entrenamiento: Cuando se le presenta una muestra de una palabra textual real, se le enseñará al cliente una palabra textual sin sentido designada cuando se le proporcione una serie de palabras sin sentido (por ej, beisbol= VAX; Futbol= ENU. Condiciones de Prueba: Cuando de le presente un problema de palabras bajo la forma de una oración vocalizada , se le pedirá al cliente que que repita la vocalización usando una palabra diferente (sin sentido) y una palabra idéntica (sin sentido) de la que fue emitida en la oración original (por ej. Me gusta jugar al fítbol. Relacione fútbol con una palabra diferente y con una palabra identica.
Nivel 4: Transformaciones complejas	Habilidad para formar relaciones abstractas entre estímulos que se establecen exclusivamente en el ámbito terapéutico con el propósito de promover relaciones derivadas como una operante generalizada y luego transferir las nuevas relaciones abstractas derivadas para resolver un problema verbal nuevo o un rompecabezas verbal	Condiciones de Entrenamiento: Cuando se le presenta un objeto de muestra y una serie de palabras sin sentido , se le enseñará al cliente a seleccionar las palabras sin sentido más fuertes y las más suaves (por ej., bloque rojo=más fuerte ;bloque azul = más suave). Al presentar una palabra sin sentido y una serie de objetos 3D, el cliente podrá seleccionar más fuerte o más suav (por ej VUG= taza; ZOP=vaso).. Condiciones de Prueba: Cuando se le presenta una secuencia de sonidos de un piano que crea un patrón fuerte/suave, el cliente podrá selecciónar el objeto derivado como más fuerte (por ej taza o vaso) cuando se le pregunte "qué tipo de sonido viene a continuación" para completar el patrón

*Tabla adaptada de programas contenidos en el Módulo de Transformación PEAK (Dixon 2016)

CONSERVACIÓN DE DATOS Y SEGUIMIENTO DEL PROGRESO

La necesidad de conservar los datos y resumir el progreso de tu cliente es una característica definitoria del trabajo de un analista de conducta. La forma de recopilar los datos ACT está mucho menos definida y no se comprende tan bien, pero debe elaborarse con gran detalle para garantizar que las personas que no están familiarizadas con el modelo de tratamiento puedan estar seguras de que está claramente relacionado con los problemas de conducta que llevaron al cliente a iniciar el tratamiento. Los datos ACT obtenidos pueden clasificarse en dos grandes categorías: medidas indirectas y medidas directas del cambio de conducta. Este tipo de datos se trataron en el proceso de evaluación, por lo que volvemos al tema aquí estrictamente en relación con la evaluación del progreso. A continuación, organizamos la totalidad de la recopilación de datos en un resumen general y luego desglosamos las principales características del documento. La primera sección de la tabla muestra las medidas indirectas que se eligieron para este cliente hipotético y que se realizaron a intervalos establecidos. Estas herramientas incluyen diversos escalas de mindfulness, flexibilidad y conducta. Parte de esta información puede haber sido objeto de captura por el propio cliente y otra parte por las partes interesadas pertinentes. Habitualmente, el AFQ-Y y el CAMM son autoinformes del cliente, el CPFQ lo realiza el propio cliente o un cuidador, y el QABF lo completan los cuidadores que observan la manifestación de las conductas problemáticas. También se describe aquí la dirección del progreso, ya que no es intuitivo si las puntuaciones al alza son mejores o peores. Por lo tanto, los cambios de rendimiento ideales se indican como progreso al alza o a la baja.

Los procesos de observación consisten tanto en el rendimiento básico del cliente en términos de asistencia y participación en las sesiones de ACT, como en su utilización de los elementos de tratamiento activo del modelo ACT. A consecuencia de ello, se recopilan datos sobre su capacidad para articular de forma independiente cómo pueden relacionar los distintos procesos de flexibilidad con áreas de su propia vida, la relación derivada de las metáforas de la sesión con sus condiciones conductuales preocupantes, y la realización de los deberes de automonitorización de las conexiones entre su conducta y la flexibilidad. La sección de apoyos proporciona información sobre el grado en que las partes interesdas relevantes para el cliente participan en el proceso de intervención según lo acordado en la admisión. Aquí se toma en cuenta tanto la asistencia real a la proporción de reuniones programadas o sesiones de coaching que el analista de conducta tiene con estas personas, como el seguimientordel número de recomendaciones realizadas durante estas reuniones en comparación con el número de recomendaciones que realmente se han seguido. La sección sobre habilidades de enmarcar relacionalpuede añadirse cuando se haya determinado que el cliente está realizando tareas relacionales a niveles inferiores a lasideales. Esta métrica de evaluación solo puede añadirse después de que se haya documentado un progreso insuficiente en el tratamiento, o puede haberse establecido como necesaria desde la admisión inicial. Se puede incluir más información aquí en función de las capacidades del cliente, ya que la puntuación de la PCA puede desglosarse en familias de marcos relacionales específicos y/o normas de edad comunicadas.

La sección final sobre las conductas observadas es probablemente la más importante. Aquí vemos una evaluación objetiva de las conductas reales que el cliente buscaba reducir al iniciar el tratamiento. Estos datos a menudo requieren que otras personas los recopilen (incluida la automonitorización), ya que es muy posible que las preocupaciones se produzcan fuera de las paredes de la sesión de tratamiento. Recuerda mantener la recopilación de datos en intervalos iguales a lo largo de los períodos de evaluación al calcular los promedios, ya que las cifras globales podrían variar de forma impredecible si las observaciones son de diferente intensidad o duración y se calculan las medias y posteriormente se comparan entre sí. Cuando se utilizan frecuencias globales, este riesgo se reduce en cierta medida solo si el número total de oportunidades para participar en dicho comportamiento es relativamente constante. Los porcentajes y las razones pueden ayudar a aclarar cualquier confusión en las cifras brutas cuando se producen tales variaciones en la recopilación.

En el ejemplo siguiente de un formulario realizado, se puede concluir que este cliente está progresando con la intervención ACT. Observamos una reducción de las conductas, una mejora en la participación en las sesiones, un aumento gradual de la adherencia de los cuidadores, una evolución de los autoinformes en la dirección ideal y un fortalecimiento de las habilidades para el enmarcar relacional En resumen, el progreso es excelente y el enfoque del tratamiento parece igualar las necesidades del cliente. Por supuesto, este ejemplo es ideal y ningún caso real reflejará necesariamente estos números con exactitud, sin embargo, el contenido aquí descrito ilustra cómo se puede informar sobre el progreso y da pistas sobre el tipo de datos que fue necesario recopilar para llegar a este resumen. Un informe narrativo más extenso podría complementar estos datos resumidos, en el que se podrían presentar con suficiente detalle los matices de cada caso individual. Esto permitiría describir con mayor claridad los diversos elementos del tratamiento, los tipos de avances registrados y los elementos de la intervención que aún requieren enfoque para lograr conductas finales más óptimas.

Informe resumido de los datos y porgresos del tratamiento del cliente

Medida	**Nivel Inicial** **Día**	**Segui-miento 1** **Día**	**Segui-miento 2** **Día**
Indirecta			
AFQ-Y (Progreso bajo)	18	22	14
CAMM (Progreso Alto)	23	27	27
QABF Total (Progreso bajo)	34	22	18
Progreso observacional			
Participación en sesión (asistencia/programación)	22/27	18/24	24/24
Finalización de la lección de la sesión (finalización/tarea)	18/27	18/24	21/24
Vocalización independiente del proceso en la propia vida (durante la sesión)	29	49	55
Relacionr las metáforas de la sesión con los comportameintos desafiantes	0	3	17
Automonitorear los procesos de Flexibilidad entre sesiones	10/23	10/24	15/24
Apoyos	10/18	13/16	19/19
Asistencia a la sesión del cuidador	0/110	40/132	60/115
El cuidador sigue las recommendaciones			
Derivación de estímulos (Enmarcar relacional)			
PEAK PCA Puntaje Total (Progreso)	232	267	304

PEAK Programas Dominados	-	23	19
Resultados Conductuales			
Conducta Objetivo 1: *Declarativas negativas hacia otro (*frecuencia promediada por día)	22	30	11
Conducta Objetivo 2: *Agresión física* (frecuencia total durante reporte períodico)	19	24	4

Ten en cuenta que, al final del día, lo que definirá el éxito o el fracaso del tratamiento será la disminución clara y objetivamente medida de las conductas problemáticas y la mejora de las conductas adaptativas. Todos los autoinformes del mundo o todas las conceptualizaciones del diálogo verbal emitidas no significarán nada si la conducta del cliente no avanza en la direccióndeseada. El analista de conducta debe considerar la ACT y los procesos de flexibilidad como medios para alcanzar un fin conductual, y no como un fin en sí mismos. A consecuencia de ello, la mayor parte del progreso del tratamiento se basa en la variable dependiente del cambio de conducta. El tratamiento ACT sigue siendo la variable independiente que desempeñó un papel fundamental en la alteración de los niveles de la variable dependiente.

Ampliación del tratamiento más allá de la atención clínica

Los métodos y procesos descritos en este capítulo van mucho más allá de la atención clínica habitual que prestan los analistas de conducta. El modelo ACT tiene ventajas para su utilización con cuidadores, personal, sistemas culturales e incluso con los propios analistas de conducta.

La bibliografía sobre los métodos ACT en estas áreas es muy amplia. En el ámbito del autocuidado para los propios analistas de conducta, la autoayuda ACT se ha aplicado a una diversidad de profesionales: médicos, trabajadores sociales, enfermeros, estudiantes de psicología clínica, etc. Muchos de estos programas son «tecla en mano», es decir, utilizan libros, cintas, sitios web, aplicaciones, vídeos, etc. A medida que estos programas se han ido expandiendo, han comenzado a ofrecer métodos de intervención validados que no requieren un entrenamiento exhaustivo para su implementación y que pueden utilizarse en diversas situaciones.

El uso de materiales «listos para usar» de este tipo es un primer paso fácil para los analistas de conducta que exploran la ACT para intervenciones más allá de la atención clínica que no conducen inmediatamente a barreras de alto alcance en la práctica. Considera, por ejemplo, «autoayuda plus», un programa de autoayuda asistida desarrollado originalmente por la Organización Mundial de la Salud (OMS) para ayudar a abordar las necesidades de los refugiados. El objetivo inicial eran los refugiados de Sudán del Sur en Uganda.

En 2013 comenzó una guerra civil en la nueva nación de Sudán del Sur, que se prolongó durante varios años. El hambre y las enfermedades se sumaron cruelmente a la miseria. Los refugiados salieron en masa del país, en su mayoría mujeres y niños,escapando de la horrible violencia, las agresiones sexuales y la inanición. Un millón de ellos llegaron a Uganda, normalmente sin nada más que la ropa que llevaban puesta. La OMS buscó una intervención que pudiera ser de ayuda.

Decidieron no centrarse en los métodos psicoterapéuticos habituales, que tienen un enfoque en los síndromes psiquiátricos, ya que la guerra puede producir casi todos los problemas psicológicos que se puedan nombrar. En su lugar, buscaron métodos que fomentaran la resiliencia personal y social y se decidieron por la ACT.

En Uganda, la OMS impartió la ACT en formato grupal utilizando una cinta de audio y una novela gráfica (necesaria porque la tasa de analfabetismo en Sudán del Sur es la más alta del mundo: solo alrededor de una cuarta parte de la población sabe leer). No se abordó ningún problema concreto, ya que estos supervivientes luchaban contra todo tipo de problemas psicológicos, desde el trastorno de estrés postraumático hasta la depresión, pasando por la ira explosiva y la incapacidad para dormir. En su lugar, se dio un enfoque a la flexibilidad psicológica en sí misma.

Este programa redujo significativamente el malestar psicológico en todos los ámbitos, lo que condujo a mejoras en casi todas las áreas supervisadas (por ej.depresión, ira explosiva, bienestar, discapacidad) con un tamaño del efecto igual o superior al encontrado en los programas de autoayuda en los países desarrollados (Tol, et al., 2020). Es importante destacar que estos efectos se produjeron independientemente del grado de malestar inicial o del grado de exposición a la violencia. No se encontró ningún evento adverso relacionado con el programa, lo cual es un factor importante, dado que la historia de otros programas de intervención en crisis bien intencionados, que, al ser examinados detenidamente en investigaciones control, han empeorado inadvertidamente los problemas.

Animada por estos resultados, la OMS centró entonces su atención en la *prevención* de los trastornos mentales. Utilizó este mismo programa con casi 650 refugiados sirios devastados por la guerra en Turquía que se encontraban en situación de angustia, pero que aún no habían desarrollado un trastorno de salud mental. En el primer ensayo preventivo aleatorizado realizado entre refugiados de guerra que aún no presentaban un trastorno diagnosticable, se descubrió que el programa de autoayuda ACT reducía casi a la mitad la emergencia posterior de trastornos mentales (Acarturk et al., 2022).

A consecuencia de ello, la OMS distribuye ahora ACT de forma gratuita en 21 lenguajes diferentes en todo el mundo, recomendando este enfoque para «cualquier persona que experimente estrés, independientemente de dónde viva y cuáles sean sus circunstancias» (*bit.ly/WHO_ACT*). La OMS ha designado «Self-Help plus» como una «intervención psicológica totalmente escalable», lo que significa que puede ser impartida por personal no especializado.

Cualquier analista de conducta experto en ACT sabría cómo utilizar este programa con una formación adicional mínima como complemento de la formación de los padres, como programa de estrés para el personal o para los cuidadores.

Los analistas de conducta han desarrollado métodos similares para aplicaciones especiales. Un ejemplo es el programa de gestión del estrés y el agotamiento para estudiantes de medicina desarrollado en el laboratorio de Ramona Houmanfar en la Universidad de Nevada. La Dra. Houmanfar, una conocida analista de conducta, ha desarrollado una serie de vídeos basados en la ACT que se muestran a los estudiantes de medicina en una clase online obligatoria como parte de su entrenamiento médico (Szako et al., 2022).

A medida que los analistas de conducta aplicados se aventuran en otras formas de atención clínica, es probable que surjan modelos emergentes. Estos deberán desarrollarse paso a paso, a medida que se amplíe gradualmente el ámbito de la práctica.

RESUMEN

El proceso de tratamiento de la ACT sigue siendo amplio, multimodal y exhaustivo. Los analistas de conducta deberán prepararse para un cambio significativo con respecto a sus métodos de intervención tradicionales y al seguimiento del progreso. Ampliar el proceso de tratamiento para incluir una amplia gama de herramientas y modalidades reforzará la confianza en que el cliente es capaz de comprender la ACT, beneficiarse de un enfoque de tratamiento basado en la ACT y obtener efectos medibles que sean significativos. Hemos proporcionado una amplia gama de enfoques para obtener la información necesaria para impartir el tratamiento, pero no hemos elaborado una lista definitiva de pasos que el analista de conducta deba realizar. La complejidad de las condiciones que se presentan requiere la interpretación del analista de conducta. Al igual que el psicólogo clínico o el logopeda, que deben tomar una serie de decisiones sobre el tratamiento que deben administrar para mejorar los niveles de rendimiento, el analista de conducta deberá tomar decisiones informadas y fundamentadas sobre cómo abordar el proceso de intervención de la ACT. La forma de tratar a los clientes nunca debe ser un proceso único para todos, sino que debe estar dirigida por el cliente y respetar su consentimiento durante todo el proceso de tratamiento. La intervención óptima es aquella que se basa en impresiones clínicas arraigadas en una comprensión eficaz del lenguaje humano y la cognición, los descubrimientos científicos en este ámbito y la utilidad práctica.

13

INVESTIGACIÓN

UNA AGENDA DE INVESTIGACIÓN PARA LOS ANALISTAS DE CONDUCTA

Los analistas de conducta se enorgullecen de ser tomadores de decisiones basados en datos. Nuestra bibliografía de investigación es única en comparación con muchas otras áreas de la psicología y los servicios humanos. Una diferencia notable es la inclusión de «series temporales intensivas» o «diseños experimentales de caso único» (SCED, por sus siglas en inglés). Esto permite una estrategia analítica evaluativa que es científica a nivel individual: ¿funciona *esta* intervención para *este* cliente?

El enfoque de investigación del SCED tiene puntos fuertes y débiles. Sin una estrategia cuidadosa para realizar escalas de ,los datos idiográficos a generalizaciones nomotéticas, la bibliografía científica a menudo respalda afirmaciones que puedan generalizarse y tener claras implicaciones normativas, como «el tratamiento X es más eficaz para tratar el problema Y que el tratamiento Z». Las demostraciones repetidas por sí solas pueden orientar al analista de conducta en una dirección general, pero a menudo se pasa por alto que el SCED realmente pretende centrarse en un proceso idiográfico para obtener resultados. Nuestra bibliografía respalda los métodos para analizar la función de los comportamientos problemáticos (una cuestión de proceso), generar una solución a partir del análisis (una cuestión de extensión práctica de la información del proceso) y evaluar si esa solución fue eficaz para cambiar el comportamiento (un efecto del tratamiento). Ese enfoque en el nivel específico de la persona es muy inusual en comparación con la psicología o la ciencia de la conducta convencionales.

Aún más inusual es que no se anime a los analistas de conducta en ejercicio a replicar simplemente la intervención al pie de la letra. Lo que replican los analistas de conducta es, en cambio, la estrategia analítica. Esto quiere decir quee los detalles de la intervención pueden no parecerse en nada al estudio original, pero la creación de esa intervención se basará en los mismos principios básicos de cambio de conducta de los que emergió el estudio.

Es un enfoque increíblemente poderoso, pero solo si la información del proceso es relativamente adecuada. Esta estrategia fue muy eficaz para crear intervenciones individualizadas para personas con discapacidad, pero solo cuando los procesos verbales no eran demasiado dominantes. Las contingencias directas por sí solas tienen un alcance limitado. A consecuencia de ello, nuestra bibliografía estaba dominada por estrategias que omitían en gran medida los eventos privados del análisis, centrándose casi exclusivamente en el comportamiento directamente observable y en las variables contextuales S-R inmediatas para informar la intervención, que en ocasiones se ajustaba más al conductismo metodológico que a la visión del conductismo radical de Skinner. El desarrollo de nuestras estrategias analíticas se produjo en gran medida dentro de una población con notables limitaciones de lenguaje y comunicación. Las serias dudas sobre la validez o fiabilidad de los autoinformes de los eventos privados sustituyeron en ocasiones al necesario desarrollo de formas más reflexivas de evaluar la naturaleza y el papel de los eventos privados. Sin esos avances, no se disponía de las herramientas necesarias para analizar los procesos de cambio.

También se instaló una cierta rigidez metodológica, al no reconocer que algunas preguntas (especialmente ciertas preguntas normativas a nivel de población) se responden mejor a nivel de comparación grupal. No se apreció ampliamente que es posible combinar diseños intensivos idiográficos con diseños de comparación grupal, ni que el uso adecuado de las estrategias de comparación grupal es en realidad mucho más fácil para los investigadores una vez que se ha establecido un programa sólido de SCED. En lugar de utilizar y aprovechar la potente base de conocimientos que pueden proporcionar los SCED centrados en los procesos, se creó una barrera entre estas estrategias analíticas que se hizo imposible de superar. Las habilidades metodológicas de los analistas de conducta no fueron apreciadas por la ciencia de la conducta en general y el impacto del análisis de conducta en cuestiones de interés general se vio disminuido.

Abordar los casos uno por uno, sin concretar las cuestiones de política basadas en la población con estudios grupales adecuadamente realizados, también redujo el interés del público por invertir en intervenciones analítico conductuales. Los financiadores y los responsables políticos prefieren los ensayos controlados aleatorios a gran escala que demuestren que un *enfoque* de intervención específico puede conducir con éxito a un cambio de conducta en *la mayoría de los casos* de un tipo determinado, en comparación con el tratamiento habitual o la ausencia de tratamiento control.

Las adaptaciones únicas que traen consigo las discapacidades hacen que la personalización de las estrategias de intervención sea de vital importancia, pero esa personalización aumenta exponencialmente cuando se trata de operantes relacionales, ya que también aumentan el número y el impacto de los procesos potencialmente relevantes y sus combinaciones. Por lo tanto, si se simplifica en exceso el vínculo entre el análisis funcional y la intervención, las barreras para trabajar con poblaciones neurotípicas se hacen más altas. Superar esas barreras es la razón por la que muchos analistas de conducta están entusiasmados con las implicaciones de la ACT y la TMR, pero es necesario aplicar una agenda de investigación ampliada para aprovechar esa oportunidad.

En una ciencia basada en datos, las decisiones que se toman en la clínica deben ir más allá de la bibliografía publicada, estableciendo el marco de lo que se consideran prácticas basadas en la evidencia. Esta investigación define el campo de la ciencia, y se espera que los analistas sigan estos procesos establecidos. Se producen una desconexión cuando el problema que se le presenta a un analista de conducta no cuenta con recursos empíricos fácilmente disponibles que sirvan de guía para el siguiente paso, y este es el caso de nuestra literatura cuando emerge un lenguaje complejo. Sin una forma clara de analizarlo y sin un marco desde el que desarrollar una intervención, la única solución es remitirse a otros profesionales que hayan establecido esta literatura.

Es precisamente por esta razón, que debemos partir del hecho de que el conjunto de investigaciones dentro del análisis de conducta está lejos de realizar y que el propio campo tiene que desarrollar una estrategia para cambiar esta situación. Una ciencia progresista , por definición, está en constante cambio. Por lo tanto, sus miembros tienen la obligación de seguir produciendo nuevos descubrimientos, poniendo a prueba los límites de los fenómenos, perfeccionando las prácticas establecidas y publicando los efectos de tales esfuerzos. Hacerlo puede parecer una carga para los miembros de la comunidad, ya que a menudo se considera que el papel del clínico es ser clínico y el del científico es ser científico. Sin embargo, cuando cada uno de estos grupos aislados se inclina un poco hacia el otro, se pueden obtener mayores beneficios al salvar las distancias entre la investigación y la práctica e informarse mutuamente sobre las necesidades del campo. Un paso adelante necesario es reconocer que los SCED no lo son todo.

Un segundo paso adelante es reconocer que los procesos verbales/cognitivos del cambio pueden necesitar ser modelados utilizando nuevas herramientas de análisis de datos que aprovechen lo mejor de un enfoque idiográfico sin simplificarlo en exceso. La comunidad ACT está explorando activamente el análisis de redes complejas, utilizando un enfoque denominado «idionómico». Este método analítico evalúa inicialmente el impacto de los procesos de cambio solo en relación con la variabilidad intraindividual, pero luego extiende estas relaciones al nivel nomotético si, y solo si, ello mejora habitualmente el ajuste idiográfico. En efecto, el individuo se convierte en el hallazgo cierto y el grupo se convierte en el término de error, en lugar de al revés. La palabra «idionómico» es nueva, pero siempre ha formado parte del análisis de conducta en conceptos como el «reforzamiento». Lo nuevo es que las implicaciones combinatorias del aprendizaje relacional deben modelarse utilizando estrategias de investigación innovadoras, como los sistemas dinámicos idiográficos y las redes complejas. Más adelante en este capítulo explicaremos estos enfoques analíticos innovadores, pero sensatos desde el punto de vista del análisis de conducta.

Un tercer paso es que los analistas de conducta deben sentirse más cómodos con la literatura científica más amplia. Esto es obvio a partir de los dos primeros pasos que hemos enumerado, ya que pocos de estos estudios existen en revistas analíticas conductuales de enfoque limitado, pero literalmente hay miles de ellos en otros lugares. Por eso ACT está tan bien establecido en la actualidad.

Históricamente, la investigación sobre ACT comenzó en revistas especializadas en las que los analistas de conducta suelen buscar bibliografía científica, pero no se quedó ahí mucho tiempo. Los primeros estudios sobre ACT aparecieron en publicaciones como *Analysis of Verbal Behavior (por* ej., Zettle y Hayes, 1986) o *Psychological Record (*Hayes, Bissett, Korn, Zettle, Rosenfarb, Cooper y Grundt, 1999) y, ocasionalmente, continuaron apareciendo en *JABA (*Twohig, Schoeberger y Hayes, 2013) u otros lugares cuando se utilizaban SCED en la investigación, pero pronto se centraron en revistas de psicología más convencionales. A principios de siglo, el análisis conductual aplicado comenzó a profesionalizarse y el análisis conductual clínico empezó a alejarse del análisis conductual aplicado. Los estudios sobre ACT pudieron llegar a un público más amplio en revistas más convencionales, y se empezaron a financiar con importantes subvenciones federales. Esto ha dado lugar a una explosión de datos de investigación sobre ACT.

En el momento de redactar este capítulo, en junio de 2022, hay más de 900 ensayos controlados aleatorizados (ECA) sobre ACT (*bit.ly/ACTRCTs),* una cantidad que se espera que supere los 1.000 en un año. En los últimos años, aparece un nuevo ECA sobre ACT cada 3 o 4 días. Hay miles de estudios sobre evaluación, el modelo de flexibilidad psicológica, SCED, ensayos abiertos, análisis longitudinales, etc. Esto incluye más de 300 resúmenes metaanalíticos, o revisiones sistemáticas, exploratorias y narrativas (*bit.ly/ACTmetas)*, y varias docenas de SCED (*https://contextualscience.org/act_and_controlled_time_series_and_singlecase_designs*). Si se tiene en cuenta toda la bibliografía, es muy posible que se hayan realizado más investigaciones empíricas sobre las intervenciones basadas en la ACT que sobre el conjunto de otras intervenciones analítico-conductuales.

Existen críticas legítimas que pueden formularse contra este conjunto de trabajos. Al igual que todos los métodos basados en la evidencia, la ACT «requiere más investigación» y es cierto que muchos estudios sobre la ACT no incluyen medidas conductuales de alta calidad. Históricamente, se ha puesto demasiado énfasis en los ensayos controlados aleatorios. Pero abordar estas cuestiones es precisamente lo que los analistas conductuales aplicados están en condiciones de hacer, por lo que sería realmente irónico que la necesidad de que los analistas de conducta formen parte del programa general de investigación de la ACT se utilizara como una especie de barrera para la participación de la comunidad de analistas de conducta en la investigación y la aplicación de la ACT. El análisis de conducta tiene mucho que ofrecer y mucho que ganar en este ámbito de investigación.

Hemos escrito este libro con la certeza de que el panorama del uso de la ACT por parte de los analistas de conducta está cambiando rápidamente, pero sería un error que el análisis aplicado de conducta se limitara a utilizar los métodos de la ACT sin aprovechar también las numerosas oportunidades que existen para publicar en revistas de gran impacto en el ámbito de la ACT/TMR. Dicho de otro modo, la investigación sobre la ACT/TMR puede diseñarse no solo para ayudar a perfeccionar la ACT y la TMR, sino también para ayudar a aumentar el alcance y el impacto de la propia investigación analítica conductual. En el momento de escribir este libro, solo una revista relacionada con el análisis de conducta tiene un factor de impacto de 3 o más. Los artículos sobre ACT pueden aparecer, y de hecho aparecen, en revistas con factores de impacto de 40 o más.

En el contexto de la ACT, se necesita una cantidad considerable de investigación para ayudar al analista de conducta a abordar con confianza las condiciones que presenta un cliente. El análisis funcional basado en la ACT y en la TMR aún se encuentra en una fase incipiente. Además, es necesario investigar los parámetros de la administración del tratamiento, la dosis, la frecuencia, el contenido, el método y la unidad de análisis. Las lagunas actuales en la investigación sobre la ACT, tal y como las ven los analistas de conducta, se deben en parte al número relativamente reducido de analistas de conducta que actualmente investigan la ACT, pero también se debe a que los métodos de investigación analítico conductuales deben evolucionar para abordar esta nueva área de estudio de forma más completa. La investigación sobre la ACT y la TMR obliga al campo a considerar que el método analítico del analista de conducta básico que trabaja con animales no humanos solo puede llevar el campo hasta cierto punto.

A lo largo de este texto hemos tratado de desmitificar la ACT y situarla claramente dentro del marco operativo del analista de conducta. Una vez hecho esto, se espera que se produzca una cascada de innovaciones en la investigación. En este capítulo proporcionamos la información necesaria para iniciar esta agenda de investigación que tienen por delante los analistas de conducta. Comenzaremos con aplicaciones de investigación basadas en métodos existentes y luego pasaremos al diseño de grupos y, finalmente, al análisis de redes complejas realizado como parte de una estrategia de investigación idionómica. A lo largo del texto se describen una serie de ejemplos que deberían facilitar la tarea de formular una idea y poner en marcha la iniciativa.

ORGANIZACIÓN DE UN ESTUDIO

Históricamente, nuestro campo ha adoptado un enfoque inductivo de la ciencia: buscamos descubrir el orden a partir de los datos y construir principios y, finalmente, una teoría analítica y abstracta. Las pruebas arriesgadas consisten en la ampliación y la replicación sistemática de procesos examinados de forma idiográfica hasta obtenerresultados. Este método ha funcionado bien para los miembros de la comunidad analítico-conductual y puede seguir haciéndolo una vez que se supere la barrera de adaptar nuestros métodos a participantes con capacidadesde lenguaje.

Sin embargo, debemos reconocer desde el principio, que la gran mayoría de los investigadores siguen una estrategia deductiva para el descubrimiento científico. En el enfoquehipotético deductivo, primero se construye una teoría, luego se construyen y prueban hipótesis y, a partir de los datos, se refinan posteriormente. En ese enfoque, las hipótesis formuladas son lo primero y se hace hincapié en la falsificación, al menos nominalmente.

Sigue habiendo debate sobre cuál es el mejor enfoque para el descubrimiento científico, y podría ser que la respuesta esté condicionada por el contexto, el campo, la cuestión que se aborda y el estado de la base de conocimientos existente. Por esa razón, aunque seguimos siendo investigadores inductivos, adoptamos una posición bastante neutral sobre el camino que debe seguir cada investigador o estudio de investigación en particular. Ambos métodos han dado lugar a avances científicos, por lo que ninguno de ellos debe descartarse en detrimento del otro. Es mejor reforzar la solidez, la flexibilidad y la aplicabilidad de nuestro propio programa de investigación inductiva que intentar desacreditar la investigación de otros.

Una de las razones por las que fomentamos esta postura abierta es que los analistas de conducta necesitan aprender a hacer amigos, forjar alianzas y tender puentes. Cuando los analistas de conducta intentan hablar fuera de su propio grupo, un enfoque más inclusivo del diseño, el análisis y la interpretación de la investigación es útil para reducir conflictos innecesarios. Cuando los analistas de conducta ven que hay tiempo para utilizar un conjunto más amplio de metodologías, es mucho más fácil ser inclusivos. Por lo tanto, animamos a los analistas de conducta a ser flexibles en su propio uso de los SCED y los diseños a nivel de población (es decir, basados en grupos), así como en su combinación, centrándose más en la *función* del estudio o elemento del estudio y su adecuación a la cuestión que se plantea, y menos en su topografía.

Toda investigación comienza con la curiosidad por la naturaleza, como por ejemplo, cómo X puede estar afectando a Y. El primer paso formal para organizar un estudio hipotético-deductivo es formular una hipótesis; el primer paso para un estudio de investigación inductiva es crear una pregunta de investigación. La diferencia entre ambos es que las hipótesis incluyen una respuesta preanalítica, no solo una pregunta bien formulada.

Refinar la curiosidad y la especulación para convertirlas en una pregunta de investigación real requiere un poco de concentración. Las buenas preguntas de investigación incluyen un examen cuidadoso de dónde y cómo se obtendrán las posibles respuestas a partir de los datos y qué significarán. Tal vez la pregunta se centre en la magnitud de X, los parámetros de Y, X en comparación con los efectos de A sobre Y, o cualquier otra de las innumerables configuraciones posibles. Las cuestiones de diseño deben plantearse en el contexto de la mejor manera de formular la pregunta para que la respuesta sea significativa.

La pregunta de investigación suele estar relacionada con las experiencias del investigador y, en áreas aplicadas, a menudo está relacionada con sus valores sobre lo que es importante. Es aconsejable no saltarse este paso, ya que lo que mantendrá a una persona persistiendo durante meses y años como investigador es la pasión por el área y por encontrar una respuesta más completa y adecuada a una pregunta importante.

A veces, la pregunta surge a consecuencia de ello, detectando una laguna en la bibliografía existente, pero esto suele ser exagerado por los investigadores noveles, que temen que las preguntas que les parecen importantes no resulten interesantes para los demás. Un punto de partida habitual, pero a menudo inútil, es partir de una pregunta de investigación que surge directamente de la sección de debate de un artículo de otra persona o de la observación de un defecto metodológico en un estudio publicado. Los investigadores noveles deben detenerse antes de responder en exceso a estas estrategias si el objetivo es realizar una investigación que mejore las cosas. En primer lugar, nadie quiere realmente pasar su vida limpiando los desastres de otros, por lo que la motivación para seguir adelante puede disminuir cuando ese es el método para generar preguntas de investigación. En segundo lugar, a menudo lo que aparece en las secciones de discusión de los estudios publicados ya está guiando la investigación del autor original, incluso antes de que se publique el artículo de investigación. Quienes «mueren por probar» pueden descubrir pronto que les han adelantado antes incluso de terminar el proyecto.

Es mejor leer mucho y comprender las investigaciones existentes y, a continuación, centrarse en las ideas que se acercan más a tu pasión por el trabajo que realizas o que abordan las necesidades que ves que no están cubiertas, utilizando ese amplio conocimiento científico para descartar las malas ideas y desarrollar las buenas. Las preguntas de investigación útiles pueden ser el resultado de experiencias con clientes y de intuiciones sobre lo que podría mejorar sus vidas. Pueden surgir al observar contradicciones teóricas o al explorar las implicaciones de hallazgos más básicos.

En otras ocasiones, las buenas preguntas de investigación pueden surgir de la curiosidad por los parámetros que mejoran o debilitan la eficacia de un factor ya conocido que influye en la conducta. Habrá muchas más preguntas de investigación que no podrán responderse de inmediato que aquellas que sí podrán responderse.

Uno de los errores más comunes de los investigadores principiantes es confundir la importancia de un área y la necesidad de una respuesta clara con la calidad o la importancia estratégica de una pregunta de investigación en sí misma. Aunque a primera vista resulte contraintuitivo, casi *siempre* es mejor formular preguntas que proporcionen respuestas significativas e importantes, independientemente del efecto. Te lo explicamos.

Supongamos que existe un problema social X de vital importancia y que el investigador principiante tiene una idea de cómo ayudar a solucionarlo (llamémosla método Y). «¿Ayudará el método Y a reducir el problema X?» parece una pregunta importante porque el problema X es importante, y es cierto que si el método Y tiene un gran impacto en el problema X, *será* importante. Sin embargo, eso puede ser un evento muy poco probable. ¿Qué pasa si el método Y no tiene ningún impacto? ¿Un impacto mínimo? ¿Un impacto positivo que se disipa rápidamente? Muy a menudo, estos efectos serían de importancia mínima o nula. Si es así, es muy probable que el investigador principiante haya formulado una mala pregunta.

La ciencia es como un juego de 20 preguntas. El juego es continuo y en tu vida solo puedes hacer un número limitado de preguntas. No sabes cuántas puedes hacer (mañana podría pegarte un camión, ¿no?), por lo que debes elaborar bien tus preguntas. Empecemos con esa metáfora del juego de las 20 preguntas y te darás cuenta de que ya sabes en parte cómo hacerlo.

Supongamos que alguien dice: «¡Estoy pensando en un ser vivo! ¿Puedes adivinarlo con 20 preguntas de sí o no?». ¡Genial! ¡Empecemos! Ya sabes que sería una muy mala idea que tu primera pregunta fuera «¿Es un conejo?».

Esa pregunta es digna de Homer Simpson. ¡Doh! Es una pregunta terrible. Los niños pequeños a veces hacen preguntas así, pero tú ya sabes que no debes hacerlo, así que tómate un momento para pensar por qué.

Ganarías si la persona está pensando en un conejo. Y podría serlo. Pero es una pregunta terrible porque no aprendes nada si la respuesta es «Lo siento, no». Una pregunta mejor podría ser «¿es un objeto?» o (algo más arriesgado) «¿es un animal?». ¿Por qué? Porque es importante que la respuesta sea «sí» o «no». Se descartan instantáneamente miles de respuestas, independientemente de la respuesta específica.

Las buenas preguntas científicas suelen ser así. Está bien ir a por la «victoria» («¿Es un conejo?»), pero solo más adelante en un programa de investigación.

Ahora combina este juego de 20 preguntas con el hecho de que los procesos, los principios y la teoría simplifican enormemente el mundo. Los analistas de conducta dominan muy bien el juego de los principios conductuales. Es fácil encontrar libros y cursos sobre «principios conductuales», pero otras áreas de la psicología y la ciencia de la conducta apenas se ocupan de los principios. ¿Has visto tantos libros y cursos sobre «principios emocionales»? ¿«Principios de atención»? ¿«Principios de cognición»?

La forma más rápida y una de las mejores para empezar a reducir las preguntas sobre el comportamiento, es analizar los procesos de cambio, ya que solo hay un conjunto limitado de respuestas posibles. ¿Este efecto es motivador o discriminativo? ¿Está bajo control consecuente o antecedente? ¿Se basa únicamente en contingencias directas o implica operantes relacionales? Preguntas como estas se acercan más a las estrategias de reducción que utilizan los buenos jugadores de 20 preguntas cuando descubren que el elemento es un objeto e intentan determinar si es «animal, vegetal o mineral».

Otro filtro es simplemente práctico. Por ejemplo, sería maravilloso saber si los procesos influenciados por ACT (por ej., la toma de perspectiva, ladefusión, la reducción de la evitación) podrían reducir los sesgos y preferencias de los adolescentes hacia otras culturas, y si se aplicaran a nivel poblacional con todos los niños de un país, si dichos procesos reducirían la violencia y el estigma y los prejuicios manifestados. Esta podría ser una gran pregunta, pero no si el investigador no puede poner en práctica un estudio de este tipo. Es poco habitual que se impliquen gobiernos enteros. Reducir esta gran idea para que se ajuste al ámbito de influencia del investigador podría dar lugar a la realización de un estudio similar en una sola clase de quinto curso para evaluar si una intervención basada en la ACT que se ha adaptado a las necesidades de este reto concreto (sesgos y prejuicios) altera los procesos que influyen en ese efecto. Quizás se mantenga otra clase que experimente el mismo reto en una fase de líneabase o de control, o se introduzca la intervención más adelante, como en un diseño de referencia múltiple.

La grandiosidad mundial de la primera pregunta subraya la importancia del problema, pero una buena pregunta es una mala pregunta si no se puede responder. La pregunta más modesta, que realiza una comparación entre dos aulas, puede darse en la realidad (y probablemente debería darse, para cualquier estudiante que esté buscando una tesis aplicada). La validez externa del estudio más modesto es claramente más débil, pero es preferible una validez externa baja a la ausencia de validez externa que se deriva de un estudio que nunca se realizó. Además, se puede obtener una mayor validez interna cuando el investigador tiene más control sobre detalles como las medidas necesarias del proceso o el perfeccionamiento de la intervención. Podemos estar relativamente seguros del impacto de ACT en el proceso y el efecto en el estudio más pequeño si organizamos las condiciones de forma adecuada.

Cuando se utilizan métodos mixtos con un enfoque centrado en el proceso y el efecto, estos pueden empezar a ser lo suficientemente buenos como para obtener financiación y recursos para realizar estudios más amplios y mejores a lo largo del tiempo, lo que acabará por llamar la atención de la comunidad científica en general. Eso es lo que ocurrió con la ACT y es la razón por la que ahora está reconocida como basada en la evidencia por la Organización Mundial de la Salud, el Centro para el Control de Enfermedades, el Departamento de Defensa de los Estados Unidos, la Asociación Americana de Psicología, el Instituto Nacional para la Salud y la Excelencia

Clínica del Reino Unido y muchos otros organismos similares en todo el mundo (véase *https://contextualscience.org/state_of_the_act_evidence*).

La ciencia es una empresa acumulativa, no una empresa en la que todo se consigue de una sola vez. Esto significa que incluso la investigación sobre la ACT dentro del análisis de conducta llevará años y cientos de estudios para madurar. Por lo tanto, no dejes que lo ideal sea enemigo de lo bueno. Avanza dentro de los parámetros de que dispones, realiza los estudios que puedas y contribuye al corpus colectivo de la literatura.

Dentro de la ABAI, revistas como *Behavior Analysis in Practice* están diseñadas específicamente para revisar las investigaciones realizadas por analistas de conducta en ejercicio, que serán más tolerantes con las diferencias en el diseño experimental si ello significa responder a preguntas importantes para los profesionales. El hecho de que estés leyendo este libro en este momento demuestra claramente que la intervención ACT es uno de esos temas.

A continuación se presentan dos ejemplos más. Considera las fortalezas y debilidades de cada uno. ¿Qué se podría hacer para fortalecerlos?

> El presente estudio examinó el impacto de un protocolo ACT de ocho semanas diseñado para mejorar el cumplimiento de las tareas laborales mediante la modificación de los compromisos conductuales con los valores. Esta intervención se comparó con un enfoque más tradicional de entrenamiento en habilidades conductuales (BST, por sus siglas en inglés) en dos grupos de personal de hogares grupales. Las medidas se realizaron antes, durante y después de la intervención, así como en el seguimiento. Debido a limitaciones prácticas, el personal no fue asignado aleatoriamente a las condiciones, sin embargo, se determinó aleatoriamente cuál de los dos hogares grupales estaría expuesto a cada condición. Para garantizar aún más la igualdad entre los grupos, no se encontraron diferencias significativas al comparar el personal de los diferentes hogares en términos de antigüedad en el empleo, edad del personal o informes disciplinarios previos.

Exploramos los efectos de un paquete ACT compuesto por seis módulos sobre la frecuencia de problemas de conducta emitidos por dos personas con autismo. Utilizando una línea de base múltiple en los dos niños, medimos la frecuencia de los problemas de conducta durante intervalos de una hora. La introducción del paquete ACT parece haber reducido los problemas de conducta en ambos participantes. No se tomaron medidas del proceso. El grado en que se pueden hacer inferencias causalidad sobre otros niños está limitado por la selección del diseño de la investigación y la heterogeneidad del trastorno del autismo.

SUJETOS

Para emprender una investigación conductual, es necesario involucrar a participantes que presenten las conductas objeto de estudio. Los términos «sujeto de investigación», «participante en la investigación», «cliente de la investigación» y «sujeto experimental» se utilizan a menudo de forma intercambiable en función de la cultura y el ambiente. Es posible que participen sujetos no humanos en estudios de investigación, pero la mayoría de los procesos a los que se dirige ACT no se han podido establecer en animales no humanos.

A menudo es importante intentar salir de las torres de marfil en las que viven los profesores universitarios y sus alumnos, pero, al mismo tiempo, un estudio de investigación que se lleva a cabo, siempre es mejor que uno que solo se imagina. El analista de conducta interesado en contribuir a la investigación debe hacer hincapié en los participantes a los que tiene acceso. Para algunas cuestiones, esto podría incluir, por ejemplo, un grupo de sujetos universitarios, pero para muchas otras cuestiones sería inadecuado.

En esta fase inicial de selección de los sujetos, es necesario decidir si la pregunta de investigación que se va a explorar es específica de una población (es decir, una pregunta de investigación amplia) o específica de un fenómeno (es decir, un desafíolocalizado; Belisle, Stanley y Dixon, 2021). Tomemos, por ejemplo, un investigador interesado en determinar si la incorporación de conocimientos sobre ACT en un programa de formación de personal podría beneficiar a la retención del personal. Reclutar a estudiantes de un curso de introducción a la psicología no sería adecuado para responder directamente a este tipo de pregunta de investigación. Sin embargo, es posible que la incorporación de estudiantes universitarios en una tarea laboral simulada pueda utilizarse para estudiar la persistencia o la cooperación en grupos de trabajo, y el uso de ACT como análogo de la formación de personal en un estudio de este tipo podría aportar información para preguntas más aplicadas que podrían aplicarse a la formación real del personal. En el ambiente aplicado pueden surgir cuestiones emergentes desconocidas para el investigador, por lo que el trabajo sobre una cuestión relacionada con la formación de personal no se realizará hasta que se reclute a esa población. Los investigadores deberán sopesar las ventajas y desventajas de la accesibilidad de los participantes y la sensibilidad hacia las cuestiones emergentes en la aplicación real.

A continuación se presentan dos ejemplos más. Considera las fortalezas y debilidades de cada uno. ¿Qué se podría hacer para fortalecer cualquiera de ellos?

> Se comparó el proceso de defusión de ACT con la supresión deliberada de pensamientos en su impacto sobre la tolerancia al agua fría en estudiantes universitarios. Los resultados sirvieron como indicador experimental básico de posibles técnicas terapéuticas para disminuir el impacto conductual de los juicios verbales privados sobre sensaciones no deseadas, como el dolor físico en pacientes con dolor crónico o la excitación fisiológica ansiosa en personas con «trastornos de ansiedad».
>
> Se pide a una muestra aleatoria de participantes en un taller de ACT de un día de duración que realicen una autoevaluación de sus niveles de flexibilidad psicológica antes y después de la exposición al contenido del taller. Las puntuaciones de los autoinformes de estrés de los participantes fueron comparados entre sujetos, así como con un grupo de control que recibió un taller sobre asado de cerdo.

La selección de los sujetos requerirá una descripción clara del compromiso que deben asumir, los riesgos y los beneficios. La mayoría de las veces, la evaluación la realiza un tercero para garantizar que se respetan las directrices éticas. La utilización de otras personas con fines de investigación debe ser justa, justificada y no causar ningún daño indebido. Estos métodos deben ser aprobados por un comité de ética de la investigación, ya sea a través de una universidad o de la creación de un comité de revisión interno para organizaciones más grandes. Nadie puede ser obligado a participar en un estudio de investigación y nunca debe producirse ninguna coacción implícita.

Si al investigador le resulta difícil reclutar sujetos, tal vez el problema no sea el posible grupo de sujetos, sino el estudio en sí. Si se ofrece un estudio de laboratorio ACT sobre la evitación experiencial para obtener 1 crédito extra en un curso y se tarda 6 horas en realizarlo, quizá sea mejor que los posibles sujetos busquen una forma más fácil de obtener ese crédito. Además, piensa en qué tipo de estudiantes pasarían seis horas delante de una pantalla de ordenador por un punto extra. Probablemente serán aquellos que estén desesperados por aprobar una asignatura o aquellos que tengan contingencias sociales implícitas que les obliguen a completar el experimento. Complicaciones similares se producen cuando se intenta realizar una investigación a nivel de sistemas en la que se pretende explorar cómo las sesiones diarias de ACT podrían influir en las interacciones entre profesores y alumnos. Intentar imponer una sesión de ACT que requiere mucho tiempo a cada profesor cada día puede encontrar oposición debido a las demandas existentes en cuanto a la impartición de contenidos en el aula. A consecuencia de ello, muy pocos profesores optarán por participar en un estudio de investigación como este, aunque las perspectivas de éxito del tratamiento sean probables.

Surgen otros retos éticos cuando una iniciativa de selección incluye un grupo de control sin tratamiento o un grupo con un tratamiento inferior al estándar. Cuando en la selección de los sujetos se tiene en cuenta esta posibilidad, es frecuente que los posibles participantes se echen atrás ante la probabilidad de no ser incluidos en el grupo experimental que podría mejorar su situación actual. Los incentivos como el dinero, las pausas en el trabajo, los créditos académicos, las tarjetas regalo u otras formas de compensación pueden influir en un cierto número de sujetos potenciales para que se inscriban en un estudio de investigación menos favorable, pero también pueden cambiar significativamente el grupo de participantes de forma que alteren los resultados científicos. Por ejemplo, la autoayuda ACT ayuda de forma fiable a las personas que sufren angustia. La Organización Mundial de la Salud incluso distribuye autoayuda ACT (*bit.ly/WHO_ACT*) «para cualquier persona que experimente estrés, independientemente de dónde viva y cuáles sean sus circunstancias». Pero, ¿qué pasa con las personas que no están estresadas? ¿Qué pasaría si, por ejemplo, pagas a personas para que lean materiales de autoayuda ACT aunque no los necesiten en ese momento, con la esperanza de que lo que aprendan les sirva en el futuro cuando surjan desafíosimprevistos? Esto se denomina «prevención universal» y existe un metaanálisis reciente, querevelό que los datos sobre todas las formas de intervención, incluso las más elaboradas, «tendían a situarse dentro del rango de 0,07-0,16 desviaciones estándar» (Tanner-Smith, Durlak y Marx, 2018). Por lo tanto, la resolución de problemas del interés de los participantes mediante fuertes incentivos podría, sin quererlo, cambiar tu pregunta científica e, irónicamente, condenarte al fracaso. Puede ser mejor considerar modificaciones en el diseño para aumentar las posibilidades de conseguir a los participantes que realmente te interesan, en lugar de conseguir participantes sin tener en cuenta quiénes son realmente y qué necesitan.

El uso de clientes existentes como participantes en la investigación plantea un reto adicional para los investigadores, ya que, por la propia naturaleza de la relación existente, es probable que existan conflictos de intereses potenciales. La profundidad de estos conflictos suele estar relacionada con el tipo de investigación que se realiza. Cuando las evaluaciones del tratamiento se agregan, resumen y describen en contraste con las personas que se encuentran en listas de espera reales, es probable que se produzcan conflictos mínimos de atención potencial. Sin embargo, cuando se demora el tratamiento del mismo grupo control de una lista de espera con el único fin de realizar un proyecto de investigación, el conflicto de intereses potencial aumenta drásticamente. Además, cuando los clientes son personas con capacidades de lenguaje y de cognición limitadas, su potencial para dar un consentimiento voluntario e informado se reduce.

Es necesario que existan una serie de controles y contrapesos para garantizar la atención ética de los clientes como sujetos. Los posibles sujetos deben saber que su atención clínica actual no se verá comprometida independientemente de su decisión de participar en un estudio. Es posible que se requiera el consentimiento formal de un tutor legal o de los padres si estos supervisan la atención general del posible sujeto. Cuando esta tercera persona toma tal decisión, el cliente también proporciona una versión de su propio consentimiento denominado «assent», en la que se produce un mayor igualamiento entre el contenido y la capacidad de la persona a la que se le pregunta, a menudo en cada una de las sesiones del experimento. La renuncia a esta solicitud tiene la función de ser la voz de esa persona que desea detener el experimento y debe ser concedida por el investigador.

Dependiendo del tipo de investigación que se lleve a cabo, el analista de conducta puede considerar útil contar con un proceso de consentimiento general para todos los clientes que se presenten en la primera entrevista. Cuando el trabajo está diseñado para examinar fenómenos generalmente naturales que se producen durante el proceso de tratamiento, es posible que estas revisiones programáticas de los datos no requieran un documento de reclutamiento individual específico para el estudio. Por ejemplo, si comparas las puntuaciones AAQ-2 de clientes que ves individualmente una vez a la semana con las de clientes que ves en una sesión grupal dos veces por semana, es posible que tu análisis de dichos datos y la posterior presentación de estos no requieran más que un consentimiento general para la utilización de datos de clientes anónimoscon el fin de comparar las diferencias en los métodos de administración del tratamiento. La línea se cruza cuando se asigna a los clientes a determinados tipos de atención (grupal o individual) con fines de investigación y no por necesidad clínica, o cuando se mantiene a los clientes en un tipo de atención que no les resulta útil para garantizar un número suficiente de sujetos en el grupo experimental. Estos acuerdos requerirán un proceso de revisión mucho más exhaustivo en lo que respecta a los parámetros éticos de la selección, inclusión y retención de los participantes. La pregunta más importante que hay que hacerse al considerar la participación de clientes en una investigación es: «¿Algo de lo que hago para esta investigación altera la atención actual del cliente o mis decisiones sobre su posible atención futura?». Si la respuesta no es «rotundamente no», será necesario adoptar diversos procedimientos, consentimientos y revisiones externas del proyecto para garantizar que no se cause ningún daño a las personas que reciben servicios explícitamente destinados a mejorar su situación actual.

No estamos diciendo «no hagas este trabajo». La investigación clínica es importante. Solo hay que ser consciente de los problemas y poner en práctica la supervisión y las revisiones necesarias para garantizar que lo que se está haciendo tiene sentido ético y se encuentra dentro del ámbito de los servicios contratados que está recibiendo el cliente.

A continuación se presentan dos ejemplos más. Basándote únicamente en lo que se afirma, ¿qué otras cuestiones éticas y de selección de participantes podrían plantearse?

Este estudio incorporó el uso de sujetos de investigación adolescentes diagnosticados con autismo, con un nivel verbal relativamente sofisticado y que recibían tratamiento ACT por problemas de motivación en un centro de atención que ofrecía programación educativa relacionada con el diagnóstico. Para garantizar que no hubiera coacción para participar en una evaluación de la intervención ACT, se envió a los padres una carta detallada en la que se describía el estudio, sus riesgos y beneficios. En esta carta se explicaba que la participación no estaba vinculada en modo alguno a los servicios y que la decisión de no participar en el proyecto no tendría ninguna repercusión en la atención prestada. La posibilidad de que existiera un conflicto de intereses fue evaluada por un comité de ética en el que no participaban los investigadores de este estudio.

La investigación actual utilizó datos de archivos recopilados previamente por la clínica para realizar un seguimiento del progreso de los clientes durante las intervenciones ACT diseñadas para reducir el problema de conducta. Los datos se proporcionaron a los investigadores para su inclusión en este estudio, pero los investigadores no participaron en la generación de dichos datos ni tuvieron ninguna influencia en la atención futura de los clientes.

ENTORNO Y MATERIALES

El analista de conducta dispone de una amplia gama de opciones a la hora de elegir el tipo de entorno en el que llevar a cabo la investigación ACT. En la mayoría de los casos, la investigación se inicia a partir de las oportunidades que se presentan en el entorno principal del analista de conducta. Si trabaja en una universidad,el espacio de un laboratorio u oficina puede servir como un lugar funcionalmente adecuado para prestar servicios de ACT. Algunas universidades también cuentan con centros de servicios de salud, y es posible que las conversaciones con el personal de estos centros permitan utilizar el espacio fuera del horario laboral o durante las horas de menor afluencia. Los tres autores de este texto han trabajado en varias universidades y han negociado el uso de espacios para investigaciones complementarias sobre ACT tras tratar las posibilidades con otras personas de su universidad. Si trabajas en un centro de tratamiento clínico, un hospital o una escuela, es probable que ya existan muchos entornos posibles en los que realizar la investigación. Lo único que hay que hacer es resolver los posibles conflictos de programa en los espacios o programas existentes. A menudo, incluso se pueden prestar los servicios en tu propia oficina. En resumen, sé creativo. Las limitaciones de espacio que se pueden observar suelen superarse con la experiencia y la iniciativa.

Cuando el programa de investigación se amplía más allá de una única ubicación, pueden surgir complicaciones, pero no son insuperables. Se debe tener cuidado para garantizar un cierto grado de coherencia entre los distintos centros, a fin de reducir la probabilidad de que las diferencias entre ellos den lugar a un sesgo en los efectos generales del tratamiento. Por ejemplo, cuando se lleva a cabo un proyecto en varios centros para evaluar cómo influye la ACT en la atención durante las clases de matemáticas, el investigador deberá asegurarse de que el tamaño de las aulas y los alumnos sean similares en todos los centros, y que el contenido de las matemáticas y los métodos de enseñanza también sean similares.

Los experimentos en el mundo real se pueden realizar en cualquier lugar. Quizás existan ganas de examinar cómo las frases basadas en valores colocadas en vallas publicitarias influyen en el reciclaje dentro de una comunidad. En este caso, la comparación podría consistir en el número de materiales reciclables recogidos antes, después y al volver a las condiciones de línea de base de toda la ciudad.

Las ideas para elegir un escenario no deben limitarse a lo que sea más fácil de acceder o a las zonas en las que sea más probable obtener rápidamente la aprobación. Es mejor dejar que la pregunta de investigación guíe la selección del escenario. Si deseas explorar un fenómeno fuera de tu entorno inmediato, hazlo sin dudarlo. Por supuesto, entran en juego aspectos de pragmatismo y la logística para acceder a escenarios dispersos puede poner a prueba las capacidades del investigador, pero lo más importante es empezar. Habrá un intercambio natural entre el entorno ideal y el realista, y la brecha entre ambos probablemente se reducirá con los sucesivos experimentos, el aumento de la colaboración, la financiación externa y la experiencia adquirida al llevar a cabo proyectos de investigación a gran escala.

Los materiales para diseñar un estudio ACT también variarán en función de la pregunta de investigación que se plantee. En un primer momento, puede parecer que un tratamiento basado en la conversación como ACT solo requiere que el investigador hable con las personas y que estas le respondan. Tal vez se podría utilizar una grabadora de voz para la captura de ese diálogo y luego puntuarlo en función de ciertos tipos de frases con flexibilidad y sin flexibilidad emitidas por cada parte. En el otro extremo podría estar un estudio que examine la influencia de la ACT en la producción de dopamina en jugadores patológicos (por ej., Habib y Dixon, 2010), en el que se realizan simulaciones de máquinas tragaperras dentro de un escáner de resonancia magnética funcional en un hospital local y se entrega dinero a los sujetos por cada premioobtenido.

Este tipo de configuración requerirá un presupuesto considerable, tecnología sofisticada, personal técnico altamente entrenado y equipos de análisis de datos. Ninguno de los dos estudios es necesariamente mejor que el otro en términos de avance del conocimiento en el campo sobre cómo la exposición a ACT afecta a la condición humana. Más bien, cada proyecto requiere un entorno y un conjunto de materiales diferentes. Si la pregunta de investigación a la que aspiramos se sale del ámbito de la adquisición práctica de materiales, podría ser posible simplemente replantear el proyecto dentro de las limitaciones materiales, sin dejar de abordar el tema general. Por ejemplo, el proyecto de escáneres fMRI, extremadamente caro, podría rediseñarse para incluir la exposición a ACT de jugadores recreativos en cursos universitarios, que indicarían en escalas Likert en papel su nivel de excitación tras determinados efectos en máquinas tragaperras mientras juegan a un juego de tragaperras en su teléfono móvil. Aunque se eliminaría el atractivo de una medida directa de la activación neurobiológica, se mantendría el tema general de la influencia de la ACT en la excitación.

SELECCIÓN DE UNA VARIABLE DEPENDIENTE

Las variables dependientes más simples que se pueden considerar son los índices de cambio de conducta que son medibles y observables para el analista de conducta. Este tipo de métricas pueden incluir la tasa, la frecuencia, la duración, la intensidad y la latencia de un comportamiento problemático objetivo o un comportamiento deseado. La eficacia del tratamiento podría ser medida por la disminución de la conducta problemática o por el aumento de las conductas positivas, o por ambos al mismo tiempo. Por ejemplo, un estudio podría intentar aumentar la frecuencia de la interacción con los compañeros y reducir la frecuencia de las declaraciones autocríticas negativas.

Sin embargo, no hay razón para limitarse a métricas de conducta simples y cuantificables. Las variables dependientes múltiples que abarcan múltiples niveles de análisis suelen ser útiles en la investigación sobre ACT. La naturaleza contextual de la interacción entre el sujeto y ACT permite un examen riguroso de las relaciones entre conductas, entre el lenguaje y el comportamiento manifiesto, y entre el lenguaje y la neurobiología.

Recuerda que la fuerza del análisis de conducta radica en su enfoque en los procesos idiográficos de cambio y su relación con el efecto. Los procesos pueden incluir relaciones entre conductas, donde la palabra «conducta» abarca *todas* las actividades, desde la actividad cerebral evaluada mediante EEG, fMRI u otros medios, hasta cambios biofisiológicos como la presión arterial, la variabilidad del ritmo cardíaco o la respuesta inmunitaria, pasando por comportamientos sociales como la cooperación o la empatía, y cambios verbales y relacionales como las afirmaciones sobre uno mismo o las reacciones verbales implícitas.

Cuando el investigador dispone de las herramientas necesarias para ampliar su campo de acción y abordar estas interacciones contextuales a múltiples niveles, el impacto potencial de su investigación suele aumentar. Los analistas de conducta tienen la oportunidad, gracias a ACT, de dirigirse a un público mucho más amplio, y esa oportunidad no debe desperdiciarse adhiriéndose a los parámetros históricos de lo que constituye la investigación analítico conductual.

Considera el nuevo instrumento de autoinforme que se muestra en la Tabla 1. Se trata de la «Herramienta de evaluación basada en procesos» (Ciarrochi, Sahdra, Hofmann y Hayes, 2022), creada para preguntar sobre las acciones basadas en la variación, la selección y la retención durante las últimas horas en una evaluación longitudinal de alta densidad temporal. Se trata de un conjunto de ítems que, en efecto, son informes de conducta. Los ítems fueron examinados individualmente por un algoritmo de aprendizaje automático; no se trata de un instrumento psicométrico que busque un constructo latente.

Si pensás en los procesos ACT como tipos de relaciones entre comportamientos, podés ver que estos ítems tratan de plasmar los procesos ACT como acciones funcionales, redactadas tanto en términos positivos como negativos. Consideremos el área de los valores. La PABT pide a la persona que evalúe si en las últimas horas ha hecho cosas «solo porque estaba cumpliendo con lo que otros querían» o en qué medida, en ese periodo de tiempo, «elegí hacer cosas que personalmente eran importantes para mí ».

Aunque estos ítems son autoinformados, tienen una cualidad de observación conductual. Si se conociera lo suficiente sobre una persona, sería posible, si se la observara externamente, vincular una afirmación como «Hice cosas que dañaron mi conexión con personas que son importantes para mí» con acciones reales,externas, y observables que podrían dañar la conexión de la persona con personas que son importantes para ella.

A continuación informaremos sobre cómo se está utilizando y validando el PABT, pero lo que queremos destacar es que, una vez que los procesos de

ITEMS EN EL PABT

Proceso Objetivo	Comportamiento negativo	Comportamiento positivo
Variación	Me siento atascado e incapaz de cambiar mi conducta poco efectiva	Yo era capaz de cambiar mi conducta, cuando el cambio me ayudaba en la vida
Selección		
Afecto/Anhelo de sentir	No encuentro una salida apropiada para mis emociones	Yo era capaz de experimentar una serie de emociones apropiadas al momento
Cognición/Anhelo de coherencia	Mi pensamiento va en sentido de lo que es importante para mí	Utilicé mis pensamientos de maneras que me ayudaron a vivir mejor
Atención/ Anhelo de estar orientado	Me costó conectar con los momentos de mi vida cotidiana	Puedo prestar atención a las cosas importantes de mi día a día
Conexión social/Necesidad de conexión	Hice cosas que dañaron mi conexión con otras personas que son importantes para mi	Hice cosas para conectar con personas que son importantes para mí
Motivación/Necesidad de autonomía	Hice cosas sólo porque estaba cumpliendo con lo que otros querían que hiciera	Elegí hacer cosas que son importantes para mí.
Conducta manifiesta/Necesidad de competencia	No pude encontrar una manera significativa de desafiarme a mí mismo	Pude encontrar maneras significativas de desafiarse a uno mismo
Conductas de salud física	He actuado de formas que dañaron mi salud física	He actuado en formas que ayudan a mi salud física
Retención	Luché por seguir haciendo algo que era bueno para mí	Me mantuve fiel a estrategias que parecen haber funcionado

cambio están sobre la mesa y se comprende la relación entre conductas en términos generales, se abre una diversidad de nuevos métodos de evaluación y análisis.

Desde este punto de vista, los procesos ACT pueden funcionar en ocasiones como variable dependiente (convirtiéndose, en efecto, en el resultado objetivo) o como variable de proceso (es decir, evaluada como una acción funcionalmente vinculada a otras acciones). En última instancia, el objetivo de ACT es lograr un cambio de conducta manifiesta; sin embargo, si se ha establecido el vínculo entre los seis procesos básicos y la conducta topográficamente amplia, entonces centrarse en evaluar las mejores estrategias para impulsar estas conductas por sí mismas puede ser una cuestión de investigación razonable. Las expresiones verbales reales emitidas por un cliente pueden juzgarse en términos de su flexibilidad o inflexibilidad psicológica. Las escalas de autoinforme que miden mindfulness, la aceptación o la rigidez (también) pueden examinarse para determinar su vínculo con las intervenciones de ACT y con el consiguiente cambio significativo en el comportamiento. Sin embargo, es importante recordar que no se debe considerar que una conducta influye en otra conducta dentro de la misma persona sin tener en cuenta el contexto en el que se produce esa relación. Sin contexto, estas relaciones corren el riesgo de caer en el error del mentalismo y las «causas» no manipulables, como hemos tratado ampliamente anteriormente en este volumen.

Cuando la investigación implica examinar la capacidad de otras personas para aplicar correctamente la ACT, se puede utilizar una serie de medidas de rendimiento para evaluar los efectos del tratamiento. Por ejemplo, si se observa al personal o a los cuidadores para determinar la adecuación de sus interacciones con los clientes en ACT, podría tener sentido puntuar sus conductas, como el contenido de sus expresiones verbales, las declaraciones proactivas frente a las reactivas y la cobertura de cada proceso del hexaflex en un determinado periodo de tiempo. En resumen, ACT como unidad, o ACT como conjunto de procesos específicos, puede ser de valor para el investigador como variable dependiente aislada o como parte de un análisis de variables multidependientes de los efectos del tratamiento.

A continuación se presentan dos ejemplos más. Basándote únicamente en lo que se afirma, ¿qué cuestiones plantean?

> Un investigador está interesado en saber por qué los recuerdos dolorosos de incidentes traumáticos pasados llevan a un adolescente a autolesionarse deliberadamente. Dado que esta persona presenta un alto nivel de evitación experiencial, el investigador afirma que la autolesión está causada por la evitación de las emociones.
>
> Un investigador quiere estudiar los procesos de la ACT en un cliente con conductas repetitivas, pero no quiere preguntarle al cliente sobre ellas porque los informes verbales son poco fiables y mentalistas. En su lugar, se afirma que la repetición de conductas por sí sola es una prueba de «fusión» y, por lo tanto, que la ACT es ideal para este cliente.

ACT COMO VARIABLE INDEPENDIENTE

Aunque la variable independiente lógica en la investigación de ACT es aplicar ACT y medir el cambio, el investigador analítico conductual dispone de muchas variaciones de este tema general. El modelo ACT completo puede introducirse en un solo grupo pequeño de sujetos a lo largo del tiempo, o compararse entre grandes grupos de sujetos, algunos de los cuales reciben un tipo de tratamiento diferente. Los procesos ACT en sí mismos pueden examinarse de forma relativamente aislada, para determinar si algo como la defusiónpuede ser útil para cambiar la situación de algunos clientes tras recibir instrucción. Los métodos de aplicación de la ACT también podrían compararse para determinar si la aplicación de contenidos informáticos es igual o inferior a la aplicación humana. La ACT también podría examinarse junto con un paquete de tratamiento más amplio, que podría incluir entrenamiento en TMR, medicación o condicionamiento neurológico. Por último, la ACT podría examinarse en cuanto a su dependencia del modelo, ya que cambiar, modificar o eliminar ciertos procesos del modelo existente puede o no producir mayores efectos terapéuticos en determinadas poblaciones.

El modelo ACT total como variable independiente es una intervención integral que probablemente variará en cuanto a su aplicación según los diferentes proveedores. Muy similar al entrenamiento en habilidades conductuales (BST), el ACT contiene una serie de elementos móviles que se aplican de forma menos uniforme, dependiendo en cierta medida de las necesidades del cliente. Por lo tanto, sigue siendo de gran interés qué debe formar parte exactamente de una intervención ACT, la duración y la frecuencia de las sesiones, y la secuencia de los procesos hexaflex. Está claro que la ACT puede ser útil en algunas circunstancias para algunas personas, pero las variables a nivel micro (los núcleos del tratamiento) contenidas en un enfoque ACT global necesitan una exploración y comparación empíricas considerables, así como una vinculación mucho más idiográfica con el funcionamiento del cliente y los procesos de cambio.

Lo mismo ocurre con los procesos individuales de un modelo de flexibilidad psicológica. Existen muchas variaciones en la forma en que un profesional considera algo tan complejo como el «yo como contexto». Un clínico puede introducir este concepto mediante una metáfora experiencial o una práctica contemplativa, mientras que otro puede limitarse a describir la naturaleza de verse a uno mismo desde la distancia. Se desconoce qué enfoque tiene un mayor efecto en la aceptación por parte del cliente y en qué medida clientes diferentes pueden necesitar descripciones diferentes del proceso.

En la bibliografía publicada se ha documentado una amplia gama de métodos de aplicación del ACT, que van desde sesiones individuales a grupales; desde la telesalud hasta intervenciones basadas en conferencias en directo; desde presentaciones de diapositivas autoguiadas y libros de texto o folletos hasta proyectos de artesanía e incluso entradas en diarios de los clientes. Por un lado, esta diversidad pone de manifiesto el potencial de los tratamientos basados en procesos como mecanismo de cambio. Sin embargo, por otro lado, plantea preguntas sobre qué enfoque puede ser más beneficioso que otros. Es ingenuo pensar que cualquier tipo de ACT, impartido en cualquier formato, producirá resultados igualmente maravillosos. Los investigadores del futuro tienen un sinfín de oportunidades para explorar las formas en que los métodos de atención interactúan con los efectos de los clientes, e incluso combinar la ACT con otras variables independientes más tradicionales del análisis conductual, como el entrenamiento en habilidades conductuales, el ensayo verbal, el establecimiento de objetivos o la autogestión.

Una última consideración de investigación se refiere a la interacción entre la teoría del marco relacional y la ACT. A lo largo de este texto se ha hecho hincapié en que los procesos conductuales subyacentes que intervienen en la ACT implican el lenguaje, tal y como se explica en la TMR. Aunque los vínculos conceptuales están bien establecidos, las conexiones empíricas se encuentran en una fase inicial. En capítulos anteriores hemos aludido a un cierto nivel de repertorio de lenguaje necesario para que un cliente se beneficie de la ACT, pero no está claro si estas recomendaciones son definitivas en lo que respecta al umbral relacional mínimo. Además, se desconoce cuál es la mejor manera de ampliar el repertorio del cliente de manera eficiente para aprovechar al máximo los tratamientos de ACT, y si ese trabajo debe realizarse simultáneamente o antes de introducir las intervenciones de ACT. También es posible que los malos efectos de los clientes en ACT sean el producto de un repertorio relacional poco desarrollado y que mejorarlo podría contribuir a la eficacia del tratamiento.

DISEÑO DE LA INVESTIGACIÓN

Los experimentos de ACT deben incluir diseños SCED, entre deseños en grupos y diseños mixtos. La adhesión a exploraciones estrictamente con un solo sujeto por parte de muchos analistas de conducta ha marginado el impacto general que este campo ha tenido en la ciencia en general, pero al mismo tiempo, muchas cuestiones científicas claves relacionadas con ACT y los procesos de cambio deben vincularse a nuevas formas de investigación idiográfica. Los compromisos metodológicos básicos del análisis conductual son ahora más importantes que nunca, pero es necesario modificar la forma en que se han llevado a cabo.

Tomemos como ejemplo la inferencia estadística. Los analistas de conducta a menudo se han resistido a los métodos estadísticos clásicos por motivos tales como que la significación estadística no implica significación clínica; que los promedios no representan al individuo; que la variabilidad entre personas no es lo mismo que la variabilidad dentro de una misma persona; que la hipótesis nula, cuando se comprueba frente a una distribución entre personas, desvía la atención del control experimental; etcétera. Todas estas críticas son válidas, pero el estudiante analítico conductual medio, acaba simplificando estos muchos mensajes en una idea general de que las estadísticas no son útiles para el análisis de conducta. Lo que sigue es que los métodos estadísticos apenas se enseñan en muchos programas, se aconseja a las personas con poco entrenamiento matemático que se conviertan en analistas de conducta, la investigación analítico-conductual evita cualquier uso de la estadística, independientemente de si los métodos analíticos son adecuados o no, y se inicia un proceso que se autoalimenta y reduce la capacidad de la investigación analítico-conductual para plantear preguntas de investigación sofisticadas.

Esto es especialmente lamentable ahora, precisamente cuando han surgido nuevas formas de análisis estadístico que encajan a la perfección con la sensibilidad analítico conductual. Con suficientes datos longitudinales, ahora podemos modelar el desarrollo individual a lo largo del tiempo como una red compleja basada enteramente en la variabilidad dentro de una persona (por ej., Gates y Molenaar, 2014). Estos métodos están muy bien desarrollados, pero también son muy innovadores y requieren una *mayor* sofisticación estadística para ser comprendidos y utilizados, no *menos*. Más adelante hablaremos más sobre estos métodos, pero lo que queremos destacar aquí es que el análisis de conducta debe seguir avanzando dentro de sus supuestos básicos y no dormirse en los laureles.

Para superar las limitaciones de la historia que han llevado a tantas personas a necesitar leer un libro como este, tendremos que mejorar en las próximas décadas para garantizar que los parámetros que hemos definido como investigación conductual se amplíen considerablemente. Esto no significa que debamos abandonar nuestra historia, sino permitir que esta influya en la toma de decisiones con visión de futuro a la hora de elaborar un nuevo programa de investigación, como por ejemplo, afrontar el reto de la ACT y la TMR.

Somos plenamente conscientes de que muchos analistas de conducta pueden no tener un conocimiento o una comprensión profundos del análisis estadístico o los diseños grupales. Hay detalles demasiado extensos para un libro como este y pueden requerir lecturas adicionales. Sin embargo, proporcionamos suficiente material para que los investigadores empiecen a pensar dentro y más allá del marco de un solo sujeto. En las secciones siguientes detallamos una amplia gama de ejemplos de posibles investigaciones sobre ACT en diferentes poblaciones, entornos y diseños de investigación.

Lo hacemos utilizando un modelo «Teoría-Impacto». Introducido en respuesta a la pregunta de por qué los analistas de conducta no han logrado salvar el mundo (Dixon, Belisle, Rehfeldt y Root, 2018), este modelo aborda la necesidad de nuestro campo de buscar el progreso de forma simultánea en múltiples niveles de investigación científica. En lugar de utilizar un enfoque científico descendente, en el que la teoría guía la investigación básica y esta, a su vez, guía la práctica, se fomenta un sistema dinámico en el que los distintos niveles de la ciencia interactúan entre sí, cada uno empujando a los demás para impulsar el sistema hacia adelante. En el núcleo del modelo se encuentra la visión del mundo del conductismo. En círculos concéntricos se ramifican la ciencia básica, la investigación traslacional, la investigación aplicada y, finalmente, el impacto. La situación óptima para nuestro campo es cuando se avanza en cada una de estas áreas al mismo tiempo, en lugar de una cascada gradual desde la teoría hacia afuera.

Un error desafortunado que ha cometido nuestro campo y que probablemente sea la razón por la que aún no hemos salvado el mundo es que hemos sido conservadores en nuestro impacto. Hemos avanzado demasiado lentamente, de forma lineal en lugar de dinámica, aferrándonos a los SCED como solución a cualquier cuestión de investigación. Esta naturaleza conservadora de nuestros métodos, análisis y aplicaciones protege la integridad del campo, pero también tiene un costo. Para salvar realmente el mundo, nuestro campo debe desafiarse a sí mismo para diseñar con urgencia intervenciones de impacto a gran escala, lo que a menudo requiere el uso de métodos de diseño de investigación que van más allá de los SCED.

Correlaciones. Cuando se examinan dos variables respecto a su relación entre sí, se puede calcular un coeficiente de correlación. Esta métrica describe el grado de relación entre las dos, no un impacto casual de una sobre la otra. Las dos variables de interés podrían ser el grado de flexibilidad psicológica autoinformado y el grado de descuento por demora, o la complejidad de las habilidades de enmarcar relacional y el promedio semanal de comportamientos desafiantes.

Las correlaciones habitualmente se implican mediante la recopilación de dos puntuaciones para un solo sujeto, y posteriormente, se analiza el grupo total de sujetos en función del grado en que cada puntuación de una variable se relaciona con la puntuación de la otra variable. Las correlaciones suponen la independencia de los sujetos y también una relación lineal. Se puede decir que existe una correlación positiva entre dos variables cuando un aumento en una puntuación también revela un aumento en la otra puntuación. Puede darse una correlación negativa a consecuencia de ello cuando los cambios en el nivel de una variable aumentan y el nivel de la segunda variable disminuye.

Es importante destacar que, con datos de alta densidad temporal sobre dos o más variables, también se pueden calcular correlaciones dentro de una misma persona. Si varias personas tienen esos datos, se puede combinar una serie de correlaciones dentro de una misma persona (por ej. ., se puede calcular la media).

Podrías suponer que estos dos tipos de correlaciones serían iguales, pero no sería correcto. Considera la relación entre la velocidad de escritura y los errores de escritura. En cualquier grupo grande, estas dos variables estarán correlacionadas negativamente porque los expertos escribirán más rápido y cometerán menos errores. Sin embargo, para cada individuo, la iniciativa por escribir más rápido en varios ensayos producirá más errores y las dos variables estarán correlacionadas positivamente.

Ambas relaciones son válidas, pero el nivel de análisis es diferente. Si el objetivo es el modelado de individuos a lo largo del tiempo, lo mejor suele ser correlacionar variables dentro de los individuos a lo largo del tiempo. Si el objetivo es realizar una afirmación basada en la población que solo sea aplicable a ese nivel, lo más adecuado puede ser utilizar correlaciones basadas en grupos.

Algunos ejemplos de estudios correlacionales son:

Básico: evaluar el rendimiento en una tarea de atención en condiciones estresantes, como la presencia de un ruido aversivo, y correlacionar el número de errores con las puntuaciones obtenidas en diversas medidas bajo mindfulness.

Traslacional: Proporcionar a los proveedores de servicios ABA la oportunidad de realizar una sesión de entrenamiento con ensayos discretos e introducir reglas sobre su incapacidad para tener éxito y correlacionar su disposición a continuar con la sesión con índices de evitación experiencial.

Aplicado: Medir repetidamente los síntomas de agotamiento de los terapeutas de la institución y los ítems del PBAT dos veces al día durante un mes. Examinar individualmente cómo estos ítems de flexibilidad psicológica y evitación experiencial predicen el agotamiento en el transcurso del mes.

Impacto: Comparar las tasas de retención del personal de cientos de instituciones, algunas de las cuales ya están aplicando servicios basados en la ACT con sus clientes y otras están aplicando exclusivamente intervenciones más tradicionales basadas en el ABA. Correlacionar estas medidas organizativas de la participación en la ACT con los datos de retención del personal.

Diseños AB. El diseño AB consiste en un periodo de líneabase seguido de un único tratamiento. Este diseño de investigación básica permite una comparación directa de dos condiciones. Los diseños AB no permiten establecer una causalidad, ya que existen muchas amenazas para la validez interna, pero pueden ser suficientes para proporcionar información sobre el posible impacto de un tratamiento. La naturaleza de esta configuración, que solo incluye el tratamiento de referencia, puede ser difícil de publicar, pero podría tener un valor clínico más allá de un diseño «B», en el que el tratamiento solo comienza para alguien el primer día de los servicios. La validez interna puede reforzarse variando la duración de la líneabase entre los diferentes sujetos, replicando los efectos en varios sujetos y manteniendo a otros sujetos en una condición de líneabase. Incluso el AB puede ser beneficioso para un investigador de ACT que desee examinar cómo la incorporación de ACT a un plan de estudios socioemocional escolar podría beneficiar a los estudiantes. En lugar de lanzarse al enfoque ACT, el investigador podría recopilar información sobre variables dependientes del año escolar anterior, como informes de acoso escolar, asistencia y expulsiones, y compararla con la del año actual una vez introducido el tratamiento ACT. Esto es exactamente lo que hicieron Dixon y sus colegas (2022) en su estudio utilizando el plan de estudios AIM en una escuela pública de secundaria con más de 200 alumnos, utilizando como variable dependiente principal las puntuaciones de las pruebas estandarizadas de dos años antes y un año después.

Básico: se empareja una imagen desconocida con estímulos aversivos y el participante puede hacer desaparecer la imagen haciendo clic en un botón. A continuación, se realiza un ejercicio de desactivación para debilitar esta relación y determinar si la tasa de clics se reduce en la condición de intervención.

Traslación: Se desarrolla un procedimiento para la medida de la atención al momento presente, por ejemplo, presentando un vídeo en el que se producen acontecimientos que requieren una atención activa para ser percibidos. En la condición de líneabase, se pide a los participantes que presten atención al vídeo y este se interrumpe periódicamente para hacer preguntas sobre los acontecimientos que tienen lugar en la escena. A continuación, los participantes se dedican a escanear el entorno durante 10 minutos y lo representan con el vídeo. Los participantes son capaces de informar con mayor precisión de los acontecimientos a medida que se producen en la escena.

Aplicado: Se evalúa a los empleados durante la líneabase en función de la frecuencia de interacciones positivas con los clientes durante un turno de trabajo. El tratamiento consiste en una reflexión semanal y una proyección futura del tiempo necesario para la aceptación de retos difíciles en el trabajo. También se han aplicado grupos focales de empleados para reforzar el cumplimiento de la intervención. Las medidas posteriores al tratamiento de las interacciones positivas con los clientes se comparan con los niveles previos al tratamiento.

Impacto: Se utiliza un diseño de regresión interrumpida en una escuela para evaluar la incidencia de las sanciones disciplinarias y las expulsiones. A mitad del primer semestre, se integra en la escuela una programación basada en ACT de nivel 1 y nivel 2, guiada por el plan de estudios AIM. La recopilación continua de datos muestra una reducción de las sanciones disciplinarias en comparación con la regresión desarrollada a partir de los datos de líneaabase.

Diseños de reversión. Un diseño de reversión amplía la conceptualización AB simplemente replicando las condiciones A y B por segunda vez. Con el posterior retorno a la línea de base tras la primera fase del tratamiento, los investigadores pueden evaluar si el nivel de la variable dependiente vuelve a los niveles previos al tratamiento o a los niveles de referencia, o al menos deja de mejorar. En otras palabras, una vez eliminada la variable independiente, ¿desaparece el efecto del tratamiento o al menos se ralentiza? El eventual restablecimiento del tratamiento por segunda vez garantiza que, si se sospecha que el tratamiento tiene un efecto sobre la variable dependiente, esta volverá a subir a los niveles o tasas de mejora observados durante la primera condición de tratamiento. Existen muchas variaciones leves de la inversión, en las que se puede introducir un tratamiento adicional o una condición «C» y compararla con el tratamiento «B», o en las que las inversiones de AB se repiten más de una vez para producir un diseño ABABAB. La lógica del diseño sigue siendo la misma en todas estas variaciones: ¿el efecto del tratamiento aumenta y disminuye con la introducción y la eliminación de la variable independiente?

Harmon, Nelson y Hayes (1980) proporcionaron un ejemplo clínico complejo al intentar abordar la vieja pregunta de si las personas que luchaban contra el estado de ánimo depresivo debían ser más activas para mejorar su estado de ánimo o centrarse en mejorar su estado de ánimo para ayudar a aumentar su actividad. Aprovechando el hecho de que la automonitorización tiende a ser reactiva, descubrieron en un diseño ABACA (en el que «B» era la monitorización frecuente del estado de ánimo y «C» la monitorización frecuente de la actividad) que los cambios en la actividad mejoraban el estado de ánimo mucho más que a la inversa. Para controlar los efectos del orden, se planteó la misma pregunta a otras personas en un diseño ACABA y se obtuvieron los mismos resultados sensatos de forma conductual.

Básico: Se desarrolla una tarea de descuento por demora en la que los participantes pueden elegir entre una suma de dinero menor de forma inmediata o una suma mayor disponible más adelante. Se enmarcan estímulos individualizados basados en valores en una clase de jerarquía con un símbolo desconocido. A continuación, el símbolo se coloca aleatoriamente en la opción menor-inmediata o mayor-posterior para determinar la influencia del símbolo como aumento motivacional para cada patrón de elección.

> Traslacional: Los escaladores intentan una escalada relativamente difícil con condiciones de líneabase y un tratamiento de aceptación. Durante el tratamiento, los sujetos expresan el esfuerzo físico y sus preocupaciones sobre la ruta de escalada y su dificultad. Durante la líneabase, el rendimiento es el habitual.
>
> Aplicada: Se aplica una rutina de meditación matutina de 20 minutos para un cliente con TDAH con el fin de evaluar los cambios en la conducta durante la tarea y la reducción de las conductas sociales disruptivas con los demás. La líneabase establece altos índices de conducta fuera de la tarea y de alteración social. Tras establecer la estabilidad, se incorpora la rutina de meditación hasta que se observan aumentos estables en la conducta en la tarea y reducciones en la alteración hasta niveles adecuados. Se retira la rutina de meditación y la conducta vuelve a índices cercanos a los de la líneabase, seguido de una réplica exitosa de la intervención.
>
> Impacto: Se contrata a dos analistas de conducta especializados en intervenciones basadas en ACT en una escuela. La carga de trabajo es demasiado grande, por lo que solo un subgrupo de niños trabaja con estos dos analistas de conducta, mientras que los demás reciben una programación más tradicional. Para garantizar la igualdad de acceso, la escuela rota las aulas en las que trabajan los nuevos analistas de conducta y la evaluación de los datos a posteriori muestra una inversión de las tasas de conductas problemáticas en función del analista de conducta asignado al caso.

Líneabase múltiples. Un diseño de investigación analítico conductual muy popular es el de líneabase múltiples. Una de las razones por las que se utiliza con frecuencia este diseño es porque ejerce un control simultáneo sobre una mayor validez interna que un diseño AB a través de la replicación en múltiples sujetos, entornos o conductas y, al mismo tiempo, proporcionar una forma de adoptar intervenciones que no sean propensas a las reversiones descritas anteriormente. Por ejemplo, si se intenta examinar los efectos de las sesiones de ACT sobre la ansiedad durante las pruebas de ortografía, puede resultar difícil eliminar el valor de la flexibilidad para un sujeto simplemente eliminando las sesiones de ACT antes de las pruebas de ortografía. Las habilidades enseñadas suelen ser difíciles de desaprender, y los cambios en la relación verbal suelen ser persistentes, ya que se mantienen por consecuencias naturales que escapan al control del terapeuta, como la coherencia y el impacto en la resolución de problemas. Esta persistencia no es algo malo, pero es necesario utilizar diseños de investigación que eliminen la necesidad de volver a las condiciones iniciales.

Las líneabase múltiples no permiten el mismo nivel de inferencia causal sobre el impacto de la variable independiente en la variable dependiente que los diseños de reversión, pero sí proporcionan un control considerable de las amenazas a la validez interna, como la secuencia, el tiempo, la maduración y el historial. Un ejemplo reciente que utiliza el diseño de líneabase múltiples examinó el papel que el entrenamiento relacional adicional podría tener en la calidad del rendimiento de las sesiones de ACT y los problemas de conducta posteriores en tres clientes con autismo (Gilsenan, Yi, Hinman, Barron y Dixon, 2022). Tras obtener malas medidas en ambas variables dependientes, los investigadores introdujeron un entrenamiento relacional correctivo utilizando los programas del plan de estudios PEAK (Dixon, 2016) para mejorar con éxito el rendimiento de los clientes.

Básico: Se construyen una serie de tres redes relacionales elaboradas a lo largo de dos semanas utilizando símbolos desconocidos. Para comprobar la eficacia del aumento de la distancia nodal como modelo de desdiferenciación, se añaden miembros adicionales a la primera red, junto con pruebas de la fuerza (densidad) de las relaciones de la red. A continuación, se introduce la incorporación de nuevos miembros de la misma clase a la segunda red, seguida de la tercera red, para replicar el efecto de desdiferenciación.

Traslación: Tiradores de tiros libres de baloncesto a los que posteriormente se les pide que ignoren a un espectador que les grita «vas a fallar», «no vales nada», «eres un perdedor». A continuación, se les instruye que acepten, presten atención y acojan los comentarios del espectador. Se mide la medida del porcentaje de tiros anotados.

Aplicado: Niños con autismo revisan un vídeo de su propio comportamiento durante las últimas x horas en la escuela o la clínica. Se les pide que digan en voz alta cuando se ven «aceptando» en el vídeo. La condición del tratamiento enseña qué es el proceso de aceptación, los sentimientos asociados y los efectos positivos que se pueden obtener.

Impacto: Se reclutan diez escuelas primarias de un distrito para probar un nuevo programa escolar basado en ACT.

En todo el distrito, el programa se introduce en cada escuela de forma gradual a lo largo de dos años, en los que aplicar el programa en una nueva escuela se produce inmediatamente tras los primeros indicios de éxito en la escuela anterior que opera como nivel anterior en la líneabase múltiple.

Tratamientos alternativos o diseños multielemento. La alternancia repetida de condiciones experimentales crea una oportunidad única para evaluar los efectos relativos de una determinada variable independiente, o el nivel de dicha variable, sobre la conducta resultante. Un tipo muy común de aplicación del diseño multielemento se encuentra en la literatura sobre análisis funcional, en la que se introducen condiciones de atención, demanda, tangibles y sensoriales de una en una con la esperanza de que, tras repetidas sesiones, surja un patrón de dominancia que indique qué condición produce las tasas más altas o más bajas de problema de conducta. El diseño multielemento no tiene por qué limitarse a esta aplicación, ya que es igualmente útil para explorar la influencia relativa de los procesos ACT en cualquier conducta dada. En este caso, un cliente podría ser expuesto a sesiones de terapia que difieren en el proceso hexaflex que se trata, y se podría registrar la frecuencia de las expresiones vocales emitidas de forma independiente que se definieron como «psicológicamente flexibles». A lo largo de representaciones sucesivas de estas condiciones, se podría comparar el nivel y la tendencia de los datos obtenidos mediante el proceso hexaflex.

Se puede encontrar una lógica de diseño similar en el diseño de tratamientos alternativos (ATD, por sus siglas en inglés; Barlow y Hayes, 1979). Habitualmente, se alternan dos o más condiciones de forma aleatoria para explorar los efectos relativos de cada una en comparación con la otra. Se podría hacer una comparación muy práctica entre la prestación de ACT en persona y a través de telesalud para un cliente determinado, y los padres podrían hacer seguimientode la frecuencia de los comportamientos problemáticos durante las 24 horas siguientes a la sesión para examinar si una modalidad de tratamiento es mejor que la otra. Ten en cuenta que ambos tipos de diseño plantean retos para las variables independientes que pueden tener efectos de arrastre o de contraste, ya que no se garantiza que la rápida alternancia de condiciones esté libre de residuos. Por ejemplo, puede haber mejoras en el tratamiento durante una sesión de telesalud que no se eliminen cuando se presente la siguiente sesión presencial con un cliente, lo que contamina el registro de datos posterior a la sesión presencial con las mejoras del tratamiento de la sesión anterior de telesalud.

Eilers y Hayes (2015) utilizaron un ATD para comparar un ejercicio de defusión ACT con un ejercicio placebo igualado en la reducción de conductas repetitivas y restrictivas mostradas por niños con trastorno del espectro autista. Por ejemplo, un niño que lloraba y huía cada vez que se traía una estatua a una sesión de juego, repetía las palabras «no me gusta la estatua» con una voz ridícula, en comparación con decir «la vaca dice OM» antes de las sesiones de juego. Los problemas de conducta disminuyeron claramente tras las sesiones de defusión cuando se traía una estatua a la sala. Este efecto se repitió en tres casos.

Básico: Se desarrolla una aplicación para capturar la atención momentánea a una tareainformática. Se recluta a estudiantes universitarios y se les pide que presten mucha atención a la tarea informática o que presten atención a otros estímulos en la sala, como un televisor, en lugar de a la tareainformática . Los resultados respaldan el uso potencial de la aplicación para la medida de la atención.

Traslacional: Se expone o no a los estudiantes a un estímulo textual en su escritorio que indica el mayor temor que tienen sobre la escuela o los exámenes. Se evalúa el rendimiento en las pruebas en cada condición y se replica en algunas aulas adicionales.

Aplicada: Se presenta a los clientes una matriz de decisión sobre las diversas líneas de actuación que se seguirán tras la aceptación o no aceptación de un efecto poco deseado.

Los tipos de efectos en los distintos elementos incluyen: pronto más pequeño y más grande más tarde; alta probabilidad/baja probabilidad; menos aversivo pronto y más aversivo más tarde.

Impacto: Cada día, los empleados de un restaurante de comida rápida reciben un mensaje motivador para empezar la jornada. Mediante un generador de números aleatorios, las frases motivadoras de cada día alternan entre metáforas coherentes con ACT y frases generales que pueden transmitirse en un entorno laboral. Se recopilan datos sobre la motivación de los empleados de ese día y se compara la media de toda la empresa.

Criterios de diseño cambiante El rendimiento final, que se enfoca como medida del éxito, puede estar muy lejos del nivel actual del cliente. Estos objetivos tan ambiciosos son difíciles de alcanzar. Cualquiera que haya luchado por hacer dieta, hacer ejercicio, dejar de fumar o beber, o incluso comprar por Internet, puede dar fe de que pasar de «excesivo» a «nada» es a menudo una ilusión utópica. Dar pasos más pequeños hacia la reducción del daño en lugar de realizar la eliminación real puede brindar oportunidades para celebrar los objetivos secundarios alcanzados en el camino hacia un cambio óptimo. Por lo tanto, el diseño de criterio cambiante está bien posicionado para su utilización en la investigación de ACT, en la que el clínico puede identificar ciertos objetivos intermedios de cambio para la variable dependiente que el cliente puede intentar alcanzar y cambiar esos criterios de forma un poco más estricta a medida que se logra el éxito. Por ejemplo, a un fumador que desea dejar de fumar definitivamente se le puede encargar que reduzca de 20 a solo 15 cigarrillos al día. Sin duda, el objetivo a largo plazo sigue siendo realizar el abandono del hábito, pero pasar de 20 a 0 suele ser un salto demasiado grande como para que cualquiera crea que es posible. La reducción gradual de las conductas inadaptadas o, por el contrario, el ligero aumento de las conductas positivas, a menudo pueden dar lugar a éxitos donde un enfoque de todo o nada está condenado al fracaso. En este caso, el investigador establece pequeños subobjetivos alcanzables, a menudo en los niveles de rendimiento de líneabase o incluso por debajo de ellos, y los modifica gradualmente para avanzar hacia el comportamiento final deseado. El diseño de criterios cambiantes puede emprenderse de forma aislada o en combinación con otros diseños, como el de base múltiple o incluso el AB, donde la condición B es el criterio de cambio. Además, cualquiera de los diseños mencionados anteriormente se puede entrelazar entre sí para crear soluciones personalizadas a la pregunta de investigación en cuestión. Por ejemplo, el multielemento puede instaurarse siguiendo una línea de base múltiple o el diseño de tratamiento alternativo podría utilizarse para examinar las diferencias relativas entre un criterio cambiante para una conducta de interés y un criterio terminal fijo para una segunda conducta. Singh et al (2011) ofrecen un ejemplo de diseño con criterio cambiante, en el que ayudaron a un hombre con discapacidad intelectual a dejar de fumar utilizando el ejercicio de mindfulness «Las plantas de los pies».

Básico: Se proporciona a los participantes una regla que describe un patrón de conducta (pulsar el botón A) que producirá el máximo reforzamiento en comparación con el comportamiento alternativo (pulsar el botón B). El requisito de respuesta se aumenta gradualmente para pulsar el botón A por encima del requisito para pulsar el botón B (es decir, la regla se vuelve cada vez más imprecisa). Algunos participantes practican la defusión de esta regla antes de cada sesión. Se comparan los resultados entre los dos grupos dentro del diseño de criterio cambiante.

Aplicado: Se imparte entrenamiento sobre la aceptación a gimnastas de un instituto unos minutos antes de la actuación. Se mide la caída y los puntos perdidos con umbrales de criterios cambiantes.

Aplicado: Un adolescente autista quiere aumentar su participación social a lo largo del día. Se desarrolla un programa de aceptación y disposición con objetivos de participación que aumentan secuencialmente, comenzando en niveles cercanos a la líneabase. A medida que aumentan su participación para cumplir el criterio, este se incrementa en 10 minutos hasta que alcanzan un umbral que consideran aceptable (es decir, su comportamiento social se ajusta a sus valores).

Impacto: Un gran proveedor de servicios ABA quiere aumentar el tiempo que el personal dedica a actividades de mindfulness con sus clientes, que a menudo se descuidan debido a otras demandas.

Se pone en marcha un programa de incentivos en el que el personal debe realizar una actividad de mindfulness cada semana para poder optar al incentivo. El umbral se aumenta periódicamente a medida que aumenta la participación del personal.

Estudios entre sujetos y ensayos control aleatorizados. La base misma del análisis de conducta se sustenta en la creencia de que el comportamiento de un solo sujeto estudiado durante largos períodos de tiempo puede proporcionar más información sobre la interrelación entre las variables independientes y dependientes que las conclusiones agregadas obtenidas a partir del examen de grandes grupos de sujetos. Los diseños entre sujetos no explican necesariamente el comportamiento de los participantes individuales, ya que los promedios utilizados para calcular las diferencias entre los grupos diluye la contribución de cualquier sujeto y se necesita la variabilidad entre personas para evaluar la diferencia entre grupos, lo que no predice necesariamente la variabilidad dentro de la persona necesaria para determinar las trayectorias de desarrollo individuales. Tomadas en sí mismas, estas críticas son justas, pero pasan por alto el hecho de que ciertos tipos de preguntas basadas en la «población» se responden mejor mediante comparaciones entre grupos, y los estudios de grupo son los métodos más ampliamente aceptados en las ciencias del comportamiento. Los estudios de grupo son el enfoque de investigación más común en las ciencias de la vida en general y en la psicología en particular, y la rigidez en este punto margina el impacto del análisis de conducta fuera de este campo. Sin embargo, a medida que nuestro campo intenta ganar relevancia en la corriente principal, será crucial contar con algunos ejemplos de nuestra relevancia dentro de un marco que el resto de la psicología y la ciencia puedan entender.

Un diseño grupal que compara explícitamente un tratamiento de interés con un grupo de control que no recibe ningún tratamiento, un tratamiento placebo o el tratamiento habitual (o, en ocasiones, un tratamiento activo de referencia) se denomina ensayo controadol aleatorizado (ECA). Los ECA de alta calidad cumplen ciertos niveles de integridad en factores como los métodos adecuados de aleatorización, el uso cuidadoso de los criterios de inclusión y exclusión, y el enmascaramiento de los participantes, los evaluadores y los investigadores respecto a la asignación de los grupos. Hasta la fecha se han realizado más de 900 ECA sobre la ACT y cada tres días aparece uno nuevo.

La popularidad del ECA se debe a que permite realizar inferencias cusales con solidez.

La administración o no administración del tratamiento es la unica manera de determinar cambios entre los diferentes grupos, ya que las variables de los sujetos que podrían influir en los efectos del tratamiento solo se pueden controlar de manera aleatoria Se podrían llevar a cabo una serie de demostraciones de la utilidad de la ACT en el marco de un ECA, incluyendo la comparación de la ACT con el entrenamiento en habilidades conductuales, una lista de espera para la intervención ABA, los métodos tradicionales de formación de personal, la medicación, la terapia cognitivo conductual o la orientación espiritual. Además, la ACT podría compararse consigo misma en términos de método de administración, dosis o modelo completo frente a elementos del modelo restringido. Yi y Dixon (2021) compararon los efectos de la ACT en la adherencia de los padres a un programa de tratamiento de telesalud que buscaba enseñarles habilidades conductuales para interactuar mejor con sus hijos con autismo. Cuando los padres que tenían el elemento adicional de la ACT, además del entrenamiento parental estándar, realizaron todas las sesiones con mucha más frecuencia que los padres que no recibieron la ACT.

Básico: Se presenta a tres grupos de personas un emparejamiento de WDF con ráfagas de ruido aversivo. Un grupo lee una revista; dos grupos aprenden una clase de equivalencia que contiene WDF, pero también YGP y ZQM. En uno de esos grupos de equivalencia, a YGP se le asignan cinco funciones nuevas, como «Sí, Gran Poohbah».

capacidad de ZQM para realizar conductancia de la piel se evalúa en los tres grupos.

Traslacinal: Los sujetos meten la mano en un cubo con agua helada y están instruidos a mantenerla ahí todo el tiempo que puedan. A un grupo se le dice que acepte el frío, que imagine lo frío que estará y cómo se sentirá el dolor antes de meter la mano. Se mide la diferencia relativa entre la duración de la inmersión de la mano en cada grupo.

Aplicada: Diferentes turnos de personal impartieron diversos tipos de formación ACT diseñada para mejorar las relaciones con los clientes a través de la enseñanza en el aula, un manual individualizado y la interacción directa con un «coach de aceptación». Se mide la frecuencia de los comentarios positivos de los clientes al personal en cada condición de exposición a la formación.

Impacto: El alumnado de secundaria de todo un distrito se divide en dos grupos aleatorios. Un grupo recibe una aplicación en su teléfono móvil que les da ayudas para que registren una cosa con flexibilidad que hayan hecho cada día, y el otro grupo recibe una aplicación de control que les pregunta cómo ha sido el tiempo ese día. Se toman diversas medidas en cada grupo de estudiantes, incluyendo la asistencia, las sanciones disciplinarias, incidentes de acoso escolar y exámenes de preparación para la universidad.

Diseños factoriales. Cuando el diseño básico entre grupos adquiere un grado adicional de complejidad, a menudo se denomina factorial. En este caso, la variable independiente aumenta en niveles o en tipos, de modo que se pueden responder preguntas de investigación aún más complejas. Por ejemplo, si un médico quisiera comparar el número de horas de tratamiento ACT, digamos 3 horas o 5 horas por semana, y también el tipo de tratamiento administrado, digamos manualizado frente al dirigido por un terapeuta, se puede crear un grupo basado en esta combinación de elementos. Esto permite realizar varias comparaciones: ¿hay alguna diferencia en los efectos conductuales observados cuando los clientes reciben 3 o 5 horas de atención, independientemente del tipo de tratamiento? ¿Importa el tipo de tratamiento administrado a los clientes, independientemente de las horas de tratamiento? ¿Existe un efecto combinado o interactivo en el que, por ejemplo, el tipo de tratamiento importa, pero solo si se le dedican suficientes horas)?

La debilidad de todos los diseños de comparación entre grupos es que la variabilidad entre personas no puede utilizarse para el modelado de la variabilidad dentro de una misma persona. Dicho de otro modo, es matemáticamente imposible pasar de un resultado de comparación entre grupos a afirmaciones probabilísticas sobre si las diferencias entre los grupos se aplicarán a una persona concreta a lo largo del tiempo. El alcance total de este problema estadístico solo ahora se está apreciando en su totalidad (véase Molenaar, 2013, para una explicación de por qué). Si quieres saber qué necesita un cliente concreto, a menos que existan datos longitudinales idiográficos de alta densidad temporal debidamente analizados en el ECA, los resultados de un ECA no te lo dirán. Pero si quieres preguntar en general si los responsables normativos deben invertir en el tratamiento X o en el tratamiento Y para un grupo de personas con el problema Z, es necesario el ECA.

> Básico: Se evalúa el nivel de flexibilidad psicológica de las personas mediante un IRAP y se les asigna una tarea cognitivamente desafiante con y sin demandas de tiempo.
>
> Traducción: A los adultos con o sin TDAH se les proporciona una visión general del momento presente, los valores o el modelo ACT completo durante 10 minutos antes de realizar una tarea de memoria a corto plazo. Se evalúa la precisión de la memoria de todos los sujetos y se lleva a cabo un examen para determinar qué tipo de tratamiento funciona mejor y si los efectos son iguales en los adultos con TDAH y sin TDAH.

Aplicado: Se evalúa a los clientes de un gimnasio en función de la duración de su entrenamiento o el número de repeticiones o kilos levantados. Un grupo se somete a condiciones de control, mientras que el otro grupo participa en 5 minutos de interacción con pensamientos negativos sobre la fuerza, la belleza y el estado físico antes de hacer ejercicio. Se mide la duración o la intensidad de los entrenamientos antes y después de la intervención, y entre los distintos grupos.

Impacto: Una empresa de tratamiento ABA con presencia en varios estados y centros ofrece distintos niveles de entrenamiento en ACT a sus empleados. Algunos empleados reciben una infografía sobre ACT, otros un vídeo de una hora con una visión general de ACT y un tercer grupo recibe una formación interactiva en directo de tres horas. Se toman medidas sobre la rotación y el agotamiento del personal, que se examinan tanto entre grupos como por región geográfica.

Análisis de redes complejas idionómicas. Cuando se dispone de datos longitudinales idiográficos de alta densidad temporal, se puede realizar un nuevo tipo de análisis estadístico que se ajusta a los supuestos del análisis conductual. Utilizaremos el ejemplo de la estimación de modelos múltiples iterativos de grupo o «GIMME» (Gates y Molenaar, 2012) aplicada al PBAT descrito anteriormente. GIMME identifica las relaciones presentes en las redes longitudinales individuales en el contexto de la variabilidad intraindividual evaluada persona por persona. De forma iterativa, busca las vías aplicables a nivel de subgrupo y de grupo, y solo las retiene si mejoran el ajuste a nivel individual. GIMME analiza a cada persona por separado y solo entonces echa un vistazo a las relaciones adicionales entre los eventos a lo largo del tiempo que se pueden observar cuando se tienen en cuenta las similitudes entre un individuo y otros individuos. Estos hallazgos nomotéticos adicionales se admiten solo si se refuerzan la mayoría de los modelos idiográficos. En cierto sentido, esto da un giro completo a la estadística clásica. En este enfoque «idionómico» (un neologismo que combina el análisis idiográfico y el nomotético), el análisis individual se considera sacrosanto y las consideraciones de los hallazgos de subgrupos y grupos se tratan como posibles fuentes de error.

Un ejemplo de este enfoque es un estudio realizado por Sanford, Ciarrochi, Hofmann, Chin, Gates y Hayes (2022). El PBAT y los ítems que evalúan los efectos clínicos comunes se evaluaron dos veces al día durante más de un mes con 50 personas en un formato de muestreo de experiencias. Durante un periodo de un mes se obtuvieron al menos 60 medidas por persona. A continuación, estos datos se analizaron utilizando GIMME. La mayoría de las personas mostraron redes interpretables de procesos que conducían a efectos clínicos comunes. Considera la red idionómica de una sola persona que se muestra en la figura 13.2. Las flechas con punta sólida muestran relaciones positivas dentro de la persona a lo largo del tiempo; las flechas sin punta muestran relaciones negativas. Esta persona se angustia por la ansiedad. Se angustia más cuando pierde el contacto con el ambiente actual, pero eso ocurre cuando no se encuentra en una situación que le permita expresar sus emociones, lo que suele suceder cuando no se siente desafiada de forma significativa, lo que a su vez suele ocurrir cuando pierde el contacto con su ambiente actual. Se trata de un bucle autoamplificador, lo que probablemente explica por qué esta persona se encuentra en el cuartil superior de las luchas contra la ansiedad. Ser más abierto emocionalmente y capaz de experimentar una amplia gama de emociones podría ayudar, ya que tiene una relación inhibitoria con la angustia por la ansiedad, pero, lamentablemente, el único proceso que fomenta esa conducta es encontrar taras personales importantes, lo que en sí mismo no está siendo fomentado actualmente por las demás acciones de esta persona.

A continuación se muestra una red idionómica empírica para una persona con un alto nivel de angustia por la ansiedad.

En esencia, se trata de una especie de análisis funcional empírico. Se podrían utilizar varios objetivos posibles en un programa de intervención con esta persona. El entrenamiento en mindfulness podría ayudar a la persona a conectar con su ambiente actual. Quizás se les podría proporcionar el entrenamiento en habilidades sociales y relacionales necesario para buscar contextos sociales en los que expresar sus emociones de forma significativa. También podría ser importante conectar las elecciones de valores (es decir, los retos personalmente importantes) con lo que se considera un «reto significativo».

Esta red se basa en el PBAT, que es esencialmente una herramienta de automonitorización, pero no hay razón para que este tipo de análisis no pueda realizarse con medidas objetivas y conductuales. Nuestra observación aquí es metodológica. En la actualidad existen herramientas estadísticas muy adecuadas para realizar análisis funcionales empíricos adaptados a personas con un alto nivel de capacidad verbal.

Este tipo de datos idiográficos específicos de cada persona pueden generalizarse a otros individuos, tal y como siempre se ha creído en el análisis de conducta. El reto de cara al futuro será combinar el análisis idiográfico in-

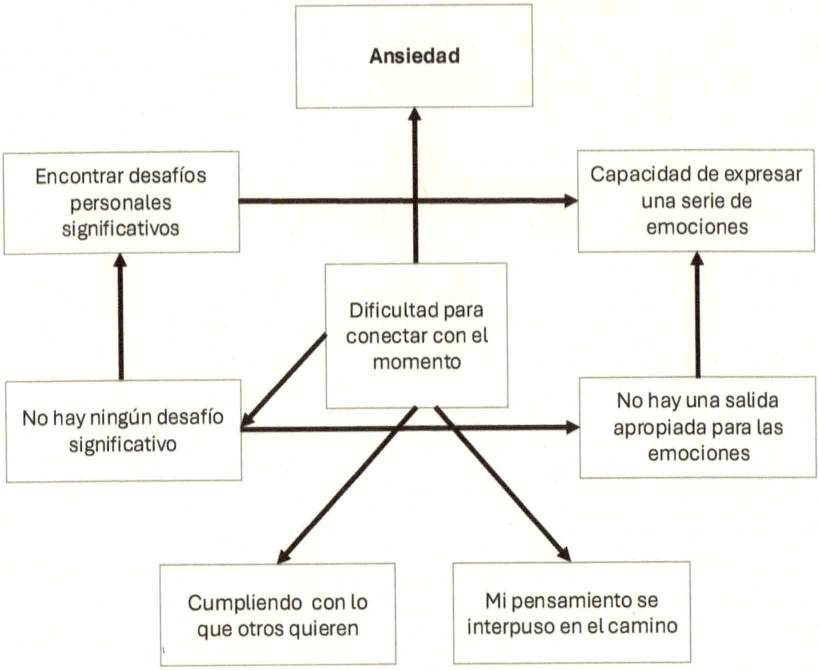

tensivo de los procesos de cambio con ensayos aleatorizados que permitan a los responsables políticos y a los financiadores considerar el despliegue global de los recursos de forma basada en la evidencia, al tiempo que se proporciona a los analistas de conducta y otros profesionales los conocimientos que necesitan para atender a las personas que tratan.

MODELO RETICULADO BIDIRECCIONAL DE INVESTIGACIÓN

El avance desde nuestro estado actual de conocimiento sobre lo que es el ACT y su poder para producir cambios dependerá de la capacidad de nuestro campo para ampliar o reducir la agenda de investigación utilizando el modelo reticulado bidireccional de la teoría al impacto. Históricamente, pasamos del laboratorio animal básico a las extensiones a la conducta humana. Eso funcionó, pero solo nos llevó hasta cierto punto, porque el aprendizaje relacional altera el impacto de la contingencia directa.

Aferrarnos a las poblaciones y entornos en los que el aprendizaje de contingencia directa por sí solo proporcionaba orientación constituye la mayor parte de lo que se denomina «análisis aplicado de conducta», pero ha reducido excesivamente nuestro campo.

Al mismo tiempo, no podemos conformarnos con demostraciones aplicadas superficiales de que el ACT funciona. Más estudios de prueba de concepto no producirán una mayor comprensión de los procesos implicados ni es probable que aumenten el impacto global del ACT o la TMR.

El camino a seguir es bidireccional. Requiere alternar entre el trabajo básico y el trabajo de impacto, donde cada uno informa al otro. Requiere un trabajo idiográfico intensivo centrado en los procesos de cambio y vinculado a una investigación básica cada vez más sofisticada sobre el aprendizaje relacional. Requiere una investigación idionómica enmarcada en estudios de comparación de grupos, que son la moneda de cambio en este ámbito. El investigador de ACT en análisis conductual con aspiraciones deberá desempeñar todas estas funciones, una especie de camaleón profesional que un día es un científico básico y al día siguiente un defensor impulsado por el impacto que cambia las normativas. El investigador de ACT ideal deberá practicar lo que predica, mostrando un grado extraordinario de flexibilidad psicológica. Desafiamos a los investigadores individuales y al campo en general a que salgan de las contingencias locales que sostienen los proyectos de investigación conductual tradicionales y vean cómo pueden encajar su investigación en esta agenda más amplia y con mayor impacto, diseñada para situar el análisis de conducta de nuevo en el centro del debate cultural sobre el papel de la ciencia conductual en la vida humana.

14

TOMA DE DECISIONES ÉTICAS

Desde sus inicios ACT ha suscitado controversia dentro de la comunidad analítico conductual. En aras de una mayor comprensión y uso por parte de profesionales sin entrenamiento en conducta, se restó importancia al vocabulario técnico y se permitió que las conexiones detalladas con la terminología conductual básica evolucionaran lentamente o en segundo plano, mientras se hacía hincapié en que fuera aplicada por parte de personas ajenas al análisis de conducta. Se introdujo el concepto de «término de nivel medio» (en sí mismo un término de nivel medio) que podía orientar a los oyentes hacia los temas centrales del enfoque de una manera precisa, pero que requería una mayor precisión técnica por parte de los científicos aplicados para traducirlo en tecnologías eficaces. A esos científicos, formados de maneraconductual y en otras orientaciones, se les dotó de las habilidades necesarias para cambiar entre los descriptores altamente técnicos y los de nivel medio que realmente significan algo para el resto de la sociedad.

Era una estrategia de desarrollo habitual para un método conductual, y provocó el rechazo de muchos dentro del campo del análisis de conducta. Esto ya había ocurrido antes, por ejemplo, con el movimiento de Intervención y Apoyo Conductual Positivo en las escuelas.

Cuando el vocabulario cambió a algo que el resto del mundo entendía, los analistas de conducta se echaron atrás. Es decir, lo que definía el «análisis de conducta» para muchos no era el funcionamiento eficaz de una tecnología conductual —tanto el PBIS como el ACT lo lograron—, sino la inclusión de este lenguaje técnico, independientemente de que este lenguaje produjera realmente los efectos deseados y a la escala prevista en su momento por Skinner y sus contemporáneos. Podría haber quedado ahí, como una simple desconexión histórica, una extraña anomalía de un método conductual raramente utilizado por el análisis de conducta, si no fuera por una necesidad insatisfecha que no dejaba de molestar.

Un número cada vez mayor de clínicos analítico conductuales, principalmente de primera línea, que prestaban servicios directos a personas con discapacidades, seguían observando que las intervenciones conductuales tradicionales no eran eficaces para los problemas que presentaban sus clientes. Las herramientas convencionales sugeridas, como la automonitorización, el establecimiento de objetivos y el autorreforzamiento, no daban los resultados esperados como intervenciones eficaces. Cuando un padre empezaba a llorar, se producía un silencio incómodo o se intentaba redirigir la atención hacia el programa conductual o, lo que era peor, empezaban a salir de la boca de los analistas de conducta tópicos mentalistas. Cuando los desafíos de los clientes se volvían cada vez más verbales, los analistas de conducta no tenían más remedio que derivarlos. Nos convertimos en la ciencia de lo simple (al menos en lo que se refiere a la conducta verbal), sin margen para abordar lo que se volvía complejo.

No se trataba solo de personas con discapacidades del desarrollo. Con el paso de los años, ha sido cada vez más difícil negar que muchos de los retos conductuales a los que se enfrenta la sociedad humana aún no han sido aliviados por el análisis de conducta, y no existe una estrategia clara para cambiar esta triste situación. Resulta casi cómico pensar en una solución al cambio climático en la que cada miembro de la sociedad se fijara un objetivo y tal vez se autorreforzara con comportamientos conservacionistas. Es poco probable que la crisis de obesidad con la que luchan muchas culturas termine con un programa de entrega de multas y vales por comportamientos de estilo de vida saludable. Curar el malestar social y emocional de un niño con autismo mediante comentarios sobre la adecuación social es, en perspectiva, poco plausible. Realizar un análisis funcional tradicional de cuatro factores parece casi irrelevante para cuestiones como el racismo, la crisis migratoria o el trauma de la violencia y la guerra. Hay un chiste antiguo y doloroso que viene al caso. Pregunta: ¿cómo se convierte a un analista de conducta en un mentalista? Respuesta: pídele que explique por qué no se difunde y utiliza el análisis de conducta. De repente, en lugar del espíritu responsable de «el sujeto siempre tiene la razón», los analistas de conducta justifican sus fracasos culpando a otros que no los comprenden o no aprecian lo que pueden hacer.

En un área tras otra, los analistas de conducta se han visto obligados a elegir entre seguir adelante con herramientas ineficaces o derivar los casos a otros profesionales. Cualquiera de estas alternativas supone abandonar la promesa de Skinner de una ciencia de la conducta humana, toda la conducta humana. Y aquellos a quienes derivaríamos están lejos de haber logrado resolver los problemas más difíciles y comunes a los que todos nos enfrentamos. Cuando las cosas se complican verbalmente, la ciencia pasa a un segundo plano y sigue siendo necesario encontrar soluciones a estos problemas.

Con el desarrollo de la TMR y la ACT ha surgido una tercera alternativa para los analistas de conducta, pero conlleva una serie de retos éticos sobre cómo proceder. El mensaje profundo de la TMR es que, como campo, tenemos mucho trabajo por delante para comprender cómo el aprendizaje relacional humano interactúa con las contingencias directas. La ACT es un intento de afrontar ese reto. Si la TMR es ampliamente correcta y no existiera la «ACT», habría que inventar algo muy parecido a la ACT desde cero una vez que la TMR comenzara a tomar forma. De hecho, esa es precisamente la situación en la que se encontró la ACT cuando comenzó a amoldarse como modelo de intervención hace varias décadas. Lo más probable es que ocupe su lugar algo con un nombre diferente y con supuestos alternativos que se extiendan a partir del trabajo básico de la TMR, pero el nombre es irrelevante: lo que necesitamos es algo que funcione (es decir, que funcione mejor que otras opciones) y eso sigue siendo cierto en este momento de nuestra historia compartida.

Pero ahora, con relativamente pocos analistas de conducta formados oficialmente en ACT y muchos organismos reguladores de los servicios que no incorporan ACT en las normas de atención habituales, sigue siendo una cuestión controvertida si los analistas de conducta deben utilizar ACT y cómo deben hacerlo. Esta cuestión plantea múltiples preguntas específicas. La primera serie de las preguntas se refiere a los requisitos de acceso a los métodos conductuales. ¿Es la ACT realmente lo suficientemente analítico conductual como para ser considerada una herramienta de intervención válida? ¿Puede entenderse plenamente en términos naturalistas, monistas y analíticos conductuales? ¿Tiene sentido si se tienen en cuenta únicamente los principios conductuales ampliados por las operantes relacionales y la ciencia evolutiva? ¿Cuenta con una base empírica adecuada?

Hemos dedicado mucho espacio a estas preguntas en este volumen porque son fundamentales para el campo del análisis de conducta. Creemos que este libro ha aclarado más allá de toda duda razonable que sí, que la ACT es analítico conductual, comprensible en términos de ciencias naturales y basada en una sólida base empírica. Ahora que se ha determinado su idoneidad, es el momento de que los analistas de conducta aplicados la adopten plenamente. La ACT puede ayudar a mejorar un área problemática tras otra en el análisis aplicado de conducta. El propio campo parece haber tomado ya esa decisión. Desesperados por encontrar soluciones a los problemas a los que se enfrentan sus clientes, muchos analistas de conducta están buscando la formación y el entrenamiento necesarios para utilizar ACT. Si eres analista de conducta y estás leyendo este libro, es probable que te encuentres en ese mismo grupo: estás llegando al último capítulo de un volumen que esperas que satisfaga una necesidad práctica.

Pero entonces llegamos a la segunda serie de preguntas. Incluso con una mejora personal eficaz, ¿cómo pueden los tratamientos basados en la ACT encajar en el papel que el analista de conducta tiene, en general, hoy en día dentro del sistema educativo, sanitario o de salud mental? ¿Cómo puede encajar en tu ámbito de práctica y cómo puedes llegar a ser plenamente competente en su aplicación? ¿Es ético utilizar la ACT en tu práctica? Una de las razones por las que estas preguntas tienen un carácter urgente es que, una vez que se acepta la utilidad clínica de la ACT para los analistas de conducta, comienzan a surgir extensiones naturales emergentes. Dicho de otra manera, una vez que se aprende la ACT, se abren muchas puertas. ¿Deberías atravesarlas? Si la respuesta es «quizás en el futuro», ¿qué debería suceder antes de que llegue ese futuro?

Por ejemplo, a medida que añades la ACT al entrenamiento de padres, ¿deberías trabajar con parejas y familias en sus relaciones? A medida que añades la ACT a la consultoría organizacional, ¿deberías trabajar con ejecutivos en su sensación de agotamiento?

Irónicamente, la razón por la que estas preguntas no se han planteado con la misma intensidad en el pasado es que la tecnología disponible para los analistas de conducta tenía limitaciones muy evidentes. Nadie se planteaba estas preguntas sobre el «ámbito de aplicación» porque la práctica estaba limitada por la tecnología disponible. Cuando los analistas de conducta intentaban introducir sus tecnologías existentes en esos ámbitos, normalmente a través de sistemas de incentivos o premios no funcionales, pocos querían esta tecnología porque no aportaba mucho más que la adhesión filosófica a lo que creíamos que era la vanguardia científica. Esto está cambiando con los enfoques basados en la ACT, ya que añaden algo a lo que ya existe y se describen de forma comprensible en esos ámbitos. No necesitamos enseñar un nuevo lenguaje para que la gente trabaje con nosotros, podemos trabajar con el lenguaje que ya se ha establecido en las diversas comunidades verbales en las que se puede trabajar de forma eficaz.

Tomemos el ejemplo del entrenamiento en habilidades conductuales. El BST es bueno para muchas cosas, pero en gran medida dejó fuera de la intervención el papel del lenguaje (es decir, el lenguaje más allá de la simple instrucción). Esto puede ser parte de la razón por la que los resultados variables siempre han plagado las intervenciones analítico conductuales para seres humanos verbales en áreas como el agotamiento del personal, el rendimiento de los empleados, el autocuidado o el entrenamiento en habilidades sociales. Es cierto que, en ocasiones, estas intervenciones fueron lo suficientemente potentes como para anular las contingencias programadas, pero otras veces no lo fueron. Las parejas y familias con problemas de relación o los ejecutivos agotados por el estrés constante no hacían cola para participar en programas de BST. Los analistas de conducta no disponían de una tecnología que se adaptara muy bien, por lo que la demanda de los consumidores no provocó un aumento de la oferta.

Al examinar los éxitos publicados de la investigación en análisis conductual, se observa un desequilibrio extremo: la gran mayoría de los logros documentados se han demostrado con participantes con un nivel de verbalización bajo o nulo. Las intervenciones tradicionales de análisis conductual con seres humanos verbalmente sofisticados simplemente no son sofisticadas. La retroalimentación sobre el rendimiento, el entrenamiento en habilidades conductuales, los elogios verbales, etc., están bien hasta cierto punto, pero no llegan muy lejos. A veces funcionan, pero los procesos conductuales subyacentes siguen siendo inciertos. Para disponer de una ciencia que aborde la naturaleza compleja de los seres humanos, será necesario que los analistas de conducta sigan buscando la predicción y el control a niveles mucho más complejos. La ciencia es una disciplina en constante evolución, al igual que el análisis de conducta. La inclusión de la TMR y la ACT en las intervenciones de análisis aplicado de conducta no es más que el siguiente capítulo en la evolución de nuestra propia disciplina.

El mundo es verbalmente complejo para la mayoría de los seres humanos, y los retos de la sociedad humana están entrelazados con eventos verbales. Parece que ha llegado el momento de que la complejidad de nuestras intervenciones iguale la complejidad de los problemas. Antes de que se produzca este cambio en el campo del análisis de conducta, es necesario abordar una serie de cuestiones que requieren cautela. Al abrir el conjunto de herramientas de la ACT y aplicarlo a otros seres humanos, surgirán retos éticos.

Además, es probable que los analistas de conducta se enfrenten también a un reto político. Porque si la ACT es realmente necesaria, eficaz y forma parte del repertorio de un analista de conducta, entonces habrá que evolucionar la forma en que el campo se define a sí mismo, ofrece entrenamiento a sus dependientes y trata a sus clientes. Esto también nos pondrá en contacto con profesionales que quizá ni siquiera sabían de nuestra existencia, y su respuesta será impredecible y variable, por lo que será fundamental garantizar que esta evolución se produzca de forma ética y en el mejor interés de las personas atendidas para asegurar un efecto positivo.

DILEMAS ÉTICOS Y ACT

Sin duda, el analista de conducta se enfrentará a una diversidad de cuestiones y dilemas éticos en relación con el tratamiento de un cliente que utiliza ACT. Los dilemas éticos no son evitables ni opcionales. Los tendrás. La gama de estas cuestiones es amplia, desde la aceptación de la intervención hasta la competencia para llevarla a cabo. A veces surgirán cuestiones de naturaleza verbal relacionadas con la propia ACT (¿son estos mis valores o los de mis clientes?; ¿estoy abierto a mis propios eventos privados al trabajar con este conjunto concreto de problemas del cliente?); a veces tendrán que ver con cómo manejas las cuestiones profesionales que puedan surgir, como confrontar a otro analista de conducta sobre intervenciones que no cuentan con la misma respaldo que ACT; o, en ayudar a un padre a abandonar un tratamiento no efectivo que contradice lo que sabemos sobre flexibilidad psicológica. Estas situaciones incómodas deben aceptarse, no evitarse. La clave estará en cómo avanzar cuando se enfrenten estos retos, no en ignorarlos o en ocultarlos sin pensar. Tu tarea es elegir un curso de acción que sirva al cliente y te mantenga dentro de los parámetros legales y profesionales adecuados.

La ética no es habitualmente blanca o negra, sino más bien tiene matices de gris. Los analistas de conducta deben adoptar un conjunto de principios o supuestos filosóficos subyacentes que les sirvan de guía en estas aguas turbias. Estos principios se encuentran en un nivel más profundo que las típicas normas de lo que se debe y no se debe hacer de un organismo regulador externo, ya que constituyen el marco mismo de tus propias decisiones. Cuando los analistas de conducta tienen más claros los principios o supuestos subyacentes, los dilemas éticos son más fáciles de detectar y resolver.

¿Ético o no ético?

Donna acaba de encontrarse con otro analista de conducta en su empresa que intenta tratar a un cliente que no tiene capacidad de lenguaje para utilizar el hexaflex porque ha oído que la ACT es un enfoque de intervención prometedor que mucha gente está empezando a utilizar. Donna va a intervenir y cuestionar a este otro profesional. En la universidad le dijeron que nadie debería utilizar la ACT a menos que fuera psicólogo clínico.

Ético: la objeción de Donna al otro profesional se debe a una incompatibilidad entre la capacidad del cliente y el enfoque del tratamiento. Cuando no existen habilidades relacionales derivadas, no se dan las condiciones necesarias para obtener beneficios de una intervención ACT.

No ético: el desafío de Donna a su compañera de trabajo se debe a que su asesor le dijo que la ACT no era un análisis de conducta real. Donna nunca ha leído ninguna publicación sobre la ACT, sino que basó su opinión en las supuestas habilidades de su antiguo profesor en lugar de asumir su propia responsabilidad profesional.

EL CONTEXTUALISMO FUNCIONAL COMO BASE PARA LA TOMA DE DECISIONES ÉTICAS

Al principio de este texto describimos la visión científica del mundo del contextualismo funcional. El criterio de verdad (o, en otras palabras, el objetivo principal) es trabajar con éxito para alcanzar un propósito declarado públicamente. Resumiendo la historia de nuestro campo en una frase que refleja sus orígenes en la visión de Bear, Wolf y Risley, los analistas de conducta aplicados buscan predecir e influir en el comportamiento socialmente significativo de manera replicable, eficaz y generalizable, basándose en principios de cambio de comportamiento de alta precisión y amplio alcance. Si vinculamos esta visión funcional del análisis de conducta con sus raíces filosóficas en el pragmatismo, se puede ver que la propia definición de nuestro campo incluye tratamientos que funcionan para las personas que tratamos. Es cierto que todo el campo del análisis de conducta no se limita a ayudar a los demás y, por lo tanto, en términos superficiales, un efecto aplicado o tecnológico no es equivalente a la ciencia amplia de la conducta humana. Sin embargo, ten en cuenta que este resumen de nuestro campo en una sola frase incluye los procesos psicológicos básicos que provocan el cambio de conducta, o la aplicación de variables independientes para afectar a una variable dependiente que, a su vez, podría ser utilizada por otros en algún momento para provocar un cambio de conducta. Ninguna ciencia básica, y desde luego tampoco el análisis de conducta, se emprendió con el único fin de experimentar. Más bien, siempre se concibió como un medio para alcanzar un fin. Y ese fin, dentro de una visión contextualista funcional, sigue funcionando con éxito para alcanzar nuestros objetivos declarados públicamente, que en nuestro caso, entre otros, es ayudar a otros a obtener beneficios significativos a través de la ciencia de la conducta.

Hemos revisado esta base filosófica porque significa que estamos éticamente obligados a hacer un trabajo cada vez mejor para ayudar a los demás de manera significativa. Eso es lo fundamental del cuidado ético desde nuestra visión pragmática del cuidado ético. Si ACT puede servir como un vehículo conductualmente sensato para producir tales efectos, tenemos la responsabilidad ética de velar por que se utilice y se utilice bien. Cuando las competencias no alcanzan un nivel que permita administrar correctamente este tipo de atención, es responsabilidad ética del analista de conducta adquirir dichas habilidades. Cuando el impacto de la ACT o de cualquier otro método conductual no satisfaga plenamente las necesidades de los clientes atendidos, existe la responsabilidad ética de facilitar los servicios complementarios necesarios para abordar la atención requerida. En resumen, el analista de conducta debe mantener cerca de sí la creencia fundamental del «trabajo exitoso» y permitir que influya en la toma de decisiones éticas.

Quizás la diferencia más delicada entre las formas anteriores de pragmatismo y el contextualismo funcional es la comprensión de que para trabajar con éxito como guía científico es necesario declarar públicamente un propósito, un objetivo o un valor. Sin ese añadido, cualquier conducta reforzada es «verdadera» y, por lo tanto, cualquier medio para obtener reforzamiento es «ético».

Todas las filosofías del pragmatismo se han enfrentado a este dilema. Las preguntas clásicas de las clases de Filosofía 101 sobre este punto incluyen ejemplos como «¿qué habría pasado si Hitler hubiera ganado la guerra?» o «¿es realmente cierto que lo que es bueno para GM es bueno para el país?». La ciencia progresista no es la psicopatía de «el fin justifica los medios», y no todo comportamiento reforzado es «bueno». Muy al principio del viaje de ACT se especificó una salida a este dilema (Hayes, 1993). El pragmatismo puede funcionar como guía científica, si y solo si, se establecen propósitos a priori. Skinner hizo precisamente eso al afirmar que el objetivo de su ciencia era el desarrollo de principios que permitieran predecir y control de las conductas. BWR hizo exactamente eso al añadir que, en el ámbito del trabajo aplicado, los cambios debían ser socialmente significativos, replicables, eficaces y generalizables. El contextualismo funcional añadió que los principios deben tener precisión, alcance y profundidad.

¿Ético o no ético?

Santi tiene una deuda considerable por sus estudios de posgrado y es consciente de que, para llegar a fin de mes, debe anteponer sus deseos y necesidades a los de los demás. Tiene que recorrer largas distancias para ver a sus clientes, y a consecuencia de ello, a menudo opta por reunirse con ellos a distancia a través de la telemedicina. No está claro si la calidad de la atención es similar, pero Santi se preocupa mucho por su propio bienestar.

Ético: Santi puede ser la única profesional que puede ofrecer eficazmente una intervención ACT a su cliente. Si se sobrecarga de trabajo y se estresa por conducir demasiado, podría tener que pedir otra baja. Por lo tanto, la atención a distancia es una forma de proteger no solo los intereses de Santi, sino también de garantizar el buen funcionamiento de la relación entre el cliente y el analista del comportamiento. Santi y su equipo también están recopilando datos sobre los cambios de comportamiento para asegurarse de que la intervención está produciendo cambios efectivos.

No ético: a Santi le gusta dormir hasta tarde y no hacer kilómetros con su coche nuevo. Aunque es un modelo eléctrico que no necesita gasolina, no quiere reducir su valor. Aunque el cliente se ha quejado de las reuniones a distancia y de la dificultad para comprender los procesos de ACT sin actividades experienciales, Santi sigue utilizando la excusa del estrés personal para reducir el número de reuniones presenciales y el desarrollo de contenidos que igualaran las necesidades del cliente. Además, los datos sugieren que la conducta problemática que motivó la derivación sigue empeorando.

Los fines analíticos y prácticos de nuestra ciencia deben declararse públicamente de esta manera porque la ciencia es una empresa social y los científicos deben tener la libertad de elegir su propio camino. Skinner creó una reacción innecesaria al declarar que el propósito de la ciencia en sí misma era la predicción y el control (a lo que otros científicos respondieron: «ese no es mi propósito, yo solo quiero comprender», y ahí nos vimos envueltos en una discusión innecesaria sobre si eso era lo mismo). Una mejor manera de abordar esta cuestión habría sido decir que el propósito de su ciencia era la predicción y el control y luego permitir que los demás «votaran con los pies».

Un ACT refleja esta misma cuestión cuando vincula todos los pasos terapéuticos a los valores elegidos y vincula los objetivos concretos a los valores. Los valores son una acción: valorar. Hemos dedicado capítulos enteros de este libro a delinear las características de esa acción. El proveedor de ACT necesita saber cuáles son los valores de su cliente, ya que eso es lo que le permite evaluar el éxito de lo que se hace. Cuando se utilizan habilidades de defusión o de aceptación, por ejemplo, la cuestión fundamental será «¿ha ayudado esto a aumentar la probabilidad de un comportamiento basado en los valores?». En un microcosmos, esto muestra cómo puede funcionar el trabajo, una vez que se vincula a propósitos u objetivos declarados públicamente. El proveedor de ACT debe conocer los valores del cliente o no podrá ser una guía pragmática. Lo mismo es válido para el proveedor y para la ciencia. El reforzamiento es siempre la cuestión, pero no cualquier reforzador. Por lo tanto, la limitación que el contextualismo funcional impone a la ciencia del comportamiento es necesaria para que el pragmatismo funcione como un conjunto ético de supuestos científicos.

EL ÁMBITO DEL CAMPO DEL ANÁLISIS DE CONDUCTA

En sus inicios, el campo del análisis aplicado de conducta se definió dentro de los parámetros establecidos por el primer artículo de la primera edición del Journal of Applied Behavior Analysis. Los autores de este artículo esbozaron siete dimensiones de lo que, en su opinión, debía abarcar el campo, con el fin de definir los límites de lo que podía y debía considerarse contenido conductual y lo que no (BWR, 1968). Aunque los autores lo presentaron como algo que solo se refería a «algunas dimensiones actuales», con el paso de las décadas se convirtió en uno de los artículos más citados en el análisis aplicado de conducta y fue tan venerado que incluso el intento de los autores de actualizarlo 20 años después (Bear, Wolf y Risley, 1987) se cita menos de una sexta parte. Parece ser que si un tratamiento, teoría, intervención, estudio de investigación o programa de investigación cumple los umbrales narrativos descritos en BWR, 1968, entonces ese trabajo puede considerarse analítico conductual.

Es interesante, incluso sorprendente, leer su actualización en el contexto del presente volumen. La mayoría de los avances que ha realizado la rama contextual de la ciencia de la conducta del análisis de conducta (es decir, la rama FC/TMR/ACT) han sido anticipados o respaldados, de forma explícita o implícita, por los fundadores de nuestra disciplina.

En el ámbito del trabajo «aplicado», señalan que «los problemas sociales son esencialmente conductas que muestran o explican problemas» (pág.314) y señalan que la decisión de tratar es una manifestación personal o social de una dialéctica entre «la manifestación del problema del cliente y su disposición a pagar frente a los valores del terapeuta» (pág314). Piden a los analistas de conducta que aprendan más sobre el control de estímulo que regula ambos lados de esta ecuación, en línea con el subtexto del presente volumen.

En el ámbito del «comportamiento», señalan que, al abordar «conceptos como ansiedad, atención, inteligencia, discapacidades, espontaneidad, preparación, períodos críticos, desencadenantes innatos, mecanismos de almacenamiento y recuperación, esquemas y similares», los analistas de conducta deben «reconocer que cada una de esas etiquetas (y muchas otras similares) a menudo representa alguna realidad conductual que aún no se ha analizado como tal» (pág. 315). Al hacerlo, se plantea la posibilidad de que esos fenómenos «pudieran analizarse de forma analítico-conductual, quizá con gran beneficio para nosotrosy para esas disciplinas y, por lo tanto, para nuestras funciones dentro de ellas» (pág. 315). Creemos que la historia de la ACT y la TMR demuestra su punto de vista en este ámbito.

Sin embargo, incluso llegan a señalar que puede ser necesario matizar las explicaciones conductuales estrictas para obtener el impacto de los análisis de conducta de este tipo de cuestiones. Señalan con tristeza que

> "Los últimos veinte años nos han demostrado una y otra vez que nuestro público responde de forma muy negativa a nuestras explicaciones sistemáticas de nuestra programación y sus supuestos subyacentes, pero de forma muy positiva al espectáculo total de nuestra programación... siempre y cuando no les demos ninguna explicación» "(pág. 315-316).

Vieron tres alternativas para la resolución de problemas:

1. «encontrar formas de enseñar a su cultura a hablar de forma analítico-conductual (o al menos a valorar los discursos analítico-conductuales)»

2. desarrollar un lenguaje no analítico del comportamiento para su exposición pública y ver si ese lenguaje resulta tan útil para la investigación y el análisis como el lenguaje analítico-conductual actual, o si es necesario mantener dos lenguajes; o
3. dejarlo como está (representamos aproximadamente el 2 % de la psicología estadounidense y actualmente nos mantenemos estables en ese nivel)» (pág. 316).

El análisis de conducta convencional eligió la opción «a» y sufrió las consecuencias de la opción «c». La rama TMR/ACT eligió la opción «b», pero se comprometió a mantener dos lenguajes. A consecuencia de ello, ha logrado algunos avances en la opción «a» —podría decirse que ninguna rama del análisis de conducta ha hecho más por mantener la visibilidad del pensamiento conductual— y ha tenido un gran éxito a la hora de evitar las consecuencias de la opción «c». Ese experimento se ha desarrollado plenamente a lo largo de los 35 años transcurridos desde que Bear, Wolf y Risley actualizaron su declaración, que ahora tiene 55 años. Los datos están ahí. El mero hecho de que la ABAI publique este volumen demuestra que el análisis de conducta convencional está dispuesto a aceptar ese punto.

Sin embargo, en este ámbito cometieron un error. Pensaron que estudiar cuidadosamente los fenómenos mentalistas superficiales desde un punto de vista conductual podría, al igual que el principio de Premack, resultar muy reforzante y popular, ya que nos permitiría «utilizar y consumir explicaciones mentales internas del comportamiento» (pág. 316) sin ningún coste.

No les preocupaba que esta medida «pusiera en peligro nuestra capacidad de efectuar la discriminación entre una disciplina conductual y una disciplina no conductual. Los diversos patrones de conducta profesional que constituyen una disciplina conductual... siempre pueden distinguirse de los patrones considerablemente más variados que constituyen las disciplinas no conductuales, incluso si nadie volviera a mostrar esos patrones de conducta» (cursiva añadida), porque la diferencia «es esencialmente filosófica y no antropológica» (pág. 315).

Eso resultó ser incorrecto. Lo que no tuvieron plenamente en cuenta son las luchas internas dentro del propio análisis de conducta. Sí, cualquiera con ojos para ver puede ver que ACT y TMR son un enfoque conductual desde el punto de vista filosófico y teórico una vez que se examina el historial. Y vale la pena señalar que, al mantener un compromiso con el «doble lenguaje», la corriente ACT y TMR nunca abandonó la «manifestación de esos patrones de conducta», a pesar de que Bear, Wolf y Risley podían imaginar que incluso ese paso radical podría estar bien en interés de los clientes a los que atendemos; los desarrolladores de ACT/TMR simplemente añadieron términos más accesibles. Ese pequeño paso sí que «puso en peligro nuestra capacidad para realizar la discriminación entre una disciplina conductual y una no conductual», pero, afortunadamente, esa época está pasando. Este libro, publicado bajo los auspicios de la ABAI, es en sí mismo una prueba de ello.

Ahora estamos evolucionando juntos (ACT y ABA).

¿Ético o no ético?

Frank Soulmer acaba de aparecer en un podcast en el que habló sobre los problemas de que ACT se considere una intervención de análisis de conducta. Hace referencia al artículo de Baer, Wolf y Risley (1968) y afirma que la ACT no cumple los requisitos mínimos de comportamiento porque la ACT busca cambiar constructos hipotéticos como la flexibilidad, la aceptación y la fusión. En su opinión, estos no son conductas medibles ni significativas.

Ética: el Dr. Soulmer puede tener razón en que, si la ACT intentara obtener efectos del tratamiento que no fueran más que autoinformes o impresiones de los clínicos sobre términos de nivel medio que no están definidos operativamente, efectivamente no cumpliría los criterios del BWR (1968) y tampoco se consideraría una intervención analítico conductual aceptable. Su mensaje a la comunidad profesional sería una directriz útil.

No ético: Frank no ha leído este libro. Frank no conoce las décadas de intervenciones de ACT basadas en el análisis conductual. Y lo que es más importante, Frank ha difundido inexactitudes sobre su propio campo y ha privado potencialmente a los clientes del derecho a un tratamiento eficaz por parte de su analista de conducta. Sería aconsejable que los oyentes del podcast se pusieran en contacto con Frank y trataran con él su uso indebido de la información y los efectos negativos que esto tiene sobre los clientes de toda la comunidad profesional.

Por supuesto, los analistas no conductuales aplicaron procedimientos coherentes con la ACT (psicólogos clínicos, psiquiatras, trabajadores sociales, consejeros familiares, etc.), y esas personas no se convierten en analistas conductuales aplicados por hacerlo. No más de lo que nosotros nos convertimos en ellos por aplicar procedimientos coherentes con la ACT. Pero sí se convierten en amigos y aliados, y aprendemos a hablar el mismo lenguaje. Eso ya ha sucedido. Si vas a un sitio como Amazon, verás que las personas que compran libros sobre ACT también compran libros sobre principios conductuales. Eso es exactamente lo que imaginaron Baer, Wolf y Risley (1987) cuando supusieron que aprender a analizar las emociones, la cognición, etc., podría reportarnos «grandes beneficios a nosotros y a esas disciplinas y, por lo tanto, a nuestras funciones dentro de ellas» (pág. 315). Cualquiera que observe, por ejemplo, la psicología clínica actual, puede ver que tenían razón.

Lo que subyace a la mayor parte de la resistencia dentro del campo es que ACT no es lo suficientemente conductual. Ese tipo de críticas son comprensibles e incluso pueden ser útiles si se expresan con la comprensión de que la ciencia es progresiva y que nunca debemos conformarnos. Nunca tenemos suficiente conocimiento. No sabemos lo suficiente sobre la extinción, el reforzamiento negativo, los efectos de losprogramas, el entrenamiento en habilidades conductuales o cualquier otro de los innumerables principios, procedimientos e intervenciones analítico conductuales. Estamos totalmente de acuerdo con todo eso. Pero «suficiente para ser utilizado legítimamente dentro de nuestro campo» es otra cuestión totalmente diferente, dado el vasto corpus de trabajo de forma conductual sensato. realizado en ACT y TMR. Creemos que esto revela un doble rasero inaceptable e injusto al que hay que hacer frente, ya que perjudica a los clientes a los que atendemos.

¿Es ético no utilizar una intervención que puede funcionar en favor de otra que no funcionará debido a este umbral arbitrario, subjetivo y potencialmente mentalista de lo que «es» o «no es» análisis de conducta?

Creemos que lo que realmente se opone a la ACT como parte del análisis aplicado de conducta es que no se puede adoptar la ACT sin aceptar la teoría del marco relacional. Y para ello, casi todo lo que damos por sentado en el campo del análisis de conducta tendrá que cambiar.

Las operantes relacionales funcionan según otros principios conductuales.

Esa verdad incómoda es un hecho empírico. Por ejemplo, los castigos pueden convertirse en reforzadores condicionados debido a su participación en marcos relacionales, pero sin ningún emparejamiento con el reforzamiento (Whelan y Barnes-Holmes, 2004), lo que significa que este efecto no se ajusta a los parámetros conocidos del reforzamiento condicionado tal y como se entiende tradicionalmente. Los estímulos pueden elicitar respuestas condicionadas clásicamente que son mayores que las establecidas mediante el emparejamiento directo debido a su participación en marco relacional por sí solos, pero controlando cualquier posible base asociativa para ese efecto (Dougher, Hamilton, Fink y Harrington, 2007), lo que significa que este efecto no se ajusta a los parámetros conocidos de los estímulos condicionantes tal y como se entienden tradicionalmente. Los estímulos evocadores pueden adquirir sus funciones a través de la transformación de las funciones de los estímulos mediante diversos marcos relacionales, en lugar de por un historial de mayor refuerzo del comportamiento en su presencia que en su ausencia (p.ej., Hayes, Devany, Kohlenberg, Brownstein y Shelby, 1987), lo que significa que este efecto antecedente no se ajusta a los parámetros conocidos de los estímulos discriminativos tal y como se entienden tradicionalmente. Los estímulos motivadores pueden adquirir igualmente sus funciones a través de la transformación de funciones de estímulo (Ju y Hayes, 2008), lo que significa que este efecto antecedente no se ajusta a los parámetros conocidos de los estímulos motivadores tal y como se entienden tradicionalmente.

Este hecho emocionante pero disruptivo significa que, una vez que las habilidades verbales superan un cierto punto, no es posible realizar un análisis adecuado del funcionamiento humano sin un análisis paralelo de las habilidades de aprendizaje relacional. Ya hemos señalado que las funciones de los comportamientos problemáticos son tres veces y media menos propensas a clasificarse con éxito utilizando procedimientos estándar de FA, por ejemplo (Belisle, Stanley y Dixon, 2017), una vez que se establecen operantes relacionales incluso rudimentarios. Eso significa que ahora tenemos que estudiar las relaciones entre conductas como tema central en nuestro campo y aprender a hacerlo sin mentalismo ni pérdida de un pragmatismo de la causalidad vinculada a la manipulación experimental. No es fácil. Este libro te ha mostrado cómo hacerlo, pero han sido necesarias muchas páginas y muchos ejemplos para ello.

Decir «no, no, no» no eliminará ese reto. Si hay que creer en los datos sobre ACT y TMR (es decir, que los cientos de científicos y todos sus laboratorios de investigación no acordaron simplemente inventarse todos estos datos con un conjunto coherente de hallazgos), todo el campo del análisis de conducta se enfrenta ahora a un nuevo deber ético: el deber ético de aprender cómo los operantes relacionales influyen en otros fenómenos conductuales; el deber ético de producir ese impacto a propósito fomentando las capacidades de aprendizaje relacional; y luego aprender a mejorar los aspectos deseables de ese impacto y reducir sus aspectos indeseables. Dicho de forma más sencilla, aprender TMR y ACT cuando son fundamentales para el avance del cliente pronto será una obligación ética de los analistas de conducta con sentido ético. Podría decirse que ya hemos llegado a ese punto, ahora que la instrucción basada en la equivalencia forma parte de la lista de tareas, ya que no se conocen métodos mejores que los métodos TMR para establecer la equivalencia cuando esta no existe (Dixon, Paliliunas, Barron, Schmick y Stanley, 2021).

¿Ético o no ético?

Arlo lleva casi dos décadas enseñando el análisis del lenguaje de Skinner a estudiantes de posgrado en análisis de conducta. Uno de sus alumnos le preguntó qué opinaba de la teoría del marco relacional, y él respondió que se negaba a leer los trabajos sobre la TMR, ya que no son más que una forma rebuscada de describir los mismos conceptos que Skinner expuso hace más de 50 años, con la posible adición de la equivalencia. Cuando se le preguntó por qué, entonces, el trabajo de Skinner no había dado lugar a un programa de investigación tan sólido como el de la TMR, Arlo respondió que el alcance de la investigación de la TMR es irrelevante porque no es conductual y no es más que psicología cognitiva que pretende ser análisis de conducta. Argumentó que Skinner proporcionó todo lo que necesitábamos saber sobre el análisis de conducta como campo y que cualquier estudiante que afirmara lo contrario no aprobaría su curso si lo supiera.

Ético: Arlo tiene derecho a hacer cualquier afirmación intelectual que considere fundamentada en su conjunto de supuestos preanalíticos. Si el análisis de conducta es sinónimo de los escritos de Skinner, entonces es cierto que un análisis de cómo los operantes relacionales influyen en las contingencias programadas tiene que quedar fuera del campo, ya que Skinner nunca realizó tal análisis.

No ético: la negativa a examinar un conjunto de trabajos empíricos muy relevantes para tu enseñanza del análisis de conducta es científicamente poco ética una vez que ese conjunto de trabajos alcanza un tamaño y una importancia suficientes. La TMR y la ACT han superado ese umbral a ojos de la ABAI y de las revistas especializadas en conductismo. Como analista de conducta que informa a sus alumnos de que ese trabajo es solo otra forma de hablar de Skinner no puede basarse éticamente en declaraciones abiertas de ignorancia y en la negativa a leer. Presionar a los alumnos para que repriman su interés por la TMR con el fin de aprobar el curso de Arlo u obtener una carta de recomendación de él en la graduación es claramente carente de ética.

EL ALCANCE DE LAS FUERZAS EXTERNAS EN EL USO DE ACT POR PARTE DE UN ANALISTA DE CONDUCTA

Una amplia gama de fuerzas externas ejercerán presión sobre el analista de conducta para que utilice o se abstenga de utilizar ACT. Estas entidades desempeñarán un papel crucial a la hora de garantizar la práctica ética dentro de los parámetros de definición de tu credencial, los tipos de servicios que prestas en virtud de dicha credencial y cómo se debe gestionar la superposición con otras credenciales. Los profesionales del campo pueden tener limitaciones tanto en cuanto a las poblaciones como a las técnicas, y ciertas fuentes de financiación pueden definir aún más quién y qué puede constituir una prestación de servicios adecuada. Estas pueden evolucionar y cambiar, pero no pueden ignorarse. Sigue siendo responsabilidad ética, y en ocasiones legal, del analista de conducta conocer las fuerzas externas que regulan la aplicación del análisis aplicado de conducta en su área de trabajo. Al igual que un cirujano que puede tener la formación y la capacidad para realizar un determinado procedimiento, se requieren ciertas licencias y permisos para poder realizar el trabajo de forma legal. Los analistas de conducta pueden tropezar en la práctica de ACT al desconectar los procesos de ACT de su ámbito de práctica establecido, tal y como lo ha definido una entidad que no está familiarizada con la terminología, el vocabulario y los efectos únicos de ACT.

La Behavior Analysis Certification Board (BACB) es una entidad con sede en Estados Unidos que regula en gran medida la práctica del análisis de conducta en ese país. Existen otros grupos similares en Estados Unidos, pero la BACB tiende a ser el mecanismo más utilizado por los analistas de conducta que desean obtener una licencia en una localidad determinada o poseer una credencial de «analista de conducta certificado». A nivel mundial, la BACB sigue influyendo en lo que define la práctica del análisis de conducta, aunque en la mayoría de los lugares no acredita directamente a los profesionales. La BACB también proporciona un código ético de conducta que deben cumplir las personas acreditadas, y el incumplimiento del mismo puede acarrear problemas profesionales y legales para el analista de conducta. Esto último se da más como respuesta a infracciones de la ley en el ámbito local de la práctica.

En lo que respecta a ACT, la BACB ofrece una orientación muy limitada sobre qué elementos de ACT se incluyen realmente en el ámbito de contenido habitual en el que se supone que debe operar un analista de conducta. Más bien, esta lista de tareas que el analista de conducta debe dominar incluye afirmaciones como «utilizar instrucciones y normas» o «utilizar contratos de contingencia». Existe una diversidad de técnicas que podrían lograr esos objetivos para un cliente, incluidas las que se encuentran dentro del marco de la ACT. ¿Qué significa «utilizar» instrucciones o normas? La ACT, en cambio, desafía al profesional a enseñar a los clientes a utilizar las normas de una manera psicológica flexible. Por ejemplo, «utilizar instrucciones y reglas» podría aplicarse con una intervención que intentara modificar las reglas inexactas e inflexibles de un cliente y enseñarle reglas más adaptativas basadas en la flexibilidad y la adaptación (por ejemplo, «Cuando empiece a enfadarme, recordaré cuáles son mis valores y adoptaré el comportamiento adecuado para conseguirlos»). Además, la tarea de «utilizar contratos de contingencia» podría llevarse a cabo utilizando técnicas de ACT en las que el terapeuta y el cliente trabajan juntos para identificar los valores y las acciones comprometidas necesarias para que esos valores sean más fáciles de obtener («Cada día que quieras salir al patio para tener un recreo extra, asegúrate de ser flexible con tu aversión por la clase de matemáticas. Porque si puedes mantenerte comprometido con tu trabajo, te acercarás más a tus valores»). Para que el analista de conducta se mantenga dentro de los parámetros definidos en las directrices prácticas de la BACB, será necesario interpretar cuidadosamente cómo los diversos elementos de la ACT pueden servir como mecanismos de intervención que se vinculan directamente con áreas de contenido específicas.

Muchos profesionales del análisis aplicado de conducta operan dentro de un modelo de atención médica en el que terceros pagadores establecen normas sobre los servicios que pueden reembolsarse bajo el paraguas de los «servicios de análisis aplicado de conducta». A consecuencia de ello, a muchos analistas de conducta les puede resultar difícil obtener inicialmente la autorización para la evaluación y el tratamiento con ACT. Hay una serie de variables que influyen en la aprobación del pago de los servicios de ACT. En primer lugar, el analista de conducta debe tener siempre presente que es poco probable que se derive a un cliente por «inflexibilidad», «fusión» o cualquier otro término de nivel medio de la ACT. Se ha considerado que necesitan atención por parte de un analista de conducta debido a problemas de conducta o han sido derivados a servicios conductuales basándose en un diagnóstico, ya sea por un pediatra, un psicólogo clínico o un psiquiatra. Por lo tanto, como analista de conducta, deberá mantener el problema conductual como su métrica de éxito dentro de su intervención. No es aconsejable intentar buscar servicios para «mejorar la flexibilidad» o «enseñar la aceptación». Estas habilidades son en sí mismas un medio para alcanzar un fin: influir en un cambio de conducta socialmente significativo. Es mucho mejor utilizar la ACT como método para mejorar las manifestaciones con-

¿Ético o no ético?

Pico Dingo ha sido entrenada como analista de conducta por un mentor muy antiguo y estricto que cree que nunca se producirán nuevos descubrimientos en este campo y que ha descuidado el aprendizaje de cualquier novedad desde que se graduó hace muchos años, siguiendo los escritos magistrales de Skinner. Cuando ella (Pico) trató de utilizar ACT con uno de sus clientes, el mentor le dijo que ni siquiera se plantearía hacerlo. Su razonamiento es que la ACT fue inventada y sigue siendo una «terapia nueva tras la muerte de Skinner», por lo que no aporta ningún valor añadido a una explicación conductual que lleva muchos años dando todas las respuestas.

Además, señala que la BACB no respalda específicamente la ACT como tipo de tratamiento, citando la lista de tareas de la BACB.

Ética: el profesor de Pico Dingo tiene razón al decir que quizá ella debería demorar el uso de la ACT, ya que su mentor nunca le entrenó para utilizarla. Dado que ese profesor no tiene ni idea del trabajo que se ha realizado en los últimos 40 años sobre la ACT, está claro que nunca le enseñó cómo encaja dentro de los parámetros del análisis de conducta.

No ético: el profesor de Pico Dingo no se ha mantenido al día con la bibliografía relevante en su campo. Se ha convertido más en un historiador que en un clínico y Por lo tanto, no la ha preparado para integrar métodos de ACT empíricamente bien establecidos dentro de los parámetros de la lista de tareas del BACB.

ductuales que se están exhibiendo actualmente. Hemos intentado aclarar cómo funcionan estos procesos *en torno a* la conducta de interés como variable independiente dentro de un plan de intervención integral, en lugar de como variable dependiente sobre la que intentamos influir.

En segundo lugar, es muy probable que los terceros pagadores no estén familiarizados con el lenguaje de ACT o incluso con su relevancia dentro de la atención analítico conductual . Por lo tanto, será necesario tratar periódicamente con las compañías de seguros sobre la ACT y los parámetros en los que se tiene previsto utilizarla. Una vez más, es recomendable mantener los procedimientos como medio para lograr el cambio de conducta. Estas

¿Ético o no ético?

Se ha remitido un caso reciente a Pappy Vonshnozer para la aplicación de ACT. Pappy lleva varios años aplicando ACT en una escuela privada y está entusiasmada por utilizarlo con su nuevo cliente, que cuenta con un seguro. Sin embargo, antes de comenzar los servicios, necesita solicitar una autorización para el tratamiento al proveedor de atención médica. Ella cree que el comportamiento desafiante puede reducirse utilizando ACT y solicita 20 horas a la semana para mejorar la flexibilidad y las habilidades de resolución de problemas de su cliente. Su evaluación inicial se basa en el informe de los padres, así como en los informes de incidentes del estudiante. El personal de la escuela también ha recopilado algunos datos ABC que sugieren que el comportamiento es provocado por demandas no deseadas que se le imponen al cliente.

Ético: Pappy puede tener razón en su intento de incorporar la ACT a sus métodos de tratamiento. La solicitud de servicios por parte del proveedor del tratamiento puede estar justificada, ya que el cliente parece inflexible a la hora de adaptarse a las nuevas demandas del personal escolar.

No ético: Pappy podría no haber descartado intervenciones más básicas basadas en contingencias, y esos datos podrían ser importantes a la hora de solicitar servicios a un tercero pagador. Además, Pappy no ha logrado poner en práctica los cambios de conducta que desea ver en su cliente y se ha centrado únicamente en los procesos de la ACT. Por lo tanto, es probable que la solicitud de servicios al seguro sea denegada o que, como mínimo, sea necesario dar más explicaciones sobre su enfoque del tratamiento. Esto puede demorar el inicio del tratamiento, ya que Pappy no ha creado una justificación específica para la ACT, centrada en medidas de cambio de conducta. Una demora innecesaria de este tipo puede tener consecuencias negativas para el cliente y es poco ética.

entidades no controlan habitualmente de forma minuciosa el «uso de las instrucciones y normas», por lo que sería lógico que ahora lo hicieran utilizando técnicas, métodos o núcleos de intervención de ACT para producir esos mismos objetivos de cambio. Sin embargo, si ACT se utiliza como un tratamiento empaquetado sin relación con conductas medibles, es lógico que una compañía de seguros cuestione el valor de la ACT (y debería hacerlo). Por último, las compañías de seguros quieren ver cambios positivos en la conducta del cliente, por lo que el uso exclusivo de medidas indirectas de éxito, como los cuestionarios, no es ni debe ser suficiente. Desde el punto de vista ético, el objetivo del analista de conducta es producir un cambio de comportamiento significativo y medible, y estos objetivos deben definirse antes de los hechos. Para reducir el rechazo de los objetivos basados en la ACT, el analista de conducta con sentido ético debe vincular la ACT como tratamiento a cambios medibles en el comportamiento manifiesto, con vínculos claros con las evaluaciones funcionales, tal y como hemos descrito la evaluación funcional aquí (como en un análisis funcional, no como en «las cuatro funciones» del comportamiento).

También puede surgir un dilema ético cuando profesiones ligeramente superpuestas se unen en el caso de un cliente y se produce confusión sobre quién es el responsable de llevar a cabo una intervención basada en la conversación. Tomemos como ejemplo un adolescente con autismo y estado de ánimo depresivo que emite afirmaciones negativas sobre sí mismo durante toda la jornada escolar. Sus padres están preocupados porque no hace amigos y sus notas han bajado en comparación con el año anterior. Los servicios incluyen trabajo social en la escuela, un psicoterapeuta externo y un analista de conducta. En un mundo ideal, quizás los tres profesionales coordinarían la atención. En principio, la ACT podría ser muy relevante para cada una de estas áreas de intervención y, de ser así, el cambio podría producirse más rápidamente para este estudiante. Sin embargo, las cosas no siempre son ideales, y el analista de conducta puede encontrarse intentando aplicar métodos de ACT para mejorar el comportamiento académico, lo que puede conducir a una mejora en las calificaciones (mejorar las calificaciones directamente es la función del educador), y a disminuir el dominio de las afirmaciones negativas sobre sí mismo frente a otras fuentes de regulación conductual como objetivo directo del cambio de conducta, mientras que los demás profesionales utilizan un enfoque no ACT para alterar los estados psicológicos de «depresión mayor». Desde el punto de vista ético, el analista de conducta debe intentar reunir a todos los proveedores para ofrecer una atención integral y de coordinación. Y si esas iniciativas fracasan, el analista de conducta con sentido ético debe abordar con mucha diligencia solo las condiciones que se presentan y que entran dentro del ámbito de su competencia como analista de conducta con sentido ético.

La aplicación de ACT en un ambiente educativo puede plantear una serie de dificultades éticas, ya que los alumnos que no se han inscrito en una psicoterapia reciben métodos que se mezclan con otras áreas terapéu-

¿Ético o no ético?

Bessie Bluebottom es una analista de conducta con amplia experiencia que trabaja en el ámbito de la fobia escolar. Además de los métodos de contingencia directa, suele añadir técnicas de defusión de ACT para ayudar a lidiar con las construcciones verbales de posibles eventos aversivos que podrían ocurrir en la escuela. Un caso reciente fue atacado por acosadores en la escuela y ha comenzado a tener ataques de pánico y recuerdos traumáticos del incidente, además de rechazo escolar. La escuela ha pedido ayuda a Bessie con el rechazo escolar, pero está teniendo dificultades para encontrar un terapeuta cognitivo-conductual que les ayude con lo que ellos denominan un trastorno de pánico y TEPT. Bessie dice que no es necesario, ya que después de sus sesiones iniciales con el cliente sabe que utilizará ACT y que ACT es bueno para el pánico y el trauma.

Ético: es bueno considerar los métodos ACT para un problema como la negativa a ir al colegio si el análisis funcional incluye indicios de evitación experiencial y fusión cognitiva u otros procesos de inflexibilidad como posibles fuentes del problema de conducta.

No ético: el tratamiento del pánico y el TEPT está fuera del ámbito de práctica de Bessie. Es posible que el uso de métodos ACT centrados en la negativa a ir al colegio muestre una generalización beneficiosa, pero no se debe dar por sentado. Debe animar al colegio a buscar también un buen psicoterapeuta. Dado que es una proveedora de ACT, podría utilizar sus contactos para ayudar al colegio a encontrar un buen recurso, pero no debe asumir características del caso que están fuera de sus competencias y de su función profesional.

ticas. Este es el caso más claro de ACT como sistema de apoyo preventivo para el bienestar social y emocional en toda la escuela. Por ejemplo, toda una escuela puede diseñar un programa de habilidades sociales utilizando el lenguaje de ACT que enseñe a los alumnos la «aceptación» de sus sentimientos y a «defusionar» las luchas internas. Programas como este pueden ser útiles, pero pueden tener efectos inesperados que enfrenten a los analistas de conducta con solicitudes inusuales. Por ejemplo, los estudiantes pueden empezar a revelar información personal, recuerdos y sentimientos al personal de la escuela que no ha recibido entrenamiento para gestionar de forma eficaz estos asuntos. Los padres pueden enterarse de que sus hijos u otros están tratando pensamientos aterradores que nunca antes habían expresado y pueden oponerse a «hacer terapia a sus hijos» como medida preventiva durante la jornada escolar.

Si el analista de conducta entrenado en ACT hubiera formado parte del equipo que desarrolló el programa, este tipo de efectos podrían haberse previsto y evitado. Por ejemplo, el programa podría diseñarse para evocar un enfoque en eventos privados comunes que sean obviamente relevantes para los objetivos del grupo y ayudar a los propios alumnos a comprender cuándo podrían ser adecuados pasos terapéuticos adicionales. Si el analista de conducta formado en ACT no participó en el diseño del programa, debería comprender los problemas con suficiente profundidad como para prever lo que puede ocurrir y estar preparado con un plan para abordar este tipo de «crisis» emergentes de forma repentina. De lo contrario, recurrir a los analistas de conducta en busca de orientación puede no servir de nada y la credibilidad social del analista de conducta puede verse innecesariamente socavada.

En la planificación previa y ad hoc de programas de este tipo, el mejor enfoque es la colaboración. No es aconsejable entrar en el ámbito profesional del psicólogo escolar, el trabajador social o los educadores. Cada uno de ellos tiene una tarea fundamentalmente diferente, aunque todos los elementos estén interrelacionados. Intenta trabajar en colaboración con estos profesionales, en lugar de excluirlos de la toma de decisiones sobre el enfoque de la intervención. Habla sobre los posibles problemas y cómo se abordarán si surgen. A menudo, los profesionales homólogos están entrenados en métodos que no son analíticos conductuales, y es posible que el analista de conducta tenga que ser una fuente de información sobre ACT, respetando al mismo tiempo las orientaciones terapéuticas de estos profesionales. ACT puede utilizarse fácilmente para tender puentes, lo que resultará útil de muchas maneras en el futuro.

En la era posterior a la COVID-19, los tratamientos analítico conductuales a distancia se han convertido en algo habitual. Este potencial sin límites geográficos conlleva diversas incertidumbres en cuanto a la logística de la prestación de servicios en lugares distantes. Además de los matices legales que surgirán, también pueden surgir nuevos retos éticos.

Un analista de conducta con amplios conocimientos sobre ACT puede tener una gran demanda, incluso para servicios de telesalud cuando no hay opciones locales cualificadas disponibles. Es posible que el cliente potencial necesite apoyo local, pero también se beneficie de una intervención ACT cualificada. La disyuntiva que se plantea puede ser cuál es la mejor opción para el cliente. Esto exige anteponer el interés del cliente y respetar los límites profesionales. Por ejemplo, a veces puede ser mejor apoyar a los profesionales locales y ayudarles a obtener el entrenamiento adicional que necesitan, en lugar de intentar conseguir más horas de intervención sin tener en cuenta el impacto que esto puede tener en las relaciones profesionales.

Otra cuestión ética surge cuando el uso de la telesalud puede ser más conveniente para el analista de conducta. Dado que la telesalud reduce el tiempo de desplazamiento entre clientes, a veces se pueden maximizar las horas facturables en sesiones más cortas a lo largo del día. Esto no es perjudicial, a menos que comprometa la eficacia. Por ejemplo, si es probable que el impacto de la ACT sea mayor en un caso concreto a través de actividades experienciales en vivo, la prestación de la ACT a través de sesiones de telesalud podría comprometer la eficacia del tratamiento. El analista de conducta deberá sopesar estos nuevos retos del tratamiento a distancia con el impacto potencial de cada cliente en el progreso terapéutico.

Un ambiente sin formación en ACT que podría beneficiarse desu implementación crea una ardua batalla para su adopción que debe ser abordada de hábilmente por el analista de conducta. Desaconsejamos el enfoque de «yo soy el experto», en el que el analista de conducta se limita a decir a todos los demás que están equivocados o que ACT es lo mejor que se ha inventado nunca. En su lugar, proponemos un modelo más colaborativo en el que el analista de conducta escucha, respeta y contribuye a los enfoques utilizados por otras personas que participan en el mismo caso, en todo el centro educativo, en la junta de revisión de seguros o en el programa de entrenamiento de recursos humanos. El analista conductual tiene la responsabilidad ética de animar a los demás a considerar la ACT cuando cree que los datos y los analistas funcionales individuales sugieren que el enfoque ACT es beneficioso. Sin embargo, esta conversación se apoya mejor con paciencia, datos y una relación directa entre la ACT y los problemas que se presentan en la cuestión que nos ocupa.

¿Ético o no ético?

Sam Donox es un reconocido analista de conducta aplicado muy solicitado por sus habilidades y por aplicar métodos ACT adecuados a su práctica. Realiza un trabajo excelente de forma constante, lo que está aumentando exponencialmente el número de referencias que recibe. Puede cobrar honorarios elevados por sus habilidades y recientemente ha decidido reducir el número de horas que pasa «en la carretera» para poder dedicarse más a la telesalud, «les guste o no». Ha considerado la posibilidad de realizar entrenamiento adicional para que su personal realice parte del trabajo que requiere viajar, pero aún no lo ha hecho porque «solo reduciría mis ingresos». Conoce a buenos analistas de conducta que pueden hacer lo mismo que él en persona, pero se niega a derivarles alegando que eso supondría «perder dinero».

Ético: prestar servicios de alta calidad y ganarse una reputación por ello le permite alcanzar el éxito financiero. No hay nada inmoral en ello per se. Tampoco lo es aprovechar el tiempo para ser eficiente.

No ético: no prestar los servicios necesarios de la forma más adecuada para que tengan éxito no puede considerarse una mera cuestión de conveniencia. Derivar a otros profesionales o crear puestos de trabajo para realizar el trabajo necesario estaría bien, pero permitir que las cuestiones económicas prevalezcan sobre la prestación de servicios eficaces es poco ético.

EL ALCANCE DE LAS FUERZAS INTERNAS EN EL USO DE ACT POR PARTE DE UN ANALISTA DE CONDUCTA

Existe una amplia gama de fuerzas internas que presionan al analista de conducta , tanto para utilizar como para evitar el usode ACT. Estas fuerzas van desde la propia capacidad y el historial del analista hasta la población objetivo y los apoyos relacionados, pasando por la inseguridad, el miedo al fracaso o la evitación de conflictos. Siempre que surjan estas fuerzas, es necesario adoptar una postura ética, con la guía general de primero no dañar y promover el bienestar óptimo de los clientes a los que se atiende.

Irónicamente, la propia ACT ayudará a proporcionar al analista de conducta las herramientas necesarias para realizar algunas de estas discriminaciones. Es útil que el analista de conducta trabaje en la apertura emocional y cognitiva, en un mayor contacto con el entorno externo e interno y en hábitos más sólidos basados en valores; en otras palabras, que trabaje en su propia flexibilidad psicológica, de modo que se eliminen las barreras innecesarias para el uso eficaz de los métodos ACT de forma profesional.

La población objetivode la intervención debe igualar la población con la que el analista de conducta tiene experiencia o a la que puede acceder para recibir una supervisión adecuada para el trabajo. Una amplia experiencia de trabajo con la población objetivopermitirá al analista de conducta juzgar mejor el impacto relativo que ACT puede tener en esta población. Aproximadamente el 75 % de todos los analistas de conducta actualmente empleados trabajan en el sistema de atención al autismo, por lo que es probable que los primeros usos de ACT se realicen con personas autistas. Esto es un problema en sí mismo, ya que hay numerosas pruebas de que ACT puede ser útil para esta población. Aun así, existe una amplia gama de personas con diagnóstico de autismo y, dado que los analistas de conducta tienen un historial de trabajo con una parte reducida de este espectro, pueden existir barreras. Los analistas de conducta que deseen introducir ACT al personal en un entorno laboral o a estudiantes universitarios probablemente también tendrán experiencia en el trabajo con adultos neurotípicos. La experiencia con la población por sí sola no es un pase libre para aplicar de forma ética ACT, pero sí ayuda a detectar algunas de las ventajas y riesgos relativos que ACT puede suponer para la persona o personas de interés. Cuando se sugiere una nueva población con la que el analista de conducta no tiene experiencia, es responsabilidad ética del analista de conducta con sentido ético revisar la bibliografía publicada sobre las consideraciones específicas de la población, así como los trabajos previos con la ACT y esta población específica y, cuando sea aplicable, buscar la supervisión de personas que tengan esta experiencia.

El problema que presenta el cliente debe igualar las condiciones típicas tratadas en el pasado por el analista de conducta. El entusiasmo por aplicar la ACT ahora que se ha leído este libro no da *carta blanca* al clínico para salir y probarla con cualquier tipo de problema del cliente. Cuando las contingencias verbales influyen en las contingencias ambientales de cuatro términos, puede surgir todo un abanico de comportamientos desafiantes que son nuevos para el analista de conducta. Por lo tanto, el simple hecho de conocer la ACT no significa que se sepa cómo utilizarla para un problema específico. Y lo que es igualmente importante, el analista de conducta debe dejar claro que no se debe confundir la forma de un comportamiento con el control funcional que puede estar ejerciendo. La agresividad verbal bajo un control antecedente puramente no verbal puede verse influida de forma fiable por las demandas de los cuidadores. Por el contrario, con un cliente verbalmente sofisticado, ese mismo antecedente de demanda, cuando está influenciado por la presencia o ausencia de reglas autogeneradas como «siempre soy un fracaso» o «me encanta el recreo y necesito terminar mi trabajo para poder salir después», puede acelerar o suprimir la probabilidad de la respuesta de escape. Un historial con el primero puede no preparar al analista de conducta para el segundo. Y la falta de comprensión del segundo dificultará el efecto general del tratamiento.

¿Ético o no ético?

Fred Chong ha dedicado toda su carrera a trabajar como profesor en un programa de análisis de conducta de nivel de máster. Su trabajo aplicado consiste íntegramente en los cursos especiales que imparte. Por ejemplo, tiene un curso de 1 crédito sobre habilidades para hablar en público y, dado que la ansiedad al hablar es común en casi todos los estudiantes, hace tiempo que incorporó módulos de ACT en la clase. Ha tenido un gran éxito a consecuencia de ello, y aunque este curso es opcional cada año, se llena por completo. Recientemente ha decidido aplicar sus conocimientos a personas con trastornos del espectro autista que también tienen dificultades para hablar en público. No tiene experiencia con esta población, pero afirma: «Estoy seguro de que puedo hacerlo».

Ético: es estupendo que Fred haya desarrollado sus habilidades en ACT y las haya aplicado en un rolprofesional adecuado.

No ético: aplicar ACT a personas con trastornos del espectro autista no es una cuestión de confianza, sino de competencia. Dependiendo de la función del cliente, es posible que algunos de los conocimientos de Fred sean aplicables, pero otros no. Un enfoque más ético sería buscar orientación y el entrenamiento necesario con la nueva población y aplicar sus habilidades de forma cuidadosa y empíricamente evaluada.

Para desarrollar de forma ética competencias en áreas problemáticas nuevas, el analista de conducta deberá consultar con compañeros más cualificados en el campo, con los que exista una colaboración genuina y no simplemente un «intercambio de ideas». El compañero que presta apoyo tiene una responsabilidad ética hacia el cliente desde el momento en que empieza a reaccionar a tus «ideas», lo que requiere una relación más profunda de colaboración contigo y con el cliente. Las iniciativas por adquirir una mayor formación sobre los tipos específicos de problemas que se pretende tratar y la lectura de la bibliografía publicada sobre cómo se ha utilizado la ACT en circunstancias similares son formas adicionales de fomentar de forma ética la competencia para tratar una condición específica.

El cliente debe cumplir los umbrales necesarios de desarrollo del lenguaje que puedan indicar que la ACT podría funcionar. La ACT no funciona para todo el mundo. Un cliente debe tener cierto nivel de habilidades verbales establecidas para beneficiarse de una intervención basada en el lenguaje verbal. Si el cliente potencial nunca ha hablado de un acontecimiento pasado o futuro y vive su vida estrictamente bajo el control de contingencias programadas, la ACT no es para él. Al menos, no todavía. Cuando existe potencial para el desarrollo del lenguaje, el analista de conducta tiene la responsabilidad ética de fomentar dicho crecimiento lo más rápido posible. Para garantizar que estas mejoras en el lenguaje tengan la profundidad necesaria para permitir la comprensión, se deben utilizar técnicas de enmarcar relacional como modelo de intervención. Las intervenciones deben comenzar por establecer habilidades relacionales no arbitrarias de igualdad, oposición, diferencia, comparación, jerarquía y temporalidad o contingencia. Una vez que se ha producido cierto crecimiento en este ámbito, se puede pasar a un marco arbitrario y al control cultural. Se puede evaluar el control contextual sobre toda la gama de habilidades de enmarcar relacionales y vinculares y vincularlo al control contextual sobre las transformaciones de las funciones de los estímulos. Es posible que se adopte un enfoque de tratamiento simultáneo en el que las intervenciones de TMR y ACT se realicen de forma sincronizada, pero, una vez más, es necesario que existan algunas habilidades verbales referenciales ya establecidas. Por lo tanto, cuando los clientes con los que trabaja el analista de conducta tiene distintos niveles de habilidades en el lenguaje, existe la responsabilidad ética de aprender a evaluar y, en última instancia, tratar estas limitaciones para que las intervenciones de ACT puedan maximizar su eficacia.

El acceso a los estímulos controladores (antecedentes y consecuencias) es fundamental para mejorar las posibilidades de éxito del tratamiento. Cuando el analista de conducta tiene la capacidad de manipular la presencia de estas variables, es posible un mayor control funcional sobre la conducta.

La defensa del acceso es una necesidad ética, ya que sin él se compromete la eficacia del tratamiento. Tomemos como ejemplo a un adolescente que se siente «ansioso» por ir a clase de historia. Por alguna razón, cada vez que ese estudiante entra en el aula, comienza a comportarse de forma disruptiva, haciendo ruidos fuertes para llamar la atención de sus compañeros. Toda la clase ha perdido la concentración y las intervenciones previas han consistido en sacarlo del aula y llevarlo a otro lugar. Con una intervención ACT, el analista de conducta tendrá que controlar tanto la presencia como las contingencias de escape que rodean la clase de historia. Mediante un diálogo previo con el cliente, el analista de conducta podría tratar con él su disposición a la aceptación de esta clase que le gusta poco («Sé que no te gusta Historia, pero recuerda que dijiste que estabas dispuesto a estar aquí en clase durante 15 minutos esta vez, todos tenemos que aceptar los altibajos de un día escolar así como una orientación sobre el valor que tiene para este cliente ver una película en clase al final del día («Asegúrate de dejar de pensar en hacer ruido para salir corriendo de la clase, porque si nos comprometemos a quedarnos un poco más, estarás más cerca de tu valor de ver una película con todos los demás»).

¿Ético o no ético?

Jordan Beefeater es un analista de conducta experto en ACT, pero «todavía está aprendiendo» en el área de TMR. Se le ha derivado un niño por agresividad en la escuela que puede responder a diversas preguntas como «¿qué te gusta hacer en la escuela?» o «¿cuál es tu comida favorita?», pero parece dar respuestas memorizadas y no puede decir mucho sobre el futuro o lo que otras personas pueden estar experimentando. Jordan ha decidido «seguir adelante de todos modos», pensando que las respuestas memorizadas son «solo el efecto de su diagnóstico».

Ético: es bueno que Jordan tenga excelentes habilidades y es prudente evaluar el nivel de habilidades verbales.

No ético: no es prudente y puede no ser ético seguir adelante. Las respuestas memorizadas pueden indicar simplemente un largo historial de entrenamiento directo por parte de analistas de conducta con sentido ético y pueden no reflejar la capacidad de participar en respuesta relacional arbitrariamente aplicable. Una señal de alerta es la incapacidad de utilizar relaciones temporales o relaciones de toma de perspectiva. La ACT puede no ser aplicable en esta situación hasta que mejoren estas habilidades de enmarcar relacional, y puede ser poco ético continuar con la ACT.

Cuando el analista de conducta puede control las consecuencias que conlleva la presencia o ausencia en clase, incluso cuando empieza a producirse un comportamiento disruptivo, puede ejercer un poco más de presión verbal sobre las contingencias utilizando expresiones terapéuticas («Recuerda tus valores»; «Mantén tu compromiso»). Estas afirmaciones pueden ser el empujón necesario para promover un poco más de conducta positiva y permitir expresiones adicionales que actúen como reforzadores de los intentos de permanecer en el aula («Me gusta que muestres tu aceptación de comprometerte con esto aquí y ahora»; «Esa película va a ser genial, muy bien por haber dejado de pensar en salir de la clase»). Si el analista de conducta no es la persona que toma la decisión sobre el umbral para la expulsión de la clase o no puede proporcionar apoyo en el aula a través de una conversación basada en la ACT en los momentos en que el cliente necesita escucharla, es probable que el potencial del tratamiento se vea marginado. Por lo tanto, es éticamente fundamental abogar por la influencia en el mismo espacio en el que se producen las variables que controlan las conductas problemáticas. El tratamiento ACT en el vacío probablemente producirá una demora o una reducción de la eficacia en el bienestar del cliente.

Cuando la influencia directa es prácticamente imposible, sigue existiendo una justificación para ejercer una influencia indirecta mediante consultas o decretos dirigidos al resto del personal o a las partes que sí la tienen.

La cooperación de las partes puede mejorar o debilitar los efectos del tratamiento. Esa inquietante realidad es difícil de aceptar para muchos de nosotros como profesionales. Incluso con nuestra mejor iniciativa, los beneficios del tratamiento a menudo dependen en parte del comportamiento de otras personas sobre las que tenemos poco o ningún control. Teniendo en cuenta esta variable en la ecuación del tratamiento, el analista de conducta tiene la responsabilidad ética de evaluar el grado de adherencia al tratamiento por parte de otras personas y la coordinación necesaria para obtener el efecto deseado. Por ejemplo, puede que hayas diseñado un plan de tratamiento que requiere que el cliente asista a sesiones diarias de ACT en tu clínica ambulatoria, pero ese cliente depende de uno de sus padres para que lo lleve a las sesiones. Después de semanas de asistencia esporádica, no puedes simplemente aferrarte a tu modelo de intervención propuesto solo porque crees que es lo mejor para el cliente. En realidad, es posible que el tratamiento se esté llevando a cabo en muy pocas ocasiones y, por lo tanto, desde el punto de vista ético, se necesita un enfoque terapéutico diferente. Quizás se puedan utilizar sesiones de telesalud para eliminar por completo el elemento del transporte. Quizás se necesite apoyo a domicilio para continuar con los beneficios terapéuticos de la terapia presencial. Otra solución podría ser la transferencia de la prestación del servicio al ambiente escolar, de modo que la asistencia esté prácticamente garantizada, ya que el cliente toma el autobús todos los días. Es necesario que haya cierta flexibilidad por parte del analista de conducta para comprometer el enfoque o la comodidad con el fin de promover un método práctico y eficaz de prestación del servicio.

Las dificultades de asistencia no son, ni mucho menos, los únicos retos a los que se enfrentará el analista de conducta por parte de las partes. Las demandas excesivas de hablar el lenguaje ACT fuera de las sesiones, la dependencia excesiva de ellos para la recopilación de datos y la aplicación de un tratamiento demasiado complejo son solo algunos de los problemas adicionales que pueden mitigar el efecto del tratamiento. Ten en cuenta que lo ideal puede ser imposible y, por lo tanto, puede ser necesario conformarse con lo práctico. Es posible que tengas que aprender a ser paciente con lo que pides a los cuidadores. Usted no vive su vida, no comprende las contingencias contrapuestas a las que se enfrentan y que debilitan su adherencia, y no comprende plenamente la angustia que el cliente les causa en su relación con él.

La mayoría de los lectores de este texto pueden irse a casa al final de la jornada laboral y quitarse el sombrero de analista de conducta. Cuando alguien vive cada momento de su día con un cliente, un niño o un hermano, es muy diferente a simplemente trabajar con ellos. Sé paciente, respetuoso, compasivo y, lo más importante, sé razonable y humilde.

La forma más práctica y ética de diseñar una intervención ACT es asumir toda la responsabilidad de que funcione. De manera que, cuando las partes participen en el proceso de tratamiento, sea una ventaja, no una necesidad. Esta ventaja servirá para acelerar el tratamiento, no como un requisito del mismo. Y cuando su participación se produce, tú estás en condiciones de mostrarte entusiasmado y como un reforzante de su iniciativa, en lugar de decepcionado por la falta de apoyo.

Sería negligente por nuestra parte no señalar que la parte interesada más importante en tu intervención ACT es el propio cliente. Su interés y su participación voluntaria pueden influir sin duda en los efectos del tratamiento. Tu tratamiento puede estar provocando al cliente y, por lo tanto, aumentando la condición que esperas tratar. En algún momento puede ser necesario realizar una autoevaluación crítica. ¿Se está aplicando la ACT porque te gusta o porque beneficia al cliente y este participa en el proceso? Cuando la respuesta no es clara, existe la responsabilidad ética de reevaluar la dirección de la intervención.

Debes conocer tus límites. Tendrás clientes y situaciones que te desconcertarán. Tendrás problemas de retención de personal que escapan a tu comprensión. Te preocupará no conocer ACT lo suficientemente bien como para que sea eficaz en determinadas circunstancias. Practica lo que predicas, acepta el dolor que te causan esos retos no superados e intenta hacer lo que puedas. Sé lo suficientemente ético como para tener sentido ético y pedir ayuda cuando la necesites.

¿Ético o no ético?

Charlie Haze es un analista de conducta sénior que está convencido, basándose en las investigaciones existentes, incluidas las suyas propias, de que ACT puede ser útil en muchas situaciones, pero no toma fácilmente la perspectiva de los demás. No escucha las preocupaciones de los padres y En su lugar, ofrece elegantes explicaciones basadas en ACT. Ha investigado mucho sobre ACT, por lo que a menudo cita los datos cuando se da cuenta de que hay problemas en el seguimiento. Es reacio a trabajar más con la escuela, ya que no le gusta ese tipo de trabajo y «no sería necesario si los padres siguieran las instrucciones». Recientemente, una familia abandonó el tratamiento de su hijo con autismo y se encontró a sí mismo murmurando «ellos se lo pierden, no yo».

Con sentido ético: Charlie está realizando una investigación valiosa y aplicando conocimientos científicos.

No ético: Charlie no se hace responsable del éxito o el fracaso de su propio cliente, sino que mentalmente culpa a los padres, lo cual es peligrosamente irresponsable. Desde el punto de vista ético, debe prestar atención a las vidas de las personas a las que atiende y aprender a trabajar eficazmente con la escuela o a motivar mejor a los padres.

No estamos defendiendo que te lleven de la mano en cada intento de aplicar ACT, sino que simplemente estamos señalando que es normal tener pensamientos de incompetencia o insuficiencia. Estamos dejando claro que todo el mundo tiene límites. Nosotros también. Nunca llegará el día en que te sientas cómodo aplicando ACT con todo el mundo y en todas las situaciones. Nosotros, desde luego, no lo hemos hecho.

El primer paso es saber cuáles son tus límites actuales y cuáles son tus límites aspiracionales. El siguiente paso es mantenerte en empresa en no exceder tu práctica de ACT más allá de esos límites aspiracionales. Una vez definidos claramente, se debe elaborar un plan para pasar gradualmente de la situación actual al objetivo, con el apoyo de otras personas, el entrenamiento en los métodos de ACT y la apertura a estas experiencias de aprendizaje. Asegúrate de que el orgullo no te impida pedir ayuda. Aborda tu propio crecimiento profesional con un deseo genuino de crecer, no como un requisito de tu empleador o de ti mismo. Y lo más importante, aprende a decir no. Reconoce cuál es tu umbral para derivar un caso a otros. Desde el punto de vista ético, cuando se superan tus límites, tienes la obligación, tanto hacia el cliente como hacia todas las demás personas involucradas, de dar un paso atrás y facilitar el apoyo de otros que puedan o tengan más experiencia que tú. Esto no debe considerarse un signo de fracaso, sino de fortaleza.

FORMACIÓN CONTINUA PARA EL ANALISTA DE CONDUCTA

La educación es una dirección para toda la vida, no algo finito que se alcanza y se descarta. Al igual que todo el análisis aplicado de conducta, ACT en sí mismo está en constante evolución y, por lo tanto, requiere un compromiso a largo plazo con la formación continua para mantenerse al día de los

¿Tener sentido ético o no?

Bobby Sue ha estado anunciando en Internet un nuevo grupo de estudio de ACT por solo 20 dólares a la semana para cualquier analista de conducta interesado en aprender más sobre el uso de ACT con sus clientes. Bobby Sue tiene una página web muy cuidada, pero un rápido repaso a sus credenciales revela que nunca ha publicado un artículo en una revista especializada y que no cuenta con una base de clientes activa que reciba servicios integrales basados en ACT.

Ético: si el grupo de Bobby Sue permite la tutoría entre pares y el analista de conducta con sentido ético no encuentra a otra persona que ofrezca ese servicio, con una clientela que podría beneficiarse de la ACT, esta opción puede ser mejor que no hacer nada en absoluto.

No ético: Bobby Sue podría estar aprovechándose de analistas de conducta ingenuos que están desesperados por aprender más sobre la ACT. Esto se ve agravado por los premios económicos que puede obtener y las condiciones de privación de sus asistentes.

últimos avances. Como analistas de conducta, la primera y más importante cuestión que debemos examinar son los datos empíricos sobre la eficacia o la falta de eficacia deACT y la TMR. En primer lugar, hay que fijarse en los datos generados por los analistas de conducta en el ámbito de la práctica del análisis aplicado de conducta. Cuando se revelan lagunas en ese trabajo, todos debemos hacer todo lo posible para subsanarlas. Existen varias fuerzas externas que presionan a los analistas de conducta profesionales para que aprendan más. El uso de unidades de educación continua (CEU, por sus siglas en inglés) es uno de esos mecanismos.

Sin embargo, la mayoría de las CEU se pueden obtener solo con la asistencia, lo que da lugar a una amplia gama de «conductas de asistencia» que distan mucho de ser óptimas. Comprar por Internet, consultar las redes sociales, charlar con un amigo o incluso dormir durante un evento de CEU puede seguir dando derecho a los créditos necesarios. Tenemos la responsabilidad ética de asistir y hacer todo lo posible por aprender. La vida de otras personas está en nuestras manos, y les debemos prestar atención, participar y aprender. Lo que empeora las cosas es la llegada del teletrabajo y las herramientas de conferencia a distancia, por lo que ahora cualquiera, desde cualquier lugar, puede autoproclamarse experto en un tema para conseguir inscripciones en sus CEU, a menudo cuando solo están un poco por delante de aquellos a los que están instruyendo.

Los analistas de conducta interesados en mejorar sus habilidades con ACT a través de la formación continua harían mejor en escuchar a aquellos analistas de conducta que realmente practican ACT a diario o semanalmente, y a aquellos que también publican investigaciones sobre ACT dentro de un marco analítico conductual. Este tipo de precaución, al menos inicialmente, reducirá la probabilidad de que las personas recién interesadas se desvíen en la dirección equivocada sobre cómo aplicar ACT o (quizás aún peor) malinterpreten lo que es y lo que debería ser ACT para un analista de conducta. También es valioso recibir orientación sobre los procesos de ACT por parte de alguien con experiencia considerable que pueda proporcionar atención individualizada en el camino hacia una mayor competencia. Una vez más, es muy importante quién es el mentor, ya que una formación o supervisión inadecuadas solo aumentarán la confusión del analista de conducta y pondrán en riesgo la idoneidad de la práctica.

¿Tener sentido ético o no?

Morgan está buscando un nuevo mentor que le ayude a desarrollar sus habilidades con ACT. Ha encontrado la dirección de correo electrónico de Rip, una de las personas más importantes en este campo. Él ha aceptado ser su mentor, pero dice que solo puede hablar con ella una hora al mes.

Ético: Rip tiene un gran talento para impartir ACT y entrenamiento a otras personas. Dado que Morgan solo trabaja con un cliente utilizando ACT y que su conducta es relativamente benigna, una sesión de mentoría de calidad al mes es suficiente.

No ético: Morgan podría estar comprometiendo a otros mentores potenciales debido al estatus percibido de Rip y está utilizando esa relación para su beneficio personal. Sería mucho mejor que encontrara a alguien que realmente pudiera mejorar sus habilidades en ACT, en lugar de inflar sus credenciales a través de una relación mínima.

MATRIZ DE TOMA DE DECISIONES ÉTICAS SOBRE EL USO DE ACT POR PARTE DE UN ANALISTA DE CONDUCCIÓN CON SENTIDO ÉTICO

La postura más ética que puede adoptar un analista de conducta al aplicar ACT es aquella a la que se llega tras un proceso de toma de decisiones meditado, que equilibra los riesgos y los beneficios y defiende la dignidad y el respeto hacia el cliente y los demás. A lo largo de las décadas se han desarrollado diversos procedimientos de toma de decisiones éticas para orientar a los profesionales que se embarcan en este tipo de trabajo. Creemos que lo mejor para el analista de conducta es seguir los ocho pasos que describimos a continuación para llevar a cabo una intervención ACT de forma competente.

Paso 1: Desarrolla la sensibilidad ética.

La conciencia ética no es una posición dicotómica. Siempre hay margen para el crecimiento continuo de cualquier profesional. Además, los actuales desarrollos ambientales y culturales moldean y alteran las dimensiones de lo que la ética contiene en un área de contenido determinada. El analista de conducta debe tener iniciativa para aprender más sobre todo el ámbito de la ética como escuela de pensamiento filosófico, más allá de las listas simplistas de cosas que hay que hacer (y no hacer) que ocupan espacio en los textos introductorios sobre análisis conductual y en los organismos reguladores. Existen diversas escuelas de pensamiento ético desde hace cientos de años.

¿Cuál es su postura filosófica?

Las preguntas difíciles suelen formar parte de cualquier entrenamiento ético. ¿Alguna vez te has preguntado por qué?

Tomemos el ejemplo clásico de la elección entre salvar a un anciano o a un niño con el espacio restante en un bote salvavidas. ¿A quién salvarías y por qué? ¿Te tirarías al océano para salvar a ambos? ¿O te quedarías paralizado y no tomarías ninguna decisión?

Supongamos que existe un medicamento arriesgado y sin probar que tiene una pequeña posibilidad de curar el cáncer. ¿Lo tomarías? ¿Y si pudiera salvar a un millón de personas? ¿Se lo darías a tu propio hijo? ¿Por qué sí o por qué no?

Este tipo de preguntas son fáciles de descartar por considerarlas poco prácticas e irrelevantes. Son «hipotéticas», decimos. Pero las hacemos en parte para experimentar la incomodidad que supone tomar este tipo de decisiones éticas. Sabemos que nos enfrentaremos a decisiones éticas, pero podemos ocultarlas fácilmente para evitar la incomodidad que pueden producir. Eso es un error. Nos planteamos cuestiones éticas no porque haya una «respuesta correcta», sino para reforzar nuestra tolerancia ante la incertidumbre que conlleva todo tipo de decisiones éticas. Sin esa apertura (sí, ACT se aplica claramente aquí), podríamos fingir que no hay ningún problema ético.

El analista de conducta también debe tener en cuenta que su propia historia influirá en su capacidad para resolver un dilema ético. Si ha disfrutado del lujo de una vida privilegiada en la que nunca ha tenido que preocuparse por la vivienda o la alimentación, puede que le resulte difícil comprender que un padre no cumpla el régimen de tratamiento ACT porque está demasiado cansado de trabajar 18 horas al día para evitar que lo desalojen de su apartamento. Si has sido alguien que se distrae con cada nueva causa social que se pone de moda en los medios digitales, es posible que no hayas visto cómo la historia de un cliente puede influir en su voluntad de cambiar un sistema de creencias arraigado desde hace mucho tiempo. Adoptar la perspectiva de los demás es fundamental para convertirse en un buen proveedor de tratamiento ACT y comprender que no se trata de un lujo, sino de una responsabilidad ética. Tus creencias no son correctas y las suyas no son incorrectas, simplemente son diferentes. No es necesario que estés de acuerdo con las opiniones políticas, las prácticas de crianza, las celebraciones festivas o las prácticas religiosas de tus clientes. Pero sí debes respetarlas y no menospreciarlas por ser diferentes a las tuyas. Una vez más, aplicar los procesos de ACT a ti mismo te ayudará.

Paso 2: Reconoce un problema.

Con un ojo experto y atento para detectar cuándo se presenta un dilema ético, el analista de conducta necesita saber cuándo ese problema supone un riesgo real para la prestación de la atención. Surgirá una amplia gama de problemas: la adecuación del tratamiento al problema, el cumplimiento por parte del cuidador, el rechazo de ACT por parte de los compañeros, el desconocimiento de las fuentes de financiación, la competencia, el alcance, el tiempo, la iniciativa y la probabilidad de éxito del tratamiento son factores que pueden surgir en cualquier momento y convertirse en cuestiones éticas que requieren una resolución de problemas. La solución más fácil es ignorar que existe un problema, pero esto por sí solo es quizás una de las mayores infracciones éticas que puede cometer un analista de conducta. Descartar un problema por incomodidad al reconocerlo no es apropiado y se vuelve aún más grave cuando está en juego el bienestar de un cliente. Cuando algo no parece correcto, probablemente no lo sea. Y cuando alguien te señala un asunto que considera éticamente complejo, eso por sí solo justifica que lo examines tú mismo en lugar de descartar sus afirmaciones de plano.

Puede ser útil articular la existencia del problema en términos de las diferencias entre la situación actual y los efectos deseados. Por ejemplo, si un cliente tiene dificultades para progresar con su programa ABA tradicional actual y el analista de conducta no sabe qué hacer porque no conoce ACT, el problema no es la competencia del terapeuta. Más bien, el problema se define mejor como centrado en el cliente, ya que hay una deficiencia en los efectos del tratamiento para este cliente en particular y es necesario tomar algún tipo de medida para mejorar la situación actual.

No es necesario empezar la resolución de problemas en esta fase del proceso de toma de decisiones éticas. Lo único que hay que hacer es reconocer que existe un problema y un marco de forma general en términos de la diferencia entre la situación actual y la ideal. Este enfoque general también puede adoptarse con cualquier aplicación no clínica de ACT. Quizás haya una diferencia entre los porcentajes actuales de tiros libres y lo que se espera de este jugador de baloncesto en concreto. Los informes sobre ansiedad están afectando cada vez más al rendimiento en la cancha. La rotación de personal es el doble que la de la institución competidora más cercana, y el personal se siente agotado y sin apoyo. Estos problemas deben identificarse como bajos porcentajes de tiros y altas tasas de rotación, respectivamente. Por el momento, no se debe hacer referencia a las posibles causas. Y solo si estas desviaciones implican una cuestión ética, se continuaría con el proceso de toma de decisiones. En el caso del jugador de baloncesto ansioso, la respuesta insensible del entrenador de simplemente entrenar más duro podría suponer el riesgo de agravar la situación. Y en lo que respecta a la rotación de personal, cuando ese «agotamiento» está provocando compromisos en la atención al cliente y la estabilidad terapéutica, puede existir una responsabilidad ética y una complejidad que implique hacer algo más que pagar a las personas para que se queden.

Paso 3: Definir el problema.

Tras identificar el problema, el siguiente paso es definir cuidadosamente cuál es realmente el desafío ético. Esta definición debe ser lo más objetiva posible y carecer explícitamente de cualquier juicio o sesgo hacia una posible solución. Aquí se articula el problema con sus posibles efectos adversos. La falta de avances clínicos del cliente está afectando negativamente a su integración en su grupo de iguales, y el personal actual tiene dificultades o imposibilidad para aplicar un posible tratamiento de ACT, ya que carece de la competencia o la formación necesarias para ello. El porcentaje de tiros libres del jugador de baloncesto es considerablemente inferior al del resto del equipo debido a los pensamientos ansiosos que él mismo ha manifestado, y el entrenador ignora cualquier solución que no sea practicar más. La rotación de personal es el doble que en el resto de instituciones, y la atención al cliente se está viendo afectada, pero la dirección solo quiere pagar más a los empleados para que sigan trabajando. Aquí se puede ver que la definición del problema abarca tanto la cuestión general de la desviación de lo actual a lo ideal, como el curso de acción existente que está creando un dilema ético. En el contexto de la ACT y de estas cuestiones, aunque el enfoque puede ofrecer una solución potencial, dicha solución es más complicada que simplemente «Hagamos ACT en estas cosas porque creo que pueden ayudar».

Paso 4: Examinar las normas profesionales y la legislación.

Es fundamental examinar cuáles son las normas profesionales y las leyes locales relacionadas con el problema ético. Es posible que tengas un papel no exclusivo a la hora de trazar cualquier tipo de camino ético a seguir si el problema que se presenta va más allá de tu ámbito de actuación (ACT). En muchos casos, tendrás que informar a otras personas sobre el dilema y buscar su colaboración en el proceso de resolución de problemas. Como analista de conducta, existen fuerzas externas que regulan el ejercicio de tu profesión. En algunos lugares, esto puede limitarte a tratar solo a una población específica y, en otros, a un conjunto específico de técnicas de intervención. Deberás asegurarte de que realmente puedes desempeñar el papel que deseas desempeñar. Cuando tu papel se ve truncado o eliminado debido a ciertas restricciones, sigues teniendo la responsabilidad ética de ayudar a buscar otros sistemas de apoyo para los clientes involucrados en el problema. Además, cuando existen restricciones que parecen irracionales (por ejemplo, practicar el análisis de conducta solo con personas con autismo), tienes la responsabilidad ética de informar a los responsables políticos sobre los beneficios que las intervenciones ACT pueden aportar a personas con otros tipos de discapacidades o a poblaciones no clínicas (por ej. la prevención). Cuando no existen normas profesionales o leyes que te impidan aplicar ACT y sabes que puede ser eficaz, tienes la responsabilidad de adquirir el repertorio necesario para ayudar a quienes solicitan tus servicios. En el caso del cliente cuyos beneficios se ven minimizados por la falta de un enfoque terapéutico basado en los procesos del lenguaje, el terapeuta debe añadir las habilidades de ACT a su repertorio. Las ansiedades reveladas por el jugador de baloncesto deben ser examinadas por un terapeuta titulado y, junto con el analista de conducta, se podría diseñar una intervención integral centrada en ACT y la autogestión en colaboración con el profesional de la salud mental para mejorar la precisión en los tiros libres. Por último, el personal que sufre de agotamiento podría beneficiarse de una evaluación tanto por parte de un médico como de un responsable de recursos humanos antes de elaborar un enfoque constructivo de intervención, con el fin de garantizar que la normativa de salud y empleo se mantenga intacta y no se vea comprometida por una intervención ACT posterior.

Paso 5: Describir diversas líneas de actuación posibles.

A menudo no existe un curso de acción perfecto y claro. Lo que queda son una serie de caminos que se pueden elegir. Ninguno es perfecto y es probable que algunos sean completamente erróneos. Aquí es necesario realizar una clasificación de las posibilidades, de lo lógico a lo absurdo. La inclusión de estas últimas ayuda a afianzar el valor añadido relativo de las soluciones menos perfectas. No se debe excluir ninguna idea, hay que enumerarlas todas. Se revelarán las fortalezas y debilidades emergentes de cada línea de actuación.

Puede ser útil intentar generar cursos de acción manipulando deliberadamente los procesos ACT. Utiliza tu capacidad de tomar diferentes perspectivas para imaginar la situación desde el punto de vista de los distintos participantes y piensa en alternativas. Identifica los posibles valores en juego y genera un curso de acción alternativo desde el punto de vista de cada uno. Céntrate en tu experiencia del momento presente al considerar el problema y observa si destaca algún pensamiento, recuerdo, emoción o sensación corporal, y si es así, imagina que cada una de esas experiencias podría especificar una alternativa y observa qué emerge (por ej., si esa sensación de vacío en el estómago pudiera hablar, ¿qué alternativa sugeriría? Si ese recuerdo de un cliente al que ayudaste pudiera expresarse, ¿qué curso de acción alternativo se te ocurriría?

El objetivo aquí es crear una gama más amplia de alternativas, para fomentar una flexibilidad cognitiva útil. Las reglas de la lluvia de ideas suelen ser las mejores en esta fase: no critiques las alternativas, genera alternativas.

Paso 6: Consulta con otras personas.

Estate dispuesto a pedir ayuda. En la mayoría de los casos, tu dilema actual ya ha sido abordado de alguna manera por otra persona en otro momento. Es raro que te encuentres por primera vez con algo así. Hablar con otros profesionales de tu organización y tu campo puede proporcionarte el apoyo que necesitas. Encuentra a alguien en quien confíes para pedirle consejo. Asegúrate de que esa persona comparte una postura filosófica similar a la tuya en materia de ética. Todos hemos recurrido a nuestros mentores y a otros miembros veteranos del campo del comportamiento para que nos ayuden a navegar por una amplia gama de dilemas éticos. Sin embargo, no pases por alto a la próxima generación. Ellos también tienen perspectivas importantes que deben ser escuchadas. Los comités de ética suelen conceptualizarse como guardianes de la investigación. Sin embargo, estos comités suelen contar con profesionales con gran experiencia que interactúan con cuestiones éticas de forma habitual. Sería aconsejable añadir a este grupo de personas a tu caja de herramientas éticas y solicitar su ayuda cuando te encuentres con dificultades para avanzar en una línea de actuación concreta.

Paso 7: Elige un curso de acción.

El camino a seguir no va a ser recto. Rara vez sentirás que has descubierto la solución perfecta que, de alguna manera, nadie más había pensado antes. Más bien, elegirás con cierta vacilación y preocupación de que tal vez este camino no sea del todo ideal. Es natural tener esos sentimientos. El mero descubrimiento de un problema ético sugiere que no había una solución evidente, que existía un dilema, no una «obviedad».

Puede ser útil centrarse primero en el valor que es más importante para ti en esta situación y luego tratar de centrarte en una alternativa que vaya en la dirección de ese valor, sin perder de vista las cuestiones prácticas relacionadas con la capacidad de aplicar la elección y los beneficios que reportará a los demás.

Paso 8: Aplicar y evaluar.

Avanza con los datos. Como analista de conducta, este último paso debería resultarte reconfortante. Nuestro campo se basa en la toma de decisiones basadas en datos, y tu toma de decisiones éticas no es diferente. ¿La ruta propuesta generó los beneficios hipotéticos en el bienestar? Si es así, parece razonable continuar con este curso de acción.

Sin embargo, si el camino tomado ha creado desafíos inesperados o ha empeorado la situación, entonces es hora de reorganizarse, volver al paso 2 y reconceptualizar todo el proceso de toma de decisiones con esta nueva información.

RIESGOS Y RECOMPENSAS DE REALIZAR ACT

Las características positivas de los seres humanos con un lenguaje sofisticado les permiten trascender las contingencias programadas, lo que les permite navegar con más éxito sin tener que aprender por ensayo y error para adquirir o eliminar cada uno de los comportamientos. Sin embargo, la complejidad verbal también tiene características negativas. Los trastornos de salud mental son una tragedia exclusivamente humana, y muchas de sus causas tienen su origen en procesos lingüísticos inadaptados. La ACT tiene un amplio alcance en la ayuda a las personas que luchan contra trastornos de salud mental, pero estas intervenciones han sido realizadas principalmente por profesionales de la salud mental, no por analistas de conducta. Existe un cierto solapamiento entre el analista de conducta y el profesional de la salud mental, pero no es exclusivo. Por lo tanto, cuando los problemas y/o el tratamiento propuesto superan la experiencia o el ámbito de actuación de un analista de conducta, puede ser necesario actuar con extrema precaución para continuar el tratamiento. Cuando existan dudas sobre si el cliente padece un trastorno de salud mental o simplemente muestra un problema de conducta, esa duda por sí sola requiere una conversación con un profesional cualificado en el ámbito de la salud mental.

El camino que estás a punto de emprender conllevará una serie de riesgos y recompensas. El objetivo final es minimizar los primeros y maximizar las segundas. Sin embargo, no se trata de un camino dicotómico. Más bien, existe un continuo de riesgo en cada decisión que se toma al aplicar una intervención ACT. El mayor riesgo de todos es no utilizar ACT cuando existe la posibilidad de mejorar la condición humana. Otro gran riesgo es que contribuyas al estancamiento del campo del análisis de conducta, que se resiste a avanzar desde sus raíces históricas. Es necesario encontrar un equilibrio entre el riesgo y el efecto, y mantenerlo en primer plano en toda toma de decisiones éticas. Al embarcarse en el tratamiento de un problema que presenta un riesgo bajo (miedo a hablar en público), incluso un usuario principiante de ACT podría no causar mucho daño si el tratamiento fracasa. No obstante, cuando el problema es mucho más grave (amenazas de violencia), el fracaso del tratamiento podría tener consecuencias mucho más adversas.

La decisión de proceder con ACT es fácil. Cuando la condición humana necesita mejorar y el ser humano tiene un repertorio verbal, la ciencia de la conducta humana debe estar a la altura de la complejidad necesaria para lograr un cambio significativo. ACT es el vehículo lógico para proporcionar la atención necesaria y, por lo tanto, lo único que queda por decidir es el grado de vacilación que debe tener el analista de conducta a la hora de aplicarlo. Cuando la condición que presenta el cliente y que desea mejorar se describe mejor como un trastorno clínico que no puede reconceptualizarse como un repertorio conductual (por ejemplo, esquizofrenia o trastorno reactivo del apego), el uso de ACT por parte de un analista de conducta es extremadamente arriesgado y proceder con dicho tratamiento puede ser éticamente (potencialmente y legalmente) inapropiado. Si ese mismo problema pudiera implicar una manifestación conductual que se puede observar y tratar como variable dependiente, el riesgo relativo se reduce ligeramente. En tal caso, la participación de un analista de conducta en la prestación de la atención podría aportar un valor, y el riesgo podría mitigarse con la inclusión de otros profesionales clínicos que se ocupen de los aspectos de salud mental de la condición. Las preocupaciones éticas se reducen aún más cuando la condición que se presenta no se hipotetiza como una condición de salud mental real, sino como un déficit de rendimiento conductual de algún tipo. En este caso, es probable que el analista de conducta con sentido ético desempeñe el papel principal o único en la prestación de la atención y se sienta cómodo en el tratamiento de una condición que se encuentra más dentro de su ámbito de práctica. Incluso con una condición que se presenta de esta manera o con una población con la que se siente cómodo, la grave-

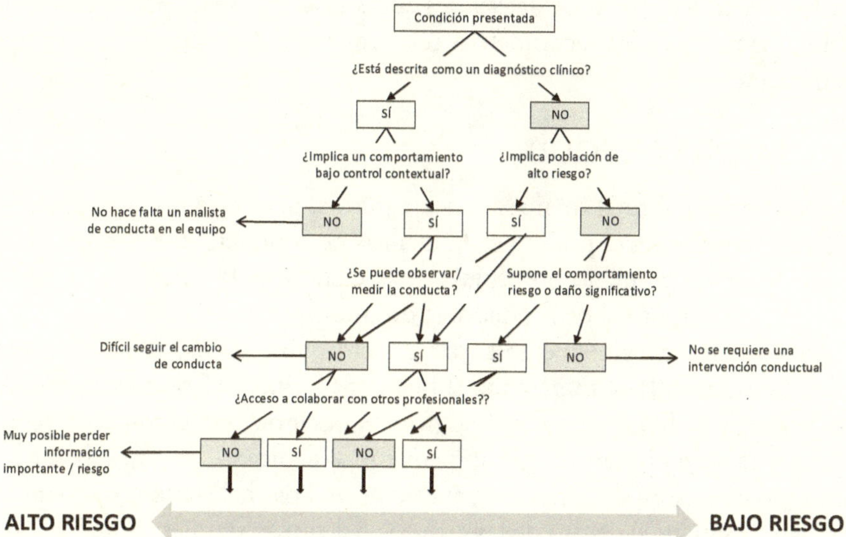

dad de la conducta puede aumentar el riesgo relativo en consecuencia. Por ejemplo, será menos arriesgado desarrollar una intervención ACT cuando se trabaje con un adulto con autismo que necesita una mayor aceptación de sus reacciones cuando los clientes piden bolsas de papel para sus compras en lugar de bolsas de plástico, que es la modalidad de uso predeterminada. Un tratamiento bastante benigno que se centre en la aceptación en lugar de en la fusión con la idea de que «todo el mundo debe usar plástico» podría tener un impacto positivo en el rendimiento laboral, ya que el cliente seguiría mostrando un comportamiento agradable hacia los clientes. Sin embargo, si esa misma rigidez da lugar a una agresividad extrema hacia los compañeros de trabajo cuando se les pide una bolsa de papel, el riesgo de aplicar ACT aumenta. Quizás el nivel de riesgo más bajo proviene de las manifestaciones conductuales de poblaciones no clínicas, como el personal y uno mismo. Dentro de esta subpoblación, aplicar ACT es una tarea de bajo riesgo. Ten en cuenta que bajo riesgo no es lo mismo que ningún riesgo. Aún es posible que incluso una sesión informativa básica de ACT de una hora de duración para los compañeros de trabajo revele un malestar psicológico significativo. En resumen, el riesgo de aplicar ACT nunca se elimina, sino que debe considerarse en una escala móvil. Esto no significa que debas evitar las implementaciones más arriesgadas, pero sí que existen mayores ramificaciones que podrían derivarse de una implementación inadecuada, ineficaz o incluso perfecta. Por eso es necesario seguir un cuidadoso proceso de toma de decisiones éticas en el que se sopesen cuidadosamente los riesgos y las recompensas relativos antes de iniciar cualquier tipo de tratamiento.

EL CAMINO A SEGUIR

Hemos llegado al final de nuestro viaje juntos, pero esto no es el final. En muchos sentidos, es el principio. El análisis de conducta nunca estuvo destinado a ser un pequeño porcentaje de la ciencia de la conducta, relegado a un rincón remoto. Los fundadores de nuestro campo fueron científicos y profesionales increíblemente audaces y creativos, que no temían romper las reglas si con ello se fomentaba el bienestar humano. Rompieron moldes metodológicos, filosóficos y tecnológicos. A pesar de que fueron emergentes hace mucho tiempo en un grupo pequeño y dedicado, no aspiraban a ser «unos pocos, unos pocos felices» para siempre. Los analistas de conducta aspiraban a estar en el centro de las ciencias del comportamiento y de la vida, y del desarrollo cultural, pero no siendo doctrinarios.

B. F. Skinner escribió una novela utópica y el científico más mencionado en sus escritos (casi nunca con críticas) era Sigmund Freud. Charles Fester (que junto con Skinner escribió el primer libro sobre programas de reforzamiento) desarrolló una teoría de la depresión y él mismo estuvo en psicoanálisis durante varios años. Nate Azrin, uno de los más brillantes investigadores básicos del aprendizaje animal de todos los tiempos, creó innovaciones terapéuticas para la conducta obsesivo-compulsiva, las enfermedades mentales crónicas y la mejora de las relaciones que siguen vigentes hoy en día. Todd Risley dirigió todo el sistema de salud mental de un estado (en Alaska) y, tras escuchar una de las primeras descripciones de la TMR en 1986, dijo a una sala llena de analistas de conducta de la Universidad de Kansas, que se quedaron impactados: «Esto es lo que deberíamos estar haciendo». A pesar de lo que dicen algunos críticos, cualquier lectura imparcial de su historia demuestra que el análisis de conducta fue flexible y con visión de futuro *desde el primer día*.

ACT forma parte de esa tradición. Anteriormente en este capítulo, describimos cómo los fundadores del análisis aplicado de conducta (Don Baer, Mont Wolf y Todd Risley) en 1987 establecieron explícitamente las líneas generales del enfoque de desarrollo que ACT ha seguido durante las últimas cuatro décadas. El esfuerzo ha dado sus frutos con creces, según cualquier medida objetiva, pero aún queda mucho por hacer. Y aquí es donde surge la necesidad de que los analistas de conducta den un paso al frente.

Para vincular los procesos de flexibilidad con el análisis funcional idiográfico y el comportamiento manifiesto, los analistas de conducta aplicados deben involucrarse mucho más en el desarrollo de ACT. Para establecer y sentar las bases relacionales de ACT, los analistas de conducta deben explorar esta cuestión con poblaciones que aún se benefician del entrenamiento en lenguaje. Existen lagunas en el desarrollo de la ACT causadas por la lenta aceptación de esta terapia en su ámbito original, el análisis de conducta clínico, al igual que existen lagunas en el desarrollo de la TMR causadas por la lenta aceptación de esta terapia en el análisis de conducta básico. Es hora de llenar esas lagunas y solo los analistas de conducta dedicados pueden hacerlo.

Dado que la ACT y la TMR tienen un impacto en el análisis de conducta, no solo aportan necesidades, sino también activos. La ACT es un método validado en todo el mundo y forma parte del debate cultural en muchos ámbitos de actualidad. Los libros populares sobre ACT se convierten en best sellers; los medios de comunicación sobre ACT para niños han sido vistos decenas de millones de veces (busca en Google «Here Comes a Thought» para ver un ejemplo); la ACT es distribuida por la Organización Mundial de la Salud en 21 idiomas diferentes. Se publican artículos sobre ACT en las revistas científicas de mayor impacto que existen. La TMR está llamando la atención de los enfoques dominantes en inteligencia, procesamiento del lenguaje natural y entrenamiento en lenguaje. Hay un ritmo de éxito innegable.

Creemos que los analistas de conducta han superado hace tiempo el punto en el que era necesario el aislamiento para mantener la pureza. Nuestro campo confía en sus supuestos y se mantiene firme en sus compromisos teóricos. Es hora de poner en práctica ACT y TMR en el análisis conductual. Será un desafío, pero es un reto para el que nuestro campo está preparado.

ACRÓNIMOS

AAQ-2 *Acceptance and Action Questionaire 2* (Cuestionario de Aceptación y Acción 2).
ABA *Applied Behavior Analysis* (análisis aplicado de conducta).
ABAI *Association For Behavior Analysis International.*
ABC Modelo ABC (antecedentes, conducta, consecuencia).
ACBS *Association for Contextual Behavioral Sciences.*
ACT *Acceptance And Commitment Therapy* (Terapia de Aceptación y Compromiso).
AFQ-Y *Acceptance and Fusion Quiestionnaire for Youth* (Cuestionario de Evitación y Fusión para jóvenes).
AIM Aceptación Identificación Movimiento.
APA *American Psychological Association.*
ATD *Alternating Treatments Design* (diseño de tratamientos alternantes).

BCBA *Board-Cerftified Behavior Analyst.*

CAMM *Child and Adolescent Mindfulness Measure* (Medida de Mindfulness para Niños y Adolescentes).
CBI *Cambridge Behavior Inventory* (Inventario de Conductas de Cambridge).
CDC *Center for Disease Control.*
CFQ *Cognitive Fusion Questionaire* (Cuestionario de Fusión Cognitiva).
CIPA *Congenit Insensibility to Pain and Anhidrosis* (insensibilidad congénita al dolor y anhidrosis).
CMO *Conditioned Motivating Operation* (operación motivadora condicionada).
CMO-R *Reflexive Conditioned Motivating Operation* (operación motivadora condicionada reflexiva).
CMO-S *Surrogate Conditioned Motivating Operation* (operación motivadora condicionada sustituta).
CPFQ *Children's Psychological Flexibility Quiestionnaire* (Cuestionario de Flexibilidad Psicológica Infantil).
DAARE *Differential arbitrarily applicable relational responding effects* (efectos de la respuesta relacional arbitrariamente aplicable).
DOTS *Distraction Opposition Thinking Substances* (Distracción Oposición Pensamientos Sustancias).
DSM *Diagnostic and Statistical Manual of Mental Disorders* (Manual Diagnóstico y Estadístico de los Trastornos Mentales).

E Evocar
ECA Ensayo Controlado Aleatorizado
ED Estímulo discriminativo
EEG Electroencefalograma
EEMM *Extended Evolutionary Meta-Model* (Metamodelo Evolutivo Extendido).
EFA *Experimental Functional Analysis* (analisis funcional experimental).
EMA *Echologycal Momentary Assessment* (evaluación ecológica momentánea).

FAI *Functional Assesment Interview* (Entrevista de Evaluación Funcional).
FAST *Functional Assesment Screening Tool* (Prueba de Cribado de Evaluación Funcional).
FFMQ *Five Facets Mindfulness Questionnarie* (Cuestionario de Mindfulness de Cinco Facetas).
fMRI Functional Magnetic Resonance Imaging (imagen de resonancia magnética funcional).

GIMME *Group iterative multiple model estimation* (Estimación iterativa grupal de multiples modelos).

IRAP *Implicit Relational Assesment Procedure* (procedimiento de evaluación relacional implicita).

JABA *Journal of Experimental Behavior Analysis.*

M Contexto motivacional.
MAS *Motivation Assesment Scale* (Escala de Evaluación de la Motivación).
MASS *Mindful Attention Awareness Scale* (Escala de Atención y Conciencia de la Atención Plena).
MHMN Modelo hiperdimensional y multinivel.

O Orientar
OA Operación de Abolición
OE Operación de Establecimiento
OM Operación de Motivación
OMS Organización Mundial de la Salud

PABT *Proccess-Based Assesment Tool* (Herramienta de Evaluación Basada en Procesos).
PEAK *Program for the emergence of advanced knowledge* (Programa para promover la emergencia de conocimientos avanzados).

QABF *Questions About Behavior Function* (Preguntas sobre la función de la conducta)

RDTB Reforzamiento diferencial de tasas bajas.

ROE-M Modelo relacionar-orientar-motivar.

RRAA Respuesta relacional arbitrariamente aplicable.

SCED *Single Case Experimental Designs* (diseños experimentales de caso único).

TBP Terapia basada en procesos.
TCC Terapia cognitivo-conductual.
TDAH Trastorno por déficit de atención e hiperactividad.
TDR Teoría de la Densidad Relacional.
TEA Trastornos del espectro autista.
TMR Teoría del marco relacional.

VLQ *Values Life Questionnarie* (Cuestionario de Valores de Vida).
VQ Values Questionarie (Cuestionario de Valores).
VRSCDL Variación y retención selectiva, contexto dimensiones y niveles.

REFERENCIAS

Acarturk, C., Uygun, E., Ilkkursun, Z. ,... Barbui, C. (2022). Effectiveness of a WHO self-help psychological intervention for preventing mental disorders among Syrian refugees in Turkey: A randomized controlled trial. *World Psychiatry, 21*, 88–95. https://doi.org/10.1002/wps.20939

Addis, M. E., y Jacobson, N. S. (1996). Reasons for depression and the process and outcome of cognitive-behavioral psychotherapies. *Journal of Consulting and Clinical Psychology, 64,* 1417-1424.

Addis, M. E., Truax, P., y Jacobson, N. S. (1995). Why do people think they are depressed? The Reasons For Depression Questionnaire. *Psychotherapy: Theory, Research, Practice, and Training, 32*(3), 476–483. https://doi.org/10.1037/0033-3204.32.3.476

American Psychiatric Association. (2013). Neurodevelopmental disorders. En *Diagnostic and statistical manual of mental disorders* (5th ed.). Washington, DC: American Psychiatric Association.

Andrews, P. W., Maslej, M. M., Thomson, J. A., y Hollon, S. D. (2020). Disordered doctors or rational rats? Testing adaptationist and disorder hypotheses for melancholic depression and their relevance for clinical psychology. *Clinical Psychology Review, 82*, 101927. https://doi.org/10.1016/j.cpr.2020.101927.

Arch, J. J., Brown, K. W., Dean, D. J., Landy, L. N., Brown, K. D., y Laudenslager, M. L. (2014). Self-compassion training modulates alpha-amylase, heart rate variability, and subjective responses to social evaluative threat in women. *Psychoneuroendocrinology*, *42*, 49-58.

Arch, J. J., Eifert, G. H., Davies, C., Vilardaga, J. C. P., Rose, R. D., y Craske, M. G. (2012). Randomized clinical trial of cognitive behavioral therapy (CBT) versus acceptance and commitment therapy (ACT) for mixed anxiety disorders. *Journal of Consulting and Clinical Psychology, 80,* 750-765. https://doi.org/10.1037/a0028310

Assaz, D. A., Roche, B., Kanter, J. W., y Oshiro, C. K. (2018). Cognitive defusion in acceptance and commitment therapy: What are the basic processes of change? *The Psychological Record*, *68*(4), 405-418.

Augustson, E.M., Dougher, M.J. y Markham, M.R. Emergence of Conditional Stimulus Relations and Transfer of Respondent Eliciting Functions Among Compound Stimuli. Psychol Rec 50, 745–770 (2000). https://doi.org/10.1007/BF03395381

Axelrod, S., McElrath, K. K. y Wine, B. (2012), Applied behavior analysis: Autism and beyond. *Behavioral Interventions, 27*, 1-15. https://doi.org/10.1002/bin.1335

Baer, D. M., Wolf, M. M., y Risley, T. R (1987). Some still-current dimensions of applied behavior analysis. *Journal of Applied Behavior Analysis, 20*(4), 313-327.

Barlow, D. H., y Hayes, S. C. (1979). Alternating treatments design: One strategy for comparing the effects of two treatments in a single subject. *Journal of Applied Behavior Analysis, 12,* 199-210. https://doi.org/10.1901/jaba.1979.12-199

Barnes-Holmes, D., Barnes-Holmes, Y., McEnteggart, C., y Harte, C. (2021). Back to the future with an up-dated version of RFT: More field than frame? *Perspectivas em Análise do Comportamento, 12*(1), 033-051.

Barnes-Holmes, Y., Boorman, J., Oliver, J. E., Thompson, M., McEnteggart, C., y Coulter, C. (2018). Using conceptual developments in RFT to direct case formulation and clinical intervention: Two case summaries. *Journal of Contextual Behavioral Science, 7*, 89-96.

Barnes, T. C. y Skinner, B. F. (1930) The progressive increase in the geotropic response of the ant Aphaenogaster. *The Journal of General Psychology, 4*, 102-112. https://doi.org/10.1080/00221309.1930.9918305

Bateson, P. (2014). Evolution, epigenetics and cooperation. *Journal of Biosciences, 39*(2), 1-10. https://doi.org/10.1007/s12038-013-9342-7.

Beck, A. T. (1970). Cognitive therapy: Nature and relation to behavior therapy. *Behavior Therapy, 1*(2), 184–200. https://doi.org/10.1016/S0005-7894(70)80030-2.

Belisle, J. (2020). Model dependent realism and the rule-governed behavior of behavior analysts: Applications to derived relational responding. *Perspectives on Behavior Science, 43*(2), 321-342.

Belisle, J., y Clayton, M. (2021). Coherence and the merging of relational classes in self-organizing networks: Extending Relational Density Theory. *Journal of Contextual Behavioral Science, 20*, 118-128.

Belisle, J., y Dixon, M. R. (2020a). An exploratory analysis of relational density theory: Relational resistance and gravity. *Journal of Contextual Behavioral Science, 16*, 80-95.

Belisle, J., y Dixon, M. R. (2020b). Relational density theory: Nonlinearity of equivalence relating examined through higher-order volumetric-mass-density. *Perspectives on Behavior Science, 43*(2), 259-283.

Belisle, J., y Dixon, M. R. (2021). Relational behavior and ACT: A dynamic relationship. *Behavior Analysis in Practice*, 1-12.

Belisle, J., Paliliunas, D., Dixon, M. R., y Speelman, R. C. (2019). Decreasing influence of arbitrarily applicable verbal relations of recreational gamblers: A randomized controlled trial. *Journal of Applied Behavior Analysis, 52*(1), 60-72.

Belisle, J., Stanley, C. R., y Dixon, M. R. (2017). The relationship between derived mutually entailed relations and the function of challenging behavior in children with autism: Comparing the PEAK-E-PA and the QABF. *Journal of Contextual Behavioral Science, 6*(3), 298-307.

Belisle, J., Stanley, C. R., y Dixon, M. R. (2021). *Research Methods for the Practicing Behavior Analyst.* Emergent Press.

Belknap, G., y Campbell, A. (1951). Political party identification and attitudes toward foreign policy. *Public Opinion Quarterly, 15*(4), 601-623.

Bernier, M., Thienot, E., Codron, R., y Fournier, J. F. (2009). Mindfulness and acceptance approaches in sport performance. *Journal of Clinical Sport Psychology, 3*(4), 320-333.

Bethay, J. S., Wilson, K. G., Schnetzer, L. W., Nassar, S. L., y Michael J. Bordieri, M. J. (2013). A controlled pilot evaluation of Acceptance and Commitment Training for intellectual disability staff. *Mindfulness* **4,** 113–121. https://doi.org/10.1007/s12671-012-0103-8

Biglan, A., y Barnes-Holmes, Y. (2015). Acting in light of the future: How do future-oriented cultural practices evolve and how can we accelerate their evolution? *Journal of Contextual Behavioral Science, 4,* 184–195. https://doi.org/10.1016/j.jcbs.2015.06.002

Birkhoff, G. D. (1931). Proof of the ergodic theorem. *Proceedings of the National Academy of Sciences, 17*(12), 656-660. https://doi.org/10.1073/pnas.17.2.656

Blackledge, J. T., y Barnes-Holmes, D. (2009). Core processes in acceptance and commitment therapy. En J. T. Blackledge, J. Ciarrochi, y F. P Deane (Eds.). *Acceptance and commitment therapy: Contemporary theory, research, and practice* (págs. 41-58). Australian Academic Press.

Bohlmeijer, E. T., Lamers, S. M. A., y Fledderus, M. (2015). Flourishing in people with depressive symptomology increases with acceptance and commitment therapy. Post-hoc analyses of a randomized controlled trial. *Behaviour Research and Therapy, 65,* 101-106. https://doi.org/10.1016/j.brat.2014.12.014

Bowen, S., y Marlatt, A. (2009). Surfing the urge: Brief mindfulness-based intervention for college student smokers. *Psychology of Addictive Behaviors, 23*(4), 666–671. https://doi.org/10.1037/a0017127

Bowen, S., Chawla, N., Grow, J., Marlatt, G, A. (2021). Mindfulness-Based Relapse Prevention for Addictive Behaviors: A Clinician's Guide (2ª ed). Nueva York: Guilford Press.

Bricker, J. B., Watson, N. L., Mull, K. E., Sullivan, B. M., y Heffner, J. L. (2020). Efficacy of smartphone applications for smoking cessation: A randomized clinical trial. JAMA Internal Medicine, 180, 1472-1480. https://doi.org/10.1001/jamainternmed.2020.4055

Cardillo, R., Erbì, C., y Mammarella, I. C. (2020). Spatial perspective-taking in children with autism spectrum disorders: The predictive role of visuospatial and motor abilities. *Frontiers in Human Neuroscience, 14,* 208.

Chase, J. A., Houmanfar, R., Hayes, S. C., Ward, T. A., Vilardaga, J. P., y Follette, V. M. (2013). Values are not just goals: Online ACT-based values training adds to goal-setting in improving undergraduate college student performance. *Journal of Contextual Behavioral Science, 2,* 79–84. http://dx.doi.org/10.1016/j.jcbs. 2013.08.002

Chawla, N., Collins, S., Bowen, S., Hsu, S., Grow, J., Douglass, A., y Marlatt, G. A. (2010). The mindfulness-based relapse prevention adherence and competence scale: development, interrater reliability, and validity. *Psychotherapy Research*, *20*(4), 388-397.

Cheron, D. M., Ehrenreich, J. T. y Pincus, D. B. (2009). Assessment of Parental Experiential Avoidance in a Clinical Sample of Children with Anxiety Disorders. *Child Psychiatry and Human Development, 40,* 383–403. https://doi.org/10.1007/s10578-009-0135-z

Chomsky, N. (1959). A review of B.F. Skinner's *Verbal Behavior. Language, 35,* 26-58. Chomsky, N. (1972). *Studies on semantics in generative grammar.* Boston: de Gruyter.

Christopher, M. S., Neuser, N. J., Michael, P. G., y Baitmangalkar, A. (2012). Exploring the psychometric properties of the five-facet mindfulness questionnaire. *Mindfulness*, *3*(2), 124-131.

Chua, J. Y. X. y Shorey, S. (2022). The effect of mindfulness-based and acceptance commitment therapy-based interventions to improve the mental well-being among parents of children with developmental disabilities: A systematic review and meta-analysis. *Journal of Autism and Developmental Disorders, 52,* 2770-2782. https://doi.org/10.1007/s10803-021-04893-1

Ciarrochi, J. Sahdra, B., Hofmann, S., y Hayes, S. C. (2022). Developing an item pool to assess processes of change in psychological interventions: The Process-Based Assessment Tool (PBAT). *Journal of Contextual Behavioral Science, 23,* 200-213. https://doi.org/10.1016/j.jcbs.2022.02.001

Colbert, D., Tyndall, I., Roche, B., y Cassidy, S. (2018). Can SMART training really increase intelligence? A replication study. *Journal of Behavioral Education*, *27*(4), 509-531.

Cooper, K., Smith, L. G., y Russell, A. J. (2018). Gender identity in autism: Sex differences in social affiliation with gender groups. *Journal of Autism and Developmental Disorders*, *48*(12), 3995-4006.

Craske, M. G., Liao, B., Brown, L., y Vervliet, B. (2012). Role of inhibition in exposure therapy. *Journal of Experimental Psychopathology, 3*(3), 322-345. https://doi.org/10.5127/jep.026511

Critchfield, T. S., y Reed, D. D. (2009). What are we doing when we translate from quantitative models? *The Behavior Analyst, 32,* 339–362.

Dada, T., Mittal, D., Mohanty, K., Faiq, M. A., Bhat, M. A., Yadav, R. K. ,... y Dada, R. (2018). Mindfulness meditation reduces intraocular pressure, lowers stress biomarkers and modulates gene expression in glaucoma: a randomized controlled trial. *Journal of Glaucoma, 27*(12), 1061-1067.

Daks, J. S., y Rogge, R. D. (2020). Examining the correlates of psychological flexibility in romantic relationship and family dynamics: A meta-analysis. *Journal of Contextual Behavioral Science, 18*, 214-238. https://doi.org/10.1016/j.jcbs.2020.09.010

Davies, A. W., Balter, A. S., van Rhijn, T., Spracklin, J., Maich, K., y Soud, R. (2021). Sexuality Education for Children and Youth With Autism Spectrum Disorder in Canada. *Intervention in School and Clinic*, 10534512211051068.

Deci, E. L. y Ryan, R. M. (2000) The "what" and "why" of goal pursuits: Human needs and the self-determination of behavior. *Psychological Inquiry, 11*(4), 227-268. https://doi.org/10.1207/S15327965PLI1104_01

Dell'Osso, L., Carpita, B., Muti, D., Morelli, V., Salarpi, G., Salerni, A. ,... y Maj, M. (2019). Mood symptoms and suicidality across the autism spectrum. *Comprehensive Psychiatry, 91*, 34-38.

Dickins, D. W., Singh, K. D., Roberts, N., Burns, P., Downes, J. J., Jimmieson, P., y Bentall, R. P. (2001). An fMRI study of stimulus equivalence. *Neuroreport, 12*(2), 405-411.

Dixon, D. R., Vogel, T., y Tarbox, J. (2012). A brief history of functional analysis and applied behavior analysis. En *Functional assessment for challenging behaviors* (págs. 3-24). Springer, Nueva York, NY.

Dixon, M. R. (2014). *ACT for children with autism and emotional challenges*. Carbondale, IL: Shawnee Scientific Press.

Dixon, M. R. (2019). *Peak comprehensive assessment: Administration manual.* Carbondale, IL: Shawnee Scientific Press.

Dixon, M. R., Belisle, J., Rehfeldt, R. A., y Root, W. B. (2018). Why We Are Still Not Acting to Save the World: The Upward Challenge of a Post-Skinnerian Behavior Science. *Perspectives on behavior science, 41*(1), 241–267. https://doi.org/10.1007/s40614-018-0162-9

Dixon, M. R., y Paliliunas, D. (2018). *AIM Accept. Identify. Move. A behavior analytic curriculum for social-emotional development in children.* Emergent Press.

Dixon, M. R., y Paliliunas, D. (2020). Clinical behavior analysis: Integrating ACT and ABA. En M. E. Levin, M. P. Twohig, J. Krafft (Eds.). *Innovations in Acceptance y Commitment Therapy: Clinical Advancements and Applications.* Context Press.

Dixon, M. R., Enoch, M. R., y Belisle, J. (2017). Transfers of stimulus function during roulette wagering. *Journal of Applied Behavior Analysis, 50*(4), 819-824.

Dixon, M. R., Hayes, S. C., Stanley, C. R., Law, S. y Al-Nasser, T. (2020). Is Acceptance and Commitment Training or Therapy (ACT) a method that applied behavior analysts can and should use? *The Psychological Record, 70,* 559–579. https://doi.org/10.1007/s40732-020-00436-9

Dixon, M. R., Paliliunas, D., Barron, B. F., Schmick, A. M., y Stanley, C. R. (2021). Randomized controlled trial evaluation of ABA content on IQ gains in children with autism. *Journal of Behavioral Education, 30*(3), 455-477.

Dixon, M. R., Small, S. L., y Rosales, R. (2007). Extended analysis of empirical citations with Skinner's verbal behavior: 1984–2004. *The Behavior Analyst, 30*, 197– 209.

Dixon, M.R., Belisle, J., McKeel, A., Whiting, S., Speelman, R., Daar, J. H., y Rowsey, K. (2017). An internal and critical review of the PEAK relational training system for children with autism and related intellectual disabilities: 2014–2017. *The Behavior Analyst, 40*, 493–521. https://doi.org/10.1007/s40614-017-0119-4

Donati, M. A., Berrocal, C., Bernini, O., Gori, C., y Primi, C. (2021). Measuring cognitive fusion through the Cognitive Fusion Questionnaire-7: Measurement invariance across non-clinical and clinical psychological samples. *PloS one, 16*(2), e0246434.

Dougher, M. J., Augustson, E., Markham, M. R., Greenway, D. E., y Wulfert, E. (1994). The transfer of respondent eliciting and extinction functions through stimulus equivalence classes. *Journal of the Experimental Analysis of Behavior, 62*(3), 331-351.

Dougher, M. J., Hamilton, D. A., Fink, B. C., y Harrington, J. (2007). Transformation of the discriminative and eliciting functions of generalized relational stimuli. *Journal of the Experimental Analysis of Behavior, 88*(2), 179–197.

Dusek, J. A., Otu, H. H., Wohlhueter, A. L., Bhasin, M., Zerbini L. F., Joseph, M. G., Benson, H., y Libermann, T. A. (2008). Genomic counter-stress changes induced by the relaxation response. *PLoS ONE*, 3(7):e2576. https://doi.org/10.1371/journal.pone.0002576.

Dymond, S., y Barnes, D. (1995). A transformation of self-discrimination response functions in accordance with the arbitrarily applicable relations of sameness, more than, and less than. *Journal of the Experimental Analysis of Behavior, 64*(2), 163-184.

Dymond, S., Roche, B., Forsyth, J. P., Whelan, R., y Rhoden, J. (2007). Transformation of avoidance response functions in accordance with same and opposite relational frames. *Journal of the Experimental Analysis of Behavior, 88*(2), 249-262.

Eilers, H. J., and Hayes, S. C. (2015). Exposure and response prevention therapy with cognitive defusion exercises to reduce repetitive and restrictive behaviors displayed by children with autism spectrum disorder. *Research in Autism Spectrum Disorders, 19*, 18-31. https://doi.org/10.1016/j.rasd.2014.12.014

Epstein, R. M., Siegel, D. J., y Silberman, J. (2008). Self-monitoring in clinical practice: a challenge for medical educators. *Journal of Continuing Education in the Health Professions, 28*(1), 5-13.

Eriksson, T., Germundsjö, L., Åström, E., y Rönnlund, M. (2018). Mindful self-compassion training reduces stress and burnout symptoms among practicing psychologists: A randomized controlled trial of a brief web-based intervention. *Frontiers in Psychology, 9*, 2340.

Fang, S., y Ding, D. (2020). A meta-analysis of the efficacy of acceptance and commitment therapy for children. *Journal of Contextual Behavioral Science, 15*, 225-234.

Feldner, M. T., Zvolensky, M. J., Eifert, G. H., y Spira, A. P. (2003). Emotional avoidance: An experimental test of individual differences and response suppression using biological challenge. *Behaviour Research and Therapy, 41*(4), 403-411.

Ferroni-Bast, D., Fitzpatrick, J., Stewart, I., y Goyos, C. (2019). Using the Implicit Relational Assessment Procedure (IRAP) as a measure of reaction to perceived failure and the effects of a defusion intervention in this context. *The Psychological Record, 69*(4), 551-563.

Ferster, C. B. (1973). A functional analysis of depression. *American Psychologist, 28*, 857-870.

Finn, M., Barnes-Holmes, D., y McEnteggart, C. (2018). Exploring the single-trial-type-dominance-effect in the IRAP: Developing a differential arbitrarily applicable relational responding effects (DAARRE) model. *The Psychological Record, 68*(1), 11-25.

Foody, M., Barnes-Holmes, Y., Barnes-Holmes, D., Rai, L., y Luciano, C. (2015). An empirical investigation of the role of self, hierarchy, and distinction in a common act exercise. *The Psychological Record, 65*(2), 231-243.

García-Zambrano, S., Rehfeldt, R. A., Hertel, I. P., y Boehmert, R. (2019). Effects of deictic framing and defusion on the development of self-as-context in individuals with disabilities. *Journal of Contextual Behavioral Science, 12*, 55-58.

Gates, K. M., y Molenaar, P. C. M. (2012). Group search algorithm recovers effective connectivity maps for individuals in homogeneous and heterogeneous samples. *NeuroImage, 63*(1), 310-319.

Ghezzi, E. L., Houmanfar, R. A., y Crosswell, L. (2020). The motivative augmental effects of verbal stimuli on cooperative and conformity responding under a financially competing contingency in an analog work task. *The Psychological Record, 70*(3), 411-431.

Gifford, E. V., Kohlenberg, B., Hayes, S. C., Pierson, H., Piasecki, M., Antonuccio, D., y Palm, K. (2011). Does acceptance and relationship-focused behavior therapy contribute to bupropion outcomes? A randomized controlled trial of FAP and ACT for smoking cessation. *Behavior Therapy, 42*, 700-715.

Gilsenan, C. M., Yi, Z., Hinman, J. M., Barron, B. F., y Dixon, M. R. (2021). Using relational training to improve performance during Acceptance and Commitment Training sessions. *Behavior Analysis in Practice, 15*(1), 179-191. https://doi.org/10.1007/s40617-021-00574-8

Gilsenan, C. M., Yi, Z., Hinman, J. M., Barron, B. F., y Dixon, M. R. (2021). Using Relational Training to Improve Performance During Acceptance and Commitment Training Sessions. *Behavior Analysis in Practice*, 1-13.

Ginsburg, S. y Jablonka, E. (2010). The evolution of associative learning: A factor in the Cambrian explosion. *Journal of Theoretical Biology, 266,* 11-20.

Glassman, L. H., Forman, E. M., Herbert, J. D., et al. (2016). The effects of a brief acceptance-based behavioral treatment versus traditional cognitive-behavioral treatment for public speaking anxiety: An exploratory trial examining differential effects on performance and neurophysiology. *Behavior Modification, 40*(5), 748-776. https://doi.org/10.1177/0145445516629939

Goldberg, S. B., Tucker, R. P., Greene, P. A., Davidson, R. J., Wampold, B. E., Kearney, D. J., y Simpson, T. L. (2018). Mindfulness-based interventions for psychiatric disorders: A systematic review and meta-analysis. *Clinical psychology review, 59,* 52-60.

Gooding, A., y Gardner, F. L. (2009). An investigation of the relationship between mindfulness, preshot routine, and basketball free throw percentage. *Journal of Clinical Sport Psychology, 3*(4), 303-319.

Grossman, P., Niemann, L., Schmidt, S., y Walach, H. (2004). Mindfulness-based stress reduction and health benefits: A meta-analysis. *Journal of Psychosomatic Research, 57*(1), 35-43.

Habib, R. y Dixon, M.R. (2010). Neurobehavioral evidence for the "near-miss" effect in pathological gamblers. *Journal of the Experimental Analysis of Behavior, 93*, 313-328. https://doi.org/10.1901/jeab.2010.93-313

Hahs, A. D., Dixon, M. R. y Paliliunas, D. (2019). Randomized controlled trial of a brief acceptance and commitment training for parents of individuals diagnosed with autism spectrum disorders. *Journal of Contextual Behavioral Science, 12*, 154-159. https://doi.org/10.1016/j.jcbs.2018.03.002

Hanley, G. P., Iwata, B. A., y McCord, B. E. (2003). Functional analysis of problem behavior: A review. *Journal of Applied Behavior Analysis, 36*(2), 147-185.

Hannon, G., y Emily P. Taylor, E. P. (2013). Suicidal behaviour in adolescents and young adults with ASD: Findings from a systematic review. *Clinical Psychology Review, 33*(8), 1197-1204. https://doi.org/10.1016/j.cpr.2013.10.003.

Harmon, T. M., Nelson, R. O., y Hayes, S. C. (1980). Self-monitoring of mood versus activity by depressed clients. *Journal of Consulting and Clinical Psychology, 48,* 30-38. https://doi.org/10.1037//0022-006X.48.1.30

Harris, R. (2019). *ACT made simple: An easy-to-read primer on acceptance and commitment therapy.* New Harbinger Publications.

Hawking, S. y Mlodinow, L. (2010). *The grand design.* Nueva York: Bantam. Hayes, S. C. (1984). Making sense of spirituality. *Behaviorism,* 99-110.

Hayes, S. C. (1986). The case of the silent dog: Verbal reports and the analysis of rules. A review of K. Anders Ericsson and Herbert A. Simon, "*Protocol analysis: Verbal reports as data.*" *Journal of the Experimental Analysis of Behavior, 45*, 351-363. https://doi.org/10.1901/jeab.1986.45-351

Hayes, S. C. (Ed.). (1989). *Rule-governed behavior: Cognition, contingencies, and instructional control.* Nueva York: Plenum.Hayes, S. C. (1993). Analytic goals and the varieties of scientific contextualism. En S. C. Hayes, L. J. Hayes, H. W. Reese, y T. R. Sarbin (Eds.), *Varieties of scientific contextualism* (págs. 11-27). Reno, NV: Context Press.

Hayes, S. C. (2019). *A liberated mind: How to pivot toward what matters.* Nueva York: Penguin / Avery.

Hayes, S. C., Barnes-Holmes, D., y Roche, B. (Eds.). (2001/2021). *Teoría del marco relacional: Un enfoque post-skinneriano del lenguaje y la cognición.* ABA España.

Hayes, S. C., Bond, F., Barnes-Holmes, D., y Austin, J. (Eds.). (2006). *Acceptance and mindfulness at work: Acceptance and Commitment Therapy, Relational Frame Theory, and organizational behavior management.* Binghamton, Nueva York: Haworth.

Hayes, S. C. y Brownstein, A. J. (Mayo, 1985). *Verbal behavior, equivalence classes, and rules: New definitions, data, and directions.* Invited address presented at the meeting of the Association for Behavior Analysis, Columbus, OH.

Hayes, S. C. y Brownstein, A. J. (1986). Mentalism, behavior-behavior relations and a behavior analytic view of the purposes of science. *The Behavior Analyst, 9*, 175-190.

Hayes, S. C., Devany, J. M., Kohlenberg, B. S., Brownstein, A. J., y Shelby, J. (1987). Stimulus equivalence and the symbolic control of behavior. *Mexican Journal of Behavior Analysis, 13*, 361-374.

Hayes, S. C. y Hayes, L. J. (1989). The verbal action of the listener as a basis for rule-governance. En S. C. Hayes (Ed.), *Rule-governed behavior: Cognition, contingencies, and instructional control.* (págs. 153-190). Nueva York: Plenum.

Hayes, S. C. y Hayes, L. J. (1992). Some clinical implications of contextualistic behaviorism: The example of cognition. *Behavior Therapy*, *23*, 225-249. https://doi.org/10.1016/S0005-7894(05)80383-1

Hayes, S. C. y Hofmann, S. G. (2018). (Eds.), *Process-based CBT: The science and core clinical competencies of cognitive behavioral therapy.* Oakland, CA: Context Press / New Harbinger Publications.

Hayes, S. C., Hofmann, S. G. y Ciarrochi, J. (2020). A process-based approach to psychological diagnosis and treatment: The conceptual and treatment utility of an extended evolutionary model. *Clinical Psychology Review, 82,* 101908. https://doi.org/10.1016/j.cpr.2020.101908

Hayes, S. C., Hofmann, S. G., y Ciarrochi, J. (2020). Building a process-based diagnostic system: An extended evolutionary approach. Chapter in S. G. Hofmann y S. C. Hayes (Eds.), *Beyond the DSM: Toward a process-based alternative for diagnosis and mental health treatment* (págs. 251-278). Oakland, CA: Context Press / New Harbinger Publications.

Hayes, S. C., Hofmann, S. G., y Ciarrochi, J. (2020). Creating an alternative to syndromal diagnosis: Needed features of processes of change and the models that organize them. Chapter in S. G. Hofmann y S. C. Hayes (Eds.), *Beyond the DSM: Toward a process-based alternative for diagnosis and mental health* treatment (págs. 1-22). Oakland, CA: Context Press / New Harbinger Publications.

Hayes, S. C., Hofmann, S. G., y Stanton, C. E. (2020). Process-based functional analysis can help behavioral science step up to the challenges of novelty: COVID-19 as an example. *Journal of Contextual Behavioral Science, 18,* 128-145. https://doi.org/10.1016/j.jcbs.2020.08.009.

Hayes, S. C., Lattal, K. A., y Myerson, W. A. (1979). Strength of experimentally induced phobic behavior in rats: Avoidance versus dual-component formulations. *Psychological Reports, 44*(3), 891-894.

Hayes, S. C., Merwin, R. M., McHugh, L., Sandoz, E. K., A-Tjak, J. G., Ruiz, F. J. ,... y McCracken, L. M. (2021). Report of the ACBS task force on the strategies and tactics of contextual behavioral science research. *Journal of Contextual Behavioral Science, 20,* 172-183.

Hayes, S. C. y Sanford, B. (2014). Cooperation came first: Evolution and human cognition. *Journal of the Experimental Analysis of Behavior, 101,* 112-129. https://doi.org/10.1002/jeab.64

Hayes, S.C., y Strosahl, K.D. (2004). A practical guide to acceptance and commitment therapy. Nueva York: Springer.

Hayes, S. C., Strosahl, K. D., y Wilson, K. G. (1999). *Acceptance and commitment therapy: An experiential approach to behavior change.* Guilford Press.

Hayes, S. C., Strosahl, K., y Wilson, K. G. (2012). *Acceptance and Commitment Therapy: The process and practice of mindful change* (2a edition). Nueva York: Guilford Press.

Hayes, S. C., White, D., y Bissett, R. T. (1998). Protocol analysis and the "silent dog" method of analyzing the impact of self-generated rules. *The Analysis of Verbal Behavior, 15,* 57-63.

Hayes, S. C., Wilson, K. W., Gifford, E. V., Follette, V. M., y Strosahl, K. (1996). Experiential avoidance and behavioral disorders: A functional dimensional approach to diagnosis and treatment. *Journal of Consulting and Clinical Psychology, 64,* 1152-1168. https://doi.org/10.1037//0022-006X.64.6.1152

Haynes, S. N., O'Brien, W., y Kaholokula, J. (2011). *Behavioral assessment and case formulation.* John Wiley y Sons

Hersh, M. N., Ponder, R. G., Hastings, P. J., y Rosenberg, S. M. (2004). Adaptive mutation and amplification in Escherichia coli: two pathways of genome adaptation under stress. *Research in Microbiology, 155,* 353-359. https://doi.org/10.1016/j.resmic.2004.01.020

Hoffman, D. (2019). *The case against reality: Why evolution hid the truth from our eyes.* Nueva York: Norton.

Hofmann, S. G. y Hayes, S. C. (2018). The history and current status of CBT as an evidence-based therapy. Chapter in Hayes, S. C. y Hofmann, S. G. (Eds.), *Process-based CBT: The science and core clinical competencies of cognitive behavioral therapy* (págs. 7-21). Oakland, CA: Context Press / New Harbinger Publications.

Hofmann, S. G. y Hayes, S. C. (2019). The future of intervention science: Process based therapy. *Clinical Psychological Science, 7*(1), 37–50. https://doi.org/10.1177/2167702618772296

Hofmann, S. G. y Hayes, S. C. (2020). *Beyond the DSM: Toward a process-based alternative for diagnosis and mental health treatment.* Oakland, CA: Context Press / New Harbinger Publications.

Hooper, N., Dack, C., Karekla, M., Niyazi, A., y McHugh, L. (2018). Cognitive defusion versus experiential avoidance in the reduction of smoking behaviour: an experimental and preliminary investigation. *Addiction Research y Theory, 26*(5), 414-420.

Hooper, N., Sandoz, E. K., Ashton, J., Clarke, A., y McHugh, L. (2012). Comparing thought suppression and acceptance as coping techniques for food cravings. *Eating Behaviors, 13*(1), 62-64.

Hyde, J. S., Bigler, R. S., Joel, D., Tate, C. C., y van Anders, S. M. (2019). The future of sex and gender in psychology: Five challenges to the gender binary. *American Psychologist, 74*(2), 171.

Iacoboni, M. (2009). Imitation, empathy, and mirror neurons. *Annual Review of Psychology, 60*(1), 653-670. https://doi.org/10.1146/annurev.psych.60.110707.163604

Ivancic, M., y Belisle, J. (2019). Resolving barriers to an applied science of the human condition: Rule governance and the verbal behavior of applied scientists. *The Analysis of verbal behavior, 35*(2), 196-220.

Iwata, B. A., Dorsey, M. F., Slifer, K. J., Bauman, K. E., y Richman, G. S. (1982). Toward a functional analysis of self-injury. *Analysis and Intervention in Developmental Disabilities, 2*(1), 3-20. https://doi.org/10.1016/0270-4684(82)90003-9.

Iwata, B. A., Dorsey, M. F., Slifer, K. J., Bauman, K. E., y Richman, G. S. (1994). Toward a functional analysis of self-injury. *Journal of Applied Behavior Analysis, 27*(2), 197–209. https://doi.org/10.1901/jaba.1994.27-197

Jablonka, E., y Lamb, M. J. (2014). *Evolution in four dimensions: genetic, epigenetic, behavioral, and symbolic variation in the history of life* (2a ed.). Cambridge, MA: MIT Press.

Jeffcoat, T. y Hayes, S. C. (2012). A randomized trial of ACT bibliotherapy on the mental health of K-12 teachers and staff. *Behaviour Research and Therapy, 50*. 571-579. https://doi.org/10.1016/j.brat.2012.05.008

Jessel, J., Hanley, G. P., Ghaemmaghami, M., y Metras, R. (2019). An evaluation of the single-session interview-informed synthesized contingency analysis. *Behavioral Interventions, 34*(1), 62-78.

Ju, W. C., y Hayes, S. C. (2008). Verbal establishing stimuli: Testing the motivative effect of stimuli in a derived relation with consequences. *The Psychological Record, 58,* 339-363.

Juvin, J., Sadeg, S., Julien-Sweerts, S., y Zebdi, R. (2021). A systematic review: Acceptance and Commitment Therapy for the parents of children and adolescents with autism spectrum disorder. *Journal of Autism and Developmental Disorders.* https://doi.org/10.1007/s10803-021-04923-y

Kanfer, F. H., y Grimm, L. G. (1977). Behavioral analysis: Selecting target behaviors in the interview. *Behavior Modification, 1*, 7-28.

Kanfer, F. H., y Saslow, G. (1965) Behavioral analysis: An alternative to diagnostic classification. *Archives of General Psychiatry, 12,* 529-538.

Kavaklı, M., Ak, M., Uğuz, F., y Türkmen, O. O. (2020). The mediating role of self-compassion in the relationship between perceived COVID-19 threat and death anxiety. *Journal of Clinical Psychiatry*, *23*(Supp: 1), 15-23.

Kazdin, A. E. (2000). Perceived barriers to treatment participation and treatment acceptability among antisocial children and their families. *Journal of Child and Family Studies*, *9*(2), 157-174.

Kelly, A. C., y Carter, J. C. (2015). Self-compassion training for binge eating disorder: A pilot randomized controlled trial. *Psychology and psychotherapy: Theory, Research and Practice*, *88*(3), 285-303.

Kessler, R. C., Angermeyer, M., Anthony, J. C., De Graaf, R. O. N., Demyttenaere, K., Gasquet, I., ... y Üstün, T. B. (2007). Lifetime prevalence and age-of-onset distributions of mental disorders in the World Health Organization's World Mental Health Survey Initiative. *World psychiatry*, *6*(3), 168.

Kestner, K. M., y Peterson, S. M. (2017). A review of resurgence literature with human participants. *Behavior Analysis: Research and Practice, 17*(1), 1-17. http://dx.doi.org/10.1037/bar0000039

Kircanski, K., Lieberman, M. D., y Craske, M. G. (2012). Feelings into Words: Contributions of Language to Exposure Therapy. *Psychological Science.* 2012;23(10):1086-1091. https://doi.org/10.1177/0956797612443830

Klimley, A. P. (1993). Highly directional swimming by scalloped hammerhead sharks, Sphyrna lewini, and subsurface irradiance, temperature, bathymetry, and geomagnetic field. *Marine Biology*, *117*(1), 1-22.

Krapfl, J. E., y Nawas, M. M. (1970). Differential ordering of stimulus presentation in systematic desensitization. *Journal of Abnormal Psychology, 75*(3), 333–337. https://doi.org/10.1037/h0029351

Lawlor, K. B., y Hornyak, M. J. (2012). Smart goals: How the application of smart goals can contribute to achievement of student learning outcomes. *Developments in Business Simulation and Experiential Learning, 39,* 259-267.

Levin, M. E., Hayes, S. C., y Waltz, T. (2010). Creating an implicit measure of cognition more suited to applied research: A test of the Mixed Trial—Implicit Relational Assessment Procedure (MT-IRAP). *International Journal of Behavioral Consultation and Therapy, 6*(3), 245-262. https://doi.org/10.1037/h0100911

Lewinsohn, P. M. (1974). A behavioral approach to depression. En R. J. Friedman y M. M. Katz (Eds.), *Psychology of depression: Contemporary theory and research* (págs. 157-178). Oxford, England: John Wiley y Sons.

Liberman, Z., y Shaw, A. (2019). Children use similarity, propinquity, and loyalty to predict which people are friends. *Journal of Experimental Child Psychology, 184*, 1-17.

Liebal, K., Behne, T., Carpenter, M. y Tomasello, M. (2009). Infants use shared experience to interpret a pointing gesture. *Developmental Science, 12*, 264-271.

Lionello-DeNolf, K. M. (2021). An update on the search for symmetry in nonhumans.

Journal of the Experimental Analysis of Behavior, 115(1), 309-325. https://doi.org/10.1002/jeab.647

Lipkens, G., Hayes, S. C., y Hayes, L. J. (1993). Longitudinal study of derived stimulus relations in an infant. *Journal of Experimental Child Psychology, 56*, 201-239.

Lippman, L. G., y Meyer, M. M. (1967). Fixed interval performance as related to instructions and to subjects' verbalization of the contingency. *Psychonomic Science, 8*, 135-136.

Little, A., Tarbox, J., y Alzaabi, K. (2020). Using acceptance and commitment training to enhance the effectiveness of behavioral skills training. *Journal of Contextual Behavioral Science, 16*, 9-16. https://doi.org/10.1016/j.jcbs.2020.02.002.

Longmore, R. J., y Worrell, M. (2007). Do we need to challenge thoughts in cognitive behavioral therapy? *Clinical Psychology Review, 27*, 173-187.

Lovibond, P. F., y Lovibond, S. H. (1995). The structure of negative emotional states: Comparison of the Depression Anxiety Stress Scales (DASS) with the Beck Depression and Anxiety Inventories. *Behaviour Research and Therapy, 33*(3), 335-343. https://doi.org/10.1016/0005-7967(94)00075-U.

Lowe, C. F. (1979). Determinants of human operant behavior. En M. D. Zeiler y P. Harzem (Eds.), *Advances in analysis of behavior: Vol. 1. Reinforcement and the organization of behavior.* (págs. 159-192). Chichester, England: Wiley.

Lowe, C. F., Beasty, A., y Bentall, R. P. (1983). The role of verbal behavior in human learning: Infant performance on fixed interval schedules. *Journal of the Experimental Analysis of Behavior, 39*, 157-164.

Luciano, C., Gómez-Becerra, I. y Rodríguez-Valverde, M. (2007). The role of multiple-exemplar training and naming in establishing derived equivalence in an infant. *Journal of Experimental Analysis of Behavior, 87*, 349- 365.

Luciano, C., Törneke, N., y Ruiz, F. J. (2023). Clinical behavior analysis and RFT: Conceptualizing psychopathology and its treatment. En Twohig, M. P., Levin, M. E., y Petersen, J. M. (Eds.), *The Oxford Handbook of Acceptance and Commitment Therapy*. Nueva York: Oxford University Press.

Lundgren, T., Luoma, J. B., Dahl, J., Strosahl, K., y Melin, L. (2012). The bull's-eye values survey: a psychometric evaluation. *Cognitive and Behavioral Practice, 19*(4), 518-526.

Luoma, J. B., Hayes, S. C., y Walser, R. D. (2010). Learning ACT: An Acceptance y Commitment Therapy skills-training manual for therapists. *New Harbinger Publications.*

Luoma, J. B., Kohlenberg, B. S., Hayes, S. C. y Fletcher, L. (2012). Slow and steady wins the race: A randomized clinical trial of Acceptance and Commitment Therapy targeting shame in substance use disorders. *Journal of Consulting and Clinical Psychology, 80*, 43-53. https://doi.org/10.1037/a0026070

Maisel, M. E., Stephenson, K. G., Cox, J. C., y South, M. (2019). Cognitive defusion for reducing distressing thoughts in adults with autism. *Research in Autism Spectrum Disorders, 59*, 34-45.

Mandavia, A., Masuda, A., Moore, M., Mendoza, H., Donati, M. R., y Cohen, L. L. (2015). The application of a cognitive defusion technique to negative body image thoughts: A preliminary analogue investigation. *Journal of Contextual Behavioral Science, 4*(2), 86-95.

Marshall, E. J., y Brockman, R. N. (2016). The relationships between psychological flexibility, self-compassion, and emotional well-being. *Journal of Cognitive Psychotherapy, 30*(1), 60-72.

Matson, J. L., Tureck, K., y Rieske, R. (2012). The Questions About Behavioral Function (QABF): Current status as a method of functional assessment. *Research in Developmental Disabilities, 33*(2), 630-634.

McHugh, L., y Stewart, I. (2012). *The self and perspective taking: Contributions and applications from modern behavioral science.* New Harbinger Publications.

Miller, M. B., Meier, E., Lombardi, N., Leavens, E. L., Grant, D. M., y Leffingwell, T. R. (2016). The Valued Living Questionnaire for Alcohol Use: Measuring value-behavior discrepancy in college student drinking. *Psychological Assessment, 28*(9), 1051.

Moffitt, R., Brinkworth, G., Noakes, M., y Mohr, P. (2012). A comparison of cognitive restructuring and cognitive defusion as strategies for resisting a craved food. *Psychology y Health, 27*(sup2), 74-90.

Molenaar, P. C. M. (2013). On the necessity to use person-specific data analysis approaches in psychology. *European Journal of Developmental Psychology, 10*, 29-39. https://doi.org/10.1080/17405629.2012.747435

Molenaar, P. C., y Campbell, C. G. (2009). The new person-specific paradigm in psychology. *Current Directions in Psychological Science, 18*(2), 112-117.

Moore, J. (2007). *Conceptual Foundations of Radical Behaviorism.* Sloan Publishing.

Moran, O., Almada, P., y McHugh, L. (2018). An investigation into the relationship between the three selves (Self-as-Content, Self-as-Process and Self-as-Context) and mental health in adolescents. *Journal of Contextual Behavioral Science, 7,* 55-62.

Neff, K. D., y Vonk, R. (2009). Self-compassion versus global self-esteem: Two different ways of relating to oneself. *Journal of personality, 77*(1), 23-50.

Neuringer, A. (1986). Can people behave "randomly?": The role of feedback. *Journal of Experimental Psychology: General, 115*(1), 62–75.

Neuringer, A. (2002). Operant variability: Evidence, functions, and theory. *Psychonomic Bulletin and Review, 9,* 672–705.

Neuringer, A. (2012). Reinforcement and induction of operant variability. *The Behavior Analyst, 35*(2), 229.

Nevin, J. A. (1992). An integrative model for the study of behavioral momentum. *Journal of the Experimental Analysis of Behavior, 57,* 301–316.

O'Reilly, A., Roche, B., Ruiz, M., Tyndall, I., y Gavin, A. (2012). The Function Acquisition Speed Test (FAST): A behavior analytic implicit test for assessing stimulus relations. *Psychological Record, 62,* 507–528 (2012). https://doi.org/10.1007/BF03395817

Oldenburg, B., Van Duijn, M., y Veenstra, R. (2018). Defending one's friends, not one's enemies: A social network analysis of children's defending, friendship, and dislike relationships using XPNet. *PloS one, 13*(5), e0194323.

Olfson, M., y Marcus, S. C. (2010). National trends in outpatient psychotherapy. *American Journal of Psychiatry, 167*(12), 1456-1463.

Orlando, R., y Bijou, S. W. (1960). Single and multiple schedules of reinforcement in developmentally retarded children. *Journal of the Experimental Analysis of Behavior, 3*(4), 339–348. https://doi.org//10.1901/jeab.1960.3-339

Page, S., y Neuringer, A. (1985). Variability is an operant. *Journal of Experimental Psychology: Animal Behavior Processes, 11*(3), 429.

Paliliunas, D. (2021). Values: a core guiding principle for behavior-analytic intervention and research. *Behavior Analysis in Practice,* 1-11.

Palmer, D. C. (1991). A behavioral interpretation of memory. *Dialogues on verbal behavior, 261,* 279.

Parry-Cruwys, D. E., Neal, C. M., Ahearn, W. H., Wheeler, E. E., Premchander, R., Loeb, M. B., et al. (2011). Resistance to disruption in a classroom setting. *Journal of Applied Behavior Analysis, 44,* 363–367.

Pearson, A., Ropar, D., y Hamilton, A. F. D. (2013). A review of visual perspective taking in autism spectrum disorder. *Frontiers in Human Neuroscience, 7*, 652.

Perez, W. F., de Almeida, J. H., Soares, L. C., Wang, T. F., de Morais, T. W., Mascarenhas, A. V., y de Rose, J. C. (2020). Fearful faces and the derived transfer of aversive functions. *The Psychological Record, 70*(3), 387-386,

Pilecki, B. C., y McKay, D. (2012). An experimental investigation of cognitive defusion. *The Psychological Record, 62*(1), 19-40.

Plumb, J. C., Stewart, I., Dahl, J., y Lundgren, T. (2009). En search of meaning: Values in modern clinical behavior analysis. *The Behavior Analyst, 32*, 85-103. https://doi.org/10.1007/BF03392177

Polk, K. L., y Schoendorff, B. (2014). *The ACT matrix: A new approach to building psychological flexibility across settings y populations.* Context Press.

Pratt, L. A., Brody, D. J., y Gu, Q. (2017). Antidepressant Use among Persons Aged 12 and Over: United States, 2011-2014. NCHS Data Brief. Number 283. *National Center for Health Statistics.*

Pryor, K. W., Haag, R., y O'Reilly, J. (1969). The creative porpoise: training for novel behavior. *Journal of the Experimental Analysis of Behavior, 12*(4), 653–661.

Raes, F., Pommier, E., Neff, K. D., y Van Gucht, D. (2011). Construction and factorial validation of a short form of the self-compassion scale. *Clinical Psychology y Psychotherapy, 18*(3), 250-255.

Ren, Z., Zhao, C., Bian, C., Zhu, W., Jiang, G., y Zhu, Z. (2019). Mechanisms of Acceptance and Commitment Therapy: A meta-analytic structural equation model. *Acta Psychologica Sinica, 51*(6), 662-676. https://doi.org/10.3724/SP.J.1041.2019.00662

Ritzert, T. R., Forsyth, J. P., Berghoff, C. R., Barnes-Holmes, D., y Nicholson, E. (2015). The impact of a cognitive defusion intervention on behavioral and psychological flexibility: An experimental evaluation in a spider fearful non-clinical sample. *Journal of Contextual Behavioral Science, 4*(2), 112-120.

Roche, B., Barnes-Holmes, D., Barnes-Holmes, Y., Smeets, P. M., y McGeady, S. (2000). Contextual control over the derived transformation of discriminative and sexual arousal functions. *The Psychological Record, 50*(2), 267-291.

Rosenfarb, I., y Hayes, S. C. (1984). Social standard setting: The Achilles' heel of informational accounts of therapeutic change. *Behavior Therapy, 15*, 515-528. https://doi.org/10.1016/S0005-7894(84)80053-2

Sahdra, B. K., Ciarrochi, J., Parker, P. D., Marshall, S., y Heaven, P. (2015). Empathy and nonattachment independently predict peer nominations of prosocial behavior of adolescents. *Frontiers in Psychology*, 263.

Sahdra, B. K., Shaver, P. R., y Brown, K. W. (2010). A scale to measure nonattachment: A Buddhist complement to Western research on attachment and adaptive functioning. *Journal of personality assessment, 92*(2), 116-127.

Sanchez, A. L., Cornacchio, D., Poznanski, B., Golik, A. M., Chou, T., y Comer, J. S. (2018). The effectiveness of school-based mental health services for elementary-aged children: A meta-analysis. *Journal of the American Academy of Child y Adolescent Psychiatry, 57*(3), 153-165.

Sanford, B. T., Ciarrochi, J., Hofmann, S. G., Chin, F., Gates, K. M., y Hayes, S. C. (2022; in press). Toward empirical process-based case conceptualization: An idionomic network examination of the process-based assessment tool. *Journal of Contextual Behavioral Science.*

Schlinger Jr, H. D. (2017). The importance of analysis in applied behavior analysis. *Behavior Analysis: Research and Practice, 17*(4), 334.

Schlund, M. W., Hoehn-Saric, R., y Cataldo, M. F. (2007). New knowledge derived from learned knowledge: Functional-anatomic correlates of stimulus equivalence. *Journal of the Experimental Analysis of Behavior, 87*(2), 287-307.

Schneider, S. M. (2012). *The science of consequences: How they affect genes, change the brain, and impact our world.* Amherst, Nueva York: Prometheus Books.

Schusterman, R. J., y Kastak, D. (1993). A California sea lion (*zalophus californianus*) is capable of forming equivalence relations. *The Psychological Record, 43*, 823-839.

Segers, M., y Rawana, J. (2014). What do we know about suicidality in autism spectrum disorders? A systematic review. *Autism Research, 7*(4), 507-521.

Seligman, M. E. (1972). Learned helplessness. *Annual Review of Medicine, 23*(1), 407-412.

Shahan, T.A. and Sweeney, M.M. (2011). A model of resurgence based on behavioral momentum theory. *Journal of the Experimental Analysis of Behavior, 95*, 91-108. https://doi.org/10.1901/jeab.2011.95-91

Shimoff, E., Catania, A. C., y Matthews, B. A. (1981). Uninstructed human responding: Sensitivity of low-rate performance to schedule contingencies. *Journal of the Experimental Analysis of Behavior, 36*, 207-220.

Shin, J. Y., Kim, S. W., Roh, S. G., Lee, N. H., y Yang, K. M. (2016). Congenital Insensitivity to Pain and Anhidrosis. *Archives of plastic surgery, 43*(1), 95–97. https://doi.org/10.5999/aps.2016.43.1.95

Sidman, M. (1960). *Tactics of scientific research*. Authors Cooperative, Inc.

Sidman, M. (1971). Reading and auditory-visual equivalences. *Journal of Speech and Hearing Research, 14*, 5-13.

Sidman, M. (1989). *Coercion and its fallout.* Boston: Authors Cooperative.

Sidman, M. (1994). *Equivalence relations and behavior: A research story*. Boston: Authors Cooperative.

Sidman, M. (2008). Reflections on stimulus control. *The Behavior Analyst, 31*(2), 127-135.

Sidman, M., y Tailby, W. (1982). Conditional discrimination vs. matching to sample: An expansion of the testing paradigm. *Journal of the Experimental Analysis of Behavior, 37*(1), 5–22.

Singh, N. N., Lancioni, G. E., Karazsia, B. T., Myers, R. E., Kim, E., Chan, J. ,... y Janson, M. (2019). Surfing the urge: An informal mindfulness practice for the self-management of aggression by adolescents with autism spectrum disorder. *Journal of Contextual Behavioral Science, 12*, 170-177.

Singh, N. N., Lancioni, G. E., Manikam, R., Winton, A. S., Singh, A. N., Singh, J., y Singh, A. D. (2011). A mindfulness-based strategy for self-management of aggressive behavior in adolescents with autism. *Research in Autism Spectrum Disorders, 5*(3), 1153-1158.

Singh, N. N., Lancioni, G. E., Winton, A. S. W., et al. (2007) Individuals with mental illness can control their aggressive behavior through mindfulness training. *Behavior Modification, 31*(3), 313-328. https://doi.org/10.1177/0145445506293585

Singh, N. N., Lancioni, G. E., Winton, A. S., Singh, A. N., Singh, J., y Singh, A. D. (2011). Effects of a mindfulness-based smoking cessation program for an adult with mild intellectual disability. *Research in Developmental Disabilities, 32*(3), 1180 1185. https://doi.org/10.1016/j.ridd.2011.01.003.

Singh, N. N., Wahler, R. G., Adkins, A. D., Myers, R. E., y Mindfulness Research Group. (2003). Soles of the feet: A mindfulness-based self-control intervention for aggression by an individual with mild mental retardation and mental illness. *Research in Developmental Disabilities, 24*(3), 158-169.

Singh, R. S., Watford, T. S., Cotterman, R. E., y O'Brien, W. H. (2020). A pilot study of acceptance and commitment therapy for sexual minorities experiencing work stress. *Journal of Contextual Behavioral Science, 16*, 25-29.

Skinner B. F. (1957/2025). *Conducta verbal.* ABA España.

Skinner, B. F. (1938/2021). *La conducta de los organismos.* ABA España.

Skinner, B. F. (1945). The operational analysis of psychological terms, *Psychological Review, 52,* 270-276

Skinner, B. F. (1948). *Walden II.* Nueva York: MacMillan.

Skinner, B. F. (1953/2022). *Ciencia y conducta humana.* ABA España.

Skinner, B. F. (1966). An operant analysis of problem solving. En B. Kleinmuntz (Ed.), *Problem-Solving: Research, Method, and Theory* (págs. 225-257). Nueva York: Wiley.

Skinner, B. F. (1969). *Contingencies of reinforcement: A theoretical analysis.* Nueva York: Appleton-Century-Crofts.

Skinner, B. F. (1971/2023). *Más allá de la Libertad y la dignidad.* ABA España.

Skinner, B. F. (1974). *About Behaviorism.* Alfred A. Knopf.

Skinner, B. F. (1981) Selection by consequences. *Science, 213*, 501-504.

Skinner, B. F. (1989). The origins of cognitive thought. *American Psychologist, 44*(1), 13–18. https://doi.org/10.1037/0003-066X.44.1.13

Skinner, B. F. (1990/1999). Can psychology be a science of mind? In V. G. Laties y A. C. Catania (Eds.), *Cumulative record* (págs. 576-584). Cambridge, MA: B. F. Skinner Foundation.

Slothuus, R. (2010). When can political parties lead public opinion? Evidence from a natural experiment. *Political Communication, 27*(2), 158-177.

Stockton, D., Kellett, S., Berrios, R., Sirois, F., Wilkinson, N., y Miles, G. (2019).

Identifying the underlying mechanisms of change during Acceptance and Commitment Therapy (ACT): A systematic review of contemporary mediation studies. *Behavioural and Cognitive Psychotherapy, 47*(3), 332-362. https://doi.org/10.1017/S1352465818000553

Sturmey, P. (2020). *Functional Analysis in Clinical Treatment.* Nueva York: Elsevier.

Szarko, A. J., Houmanfar, R. A., Smith, G. S., Jacobs, N. N., Smith, B. M., Assemi, K., Piasecki, M., y Baker, T. K. (2022). Impact of Acceptance and Commitment Training on psychological flexibility and burnout in medical education. *Journal of Contextual Behavioral Science, 23*, 190-199. https://doi.org/10.1016/j.jcbs.2022.02.004.

Tanner-Smith, E. E., Durlak, J. A. y Marx, R. A. Empirically based mean effect size distributions for universal prevention programs targeting school-aged youth: A review of meta-analyses. *Prevention Science, 19,* 1091–1101 (2018). https://doi.org/10.1007/s11121-018-0942-1

Thorndike, E. L. (1911). Animal intelligence: An experimental study of the associative processes in animals. *Psychological Review Monographs*, Supplement, 2, (No. 8).

Tikkanen, R., Fields, K., Williams, R. D. y Abrams, M. K. (2020). *Mental health conditions and substance use: Comparing U.S. needs and treatment capacity with those in other high-income countries.* Nueva York: Commonwealth Fund. https://doi.org/10.26099/09ht-rj07

Tol, W. A., Leku, M. R., Lakin, D. P., Carswell, K., Augustinavicius, J., y Adaku, A. (2020). Guided self-help to reduce psychological distress in South Sudanese female refugees in Uganda: a cluster randomised trial. Lancet Global Health, 8(2), E254-E263. https://doi.org/10.1016/S2214-109X(19)30504-2

Tomasello, M., Hare, B., Lehmann, H., y Call, J. (2007.). Reliance on head versus eyes in the gaze following of great apes and human infants: the cooperative eye hypothesis. Journal of Human Evolution, 52 (3). 314-320. https://doi.org/10.1016/j.jhevol.2006.10.001.

Tversky, A., y Kahneman, D. (1992). Advances in prospect theory: Cumulative representation of uncertainty. *Journal of Risk and Uncertainty*, *5*(4), 297-323.

Twohig, M. P., Hayes, S. C., y Masuda, A. (2006). A preliminary investigation of acceptance and commitment therapy as a treatment for chronic skin picking. *Behaviour Research and Therapy, 44*(10), 1513-1522.

van Steensel, F.J.A., Bögels, S.M. y Perrin, S. (2011). Anxiety Disorders in Children and Adolescents with Autistic Spectrum Disorders: A Meta-Analysis. *Clinical Child and Family Psychology Review, 14,* 302. https://doi.org/10.1007/s10567-011-0097-0

VanBuskirk, K., West, L., Malcarne, V., Afari, N., Liu, L., Petkus, A., y Wetherell, J. L. (2012). Confirmatory factor analysis of the valued living questionnaire in a Black American sample: Implications for cognitive research and practice. *Cognitive therapy and research, 36*(6), 796-805.

Venebra-Muñoz, A., Corona-Morales, A., Santiago-García, J., Melgarejo-Gutiérrez, M., Caba, M., y García-García, F. (2014). Enriched environment attenuates nicotine self-administration and induces changes in ΔFosB expression in the rat prefrontal cortex and nucleus accumbens. *Neuroreport, 25*(9), 688-692.

Vidic, Z., y Cherup, N. P. (2022). Take me into the ball game: an examination of a brief psychological skills training and mindfulness-based intervention with baseball players. *International Journal of Sport and Exercise Psychology, 20*(2), 612-629.

von Neumann, J. (1932). Proof of the quasi-ergodic hypothesis. *Proceedings of the National Academy of Sciences, 18*(1), 70-82. https://doi.org/10.1073/pnas.18.1.70

Wang, D., Hagger, M. S., y Chatzisarantis, N. L. (2020). Ironic effects of thought suppression: A meta-analysis. *Perspectives on Psychological Science, 15*(3), 778-793.

Weil, T. M., Hayes, S. C., y Capurro, P. (2011). Establishing a deictic relational repertoire in young children. *The Psychological Record, 61,* 371-390.

Weiner, H. (1970). Instructional control of human operant responding during extinction following fixed ratio conditioning. *Journal of the Experimental Analysis of Behavior, 13,* 391-394.

Welzl, H., D'Adamo, P., y Lipp, H. P. (2001). Conditioned taste aversion as a learning and memory paradigm. *Behavioural Brain Research, 125*(1-2), 205-213. https://doi.org/10.1016/S0166-4328(01)00302-3

Wenzlaff, R. M., y Wegner, D. M. (2000). Thought suppression. *Annual review of psychology, 51*(1), 59-91.

Whelan, R. y Barnes-Holmes, D. (2004). The transformation of consequential functions in accordance with the relational frames of same and opposite. *Journal of the Experimental Analysis of Behavior, 82*, 177-195. https://doi.org/10.1901/jeab.2004.82-177

Whiting, S., Pamula-Neal, H., Miller, J. R., y Dixon, M. R. (2022). Effects of preferred and non-preferred concurrent activities during self-control training in a school for Autism. *International Journal of Psychopathology and Psychiatric Diagnosis, 1*(1), 44-49.

Whitney, D. G., y Peterson, M. D. (2019). US national and state-level prevalence of mental health disorders and disparities of mental health care use in children. *JAMA Pediatrics, 173*(4), 389-391.

Wicksell, R. K., Kemani, M., Jensen, K., Kosek, E., Kadetoff, D., Sorjonen, K., Ingvar, M. y Olsson, G. L. (2013). Acceptance and commitment therapy for fibromyalgia: A randomized controlled trial. *European Journal of Pain, 17,* 599-611. https://doi.org/10.1002/j.1532-2149.2012.00224.x

Wilson, K. G. y Dufrene, T. (2009). *Mindfulness for two: An Acceptance and Commitment Therapy approach to mindfulness in psychotherapy.* Oakland, CA: New Harbinger.

Wilson, K. G., y Hayes, S. C. (1996). Resurgence of derived stimulus relations. *Journal of the Experimental Analysis of Behavior, 66,* 267-281. https://doi.org/10.1901/jeab.1996.66-267

Wilson, K. G., y Murrell, A. R. (2004). Values work in acceptance and commitment therapy. En S. C. Hayes y Strosahl (Eds.). *Mindfulness and acceptance: Expanding the cognitive-behavioral tradition* (págs. 120-151). Guilford.

Wilson, K. G., Sandoz, E. K., Kitchens, J., y Roberts, M. (2010). The Valued Living Questionnaire: Defining and measuring valued action within a behavioral framework. *The Psychological Record, 60*(2), 249-272.

Wolf, M. M. (1978). Social validity: the case for subjective measurement or how applied behavior analysis is finding its heart 1. *Journal of Applied Behavior Analysis, 11*(2), 203-214.

Wood, J. V., Perunovic, W. Q. E. y Lee, J. W. (2009). Positive self-statements: Power for some, peril for others. *Psychological Science, 20,* 860-866.

Yadavaia, J. E., y Hayes, S. C. (2012). Acceptance and commitment therapy for self-stigma around sexual orientation: A multiple baseline evaluation. *Cognitive and behavioral practice, 19*(4), 545-559.

Yi, Z., y Dixon, M. R. (2021). Developing and enhancing adherence to a telehealth ABA parent training curriculum for caregivers of children with autism. *Behavior Analysis in Practice, 14,* 58–74. https://doi.org/10.1007/s40617-020-00464-5

Yu, L., McCracken, L. M., y Norton, S. (2016). The Self Experiences Questionnaire (SEQ): Preliminary analyses for a measure of self in people with chronic pain. *Journal of Contextual Behavioral Science, 5*(3), 127-133.

Zettle, R. D. y Hayes, S. C. (1986). Dysfunctional control by client verbal behavior: The context of reason giving. *The Analysis of Verbal Behavior, 4,* 30-38.

Zettle, R. D., Gird, S. R., Webster, B. K., Carrasquillo-Richardson, N., Swails, J. A., y Burdsal, C. A. (2018). The Self-as-Context Scale: Development and preliminary psychometric properties. *Journal of Contextual Behavioral Science, 10,* 64-74.

Zettle, R. D., Hayes, S. C., Barnes-Holmes, D. y Biglan, T. (2016). (Eds.) *The Wiley handbook of Contextual Behavioral Science.* Chichester, Reino Unido: Wiley/Blackwell.

Zettle, R. D., Hocker, T. R., Mick, K. A., Scofield, B. E., Petersen, C. L., Song, H., y Sudarijanto, R. P. (2005). Differential strategies in coping with pain as a function of level of experiential avoidance. *The Psychological Record, 55*(4), 511-524.

Zettle, R. D., Petersen, C. L., Hocker, T. R., y Provines, J. L. (2007). Responding to a challenging perceptual-motor task as a function of level of experiential avoidance. *The Psychological Record, 57*(1), 49-62.

Zlomke, K. R., y Dixon, M. R. (2006). Modification of slot-machine preferences through the use of a conditional discrimination paradigm. *Journal of Applied Behavior Analysis, 39*(3), 351-361.

Notas

Notas